互补性竞争论

——区域集团与多边贸易体制

吴仪

本书荣获一九九六年度中国国际贸易最高学术奖——“安子介国际贸易研究奖”
优秀著作一等奖

【经济学学术前沿书系】

互补性竞争论

多边贸易体制与区域集团

（第三版）

刘光溪◎著

经济日报出版社

图书在版编目（CIP）数据

互补性竞争论：多边贸易体制与区域集团／刘光溪著．--3版．--北京：经济日报出版社，2016.12

ISBN 978-7-5196-0067-9

Ⅰ．①互…　Ⅱ．①刘…　Ⅲ．①多边贸易-关系-自由贸易区　Ⅳ．①F742

中国版本图书馆CIP数据核字（2017）第004028号

书　　名：互补性竞争论：多边贸易体制与区域集团
作　　者：刘光溪
责任编辑：王　含
责任校对：高小昆
出版发行：经济日报出版社
地　　址：北京市西城区白纸坊东街2号（邮政编码：100054）
电　　话：010-63567690（编辑部）　63567687（邮购部）
010-63516959　63559665　83558469（发行部）
网　　址：www.edpbook.com.cn
E-mail：jjrbcbsbjb@163.com
经　　销：全国新华书店
印　　刷：北京市凯鑫彩色印刷有限公司
开　　本：710×1000 mm　1/16
成品尺寸：170×240 mm
印　　张：32.50
字　　数：450千字
版　　次：1996年9月第一版
2006年1月第二版
2016年12月第三版
印　　次：2017年1月第一次印刷
书　　号：ISBN 978-7-5196-0067-9
定　　价：78.00元

序

近年来，中国积极参与了国际多边经贸体制的工作，其中最重要的有两个方面，一是中国“复关”和“入世”谈判；二是亚太经济合作组织中迅速发展的贸易和投资自由化进程。为了做好这两项工作，我们必须从全球经济发展的战略高度和自身的经济利益出发，妥善地处理多边贸易体制和区域集团之间的关系。这不仅对中国，而且对世界各国和地区都是一项重大的课题。

刘光溪同志凭其参与了“复关”和“入世”谈判以及亚太经济合作组织工作的经历以及常驻日内瓦得天独厚的研究环境，从关贸总协定关于区域集团的法律规则出发，研究近年来区域集团化的最新发展，从理论与实践的结合上，从动态发展的角度，阐述了多边贸易体制和区域集团化的关系，在所著《互补性竞争论——区域集团与多边贸易体制》一书中提出了“互补性竞争”的论点。这一观点不仅具有相当的理论价值，同时对我们制定参与多边贸易体制和区域经济合作的政策也有重要的现实意义。

国际经济学界的主流派，历来对区域经济合作都是持怀疑甚至否定的态度，世界贸易组织的一些领导人也对日益发展的区域集团化的趋势忧心忡忡。针对这些悲观论调，“互补性竞争”的理论应该说是一种积极的观点，同时也是一种基于现实的选择。我认为，坚持开放的区域主义立场，通过广泛的区域经济贸易合作，逐步实现区域贸易和投资自由化，可能是走向全球贸易和投资自由化的一个必要步骤。这已经不是一个经济理论问题，它已经成为全球经济一体化进程中一个不可回避的现实。

随着中国对外开放的扩大，世界市场给中国经济带来了巨大的机会和利益，但与此同时，我们也将面临着越来越复杂的外部经济环境和国际关系格局，为此，我们必须有一支精明强悍，训练有素，具有韧性战斗精神的队伍，来处理对外经济贸易关系中与日俱增的摩擦和矛盾。这些年我在第一线参与了许多国际经贸谈判，深知做好这项工作不仅需要有对国家、对民族强烈的历史责任感和无私的奉献精神，也需要有深厚的理论功底和良好的业务素质。我希望，我们队伍中的年轻同志都能努力钻研和学习，熟悉当今国际经济贸易的法规体系及其运作规律，并以此作为武器，为促进我国与世界经济的一体化，为中国和世界经济的发展做出贡献。

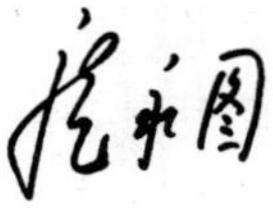

一九九六年二月八日于北京

再版说明

《互补性竞争论——区域集团与多边贸易体制》一书，是本人长期在中国复关/入世谈判第一线工作实践和思考的结果，这其中长期跟踪研究区域经济一体化与以WTO为代表的多边贸易体制关系是形成“互补性竞争”这一观念的主要背景。该书于1996年出版以来，不仅产生了预期的理论与学术影响，而且还得到了中国成功入世同时并能积极参与亚太经济合作（APEC）以及创办“10+1”（东盟+中国）这一系列实践的验证，期间也对我国在上世纪90年代末科学地制定入世谈判和参与区域合作的协调战略起了客观的指导作用。该书还荣获中国国际贸易最高学术奖——1996年度“安子介国际贸易研究优秀著作一等奖”。

再版的必要性主要表现在：

一、当前区域合作进程加快，形式多样化，内容深度化，特别是长期滞后的亚洲区域合作，自进入新世纪以来，显示出强劲的发展势头。这不仅弥补了全球范围内区域经济一体化亚洲地区的“缺口”，而且其坚持的开放、公开、合作和非歧视的宗旨，极大地增强和推动了以WTO为代表的多边贸易合作和谈判进程，这足以显示了“互补性竞争”这一观点的现实性。

二、中国在成功入世的同时，又积极参与了APEC以及“10+1”、东北亚、中亚等区域合作的进程，并成为主导和引领亚太区域经济一体化合作内容、合作走向的决定性力量。中国入世三年来不仅履行了自己的承诺，务实地参与WTO多边谈判，而且还把WTO有关区域合作的规则与宗旨引入了亚洲的区域合作，使亚太区域合作能秉承开放主义、非歧视原则来推动自身的健康发展。中国在WTO和亚太区域合作两条战线上遥相呼应、相辅相成、相映生辉的成功表现，足以显示出“互补性竞争”这一观点的生命力。

三、形式多样、色彩纷呈的区域经济一体化在诸多贸易、投资自由化和便利化方面的新进展、新合作和新成就，为正在进行的WTO多边谈判在服务贸易、投资等方面提供了经验和试验场，而WTO多边谈判在诸多新领域取得的新发展又促动了各区域合作向纵深发展。近一个时期以来，WTO与区域集团这种互促互溶、相辅相成的关系发展新动态，足以证明了“互补性竞争”观点的客观性、前瞻性。

四、中国入世后，作者基于“互补性竞争”这一观点，并结合中国成功应对入世的影响和全面参与经济全球化、一体化的实绩，相继提出了一脉相承的“双赢”、“共赢”、“合作博弈”、“规则博弈”以及“共赢性博弈”的诸多新颖的思维观念，这也显示了“互补性竞争”这一观点的思想性和学术性。

五、该书出版以来，由于其主题的现实性、分析的系统性、观点的客观性、思路的严密性，已被国内诸所经贸类大学，如对外经济贸易大学、南开大学、上海财大、北京交大、东北财大、上海对外贸易大学等作为相关专业研究生入学考试的重点准备书籍，以及研究生教学参考书。而且在中国参与东北亚区域合作以及长三角、珠三角和环渤海地区合作的规划设计各类报告中，多次引用该书的中心观点和主要论述。

六、国际经济界的一些学术带头人、专家、教授，特别是国际贸易、国际投资以及 WTO 科研领域界的诸多同仁都通过不同方式提议该书应尽快再版，以便使“互补性竞争”的这一观点得以在当前和今后一个时期的多边与区域合作的实践中加以锤炼，以臻完善。

另外，考虑到区域经济合作的积极意义以及其在世界经济全球化、一体化和自由化进程中的正面作用，避免引起不必要的误解，本书再版在新增加的三章内容中，用较为中性、客观的“区域经济一体化”一词取代了原书中的“区域集团”。

再版在保持原书章节内容不变的情况下，增加三章内容。一章是针对区域经济一体化的理论及其最新发展进行了概述；一章是基于“互补性竞争”观点，研究分析当前区域合作与 WTO 关系发展的最新动态和特点以及趋势；一章是全面阐述中国作为 WTO 成员参与亚太以及跨区域合作的战略选择。

为了充实、丰富新增部分的内容，圆说、确证“互补性竞争”这一主题观点，笔者以不同方式曾分别就教于汪道涵、周小川、谷永江、龙永图、胡晓炼、佟志广、李若谷、乔宗淮、厉以宁、丁家祧、谢明干、吴敬琏、林毅夫、樊勇明、薛荣久、吴家煌、朱铁臻、蔡敏勇等专家，承蒙各位学长的具体关怀。本书再版在资料文献搜集和整理、书稿的打印、编辑过程中，得到了钟传水、任以锋、蒋玲媛、陈泰锋、丁文燕、臧畅、党英杰、王进军、付正健的大力协助。经济日报出版社的王含、周扬、高小昆等诸位同仁，为本书的顺利再版付出了辛劳，在此一并表达谢忱。

特别一提的是，正值本书再版之际，惊悉汪道涵先生仙逝。此时此刻，点点滴滴，历历在目。深切缅怀汪老对推动中国入世谈判特殊贡献及对我本人谆谆教诲之情油然而生。我于 1997 年 4 月 18 日认识汪老，并将本书（第一版）呈送汪老批评指正，从此后便成为忘年交的“忘年交”。汪老对书中关于“互补性竞争”的观点甚为认同，以为其中蕴涵着“开放兼容，互利双赢”的理念。希望我能继续沿着这一理念思维，再作深入研究，使之更加系统化、政策化，成为中国“和平发展”与“和而不同”外交哲学观的理论基础。可以说，本书适时再版应该是对汪老不幸辞世的最好怀念。

最后，特别感谢多来米中文网首席执行官徐炜先生对本书再版所给予的直接关心和帮助。

2005 年 5 月 16 日书于北京

第三版说明

《互补性竞争论——区域集团与多边贸易体制》自1996年第一次出版以来，无论是国内改革开放还是国际经济关系格局，均发生了比较重大的变化、调整、进步。这期间，我国改革已确立了社会主义市场经济建设的总目标，以加工贸易和利用外资（FDI）为主体的对外开放格局和以“互利双赢”为理念的外向型经济体制基本确立。2001年中国入世后，以“规则为基础”的制度性、契约式主动开放趋势也已形成，2009年以市场主导的人民币国际化进程正式启动，中国在WTO多边舞台和区域次区域合作领域两条战线上遥相呼应、相映生辉、相得益彰。国际经济领域，1996年WTO正式以健全的国际人格取代了关贸总协定，以WTO为代表的多边主义，不仅加快推动了经济一体化，进而加速了经济全球化的纵深发展，南北合作取得了重大进展，新兴市场经济体的力量日益举足轻重，而且WTO还在一定程度上统筹、协调和引领了世界范围内的区域次区域合作，特别是以双边或次区域多边自由贸易协议，或者区域经济共同体为代表的区域主义蓬勃兴起。这样一来，多边贸易体制与区域集团（区域经济一体化）之间的“互补性竞争”关系不仅在理论层面日益显现，而且在实践活动中更加突现。虽说2008年出现的全球金融危机的负面影响，各大国忙于经济结构、贸易结构和金融结构等方面的深度调整，基于气候变化、货币、环保、低碳、循环、生态、绿色、健康、非传统安全甚至地缘政治安全等因素的贸易保护主义和保护措施，花样翻新、层出不穷，贸易摩擦、投资摩擦、金融摩擦的方式、内涵不断升级，而且个别的区域次区域经贸合作出现了偏离WTO相关精神的排他性小集团倾向，致使已启动快15年的多哈发展回合谈判步履维艰、进退维谷、止步不前。WTO推动经济一体化、全球化和贸易自由化的声誉颇受影响，微词诟病不断。甚至说，一旦跨太平洋伙伴关系协议（TPP）生效运转，就客观上宣布了WTO的末日，似乎多边主义与区域主义、多边贸易体制与区域经济一体化的“互补性竞争”与“共赢性博弈”的关系受到了空前的质疑。

可以说，本书在2006年再版并增加了三章内容，则是在多边贸易体制与区域经济一体化的“互补性竞争”关系空前加强的背景下发生的，主要是为了进一步充实相关事实论据，以说明互补性竞争、共赢性博弈以及互利双赢等理论、观点与理念的现实性、前瞻性和规律性。那么，此次出版即第三次出版，则是在相互取代、此消彼长、你赢我输等各类言论和怀疑论调不绝于耳、三人成虎以及互补性竞争与共赢博弈理论受到空前质疑的背景下而进行的，其目的则是在于说明“互补性竞争”理论与实现的一贯性、持久性、彻底性。

一是从信息科技迅猛发展的客观物理基础的不断夯实巩固来看，互联关系、关联关系以及区块链关系正在取代传统的因果关系、彼此关系、黑白关系，人类的认识方式、认识方法和认识水平正在发生实质性的调适变化，那种根植于中国传统农耕历史文化的你死我活、非此即彼、你输我赢和胜王败寇的零和博弈与因果关系之思维、思想和意识，越来越不适应人类现代工业与城市文明与法治文明的思维规律。虽然有时会沉渣泛起、死灰复燃，甚至会甚嚣尘上、黑云压城，但其结果大都如过眼云烟、昙花一现。基于法治规则和进步向前的正和博弈、合作共赢和对立统一规律的互补性竞争之理论是一以贯之的。

二是虽然世界上传统安全与非传统安全问题、区域冲突、局部战争以及民族宗教与领土争端会时有发生，特别是极端民族主义和民粹主义时有抬头，但“和平、发展、合作”依然是世界经济发展的主流趋势，“合作 发展 共赢”日益成为国际关系调整的主流意识，而且“生活在同一地球”、“发展于同一船上”的人类命运共同体意识正在逐步得到强化认同，那种“中国和平崛起，他国必然衰亡”、“一国强大必然与现有大国发生冲突”、“大国崛起必然引起他国损失”的“修昔底德陷阱”之思维、思想和意识，越来越不适应人类的现代认识方法和水平，而由“互补性竞争”、“共赢性博弈”和“合作互利共赢”之理论观点而产生的“中国和平发展崛起，美国持续发展壮大”的新型大国关系理念与实践则是可以持续存在的。

三是入世 15 周年，中国经济贸易迅速发展取得非凡成绩，区域次区域合作也迅速发展正改变世界经济发展格局。首先，15 年间中国不知不觉成为经济第二、贸易第一（总量）、外汇第一、制造业第一（量）、银行资产第一、国企第一、农民工第一、城市化与工业化速度第一，等等；当然，在中国经济取得较好成绩的同时，也有一些不足和短板，如经济体制改革的速度慢于对外开放的速度，改革的力度小于开放的力度，改革的牵引力抵不过开放的牵引力，启动负面清单导向行政体制改革但负面清单过长，开始参与规则制定过程但话语权有限且未能韬光养晦与和光同尘，积极参与多边、次区域多边和双边活动但有点张扬招摇拿捏不住，而且极“左”的斗争意识在对外开放中时有抬头，身份认定时有错位，等等。其次，WTO 与区域与次区域合作呈现互补竞争性发展。随着 1996 年 WTO 正式取代关贸总协定，2001 年中国入世与同时启动“多哈回合谈判”（又名“发展回合”），而到了 2008 年金融危机后多哈回合谈判陷入低潮，似乎 WTO 引领经济全球化、一体化和自由化的作用在消沉，同时以欧盟为代表的区域经济政治一体化合作则势头强劲，由 15 国扩大至 25 国；中国主导的“10 + 1”、“上合组织”、紧密经济伙伴关系协议（CEPA）、区域全面经济伙伴关系（RCEP）、“亚太自贸区”（APFTA）、“双边与次多边自贸区”、“16 + 1 中国与中东欧合作”以及“澜湄合作”并提出建立澜湄国家命运共同体和亚洲共同体等倡议；美国主导的全球最大双边自贸区——美加自贸区（UCFTA）、TPP、跨大西洋贸易投资伙伴关系协议（TTIP）、美洲自由贸易区（AFTA）等，以及东盟提前建立东盟共同体（2018 年）等等，大有区域合作取代 WTO 之势，似乎区域主义正在取代多边主义。正当有些反全球化势力为区域集团主义欢呼雀跃之际，近来又出现了 2016 年 6 月英国脱离欧盟和法国、意大利正在酝酿脱离欧盟以及同年 11 月特朗普当选美国第 58 届总统，TPP 无法在美国国会通过，甚至扬言推出 WTO 等系列有损区域合作势头和多边贸易体制强化的事件发生，那么对区域集团合作和多边主义发展的两种悲观情绪同时又开始抬头。可谓是几多周折、几多误会、几多忧虑。事实上，短时间或一个时期来看，WTO 为代表的多边主义会处于上升势头，或者区域集团处于蓬勃发展阶段，但从长远来看，两者之间互补中有竞争、竞争中有互补的合作借鉴双赢的关系，即“互补性竞争”关系则是全面的、长期的、彻底的，这一基本规律是不会改变的。

尤应值得一提的是，作为双赢、多赢和共赢的理论、渊源与基础的“互补性竞争”关系之观点，不仅完全符合邓小平外交思想有关战争与和平、和平与发展、发展与合作、合作与共赢及南北东西等国际形势的重要判断论述，而且也适应了经济新常态下对外开放哲学观有关战略机遇期，经略周边、新型大国关系、一带一路和命运共同体等国际关系格局调整变化的认识观点。由此可鉴，共享共赢共治的人类命运共同体也即大同世界自然会逐步建立，康德预言的人类永久和平是可以维持的。

鉴于以上考虑，加之我国国际政治经济关系领域里的诸多专家如陈元、吴仪、戴秉国、周小川、龙永图、李灏、曹建明、李肇星、李道豫、沙祖康、姜增伟、乔宗淮、俞晓松、谷永江、丁家祧、李克农、郑必坚、张志刚、佟志广、章新胜、沈觉人、廖晓淇、葛志荣、石广生、孙振宇、陈健、吴建民、徐秉金、王新奎、吴家煌、薛荣久、王凤清、魏传忠、魏本华等同志，从不同侧面、不同渠道反映了希望第三次出版本书的意见意思，正好正值我国入世 15 周年华诞之际，第三次出版是为祝愿。感谢经济日报出版社王含等同志的及时配合与大力协助。今后可视情况发展和需要，由 10 年一版调整为 5 年或者 3 年一版。

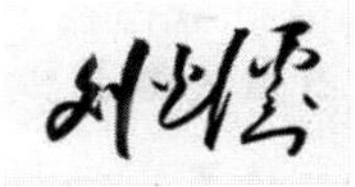

2016 年 12 月 8 日

前　言

我关注区域集团问题始于1985年9月，即我从山东师大外文系考入经贸大学读工商管理硕士时。起因是我到经贸大学读书后的半年里，世界经济和区域集团合作领域里接连发生了三件大事：一是西班牙和葡萄牙两国加入欧共体议定书于1986年1月1日正式生效，欧共体由10个成员国扩大至12个；二是1985年12月欧共体卢森堡首脑会议确认了建立“欧洲统一大市场”的计划，并通过了《欧洲单一文件》；三是1985年9月23日，美国总统里根在白宫就“公平贸易”（或称“互惠贸易”）政策发表演讲。正是在这一演讲发生的三个星期之前，即9月1日，美国与以色列“跨地区自由贸易协议”（美国外贸史上第一个正式的自由贸易区协议）正式生效实施。这标志着美国由战后以来信奉自由贸易和多边主义政策转向标榜以实力为基础的“公平贸易”和单边与“地区多边”主义政策。在这一政策转变的背后，美国正积极酝酿与加拿大建立世界上最大的双边自由贸易区的步骤。

因专业方向所限和学校里有关区域集团的材料较少，加之当时区域集团的形成与发展形势不过是欧共体“一枝独秀”，所以这期间我关心区域集团问题只是关心而已，对区域集团兴起的背景、内容及其影响尚缺少较全面的认识，更谈不上对总协定多边贸易体制与区域集团关系问题的认识了。

1986年7月10日，中国政府正式提出恢复关贸总协定缔约国地位的申请，并于同年9月全面参与了乌拉圭回合多边谈判。我国政府及早参与总协定多边贸易体制的坚定立场与态度，基本上扭转和改变了充斥我国官商学各界长达30年之久的对总协定的片面认识，即总协定是战后依据西方工业发达国家的意愿而成立的一个发达国家赖以剥削第三世界的“富人俱乐部”。值此背景，在恩师薛荣久教授的指导下，我开始涉猎有关总协定多边贸易体制的法律知识。在触及总协定第二十四条有关自由贸易区和关税同盟的规定时，我初步意识到了多边贸易体制与区域集团之间的微妙关联，并在研究传统国际贸易理论的过程中，通过学习李嘉图（David Ricardo）的静态比较成本说（资源配置论）开始对自由贸易区和关税同盟产生的静态贸易创出与贸易转移效应有了初步了解。

1987 年 12 月，欧共体委员会制定了一项全面细化欧洲单一文件的行动计划，即“德洛尔计划”，提出了在 1992 年前通过实现货物、人员、资金和服务四大自由流动来完成建立大市场的宏伟方案。紧接着，美加于 1988 年 1 月 1 日正式签署了“美加自由贸易协议”。这就预示了世界范围内第二次区域集团化浪潮的兴起。与此同时，国内经济学界也掀起了研究区域经济合作及其影响的高潮。上述两件事情的相继发生和国内学术界的研究热情，进一步激发了我对区域集团问题的研究兴趣，开始对主要区域集团形成的背景、合作内容、目标、宗旨及其对贸易格局与贸易流动的影响等问题进行了研读。但由于当时对总协定多边贸易体制研读不深，加之对总协定与区域集团关系的历史渊源及实践了解不够，所以当时对总协定多边贸易体制与区域集团的关系的认识仍处于朦胧阶段。国内经济界对区域集团问题的研究，除了局限于问题的本身外，更多的侧重于对我国商品出口的影响。我个人的研读精力当时则主要集中在西方贸易理论、发展经济学和跨国公司理论以及我国利用外资等问题上。

1988 年 8 月，研究生毕业后我被分配到外经贸部国际司，开始从事“复关”谈判工作（1995 年 11 月转为“入世”谈判）。由于“复关”谈判的需要，我在工作之余，大量研读总协定的背景材料及其法律规定，对总协定从创建、发展到其基本原则的实施、作用以及局限性等方面进行了较全面的了解，并掌握了一些有关总协定多边贸易体制的第一手资料。通过参加“复关”谈判和与个别总协定法律专家接触，也逐渐掌握了一些活材料。这不仅拓宽了我关于总协定多边贸易体制的知识视野，而且使我较全面地了解到了总协定与区域集团的关系史。这期间，我在了解总协定主持下的七轮多边关税减让和贸易谈判的作用时，逐步认识到了多边关税谈判成果对弱化区域集团关税优惠安排的歧视性的作用以及由此对各类区域集团从优惠贸易安排、商品（一项或几项）自由贸易协议等低级形式向自由贸易区、关税同盟、共同市场与共同体等高级区域合作形式转变所产生的促动作用，而且也初步发觉总协定在推动贸易自由化方面的诸多谈判技巧、经验和做法及其基本原则与贸易争端解决程序等也大都被主要区域集团所采纳、吸收和借鉴。

当时，我虽然注意到了 1989 年 11 月亚太经济合作组织堪培拉第一届部长会议宣言、1990 年 11 月“新加坡宣言”、1991 年 11 月“汉城宣言”以及 1992 年

11 月“曼谷宣言”均用大量篇幅介绍各成员政府如何协调立场、做出努力，推动乌拉圭回合谈判尽早结束的问题，但就有关区域集团对总协定多边贸易体制所产生的积极作用与直接影响并未有足够的认识。这期间我的几篇文章的基调也是在承认区域集团有效推进区域经济一体化发展的同时，侧重于分析其排他性、歧视性以及“利己主义”等方面对国际贸易和第三国贸易所形成的消极影响，也即对区域集团的影响与作用采取了“一分为二”的中庸观点，还谈不上论及总协定多边贸易体制与区域集团之间的关系问题。这除了受当时国内学术界对区域集团的片面认识的影响外，主要是由于当时自己对乌拉圭回合正在进行的各项议题的谈判情况以及总协定与区域集团的关系实践，特别是进入 80 年代以来总协定与各主要区域集团的整体关系发展状况知之不多所致。但这期间所掌握的有关总协定的法律知识和对区域集团形成发展及其影响的较全面了解，对我后来全面研读多边贸易体制与区域集团的关系并形成“互补性竞争论”的观点起到了重要的铺垫作用。

1991 年 12 月，我被调派驻美使馆经商处负责中美双边总协定关系的工作。这一工作环境的变动，对我加深认识多边贸易体制与区域集团相互之间所产生的直接影响与作用，特别是后者对前者的积极作用，在客观上提供了便利条件，并对我形成“互补性竞争为区域集团与多边贸易体制关系的核心”的观点产生了催化作用。其一是，1992 年欧共体完成建立统一大市场和同年 12 月 17 日美、加、墨三国签署“北美自由贸易协议”。在华盛顿通过掌握大量第一手材料，了解到欧共体建立大市场进程中，在技术性贸易壁垒的协调与规范、服务贸易自由化以及政府采购等方面和美加墨三国自由贸易协议谈判过程中，在投资与服务贸易政策的协调与规范和争端解决机制的建立等方面，均对当时的乌拉圭回合有关服务贸易、技术性壁垒、投资措施、知识产权保护以及争端解决程序与政府采购等谈判提供了可资利用的经验，并产生了积极的推动作用。其二是，1993 年美国作为亚太经济合作组织第五任轮值主席国时，正值乌拉圭回合各项议题谈判处在紧锣密鼓和妥协敲定的关键阶段。由于工作关系，我参加了同年度内亚太经合的一系列协调会议和西雅图部长会议，使我有机会认识到亚太经合在其自身制度化建设和贸易投资自由化进程获得较大发展的同时，对促成乌拉圭回合谈判的成功结束所发挥的重要作用以及亚太各成员政府对未来以世贸组织为基础的新多边贸易体制所表示出的强烈兴趣与热情。其三是，我与美国一些知名总协定法律专家，如杰克逊（John Jackson）、胡代克（R. Hudec）和时钟策（Constantshi）等的直接接触，使我对总协定近半个世纪发展的来龙去脉掌握了一些活材料，加深了对总协定多边贸易体制性质的认识。与此同时，我还进一步研读了总协定第二十四条关于自由贸易区与关税同盟的法律规定和东京回合“授权条款”的内容以及 1991 年 12 月邓克尔“最后案文”中关于总协定第二十四条解释之谅解，发现总协定早在创立之初就已认识到真正的自由贸易区和关税同盟，不仅有助于促进成员间贸易和区域经济一体化的进一步发展，而且也有利于扩大和推动贸易自由化的范围和进程。事实上，两个或两个以上的国家或地区，通过签署关税同盟协议对外实施统一的关税贸易政策，逐渐形成一个更大范围的关税地区，类似于一个主权国家在内部洲与洲或省与省之间通过政策协调和取消边界关卡措施以实现建立统一市场的做法。故总协定基于这些认识，不仅对那些符合条件的自由贸易区和关税同盟给予了最惠国原则的例外待遇，而且在法律条文规定方面，也采取了灵活和务实的态度，因而，总协定第二十四条规定中存在许多极为笼统、模糊和原则性的概念。我当时初步认为，这是总协定面对区域集团形成的“主权意志”所做出的一种灵活务实的最佳选择（舍此别无他法）。

基于以上几方面的认识并在综合考虑了区域集团兴起的背景、主要合作内容、奉行的原则以及根本目标与成功前提等与总协定相对应的诸方面趋向一致的同时，我于 1993 年底基本上形成了“互补与竞争在相互转化中所产生的互补性竞争为总协定与区域集团关系的核心”的观点。

在当前世界经济的横向布局日渐被此次区域集团化浪潮所形成的大小不同的“经济板块”网络化，以及纵向布局逐步出现了由双边经贸关系、区域集团合作、多边贸易体制和全球经济一体化所形成的“多层次结构”的大背景下，面对我国“复关”谈判久拖不决的现实和中国在迅猛发展的亚太经合中的参与现状，如何在系统地分析和介绍总协定多边贸易体制与区域集团之间客观存在的互补性竞争关系的基础上，提出我国参与区域经济合作和多边贸易体制面临的挑战及对策的问题，已无情地占据了我的脑际，使我定下了攻读中国第一个总协定和世贸组织多边贸易体制与区域集团关系专业方向经济学博士研究生的决心。

当我就此设想向外经贸部主管多边贸易事务的龙永图部长汇报时，立即得到了龙部长的大力支持。出于“复关”谈判需要和理论与实践相结合的考虑以及从培养我国多边经济外交高级专门人才的长远战略角度出发，龙部长建议我读在职博士研究生，专攻多边贸易体制与区域集团的关系问题。与此同时还得到了李灏先生、谷永江先生、佟志广先生、李道豫大使、孙维炎先生、徐秉金先生、王连生先生、谢树声先生、王天明先生和吴家煌先生的热情关怀和推荐。经贸大学薛荣久教授就我如何攻读他的关贸博士研究生提出了具体建议和思路，并对此倾注了大量心血。

为此，我于1994年8月从驻美使馆转赴中国驻日内瓦代表团工作。借助于关贸总协定的丰厚材料，我系统阅读了总协定对60多个区域集团协议的审议纪录、审议工作组报告以及缔约国大会的有关决定，使我对总协定与区域集团47年的审议实践情况有了一个概括的了解，从而进一步认识到总协定不仅在其法律规定方面对区域集团的形成发展采取了许多灵活的原则，而且在依据这些灵活的规定对区域集团协议的审议实践过程中也同样采取了极为务实和灵活的态度。这种法律与实践的“双重宽容”，一则说明总协定对区域集团积极作用的充分认可；二则反映了总协定有关区域集团的法律规定和审议程序所存在的一些局限性。这期间，为了增加对各主要区域集团形成与发展及其影响的了解，我广泛研读了欧共体罗马条约、欧洲单一文件、美加自由贸易协议、北美自由贸易协议和拉美南方共同市场协议以及中欧自由贸易区协议等的有关内容，并对沃纳（J. Viner）的贸易创出与转移静态分析理论和肯普（M. C. Kemp）与温农（H. Wan）的实际贸易量动态分析法，以及多边贸易体制和区域集团在贸易自由化范围与机制等方面的异同，做了比较和分析，发现主要区域集团通过内部经济一体化建设和市场统一产生的动态贸易投资规模效应，不仅远大于它们所产生的贸易和投资转移，而且也有效制约了排他性、歧视性等贸易保护主义的作用与倾向，弱化甚至消除了对第三国贸易可能形成的消极影响。由于这一动态效应对贸易自由化和区域经济一体化的发展所产生的积极作用，加之区域集团自身拥有的独特优势以及其形成背景与迎接挑战、主要合作内容和遵循的原则与根本目标和成功发展的前提等方面同多边贸易体制的趋同性，致使各主要区域集团不仅在推动和开辟贸易自由化新领域等方面弥补了多边贸易体制的不足，而且也为多边贸易体制提供了诸多谈判技巧和经验，在一些敏感领域起到了“试验场”和“实验室”的作用。这样就使互补关系和竞争关系相互转化产生的互补性竞争关系得以在多边贸易体制和区域集团之间形成和发展。互补性竞争关系在内外在动因和相互转化的共同作用下，不仅为全球贸易自由化和经济一体化的发展注入生机与活力，而且将推动各区域集团兼并、联盟和统一并最终与多边贸易体制“重叠汇合”。

我对多边贸易体制与区域集团关系认识加深的时候，也正值世贸组织取代总协定、多边贸易体制得到空前强化之际。与此同时，第二次区域集团化浪潮势头不但未减，反而出现了深入发展的新态势。现有区域集团在巩固和发展的同时，不仅在扩大势力范围，而且在加强集团间合作以及建立新区域集团等方面均采取了一系列大胆行动，并提出了诸多新倡议，如酝酿中的北大西洋自由贸易区、环印度洋经济合作组织和北非地中海阿拉伯共同市场、建设中的美洲自由贸易区、加勒比联盟、亚太自由贸易区和亚欧经济合作以及正在谈判的南方共同市场与欧盟自由贸易区等。多边贸易体制强化与区域集团深入发展同时并举的“共生现象”，不仅充分昭示了互补性竞争作为区域集团与多边贸易体制关系的核心客观地存在于二者之间，而且也对国际经济界基于“彼此消长论”所派生出的诸多观点，如区域集团与多边贸易体制之间替代关系大于互补关系、竞争大于互补、竞争与互补各半等观点提出了挑战，也使我更加坚信自己经过近十年的认识而逐步形成的“互补性竞争论”观点的正确性。另外，我还通过与世贸组织首席经济学家如布莱克哈斯特（Richard Blackhurst，宏观经济司司长）、塞姆普逊（Gary Sampson，贸发司司长）和联合国贸发会议的吉布斯（Murray Gibbs，贸易司司长）以及伦敦海外经济研究院的佩奇教授（Sheila Page）等进行了广泛接触，听取诸位专家的见解，以进一步充实我的观点。

观点和论据基本确立后，“互补性竞争论——区域集团与多边贸易体制”自然成了我博士论文的选题。我于 1995 年 5 月开始动笔，经过近半年的“爬格子”，于同年 11 月 28 日完稿 。写作期间，承蒙中国驻日内瓦代表团吴建民和沙祖康二位大使的关心与勉励，半年内我把 41 万字的书稿“一气”呵成，诚然离不开“目不窥园”的专心、“焚膏继晷”的韧劲，“地利人和”的宜境。这期间我自然也尝尽了思路清晰与敏捷时的甘甜和思维迟钝与僵硬时的苦楚。

在本书写作过程中，龙永图部长对论文的选题、观点的确立和论据的充实等方面自始至终给予了建设性的指导，提出了诸多新颖的思维和见解，并在我“爬格子”的艰难时刻，给了我巨大的精神鼓舞和支持。完稿后，龙先生又在百忙中欣然为本书的出版亲笔作序。

薛荣久教授对我从事国际贸易的研究，特别是多边贸易体制与区域集团关系问题的研究给予了非常大的帮助，既是我的启蒙老师，又是具体指导我如何治学和从事这一课题研究的恩师。在我于驻美使馆和驻日内瓦代表团工作的五年里，我们师徒二人虽相距遥远，薛教授却以“函授”的方式，不间断地指导我如何捕捉当前世界经济和国际贸易领域里发展的新动态，并提醒我在工作实践中注意积累资料，选定课题，以备将来研究之用。在本书的写作过程中，薛教授凭着他多年积累的渊博知识和丰富经验，指导我加深认识多边贸易体制和区域集团在推进贸易自由化方面的积极作用及其局限性，帮助我掌握和理清有关区域集团的知识结构与脉络以及了解各主要区域集团的过去、现在和未来，并对本书的结构、层次和脉络等方面提出了具体的指导性意见。

我国经济界一些专家学者如厉以宁教授、丁家祧教授、谢明干教授、郭振英教授、朱铁臻教授、朱关鑫教授和丁家义教授等对我从事国际经济问题研究给予了一贯的支持和关怀。

我的夫人丁闻雁女士，为把 41 万字的手稿一字一句地敲打出来、形成电子稿付出了辛勤的劳动。在本书的整理打印工作中，我还得到了何宁、傅星国、高斌、朱振国诸位同仁的帮助。

为确保出版质量，丁家祧教授凭其丰厚的经济学理论和编辑出版经验，对全书的行文结构以至标点进行了一丝不苟的审校。由此窥见前辈学长对晚辈学子所寄予的殷殷希望。《经济日报》社杨尚德总编辑对本书的出版也给了一定的关心。特别感谢经济日报出版社的同仁们为本书顺利出版付出的辛劳。

尤应指出的是，山东华龙纺织工业集团总公司从鼓励中青年科研成果的角度对本书出版给予了大力支持。

对以上诸位所给予我的关怀、支持和帮助谨表诚挚的谢忱。

最后，翘望经济界同仁对本书予以指正。

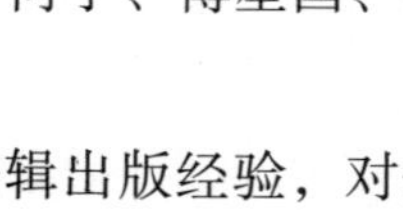

一九九六年元月八日

于日内瓦

目　录

第一章　绪　论

第八轮全球多边贸易谈判（“乌拉圭回合”）的“帷幕”刚在1994年4月15日马拉喀什部长会议上降下，紧接着国际经贸社会就经历了一次历时两年的“世界贸易组织”（下称“世贸组织”，WTO）取代“关贸总协定”（下称“总协定”，GATT）的新旧多边贸易体制（MTS）交替。与此同时，世界范围内的区域经济集团（下称“区域集团”，REGs）化发展高潮迭起，来势迅猛。在这种背景下，区域集团与多边贸易体制的关系及其协调与发展问题，自然引起了国际社会的空前关注和热烈讨论，而且世贸组织、世界银行和国际货币基金组织以及西方经济法学界专家学者对此提出了诸多观点不一的论述和建议，并初步进行了一些制度化建设和舆论宣传行动。面对这些莫衷一是的观点和建议以及基于近几年跟踪区域集团与多边贸易体制关系发展变化所掌握的情况和一些思考，笔者耐不住寂寞而愿参与这一讨论，并拟大胆提出自己的认识和见解，以期产生抛砖引玉之功效。

一、区域集团与多边贸易体制及其关系的涵义

本书所讲的“区域集团”，不同于国际政治格局及其发展变化中出现的政治联盟（15国集团、77国集团）、军事联盟（北大西洋公约组织）以及防务联盟（美澳新、美日韩防务条约），它主要是指一区域内两个或两个以上的国家和地区，以联合自强和经贸利益为根本，通过优惠贸易安排（PTA）、自由贸易区（FTA）、关税同盟（CU）、共同市场、共同体和经济同盟[①]等六种不同的方式，实现区域内贸易自由化和加强与规范经济技术合作的政府“政策导向”联合。区域集团的一个主要特征是其成员资格的区域性，但随着区域集团的新发展，成员资格的区域性也开始发生变异，“跨区域集团”（如1985年的美以自由贸易区）已出现并大有发展的势头（亚欧政策对话、南方共同市场与欧盟以及北美有关建立自由贸易区的谈判）。区域集团尽管有合作形式（紧密型、松散型）的不同、合作规模（人口、产值、贸易投资额）的大小、合作程度（关税、非关

税等贸易政策和财税、货币与汇率等经济政策的规范与协调）的高低、合作范围（部分领域、大部分领域和全部领域的自由化）的广狭、合作机制（要价与出价、相互认可和以东道国或母国为基准等方式）的差异，但是，区域集团形成和发展的根本目标和愿望是一样的，而且大都提倡和标榜多边贸易体制的原则和精神（见第七章）。

区域集团的合作方式之所以受各国与地区政府的垂青和重视，其中一个主要原因是它拥有促进经贸利益实现的独特优势，如天时（资源禀赋、市场自然联合）、地利（地缘政治、周边关系）和人和②（政治制度、文化习俗相近）而共同形成的“船小好掉头”的有利局面，这种局面的形成并不使区域集团必然成为“贸易堡垒”，但也正是这些独特优势的存在，加之原产地规则、紧急补救措施的内外免除与实施以及内外贸易待遇的差别（随着1995年11月19日亚太经合大阪领导人非正式会议在其贸易投资自由化行动议程第一部分中，把“无差别待遇”作为9项原则之一，有人开始把是否奉行无差别待遇即非歧视原则作为衡量和判定区域集团开放还是内向的重要条件。基于目前各大区域集团形成发展的现状以及决定一区域集团开放与内向的诸多复杂因素，笔者尚不敢苟同这种“划分法”）等因素的作用，致使某些区域集团短期内会产生排他性作用和贸易保护主义倾向，所以这就需要对区域集团的贸易保护主义倾向加以约束和规范，并附之相应的规则与纪律以及审查报告程序以对区域集团的形成产生预先和事后的监督作用。这一任务无疑落在了多边贸易体制的“肩”上。

多边贸易体制一般所指的就是“总协定”。由于乌拉圭回合的成功结束，出现了在1994年4月到1995年12月的世贸组织取代总协定的历史性时刻，这样多边贸易体制就有了“新旧”之分。旧多边贸易体制是指国际社会基于总协定在近半个世纪内逐步形成的一整套协调、管理、规范和监督国际贸易关系发展的规定、规则和纪律以及与之配套的多边争端解决程序的法律体系。以总协定为中心的多边贸易体制，是在总协定创立后随着缔约方的增加、制度化建设的加速以及规则与纪律的进一步完善而逐步形成发展起来的。这说明早期的总协定无论从其成员资格，还是协调国际贸易发展的规则与纪律的完善程度以及管理力度而言，都难以称得上为“多边贸易体制”。只是到了20世纪60年代，随着广大发展中国家和个别发达国家（日本）的加入，加之6轮多边关税贸易谈判的举行，才逐渐确立了总协定作为多边贸易体制的中心地位。到了20世纪70年代末80

年代初，特别是东京回合结束后，以总协定为中心的多边贸易体制，获得了进一步的完善与发展。

乌拉圭回合谈判通过改革和完善总协定的有关条文规定及其争端解决机制，并把协调领域从货物贸易扩展至服务贸易、知识产权保护和与贸易有关的投资措施等新领域，这样具有丰满“国际人格”的世贸组织在继承和发展了总协定的基础上，又使多边贸易体制具有了新的内涵，因而，以世贸组织为核心的新多边贸易体制，得以于1995年1月1日正式生效运转。所以说，我们所指的多边贸易体制其历史涵义为总协定，其现代与将来涵义则是指新生的世贸组织，也即把新旧多边贸易体制作为一“替代延续”（过去、现在和将来）的整体来对待。

由于背景、内容、原则、基本目标和成功前提的“趋同性”，使得区域集团与多边贸易体制客观上形成了一种千丝万缕的自然联系（见第十二章第二节）。成员资格的“双重性”（区域集团的成员基本上同时又是多边贸易体制的成员）、总协定第二十四条的规定、实践关系的“四种免责方式”和“授权条款”的出台以及乌拉圭回合总协定第二十四条解释之谅解和服务贸易总协定第五条的新规定等，又使得区域集团与多边贸易体制的这种“自然联系”纳入了稳固的基本法律关系中，使之转化为一种“客观联系”。故而漠视和不承认区域集团与多边贸易体制之间的这种“客观联系”，进而淡化二者之间存在的基本法律关系并由此否认彼此之间产生的积极影响与作用，这不仅有悖于当前世界经济发展的客观现实，不利于对二者之间的整体关系做出全面正确的认识，而且也有碍于多边贸易体制今后加强和完善对区域集团形成与发展的监督与协调工作。

二、“彼此消长论”受到“共生现象”的挑战

自20世纪80年代中期区域集团化第二次浪潮兴起至今，国际社会的官商学各界在分析和评估区域集团与多边贸易体制的关系时，流行着一种颇具权威的观点，即认为区域集团化的兴起主要是因为多边贸易体制进入20世纪80年代以来受到各种“新老”贸易保护主义（单边主义、双边主义、非关税措施、紧急补救措施以及“灰”区域措施等泛滥盛行）的冲击与威胁，其威信和职能作用下降等因素所致，而且，乌拉圭回合谈判几经曲折和“四度”延期也对本次区域集团化浪潮的兴起产生了推波助澜的作用。那么，随着乌拉圭回合的成功结束，世贸组织取代总协定后的新多边贸易体制威信与职能作用的空前强化，区域集团

化发展的势头会相应减弱，各国和地区政府在巩固实施现有区域集团协议内容和区域集团自由化方案的同时，会逐步把热情与精力转向新多边贸易体制。概括地讲就是多边贸易体制减弱，区域集团化加强；多边贸易体制强化，而区域集团化发展势头减弱。故而称这种观点为“彼此消长论”。

然而，世界经济发展的客观现实却是正值世贸组织取代总协定和多边贸易体制得到空前加强之际，区域集团化浪潮在冲入 20 世纪 90 年代后不仅势头未减，反而出现了强劲的发展态势，为区域集团化的深入拓展注入了新的生机和活力。20 世纪 80 年代中期，以欧共体统一大市场计划为先导，以美加、北美协议和亚太经合为两翼，以拉美加勒比联盟和南方共同市场、东盟自由贸易协议、中欧自由贸易协议、中西亚经济合作组织、南亚区域合作联盟和“马格里布”（阿尔及利亚、突尼斯、摩洛哥）与“马什里克”（埃及、约旦、黎巴嫩、叙利亚）共同市场以及东南非洲共同体等中小区域集团为后续，世界经济范围内掀起了第二次区域集团化浪潮。与此同时，一向反对区域集团合作的美国在其“自由贸易”政策于 1985 年转向“公平贸易”政策的幕后，也一反常态，狂热地投入到了此次区域集团化浪潮中。美国政府对区域集团合作态度的骤变，在很大程度上助长了此次区域集团化浪潮的发展势头，扩大了区域集团对世界政治经济格局和多边贸易体制的影响强度（见第五章）。

冷战结束后，东西方关系消亡，南北“政治界限”趋弱，综合国力和经济实力不仅成为国际关系的主导因素，而且也是衡量主权实体（国家）和非主权实体（单独关税地区、“特别行政区”）在国际新格局中占有多大分量的重要筹码。贸易投资流动的加强，使得国际分工进一步专业化和协作化，从而大大提高了国际经济相互依存度和一体化程度，丰富和充实了国际贸易的内涵，在这种国际政治经济背景作用下的第二次区域集团浪潮出现了“超常规”的发展势头——高潮未退却出现了一系列颇具胆识的新倡议。如在世贸组织生效运转前后，出现的有关创立北大西洋共同体（也有的建议为“北大西洋自由贸易区”）、环印度洋经济合作、欧盟与南方共同市场自由贸易区、中东北非地中海共同市场、美洲自由贸易区以及东亚经济核心论坛等诸多倡议和设想。其中有些倡议已从酝酿讨论阶段进入谈判实施阶段，如南方共同市场已于 1995 年 9 月同欧盟进行了第一轮谈判；旨在建立美洲自由贸易区的美洲首脑会议也于 1994 年 12 月在美国迈阿密举行了第一届会议。日本在认真回顾和展望亚太经合发展的情况下，也于 1995 年初，一改以往不主动倡议建立区域集团合作的沉默态度[③]而抓紧内部讨论拟定有关建立以日本为中心的“东亚经济圈”的方案。这一系列新倡议和设想如果今后被逐一付诸实施，那么不仅将使世界上所有的国家和地区卷入了区域集团合作，大大拓宽区域集团自由化的范围，而且作为世界经济一体化“积木”的各大小区域集团，其相互联合“兼并”的动态过程将直接对 21 世纪中叶前的国际关系格局的形成和多边贸易体制的发展走向产生深远影响（见第六章和第十二章）。

这种区域集团化发展势头有增无减与多边贸易体制强化同时并举的“共生现象”，无疑对一度颇具权威的“彼此消长论”提出了严重挑战，甚至随着区域集团化的新发展和世贸组织生效后的有效运转，这种论调的势力范围正逐步缩小。不难发现，“彼此消长论”似乎表面上认识到了区域集团与多边贸易体制之间存在的“客观联系”，事实上却并未发觉二者整体关系中的实质内涵，进而忽视了二者之间相互竞争又相互补充的积极关系的客观存在，更未发现竞争与互补彼此转化的动态效应，因而导致了诸多偏颇观点的滋生。

三、区域集团与多边贸易体制的关系之争

“彼此消长论”目前虽然受到了“共生现象”的挑战和质疑，其影响力正日益消失，但由于这种理论观点，在国际社会官商学各界存在流行长达十年之久，而且派生出了诸多有关区域集团与多边贸易体制互补与竞争关系的评述观点，诚然有“百足之虫，死而不僵”之效力，故其余威尚存。这对国际社会全面认识区域集团与多边贸易体制之间的关系实质，进而促动多边贸易体制适用形势、顺应潮流、适时改革和完善有关规定，以便加强协调与区域集团存在的客观关系，并有效监督和驾驭其形成与发展方向，不可避免地会产生一些负面作用。

基于“彼此消长论”而产生的诸多论述归纳起来有四种观点。其一是认为区域集团与多边贸易体制的关系中只存在“竞争”而没有“互补”，区域集团的发展势将造成世界经济中大小区域集团林立对峙（“集团对峙”局面），在人力、财力和注意力等方面与多边贸易体制形成竞争格局，而且区域集团“天生”具有排他性的保护主义倾向，是贸易保护主义的“温床”，其发展会侵蚀甚至肢解多边贸易体制。这从根本上否定了区域集团对多边贸易体制的积极补充作用。其二是认为竞争大于互补，在这种观点看来，区域集团与多边贸易体制虽然短时期

内在某些方面存有相互补充的积极因素，但从长远看，加之多边贸易体制有关规定的局限性和审而无果的非有效监督，互补因素会逐渐丧失，而竞争局面则得以增强，其结论同样是否定了区域集团的积极作用。第三种观点是基于模棱两可的“中庸外交”哲学（“一分为二论”）而得出的结论，认为区域集团与多边贸易体制之间既有互补又有竞争，彼此消长既取决于多边贸易体制的有效监督，又取决于区域集团组成成员的经贸政策导向（自由与保护势力的较量）。第四种观点认为，区域集团与多边贸易体制之间总体上互补关系大于竞争关系，为了维护这种互补大于竞争关系的持续存在，强烈呼吁区域集团与多边贸易体制保持平行发展（“平行发展论”）。如果区域集团在贸易自由化方面领先于多边贸易体制，那么这时的互补关系将趋弱而竞争关系则趋强，因而会危及多边贸易体制的信誉和权威。这种“平行发展论”无疑没有认识到竞争与互补相互转化动态作用的存在及其积极影响，也没有发觉竞争不仅扩大了互补的内涵，而且也是互补得以存在的前提。

第一、二种观点目前主要流行于西方经济学和法学界，其宣传舆论影响虽然比较大，但现实实践中其抑制区域集团化形成与发展的作用甚微；第三种观点多见于各国和地区政界领袖的会谈与演说中，其之所以有较大的影响和“市场”，主要是迎合了政治外交的需要；第四种观点目前则主要集中于世贸组织范围内，迄今还未形成比较系统的理论体系，主要是散见于世贸组织总干事的演讲和有关文件中。有些西方外电评论认为，世贸组织的这种观点主要是用来掩饰自己面对势不可挡的区域集团化浪潮所产生的那种惧怕与浮躁的心理。

四、“互补性竞争论”的提出

笔者在批判地吸收和借鉴了“彼此消长论”的某些合理论述的同时，通过对多边贸易体制的“两步宽容”（法律与实践宽容）、区域集团的贸易投资动态规模效应、贸易政治因素对自由贸易力量与保护主义势力相互较量的作用、第三国反应对多边贸易自由化的影响、宏观经济政策协调的重要性以及区域集团与多边贸易体制背景、内容、原则、目标和成功前提诸方面的“趋同性”的介绍和分析，并辅助于对区域集团与多边贸易体制贸易自由化范围与机制的比较，进而得出了“互补性竞争”是区域集团与多边贸易体制关系核心的结论。

互补性竞争关系的结论，同时又是在系统和全面分析了区域集团与多边贸易体制的竞争与互补，相互转化的客观因素与内外动因的基础上得出来的。它完全不同于“互补大于竞争”的观点，因为后者是通过把竞争和互补截然分开，把两者视为互不相容的因素来对区域集团与多边贸易体制的关系进行分析的；而前者则是基于动态、整体与有机的角度，对二者之间互补与竞争的相互作用、相互转化与共同促进发展以至最终“趋向汇合”诸方面进行介绍分析的。“互补性竞争”关系的主要内涵归纳起来有这样几方面：（1）区域集团与多边贸易体制一个时期内的主导关系为竞争，一个时期内的主导关系为互补，而不是二者之间某些方面存在互补关系，某些方面存在竞争关系；（2）没有竞争就没有互补，竞争扩大了互补内涵，互补关系的发展又进一步扩大了竞争的层次和范围，进而形成一个竞争与互补关系相互转化的“互促互容”的动态发展局面；（3）多边贸易体制的规则与纪律及其审议报告程序，可借助于两步宽容、双重成员资格、动态规模效应、第三国反应、趋同性和优势互补等主观与客观因素的作用，加以制约区域集团排他性贸易保护主义倾向的形成和发展，进而遏制“没有互补”的竞争关系的产生；（4）互补与竞争关系的相互转化，为贸易自由化的整体发展注入了生机与活力；（5）互补性竞争推动和加速了区域集团与多边贸易体制的“最终汇合”，因而，使得基于全球贸易自由化的全球经济一体化得以实现。在此经济格局中的世贸组织势将成为协调、管理和规范“全球自由贸易区”的真正意义上的多边贸易体制（见第十一、十二章）。

五、多边贸易体制的“两步宽容”

总协定的缔造者迫于历史与现实的考虑，在基于美方建议和发展中国家要求的情况下，接受了区域集团的两种较为普遍的形式，即关税同盟和自由贸易区。事实上，这两种形式所涵盖的内容也是同总协定自身协调、管理的关税与贸易等问题的关系最为密切。这种自由贸易区与关税同盟作为总协定最惠国待遇基本原则的最大例外而体现于总协定第二十四条中，由此使得区域集团与多边贸易体制的客观联系纳入了基本法律关系中。

总协定第二十四条通过提出“实质上所有贸易”、“总体上不得高于或严于”、“临时协议的合理过渡期”等要求来限定自由贸易区或关税同盟获得最惠国待遇的例外，同时又对自由贸易区和关税同盟的目标、定义、通知程序以及补偿性调整等做了规定。但由于这些要求与规定含糊、笼统和非量化，不仅给总协定的审议工作带来了许多困难，而且也使得这些规定和要求的可操作性降低，有的形同虚设，存在很多“局限性”。事实上，即使有严格完备的细化规定，面对区域集团形成的“主权意志”，总协定也只得采取灵活务实的态度。为适用区域集团化的发展形势，尽量避免总协定47年对区域集团审而无果④的现象重演，乌拉圭回合谈判对总协定二十四条中的临时协议的合理过渡期、后续报告制度、补偿性调整以及争端解决程序等问题做了改进和增补，特别是有关区域集团的争端解决程序的新规定将有助于进一步约束和规范区域集团的贸易行为，由此形成了一个总协定第二十四条解释之谅解。但“谅解”对该条中涉及的实质性问题如“实质上所有贸易”和“总体上不得高于或严于”等并未做出具体的改进，采取了“回避”的态度。另外，服务贸易总协定第五条针对服务贸易领域里的区域一体化合作，在参照了总协定第二十四条有关内容的情况下，同样做出了比较原则和笼统的规定。

笔者认为，多边贸易体制出于历史和现实的考虑，并认识到真正的区域集团合作的积极作用，在有关规则纪律和通知审议程序的制定过程中，对区域集团采取了极为灵活和务实的态度，这也是为什么总协定第二十四条及其谅解还有服务贸易总协定第五条的规定和要求笼统和模糊的原因所在。我们把这称作为“法律宽容”，也是多边贸易体制对区域集团的第一步宽容，而把多边贸易体制在按有关规定对区域集团协议的审议实践中所采取的灵活与务实态度称作为“实践宽容”，也是第二步宽容。试预想，如果世贸组织的争端解决机制今后适用于区域集团的争端解决实践中，或许迫于现实的需要也要采取灵活与务实的解决办法，有可能形成多边贸易体制对区域集团实施“第三步宽容”（见第二章、第三章、第四章和第十章）。

六、区域集团的贸易投资动态规模经济效应

自多边贸易体制诞生以来，分析区域集团的贸易投资效应方法，主要是采用了20世纪50年代初沃纳的“贸易创出”与“贸易转移”的传统静态理论，但随着世界经济全球化、一体化和贸易投资自由化的深入发展，国与国之间经济渗透和相互依赖日趋提高，贸易政策与经济政策的“界限”渐趋模糊，传统的主权和“民族国界”意识也正受到不同程度的侵蚀，加之区域集团成立后贸易规模、市场规模、投资规模和规模经济等动态效益的逐步形成和发展，再利用沃纳

的贸易创出与转移静态分析法，不仅脱离了区域集团发展的客观实际，而且难以得出比较准确的结论，有时甚至无法操作。例如，对外直接投资的空前流动导致技术转移和产业转移的迅速发展，各类产业和服务业跨国公司在区位优势、资源禀赋（自然资源和劳动力资源）、市场潜力以及技术组合等因素的诱导下纷纷在世界各地“落户”，其生产日益国际化、全球化。要在这种背景下形成和发展的区域集团中，区别哪是第三国产品和投资，哪是成员内产品和投资，哪是第三国企业和哪是成员内企业，在一些甚至许多方面都是极为困难的，所以也就无法利用贸易投资创出和转移的静态方法来分析和判定贸易投资效应的大小了。

有鉴于此，我们除了扼要介绍沃纳的贸易创出与转移方法并指出其存在的问题外，着重介绍了“实际贸易量”和“福利效应”等动态分析方法，同时指出了其优缺点。在分析区域集团的投资效应时，笔者提出了“主动投资”（“积极投资”）和“被动投资”（“消极投资”）的概念，并从动态角度，剖析了区域集团的形成对直接投资所产生的积极作用。另外，还简要介绍了一些传统的经验评估方法。通过这些介绍和分析，可以发现真正规范的区域集团无论对成员还是第三国，中长期内将会产生明显的贸易投资动态规模效应（见第八章和专文一）。

七、“贸易政治因素”与宏观经济政策协调的作用

区域集团成立前，国内政治层面上的贸易保护主义势力一般总是强于自由贸易力量，但区域集团成立后，这两股势力在组成成员的政治结构中的较量会发生一些积极的变化。虽说区域集团的形成会导致优惠原产地规则的广泛采用（自由贸易区内）、紧急补救措施的歧视性实施以及利益集团游说费用的降低，进而短时间内会增大贸易保护主义势力，但从长远来看，由于区域集团协议本身纪律与义务框架对成员的约束、动态规模效应的作用、成员间的相互制约与相互监督，加之多边贸易体制义务机制的外部压力等因素的存在，其总的发展趋势是，区域集团的贸易决策过程偏向自由贸易力量，即贸易政治因素中的自由贸易力量逐渐上升，保护主义势力相对下降。

区域集团成立后的宏观经济政策协调，同样受保护主义势力与自由贸易力量相互较量的结果所左右。从 20 世纪 60 年代诸多发展中国家间区域集团合作的失败中，所吸取的一个重要教训是，宏观经济政策的协调成效及其“有序性”是决定区域集团能否向前发展并获得成功的重要因素之一。同时我们通过分析区域

集团成员间经济政策相互影响与协调的意义以及“有序谨慎”的宏观经济政策（主要是货币与汇率政策）的重要性，进而得出了这样的认识，即区域集团合作发展到一定程度需要成员间宏观经济政策的协调，宏观经济政策的有效协调又进一步促动了区域集团向前发展。但不容忽视的是，要真正实现有效的宏观经济政策协调，其前提条件是组成成员政府制定和实施“有序谨慎”的宏观经济政策，特别是货币与汇率政策。成员政府能否制定实施有序谨慎的宏观经济政策除了自身努力外，还需要多边贸易体制与多边金融机构的相应配合，故而又需要世贸组织、世界银行和国际货币基金组织三者之间加强贸易政策、货币政策和汇率政策的系统协调。毋庸讳言，多边贸易体制有关国际收支条款的规定，在一定程度上对其成员特别是发展中国家成员制定有序谨慎的宏观经济政策及其协调过程产生了某些消极作用。这就要求多边贸易体制尽快对国际收支条款进行必要的改革，以便消除多边贸易体制对区域集团所产生的“唯一”消极作用（见第九章）。

八、“互补性竞争”推动区域集团与多边贸易体制的“最终汇合”

区域集团和多边贸易体制通过发挥各自的优势和特长，在促进货物与服务贸易自由化、加强知识产权保护、取消“结构性障碍”（主要包括“限制性商业惯例”）、维护权利与义务平衡以及规范和协调国别政策等方面，二者之间产生了一些共同点，但更为重要的是存在许多不同点。这些不同点既是竞争的结果，又是互补得以形成的前提。

由于多边贸易体制的“两步宽容”、区域集团兴起与多边贸易体制强化背景和面临挑战的“共同性”、内容与原则的“相似性”、根本目标与成功前提的“一致性”（共同、相似和一致三者构成“趋同性”）以及区域集团在提高对多边协调重要性的认识、推动敏感领域贸易自由化（为多边贸易自由化的“试验场”）、开辟自由化新领域和促进自由经贸思想的传播等诸多因素的相互作用，使区域集团与多边贸易体制之间存在的竞争与互补得以相互转化。这种相互转化的动态效应不仅促发了区域集团与多边贸易体制之间“互补性竞争”关系的形成与发展，使之成为二者关系的核心，而且为贸易自由化的整体发展注入生机与活力，进而推动了区域集团与多边贸易体制的“最终汇合”（见第十一章和第十二章）。

互补性竞争关系在其内在和外在动因的作用下，不仅促使各区域集团在贸易自由化范围的深度与广度上下功夫，而且也迫使主要区域集团在扩大成员资格和地域范围上做文章，以期扩展和开拓本地区的势力范围，为资本、技术寻找更广阔的自由市场。这样在各区域集团之间就出现了联盟、联合和政策对话的现象，并选择那些合格的国家和地区及早入盟。主要区域集团如北美、欧盟和亚太经合等均在积极考虑扩充成员的问题。

根据目前已有的方案和新倡议，以欧盟、北美和东亚为中心的三大区域集团目前已显雏形。可以预见，最迟在2020年前，如果不发生大的国际动荡和大规模武装冲突，以欧盟为中心包括中东欧、北非地中海和中东海湾以及中西亚国家和地区的大欧洲经济区，以北美为中心包括所有拉美国家的美洲自由贸易区（西半球自由贸易区）和以东亚与北美为中心包括南亚和部分拉美国家的亚太自由贸易区，势将使世界经济格局处于“三足鼎立”的状态。

在这三大区域经济集团的形成过程中，有些边缘国家和地区以及中小区域集团，迫于形势的发展和利益的轻重取舍以及现有双边关系的考虑，必将参加这三大集团中的一个或两个，如俄罗斯可能只加入欧盟或亚太，也可能同时加入两个（俄身兼两成员资格有可能成为亚欧实现经济联合的重要桥梁之一）。环印度洋的一些国家和地区有的会加入亚太，有的会加入欧盟，有的可能身兼亚欧成员资格。非洲大陆的一些区域集团大都可能被欧洲经济区所兼并。这样整个世界经济格局“三分天下”的轮廓会更加清晰明显。与此同时，三大区域集团迫于“三足鼎立”的经济形势和要求市场经济规模进一步扩大的压力，加之互补性竞争关系的内在驱动，不仅在实施进一步贸易自由化方案、开辟新领域以及国别经济政策与立法协调等方面有大的发展和作为，而且在酝酿、探讨和寻求建立彼此之间的联盟方面也将有果敢的行动与举措。事实上，目前这三大区域集团之间的联盟机制有的已进入建立的初期阶段，如美加墨三国同时身兼美亚成员资格本身就是美洲与亚太联盟的“天然”条件；有的正在谈判签署区域集团间自由贸易区协议，如南方共同市场自1995年9月开始与欧盟谈判建立跨地区的自由贸易区，并于同年12月双方签署了有关在2008年前建立跨大西洋自由贸易区的框架协议；有的正在探讨、酝酿，如欧美双方正在倡议建立“北大西洋自由贸易区”；东亚与东南亚正在同欧盟举行亚欧政策对话。

基于这种广泛联盟结构关系的既有三大区域集团，在欧美、亚欧和美亚新三大区域集团作为经济桥梁的作用下将趋于全面联合。这样以中小区域集团为“积木”，以三大区域集团的联合为标志，世界经济最终走向了基于全球自由贸易区的世界经济全面一体化的道路。在这一新的世界一体化框架中，贸易的边境壁垒已趋消亡，贸易投资政策、竞争政策以及宏观微观经济政策的协调与规范将达到一个比较统一的水平，国家的政治经济主权将在一定程度上遭到削弱，贸易政策与经济政策的界限基本趋于消亡。这期间随着全球自由贸易区的建立，原有的贸易大国地位虽相对下降，但其主导地位不会改变；一些潜在的人口大国有可能加入贸易大国的行列，在全球自由贸易区内发挥主导作用，也有可能继续保持原有的中等地位，依然处在一种既发挥不了主导作用，又不甘心作“陪衬”的尴尬境地。

在三大区域集团联合为全球自由贸易区的同时，多边贸易体制在互补性竞争关系的作用下，不仅在成员资格扩大（尽快吸收中国、俄罗斯、中国台北、乌克兰以及其他独联体国家加入世贸组织）和体制化建设（竞争政策、经济政策协调委员会以及国际贸易法院的建立等）诸方面将经历新的发展变化，而且在贸易自由化范围、经济政策与立法协调的深度与广度等方面也将取得新的突破性进展，以致最终与全球自由贸易区的成员资格、体制管理结构以及贸易自由化范围等方面趋于一致。至此程度，多边贸易体制在其发展过程中通过渐进式的立法程序（如乌拉圭回合协议在成员政府签署后再由国内立法机构批准认可），事实上成为全球自由贸易区的当然管理与协调者，那么，基于区域集团与多边贸易体制“最终汇合”的全球经济一体化将得以实现。这就是本书通过分析所发现的区域集团与多边贸易体制基于互补性竞争关系发展的最终走向。

九、多边贸易体制完善区域集团管理体系的改革行动

为了增强多边贸易体制协调、管理和监督区域集团形成和发展的能力，尽可能地缩小区域集团的贸易保护主义影响，扩大和发展“互补性竞争”关系，笔者在介绍和分析西方经济法学界和世贸组织有关改进和增补区域集团规则与审议程序的建议过程中，也相应地提出了一些改革设想。面对区域集团发展势头强劲和多边贸易体制日益加强的“共生局面”，国际社会，特别是西方社会正在积极酝酿、讨论和制定有关加强和完善多边贸易体制对区域集团的监督与管理体系的方案并采取了具体行动。

1995 年 10 月，西方四国（美、加、欧、日）贸易部长英国瑞普利会议，就

敦促世贸组织尽快设立一个常设的区域集团委员会（也称“区域一体化委员会”）的倡议达成了一项谅解。四国贸易部长的倡议马上得到了其他发达国家、绝大多数发展中国家和世贸组织的积极反响。值此背景，世贸组织在其1995年11月15日第四次总理事会上，应加拿大大使的要求就四国贸易部长的倡议进行了广泛讨论，有30多个成员代表发言支持四国贸易部长的倡议和加拿大大使有关就建立区域集团委员会进行非正式磋商的建议，并一致敦促世贸组织总理事会主席尽快就拟设的区域集团委员会的组织结构和职能范围等问题，主持召集非正式磋商，并力争于1996年初向世贸组织总理事会提交非正式磋商报告。这说明一个系统负责管理与协调审议工作和监督区域集团发展的组织机构不久将产生于多边贸易体制中（见第十三章）。

十、中国面临的新挑战

在区域集团化迅猛发展和多边贸易体制日益加强以及二者之间“互补性竞争关系”的强有力作用下，当前全球贸易自由化和经济一体化进入了一个深入发展的新时期。值此背景，在既没有参加多边贸易体制又未倡议建立自己的“小区域集团”和未能在亚太经合中发挥主导作用的情况下，中国面临的挑战似乎大于机遇。

不难设想，历时十年的中国“复关”和“入世”谈判如能在今后较短的时间内全面结束，及早在中国经济与世界经济之间架起全方位接轨的“桥梁”，因而使中国逐步参与多边贸易体制的协调决策过程；与此同时中国又能倡议建立自己发挥主导作用的区域集团，那么这种“挑战大于机遇”的局面会逐步转化为“机遇大于挑战”的形势（当然，这种转化的速度及其可能性，在很大程度上取决于国内经贸改革和政治改革能否在17年改革开放的基础上获得突破性进展）。当“入世”谈判久拖不决时，如能不失时机地倡议并建立起小区域集团，那么，也可在一定程度上缓解“挑战大于机遇”的局面，至少能避免被区域集团边际化的危险；但在缺少多边贸易体制保护的情况下，外部经济贸易环境会相对恶化，挑战转化为机遇的进程将受阻，中国经贸体制与世界多边贸易体制的差距自然扩大，那么，中国在国际经贸社会中的地位和形象不会发生实质性变化。这样中国在小区域集团中一开始占有的主导地位就势将遭到其他成员的挑战。另一种情况则可能是，如果受制于所谓复杂的周边和地缘政治与军事关系的困扰以及传统的“外交思想”的束缚而未能在当前区域集团化发展的新形势下建立起小区域集团，但中国“入世”谈判要能在短时间内结束的话，“挑战大于机遇”的局面能否向“机遇大于挑战”转化，主要取决于中国参与多边贸易体制和“亚太经合”的力度。当然在挑战向机遇转化的情况下，中国能否采取相应的一整套行之有效的全球多边与地区多边外交举措，并能在国内逐步建立起完备的市场经济体系，进而抓住和利用好机遇，似乎也是摆在中国面前的另一个挑战（参见第十四章）。

上面几种情况的粗略概述并非试图提出什么对策，笔者自 1990 年至今在已发表的有关区域集团、多边贸易体制和中国“复关”和“入世”谈判的一系列著作[⑤]中，曾从不同角度提出了诸多不成熟的对策建议。笔者思忖后拟不再多发议论，而是试图列举几点中国在现行“亚太经合”中和在多边贸易体制新旧交替中所面临的新挑战。

1. 作为支撑中国全面参与地区合作和多边贸易体制的以现代企业制度为基础的市场经济体系的创建进程目前步履维艰。17 年的改革开放虽然在一定程度上缩小了中国经济体制与世界经贸制度的距离，但在许多重要方面却进展不大。在一些方面，深化改革和扩大开放因缺少实质性内涵而出现了形式与内容不相协调的问题，个别主管部门维持已有“条块分割”和过多干预经济生活；加强国有企业管理成了某些行业主管部门拖延企业产权变革和回避现实矛盾的托词；一些名为法律实则行政管理条例的大量出台；“扩大开放、发展外向型经济”的过度宣传误导了诸如“保税区热”、“开发区热”、“合资热”、“文化或艺术节热”以及“出国考察热”的兴起，等等。这些“畸形发展”不仅是中国建立完备市场体系的障碍，而且也是中国全面参与世界多边贸易体制和区域集团合作的“绊脚石”。

2. 中国“复关”和“入世”久拖不决，使我们在多边贸易体制的“新旧交替”和世贸组织生效运转的“奠基”过程中，对一系列重大的多边贸易决策活动只能“观察”（没有发言权，更谈不上参与）而不能全面“卷入”。这样既不能维护中国的多边经贸权益，又不能利用多边义务来促进国内的改革开放事业，遏制利益集团的保护势力，进而造成中国的经贸决策过程与世界多边贸易体制的决策进程继续脱节，距离拉大，重蹈以往“新课赶不上被迫补旧课”的覆辙。

3. 中国自 1991 年参加亚太经合 5 年来，亚太经合在制度化建设、贸易与投资自由化框架协议的形成、领导人非正式会议形式的倡议和采用、自由贸易区创建时间表的规划以及行动纲领的制定等方面的重大行动，目前似乎还找不出任何一项是由于中国发挥主导作用或直接影响而做出的。事实上，亚太经合在美国主导下的现有进展已大大超出了中国人的心理预期，而且领导人非正式会议的巨大作用将使这种超出心理承受力和预期的效应继续扩大。美国总统克林顿之所以在1993年11月召集首届亚太领导人非正式会议，是因为他充分认识到，此类领导人会议在一个充满“儒家”思想的亚太特别是东亚诸国和地区中，对人为地加速亚太范围内贸易投资自由化进程的深层次意义。中国在亚太经合中的一系列灵活举动（贸易、投资自由化措施、降低关税和非关税措施等方面的承诺）与复关谈判中的强硬态度目前就形成比较鲜明的对照，这似乎同领导人非正式会议的三次召开有直接的关联。所以说如何协调复关谈判和参与亚太经合的立场策略是目前亟待解决的一项重大内政外交事务。

4. 一向（自20世纪60年代以来）对区域集团表面上沉默寡言的日本，目前也正在内部酝酿、讨论和制定建立以日本为核心的东亚经济区方案。该方案定于1996年适当时候出台。据外电报道，日本此项方案涉及的主要区域集团成员可能包括中国和韩国。待日本方案出台后，中国对此持何种态度似乎也是一项挑战。

本章注释：

① 优惠贸易安排是指成员间就一项或几项（多项）商品贸易相互给予特殊优惠关税待遇，以带动相关产业的发展。至于自由贸易区和关税同盟的概念可详见附件四。共同市场在要求成员废除内部关税和非关税措施以及统一实施共同对外关税外，还允许所有生产要素——资本、劳动力、服务业与技术自由流动。共同体是在共同市场的基础上进一步走向全面贸易政策和与贸易政策相关的经济政策以及某些政治方面的协调与联合。经济同盟是把共同市场和共同体的全部特征与统一的经济和政治政策相结合。20世纪90年代以来，在这些区域集团合作形式上又提出了一些新概念，如“经济协作区”、“经济圈”、“成长三角”和“自然经济区”等。

② 这里的“人和”是从一般意义上而言的。近年来也出现了一些包括政治经济制度不同、发展水平不一以及文化习俗各异的国家和地区的区域集团，形成了成员资格和合作形式多样化的现象。那些发达国家与发展中国家之间形成的区域集团大都属于这种情况。

③ 日本政府在20世纪80年代末曾一度正式提出过建立“东亚经济圈”的建议，但日本的这一建议一提出就遭到了当时美国布什政府的强烈反对，国务卿贝克多次告诫日本首相不要在

亚太地区搞任何旨在排除美国参加的区域集团。日本政府迫于美国的压力，最后放弃了自己的方案而参加了1989年11月由澳大利亚提议和美国支持召开的第一届亚太经合堪培拉部长会议。1990年12月，马来西亚总理马哈蒂尔提出的“东亚核心经济论坛”倡议似乎也将面临日本“东亚经济圈”建议的命运。

④总协定在47年内共对80多个区域集团协议进行了审议，但审议结果只有6个协议基本上与总协定相一致。

⑤笔者一系列有关这类专题的著作除第十四章中列出的5篇专文外，还有：

中文部分：

《区域集团化对国际贸易的影响》，1989年11月22日，《人民日报》国际版（专论）；

《亚太经合部长级会议召开的背景及特点》，1989年11月9日，《国际商报》国际版（专论）；

《当前区域集团化兴起的背景》，1990年5月12日，《国际商报》国际版（专论）；

《乌拉圭回合面临新老难题》，1990年12月1日，《人民日报》国际版（专论）；

《世界多边贸易体制的作用及面临的挑战》，1991年4月5日，《人民日报》国际版（专论）；

《全面评述总协定主持下的“乌拉圭回合”》，1991年5月，《国际贸易问题》；

《试论北美自由贸易协议谈判面临的诸多难题》，1991年9月2日，新华社《参考资料》第23868期；

《关于中国复关谈判进展及建议》，1992年5月，新华社《国际内参》；

《中美总协定双边关系发展现状及建议》，1992年6月15日，《对外经贸研究》；

《当前中美总协定关系发展的新动态》，1992年8月，国际商报社《内参选编》；

《服务贸易多边谈判的目标与影响》，1993年8月2~23日，香港《经济导报》（上、下）；

《美国为何觊觎亚太经济合作组织?》，1993年11月15日，香港《经济导报》；

《美对我“复关”态度变化的主要考虑及政策性建议》，1994年1月6日，新华社《参考清样》；

《“马城会”后中国复关面临的新形势》，1994年8月，《对外经贸研究》；

《复关谈判最新形势的基本估计及对策》，1995年5月，新华社《国际内参》。

外文部分：

《全面推进中国参与世界多边贸易体制的进程》，1989年12月，香港《国际商报月刊》；

《外经贸体改与复关彼此促动关系》，1992年8月，日本贸易振兴社，纽约《中国论坛》；

《论“复关”对中国产业经济的影响》，1993年10月，香港《中国贸易与投资》；

《中国实行“全方位”开放的理论与实践》，1993年12月，华盛顿《中美贸易瞭望》。

第二章 多边贸易体制与区域集团的基本法律关系

从多边贸易体制与区域集团的47年的关系发展看，两者之间所说的基本法律关系是指：总协定缔约方成立区域集团后，须在满足总协定法律规定时方能获得免除最惠国待遇义务的例外。最惠国待遇的规定（详见附件一）是总协定多边贸易体制的核心原则之一，它要求总协定缔约方（世贸组织WTO现为成员）对来自或运往所有其他缔约方（成员）的产品所给予的利益、优待、特权或豁免，应当立即无条件地给予来自或运往所有其他缔约方（成员）的相同产品。最惠国待遇这类规定自16世纪以来就以不同的“面貌”出现于双边贸易条约中，但只有总协定多边贸易体制第一次把最惠国待遇原则作为适用于每一缔约方的一项义务来平等地对待所有其他缔约方的产品，也即任一缔约方须承担“多边最惠国待遇”①。

区域集团协议之所以引起人们广泛关注，特别是在多边贸易体制领域，就是因为它是多边最惠国待遇的最重要的例外。为了充分了解多边贸易体制与区域集团的基本法律关系的内涵，本章首先分析一下最惠国待遇条款与区域集团协议间的关系，然后再涉及区域集团满足了总协定哪些法律条件就可获得最惠国待遇义务的例外。

第一节 最惠国待遇条款与区域集团

一、“比较优势”的考虑

总协定最惠国待遇条款的核心目的在于确保缔约方统一实施其在各轮多边贸易谈判中的承诺，履行总协定项下的义务，以有助于进出口商顺利实现国际贸易利益。按传统国际贸易理论，对不同来源的进口给予同等的待遇不仅有利于资源在世界范围内的合理配置，而且可保证进口来自最低成本的供应商，从而加强世界市场基于比较优势的贸易发展，最大可能地缩小国内保护的代价。具体地说，出口商既可以从总协定的多边谈判或双边谈判中获得新的公平的多边贸易机遇，也可以免受对供货来源实行歧视性做法所造成的贸易机会损失。按国内政治考虑，一缔约方政府可利用最惠国待遇原则制止某些利益集团对进口来源（特别是那些中小贸易国出口商）实行歧视待遇的要求，一定程度地遏制国内保护主义势力，淡化贸易政策中的政治因素。对那些势单力薄的中小贸易国来说，最惠国待遇原则对确保它们的出口能享受公平的非歧视待遇尤为重要，而且可以把其与主要贸易大国的经贸关系建立于比较稳定的基础之上。简言之，最惠国待遇原则所体现的非歧视精神以这样或那样的方式极大地保证了以“规则为基础”（“规则导向”）的国际多边贸易体制的规范、透明、有序和可预见性。

“规则导向”（rule-based）的多边贸易体制是依赖“比较优势”而非“政治优势”来促进国际贸易繁荣的（这也是国际社会通常把总协定看做为“经济联合国”而非具有政治性的经济组织的原因，竭力淡化总协定中的政治因素）。总协定通过发动和完成多边贸易谈判（迄今已进行了8轮多边谈判）来追加贸易机会并使之自动和适用于全体缔约方以及通过标榜自由价格运行机制等，已逐步把世界经济纳入一个真正统一的“全球市场”之中。战后，以总协定为基础形成的多边贸易体制在促进贸易自由化空前发展、遏制贸易保护主义方面已享有美誉。按总协定统计，在过去近半个世纪中，世界贸易年平均实际增长率为6.5%，目前的世界贸易额是1947年的14倍而同期世界经济增量仅为6倍。这说明世界资源已达到比较合理的配置程度。

二、“区域集团”是最惠国待遇的最重要的例外

既然最惠国待遇原则作为缔约方奉行和遵循的核心原则，也是缔约方在多边贸易体制必须承担的最重要的多边义务，那么为什么总协定的缔造者却允许缔约方建立关税同盟和自由贸易区，并使之成为在多边贸易体制领域里最惠国待遇原则最重要的例外？归纳起来不外乎有三方面原因：（1）政治现实。因为区域集团有着较长的历史（参见附件二），如在总协定内不允许有这样的例外规定，禁止缔约方与周边国家和地区建立区域集团，那么将造成许多主要贸易大国如英国、法国、加拿大和美国等难以接受总协定；（2）似乎真正意义上的（公开透明非排他性的）关税同盟和自由贸易区是与非歧视原则相吻合的。当然这类区域集团不同于两次大战期间出于“以邻为壑”目的的“英镑集团”和“美元区”

等；（3）区域集团以关税同盟或自由贸易区形式出现类似于一主权国家内消除省与省或州与州之间的商贸流通障碍的做法，其目的在于取消或废除成员间全部（或实质性部分的）贸易限制与壁垒，这与总协定的宗旨和目标是一致的，不过是范围大小、地域不同而已（请参见第十二章的有关论述）。换句话，总协定的缔造者们已充分认识到，两个以上国家或地区间的经济一体化的经济合理性类似一个联邦政府或主权国家在其国内建立统一市场的努力。这说明，区域集团及其协议本身并不必然对全球经济一体化和多边贸易体制构成内在威胁。

总协定关于区域集团的规定反映了起草者们的上述心愿，同时也为区域集团的形成限定了一些较为笼统和含糊的条件，以确保区域集团外“第三国”的贸易利益和多边贸易体制的多边主义精神不受侵蚀，并以此驾驭区域集团的发展方向同规则导向和开放的多边贸易体制发展方向相一致，维护和巩固“互补性竞争关系”的形成与发展基础（请详见第十二章）。为此，总协定在为区域集团形成和发展规定一些条件的同时，还制定了通知、报告和透明度要求，以监督区域集团是否满足这些限定条件。

整体看，总协定有关区域集团的条款（参见附件三）主要是总协定文本中的第二十四条（以下称“总协定二十四条”，详见附件四）。总协定关于发展中国家缔约方建立区域集团的规定主要体现在总协定文本第四部分（贸易与发展）和“东京回合”形成的“授权条款”（参见第三章第五节并详见附件五）。另外，总协定第二十五条关于缔约方联合行动（“免责”，waiver）的规定也为一些区域集团协议获得免除总协定义务责任提供了基础（参见第三章第六节并详见附件六）。

第二节　总协定二十四条的来源

一、关税优惠安排的“祖父条款”待遇（grandfathers treatment）②

总协定第一条（最惠国待遇）二款在总协定生效时就免除了某些享有“祖父”地位的区域集团优惠安排的最惠国待遇多边义务。这类优惠安排（preferential arrangements）包括英联邦帝国优惠制，法盟优惠安排，美国与古巴专享的优惠待遇，比荷卢三国和美国给予的优惠待遇，智利与其邻国交换的安排优惠以及黎巴嫩与叙利亚关税同盟给予巴基斯坦和跨约旦国的优惠待遇等。然而，这些优惠安排水平要求不得发生变化（维持在1947年的水平），而且，这些关税优惠安排伴随总协定8轮多边关税减让谈判在世界贸易中已基本丧失原有的意义。

二、“关税同盟”在筹备总协定时首先得到认可

总协定多边贸易体制在容忍已存在的优惠安排并加以限制的情况下，奉行最惠国待遇原则，这无疑为基于非歧视的未来世界贸易增长奠定了基石。虽说美国在总协定创立前坚决反对给予任何形式的关税优惠安排以最惠国待遇例外，但从一开始却接受了“关税同盟”的概念，即在同盟内实施自由贸易做法，对外则实施共同贸易政策，包括共同对外关税③。作为导致总协定产生（通过起草国际贸易组织ITO宪章）的“1945美国建议”其中就包含了关于关税同盟（受制某些条件）条款，这一设想得到当时几个主要欧洲国家如法国和比荷卢关税同盟之成员国政府的强有力支持。然而，美方建议既未提及自由贸易区的问题，也未涉及最终形成关税同盟或自由贸易区的“临时协议”（interim agreement）。

在正式区域集团形成前采取“临时协议”的做法主要是出于现实的考虑，因为关税同盟诸成员不可能一夜之间就能完成庞杂的共同对外关税贸易政策的协调工作。所以说，总协定筹备期间，“临时协议”的做法就得到了充分考虑并最终写入1947年10月总协定二十四条中。

三、自由贸易区的提出

有些关贸专家认为，如果没有1947年11月至1948年3月的哈瓦那会议（继续起草国际贸易组织宪章），很可能现在总协定只涉及关税同盟而遗漏自由贸易区的问题。但是，在哈瓦那会议结束时，正值总协定第一届缔约国大会的召开。在这次会议上，作为对内相互取消贸易壁垒（主要是关税减让），成员对外则实施各自关税贸易政策的自由贸易区得到了合法认可。

自由贸易区的建议是黎巴嫩和叙利亚提出来的，并得到其他发展中国家的支持。发展中国家提出这一建议的主要考虑和理由是，自由贸易区作为区域经济一体化的较为初级形式比起关税同盟更适合发展中国家开展区域经济合作和现实状况。如果用单一的关税同盟形式来共同要求发达国家和发展中国家，不仅会影响世界经济一体化的整体进程，而且会限制发展中国家之间的区域经济合作，所以

说，总协定把自由贸易区与关税同盟一道写入其文本，并把自由贸易区作为一种向关税同盟的过渡形式是非常有必要的。

这一建议也得到了某些发达国家如法国的支持，并最终作为缓冲发展中国家关于优惠安排合法化要求的一种手段而被总协定正式接受。这一变化在 1948 年初被结合写入总协定二十四条。作为构筑多边贸易体制与区域集团基本法律关系的总协定二十四条自 1948 年至今并未产生任何实质性变更，即使乌拉圭回合谈判也只对该条的某些规定作了澄清，并未改进和修改规定本身的实质性内容（参见第四章）。

第三节 总协定二十四条的法律规定

一、区域集团的目标

如前所述，以最惠国待遇为核心的非歧视原则，是总协定多边贸易体制的最基本原则，但该原则也有一些例外，其中总协定二十四条关于区域集团的规定就是最大的一项例外。根据总协定二十四条的内容，关税同盟和自由贸易区协议之所以被允许作为最惠国待遇非歧视原则的一项例外，是因为总协定各方认识到，这类协议在对区域集团外第三国经济贸易利益并不必然构成威胁的情况下，有可能进一步促进全球经济一体化的发展，并成为多边贸易体制职能作用的有益补充。总协定二十四条四款对区域集团内外贸易自由化的问题规定了参数："缔约各方认为，成立关税同盟或自由贸易区的目标在于促进组成同盟或自由贸易区的各毗邻领土之间的贸易，但对其他缔约方与这些领土之间进行的贸易，不得提高壁垒。"（请参见第十二章二节）

二、"实质上所有贸易"（substantially all the trade）的含义

总协定二十四条八款，对关税同盟和自由贸易区的定义和特征做了规定。概括地讲，这一规定要求关税同盟和自由贸易区的成员，必须取消有关它们毗邻关税区之间实质上所有贸易的关税和其他限制商业管理措施[④]。但是，对取消相互之间贸易的关税和其他限制的这类要求似并非绝对的，除了在这些要求方面暗含一些灵活性外（也就是"实质上所有贸易"的规定模糊又笼统，参见第三章），

区域集团的成员如必要时可以继续实施总协定第十一条（数量限制一般取消）、第十二条（为国际收支目的而实施的限制）、第十三条（非歧视地实施数量限制）、第十四条（非歧视实施数量限制的例外）、第十五条（外汇安排）和第二十条项下维持关税和限制的权力。

这一规定对关税同盟和自由贸易区均适用。但对关税同盟的成员却提出了进一步要求，即同盟成员对非成员的贸易必须执行基本上共同的对外关税和其他商业管理规章。换句话说，对外实施共同关税税率和总体上共同的贸易政策。

制定实质上所有贸易要求的一个主要考虑，是帮助区域集团成员政府制止来自那些特殊利益集团的贸易保护要求。这些要求包括尽量避免和缩小对那些竞争力和效率不高的进口竞争行业（import-competing sectors）的关税减让，以维持原来的保护水平（区域集团成立前的）。

从区域集团形成对贸易增长的静态效应看，实质上所有贸易的要求可以扩大"贸易创出效应"，降低"贸易转移"的作用。同时这一规定要求也可以在成员内唤起自由贸易的广泛支持力量，来抵制贸易保护主义势力对区域集团的形成与发展（自由贸易方向）的反对，进而确保成员间不同程度的自由贸易的增长。

此外，实质上所有贸易的要求，还可以杜绝以区域集团协议为借口搞歧视性的行业安排。正如一些关贸法律专家所认为的那样，总协定二十四条实质上所有贸易的要求，首先是增强区域集团成员政府的责任和建立区域集团的严肃性；其次是保证成员之间所有或大部分贸易都纳入贸易自由化范畴；再次是确保无论何种形式的区域集团，只要基本上满足了实质上所有贸易的要求就能够成为全球经济一体化进程的一个有效补充。进而言之，这一要求在增加那些拟建立区域集团成员政府责任感的同时，也提高了成员政府建立区域集团的政治风险或代价，这就要求每一成员政府对建立区域集团须做出谨慎的决定，否则就有可能造成某些利益集团群起而攻之并可能出现严重的政治问题（这一点对中小发展中国家尤为重要）[⑤]。所以说，只有当成员政府对建立区域集团有了充分准备并能唤起足够的自由贸易的支持力量，认真地在成员间的实质上所有贸易上削减壁垒，逐渐制定出外向型发展战略（这一点对发达的市场经济没有多少意义），才能在真正意义上建立起预想的关税同盟和自由贸易区，并实现既定的目标。

三、区域集团获得例外的限定条件

总协定二十四条五款就关税同盟和自由贸易区的建立规定了条件，以避免对集团外第三国贸易造成不利。第一个主要的限定条件是针对关税同盟的，即要求一关税同盟形成时所制定的共同对外关税和其他贸易措施的水平，“不能总体上高于或严于同盟形成前的水平”。这一规定也适用于最终导致关税同盟和自由贸易区建立的“临时协议”。第二个是如果同盟形成后，共同对外关税影响或造成某一成员在总协定关税减让表“约束关税”（bound tariff）提高，那么根据总协定二十四条六款的规定，在这种情况下，总协定第二十八条的规定程序（详见附件七）就要被采用。该条就以往谈判的关税减让的取消或修改、对关税减让实行补偿性调整的可能性以及考虑关税同盟其他成员，对同类产品的关税降低所产生的新市场准入机遇等都做了较详细的规定⑥。

虽然自由贸易区的成员，不涉及共同对外关税和贸易政策的要求，但对自由贸易区或过渡到自由贸易区的临时协议来说，在建立自由贸易区或采用临时协议以后，每个组成自由贸易区的关税地区所维持的对非成员的缔约各方贸易所适用的关税和其他贸易规章，不得高于或严于同一组成关税地区在未成立自由贸易区或临时协议时所实施的相当关税和其他贸易规章的水平。这说明适用于关税同盟成员类似义务也同样适用自由贸易区的成员。

四、“临时协议”与透明度要求

总协定二十四条七款所规定的要求旨在确保拟建立区域集团协议（Proposed Agreements）的透明度。要求规定任何缔约方决定加入关税同盟或自由贸易区，或签订成立关税同盟或自由贸易区的临时协议，应及时通知缔约国全体（也称“缔约方全体”，Contracting Parties），并由缔约国全体对此审查后提出相应建议。

由于关税同盟或自由贸易区的正式建立决非一朝一夕的事，一般在成立前均经过较长时间的酝酿、讨论并做出可行性研究报告，听取各方意见与建议，以避免迅速成立后引起不必要的社会、经济震荡（部分工人失业，资金流动方向发生变化等）。所以说，总协定二十四条七款明确采用了“临时协议”的做法，这种做法既可为拟建立区域集团的各缔约方提供了充足的准备向总协定通知的时间，又可为总协定其他缔约方（非成员）对区域集团正式建立前基于临时协议提出建议创造了必要条件。

但为了避免出现有关缔约方利用临时协议做借口无限期搞歧视性优惠贸易安排，总协定二十四条五款针对“临时协议”作了如下规定：“本条所称的临时协议应是有一个在合理期间内成立关税同盟和自由贸易区的计划和时间表。”何为“合理期间”条文中并未做出具体规定，这又为有关缔约方利用临时协议的做法无限期高歧视性区域安排无形中制造了“法律空子”。但如果总协定缔约国全体联合采取行动发现临时协议中的计划和时间表不可能导致关税同盟和自由贸易区的创立或者在一个合理时间内也实现不了，那么缔约国全体就要对这一临时协议提出修改建议（recommendations）。如果有关缔约方未按缔约国全体的建议对临时协议做出相应的修改，那么这项临时协议就不能再维持或者付诸实施。所以说，临时协议的做法是总协定强有力保护区域集团外第三国经贸利益和确保区域集团形成透明度以及总协定本身监督和管理区域集团化发展的一个最重要的机制，其作用应随着实践逐步加以改善和强化（参见第三章第二节）。

五、区域集团的通知程序与要求

关于区域集团的具体通知程序、通知内容以及间隔时间长短等问题，总协定二十四条本身并未做出明确规定，只是到了 1972 年总协定理事会做出一项简短决定[⑦]，要求有关缔约方在区域集团协议签署后即刻向总协定理事会和有关工作组做出通知。事实上，这个决定对总协定二十四条七款的通知规定并无多少进一步的改善。这一做法旨在要求区域集团的有关缔约方向其贸易伙伴提供一份关于成立该区域集团的协议文本，以便使这些贸易伙伴能够较详细地考虑、评估和分析该区域集团的创立对其经贸利益可能产生的现实与潜在影响。

按总协定对区域集团的审议实践看（请详见第十章），一般通知后紧接着成立一个工作组，该工作组职责是根据总协定的有关条款（主要是总协定二十四条）的规定，对通知的区域集团协议进行审查和评估，并向理事会提出审查报告。工作组的成员资格是开放的，一般所要审查的区域集团协议缔约方均为工作组成员并且与其他代表团享有同样的地位，日常事务没有一般司法调查意义上的当事人“避嫌”的问题。工作组向缔约国全体的管理机构——理事会所递交的报告将反映所有工作组成员的观点与意见，如必要还要如实记录不同的观点和意见。工作组报告由缔约国全体通过后，将成为缔约国全体就该项区域集团协议与总协定二十四条规定一致性问题采取联合行动，做出最后决定的法律依据，或者根据工作组报告的审议结果向临时协议成员做出进行修改的建议。

六、缔约国全体的决定程序

如前所述，根据总协定二十四条的规定，有几种情况特别是针对成立区域集团的临时协议，缔约国全体要根据工作报告就建议和调查结果做出决定。按总协定第二十五条四款的规定，缔约国全体的决定，除本协定另有规定外，应以所投票数的多数通过。但按总协定作决定的传统做法，一般来说，一项要求一缔约方或数个缔约方采取一项积极行动的决定大多通过协商一致（consensus）的方式进行。“协商一致”是指总协定当就一问题讨论做决定时，如出席会议的任何缔约方代表没有对这一决定提出正式反对意见时，就算满足了协商一致的条件。但当就某一区域集团协议或临时协议难以形成协商一致的决定时，为了务实地解决这类问题，总协定二十四条十款对此做出了明确规定，即缔约国全体经 2/3 的多数通过，可以批准与本条的要求和条件不完全相符但系为建立本条所称的关税同盟或自由贸易的建议。但是，这类建议应最终（在合理时间内）导致关税同盟或自由贸易区的创立。根据总协定法律专家的解释，上述规定的原始目的是对那些并非全部总协定缔约方参加的关税同盟和自由贸易区的建立提供监督，以便给予免责待遇（请参见第十章第三节）。

本章注释：

①总协定文本起草者也认识到，非关税壁垒的歧视性实施同样会破坏关于总协定第一条所含的非歧视实施的目标和精神，所以在总协定内除了第一条就非歧视原则作了明文规定外，还在其他各条款就某些非关税措施的非歧视实施作了规定，如第十一条关于数量限制的一般取消（七款）、第十三条非歧视地实施数量限制以及第十七条关于国营贸易问题（一款）。这些规定是针对进出口的措施须基于非歧视原则而实施，为了确保通过边境后的进口产品在缔约方内同样享受非歧视待遇，总协定起草者们还把非歧视原则扩展至缔约方国内那些影响进口产品相对同类国内产品待遇问题的法规政策，这就是总协定所提倡的另一重要的原则，即“国民待遇”原则，总协定第三条专门就缔约方的国民待遇义务做了规定。

②祖父条款待遇问题。总协定中有一项特殊的法律条款，通常被人们称为“祖父条款”。

祖父条款有其特殊的法律涵义和法律效力。它起的作用是协调缔约各方的国内立法与总协定第二部分的条约义务的效力冲突问题，使缔约各方在现行国内立法允许的最大限度内履行总协定规定的义务。同时，它也引起了一系列有关的法律问题。祖父条款最初是“总协定临时适用议定书”的第一条乙款，即“在不违反现行立法的最大限度内临时适用总协定的第二部分”。概括地讲，祖父条款是缔约方在临时适用议定书和以后各国和地区加入议定书中专门列入的一项有关适用总协定第二部分的保留条款。它规定各缔约方可以在保留现行有效的国内立法的前提下，最大限度地履行总协定第二部分规定的义务。顾名思义，祖父条款是指保留缔约方国内立法的“祖父”资格，使其具有比总协定第二部分规定的优先地位，有时亦称“现行立法条款”或“授予资格条款”。关于区域集团的“祖父条款”是指在总协定成立之时或以前就已经存在的各类区域多边或双边优惠安排享受总协定最惠国待遇原则的例外待遇，使这些优惠安排保留“祖父”资格，不再追究其与总协定二十四条规定的一致性问题。总协定40多年来，缔约各方的立法和总协定本身有了许多变化，并且产生了一些国际贸易方面对总协定有影响的国际条约（“海关估价公约”等）。祖父条款的法律效力不断受到这些变化的影响，正走向衰老失效的过程，特别是乌拉圭回合多边谈判所形成的世贸组织，已基本上否定了“祖父条款”的法律效力，这有助于新多边贸易体制职能的加强。

③按美国当时参加筹备会议代表的解释，关税同盟可以创造和建立一个更广的贸易区域，由此可消除贸易竞争障碍，促进资源在更广范围内的合理有效配置与利用，从而提高区域内的生活水准和福利增加，而优惠安排或自由贸易区则不然，因为自由贸易区各成员保留各自内部贸易壁垒（除关税外），对外又不实施共同关税贸易政策，这将限制生产规模的形成，阻碍收入和需求的增长，既不利于区域内成员的福利和生活水准的提高，也无益于世界贸易的整体增长，而且优惠安排的目的在于给内部无效的生产商以特权而抑制外来竞争。关税同盟基于多边主义和非歧视原则有助于贸易的扩大，而优惠安排则正相反。在1946年，当美国代表把关税同盟的设想介绍给总协定起草者们时并作了进一步解释，只要关税同盟不给同盟外第三国贸易造成不利或使第三国处于不利地位（相对同盟成立前），那么这样的关税同盟就是可取的，而且关税同盟规定均以标准条款广泛出现于各国商务条约中。

④总协定二十四条，对关税同盟和自由贸易区之间的主要区别特征之一的“原产地规则”并未做出指导和规定。这主要靠自由贸易区内的成员对原产地规则在其成立自由贸易区协议中加以规定（如“美加自由贸易协定”）。因为自由贸易区成员对外各自实施不同的关税和贸易政策，这与关税同盟不同。为了确定哪些产品在区内贸易中享受免税待遇就须制定相应的原产地比例规定。事实上，自由贸易区中原产地规则的规定有可能造成贸易扭曲和转移，限制区域与第三国有效贸易的问题，已引起多边贸易体制和第三国的广泛关切。

⑤按总协定法律专家罗斯勒（Roessler，现为总协定和世贸组织法律司司长）的解释，认

为总协定二十四条的规定已降低了所有缔约方成立区域集团的代价，东京回合形成的“授权条款”又大大降低了发展中缔约方在这方面的代价。在过去40多年中，名目繁多的假自由贸易协议（pseudo - free trade agreements）的提出、实施已对有效开放和自由多边贸易体制构成了威胁。这就充分说明成立区域集团的多边义务代价和国内政治代价太低了，但有人对此看法持异议。

⑥总协定第二十八条，关于减让表撤销或修改的执行问题。该条是关于以往谈判形成的关税减让义务（在各成员的世贸组织减让表中受约束）进行撤销或修改的主要程序。如一关税同盟形成，势必会造成某一新加入成员撤销其原总协定和世贸组织项下的关税减让义务表，其新关税政策将归于该同盟在总协定和世贸组织项下的统一的关税减让表中。例如欧盟在世贸组织项下有一个统一的关税表，欧盟每次成员扩大都将要求新加入成员撤销其原在总协定和世贸组织中的关税表，在这种情况下，新加入成员原来关税表中某一产品的约束税率将被关税同盟统一的关税表中的较高约束税率所取代。如果出现这种情况，根据总协定第二十八条规定，该新加入成员须与其一或几个贸易伙伴（拥有“最初谈判权”的或者该项产品的主要供应国）就在其他产品关税进行减让以做出补偿性调整方面达成协议进行谈判。总协定二十四条就补偿性调整的形式没有做出具体规定来指导这类谈判，只是在本条二款作了较为含糊笼统的规定，即“在上述谈判和协议中（对其他产品所作的补偿性调整可能包括在内），有关缔约方应力求维持互惠互利减让的总体水平，使其对贸易的优待不低于谈判前本协定所规定的水平。”如果新加入同盟的成员缔约方与其受影响的贸易伙伴不能达成协议，那么撤销原关税减让表的情况无论如何也要发生。如果是这样，受影响的贸易伙伴相继可自由通过撤销原谈判减让来做出报复行动，这一报复行动事实上是基于最惠国待遇原则进行的，因为要把这类报复行动只对准个别国家而不影响其他贸易伙伴的贸易利益是不可能的，也是非常困难的。所以说自总协定创立至今，似乎这类报复行动只发生了三起，即1968年澳大利亚，1976年的加拿大和1986年的欧共体根据总协定第二十八条规定分别采取了类似行动，而且这三起行动都与总协定二十四条六款无关。

⑦1972年10月25日理事会的决定原文是：总协定理事会注意到总协定二十四条七款要求拟创立关税同盟或者自由贸易区或者达成最终导致关税同盟和自由贸易区成立的临时协议的任何缔约方立即就此通知缔约方全体的规定。在不影响缔约方上述通知义务的情况下，理事会决定要求那些签署了属于总协定二十四条五款至八款要求条件的区域安排协议的缔约方，同意把该项事务列入该协议签署后召开的第一次理事会议程中，并要求这些缔约方为确保这项事务列入理事会议程应提前10天做出通知。把该项事务列入议程应允许理事会就审查该项协议的程序做出决定。

第三章　多边贸易体制对区域集团法律规定的局限性

在第二章中，我们主要介绍和分析了多边贸易体制与区域集团的基本法律关系。总协定多边贸易体制与区域集团的关系实践告诉我们，当总协定基于这一基本法律关系对各类区域集团特别是政治经济上重要的区域集团如欧共体（现为“欧洲联盟”）进行审议时，却遇到了诸多法律解释和现实（第三国的阻挠和政治考虑）上的困难。困难的产生主要源于总协定二十四条中的一些概念缺少严格细化的规定与衡量标准，加上不同缔约方特别是第三国对区域集团截然相反的看法（请参见第十三章第二节），造成总协定对各类区域集团的审议不仅旷日持久，而且出现审而无果的局面，使对区域集团的多边审议流于形式。如果长此下去，不仅多边贸易体制监督和协调区域集团发展的作用逐渐丧失，而且不受多边贸易体制管理和监督的区域集团化发展势必会反过来在一定程度上干扰和侵蚀全球经济一体化进程和多边贸易体制的职能。当然这些含糊、笼统的规定也透视出多边贸易体制对区域集团协议的法律容忍或宽容（第十二章第一节），反映了多边贸易体制对区域集团可能产生积极补充作用的认可。本章拟主要分析多边贸易体制面对主要区域集团的法律局限性，为下一步探讨如何改善以世贸组织为基础的多边贸易体制与区域集团的基本法律关系和审查通知程序打下基础，并为寻找多边贸易体制与区域集团关系的核心内容提供一些线索。

第一节　主要区域集团对多边贸易体制提出的挑战

一、欧洲经济共同体对总协定的首次冲击（请详见第十章第二节）

总协定创立之时，由于对诸多当时和先前的优惠安排给予了祖父条款的待遇与资格，使得总协定第一个 10 年与区域集团的关系相安无事，有关区域集团的原则与规定极少利用，也未遇到解释上的困扰。这时总协定与区域集团的关系在整个世界贸易关系中处于次要地位。但是，这种相安无事的平稳关系到了1957年，也即形成欧洲经济共同体的《罗马条约》第一次被通知总协定时，却发生了根本的变化。在当时东西方关系紧张和冷战处于高潮的背景下，作为基于政治考虑为主、经贸利益为辅而建立的欧共体，不仅首次提出了如何解释和审查其与总协定法律规定的一致性问题，而且对其他有关缔约各方的经济贸易利益甚至政治关系也产生了深远影响。

在总协定审查欧共体的过程中，以欧共体6个成员国为一方，以欧共体的主要贸易伙伴为另一方，这两大对峙双方不仅难以就欧共体与总协定法律规定的一致性达成协议，而且在欧共体形成造成的关税补偿性调整方面也无法形成共识。面对这种僵持的局面，总协定在之后几年内曾多次试图协调与欧共体的关系，但都审而无果，最后基于这种僵持局面形成了一个折衷方案并相应地对总协定关于区域集团的规定提出了诸多含糊不清的解释。正是这一折衷方案和不严格的解释对以后总协定与区域集团的关系发展开了一个很坏的先例，很大程度上弱化了总协定有关区域集团规定的权威和法律约束力，扩大了多边贸易体制监督和协调区域集团化发展的法律局限性。

虽说罗马条约的起草参照了多边贸易体制的有关规定，但是，总协定的实际审议却揭示了不同缔约方关于该条约诸多条款与总协定规定一致性截然相反的观点与意见。

问题主要集中于欧共体成员国于1957年1月1日开始实施的简单未加权平均关税水平对非成员（第三国）的贸易影响。第三国集团认为，这种关税的统一调整将大幅度提高原来的关税水平，从而影响它们有重要利益的产品对欧共体的出口。这一点与总协定二十四条五款有关“关税同盟成立后的共同对外关税水平总体上不得高于成立前的水平”的规定不符。

另外，欧共体与其海外原殖民地领土（主要是法国和比荷卢同盟的前殖民地）签订的“联系或联盟协议（association）”也引起了其他缔约方的反对，认为这类联系协议虽说是以集合各类双边自由贸易区形式出现的，但它事实上废除和取消了总协定成立时业已对优惠安排实施的上限约束（ceiling），因而建立了一个新的更广泛的优惠安排制度。这等于大大背离了欧共体成员国在多边贸易体制中承担的最惠国待遇的基本义务。由于存在此类严重分歧，总协定并未就罗马条约与其规定的一致性形成谅解协议。缔约方全体对此作了以下声明，“由于这一审议涉及的主要方面目前还缺少充足的信息资料来完成对罗马条约的审议，所以说，在这种情况下，继续就罗马条约进行多边讨论与审议是没有多少实际意义的"[①]。从此以后，罗马条约的审议在总协定内再未进行，造成了总协定对区域集团第一个审而无果的案例，这为以后此类审议产生了消极影响。

二、美加自由贸易协定重蹈罗马条约的覆辙

总协定对罗马条约审而无果事实上为以后指导此类审议提供了一个可资援用的先例。1988 年生效的美加协议（CUSFTA）于同年通知了总协定。总协定拖了长达两年后方于 1989 年底成立了一个审议美加协议的工作组，于 1991 年总协定理事会讨论并通过了该工作组报告。但关于美加协议与总协定二十四条规定的一致性问题如同《罗马条约》那样并未达成一致意见（详见第十章第二节之三）。

总协定理事会于 1991 年在讨论通过工作组关于美加协议报告时，同意今后考虑如何进一步改进总协定二十四条项下的此类审查程序的问题。在 1992 年 12 月的第 46 届缔约国全体大会上，会议主席提请与会各方，认为全面评估和改善总协定二十四条对各类区域集团的审查程序和方法的时机已经成熟，及早完成这方面的工作有助于保证总协定内 50 多个此类工作组的审查工作的结束，并确保这类审议工作取得有意义的结果。这一问题同样列入了 1993 年和 1994 年的两届缔约国大会议程上，但全面审查和改善工作并未发生。鉴于乌拉圭回合对总协定二十四条规定的有限改善——对现行审议程序没有变动，那么，工作组审议区域集团协议的困难和存在的问题将照样存在于世界贸易组织之中，有可能成为每届总理事会（General Council）的重要议程之一。

三、区域集团外成员——第三国的阻挠

总协定二十四条审议工作之所以困难重重，除了本身法律规定的漏洞所致外，区域集团外非成员即第三国的阻挠也是非常重要的原因（参见第九章第四节）。第三国集团出于自身经贸利益的考虑，并确保其在总协定多边贸易体制中的权利不受侵犯，它们对某一区域集团的形成，特别是那些与其经贸利益关系较大的区域集团均采取了一种谨慎和百般挑剔的态度。这实际上是第三国集团面对区域集团所采取的一种策略，即让某一区域集团与总协定规定的一致性永无定论，以便让总协定可以随时对该区域集团重开审议，通过广泛讨论和评估，可以

持久地监督该区域集团的发展走向，提高其形成和发展的透明度，充分分析该区域集团对它们产生的现实与潜在影响，以决定是否诉诸于总协定第二十三条的争端解决机制。

基于这样一种策略考虑，第三国集团在总协定有关工作组的审议中，不仅缺少合作态度，而且也很少同意某一区域集团与总协定规定一致性的结论。如果总协定二十四条的审查程序不及时加以改善和调整，那么第三国出于自身局部利益而左右工作组审查进程的局面不会出现好转，而总协定和今后世贸组织有关区域集团的审查工作是否建立在公正、客观的基础上，诚然令人们忧虑；而且审而无果的做法使真假区域集团鱼目混珠，令各类绕过总协定二十四条规定的“非法”区域集团滋生蔓延，势必会降低多边贸易体制的威信，恶化多边贸易体制与区域集团的“互补性竞争关系”。这一点已引起多边贸易体制的广泛关注。

第二节　“临时协议”通知、计划和时间表的问题

一、临时协议生效前的审议

如前一章所述，一缔约方拟形成或加入关税同盟或自由贸易区须立即通知总协定缔约方全体。一般地说，该缔约方应把形成区域集团的临时协议在其正式生效前送交缔约方全体审议。总协定采取临时协议事先通知的做法主要有两个考虑：一是缔约方全体在审议和研究临时协议后，如发现该协议不可能在合理时间内导致关税同盟或自由贸易区产生或者认为临时协议的过渡期不合理时，可酌情对这一协议的成员提出修改建议；二是一旦缔约方做出修改建议，临时协议在未获得各成员国内立法机构通过前修改起来比较容易，而且该协议在未按缔约方全体的修改建议修改前，理论上难以获得总协定的支持和同意，这类协议也不能付诸实施。以上两方面的考虑可以进一步保证区域集团与总协定规定的一致性，从而确保其他缔约方特别是第三国集团的经贸利益，使多边贸易体制更好地发挥对区域集团的监督与协调作用。

事实上，在总协定成立后的头 30 年，大多数缔约方基本遵循了这一做法，总协定所收到的通知协议大都为临时协议，而且总协定审查工作一般均在临时协议正式生效前完成（虽说关于一致问题难以形成一致见解和结论）。在总协定的

第一个10年内，有关缔约方把其协议通知总协定的目的就是为了在按该协议正式生效采取第一项行动前获得总协定的同意，其行为是认真的。例如，罗马条约在1957年3月25日签署的同时就被通知了总协定。在总协定完成对该条约的审查后，罗马条约于1958年1月1日正式生效，同样，建立拉美自由贸易区（LAFTA）的《蒙得维的亚条约》的总协定审议工作也是在该条约于1960年生效前结束的。但是，值得注意的是，总协定对区域集团正式协议的生效前审议机制目前因诸多困难尚未建立起来。有关建立这一机制的倡议已提出来了，但世贸组织对此反应并不十分积极（请参见第十三章第二节之一）。

二、生效后的审议

自从罗马条约和《蒙得维的亚条约》等这些早期通知总协定的临时协议，按生效前的做法进行审议以后，特别是总协定进入20世纪70年代以来，已经有为数不多的几个临时协议是在生效前通知总协定的。到了20世纪80年代以后，几乎所有通知总协定的临时协议都是在生效后进行的，而且生效时到总协定完成审查工作的间隔时间从3个月到长达4年不等。造成这种审查工作严重滞后于协议生效的原因，一部分是由于有些临时协议签署到生效的间隔时间比较短，但主要原因还是许多协议在获得该协议诸成员国内立法机构的批准后方通知总协定造成的。后一种情况就使得临时协议生效前留给总协定审查的时间所剩无几，致使审查工作难以在协议生效前完成，有的甚至拖后几年。

这种事实上生效后的审查工作在某些程度上降低了总协定对区域集团形成和发展的监督和协调作用。例如，北美自由贸易协定（NAFTA）在1993年分别获得美加墨三国国内立法机构批准通过并在1994年1月1日正式生效，美加墨三国同意在总协定内建立审查该协定的工作组。同样，1995年1月1日，在欧共体把原欧洲自由贸易区三国芬兰、挪威和奥地利纳入后发生第三次扩大（Enlargement）的时候，有关这一行动的审查工作组也是在1995年1月1日后成立的。这类事后通知和事后审查的做法已基本上改变了总协定以往对区域集团生效前审查的规定。这种事后（ex post）审查的新做法使许多第三国失去了在工作组审查过程中对该区域集团提出质疑和问题的机会，即使提出质疑和问题，该协议成员的澄清与解释都丧失了任何实际意义，因为对该协议的任何修改和变动都将冒很大的风险。

三、“临时协议”规定存在的问题

随着生效前审议转向事后审查，审查各类区域集团的工作组及其参与方在讨论、研究和审议临时协议时，发现总协定有关临时协议的法律规定存在严重解释上的困难。总协定二十四条规定要求临时协议应包括在合理时间内建立关税同盟或自由贸易区的计划的时间表。但是，如前面章节所提及，何为“合理时间”、“临时协议”的明确定义以及计划的内容和时间表的时间长短等问题，总协定二十四条并未做出规定。这一法律难题在某些情况下势必会造成关于一项特殊的临时协议是否符合总协定规定的严重分歧，而且有关缔约方对该协议是否明确无误地在严格规定的时间内将导致一个有效的关税同盟或自由贸易区的创立疑虑重重。由于总协定工作组审查欧共体与突尼斯和摩洛哥的联系协议以及欧共体与黎巴嫩的自由贸易协议的经历和经验，许多第三国认为，既然在这些协议文本中并未就时间表规定参照日期，那么过渡期就缺少具体明确的结束日期。当然，这些问题随着近来和以后各项临时协议都明确写入过渡期和时间表而逐步得到解决。

关于审查程序涉及的另一个困难是，如何建立一个在总协定工作组完成审查工作后的定期报告制度，也就是后续审议机制。关于这一问题，在 1971 年 11 月召开的总协定第 27 届缔约国大会上，缔约国全体指示理事会就区域集团协议执行情况建立一个每隔两年的定期报告制度的日程表。缔约方全体这一指示的有效性因缺少统一的报告标准格式而受损。缺少统一的报告标准格式充分反映了缔约方对这一报告义务目标的不同观点和分歧，而且那些声称已完成执行关税同盟或自由贸易区（如欧共体、欧洲自由贸易联盟、澳新紧密经济合作关系贸易协定）的缔约方也未按缔约方全体和理事会的要求递交这类定期报告。自 1987 年以来，此类定期报告的日程表再未建立（请参见第十三章第三节）。

第三节 “实质上所有贸易”规定存在的争议

一、“实质上所有贸易”概念的贸易质量与数量之争

总协定与区域集团的关系史告诉我们，总协定各区域集团审议工作组的参与方在如何解释总协定二十四条中关于“实质上所有贸易”规定所存在的严重分

歧，是造成工作组难以就各区域集团协议与总协定规定一致性达成共识的主要原因。

实质上所有贸易的要求主要涉及关税同盟或自由贸易区成员间所实现的贸易自由化的范围问题。总协定工作组目前关于这一问题的讨论与分歧主要集中在对“实质上所有贸易”的概念是从贸易质量（不排除主要产业）上还是从贸易数量（成员间所包含的贸易量）上来理解和解释的问题。根据贸易质量的观点，许多第三国缔约方对那些明确排除了非加工农产品贸易（大多数区域集团协议是如此）的临时协议是否符合实质上所有贸易的要求提出了疑问[②]。例如，总协定工作组在审查瑞典与波罗的海诸国签署的自由贸易协定时，如果该工作组的某些第三国对这些协议（排除了某些农产品贸易，实行单独处理）与总协定二十四条关于“实质上所有贸易”要求的一致性不提出异议的话，那么该工作组就会对这些协议与总协定规定完全符合的问题达成一致意见，因为这些协议的其他内容和条款已获得了广泛的接受和认可。

那些排除了农产品贸易的区域集团协议成员针对贸易质量的观点进行了辩解，认为按总协定二十四条关于“实质上所有贸易”概念的原文解释，实质上所有贸易指的是成员取消所有贸易量上的贸易壁垒，而非所有产品和产业部门。这说明实质上所有贸易的要求并不排除在区域集团协议中删除某一项产品贸易如农产品的做法，只要该协议涉及的整体贸易范围符合总协定二十四条的规定即可。所以说，根据这种贸易数量观点对总协定二十四条八款 b 项的解释，认为某一区域集团协议贸易壁垒取消所涉及的贸易比例应被看做是决定该协议是否符合“实质上所有贸易”要求的最主要的标准。但对上述这一观点提出异议的缔约方则认为，贸易数量解释法忽视了这样一个基本事实，即对某一特定产品所觉察到的贸易价值较低的原因，是由于这一产品面临的贸易壁垒所致，而非这一产品本身所具有的较小经贸重要性所为。这些争论充分说明了在总协定对实质上所有贸易要求缺少统一解释和具体指导原则的情况下，不同缔约方对这一概念、解释的主观特征。

二、贸易自由化的措施范围与产品范围之争

区域集团贸易自由化范围的另一争论与分歧是，关于以该区域集团内部贸易自由化涉及到的关税与非关税措施的取消程度，还是以所包含的产品类别来衡量

和解释。在上一章已提及（参见第二章第三节之二），根据总协定二十四条八款具体规定，一关税同盟或者自由贸易区的成员可按一个总协定条款清单在其集团内贸易中继续享有实施该清单项下的关税与非关税限制措施的权利。如果这一清单被解释为一个“用尽单子”（exhaustive list），那么该用尽清单将使那些包含集团成员按该清单未明确列出的条款（如第十九条保障措施、第二十一条国家安全例外所实施的限制以及第六条反倾销与反补贴措施）而对成员间贸易实施限制的区域集团协议在总协定中丧失合法资格。但是要对这些集团成员行使其在这些条款项下的合法权利（特别是有关禁止毒品和武器贸易措施）提出质疑，似乎在总协定范围内是困难的。这也许是总协定起草者们的一个疏忽。

三、区域集团成员实施非关税措施是否免除非歧视义务的问题

区域集团成员在按总协定有关条款（如第十九条保障措施）实施非关税措施的保障行动时，是否可以在集团成员与第三国之间背离最惠国待遇的非歧视原则搞差别待遇的问题，在总协定内一直存在争议。按总协定二十四条的规定，只要某一区域集团协议符合总协定规定，它就可以享受免除最惠国待遇义务的权利；而且最惠国待遇涉及的范围不仅包括关税措施，也包括非关税措施（这一点尚存在某些争议）。这说明，从严格的总协定法律规定看，已获得最惠国待遇义务例外的一区域集团成员可以只对第三国的进口产品实施保障措施如数量限制等，而对区域集团成员不实施这一做法在法律上并不存在任何困难。

但是，从总协定与区域集团关系的实践历史来看，大多数区域集团在申请总协定第一条最惠国待遇义务的例外时，基本上涉及的主要是关税优惠待遇问题。特别是当造成一区域集团成员国内某一行业的严重损害不单纯是由于从第三国的同类产品进口激增时，该成员是否也应对造成这一严重损害的集团成员的同类出口产品实施保障措施，这更容易在区域集团成员与非成员之间造成无休止的争执。但是，总协定进入20世纪90年代以来，似乎已根据总协定有关规定同意了几个区域集团成员实施非关税措施的保障行动时享受免除非歧视义务的待遇[③]。当然，这些区域集团协议的第三国却对这一行动的合法性早就提出了强烈质疑。例如，总协定在1970年9月的关于审查欧洲自由贸易联盟吸纳冰岛和芬兰情况的工作组报告中就反映了许多第三国的意见，认为总协定二十四条并不影响各缔约方履行非歧视地实施配额等非关税措施的义务。

不难预料，伴随区域集团化的空前发展，特别是区域集团合作的深度与广度的提高（关税优惠安排的意义正逐步丧失，涉及非关税措施和国内经贸政策的更高级合作形式正受青睐，参见专文二），关于上述问题的争论势将从总协定转入世贸组织之内。这无疑又为新多边贸易体制在如何加强协调与区域集团化关系方面提出了一项新课题。

第四节 “总体上不得高于或严于”规定存在的问题

一、关于“总体上”的含义之争

总协定二十四条五款对关税同盟的一项重要规定，是指关税同盟成立后的共同对外关税和其他限制规章“总体上”不得高于或严于该关税同盟成立前组成领土之间的水平。根据这一规定，一关税同盟成立后的共同对外关税的制定是通过简单平均、加权平均还是以某一成员的最低关税为标准来完成，这将对第三国对该同盟的出口利益产生重要影响。关于对这一影响的评估和比较（也即同盟成立后和成立前的共同对外关税和其他贸易管理规章）在同盟成员与第三国之间存在分歧。分歧的焦点是基于单个国家和逐项产品还是基于“总体上”来进行这一比较。

在总协定审查罗马条约时，该审查工作组的第三国集团认为，任何一关税同盟或自由贸易区成立都不得对任何单个第三国的贸易提高壁垒；而欧洲经济共同体成员国则认为，上述第三国关于总协定二十四条五款的解释是不符合同盟成立后共同对外关税和贸易限制总体上不得高于或严于这一规定的内在涵义的。按欧共体对这一规定的解释，认为共同对外面向的是一个第三国集团而非单个国家；共同对外关税和其他贸易限制涉及的是实质上所有贸易，而非逐项产品。

从这点出发，总协定二十四条五款的规定并不排除关税同盟成立后的共同对外关税和其他贸易限制水平，总体上对某一第三国提高了，而对另一第三国则降低了；也不排除同盟成立后某一产品的共同对外关税和其他贸易限制水平提高了，而另一项产品则下降了。但是，总协定在审查罗马条约的实际过程中，许多第三国并未信服欧共体成员国的上述解释，而是在历次欧共体成员的扩大审查中继续坚持己见④。

二、约束关税税率变动后的补偿性调整问题

如果一缔约方在加入一关税同盟时，拟提高其关税表中某一税号项下的约束税率，那么总协定第二十八条关于减让表撤销或修改的正常程序就要适用上述情况。根据总协定二十四条六款的规定，如出现上述情况需要就补偿性调整进行谈判时，该谈判双方应适当考虑同盟其他成员在降低“相应”的关税方面业已提供的补偿。

关于提供补偿的争执，是指谈判应在何时进行（在关税同盟成立前还是成立后），提供补偿的性质和范围以及是否也必须考虑同盟其他成员在“其他”产品的关税方面所做出的减让，这种减让是否也应被看作是一种形式的补偿等。由于存在这些分歧，所以说 1961 年欧共体实现共同对外关税的目标而涉及的关税补偿性谈判在总协定内进行的异常复杂和艰难，谈判结果令许多受影响的第三国失望，有些第三国甚至以报复行动相威胁（参见第二章注释[6]）。

三、原产地规则（rules of origin）的问题（参见第九章第一节）

总协定审查区域集团协议时遇到的另一个关于“总体上不得高于或严于”规定的争论是，关于自由贸易区的原产地规则问题。关税同盟由于成员对外采取共同关税和贸易政策因而没有必要设制原产地规则，但有些关税同盟也涉及原产地规则的问题[5]。

自由贸易区的原产地规则，主要用来判定那些利用进口第三国中间产品而完成的最终产品是否能够享受自由贸易区（即减免关税和非关税限制）的待遇。既然设计和实施原产地规则或多或少地形成某些限制和障碍，许多第三国对自由贸易区的原产地规则有可能对其与该贸易区成员的贸易产生新的障碍表示严重关切。例如，1973 年，当总协定成立工作组就欧共体与欧洲自由贸易联盟的个别成员所达成的自由贸易协议进行审查时，一些第三国则明确指出，该协议中的原产地规则将提高第三国与该协议成员间中间产品贸易的障碍，而且此项原产地规则的规定颇为复杂，这本身对贸易就是一个障碍[7]。

目前，大多数自由贸易区都制定了原产地规则的规定，而且规定的内容、原则颇不统一，名目较多，有些原产地规则已诚然给第三国的中间产品出口造成了严重障碍，致使这类自由贸易区具有较浓的排他性（事实上有些自由贸易区之所

以具有“堡垒”性质，就是因为制定了苛刻的原产地规则）。

造成这一问题的主要原因在笔者看来，是由于目前总协定无论是二十四条，还是第九条（原产地标记）均未对区域集团特别是自由贸易区的原产地规则，即优惠原产地规则做出任何指导性规定，在乌拉圭回合谈判中也未对这一问题做出任何实质性规定（仅有一个附件共同宣言）。这就使自由贸易区在制定符合自己利益的原产地规则方面享有充分的自决权。

第五节　发展中国家建立区域集团的多边规定及问题

一、总协定第四部分[7]与二十四条关系之争

总协定第四部分包括的三个条款是针对发展中国家缔约方的贸易与发展问题而于1964年11月增补的，并于1966年6月27日正式生效。该部分就发达国家缔约方与发展中国家缔约方贸易谈判的非互惠原则（non-reciprocity）以及发达国家缔约方对促进从发展中国家缔约方进口所采取的特殊措施等方面制定了原则，并相应对发达国家缔约方在贸易和发展问题上所承担的义务作了原则性规定。

本部分与其二十四条的关系之争主要是指发达国家与发展中国家之间以及发展中国家之间建立优惠贸易安排的做法，是可以同时按总协定第四部分及其二十四条（也即把两者结合起来使用）[8]的规定进行（这种做法无需按二十四条或者二十五条的规定而申请最惠国待遇义务的例外），还是只需按总协定二十四条规定建立这类优惠安排并相应地申请免除义务。这一关系之争自第四部分于1966年生效迄今一直存在于这类优惠安排的组织缔约方与第三国之间。

从总协定关于这一问题的实际解决经历看，主要是发达国家缔约方援引第四部分的规定来使其与发展中国家间形成的优惠、非互惠市场准入安排合理合法化。例如，1976年总协定工作组审查欧共体与非洲、加勒比和太平洋（ACP）诸国于1975年7月签署的第一个《洛美协定》过程中，欧共体声称，此项协定是完全基于这些发展中国家的经济贸易与财政需要以及总协定第四部分所提倡的非互惠原则而形成的。根据该协议，非加太国家无需向欧共体所做出的优惠给予回报（也即反向优惠，reverse preference），而且与这些国家残存的优惠安排（如《雅温德协议》下的欧共体原六国与其前殖民地达成的优惠安排）随之取消。非

加太国家同意欧共体以上解释，进而认为该协议是在多边贸易体制内探讨和寻求发达国家与发展中国家新的经贸合作的一个重要进步的标志，是建立国际经济新秩序的一个重要尝试，是完全符合总协定的基本目标和宗旨的。具体地来讲，洛美协议各方认为，该协议的达成是与其总协定项下的义务，特别是总协定第一条二款、第二十四条和第三十六条的规定相吻合的。

但是，工作组的其他第三国则对以上解释提出相反的意见，认为《洛美协议》纯属于总协定二十四条项下的一种区域集团协议，应完全按二十四条的规定和程序来进行审查；即使该协议是按总协定第四部分的规定而达成的，但是第四部分关于发达国家给予发展中国家的特殊优惠安排的规定是面向所有发展中国家而不是一部分。事实上《洛美协议》在发展中国家之间造成了歧视性待遇，要是合法执行该协议也应获得免除义务的待遇。个别第三国甚至认为《洛美协议》这种做法有可能导致多边贸易关系和世界经济关系的分割和板块化，背离全球经济一体化和全球贸易自由化的进程[9]。关于《洛美协议》引起的二十四条与第四部分关系的争论在第三和第四个《洛美协议》的审查工作中一直存在着。直到1994年12月9日总协定第50届缔约方大会通过了给予《洛美协议》成员免除总协定第一条一款义务的决定，才使这一长达25年的争论方暂告一个阶段，这样《洛美协议》在总协定内得以合法化。

二、"授权条款"与发展中国家进行区域经济合作的问题

总协定进入20世纪60年代末70年代初之际，有关发达国家向发展中国家提供差别更优惠待遇（DMF）和"普遍优惠制待遇"（GSP）[10]以及发展中国家之间基于"1971年贸易谈判议定书"[11]建立优惠贸易安排等问题，一直困扰着总协定多边贸易体制。因为这些优惠安排并非基于总协定二十四条关于区域集团的规定而形成，属明显背离最惠国待遇之列。因为这些优惠安排要得以合法执行与实施，须定期按总协定第二十五条申请免除义务的例外。

在发展中国家看来，一方面这种免除义务的做法不仅太繁琐，而且会使发达国家给予它们的普遍优惠制安排处于不稳定状态；另一方面，面对发达国家之间日趋壮大的区域集团化发展之势，发展中国家也试图在它们之间建立接近于总协定二十四条规定的那样密切的贸易关系。但由于发展中国家竞相发展其经济贸易，尽早实现工业化的设想，为此大都采取了内向的封闭式"进口替代"政策，

致使它们之间的贸易条件不稳定，贸易依存度较低，它们不能或也难以建立像发达国家之间形成的区域经济集团，所以说，发展中国家认为总协定二十四条规定限制性条件太高，不适用于发展中国家之间建立优惠贸易安排。鉴此，广大发展中国家在1973年参加“东京回合”（也即总协定主持的第七轮多边贸易谈判，1973年至1979年）时有两个主要目的：第一是建立发达国家向发展中国家提供持久的普惠制和建立发展中国家之间的优惠安排；第二是要求总协定给予实施上述优惠安排的“一揽子授权”，不再诉诸繁琐的免除义务程序。

迫于发展中国家的强烈要求和某些业已实施普惠制的发达国家的提议，“东京回合”于1979年11月28日经过激烈的讨价还价后形成了一个名为“关于发展中国家差别更优惠待遇、互惠和较全面参与”的决定，这就是我们前面提及的“授权条款”。“授权条款”针对发达国家在免除总协定第一条义务的情况下，向发展中国家提供差别更优惠待遇和普惠制的问题作了明确规定，并通过本条款二款c项，就发展中国家之间建立区域或者全球关税和非关税措施减让优惠安排同样免除第一条义务等做法赋予了同样的授权。

但是，尤应指出的是，本条款在授权发展中国家建立区域优惠安排的同时，也制定了类似总协定二十四条四款的限制性条件。这主要表现在：（1）发展中国家之间建立的区域安排应以促进和扩大发展中国家之间贸易与合作为目的，而不应对其他缔约方的贸易发展提高壁垒或者设置不适当的障碍与困难；（2）发展中国家间就关税和非关税壁垒相互取消或降低应区别对待，关于非关税壁垒的相互取消或降低应按缔约国全体制定的标准或条件进行；（3）对于给予发展中优惠待遇的安排以及发展中国家之间的区域优惠安排，不应当阻碍在最惠国待遇基础上贸易壁垒的减少，也不应以此提高对于不享受优惠待遇国家的壁垒。另外，本条款赋予了最不发达国家在区域优惠安排方面更大的自由权和灵活性。关于这类优惠安排的透明度问题，授权条款四款规定要求这类优惠安排的实施、修改或撤销应通知总协定，并应第三国要求随时进入磋商。

目前，总协定贸易与发展委员会负责监督实施包括“授权条款”在内的一系列针对发展中国家的优惠条款与规定。根据总协定最新统计，贸易与发展委员会已收到11个参加方声称属“授权条款”项下的区域集团协议（详见附件九）。

“授权条款”自生效至今虽短短十几年，而且该条款与区域集团的实际关系经验也是有限的，但有关该条款的实施以及其与总协定二十四条的关系问题的争论已开始产生。发展中国家普遍认为，鉴于授权条款关于区域优惠安排的规定并未提及总协定二十四条的内容，这意味着授权条款是发展中国家建立区域集团或区域优惠安排在总协定多边贸易体制内唯一可遵循的条款。事实上，“授权条款”关于发展中国家建立区域集团的问题已完全取代了总协定二十四条。

当然，有些发展中国家并不完全同意上述解释，认为无论发展中国家间还是发达国家之间，只要是建立有较大影响的区域集团，均应遵照总协定二十四条规定并以“授权条款”作必要参考。很自然，发达国家对以上解释提出异议，认为“授权条款”关于区域优惠安排的规定只涉及发达国家与那些有传统贸易和政治经济关系（前殖民地或附属国等）的优惠安排（如《洛美协议》，美国与加勒比盆地倡议）以及发展中国家之间的“优惠安排”，其范围是有限的。至于那些既有发达国家又有发展中国家参加的区域集团以及影响范围较大的发展中国家成立的关税同盟（如美加墨协议、南方共同市场和未来亚太自由贸易区等）应按总协定二十四条规定的程序进行。

1995 年 4 月，总协定和世贸组织[12]面对拉美“南方共同市场”（MERCOSUR）的审查方式和是基于总协定二十四条还是“授权条款”进行审查的问题展开了激烈争论。虽然早在 1993 年 5 月 28 日关于这一区域集团的审查工作组就已在总协定贸易与发展委员管理下建立了，但有关该工作组的职责范围问题直到两年多后即 1995 年 9 月 20 日方得以妥协解决（参见第十三章第一节之二之 4）。

第六节 区域集团的争端解决机制与免责程序

一、与区域集团相关的争端解决机制和程序

总协定关于争端解决条款主要包括第二十二条和第二十三条（详见附件八），其主要作用在于确保缔约方在不自觉履行其总协定多边义务时，必须履行这一义务。这是保证各缔约方在多边贸易体制中权利与义务平衡的最有效也是最终法律约束机制。事实上，多边贸易体制职能作用的强弱和信誉的高低主要取决于争端解决机制的有效与权威实施。争端解决机制的第一步是总协定一申诉方提出与相关应诉方进入磋商的要求。如果磋商在规定时间内未能就该争端达成协议，那么，就进入了第二个步骤，即成立专家组（panel）来审查这一申诉的法

律基础及相关情况，然后向总协定缔约国全体（或者理事会）以书面报告形式提出具体解决这一争端的建议。缔约国全体或理事会以协商一致方式通过专家组报告后，争端解决程序转入最后一个阶段，即专家组报告的实施与执行。

关于总协定争端解决机制与区域集团关系的发展，在多边贸易体制中并不占有突出的地位。虽说有上百个区域集团协议已按总协定二十四条通知了总协定，而且几乎所有区域集团协议审查工作组关于与总协定二十四条一致性问题的审查结果大都未最终形成一致意见，但是，在迄今总协定争端解决历史上，只有三个案子是涉及区域集团问题的。这三个争端案子都是在总协定进入 20 世纪 80 年代后发生的，三个案子的应诉方均为欧共体。三个案子虽然专家组都形成了报告，但由于欧共体的阻挠，三个案子的争端解决报告均未获得总协定理事会通过，事实上，三个案子一直处于悬而未决的状态。

这三个案子的第一个是 1982 年美国对欧共体与某些地中海国家柑橘产品进口所达成关税待遇安排向总协定提出申诉[13]。该案子专家组报告的结论是这一关税优惠安排与总协定第一条一款的规定相抵触。虽说欧共体与地中海诸国的这一关税安排，总协定二十四条可以提供法律依据，但是专家组注意到关于该安排与总协定一致性问题缺少共识，所以，专家组结论并非欧共体所期望的。专家组在考虑到这一安排的总协定法律依据仍未决后，建议欧共体对此做出适当补偿性调整，以消除这一关税安排对美市场准入机会所造成的严重损失。欧共体在地中海诸国的支持下，不同意专家组报告的结论及其建议，认为要执行这一报告与建议，会破坏这一关税优惠安排签署与形成的平衡基础，而且在政治上也是不可行的。

第二个案子是关于欧共体成员国的香蕉进口体制。1993 年 2 月，哥伦比亚、哥斯达黎加、危地马拉、尼加拉瓜和委内瑞拉等拉美五国联合要求就欧共体香蕉进口体制建立专家组。专家组调查发现，总协定第四部分无意要求缔约方通过歧视性做法减损其他总协定义务，认为欧共体对来自非加太国家的香蕉进口所实行的关税优惠安排难以从总协定二十四条或者二十四条与第四部分的关系中找到法律依据。据此建议缔约国全体联合行动，要求欧共体把这一关税优惠安排与总协定规定协调一致。

第三个案子与第二个案子紧密相连，也即 1993 年 7 月 1 日，欧共体通过对香蕉进口实施统一市场安排，来取代原各成员国维持的国别香蕉进口制度。这一欧共体范围内的新做法，是一种把从非加太诸国的香蕉免税进口、第三国200万吨关税配额以及非传统非加太国家来源进口三者结合起来的进口制度。第二个案子的申诉方五国对欧共体的这一新制度投诉总协定，要求成立专家组进行调查。五国认为这一制度的诸多方面是有悖于欧共体的总协定义务。根据五国要求，总协定于1993年6月成立了立案专家组并做出了有利于拉美五国的裁决。但欧共体对专家组的裁决不服，经过欧共体与五国激烈谈判，最终以欧共体作为承担乌拉圭回合农产品协议义务的一部分，分配给哥伦比亚、哥斯达黎加、尼加拉瓜和委内瑞拉四国220万吨关税配额而了结。但前提条件是欧共体不执行专家组的裁决与报告（但危地马拉的申斥悬而未决）。事实上，这后两个案子的最终妥善解决是欧共体第四个洛美协议在总协定中获得免除义务责任。

二、区域集团与总协定第二十五条的关系

总协定第二十五条规定，主要是允许缔约国全体赋予一缔约方免除总协定义务。该条款也偶尔被用来给予某一区域集团协议免除义务的待遇。在1948年总协定诞生之际，法国为同意大利（当时还不是总协定缔约方）拟签订关税同盟协议而从总协定获得了免除义务责任。后来的“欧洲煤钢联盟”于1952年也被总协定赋予了免除义务待遇，因为该联盟只涉及煤钢产品，不符合总协定二十四条有关“实质上所有贸易”的规定。

同样，1952年，美国因与加拿大签署的“汽车自由贸易协定”也获得了免除义务待遇。随着发展中国家在总协定中总体力量的加强和要求差别更优惠待遇呼声的日益提高，特别是进入20世纪70年代以来，总协定有关免除第一条最惠国待遇义务的案子大都涉及发达国家基于非互惠原则向发展中国家提供优惠待遇的问题，其目的在于通过扩大出口收入以推动发展中国家的经济发展与结构调整。

不难看出，虽说有关区域集团援引总协定第二十五条免除义务的情况并不多，但该条款为总协定解决那些既不符合二十四条要求，又要在实践中必须实施的区域集团协议提供了必要的法律依据。至于该条款对加强管理区域集团化发展，严格约束各类绕过总协定规定的区域优惠安排以及强化多边贸易体制的作用与威信究竟产生哪些积极影响尚需进一步探讨（详见第十章第四节）。

本章注释：

①缔约国全体关于罗马条约的声明还包含这样一层意义，即有关该条约的磋商与通知程序（包括罗马条约修改与成员扩大等）均已形成谅解。这就确保了关于该条约审查工作的推迟，不会危及其他缔约方在总协定二十四条项下的权利。《总协定文件选编》，第7卷，第7页。

②区域集团协议，特别是关税同盟大都把农产品贸易排除在外，主要有两方面原因：一是农业问题在各国政治层面都是一个很敏感的行业，既涉及传统利益集团，又触及新利益阶层。农业在经济结构中占比较重要地位的国家基本上都采取了具有较强贸易保护主义色彩的支持政策，如欧共体的法国、亚太地区的日本和韩国等；二是，农产品贸易自总协定成立之时，特别是20世纪50年代初，美以国内“1938年农业调整法”第二十二条的规定为由，申请了免除义务后，一直游离于多边贸易体制纪律之外，其自由化进程比工业产品（除纺织品外）大大滞后。只是乌拉圭回合于1994年4月结束后，通过农产品贸易协议才逐步把农产品贸易纳入多边贸易体制的贸易自由化进程中。但农产品贸易要真正实现贸易自由化还需要一个较长的时间，而且其过程也势将复杂艰难。从目前来看，只有欧共体把农产品贸易纳入了其区域经济合作进程，其主要表现形式是“共同农业政策（CAP）”，但欧共体共同农业政策具有较浓的保护色彩，当前欧共体正通过执行“农产品协议”而对其进行改革。

③在1992～1993年总协定总干事在向理事会递交的名为“国际贸易与贸易体制的发展”的报告中，曾详细提及有关缔约方在二十四条项下实施歧视性措施的情况：1992年11月15日，匈牙利对从欧共体和芬兰（与匈牙利有自由贸易协议）以外的其他国家进口的纸产品实施一年的进口配额。1993年2月26日，欧共体对来自欧共体以外的鳕鱼进口实施最低价格制直到1993年6月30日。1993年4月15日，奥地利对从非欧共体成员国和非欧洲自由贸易联盟成员的所有贸易伙伴的化肥进口实施全球配额。

④由于存在这些分歧，总协定关于英国、爱尔兰和丹麦加入欧共体的审查工作也因此而停顿。《总协定文件》，c/m，第107页。

⑤自由贸易区协议之所以大都涉及原产地规则的问题，主要是由于各成员对外实施各自的关税与贸易政策，而关税同盟则不同。但无论是关税同盟还是自由贸易区有时为了其他目的（即除了自由贸易区中须利用原产地规则来判定哪些产品有资格享受区内减免税待遇外），如消费偏好标记，有条件的最惠国待遇（如美国对共产党国家）和国别配额等，也照样利用原产地规则，但这种原产地规则是非优惠原产地规则。

⑥《总协定文件选编》，第20卷，第145、158、171、183和196页。

⑦1995年总协定有关发展中国家的条款（第十八条）在经历第一次修改后，总协定和缔约方仍然感到需要为发展中国家做更多的事情，当然是迫于发展中国家的要求。为了使发展

中国家充分参与总协定多边贸易体制，不能以同样的纪律和规定来要求资源禀赋和经济发展阶段不同的国家。因此，1957 年总协定部长级大会决定建立一个专家组来研究国际贸易、发展中国家的困难、初级产品的价格以及非互惠等问题。根据这一决定成立的专家组递交了一份名为“哈伯勒报告”。该报告的结论与其他国家的看法一致，认为“要求发展中国家平等地参与多边贸易体制”并非最佳办法。总协定在“哈伯勒报告”建议的基础上，设立了三个委员会。在三个委员会的工作和建议的基础上，1963 年举行的总协定部长级缔约国大会，承认必须在总协定文本中为扩大发展中国家贸易制定相应的法律条款，并据此成立一个法律常设机构。总协定为适应这一要求，对总协定文本作了相应的增补，于 1964 年 11 月 20 日通过了题为“贸易和发展”的总协定第四部分，于 1966 年 6 月 27 日生效。该部分包括三个条款，即三十六条、三十七条和三十八条。三十六条规定了本部分的目标和一条重要原则——发达国家对其在贸易谈判中对发展中国家的贸易所承诺的削减或消除关税和非关税壁垒的义务，不得指望得到对等回报。这就是对发展中国家与总协定多边贸易体制的关系发展产生深远影响的“非互惠原则”。三十七条规定了发展中国家与发达国家各自承担的义务。三十八条确定了要求各缔约方按本条规定所采取联合行动的方式。虽说第四部分所规定的目标和承诺有一个重要的条件，即发达国家同意“在尽可能的范围内”实施这些条款，这在很大程度上减少和损害了这些目标与承诺的可操作性，但是，第四部分在推动发达国家向发展中国家单方面提供优惠待遇和建立南北间的优惠贸易安排等方面也诚然起了一些积极作用，而且，该部分为系统考察研究发展中国家的贸易问题以及如何解决这些问题提供了一个法律框架和依据。

⑧在总协定工作组审查澳大利亚与巴布亚新几内亚商贸关系协定和欧共体与阿尔及利亚、埃及、约旦、黎巴嫩、摩洛哥、叙利亚和突尼斯诸国贸易协议时，也遇到了同样的问题。因为以上协议各成员认为，它们从总协定二十四条与其第四部分的联系中，能够找到这些协议形成的法律依据。《总协定文件选编》，第 24 卷，第 63、80、88 页，第 25 卷，第 142、123 页。

⑨《总协定文件选编》，第 23 卷，第 48、53 页。

⑩“普惠制”是发达国家于 1971 年 7 月开始陆续实施的一种给予发展中国家出口制成品和半制成品（包括某些初级产品）普遍的、非歧视的和非互惠的关税优惠安排。普遍的、非歧视的和非互惠的是普惠制的三项原则。即所有发达国家对所有发展中国家出口的制成品和半制成品给予普遍的优惠待遇；非歧视的，即应使所有发展中国家从某一发达国家都无歧视、无例外地享受优惠待遇；非互惠的，即非对等的，发达国家应单方面给予发展中国家做出特别的关税减让，而不要求发展中国家给予同等待遇。普惠制无疑在过去 20 多年中是促进发展中国家与发达国家之间经贸合作的有效手段。但是，值得注意的是，乌拉圭回合结束后，由于发达国家工业产品整体进口关税率已大大降低（43% 进口为零关税，平均税率为 3% ~ 4%），这已从根本上削弱了普惠制对促进发展中国家出口的实际意义。目前，一些发展中国

家正在倡议改革现行普惠制，要求建立非关税领域和服务业领域里的“普惠制”方案。从发达国家在乌拉圭回合中对发展中国家有关差别更优惠待遇诸多要求的态度以及乌拉圭回合“最后文件”采取“统一整体义务承诺”接受的情况看，似乎发展中国家的上述有关要求改革普惠制的前景异常渺茫。这有可能促使发展中国家积极寻求与发达国家通过建立区域集团的办法作为弥补“普惠制”作用受损的主要手段之一。

⑪发展中国家贸易谈判议定书是在获得免除义务的条件下，于1971年缔结的，是发展中国家之间提供贸易优惠的法律文件。到目前为止，提供的优惠仅涉及关税方面，签署该议定书的共有18个发展中国家。发展中国家同意不采取任何非关税壁垒妨碍或减损关税减让所产生的利益。发展中国家无论是总协定缔约方还是非缔约方都可以参加该议定书。事实上，该议定书缔结的原始目标是试图在发展中国家之间形成前所未有的区域优惠安排，并以此作为推动“南南合作”的强有力手段，改善发展中国家发展民族经济的外部环境，提高它们参与多边贸易体制的能力，以便使广大发展中国家积极参与1973年发动的“东京回合”。但由于参加该议定书的发展中国家只有18国，且这18国贸易额较小，加之议定书成员在如何进行关税谈判、谈判范围大小等方面迟迟形成不了一致意见，在基于该议定书的第一轮关税谈判还未开始时，该议定书就被1979年5月在马尼拉召开的第五届联合国贸发大会（UNCTAD）所提出的“建立发展中国家间全球优惠制方案”（GSTP）所取代。1982年10月，77国集团第六届外长会议发表“部长宣言”，提出了指导发展中国家间全球贸易优惠制谈判的主要原则。其后，77国集团的72个成员国报名参加全球贸易优惠制谈判，其中48个国家参加了1986年开始的第一轮实质性谈判并达成了优惠减让表。第一轮谈判达成的优惠减让表共列有1700多种产品，关税减让幅度为3%～100%不等。1991年召开的77国集团第七次部长级会议通过了一个拟发动第二轮全球贸易优惠制谈判的宣言。这样发展中国家之间的关税优惠安排才真正进入了取得一些实际成果的阶段。但目前，全球贸易优惠制谈判由于乌拉圭回合谈判的冲击，加之发展中国家内部分歧以及发展中国家间区域集团合作逐步加强等因素，已陷入步履艰难的低潮时期。

⑫在1994年12月，即世贸组织生效前夕，总协定缔约国全体和世贸组织筹备委员会鉴于：（1）总协定全面向世贸组织平稳过渡的必要性；（2）许多总协定缔约方难以近期内完成批准世贸组织协议的国内立法程序，一时尚不能成为世贸组织成员；（3）总协定还有20个在审争端解决案子未结案，需要继续按总协定争端解决机制来处理；（4）许多总协定缔约方的现行义务与权利难以顺利地转移纳入世贸组织，联合做出决定，让总协定与世贸组织共存一年，是否延期，视情况发展而定。《总协定新闻焦点》，1994年12月，第4页。

⑬欧共体这一关税优惠安排涉及的地中海国家有阿尔及利亚、塞浦路斯、埃及、约旦、黎巴嫩、马耳他、摩洛哥、西班牙（当时还未加入欧共体）、突尼斯和土耳其。

第四章　多边贸易体制对区域集团法律规定的新发展

我们在上两章中主要介绍和分析了总协定与区域集团的基本法律关系及其存在的问题与局限性。那么，历时八年的乌拉圭回合面对这一基本法律关系所存在的问题与局限性，又做了哪些改进与发展呢？这就是本章接下来要回答的问题。根据乌拉圭回合最终形成的谈判结果，不难看出，它对总协定二十四条以及与区域集团发展相关条款的修改与改进是比较有限的。

乌拉圭回合“最后文件（Final Act）”由三个主体部分所组成，即附件一包括货物贸易多边协议、服务贸易总协定（GATS）和知识产权保护协议（TRIPs）和附件二争端解决规则与程序的谅解及附件三贸易政策审议机制。乌拉圭回合结束时，在马拉喀什部长级大会上所形成的一系列决定、宣言、声明和谅解，一般也被看做是乌拉圭回合成果的组成部分。除此之外，世贸组织协议附件四还包括了四个诸边协议，其中最为重要的有“政府采购协议”和“民用航空器协议”。但这四个诸边协议不属于“统一整体义务”[①]的范畴，也即是否加入它们并不构成加入和接受世贸组织协议的先决条件。世贸组织协议中承认了总协定“协商一致”的议事规则，但关于货物贸易多边协议、服务贸易总协定以及知识产权协议条款解释的决定则需至少2/3成员的同意就可通过。

乌拉圭回合对上述有关协议在涉及区域集团化发展方面采取了把货物贸易与服务贸易分开的做法。从货物贸易角度，世贸组织在保留了现行总协定（现在法律上称“1947年总协定”）[②]有关条款（二十四条、授权条款及其他有关缔约国全体的决定）的同时，又通过乌拉圭回合关于总协定二十四条的谅解做了补充和改进。与自由贸易区有关的优惠原产地规则问题，乌拉圭回合并未起草制定一个系统的多边纪律，只是基于总协定第九条（原产地标记）重新制定了一个非优惠原产地规则协议。虽说该协议并未提及区域集团特别是自由贸易区问题，但它对今后自由贸易区协议中的原产地规则的制定势将产生一些影响。

从服务贸易角度，服务贸易总协定第五条专门就服务贸易区域集团合作问题制定了类似总协定二十四条内容的规定。知识产权协议中未涉及区域集团的问题。不知那些含有技术贸易（许可证贸易、技术转让、技术诀窍的买卖等）的区域集团，今后如何同知识产权协议建立关系。这似乎也是世贸组织今后面临的一项课题。

另外，乌拉圭回合的一项重要成果之一，就是根据总协定争端解决机制以往的实践和经验，达成了一项比较完备的关于争端解决规则与程序的谅解。从文字上看，基于这一谅解所建立的新争端解决机制较之以前的总协定争端解决机制，会有极大的改善和强化。这可能对世贸组织今后处理涉及区域集团的争端产生积极影响，有助于强化多边贸易体制对各类区域集团发展的监督管理作用。

第一节　关于总协定二十四条解释的谅解

一、“谅解”对二十四条五款规定的改进和未改进

谈论改进前，拟结合第三章的分析，先看一下总协定二十四条五款存在的问题。首先，关于关税同盟成立前和成立后，总体关税水平的对比基础是基于简单数量平均、加权平均还是同盟一成员的最低关税水平，对比的方法是基于个别国家和逐项产品，还是基于国家集团和整体产品，这在总协定二十四条五款中并未具体规定；其次是关税同盟，除关税外还存在非关税措施的总体水平在同盟成立前和成立后如何进行对比的问题（非关税措施的保护水平如何从整体上来衡量是非常困难的）；第三，对关税同盟成立后的关税和其他贸易规章总体上不得高于或严于建立前的一般限制水平和对自由贸易区成立后每个组成领土维持的关税和其他贸易规章，不得高于或严于成立前组成领土各自实施的相应关税和其他贸易规章的规定，其形式意义重于实际意义。因为，从实际贸易量的增长和关税并不直接影响贸易福利增加两方面来分析，假如成立后的关税（非关税措施需要单项来衡量）总体水平和成立前的总体水平一样，同盟或自由贸易区成员与非成员的实际贸易量也有可能大幅度减少；而且，即使成立后的关税低于（不是大幅度低于）成立前的，成员对非成员的贸易量也有可能下降[3]。这说明，总协定二十四

条单纯用关税高于或低于的标准来衡量区域集团的开放程度和是否与多边贸易体制相一致是不够充分的；第四，导致关税同盟或自由贸易区最终成立的临时协议，其过渡期何为合理时间并未做出明确规定。这为某些区域集团长期以临时协议为形式，搞歧视性贸易优惠安排提供了口实，从而弱化了多边贸易体制的监督压力。

“谅解”只改进了上述四个问题中的“两个半”，也即关税同盟成立后与成立前的关税水平对比是基于严格的加权平均税率，而且这种加权平均税率的计算是基于实际使用率而非名义税率，但对比的方法并未做出任何规定。考虑到非关税措施基于量化和整体进行综合对比的难度，“谅解”要求采取对每一单项措施、规章、所包含的具体产品以及贸易流动进行逐一审查的做法。至于临时协议中所包括的成立关税同盟或自由贸易区的合理时间则规定为 10 年，个别情况下，理由充足可以超过 10 年。但是谅解对上述第三个问题并未提及。根据乌拉圭回合总协定条款谈判组的谈判记录，这一问题似从未被有关各方提及过，自然也不可能在谅解中涉及这一敏感而具有实际意义的问题。

二、“谅解”对六款补偿性调整问题的改进

有关总协定二十四条六款关于补偿性调整涉及的争议，我们在第三章第四节之二中已分析过，主要是：（1）补偿性调整的谈判是在关税同盟成立前还是成立后；（2）在判定补偿是否足够时，是否应把同盟其他成员在其他产品上的关税减让包括在内。

根据谅解关于第一个问题的规定是，补偿性调整谈判必须发生在同盟成立前或共同对外关税实施前，而且谈判程序和参加国范围除依据总协定第二十八条的规定外，还应按 1980 年 11 月理事会关于总协定二十八条的指导原则[④]和“1994 年总协定第二十八条解释之谅解”来进行。这主要是为了把那些虽不是主要供应国或不享有“初谈权”的国家，但受关税同盟约束税率变动影响的该项产品出口在该项出口总额中占最高比例的国家（主要是中小贸易国）纳入此类补偿性调整谈判中，以维护中小贸易国的利益[⑤]。

关于第二个问题，谅解规定，判定补偿是否足够应首先考虑同盟其他成员在减低相应关税方面已提供的补偿。虽然不排除第三国自愿接受其他成员在其他产品方面所做的降低但却不能强迫第三国接受。谅解中还对那些无意当中因关税同

盟成立或者导致关税同盟成立的临时协议签署而获得关税减让好处的国家作了规定，认为这些国家没有义务因此而向该同盟组成领土提供补偿。

三、“谅解”对七款通知审查程序与透明度规定的改进

按我们在第三章第二节的分析，七款存在的主要问题有：（1）区域集团协议是生效前还是生效后审查，这主要取决于协议签署与正式生效的间隔时间的长短；（2）关于区域集团协议通知后是否由缔约方全体来进行审查，还是成立具体审查工作组来承担这项工作（虽说总协定的实践是成立工作组进行审查，但是七款并未对审查工作程序做出规定）；（3）审查工作结束后，各区域集团是否需要就其执行情况和修改变动定期向总协定报告。

关于第一个问题谅解并未涉及。关于第二个问题，谅解做了较为明确的规定，要求所有区域集团协议都应按总协定二十四条规定进行通知，然后世贸组织总理事会成立相应的工作组承担审查任务。该工作组基于调查结果向总理事会下的货物贸易理事会（参见附件十）提出报告，然后货物贸易理事会基于工作组执行报告酌情或视必要提出建议。

至于第三个问题，谅解重申了1971年11月缔约国全体给总协定理事会发出的有关就区域集团协议执行情况建立每隔两年的定期报告日程表的指示（参见第三章第二节之三）。根据这一重申，完成审查工作的各区域集团应把有关执行、变动情况每隔两年定期向世贸组织的货物贸易理事会递交报告。谅解针对七款除了作以上改进外，更多的是把七款原有规定作了重述。

四、“谅解”对援用世贸组织争端解决机制的规定

谅解对援引世贸组织争端解决条款和总协定二十四条项下的审查之间的关系作了澄清，认为有关实施和解释总协定二十四条而引起的任何争端都可以援引世贸组织的争端解决规则与程序，这主要是为了解决总协定遗留下来的有关专家组是否可以调查和考虑产生于总协定二十四条工作组已审查后的一区域集团协议的争端问题。简言之，就是专家组能否调查和推翻工作组对某一区域集团协议已有的审查结果。按总协定以往的实践，似乎只有该区域集团协议工作组方能对自己的工作和有关该区域集团产生的问题进行复查。

五、“谅解”对二十四条存在的主要问题采取了“回避”的做法

不可否认，虽说“谅解”对总协定二十四条的整体修改与完善是比较有限的，但它也就二十四条实施特别是关税同盟的共同对外政策实施而引起问题的领域作了某些澄清。然而，一些最具争议也是最主要的问题，如二十四条八款中的“实质上所有贸易”的概念（是从质量还是数量来衡量）、例外单子是个“用尽单子”（只包括总协定第十一条、第十二条、第十三条、第十四条、第十五条和第二十条规定准许的贸易限制），还是一个“非用尽单子”（还包括第六条、第十九条和第二十一条等规定的贸易限制）、是否可对非成员歧视性地单独实施保障条款等非关税措施以及区域集团协议是生效前还是生效后审查等，谅解中不但未作具体规定，而且连一般性规定都没有。

关于“实质上所有贸易”的问题，“谅解”在其序言中作了极其含糊的表述，认为“以区域集团协议而形成的紧密一体化，有助于世界贸易的扩展。如果这种紧密一体化包含所有贸易，那么，它对世界贸易扩展的贡献就提高了；如果把重要产品排除在一体化之外，贡献就递减了。”

另外，关于自由贸易区的优惠原产地规则，总协定二十四条与总协定第四部分的关系以及不符合总协定二十四条规定的区域集团协议是申请免除义务还是“非法”执行等，“谅解”中均未提及。

乌拉圭回合总协定条款谈判组之所以对修改二十四条采取了“避重就轻”的做法，据内部资料显示，除了总协定在认识到区域集团对促进贸易自由化和经济一体化的积极作用的情况下而采取了宽容态度等原因外，主要是因为上述问题比较敏感，涉及各方面政治经济利益。加之美欧在区域集团化方面走在其他国家和地区的前面，要讨论和解决上述问题，矛头势将对向欧美。这在当时因美欧农产品补贴的僵持而使乌拉圭回合接近破裂的背景下，任何节外生枝的做法都是不明智的。所以说，“谅解”对总协定二十四条的现有改进对大多数国家和地区来说，已是难能可贵的。当然，像日本、韩国以及香港等国家和地区对“谅解”改进程序不满也是自然的。因为，它们都在经受着被区域集团化发展所边缘化的“痛苦”（虽有“亚太经济合作组织”——APEC，但起主导作用的是美国，而且，APEC 尚处于讨论和协商阶段，要获得贸易和投资自由化的具体实惠尚需一定的时日）。

第二节 服务贸易与区域集团化发展

一、服务贸易总协定简介

服务贸易是乌拉圭回合谈判中的三个新议题之一（其他两个为知识产权和投资措施）。谈判达成的服务贸易总协定不仅为服务贸易确立了原则和规则的多边框架，也为这些原则和规则在一些重要服务贸易部门的适用作了更详细的规定，如金融、海运、空运、人员流动。但是，由于服务贸易本身的复杂性，而且也无多边谈判经验可资借鉴（主要是吸取了某些区域集团在开放服务贸易方面的技巧和做法），在一些重要方面尚未确立相应的规则，如服务的政府采购、补贴及专业技术人员资格的相互承认等。此外，由于美国在金融服务业部门不愿给予所有参加方以无条件最惠国待遇，且不肯在海运服务部门作实质性让步，致使这两个部门的谈判拖延下来，待世贸组织生效后再重开谈判。

服务贸易总协定共有 29 个条款。前 28 条可以称为框架协议，它们规定了服务贸易的形式和自由化的原则与规定，采取了把总体原则和一般义务与具体原则以及具体义务相对分离的做法，以充分照顾不同服务业发展水平的国家及其面临的实际困难，实行逐步自由化，并对服务贸易领域里的区域集团合作作了原则性规定[⑥]。第 29 条为附录，这些附录的主要目的是对一些较特殊的服务部门做出更有针对性的规定，以使框架协议的基本原则和规则更好地适用于这些部门。附录共有 8 个，包括第二条最惠国待遇例外附录、自然人流动附录、基础电信谈判附录、金融服务附录、金融服务第三附录、电信附录、空运附录、海运附录。

此外，除服务贸易总协定文本外，乌拉圭回合还对服务贸易的问题形成了一系列部长决定和宣言。这些决定和宣言为一些乌拉圭回合谈判中较为困难的部门做出了继续谈判的安排。

目前，为有效实施服务贸易总协定和协调好有关服务贸易特殊部门的后续谈判，1995 年 1 月世贸组织生效时，就在总理事会下设立了服务贸易理事会（请参见附件十）。关于服务贸易区域集团协议的审查工作将由服务贸易理事会成立相应的工作组来承担，该工作组应基于审查结果向服务贸易理事会提出报告，然后理事会根据审查报告提出具体建议。

我们说服务贸易总协定为今后服务贸易自由化提供了一个基本法律框架。它首先对服务贸易的四种形成方式做了界定：（1）跨境提供；即服务从一成员境内向任何其他成员境内提供（如一国内的咨询服务公司向另一国的自然人或法人提供咨询服务）；（2）境外消费，即服务在一成员境内向任何其他成员的服务消费者提供（如对外国旅游者提供的服务）；（3）商业存在，即服务由一成员的服务提供者通过在任何其他成员境内的商业存在而提供（如一成员的银行在另一成员境内设立分行）；（4）自然人临时流动，即服务由一成员的服务提供者，通过一成员的自然人在任何其他成员境内的存在而提供（如一成员的建筑设计师或劳工在另一成员境内提供建筑服务，也就是通常说的“劳务输出”）。

最惠国待遇原则同样是服务贸易总协定的核心原则之一，它要求每一成员政府应立即和无条件地给予任何其他成员的服务和服务提供者以不低于其给予任何其他国家相同的服务和服务提供者的待遇[⑦]。但服务贸易总协定迫于一些国家的要求和现实的原因，也给最惠待遇原则规定了某些例外，以允许某些成员在特定时间内，向某些成员提供服务贸易方面的差别或优惠待遇（这一例外列入本条豁免附录并规定了该附录的条件）。例如，欧共体和拉美的一些成员政府就提出，为其与周边国家或区域伙伴所达成的旨在促进乘客和货运越境流动的双边安排，实施减免义务的要求。除了继续进行谈判的金融服务、海运和基础电信外，似乎第二条豁免附录在将来不会再扩大。但是，服务贸易总协定对边境服务贸易涉及的一些优惠安排明确给予例外，认为本协定的规定不得解释为阻止任何成员赋予或给予其毗邻国家优待，以便利当地生产和消费的服务限于边境毗邻地区进行交换。

为了获得一个比较明确和开放的服务业政策制度，各成员政府须在各自的具体承诺表中约束服务业自由化承诺义务。一国具体承诺表涉及的服务业行为，在受制于具体限制外，市场准入和国民待遇应适用于上述四种方式中任何一种所提供的服务，而且，该国应按其承诺表并基于最惠国待遇原则向所有外国服务提供者实施市场准入和国民待遇，但是，根据第二条免除义务单子，有可能把比承诺表所提供的待遇还要优惠的待遇提供给某一外国服务提供者。例如，一国也许规定自然人的临时存在，但只有某些国家的自然人获得该国入境免签的优待。

服务贸易总协定，就是通过上述各项总体原则与总体义务以及具体原则与具体义务的规定，来确保在互利和权利与义务全面平衡的基础上，促进所有参加方的利益，从而早日促成逐步高水平的服务贸易自由化，以期实现通过服务贸易的扩展，来促进世界经济和福利增长的目标。与此同时，通过加强其国内服务业的能力、效率和竞争力等手段，来促进发展中国家更广泛地参与服务贸易并扩大其服务出口。

二、服务贸易总协定中的区域集团合作问题

服务贸易总协定在其文本第五条（详见附件四）中，以经济一体化名义规范了服务贸易领域的区域集团合作问题。该条款依照总协定二十四条的规定，并根据各成员进行服务业一体化或自由化的水平，就主要服务行业范围、实质上所有歧视的取消、不应提高服务贸易壁垒的总体水平、通知义务和定期报告以及无意中获得好处的第三国无义务提供补偿等问题做了规定。把这一条款的规定与总协定二十四条做一比较，虽说两者有相似之处，但并非等同一致，特别是在区域集团协议必须满足的限定条件方面，两者存在不同点。

类似之处主要体现在两者都认识到，紧密经济一体化合作对促进贸易增长和福利增加的好处与意义。五条四款对服务贸易区域集团合作的自由化目标，无论是对内还是对外非成员，均制定了总体标准，即本条所说的，任何一体化协议应有利于该协议参加方之间的贸易；对该协议外的任何成员，不应提高在相应服务部门或分部门中在该协议形成前已适用的服务贸易壁垒的总体水平。这一规定相比总协定二十四条的“总体上不得高于或严于”的规定来说，对第三国的服务出口利益比较有益。因为不提高服务贸易壁垒的总体水平适用于个别服务部门或分部门，这样对比起来就相对比较容易和明确。

另外，本条六款还对那些在一区域集团协议形成前，在该协议某一成员境内从事实质性商业经营（substantive business operations）的第三国服务提供者有权享受该区域集团协议给予的待遇做了规定，这一规定在总协定二十四条中没有类似相应的要求。所以说，服务贸易总协定在充分认识到服务贸易自身发展的具体特点的情况下，能对第三国服务出口利益做出比较客观公平的规定，无疑在区域集团合作领域限制歧视性做法，抑制服务贸易保护主义以及减少区域集团建立所造成的服务贸易转移作用等方面迈出了可喜的一步。有些发展中国家认为，该规定更多的是照顾到了发达国家的服务提供者的利益与要求，因为那些财力、人力和科技力量雄厚的服务提供者已在世界范围内广泛占领了服务市场[8]。

关于“实质上所有贸易”的规定，五条与总协定二十四条有相似之处。五条一款关于这一要求的规定是：任何成员参加或达成在参加方之间开放服务贸易的协议应包括众多的服务部门（substantial sectoral coverage）以及在这些众多部门中不存在或者取消本协定第十七条意义上的“实质上所有歧视”（substantially all discrimination）这一目标，是通过取消现有的歧视性措施和禁止新的或更多的歧视性措施来实现，或者在该协议生效时，或者在一个合理的时间内，本协定第十一条、第十二条、第十四条及第十四条附则允许的措施除外。根据这一规定，主要服务是根据本协定所包括的服务业部门和服务提供四种方式的范围来确定的[9]。

如果一服务贸易区域集团协议涉及发展中国家，五条三款（a）项对实质上所有歧视又做了灵活规定，即根据这些国家所有的和单个服务部门及分部门的发展水平为其提供灵活性。如果一区域集团协议只涉及发展中国家，那么，虽有本条六款的规定，这些发展中国家可对该协议成员方的自然人拥有或控制的法人给予更加优惠的待遇。这项规定事实上解除了成立区域集团的发展中国家给予那些已在这些发展中国家内开业或从事实质性商业活动的第三国服务提供者以自由贸易待遇的义务。

关于具体承诺表的修改问题，五条五款规定，“如果本条一款所述任何区域集团协议的达成、扩大或作任何显著修改时，一成员（下称‘修改成员’）打算撤销或修改一具体承诺表，从而违背其在承诺中所列规定和条件，则它应提前90天通知上述修改或撤销，并应适用本协定第二十一条二、三和四款所规定的程序”（详见附件七）。这一解决补偿性调整的谈判程序与总协定二十四条及二十八条的规定有不同之处。

根据本协定第二十一条有关承诺表修改的规定，解决此类补偿性调整的程序是：（1）区域集团修改成员应与受该项修改或撤销影响的任何成员（下称“受影响成员”）进行谈判，以就必要的补偿性调整达成协议。在这种谈判和协议中，双方应尽力维持互利承诺的总体水平，使其不低于谈判前个体承诺表中给予的对服务贸易有利的条件，而且补偿性调整应在最惠国待遇的基础上做出。（2）修改成员与任一受影响成员通过谈判未达成协议，则该受影响成员可将该事项提交仲裁，任何受影响成员必须参加仲裁。如果没有受影响成员要求仲裁，则修改成员可自由实施建议的修改或撤销。（3）修改成员在依照仲裁结论做出补偿性调整前，不可修改或撤销其具体承诺表中的承诺。如修改成员实施了其建议的修改或撤销而又未遵照仲裁结论，则任何参加了仲裁的受影响成员，可依照仲裁结论修改或撤销实质上相当的利益。受影响成员的这种修改或撤销可只对修改成员实施，即可以背离本协定第二条最惠国待遇的义务。

关于通知义务和定期报告制度的问题，五条七款对此做了规定。根据七款（a）项的规定，成员如系本条一款所述区域集团协议的参加方，应立即将这类协议及该协议的任何扩大或重大修改通知服务贸易理事会，并且应向理事会提供所要求的其他相关资料。理事会可设立一个工作组（也可以不设立）以审查此类协议的扩大或其重大修改，并就其是否与本条规定的一致性问题向理事会报告。根据七款（b）项有关定期报告制度的规定，如果服务贸易区域集团的形成是基于一项临时协议时（即需要在一个时间表内实施），该协议参加方应定期把该临时协议的执行情况向服务贸易理事会报告。理事会如认为有必要可设立一工作组以审查此类报告。

服务贸易总协定第五条附则（参见附件四），还就成员建立劳动力市场一体化的问题作了原则规定，只要建立劳动力市场一体化的协议旨在免除协议参加方的公民有关居留和工作许可的要求，并通知服务贸易理事会，那么，该协议同样可以享受上述五条一款所述协议的免除本协定第二条最惠国待遇义务的资格。

值得一提的是，本协定五条并未像总协定二十四条那样把关税同盟和自由贸易区明显区分开来作规定。这主要是因为，关税和进口配额等非关税措施在服务贸易中作用有限或甚至不起作用，要把关税同盟的概念纳入服务贸易领域是困难的，事实上，一些共同市场等区域集团已包括了一定程度的服务贸易自由化，但是，关于对第三国服务提供者的共同服务贸易政策的变化程度却较大，短时间内尚难把国别服务贸易政策协调统一起来。例如，欧共体的服务贸易具体承诺表中就详细列明了15个成员国中一个或数个成员国的具体国别承诺。这也说明区域集团要在服务贸易领域形成类似关税同盟那样的共同对外关税和贸易政策是困难的，至少目前还没有任何一个区域集团能对外形成统一的服务贸易政策。欧共体的统一大市场计划完成后都未达到这一目标，更谈不上那些大都处在货物贸易优惠安排阶段的区域集团了。

三、“五条”规定存在的问题

服务贸易总协定第五条，关于服务贸易的区域集团合作规定，除了存在类似总协定二十四条规定所存在的局限性和问题（如区域集团协议所包含的贸易自由化的范围以及生效前还是生效后审查等。当然总协定二十四条中的问题有的如对比基础、补偿性调整谈判是在修改或撤销实施前还是在后进行以及定期报告的间隔时间等，已在乌拉圭回合所形成的关于总协定二十四条解释之谅解中得到了改进与解决）外，五条本身还存在着一些问题。这主要表现在：

1. 服务贸易在区域集团内的自由化内容，一般都包括在货物贸易的区域集团协议中，有的区域集团协议自开始就包括了服务贸易内容，如美加自由贸易协议（参见第五章第二节），有的则是随着区域集团内部合作的逐步加深和一体化程度的提高而包括进了服务贸易自由化的内容，如欧共体（参见第五章第一节）。但是有一点是比较肯定的，那就是在当前，任何国家和地区都不可能单纯就服务贸易自由化建立区域集团。这说明，今后世贸组织在审查区域集团协议的时候，根据总协定二十四条解释之谅解和服务贸易总协定第五条的规定，既要审查该区域集团涉及的货物贸易自由化问题，同时或也许滞后，又要审查服务贸易自由化问题（当然那些只限于货物贸易自由化的区域集团暂不会出现这种情况）。在这种情况下，这就关系到世贸组织下的货物贸易理事会和服务贸易理事会之间在审查区域集团协议时的协调与合作问题。从服务贸易总协定第五条七款的规定看，服务贸易理事会在提到有关这类协议的通知后，可视情况设立一个工作组，也可以不设立。根据这样的规定，是否在不设立工作组的时候，可由该区域集团已有的（由货物贸易理事会成立的）工作组来承担审查该区域集团协议涉及的服务贸易自由化的问题。这是在区域集团协议达成时，既包括货物贸易又包括服务贸易自由化的情况。但是，如果一区域集团协议先是由货物贸易自由化开始，然后过渡到服务贸易自由化阶段，那么，如果货物贸易理事会先前设立的审查该区域集团协议的工作组，在工作结束后，还没有解散的话，是否可由其承担审查服务贸易自由化的问题。如果该工作组完成任务后已解散，那么，服务贸易理事会是否必须相应设立一个工作组。这一问题同样存在于区域集团协议执行情况的定期报告制度中，是货物贸易理事会与服务贸易理事会对一区域集团协议执行情况报告联合进行审查，还是分开单独进行。上述问题虽说是程序性问题，但是多边贸易体制对区域集团化发展的监督与协调作用，事实上主要体现在这些程序工作上。然而，这样的程序问题并未在五条中做出规定，也没有相应的部长决定和声明。

2. 五条中虽对发展中国家参与服务贸易的区域集团合作作了特殊规定，但并不全面，因为，一是它只涉及发展中国家在与发达国家进行服务贸易的区域集团合作时可以享受灵活性，至于发达国家如果单方面在市场准入和国民待遇方面向发展中国家的服务提供者提供差别优惠待遇的做法（当然这一可能性极小），是适用于本协定第四条[10]或者“授权条款”，还是适用于世贸组织协议第九条三款获得免除义务的问题，它并未做出规定；二是，如果发展中国家之间所建立的服务贸易区域集团协议，不符合五条规定，那么，这些发展中国家是适用于“授权条款”，还是世贸组织协议第九条三款来获得免除义务的问题同样未提及。从“授权条款”产生的背景和内容以及实践应用看，似乎仅适用于货物贸易。

3. 五条一款（b）项有一个“例外单子”，这个例外单子是“用尽”的（只包括本协定第十一条、第十二条、第十四条和第十四条附则）还是“非用尽”的（除了上述四个条款外，还包括第十条紧急保障措施）。这个问题类似总协定二十四条八款中存在的问题，但第十四条附则安全例外已列入第五条一款中，而总协定二十四条八款的单子中，并未包括安全例外的条款。

4. 五条五款关于修改或撤销具体承诺表中一具体承诺的程序和相应的进行补偿性调整谈判应适用本协定第二十一条规定的问题。根据本协定第二十一条一款的规定，即在一承诺生效之日的三年后，修改成员可在任何时候修改或撤销承诺表中的任何承诺，那么这“三年后”的期限是否适用于五条五款关于进行修改或撤销的规定。如果适用，那说明任何服务贸易区域集团协议的参加方在其具体承诺表生效的三年之内都不能进行任何修改或撤销。如果两者互不适用，那么五条五款涉及的服务贸易区域集团协议参加方的一项具体承诺修改或撤销就是本协定第二十一条一款的“例外”，即不受三年期限的约束，仅仅是修改或撤销以及补偿性调整谈判程序适用于第二十一条二、三及四款的规定程序。但是，这一“例外”并未在第五条五款或第二十一条中做出规定。

5. 关于定期报告制度涉及的协议范围问题，五条七款（b）项只要求根据一时间表实施的协议（临时协议）参加方定期向服务贸易理事会报告执行情况，那么，那些不根据一时间表而生效的区域集团协议参加方是否需要报告执行情况并未规定似乎是一个很大的缺陷；关于定期报告制度的间隔时间问题也未做出规定，是否可参照总协定二十四条解释之谅解中“每隔两年进行一次”的规定，不得而知。所以从以上存在的诸多问题看，今后服务贸易总协定关于区域集团合作的规定势将经受一系列修改、改进和完善的考验。

第三节　新争端解决机制与区域集团合作

一、争端解决规则与程序之谅解（下称“谅解”）及其改进

谅解是乌拉圭回合谈判的一项重大成果之一，包括27个条款和4个附件。谅解全面规定了世贸组织解决争端的一般原则、政治方法（谈判方法）、法律方法、裁决的监督执行以及救济方法等。谅解适用世贸组织协议及其所有附件协议（但是否适用诸边协议，要由这些协议的成员决定）。按世贸组织协议规定，总理事会负责争端解决事宜，并为此专设争端解决机构（DSB）。新争端解决机制旨在为多边贸易体制提供保障和可预见性，维护各成员在世贸组织范围内权利与义务的平衡，强化多边贸易体制的权威。争端解决程序，须按诚信原则使用，不得用以要挟或报复之目的。

多边贸易体制的争端解决机制虽有广狭两义的理解，但一般而言，贸易争端解决机制除了法律手段外，更多的是依赖谈判方法，也即磋商、斡旋、调解与调停。

从总协定40多年的实践看，均应从广义上理解多边贸易体制的争端解决机制。在今后世贸组织的实践中，广义的争端解决机制是必不可少的。尤应指出的是，“谅解”对磋商、斡旋等谈判方法，每一步均规定了严格的时限，而总协定只是要求在“合理时间内”，尽快完成磋商等步骤。规定时限旨在防止当事方以未用尽磋商等方法为由，拖延使用法律方法。

与总协定争端解决机制相比，“谅解”最大的改进在于规定了争端解决程序“自动进行机制”（automaticity）。这主要体现在：（1）为就一成员所采取措施的法律地位做出裁决的专家组自动成立；（2）专家组的裁决报告自动通过；（3）如果通过的专家组裁决报告未被执行，那么，自动获得实施报复措施的授权。

自动进行机制得以有效运转的关键，在于“谅解”就议事程序规定了“一致否定”（negative consensus）的做法。换句话说，自动进行机制的上述每一个

环节，只要有一成员同意（无法形成“一致否定”的局面），就可获得通过继续下一个环节。为了确保“自动进行机制”下的争端解决程序和裁决公正合理以及保证专家组解释和适用世贸组织协议的准确性，从而更好地维护当事方的合法利益，“谅解”在创新的基础上，设立了上诉复议机构（Appellate Body）。该机构与专家组程序一起，构成世贸组织争端解决的“两审终审制”。有些法律专家认为，上诉复议机制在一定程度上将削弱专家组的权威性，因为“谅解”第十七条明确规定，上诉机构7名成员应广泛代表世贸组织成员方。作为权威性的终审机构，上诉机构将对争端特别是其中的法律问题做出最终裁决，当事方更应无条件接受。作为公正的法律和贸易政策专家的“集合体”，上诉机构应有可信的权威性地位，这与海牙国际法院相类似。要达到可信的权威地位，上诉机构在世贸组织中，不应依附于任何一个成员或成员集团，而应广泛代表世贸组织各成员方。

关于裁决的执行与救济办法问题，根据谅解之规定，自成立专家组之日起，争端解决机构在无上诉的情况下，须在9个月内通过报告，如有上诉须在12个月内通过执行报告。争端解决机构通过专家组或上诉机构报告后30天内，当事方须通知其执行裁决的决定。若有实际困难，可在下述的合理时间内开始执行裁决：(1) 当事方提议的经争端解决机构批准的时间；(2) 争端解决机构通过报告45天内，当事双方达成一致的时间；(3) 机构通过报告90天内，以仲裁形式决定的时间，当事方最迟不得晚于报告通过后15个月开始执行裁决。如一方经合理时间仍不执行裁决，则他方可寻求救济办法，即要求补偿或请求争端解决机构授权中止减让义务。

补偿和中止义务，均是临时措施，补偿是在自愿的基础上实施。在执行裁决的合理时间期满前，当事双方要磋商，以求满意的解决方法。合理时间过期后20天磋商未果，则有关当事方可请求争端解决机构授权中止义务。中止义务首先要在争端涉及的协议及其部门内进行；若此举难以奏效，则可要求中止同一协议内其他部门项下的若干义务；若仍不奏效，则可要求中止其他协议中的若干义务。中止的义务应与所造成的损害的程度相当。如当事方对此有异议，则可提交仲裁，该仲裁一般应由原专家组进行或由总干事指定的仲裁员进行。中止义务方法是否正确使用，仲裁结果为最终裁决，当事方不得要求再仲裁。

二、“谅解”的改进对有关区域集团争端解决的影响

正如在第三章中所提及的有关区域集团的三个争端案子，都因欧共体的阻挠而未通过专家组报告和裁决。如这三个案子按新争端解决机制的程序，特别是“自动进行机制”，那么，单纯欧共体一家的反对并不足以形成一致反对的局面，三个专家组的报告和裁决定可获得通过。

现在看来，依据新争端解决机制，专家组的裁决获得通过已不是主要问题，主要问题是关于裁决能否执行与实施的问题。

我们拿上面三个争端案子为例，如果欧共体在合理时间内不执行专家组的裁决，那么对申诉方（胜诉方）的补救办法是获得补偿或请求争端解决机构授权中止减让义务。一般地说，如果应诉方（败诉方）不执行裁决，那么，申诉方要通过与应诉方进行磋商以求得满意补偿的可能性是很小的。在这种情况下，申诉方唯一的可获得的补救办法是，请求争端解决机构授权中止减让义务。这种中止义务（以损害程度方式为准）无论如何进行（在非最惠国待遇基础上的报复行动或者“交叉报复”等），对那些中小贸易国家作为申诉方和较大区域集团作为应诉方的争端案子而言，其意义和影响都是有限的。而且，这种报复行为不但对应诉方的出口利益不会造成多大不利，反而，会使实施这种报复行为的申诉方国内的经济与福利增长下降，出现报复不成反害己的后果。

在当前区域集团化发展较快，发达国家扮演主角的情况下，今后有关区域集团的争端案子一般申诉方大都为发展中国家，应诉方为发达国家（当然不排除日本会对美欧两大家提出争端解决要求的情况）。在这种状况下，如果案子裁决在合理时间内得以实施与执行，这当然是新争端解决机制对协调和驾驭区域集团化发展起了积极有效的作用；如果案子裁决得不到主要区域集团的执行，那么，新争端解决机制之改进对区域集团化发展的影响与作用及其意义究竟有多大，就非常值得怀疑。看来，今后世贸组织能否对争端解决机制的最后一个环节即执行与实施的措施，在现有的基础上加以强化与改进，对争端解决机制和整个多边贸易体制的有效运转，特别是有关区域集团争端的迅速有效解决，都是至关重要的。在未来的多边贸易体制与日益增强的区域集团化的关系发展中，只强调透明度、审查工作和一致性问题是远远不够的，只强调有关区域集团的规则的改进与修改，不过是顾及到了问题的一面而未触及另一面。事实上，关键的关键是在一

个拥有强大法律约束力的环境下，去“实施”和“执行”（包括一般义务和争端裁决的强制义务等）的问题。

本章注释：

①“世贸组织”的成立是乌拉圭回合多边谈判的一项重大“意外”成果。因为无论是1986年9月乌拉圭回合发动的“埃斯特角宣言”，还是1988年12月的蒙特利尔中期审评会议，均未提及要执行未来乌拉圭回合的谈判成果需要建立一个新的国际贸易组织问题。根据乌拉圭回合的谈判原则与目标，作为范围空前广泛的乌拉圭回合谈判，必须在各项议题上都取得成果。在几个议题上或者几个主要议题上取得成果，而忽视其他议题的做法是绝对不能接受的，这就是“整体承诺”（single undertaking）的谈判原则。这一原则的目的在于防止发达国家只注重其关心的几项新议题谈判，而忽视其他议题的现象发生，以确保乌拉圭回合取得公平、平衡的谈判结果。待乌拉圭回合结束后，根据“最后案文”的要求和规定，世贸组织协议及其各附件协议、部长决定、宣言和谅解，将构成本案文一个整体，共同体现乌拉圭回合的全部谈判成果。每一参加方须无一例外的全部接受，要求例外只能导致不接受（除了四个诸边协议的接受是按各自的规定进行外）。这一规定事实上是发达国家用以防止某些发展中国家申请某些例外部分接受乌拉圭回合成果的情况发生，避免“东京回合”各协议接受自愿的现象重演。这就是通常所说的对待乌拉圭回合成果采取一揽子接受的“统一整体义务”的原则。

②由于乌拉圭回合总协定规则谈判组对总协定文本的6个条款作了解释和新的澄清，形成了一系列谅解，并就这些谅解与总协定的法律关系作了规定。为了比较清楚地表达总协定文本和该文本与这些条款谅解之间的关系，按总协定和世贸组织的一些现行法律文件，一般把总协定文本及与该文本相关的协议、决定及各议定书等称为“1947年关贸总协定”（GATT 1947），而把1947年关贸总协定与其各条款的新谅解和马拉喀什议定书等称为“1994年关贸总协定”（GATT 1994）。

③关于区域集团成立前后的总体关税水平对实际贸易量增长的影响问题，美国经济学家肯普（Kemp）曾作过这样的分析，假设世界上有A、B、C三国，B、C两国的经济贸易结构类似而不同于A国，如A、B两国组成关税同盟实施共同对外关税政策，即使成立后的总体关税水平低于成立前的，那么C国与该关税同盟成员的贸易量也会大幅度下降（除非关税同盟的共同对外关税平均水平大幅度下降）。贸易量下降是由于贸易转移造成的。这一点还可以通过北美自由贸易区这一现实例子来说明。该自由贸易区中墨西哥的出口结构与加勒比和拉美诸国的相似。当墨西哥参加该自由贸易区后，借助于内部贸易自由化进程，墨产品如纺织品、

农产品等进入美加市场的能力就高于其他拉美国家，这样贸易转移的效应就增高，美加与其他国家的贸易量就相对下降。这说明，即使那些完全满足了总协定二十四条规定的区域集团，也不排除实际上造成大量贸易转移和贸易量下降的可能性（请参见第八章第二节）。

④《总协定文件选编》，第 27 卷，第 26 页。

⑤《乌拉圭回合多边贸易谈判成果》（下称“乌拉圭回合成果”），第 35 页，总协定秘书处，1994 年 6 月。

⑥在 1994 年 4 月 15 日马拉喀什部长级会议上，有些与会代表提出了全面修改和完善总协定有关区域集团的规定和原则的建议，认为总协定二十四条的规定已远远落后于当前区域集团化的发展形势，对区域集团的形成不可能提供必要的指导与建议，也难以确保各类区域集团建立的透明度和其与多边贸易体制的一致性，有鉴于此，倡议世贸组织今后应该把全面修改与完善区域集团的多边规则提到议事日程，尽早细化和规范现有规定与原则，以增强多边贸易体制在管理和协调区域集团化发展的能力与职能作用。

⑦根据“服务贸易总协定”第十三条的规定，最惠国待遇、国民待遇以及市场准入等原则，不适用于成员国政府的政府服务业采购问题，等到 1995 ~ 1997 年间，关于政府服务业采购的多边谈判结束后，再考虑和研究两者相互适用的问题，这实际上暂时把政府服务业采购问题，作为服务贸易最惠国待遇原则的一项例外来处理了。

⑧原来服务贸易协定第五条六款由（a）（b）两项组成，后来待乌拉圭回合结束时，应一些发达国家的要求，把（b）项删除。（b）项规定，如果（1）服务提供者在一区域集团协议达成前未在该协议成员境内建立起实质性服务经营；（2）该协议成员未按有关服务行业对第三国提供共同待遇，那么该协议成员可拒绝向第三国服务提供者提供本款（a）项所规定的待遇。这一项规定旨在限定一区域集团成员向非成员服务提供者提供优惠待遇，避免造成不公平的竞争条件。但是，这一规定的取消，无疑进一步照顾到了那些势力雄厚的大服务提供者的利益，无论是在区域集团成立后还是成立前，只要一第三国服务提供者在该区域集团一成员境内从事实质性服务经营活动，就可享受区域集团内所实现的优惠待遇。

⑨根据服务贸易总协定第五条一款（a）项的脚注，关于服务部门应根据行业数目、受影响贸易量以及服务提供方式等来理解和解释。为了满足这一条件，区域集团协议中不应就排除某一服务提供方式而事先做出规定，因为，这种例外规定不符合主要服务部门的规定与要求。

⑩服务贸易总协定第四条，就发展中国家更多地参与世界服务贸易自由化进程作了规定。有些法律界人士把此条看做是发达国家在服务贸易领域向发展中国家提供差别更优惠待遇的具体规定。事实上，该条对差别更优惠待遇的实质内容并未做任何规定，只是就提供技术援助、获得服务业发展信息资料以及最不发达国家成员的现实困难等作了较原则性的规定。

第五章　战后世界区域经济集团化的发展

前面几章主要分析了总协定多边贸易体制与区域集团的基本法律关系及其存在的局限性与需要解决的问题，并介绍和分析了新多边贸易体制对区域集团规定的改进与发展。为了给下面几章的分析和介绍提供必要的情况和素材，本章拟对战后区域集团化的发展，按不同区域分节进行介绍和回顾[①]。

第一节　欧洲区域集团化的发展

一、"关税同盟"的典型——欧洲共同体到欧洲联盟

从13世纪欧洲北德诸城市间的"汉萨同盟"到现在拥有15个成员的欧洲联盟（下称"欧盟"），不难看出，区域集团在欧洲的发展不仅历史较早，而且体制化建设和合作形式与内容也比较成熟和广泛。下面针对欧共体是如何发展到现在的欧盟，同欧洲其他区域集团和其他发展中国家的合作关系及其当前面临的问题作扼要介绍。

1. 欧共体的内部建设

关于建立欧洲内部联合和经济合作的想法早在两次世界大战期间，法国政府就提出了一个旨在建立关税或更广泛的经济联盟，以解决欧洲大陆诸国间存在的政治与经济问题的倡议[②]。该倡议由于1939年二次大战的爆发而获得了欧洲各国的广泛支持。

二战后，欧洲重建和恢复经济秩序被提到主要西欧国家的议事日程。在这一背景下，关于建立欧洲经济合作联盟的计划和方案经过各国认真的讨论后于1948年正式起草。二战结束后初期，有关建立欧洲经济合作联盟的计划本来包括苏战区的东欧诸国，但是，冷战的形成在政治上把整个东欧从欧洲分离出去，建立欧洲经济合作联盟的设想与计划，只能局限于西欧诸国之间。当时北欧诸国和英国

对建立广泛的欧洲经济合作联盟的计划反应比较冷淡。各国对建立欧洲经济合作联盟的不同态度，是与当时战后各国的经济状况和受战争破坏程度相关联的。

1951 年，比利时、荷兰、卢森堡三国同法国、西德和意大利三国签署了“欧洲煤钢联盟”（ECSC）。该联盟由于只涉及两项主要产品，不符合总协定二十四条的规定，故于同年在该联盟生效前获得了总协定免除义务的待遇。紧接着，该联盟成员于 1957 年建立了“欧洲原子能共同体”（EAEC）和“欧洲经济共同体”（EEC）。这两个共同体连同 1951 年的煤钢联盟统称为“欧洲共同体”（EC）。欧洲共同体中最为重要的是基于 1957 年《罗马条约》建立的欧洲经济共同体，该共同体的主要目标是“为建立欧洲人民的紧密联盟打下基础”，并力争在欧洲实现货物、人员、资本、自由流动的统一大市场。

根据罗马条约的时间表，经过长达十多年的过渡期，欧共体 6 国之间伴随关税壁垒的逐步取消于 1969 年底建成关税同盟。这是欧共体在发展区域经济合作方面迈出的重要一步。在关税同盟建立后，欧共体 6 国又经过近四年的协调和磋商，于 1972 年建立了欧共体“共同农业政策”（CAP）。共同农业政策的建立，不仅为欧洲区域经济合作在更广泛的基础上建立联盟排除了一个重要障碍，同时，也为后来欧共体成员的扩大设立了一个重要标准。因为英国和北欧诸国都各自实施严厉的农产品贸易保护政策，要加入欧洲共同体，首先必须参加“共同农业政策”，这就涉及到一个协调与磋商的问题。

关税同盟的建立，虽然在一定程度上促进了欧共体 6 国之间的贸易发展，但 1973 年的石油危机和随之而来的西方经济危机 、日美、日欧贸易摩擦上升以及新兴工业化经济的崛起等因素，使欧共体诸国进入 20 世纪 70 年代后，纷纷在非关税领域寻找贸易保护，广泛实施非关税壁垒措施，严重阻碍了货物贸易的自由流动，至于人员、资本和服务（这三者与货物构成“四大自由流动”）贸易领域里的自由流动与罗马条约最终建立包括四大要素自由流动的“统一大市场”的目标更是相距甚远。

为了尽快地改变这种状况，及早建立起包括货物、人员、资本和服务四大自由流动的共同市场，促进欧共体 12 国的内部贸易发展，自 1982 年以来，欧共体各国首脑曾多次表达了在欧共体建立一个全面一体化的内部统一的大市场的意愿。1985 年 12 月，在卢森堡举行的首脑会议上，欧共体 12 国领导人确认了建立大市场的计划。为保证欧洲统一大市场建设的顺利进行，1987 年 12 月，欧共体委员提出了一项由主席德洛尔制定的有关在 1993 年 1 月前建成“欧洲大市场”的一揽子改革方案，即“德洛尔计划”，又称“单一欧洲法案”。该计划以财政货币政策为中心，主要包括扩大欧共体自身财源，控制农业开支和增加结构调整基金三项内容。除此之外，这项计划还包括有关取消货物、服务贸易、劳动力和资本自由流动的残存管理壁垒的 300 项指令，涉及到取消欧共体内过境产品的海关检查、协调和相互承认技术条例、相互承认专业人员的职称以促进自然人的自由流动、企业和投资资金的自由流动以及建立服务业共同市场等方面。罗马条约未包括的两个方面——政府采购和服务行业（均为政府高度垄断）已实现欧共体内部自由化。所以说，根据德洛尔计划建成的统一大市场，不仅包括了罗马条约预先规定的方面，而且也涉及到一些欧洲经济合作联盟的早期规划中未包括的方面，这标志着欧共体已从边境措施的协调统一，转向成员国内间接影响贸易的经济立法政策的协调统一。

在经过近十年的酝酿、讨论与磋商，欧共体诸成员国就建立统一大市场确定了目标与原则之后，紧接着又于 1991 年 12 月的荷兰马斯特里赫首脑会议上，对经济与政治领域里的进一步合作问题形成了《更紧密经济联盟条约》，又称《马斯特里赫条约》（以下称《马约》）。

《马约》的达成，虽然在欧共体诸国引起了强烈批评，并历经各成员国立法机构的艰难批准，但最终还是于 1992 年 2 月被各成员国政府签署并于 1993 年 11 月正式生效。《马约》的目标、内容和一体化方向已大大超出了罗马条约旨在“建立促进经济贸易扩展的共同市场”的目标。它不仅包括建立欧洲经济与货币政策联盟的目标，而且还包括制定共同的外交与安全政策、共同的公民身份与资格以及促进司法与社会事务方面合作等方案[③]。这意味着欧共体已从单纯关税与非关税领域里的合作和建立统一大市场的经济政策协调，走向经济与货币、外交与安全以及司法与社会事务联盟的轨道。这也是为何在 1993 年 11 月 1 日《马约》生效后，“欧洲共同体”被“欧洲联盟”所取代的深刻内在原因。

2. 欧共体与欧洲自由贸易联盟（EFTA）经贸关系的发展

我们知道，由于罗马条约和马约进行的欧洲经济一体化进程，不仅推动了世界范围内区域经济集团化的发展，而且理论和实践上也为其他区域集团的形成树立了样板，并创造了一些区域集团发展史上前所未有的形式。欧共体在分阶段进行其内部建设的同时，不仅其成员有了进一步的扩大，而且与周边国家的区域集团也建立了较密切的关系。

为应付欧共体的出现，于 1960 年成立的拥有奥地利、丹麦、挪威、瑞典、瑞士、葡萄牙和英国的欧洲自由贸易联盟（下称“欧联”），成为在欧洲仅次于欧共体的第二大区域经济集团。作为欧共体之外的这 7 国相应建立自己的区域经济合作组织，是出于有计划地应付欧共体的出现，还是适用自身经济发展内在作用要求的一种自择；从欧联的成立背景和后来的发展走向看，欧联形成的目的更多的是属于前者。根据欧联协议的序言，该区域集团的主要目标是纯经济的，认为建立欧联主要是促进本地区和每一成员内的经济发展、充分就业、提高劳动生产率、合理利用资源、财政稳定以及生活水平的持续增长。

欧联一建立就与欧共体建立了比较密切的联系。欧共体成员的三次扩大都与欧联成员有直接联系。欧共体成员第一次扩大是 1973 年，作为欧联成员的英国和丹麦以及非欧联成员的爱尔兰（与英 1965 年签署自由贸易协议）加入欧共体。第二次扩大是 1979 年的希腊以及 1986 年的西班牙和葡萄牙的相继加入。1989 年两德统一后，原东德自然成为欧共体关税区域的一部分。1995 年 1 月 1 日奥地利、芬兰和瑞典的加入，是欧共体成员的第三次扩大。从发展的角度，欧共体成员可能会出现第四次（东欧诸国的加入）、第五次（地中海北非诸国）、第六次（中欧诸国）、第七次（波罗的海诸国）甚至第八次扩大（中东海湾诸国）。届时，整个大欧洲经济区，将出现于世界经济的格局中。欧共体截至目前出现的三次成员扩大，致使欧联仅剩下目前的挪威、瑞士、冰岛和列支敦士登四国了。

英国和丹麦 1973 年加入欧共体，就要求重新审定扩大了的欧共体对剩余欧联成员的贸易政策问题。从 1973 年开始，在工业产品领域，欧共体与奥地利、冰岛、挪威、葡萄牙、瑞典、瑞士分别签署了单个自由贸易协议。同年，欧共体又与自 1961 年以来为欧联联系成员的芬兰（1985 年成为欧联的正式成员）签署一项自由贸易协议。这一系列自由贸易协议的达成，在 1973 年创立了世界上最大的自由贸易区，同时也为欧共体与欧联关系的发展创造了有利条件。欧联诸成员国与欧共体分别签署的双边自由贸易协议，从内容与形式上，具有较高的相似性，这就使欧联成员就某些共同利益问题进行相互磋商与咨询，并以此建立了与欧共体的非正式的联盟关系。由于这种联盟关系的建立，欧联与欧共体的业务合作也逐渐扩展至其他领域，如科技与开发、环境保护、交通政策以及服务业与经济政策等问题。但是，这种良好的合作势头到20世纪70年代末，由于西方国家普遍发生经济危机和滞涨现象而有所减弱。只是到了1984年早些时候，影响欧共体与欧联工业产品贸易的残存关税与非关税壁垒才被消除。

1985年在欧共体内部正积极酝酿制定欧洲统一大市场计划的同时，1984年在卢森堡召开的欧共体与欧联部长会议上，所制定的为实现“欧洲经济区”（EEA）的“指导文件”也得以通过。该指导文件已注意到通过协调统一标准、取消技术性壁垒、简化过境手续和原产地规则、取消不公平贸易行为和政策援助以及提高政府采购程序透明度等，以促进工业产品自由流通的必要性。欧联与欧共体的合作之所以与欧共体统一大市场的建立几乎同步进行，就是在于防止统一大市场建成后，对欧联成员造成新的贸易壁垒[④]。为此，欧联与欧共体于1992年5月2日正式签署了《建立欧洲经济区协议》。该协议拥有17个欧洲国家，并于1994年1月正式开始运转。其主要目标在于把建立统一大市场的一些做法，如劳动力和资金自由流动以及影响企业、消费者保护、教育、环境、研究与开发、社会政策、竞争政策、政府采购和国家援助等规章条例的协调统一，也同样适用于由欧联和欧共体共同组成的区域，以便及早建立广泛统一的欧洲经济区[⑤]。

3. 欧共体与东欧和波罗的海诸国关系的发展

在1989年“苏东波”现象发生和两德统一后，东欧诸国正经历从计划经济向自由市场经济转变时期，东欧与西欧的政治经济关系也发生了深刻的变化。1991年6月28日，“经互会”第46次首脑会议签署了解散“经互会”议定书后，东欧诸国纷纷提出了加入欧共体的申请。欧共体为笼络住东欧诸国，便趁机于同年与捷克、斯洛伐克、匈牙利和波兰分别签署了“欧洲协议”，（也称《联系国协定》）。1993年又与保加利亚、罗马尼亚分别签署了类似协议。这类协议的每一序言中都承认了东欧国家都希望加入欧共体的这样一个事实。经过两年多的努力，到1993年3月，波兰、匈牙利、捷克、斯洛伐克、罗马尼亚和保加利亚等东欧6国先后成为欧共体联系国。一旦6国或几个联系国能够履行成员国义务，具备了有关政治与经济条件，就可能被接纳为欧共体正式成员国。从目前情况看，由于向市场经济过渡相对比较平衡，波、匈、捷3国可能率先成为正式成员，而保、罗、斯3国的经济和政治发展相对落后中欧3国，在加入欧共体方面，还可能需要较长的时日。

随着联系国协定的签署，东欧6国与欧共体的经济合作不仅纳入正规，而且合作的范围与领域也大大拓宽了。其中包括建立双边自由贸易区，实行商品、服务与资本的自由流动，开展经济部门（工业企业）之间的合作与财政联合，协调统一经济法规和技术规章与商检标准，为最终使这些联系国成为欧共体正式成员国创造条件。这些联系国协定的过渡期最长为10年。在过渡期内，欧共体诸成员国在取消贸易限制方面应比这些联系国的行动更快一些，以促进东欧诸国经济与欧共体经济的融合与联系。

4. 欧共体与发展中国家关系的发展

欧共体在基于互惠原则与欧联诸成员建立和发展经贸合作关系的同时，与其前殖民地和附属国之间也建立了复杂的非互惠关系的网络。罗马条约第四部分，为法国和比、荷、卢3国同一系列非加太国家和地区建立的优惠贸易安排规定了过渡期。虽说1957年的联系协定已预见了一个包括欧洲经济共同体和非洲诸国与马拉加什诸区域的自由贸易区的成立，但是，1963年的《雅温德协议》却通过一系列双边贸易协定，把欧洲共同体与18个非洲国家和马达加斯加联系起来了。基于这些协定，欧共体对实质上所有来自上述国家的产品取消了关税和其他限制规定，同时，这些联系国在保留财政关税的情况下，对来自欧共体的大部分产品也取消了关税。

1973年英国加入欧共体后，提出了一个关于共同体与帝国优惠制（Commonwealth preferences）诸成员的贸易关系问题（“帝国优惠制”根据总协定第一条二款获得了祖父条款资格，故享受免除义务待遇）。1975年，欧共体与非加太46个国家和地区签署的第一个洛美协定中的贸易条款，一方面取代了欧共体6国在“雅温德和阿鲁沙协定”下与非加太国家签署的双边自由贸易协定；另一方面也取代了英国与一些非加太国家签署的贸易协定。正如第三章中所提及，当第一个洛美协定提交总协定审查时，欧共体认为这种非互惠协定是与总协定二十四条和第四部分的规定相符合的。目前，洛美协定已出现第四个，现涉及70个非加太国家和地区，该协定将于1999年到期。

欧共体在通过洛美协定发展与非加太国家关系的同时，还通过实施“普惠制”进一步加深了与其他发展中国家的贸易关系，并酝酿和形成了包括与土耳其、南斯拉夫、“马格里布”三国（阿尔及利亚、突尼斯和摩洛哥）以及“马什里克”四国（埃及、约旦、黎巴嫩和叙利亚）和以色列贸易关系的“地中海政策”。1962 年和 1963 年，希腊和土耳其分别与欧共体签署了联系国协定，以此获得了进入欧共体市场的优惠待遇。到 1972 年底，欧共体分别与埃及、塞浦路斯、以色列、黎巴嫩、马耳他、摩洛哥、西班牙、突尼斯和南斯拉夫签署了自由贸易协议，其中有些已被后续协议所取代（请参见附件九）。这些协议均为这些国家的产品出口到欧共体市场提供了便利直接的优惠市场准入条件，但欧共体出口到这些地中海国家的产品，在不同国家市场上享受不同的待遇。例如塞浦路斯、希腊、马耳他、西班牙和土耳其通过与欧共体达成导致关税同盟成立的临时协议而建立了较为密切的联系，对来自欧共体的产品，采取了阶段取消贸易壁垒的做法，并最终形成关税同盟。以色列和葡萄牙则通过与欧共体达成导致自由贸易区成立的临时协议来逐步取消对来自欧共体产品的贸易限制。欧共体与马格里布三国、马什里克四国以及南斯拉夫等国签署的自由贸易协定中，并未包括类似互惠义务的规定。欧共体认为，这类协定可从对方国家的经济发展需要和总协定第四部分之规定两方面来加以解释。

5. 欧盟当前一体化道路上面临的困难与问题

从 1993 年 11 月马约生效以来，欧盟在成员扩大和建立欧洲经济区方面都取得了可喜进展。然而，欧盟目前正面临着“有生以来”一体化道路上的最大困难和阻力。

欧盟遇到的问题之一，是能否如期建成欧洲经济和货币联盟。建立欧洲经货联盟、发行欧洲统一货币是《马约》中的首要目标。根据《马约》规定，到 1996 年底，要有半数以上的欧盟成员达到趋同标准的要求，欧洲经货联盟才到实现，并在 1997 年进入第三阶段，即建立欧洲中央银行，发行欧洲统一货币。如果届时达到这一趋同标准的国家还不到半数，那么欧洲经货联盟将推迟到 1999 年 1 月建立。从目前欧洲经货联盟的发展情况看，1997 年建成几乎是不可能的。根据“经济合作与发展组织”的预测，在 15 个欧盟成员中，只有德国、卢森堡、爱尔兰、丹麦和荷兰 5 个成员国有可能在 1996 年底达到马约所规定的赤字指标；另根据欧洲统计局 1995 年 1 月公布的统计数字，在欧盟现有 15 个成员国中，只有 8 个国家 1994 年的人均国民生产总值超过了欧盟的平均水平，而且，人均产值排在第一的卢森堡与最后一位的希腊相差 3.7 倍。这样大的经济发展差距，无疑为欧盟建立经货联盟设置了客观障碍。但是，无论怎样，欧盟成员国是不会轻易放弃建立欧洲经货联盟的。

根据目前情况分析，能否在本世纪实现欧洲经货联盟，主要取决于两方面的因素：一是德国议会是否按《马约》要求，严格审查其他欧盟成员国在争取达到经济趋同标准方面的表现；二是法国政府愿不愿推行不受欢迎的紧缩财政政策。法国希拉克新政府从其施政纲领和对待欧盟的态度看，似乎在欧洲经货联盟问题上，表现出了一些灵活积极的姿态。这将有助于加速欧洲经货联盟的进程。这一进程虽说不会停顿，但推迟势所难免。

欧盟面临的另一问题是，欧盟成员的扩大问题。1994 年在德国任轮值主席国的半年内，有关扩大欧盟成员的计划有了迅速发展。同年 12 月，在德国埃森举行的欧盟首脑会议上，又通过了一项为帮助中东欧和北非地中海诸国加入欧盟创造条件的战略。埃森会议还决定，1995 年 6 月爱沙尼亚、拉脱维业、立陶宛和斯洛文尼亚将处于类似地位。这样 1994 年已为欧盟在下个世纪扩大到 27 个国家打下了基础。但是，随着欧盟预备队的逐渐增加，欧盟有待解决的问题也随之增加。像波兰、罗马尼亚这类农业比重较大的国家加入目前欧盟的共同农业政策，付出的代价将非常高；把欧盟地区性援助政策同样适用这些原社会主义国家看来也不可行。而且在欧盟成员扩大和体制化建议方面本身就存在不同主张。在成员扩大问题上，德、法之间就存在严重分歧。德国政府主张目前欧盟成员扩大应集中精力先解决东欧 6 国加入的问题，即主张“东扩政策”；而法国政府则主张应着力解决那些符合条件的北非地中海诸国的加入问题，即主张“南扩政策”。这一分歧的实质是德法两国不同的地缘政治利益所致。在体制化建设方面（即建立“大欧洲”问题上），德英两国之间同样存在着不可调和的矛盾。德国总理科尔为首的执政党主张将欧盟建设成欧洲联邦，将布鲁塞尔的欧洲委员会升级为“政府”，将欧洲议会升为立法部门，将目前欧盟理事会降格为议会的一个院。而英国首相梅杰则在主张将欧洲分领域的统一，货币不参加统一，但赞成在防卫方面的统一。如果要建立大欧洲，那么欧盟就要进行彻底改造。有关建立大欧洲问题的争论，势将引起像德国这些希望进一步加强欧盟一体化的成员国与像英国这些希望建立更松散的欧洲成员之间的正面冲突。有关这些问题的争论，从侧面也反映出欧盟进程由几个大国操纵的事实。

二、中东欧国家（CEECS）区域集团合作的发展

“经互会”在1991年6月宣布解散后，中东欧诸国在加紧与欧盟和欧联两集团建立联系国关系的同时，内部也乘机进行了一系列旨在加强本地区经济合作的行动。

1. 加入“中欧倡议组织”，开展地区多边经济合作

到1993年7月，匈牙利、波兰、捷克、斯洛伐克、斯洛文尼亚、克罗地亚、波黑与马其顿等国已成为“中欧倡议组织”的正式成员国。保加利亚和罗马尼亚也参加了该组织某些部门的业务活动，并成为联系成员国。中欧倡议组织是由意大利建议于1989年成立的，并得到了中东欧诸国的普遍支持。如今，该组织作为一个地区性政治论坛和一个便于地区合作的经济机构，正在欧洲范围产生积极影响，其合作重点也正在向经贸领域倾斜。成员国之间正在中小企业、农业、交通、运输、环保、预灾等方面加强了内部合作。截至1993年底，该组织共制定了119个合作项目，其中20个项目正在实施阶段。

2. 建立“中欧自由贸易区”

波、匈、捷和斯洛伐克四国倡议共建了“中欧自由贸易区”，以加强成员之间的经济合作和推动各自的经济改革和结构调整。这一行动被看做是四国加入欧盟的第一步，1992年12月，四国经济部长正式签署“中欧自由贸易协定”（CEFTA）。经济合作的内容主要包括：资金、劳动力的自由流动，交通运输、能源、通讯和环保以及其他基础设施等。四国的经济合作还包括在与西方国家和经济组织之间的合作方面采取共同步骤与举措，在加入欧共体问题采取一致态度等。

“中欧自由贸易区”成员间的经济合作虽刚开始，但已有加强趋势。1995年初，四国将原定8年内建成中欧自由贸易区的设想缩短为5年内实现。如果这一计划在5年内得以实现，那么中欧将出现一个拥有6500万人口的区域贸易集团，届时的欧洲经济格局或许会出现某些变化。这一变化大小还取决于其他东欧国家，如罗马尼亚和保加利亚等是否会随着中欧自由贸易区逐步发展而加入进来。

3. 加入黑海和波罗的海经济合作组织

建立黑海经济合作区的想法，虽然是土耳其提出的，但罗马尼亚、保加利亚和阿尔巴尼亚从一开始就积极参与了其中的准备工作。所以说，当该组织于1992年6月正式宣布成立时，罗、保、阿三国理所当然地成为正式成员国。目前该组织共有11个正式成员国，拥有巨大的原料和燃料资源。该组织自成立到现在，东欧三国在其中十分活跃，尤其是与土耳其的经济合作更加广泛。罗马尼亚正吸引土耳其大量直接投资，投资领域也从一般的加工工业扩大到石化、能源和农业等生产和基础设施领域。到1993年底，罗土合资企业就达到2400多家。

与此同时，中欧的波兰加入了由波罗的海沿岸的德国、爱沙尼亚、立陶宛和拉脱维亚等10国组成的“波罗的海大会”；捷克、波兰与德国正在共同开发建设“三角洲”西里西亚工业区；波、匈和斯洛伐克三国也同乌克兰在欧洲喀尔巴阡山地区开展积极的经济合作。

不难看出，仅从经贸合作角度看，中东欧已开始形成地区性的三大经济合作区，即黑海区、波罗的海区和中欧区。当然，这些区域经济合作组织或许随着中东欧国家经济合作重心西移和最终加入欧盟而走向衰落。但是，如果中东欧诸国加入欧盟的道路比较坎坷，或者近期内无望解决，那么这些合作组织将在一个较长的时间内保持一个良好的合作势头。

从以上介绍，我们可以得出这样的结论，即战后欧洲范围内的区域集团化发展，逐步形成了一个“中心与外围”的三个不同层次的经济与贸易自由化的基本框架。第一层次也是合作领域比较广、程度比较深的欧盟15国，以及与欧联的区域合作。第二个层次是1989年冷战结束后，欧盟与中东欧和地中海国家通过签署双边互惠协定而发展建立起来的较为松散的区域经济合作。第三个层次是欧盟通过非互惠的洛美协定与非加太国家逐步建立的跨地区的经济合作关系。这三个层次均以欧盟为中心形成了一个“放射性”的区域经济合作网络，为将来大欧洲经济区的建立奠定了地缘政治和经贸基础。这一广泛的区域合作结构，势将对世界政治与经济格局的重组与分化产生深远的影响。

第二节 北美区域集团化的发展进程

一、一个世纪的梦想——美加自由贸易区的形成

早在19世纪80年代，即美国取代英国成为头号世界经济大国之际，美加两国的政治家就从战略长远高度，倡议建立美加经济区。到了二次大战期间，特别是经历了1930年的经济大危机和西方国家间激烈的贸易战之后，美国总统罗斯福在1933年提出其经济改革“新政”之后，就曾私下倡议和探讨建立美加贸易区的可行性，以便把美加本已密切的经贸关系建立在更加稳固的基础之上。但由于后来美国忙于欧洲战事和二战后出于政治考虑倾向于“马歇尔计划”的实施，致使美加经济区的酝酿和讨论在20多年内未形成可操作的具体计划。直到1965年，美加第一个区域一体化协议即美加汽车协定的签署，才翻开了北美区域集团化发展新的一页。

由于美加汽车协定仅局限于汽车和汽车零部件贸易，不符合总协定二十四条有关“实质上所有贸易”的规定，故于同年在该协定生效前，获得了总协定免除义务待遇。美加汽车协定的实施虽说解决了两国间贸易的一个重要部门，但并未从根本上改变双边贸易中存在的一系列摩擦和纠纷。

进入20世纪80年代后，美加贸易出现不平衡现象，美对加贸易逆差从1982年的130.7亿美元增加到1986年的233.3亿美元，加成为美第二大贸易赤字国。为了从根本上解决美加之间的贸易摩擦和贸易不平衡问题，美加两国从1986年9月开始就扩大市场渠道、限制贸易保护措施、促进双边贸易与投资等举行了一系列双边谈判，并在此基础上于1987年10月达成了“美加自由贸易协定”，美加两国政府于1988年1月签署了该协定。美加自由贸易协定在获得两国立法机构批准后，于1989年1月1日正式生效。该协定把关税待遇扩大到了汽车贸易以外的其他部门，区域优惠安排包括能源贸易、服务贸易自由化承诺、相互给予投资商以国民待遇和允许商人临时流动。关于农产品贸易问题，美加协定在取消关税和协调统一双方动植物卫生检疫规则与标准方面达成了一致意见，但关于国内农业支持措施和非关税过境壁垒并未涉及。关于政府采购问题，总协定“东京回合”形成的“政府采购协议”的多边规则被纳入了美加协定，而且采购合同的

起始价款比“东京回合”规定的还要低，并把市场准入的承诺扩展至其他的政府机构。美加协定还免除了双边贸易伙伴遭受对方根据总协定第十九条保障条款实施保障措施的行动。

值得注意的是，美加协定对双方出现的贸易争端问题的解决做了较详细的规定，特别是双方组成专家组对反倾销和反补贴的最后决定进行审议。美加协定关于争端解决的规定，既保留了双方援引总协定争端解决机制的权利，同时对本争端解决机制的程序问题，也做了较为明确的规定。这不仅是美加协定自身的一大特色，也为其他区域集团在解决争端方面的合作提供了可资借鉴的经验。根据总协定的初步统计与分析，美加协定是众多区域集团协议中，第一个针对争端解决问题作了规定的协议⑥。

二、美加墨自由贸易协议与北美自由贸易区的建立

1987 年 11 月，美国与墨西哥签署了自由贸易协议大纲，美墨两国在双边经贸领域开始磋商。1988 年 1 月，美加两国签订自由贸易协议后，作为美国第三大贸易伙伴的墨西哥，对美加协议可能对其经贸利益产生的负面影响忧虑忡忡。墨西哥为缩小这一影响，积极参与北美区域经济合作，并力争近期内与美达成自由贸易协议，墨西哥总统萨利纳斯一上台就展开了对美国政府的游说活动。1991 年初，美墨两国政府就建立美墨自由贸易区问题达成了高层共识。1991 年 6 月，美墨自由贸易协议谈判正式开始，加为防止其在美加协议中的利益受损宣布参加谈判。这样美加墨三国经过一年的努力，于 1992 年 8 月完成协议谈判。随后，迫于美国国会的压力，美加墨之间就劳工和环保等问题又形成了三个附加协议。这样北美自由贸易协议经过三国国内立法机构的近一年的讨论与审议，分别获得了批准。北美自由贸易协议于 1994 年 1 月正式生效。

1. 协议的主要目标

美加墨三国达成北美自由贸易协议的主要目的，在于为三国货物与服务贸易提供广阔统一的市场，提高三国工商企业在国际市场上的竞争能力。实现这一目标的主要手段是取消三国间的关税与非关税壁垒，促进货物和服务贸易的过境流动，改善竞争条件以及增加北美地区的投资机会。

北美协议共分 22 章，包括关税与非关税减让表和各类有关投资、服务业和

金融服务贸易的自由化承诺与保留的附件。关于边境措施的条款为自由贸易区的建立和货物市场准入问题做了具体规定，并制定了相应的原产地规则。协议对个别重要行业如汽车、纺织品与服装、能源与农业等做了具体的安排与规定，并对国内措施如动植物卫生检疫标准和政府采购规章等制定了相应的纪律与程序。协议对传统自由贸易区不涉及的领域如投资、服务贸易、电信、金融服务业、竞争政策、垄断与国营贸易以及知识产权保护等方面的具体承诺做了规定。除此之外，协议还对反倾销和反补贴等方面引起的争端问题的解决作了相应规定。

2. 协议的主要内容

关于贸易壁垒的降低与取消问题。协议规定对那些符合原产地规则要求的产品逐步取消所有关税，并要求三方逐步消除配额和进口许可证等数量限制措施。除了为实施原产地规则而取消贸易壁垒外，对以反倾销和反补贴形式出现的贸易限制以及为保护公德、环境、国际收支、文化娱乐产业及国家安全而实施非歧视性的进口控制仍可保留。

关税取消按不同的时间表进行。协议为此制定了四个不同的关税减让表，有些产品协议一生效就可享受免税待遇，而有些产品关税自由化则要经过5年或10年或15年的过渡期。

关于农产品贸易和补贴问题的谈判碰到了许多困难。乌拉圭回合在农产品贸易谈判中出现的僵局，在一定程度上增加了北美关于这一问题谈判的难度。墨西哥对农产品进口维持了大量的许可证，美加则保留了大部分的进口配额。早在美加协议谈判中，双方均准备就减少国内农业补贴问题进行磋商，加之欧共体共同农业政策和日本农业政策的影响，北美自由贸易协议更不可能在农产品贸易领域取得实质性进展。墨西哥坚持对粮食和谷物进口实施限制，因为墨西哥成千上万的农民依赖于这些产品的生产，而且美加在这一领域维持高的农产品补贴越发使得墨西哥不愿取消农产品进口的限制。由于美加墨三方在农产品问题上存在着严重分歧，所以说，北美协议关于农产品贸易的规定是以三个双边协议形式出现的（在1995年11月，亚太经合组织第七届部长会议召开以前，关于农产品是否纳入贸易自由化范围的问题，也曾一度成为关系到亚太贸易自由化前景的症结）。

有关原产地规则的规定，是北美协议区别于其他区域集团协议的一大特征。一般而言，原产地规则的实施主要是为了配合关税壁垒的不同取消程度，也即产品不同的来源将享受不同的关税待遇。事实上是一种歧视性做法，特别是那种限制性的原产地规则将成为贸易的一种非关税措施。根据某些西方学者的观点，认为原产地规则不管其实施的透明度多么高、多么公平，但都是为歧视性贸易措施服务的，所以说，原产地规则与歧视性贸易措施是一对“孪生姐妹”。从北美协议关于原产地规则的规定来分析，虽在确定原产地方面采用了关税税号变化的标准，而不是美加协议中50%的制造直接投入的规定，但在某些重要产品如纺织服装和汽车等，这方面的规定却比较苛刻。加拿大和墨西哥两国在谈判中并不赞成在汽车和纺织品领域采取限制性的原产地规则标准，但由于美国的坚持和国内此类行业保护主义的压力，北美协议在这些重点产品方面还是规定了严格的原产地规则，而且，产品的当地成分比例要按不同的时间阶段逐步上升。例如，汽车产品头4年的当地成分含量为50%，4年之后上升为56%，再过4年后将上升至62.5%。如果不符合这一原产地规则，汽车进口将享受不到关税优惠待遇。所以说北美协议中的原产地规则要求是最具有贸易保护色彩的，如在适当时候不对这一规定加以改进，那么北美自由贸易区从长远看所造成的贸易转移效应将大于贸易创出效应。但是，不可否认，严格的原产地规则和美加墨三方各自对外实施高度差别的关税和非关税措施，势必会吸引更多的直接投资来北美地区落户，从而扩大了国际资金对这一地区的流入，带动了相关工业的发展。

关于国内措施和法规的统一协调问题。北美协议针对补贴、反倾销法律和竞争政策以及政府采购与环保措施等方面做了较原则的规定，但各国依然保持在这方面的国内政策法规。在这一领域的谈判中，加墨对美的单边主义行为表示忧虑，希望通过谈判对这些属于国内政策范围的行为加以约束，但美国则坚决反对这些主张。例如在农产品补贴问题上，由于三国经济发展水平不同，要限制墨西哥这样相对经济落后的国家使用补贴措施是不可能的。这样，美加就不可能单独在补贴问题上采取实质性减低措施。谈判未在这一问题上达成一致意见。再如在反倾销和竞争政策方面，虽然协议中有专门章节规定了垄断和限制性商业惯例，而且相应成立一个工作组来审查三国的反倾销法规和竞争政策，但依然允许每一成员像对待反补贴措施那样保留各自的反倾销法规。此外，在政府采购和能源开发领域，墨西哥除了对政府采购的市场准入做了笼统承诺外，对石油的国家垄断经营问题未做任何让步。这说明北美协议除了限制对成员实施保障或紧急补救措施外，在统一协调国内法规和竞争政策方面并未取得任何实质性进展。这被认为是北美协议的一大缺陷。

关于服务贸易、投资及商人流动方面。北美协议相比其他区域集团协议确实取得了较大进展。除了货物自由贸易的规定外，北美协议还对服务业过境贸易、商人和专业人员的临时入境以及投资措施做了专门规定。服务贸易规定采取了“消极清单”的做法，即对包括所有服务行业须实施对国民待遇和最惠国待遇原则的义务做出承诺，除非一服务行业在国别附件中被明确列入例外或具体例外。美加协议中未涉及的陆地运输和特种航空运输却被纳入了北美协议中，并有相应的专门章节处理电信和金融服务业问题。投资问题的规定采取了类似服务贸易的做法，即那些要求例外或背离义务的措施纳入国别附件中。与美加协议做法不同的是，北美协议规定那些例外或背离义务的措施不能自然地获得祖父条款待遇，有关方应对其做出解释并提高这些措施实施的透明度和可预见性。协议还独创性地就投资损失补偿解决作了规定，即投资商私人仲裁机制。该机制为那些在三方内进行投资经营活动的企业提供了一个通过国际仲裁以获得财政补偿的机会，该企业的投资损失是由于东道国政府或者违背了其投资义务或者未遵循有关国营垄断企业行为义务所造成的。有关商业人员、贸易商、投资商以及公司企业内部专业人员的临时入境问题，北美协议依照美加协议对此作了规定，但美国对墨西哥专业人员的临时入境规定了人数限制。

北美协议中并未就争端解决机制作专门的规定，也许美加协议第十九章中有关“两国诉讼机制”，即争端解决机制的规定在作必要技术性修改后可适用于北美协议。但是，由于墨西哥国内法律体制特别是反倾销、反补贴法规以及行政法与司法审查等与美加两国的法律制度存在很大不同，尽管墨西哥在北美协议中承诺改革其法律体制，及早实施类似美加的贸易法规，但是美加协议中的争端解决机制能否完全适用于美加墨三方之间的贸易争端，依然是一个悬而未决的问题。

第三节　势头强劲的亚太经济合作

一、澳新“紧密型”经济合作

1965 年澳大利亚和新西兰两国政府签署了建立自由贸易区的协议（简称“澳新自由贸易区”）。该协议生效运转了近 20 年后，于 1983 年被“澳新紧密经济关系协议”（CER）所取代。这样，澳新区域经济合作进入了一个空前的发展阶段。

1965 年协议之所以最终被取代，主要原因是：（1）协议规定在 1977 年前，建立包括森林产品和精加工制造业产品（这些产品占澳新双边贸易的 50%，而且 90% 的已享受零关税待遇）在内的自由贸易区，贸易自由化的产品范围不符合“实质上所有贸易”的要求；（2）澳新双方曾几度试图增加贸易自由化的范围，以达到“实质上所有贸易”的标准，但由于协议本身并未有这样的规定，难以说服国内利益集团，要逐项增加产品比较困难；（3）协议只涉及关税减让而未就非关税措施自由化问题作出规定。这样的自由贸易区，其促进两国贸易发展的作用是极其有限的。因为当时澳新两国的平均关税水平都非常低（主要是由于总协定的 6 轮多边贸易和关税谈判的结果），起保护作用主要是非关税措施。

从紧密经济合作关系协议的主要内容看，该协议不仅包括了所有贸易产品，而且规定在 1990 年 7 月 1 日前，所有关税、实绩要求与鼓励措施以及数量限制全部被取消。该协议对双方国内的反倾销、反补贴法规与实施以及补贴做法与政府采购等国内经济政策作了规定。为了适用两国服务贸易发展和乌拉圭回合多边服务贸易谈判的需要，澳大利亚和新西兰于 1988 年就服务贸易的最惠国待遇和国民待遇及市场准入等原则（当然有几个服务行业属例外）签署了议定书，该议定书成为紧密经济合作关系协议一个有机组成部分。1992 年，澳新两国对上述协议的执行和文件本身进行了评估和审议，并进行了相应的修改。修改其中重要的一项，是关于双方对协调统一商业法规和竞争政策做出承诺，使双方产品相互免除反倾销行动。所以说，澳新自由贸易区是当前众多自由贸易区中贸易自由化程度最高、最彻底的一个。

二、政治与经济合作并重的“东南亚国家联盟”（下称“东盟”，ASEAN）

“东盟”的前身是 1961 年由马来西亚、菲律宾和泰国三国建立的“东南亚联盟”（ASA）。随着东南亚诸国之间政治关系的改善和要求“联合自强”的呼声日高，5 个东南亚国家马来西亚、菲律宾、新加坡、泰国和印尼于 1967 年 8 月 8 日根据“曼谷宣言”而成立的一个比原“东南亚联盟”更为广泛的区域性政治经济组织，这就是现在的“东盟”。1984 年文莱加入东盟。1995 年越南成为东盟的第七个成员。

根据曼谷宣言，东盟的目标是“通过共同努力促进本区域的和平与稳定，加速这个区域的经济增长、社会进步和文化发展。”这说明，东盟是一个政治与经济合作并重的综合性区域集团。事实上，东盟成立的第一个 10 年，其合作内容主要集中在政治领域，即促进本地区的和平与稳定和在国际社会中用一个声音说话（例如东盟在总协定等多边场合），东盟经常协调行动，采取一致的立场。进入 20 世纪 70 年代后期，随着新兴工业化经济体的崛起和世界范围内兴起的经济体制改革浪潮，经济因素在国际关系中的地位日益上升，东亚与东南亚国家间关系趋暖，东盟的合作战略也发生了重要转变，即从政治与经济合作并重转向了以经济合作为主（但是东盟在国际社会中，用一个声音说话的做法却有增无减）。

1976 年 3 月，东盟第二次经济部长会议上，决定共同兴办五项工业企业。在贸易自由化方面，1977 年 2 月，五国签订了关于成员国实行优惠贸易安排（PTA）的基本协议，以扩大五国之间的商品流动。同年 6 月，东盟五国就 71 种产品实行优惠贸易安排达成协议。1978 年 6 月，五国又达成协议，把优惠产品扩大到 755 种。这样大大拓宽了东盟内部贸易自由化的范围。在 1979 年的东盟第二届首脑会议上，五国领导人就现行优惠贸易安排，从关税领域扩展至非关税领域达成了协议，这在一定程度上，促进了东盟贸易自由化的深度。

进入 20 世纪 80 年代末和 90 年代初，东盟六国在经历了优惠贸易安排的 10 年实施后，已深切认识到，要在较大规模上促进成员之间的经贸合作，单纯靠局部的优惠贸易安排是不够的。为了解决现行优惠贸易安排涉及产品少和非关税措施自由化程度不高的问题，1991 年 1 月，东盟六国就在 2008 年前建立东盟自由贸易区（AFTA）达成了协议。1994 年 9 月举行的东盟经济部长第 26 届年会上，与会国一致同意把建成东盟自由贸易区的时间从 15 年缩短至 10 年，并在 2003 年把内部工业和农产品的关税降至 0. 5%。在此次会议上，东盟 6 国还就向自由贸易区如何进行过渡和实施共同对外优惠关税（CEPT）等问题，达成了一份框架协议，并于同年付诸实施。共同对外优惠关税政策的实施，被看做是东盟迈向自由贸易区的重要一步。有关非加工农产品、自然资源产品和服务业等贸易自由化被排除在东盟自由贸易协议之外。因为这些行业和产品在东南亚诸国中，都是非常敏感的领域，与政治问题相关联。

此外，自 1989 年以来，东盟除了自身内部经济合作的建设以外，还广泛参与了“亚太经济合作组织”（下称“亚太经合”）的工作。而且东盟一改过去对亚太经合的冷淡态度而积极全面地参与亚太经合的各项工作，特别是在贸易与投资自由化方面，东盟虽采取了谨慎态度，但积极性与独立性却很高。但是，由于亚太经合的进程近两年加快，甚至超出了某些成员的预期，加之美国在其中起主导作用，东盟 6 国担心其利益受损，其作用受弱化，对亚太经合的今后发展走向和主要大国操纵等问题表示严重关切。

马来西亚总理马哈蒂尔的“东亚经济集团”（后因为招致美、日、澳等国家的反对而改名为“东亚经济核心论坛”，EAEC）倡议就是在这种背景下提出来的，其主要目的在于建立东亚人自己的区域集团组织，没有其他外来力量的卷入。但该倡议提出 5 年来，除了得到中国政府的明确支持外，日本和韩国迫于美国的压力而对此倡议态度暧昧。就连东盟内部对此倡议也未形成一致的支持意见。从目前东亚各国和美加墨三国对此倡议的反应来看，其前景不容乐观。面对美国等发达国家操纵亚太经合的进程和“东亚集团”提议受冷遇，马来西亚政府已公开对美国的做法进行了抨击。1995 年 5 月，当马哈蒂尔访问日本继续为其倡议寻求支持时，他含沙射影地批评美国主宰亚太经合，指出“我们不参加事前磋商，只能采取跟着走的做法。现在与其说亚太经合在作决定，不如说是其中为数不多的一些人在决定问题。我们不满意大国这种越俎代庖的做法”。如果马的倡议被打入冷宫难以付诸实施（马来西亚政府虽展开了广泛的游说外交活动，但在此问题上依然比较孤立），那么，东盟和马来西亚政府如何对待这一难堪的外交困境，不仅会影响到东盟的合作进程，而且也势必波及到亚太经合的今后发展。

三、亚太出现的次区域合作形式——“成长三角”（growth triangles）

由于东亚和东南亚诸国之间存在的特殊地理条件、相似的文化背景和纷纷实施开放经济政策等因素，进入 20 世纪 90 年代以来，在东南亚和东亚地区出现了一些属于地方色彩的（次区域）经济合作“金三角”（也称“成长三角”或“次区域经济区”）。“成长三角”的出现，主要是由于各国和地区政府实施开放的经济战略，在沿海地段设立经济特区、出口加工区、保税区和设立自由港等，为当地和其他国家与地区的经贸联系创造了宽松和有利的条件，促进了这些地区之间的经贸合作。目前，在亚太地区的“成长三角”有近10个。如马来西亚南部、新加坡和印尼捞越岛之间形成的“南部成长三角”已初具规模。中国东南地区、香港和台湾三者间形成的以人力资源、资金与技术合作为一体的“华东南经济圈”。

1994年11月，东盟加紧规划“北部成长三角”和“东部成长三角”。同年底“东部成长三角”的四国（菲、马、文莱和印尼）决定，在3年内把该区建成东盟自由贸易区的小型贸易区，以作为先行试验区。除此之外，“湄公河成长三角”也就加强本区域合作达成若干协议。这些“成长三角”并未有正式的形成协议，相互之间也没有优惠贸易安排，基本上是凭借地利、人和和当地提供的特殊减免税政策等因素而自然地发展起来的。中央政府并不具体介入这种合作，只是为这些次区域合作提供灵活、优惠的投资政策和较好的基础设施条件。

四、“亚太经合”（APEC）的形成与发展

1989年11月，在澳大利亚前总理霍克的倡议下，亚太经合的第一届部长会议在堪培拉举行，这标志着亚太经济合作已由过去的民间讨论转向政府间磋商，拉开了亚太地区开展广泛的区域经济合作的序幕。

亚太经合在过去7年里，不仅成员由创立之初的12个增至现在的18个，而且在制度化建设以及合作内容等方面都取得了长足的进展。1992年亚太经合在新加坡设立常设秘书处，以协调组织一年一度的部长大会和10个合作小组的具体事务性工作。1993年美国担任亚太经合第五任轮值主席国期间，美国政府为积极推行其长远亚太政治经济战略，实现立足和主导亚太的战略目标，利用其强大的政治经济和军事优势，把亚太经合的合作内容和合作进程向前推进了实质性一步。1993年11月西雅图第五届部长会议通过了“贸易与投资自由化框架协议”，并在美总统积极倡议和发动下，紧随第五届部长会议，召开了第一次“亚太领导人非正式会议”。这不仅扩大了亚太经合的国际影响，而且为今后亚太经合朝向贸易投资和技术一体化方向发展注入了政治推动力。

1994年11月，标志着亚太区域经济合作从务虚到务实的一个重要里程碑的茂物会议顺利举行。亚太经合的18个成员领导人（台湾和香港派经济部长一级出席领导人非正式会议，这是在1993年11月西雅图会议上形成的模式，称为

“西雅图模式”）共同发表的“茂物宣言”指出，亚太经合中的发达成员和发展中成员将分别在不迟于2010年和2020年实现贸易和投资自由化。

进入1995年，日本作为第七任轮值主席国的亚太经合的一项重要任务，就是在本年度11月举行的第三届亚太领导人非正式会议上，拟定了2020年以前实现区域内贸易和投资自由化目标的行动纲领。为此，本年度内亚太经合分别在2月、7月、10月和11月举行了4轮高级官员会议（SOM）和两次高级官员特别会议。这一系列高级官员会议须在11月大阪举行的第七届部长会议和第三次领导人非正式会议召开以前，就下列内容形成共识：（1）区域合作的范围，应包括贸易和投资自由化以及经济与技术合作两个部分；（2）确定贸易和投资自由化的具体范围和深度，界定经济与技术合作的领域；（3）讨论并制定今后电信、信息产业、运输、科技等领域定期召开部长会议的议事规则和程序；（4）在已经设立的人才培养、能源开发等10个小组制定中长期目标和操作办法。

由于美国等发达成员与其他发展中成员，在贸易投资自由化范围与时间表（集体行动计划与单边行动计划的制定）、实施办法、市场准入的贸易措施领域以及自由化进程和接纳拉美新成员等问题上存在较大分歧，亚太经合的自由化进程虽目前保持了强劲势头，但能否维持下去实难预料（参见专文二）。从目前亚太经合的发展现状看，事实上，它仍然更多的是一个松散的经济合作论坛，其合作的实质性内容尚处于讨论和制定阶段，还未产生任何贸易和投资自由化的现实成果。所以，从这个意义讲，亚太经合还算不上是一个多边贸易体制意义的自由贸易区，更不具备关税同盟的特征。亚太经合成立7年来，在总协定中一直未成立相应的工作组来审查其合作进程，因为没有任何实质性合作内容可以值得审查，也谈不上亚太经合与多边贸易体制的一致性问题。

另外，值得一提的是，南亚地区面对其亚太地区经济合作的加强，担心被周围的区域集团化发展边缘化，也正在设法加快其内部合作进程。1993年4月“南亚区域合作联盟”（下称“南盟”，SAARC）就南亚7国之间优惠贸易安排达成了协议，以此作为今后贸易自由化的谈判基础。1994年5月，南盟第八届首脑会议在印度新德里召开。与会7国领导大会后发表了长达20页的联合声明，决定扩大各成员之间的经济合作，增强南盟在促进南亚区域经济合作过程中的作用，自1994年11月起实施了1993年4月形成的“优惠贸易安排”，并以此作为建立南亚自由贸易区的第一步。南盟是在1985年由印度、孟加拉国等倡议建立的，成立10年来，由于成员间存在着严重的政治分歧和边界争端，加之印巴两个南亚大国之间在该地区禁止核武器问题上存有不可调和的矛盾，致使南盟在过去10年里并未在加强南亚区域经济合作方面发挥什么作用。这也从一个方面说明政治关系的缓和与否是影响区域集团化发展的一个重要因素，有时可能成为先决条件；当然区域经济合作的加强，反过来又会促进政治关系的改善与发展。

第四节 拉美区域经济一体化进程

一、兴起早但发展缓慢的拉美经济一体化

拉美进入20世纪60年代以来，许多原欧洲殖民地和附属国纷纷获得民族独立，整个拉美的政治格局发生了很大变化。与此同时为加强区域经济合作，发展民族经济，实现工业化战略，防御外来力量的干涉，以维护政治经济的独立性，拉美地区从南至北兴起了一股空前的区域经济合作浪潮。在短短的几年内，整个拉美地区就出现了大小不等的20多个区域合作组织和优惠贸易安排。虽说这些区域合作组织成立较早，但后来的发展进程缓慢，除中美洲共同市场外，大部分区域合作组织和自由贸易协议并未实现其原定目标，有的甚至不了了之，收效甚微。

拉美区域集团化兴起早，但发展缓慢主要原因是：（1）拉美诸国自20世纪60年代开始纷纷实行了“进口替代”战略，力图走上工业化道路；（2）为了实施进口替代战略，各国高筑贸易壁垒，采取了“内向型”发展政策和极为严格的“奖出限入”的贸易做法；（3）拉美诸国经济发展水平参差不齐，那些民族经济十分脆弱的国家，对参与对外经济技术合作和发展外向型经济采取了极为谨慎的态度；（4）拉美许多国家由于历史的原因形成了“亲美”和“亲欧”两大集团国家。美国和欧洲通过各自在拉美的势力范畴继续对其政治经济进行控制，致使拉美各国之间政治关系时紧时松，经济方面竞争因素大于合作关系；（5）拉美诸国对外来经济的依存度，大于对本地区经济的依赖程度。

随着进口替代和工业化发展战略的不成功甚至失败，许多拉美国家为此付出了沉重代价：物价飞涨、经济发展失衡、进出口商品结构失调。进入20世纪80

年代中期以来，许多拉美国家充分认识到封闭的发展战略，不仅经济发展缺少外来资金，享受不到国际分工的益处，而且国内产业发展难以形成规模经营，缺少必要的市场条件，产业结构调整和产品升级换代无法形成良性循环。鉴此，只有在发展外向型经济、拓展与其他地区经贸关系的同时，加强本地区内部经济合作，消除贸易壁垒，促进贸易自由化的发展，才能改变经济发展停滞不前的局面（世界银行认为20世纪80年代是“拉美经济发展失掉的10年”）。自1986年乌拉圭回合多边贸易谈判发动以来，拉美诸国又重新掀起了区域经济合作的第二次高潮。

二、从“拉美自由贸易联盟”（LAFTA）到“拉美一体化联盟”（LAIA）

1960年联合国拉美经济委员会，起草了一项有关建立整个拉美国家自由贸易区的计划。但由于部分拉美国家对此计划怀有疑虑并提出反对，故该计划未被采纳。在该计划的感召下，阿根廷、玻利维亚、巴西、智利、墨西哥、巴拉圭、秘鲁和乌拉圭8国于同年签署了“蒙德维的亚条约”，成立了拉美自由贸易联盟。哥伦比亚、厄瓜多尔和委内瑞拉相继加入了该联盟。在该联盟框架下，成员国之间的贸易通过12年的时间实现自由化[⑦]。但该目标未能实现。

拉美自由贸易联盟，因1980年蒙德维的亚条约的达成而被拉美一体化联盟（下称“新联盟”）所取代。新联盟的目标是，分别通过签订双边和多边协议来促进新联盟成员国之间及其与第三国的贸易增长，最终实现区域内贸易自由化。在新联盟框架下，成员国之间的贸易自由化在部门基础上通过以下两个途径来实现：一是“区域范围协议”，即在区域内全部成员之间相互给予优惠贸易待遇；二是“小组范围协议”，即新联盟成员国中愿意签署本协议的国家之间相互提供优惠贸易待遇。

如前所述，进入20世纪80年代后，许多拉美国家重新青睐区域经济合作。一些新联盟成员通过小组范围协议的途径签署一系列区域合作协议，包括：（1）经济互补协议，即在次区域水平上实现贸易自由化，以促进一部门或一分部门的工业化发展；（2）产品优惠贸易协议，即先从几项产品开始逐步过渡到包括所有产品享受贸易优惠待遇[⑧]；（3）教育、文化和科技合作协议。另外，一些新联盟成员在新联盟框架下还达成了一系列并未通知总协定的区域合作协议，主要集中在双边或三边之间并以一个成员为中心，例如，墨智、墨哥（哥斯达黎加）

双边自由贸易协议和墨西哥与哥伦比亚和委内瑞拉三边自由贸易协议。

不可否认，在新联盟框架下，各成员在加强区域合作方面取得了一些进展，但由于这些协议涉及产品范围窄而且大都在双边基础上，其实现的贸易自由化广度与深度离自由贸易区的要求还有很大距离，所以，有些新联盟成员开始改变上述两种途径而谋求更深入的合作。1994 年 6 月，哥伦比亚、墨西哥和委内瑞拉签署了一项内容广泛的自由贸易协议，名为“三国自由协议”。同年墨西哥又与玻利维亚达成一项拟在 12 年内建立自由贸易区的协议。

三、“安第斯条约”集团的形成与发展

1966 年，玻利维亚、智利、哥伦比亚、厄瓜多尔和秘鲁 5 国在拉美自由贸易联盟框架下为加强拉美东北部地区的经济合作，倡议达成了“安第斯条约”，不久委内瑞拉加入，智利退出。为了给本区域内经济合作和产业结构改造提供必要的融资条件，安第斯条约集团又相继成立了安第斯工业与基础设施开发公司。该公司与安第斯条约一道在成员内于 1969 年生效运转。该条约规定，成员之间在 1980 年前建立自由贸易区并实施共同对外关税政策，为最终建立关税同盟创造了条件。但这些原定的时间表并未实现。

进入 20 世纪 90 年代后，安第斯集团诸国开始谋求认真的“区域经济合作，重新修改原条约内容，制定新的实现贸易自由化的目标”。根据 1991 年“巴瑞哈那行动计划”，安第斯自由贸易区应在 1992 年 1 月 1 日（对厄瓜多尔和秘鲁两国推迟到同年 6 月）生效运转，并实施共同的对外关税政策。自该自由贸易区生效运转以来，实践证明在 1992 年 1 月 1 日实施共同对外关税政策是不可能的。秘鲁要求保持 15% 的平均税率，而其他成员则各有不同的目标，迫于分歧，秘鲁从 1992 年 8 月终止其安第斯条约成员资格。1994 年，安第斯条约成员在实施共同对外关税政策比原定时间逾期 2 年多后，终于就四级（5%、10%、15% 和 20%）共同对外关税结构达成了一致（厄瓜多尔要求对 600 项产品实施 4 年过渡期的例外），并于 1995 年 1 月正式对外实施。

四、中美洲和加勒比海区域集团合作进程快于整个拉美地区

作为非拉美自由贸易联盟成员的中美洲 5 国（哥斯达黎加、萨尔瓦多、危地马拉、洪都拉斯和尼加拉瓜）在 1960 年建立了比较规范的“中美洲共同市场”

(CACM)[9]，其目标是在5年内建成自由贸易区并实施统一对外关税政策。中美洲5国在建立共同市场的同时还创建了中美洲经济一体化银行，以便为本区域内的工业发展和基础设施的建设提供资金。

中美洲共同市场，一直被认为是发展中国家间区域集团少有的几个完成了预定目标的其中一个。根据总协定对该区域集团的工作组审查报告，在1966年以前5个成员间94%的贸易享受零关税待遇，80%的对第三国贸易是按共同对外关税制度进行的。但是中美洲共同市场进入20世纪80年代以来，由于5国经济状况恶化，加之政治动荡和内战不断，特别是债务负担异常沉重，成员间又重新构筑了非关税壁垒，致使关税取消所带来的贸易利益被一定程度上抵消。为抑制区域内贸易保护主义的盛行和确保共同市场取得的已有成果，1993年5国成员采取联合行动，通过达成“最终多边协议”（DMA）给共同市场的发展重新注入了活力，确立了新的目标，并于1993年1月建成了关税同盟，使中美洲共同市场成为当今众多世界区域集团中仅有的4个关税同盟之一。另外，墨西哥与中美洲共同市场签署了自由贸易协议，但墨西哥是否在近期内会正式加入中美洲共同市场尚难预料。作为中美洲国家的巴拿马已表示出了加入中美洲共同市场的意向。

1973年形成的“加勒比共同体和共同市场”（CARICOM）是在1968年加勒比海自由贸易区协议的基础上发展建立的。1968年，加勒比诸岛国根据其岛国经济（农业、热带作物为主）的特点，为加强本地区的经济合作特别是农业合作，扩大就业机会，签署了旨在促进岛国经济一体化的加勒比自由贸易协议。

在20世纪70年代初，加勒比海诸岛国就建成了自由贸易区，特别是对农产品进口给予特殊待遇，从而扩大了成员间的农产品贸易。根据1973年建立共同市场条约的规定，在共同市场内成员间互享“开业权”（这比总协定和其他区域集团在服务贸易领域先行一步），协调各成员的经济政策和经济规划（这一点可与欧盟相媲美），并为欠发达成员规定了特别措施，以提供差别优惠待遇。

加勒比共同市场的一个主要目标，是在服务业生产领域如交通运输、教育卫生等通过区域一体化合作获得规模经济效益，并为本地区开发投资银行积累和筹措资金。该条约为共同市场实施共同对外关税政策原来制定了一个时间表，但未能实现，后来这一目标实现了，但由于成员间对某些产品的关税水平存在分歧，事实上，名义上的共同对外关税政策并未在整齐划一的水平上对外统一实施。目前，委内瑞拉提出了加入加勒比共同市场的申请。如果委内瑞拉加入，这将打破加勒比共同市场完全由岛国组成的格局。进入20世纪90年代以来，一些加勒比岛国倡议建立“加勒比国家联盟”（ACBS），其中加勒比共同市场作为一整体对积极推动这一倡议和付诸实施发挥了重要作用。“加勒比国家联盟”将是一个独立于加勒比共同体与共同市场的新集团，届时拥有25个主要国家和15个附属国。该联盟除了政治合作外，主要是在货物和服务贸易领域谈判一项优惠安排。

五、世界第二大关税同盟——“南方共同市场”

1995年1月1日，南方共同市场（Southen Common Market Treaty——MERCOSUR）根据其成员国阿根廷、巴西、乌拉圭和巴拉圭4国总统于1994年12月17日签署的“黑金城议定书”正式启动运转。南方共同市场的启动标志着拉美最大的共同市场正式形成。从规模和合作的进程看，它是目前世界上仅次于欧洲联盟和北美自由贸易区的第三大区域集团；从贸易自由化的范围和内部完善程度来衡量，它又是仅次于欧盟的第二大关税同盟集团。南方共同市场四国总面积1189万平方公里，人口近2亿，1993年国民生产总值约7500亿美元，分别约占拉美面积、人口和总产值的60%、40%和60%。

南方共同市场是在世界政治经济格局出现巨大变化和新旧多边贸易体制交替以及世界范围内区域集团化发展有增无减的背景下逐步形成和建立起来的。1991年3月26日，四国总统在巴拉圭首都亚松森签署“亚松森条约”，决定建立由4国参加的南方共同市场。经过近4年的艰苦谈判，4国就以下几方面达成协议：（1）成员国内部产品贸易互免关税。从1995年1月1日起，南方共同市场确定9000种产品中的85%内部关税为零，其余15%的产品到1999年逐步降为零。对那些敏感性产品，包括资本货物、机械设备、电子计算机和通信设备的关税将分别过渡到2001和2006年再决定增减税率；（2）实施共同对外关税政策的问题。从1995年1月1日，共同对外关税制度开始生效，对来自第三国的占总数约85%的一般商品实行共同对外关税，税率在20%以内。其中资本货物共同对外关税为14%，巴西和阿根廷2001年1月1日达到这一水平，巴拉圭和乌拉圭推迟到2006年实行；信息和电信产品共同对外关税为16%（目前巴西为35%），到2006年1月1日实行。考虑到各成员间发展水平差异，协议允许成员各保留一定数量的商品作为例外，暂不实行共同对外关税直到2001年，巴拉圭推迟到2006年；（3）关于来自各类自由区的产品待遇问题。对来自贸易自由区、工业自由区、出口加工区和特别关税区的产品，应被视为第三国进口，征收共同对外关税，但这不妨碍每个国家允许上述产品进入本国的有效法规的执行，属于例外产品则征收现行的国别关税；（4）关于原产地规则的规定。南方共同市场规定，享有区域内优惠关税的商品，其当地成分一般产品不低于60%（巴拉圭为50%），资本货物为80%。此外，协议内容还包括取消一切非关税措施，建立贸易委员会和技术与政策工作组，鼓励出口以及争端解决和保障行动等措施。

目前，南方共同市场还面临一些亟待解决的问题，如各成员国经济发展水平不平衡、内部新旧经济模式并存，以后还将会面临如何有效协调成员间宏观经济政策、如何处理因市场开放带来的竞争以及因苦乐不均引发的新矛盾和摩擦等问题。但是，不可否认，南方共同市场的启动体现了联合自强，谋求独立发展经济的决心。它不仅有利于促进成员间贸易发展、带动经济的进一步增长，而且有助于提高拉美的国际威望，推动拉美其他区域性组织加快合作的步伐，使南方共同市场4成员国以有利地位和较高的要价能力参加有关建立美洲自由贸易区的谈判。另外，为加强与欧共体的经贸合作，进一步打入西欧市场，缓冲美加对拉美所施加的政治经济压力，1995年9月开始，南方共同市场4国与欧共体举行了第一轮旨在建立跨大西洋的南方共同市场与欧共体自由贸易区的全面磋商，并取得了积极成果。不难预料，不久将来，拉美与欧共体的跨大西洋自由贸易区有可能出现于新的世界经济格局中。这样美洲与欧洲存在的唯一比较薄弱的环节（美国与西欧政治经济关系早已密切）将逐步得到加强。

第五节 非洲和中东的区域经济合作

本节把非洲与中东两个地区的区域经济合作放在一起介绍，主要是由于北非一些国家既是非洲国家，又属于阿拉伯世界，而且有些国家参与了两个地区的区域合作。非洲中东地区的区域经济合作同样经历了类似拉美在20世纪60年代和70年代所遭受的艰难和曲折。在非洲和中东大地，区域集团合作在60年代风起云涌，但发展缓慢，收益甚微，而且出现了分化、组合、再分化和再组合的变化无常的怪现象[10]。这当然与这两个地区内部存在的特殊政治矛盾和宗教争纷是密切相连的。

一、中东北非地区的区域经济合作

早在1945年当“阿拉伯共同市场”创立时，其主要目标之一是在21个阿拉伯国家之间营造紧密的经贸合作关系。为此，1957年阿拉伯诸国签署了经济联合协议，该协议要求在10年之内，阿拉伯国家间通过建立自由贸易区和加强区域内工业与基础设施服务业领域里的合作最终形成阿拉伯共同市场。1965年，“经济联合协议”在埃及、伊拉克、约旦和叙利亚4国之间生效（后来利比亚、毛里塔尼亚和也门三国也加入了这一协议）。到1971年，共同市场7个成员国之间贸易的关税和其他税收已取消，但未能完成关于实施共同对外关税政策的筹备工作。那些未加入阿拉伯共同市场的海湾国家科威特、沙特、巴林、阿曼、卡塔尔和阿联酋6国于1981年成立了“海湾合作理事会”（GCC）和一个包括工业产品和农产品（石油产品除外）在内的自由贸易区。该理事会的成立旨在协调统一6国的海关关税制度和经济与财政金融政策。

1964年，北非“马格里布常设咨询委员会”受命制定经济合作计划，但这一行动并未形成任何正式的贸易安排。直到1989年，阿尔及利亚、利比亚、毛里塔尼亚、摩洛哥和突尼斯5国建立了“阿拉伯马格里布联盟”（AMU），为最终建立马格里布经济区奠定了基础。作为中东阿拉伯世界一员的伊朗未参加上述本区域内的经济合作组织，而是以中亚国家的身份最早与巴基斯坦和土耳其三国创立了“中亚区域发展合作组织”（1985年更名为“中亚经济合作组织”）。

二、非洲大陆的区域经济合作

20世纪60年代以来，非洲法属（主要集中在西非、中非和北非）和英属（主要集中在东非）殖民地大都获得了民族独立。为了维持和延续殖民地时期各殖民地领土之间的密切经贸关系，防止因政治独立而造成经济封闭，各新独立国家自20世纪60年代开始纷纷寻求区域经济合作，签署了一系列大大小小的区域集团协议。1959年，7个刚获独立的前法属殖民地的西非国家贝宁（原叫达荷美）、布基纳法索（原叫上沃尔特）、科特迪瓦（原叫象牙海岸）、马里、毛里塔尼亚、尼日尔和塞内加尔签署了一项关于建立“西非国家关税同盟”（CUWAS）的公约。除了马里外，该公约6个成员拥有共同的中央银行和实行同样的货币，货物在成员间自由流动。“西非关税同盟”的建立，事实上保留了成员国独立时业已存在的殖民地领土间的自由贸易关系。但西非关税同盟成立后存在的一个次区域安排的问题是，关于对从第三国征收关税所得如何进行分配的问题。成员国之间经过谈判，最后同意采取平衡分配的办法。从西非关税同盟生效运转的实践看，它从未全面实施，并于1966年被“西非经济共同体”（CEAO）所取代。该共同体规定了共同对外关税和实行财政税收政策协调的问题，但有关如何协调财税制度一直没有全部付诸实施。

1975年，在联合了西非共同体7国、原“马弩河联盟”三成员（几内亚、利比里亚和塞拉里昂）和佛得角、冈比亚、加纳、几内亚比绍、尼日利亚和多哥6国的基础上，西部非洲国家成立了“西非国家经济共同体”（ECOWAS）。经过6年的努力，西非国家共同体在1981年取消了非加工农产品和手工艺品的关税，并就取消工业产品贸易限制达成了一个时间表，但未实现。1990年，西非国家共同体为实现非加工产品贸易自由化和逐步使工业产品贸易自由化，制定了新的计划与方案。与此同时，还采取了避免区域内贸易支付硬通货的步骤，即建立了区域支付与清算制度，并进一步扩大了农业投资项目的合作。

在原法属非洲地区，尚未获得完全独立的中非诸国临时政府刚果、加蓬、中非共和国和乍得于1959年成立了“赤道关税同盟”（ECU）。成立该同盟的协议在1960年扩展至区域内资本的自由流动和企业财政鼓励措施的协调领域。此外，该协议还对在通讯、邮政服务和地质调查等几个领域里的联合服务组织作了规定。在1961年喀麦隆加入后该关税同盟在1962年实施了共同对外关税制度，1964年同盟成员就协调区域内工业发展问题形成一致的意见。1966年，在关税同盟的基础上成立了“中非经济与关税同盟”（UDEAC），赤道几内亚随后加入。该同盟6个成员国中的4个（喀麦隆、刚果、加蓬和中非共和国）于1990年实施了共同对外的关税制度。

在原英属非洲地区，肯尼亚、坦桑尼亚、乌干达3国于1967年创立了“东非经济共同体”（EAEC）。在该共同体框架下，规范了3国之间的共同市场，创立了东非开发银行（EADB），并就财税政策协调和关税与财税所得的分配问题作了规定。1979年该共同体解散，但东非开发银行却在1981年获得了独立经营的地位并保存了下来。原东非共同体3成员连同安哥拉、布隆迪、科摩罗、吉布堤、埃塞俄比亚、莱索托、马拉维、毛里求斯、莫桑比克、纳米比亚、卢旺达、索马里、苏丹、斯威士兰、萨比亚和津巴布韦13国在1981年建立了“东南非洲优惠贸易区”，其目的是在2000年内建成一个共同市场，以此促进16个成员间贸易与经济合作的进一步发展。此外在南部非洲次区域内，1980年创立了“南部非洲开发协调中心”（SADCC）。1992年该中心因南非加入而转变为“南非开发共同体”，目的是在其成员间建立一个经济共同体。

本章注释：

①鉴于国内近几年有关介绍区域集团的文章和材料，在叙述各区域集团的名称、内容以及相应的时间等方面，与事实颇有出入，而且不同时期的文章在介绍同一个区域集团时，前后内容也不一致。本章的介绍和分析，笔者主要根据各区域集团相继通知总协定的官方材料，以免出现不必要的错误和时间概念上的差异。

②1930年的“国际联盟”大会一致通过了法国的建议，并相应成立一个“欧洲联盟咨询委员会”。该委员会在1930年至1932年间接连召集了6次会议，并于1937年举行了一次正式会议。由该委员会提议建立欧洲专家小组。欧洲联合的最终目标“是在建立最大广泛的欧洲联合的基础上，创立一个包括所有产品和所有欧洲国家在内的统一大市场。”《联合国文件》，1947年，第39页。

③丹麦和英国在建立欧洲货币联盟和统一货币单位方面保留了其“不自动过渡到”的权利。欧洲理事会针对丹麦的保留作了有关丹麦将不全面参加欧洲货币联盟的决定。当然，欧盟在建立货币联盟方面所需要的统一标准仍需时日。

④1986年9月15日，欧洲部长理事会对此问题作出了结论，同年同月欧洲自由贸易联盟对欧盟的结论作出了回应。见《欧洲自由贸易联盟》，1987年期号。

⑤“欧洲经济区协议”于1994年1月1日正式生效，比原定1993年1月1日的执行期推迟了一年。该协议在瑞士1992年12月6日举行的公民投票中被否决。随着奥地利、芬兰和瑞典于1995年1月1日加入欧盟，事实上，“欧洲经济区协议”目前只对冰岛和挪威两国生效，列支敦士登随瑞士的政策而定。

⑥一般认为，美加自由贸易协议在文本第十八章和第九章较详细规范地规定了争端解决机制，关于反倾销和反补贴法规的争端，根据第十九章规定来解决；关于协议其他方面的争端，根据第十八章的程序来解决。协议还规定，关于总协定方面的争端，要根据总协定第二十二条和第二十三条来解决，至于“东京回合”各协议与守则方面的争端，要依据各自协议的争端解决条款来处理。美加协议还根据总协定1989年的“争端解决规则与程序改善协议”对其有关争端解决的规定作了相应地改进。美加协议的争端解决规定在监督机构、专家组程

序以及专家组报告和实施等方面，同总协定的争端解决程序有相似的地方，但也有许多不同之处。如果一项争端既涉及到美加协议又与总协定相关，那么，申诉方可自由选择或者美加协议的或者总协定的争端解决机制。

⑦拉美自由贸易联盟为其成员国之间的贸易自由化规定了两个方案：一个是对一个共同议定的产品单子提供一定幅度的贸易优惠；二是通过在成员国产业部门之间签署互补性协议，来协调该产业的区域发展计划，并对该产业的产品提供更加优惠的贸易待遇。

⑧在“拉美一体化联盟”框架下形成的优惠贸易待遇，自动适用于拉美经济上欠发达的国家和地区。

⑨“中美洲共同市场”是在1956年“中美洲自由贸易协议”（CAFTA）的基础上形成的，成立“中美洲自由贸易区”的时候，只有尼加拉瓜一成员当时为总协定缔约方，而且该自由贸易区协议中也未就建立自由贸易区的计划和时间表作出规定。1956年11月13日，总协定缔约国全体根据总协定二十四条十款的规定作出一项决定，赋予了尼加拉瓜援引总协定二十四条有关形成自由贸易区条款的权利，这一决定事实上给了中美洲诸国建立并不完全符合总协定二十四条五款至九款规定的自由贸易区的“豁免权”。《总协定文件选编》，第5卷，第29页。

⑩由于该地区特别是非洲大陆所建立的区域集团大都不规范，严格来讲，很多都不符合总协定二十四条的规定，而且一些生效运转的区域集团协议也很少几个通知了总协定，所以说，总协定在过去40多年中，几乎未成立什么工作组来审查该地区的区域集团协议。

第六章　当前世界区域集团化发展的新动向

在第五章中主要介绍和分析了战后以来到20世纪80年代末世界各地区区域集团化的形成、发展和存在的问题。为了确保本书的时效性和让读者较全面地了解进入20世纪90年代特别是世贸组织取代总协定之际的区域集团化发展的新动向，本章拟主要对北大西洋共同体、环印度洋经济合作组织、中东北非共同市场和美洲自由贸易区的新倡议与发展及其存在的问题作一些介绍和分析。

第一节　区域集团化新发展与多边贸易体制加强的“共生现象”

从第五章介绍可以看出，战后世界区域集团化的发展经历了两次高潮。第一次高潮是20世纪50年代末60年代初。除欧洲共同体外，此次高潮主要是由亚非拉刚获独立的发展中国家掀起的；第二次高潮是从20世纪80年代中期到现在。无论发达国家还是发展中国家都纷纷卷入此次区域集团化浪潮。

一般认为，第一次高潮之所以出现，主要原因是刚获独立的发展中国家，可通过寻求区域经济合作来巩固其政治独立和维持殖民地时代留下来的各领土之间的自由贸易制度①；其次是这些发展中国家在当时大都不是总协定、世界银行和国际货币基金组织的成员，它们通过区域合作可以弥补因在世界多边经贸体制中孤立地位所招致的损失。有些总协定专家还认为，战后形成的多边贸易体制本身对发展中国家利益与要求的忽视，也是第一次区域集团化高潮兴起的原因之一（当然还有其他的政治经济背景）。

第二次区域集团化浪潮的兴起除了政治经济因素外，一个重要的原因，就是以总协定为基础的多边贸易体制的威信和作用进入20世纪80年代以来受到空前弱化，加之乌拉圭回合谈判四度延期，其谈判前景当时不甚明朗。在这种背景下，为了维护自己在世界经济中的经贸利益和主导地位（主要是发达国家），增强在国际多边贸易体制中的说话分量（用一个声音说话），以及利用规模经济来提高产业在激烈的国际市场角逐中的竞争能力，有的国家和地区基于原有的区域集团协议进一步修改、完善，重新确立合作目标，加深区域集团的合作形式（如欧盟、东盟和中美洲共同市场等）；有的国家则是基于已有的具体产品的双边协议而进一步扩大了成员资格以及贸易自由化的范围内容，建立起了比较规范的自由贸易区（如美加和北美自由贸易区）；有的国家和地区则是白手起家，从酝酿、讨论、磋商到形成协议以致付诸实施的过程，大都与乌拉圭回合（1986 年至 1994 年）8 年谈判的历程同步并举（如亚太经合、拉美南方共同市场和中欧自由贸易区等），也即基本上出现在 20 世纪 80 年代中下期和 90 年代初。

根据这两次高潮兴起的不同特点和原因，有些自由派经济学家，曾在乌拉圭回合结束前后预言：乌拉圭回合的成功结束和世贸组织的生效运转以及由此带来新多边贸易体制威信和职能的强化，将在很大程度上把世界各国和地区倡议建立以及巩固与发展区域集团的精力，部分地吸引到多边贸易体制中来，也就是说，在世贸组织成立之后，世界区域集团化的发展虽不致走下坡路，但至少其狂热的发展势头应该消停下来，即处于维持现状和巩固阶段。

这种预言目前看来并不十分灵验。因为现在正是在新旧多边贸易体制交替之际，在世界各地区又出现了许多旨在建立区域集团的新倡议，如美欧领导人的“北大西洋经济共同体”倡议和澳大利亚政府的“环印度洋经济合作组织”的新建议以及北非中东诸国的“海湾地中海大西洋共同市场”的大胆设想等。这种区域集团化发展势头有增无减与多边贸易体制日益加强并驾齐驱的“共生现象”，无疑对那种“区域集团化发展强劲，多边贸易体制弱化；多边贸易体制强化，区域集团化发展减弱”的“彼此消长论”提出了挑战。这种挑战，对国际社会和多边贸易体制全面认识区域集团与多边贸易体制之间的关系与影响究竟产生何种作用，值得进一步研究探讨（参见第十二章）。

第二节　“北大西洋共同体”新倡议的背景、内容与问题

关于倡议建立“北大西洋经济贸易联盟”或“北大西洋自由贸易区”（TAFTA）或“北大西洋共同体”（NAC）的呼声和议论，自 1994 年初至 1995 年 12 月，在欧美两国的官、商、学各界已“炒”得沸沸扬扬，甚嚣尘上。这一呼声和议论已引起欧美双方高层领导人的广泛关注，除美国总统克林顿外，英、法、

德、加等国首脑均对此倡议发表了程度不同的支持意见与评论。

1994年初，德国德莫勒奔驰公司首席执行官罗特首先提出了建立“北大西洋自由贸易区”的设想。紧接着同年12月，当时的英国国防大臣里夫金德（现为英国外交大臣）提出欧美改造现在的北约（NATO），尽早建立“北大西洋共同体”的倡议，里夫金德的建议在英国政界和经济界引起了积极反响，并获得了广泛支持。英国政府倡议建立稳固的美欧经济联合的设想由来已久。随着欧洲内部政治经济一体化的深入发展，英国对倡议建立美欧经济新联盟更是兴趣盎然。英国政府试图以美欧经济联盟来稳固其在欧洲的政治经济地位，以此来牵制欧盟（法德主导的）的一体化进程和发展走向。

1995年3月，美国前国务卿基辛格博士在访英期间，明确阐述了创建“北大西洋自由贸易联盟”在当前国际政治经济形势下的必要性[②]。此后，西欧多数国家领导人竞相呼吁扩大北约的合作范围和深度，重新调整冷战后的美欧政治经济关系格局。在同年2月、4月德国总理科尔和英国首相梅杰访美时，分别与克林顿总统就建立“北大西洋共同体”的事宜交换了意见。加拿大总理克里斯蒂安1995年年初访法时，公开表示了加拿大政府支持建立“北大西洋经济联盟”的设想，并与法国领导人就此广泛地交换了看法。在加法两国领导人会晤后，法国当时的竞选总统希拉克提出了重新议定“大西洋宪章”的大胆倡议。德国政府也正式提出了签订“跨大西洋两岸广泛的新契约”的要求，以此建立“北大西洋经济与安全共同体上（以下统称“北大西洋共同体”）。

这是欧美在两极格局结束后，经济因素和综合国力的竞争在国际中日显重要的背景下，试图重新定位双方关系，以在世界日趋被区域集团化“板块化”的政治经济格局中进一步稳固西方为主导的世界政治经济新秩序的一个重要动向，同样是当前世界范围内区域集团化风起云涌中的一个新动态，值得广泛关注。

英、法、德、美、加等五国关于建立“北大西洋共同体”的倡议，虽然表述各有不同，但从目前各国的建议和设想所涉及的主要合作领域似可归纳为以下几个方面。

首先，签署自由贸易协议，建立自由贸易区并最终实现经济共同市场和共同体。创立北大西洋自由贸易区和共同市场的主要内容包括：（1）取消所有美欧双方贸易中残存的关税，特别是芯片和钢材等产品；（2）逐步废除形形色色的非关税措施，使敏感性产品完全贸易自由化，如农产品、民用航空器等行业的政府补贴和支持政策以及纺织品服装贸易的进口配额和数量限制等；（3）签署投资自由化协议，协调双方知识产权保护的立法与政策；（4）推进服务贸易自由化的进程，特别是消除电信、金融服务业、专项服务以及文化娱乐业等领域里的国民待遇和市场准入方面的限制；（5）协调统一双方有关的宏观经济金融调控政策和贸易立法，特别是反倾销、反补贴和竞争政策方面的立法；（6）建立健全争端解决机制和争端预防机制③。

其次，建立“法制和代议制民主”是创立“北大西洋共同体”的基本条件，将由大西洋两岸国家的议员组成议会，为全球制定民主法制政策，最终实现跨大西洋的议会体系。

第三，考虑到大西洋两岸的文化价值，是西方文明的最典型代表，也是世界人类文明的重要组成部分，而且具有同质文化的共性特征。这不仅为两岸建立同质的文化价值观奠定了基础，而且也为双方在文化、社会领域里开展广泛深入的合作架起了桥梁。

最后，在现有“北大西洋公约”的框架下，重新审视目前欧洲内部以及美欧之间的军事关系，建立更加有效的“防务与安全体系”。

这样如此广泛深入的合作内容，虽然欧美在今后建立“北大西洋共同体”的进程中有其有利条件，但其艰难复杂程度可以说是世界建盟与区域集团发展史上空前的。至于政治、文化和安全领域里的合作困难暂且不论，单就建立“北大西洋共同体”的侧重点和经济方面的合作就存在着诸多难题。这主要表现在：（1）英美试图在政治、经济、文化和安全诸方面，建立大西洋共同体，实现全方位的合作；而法德加等国家则主要强调经济贸易方面的合作，以此促进政治和安全领域里的合作关系；（2）美欧自20世纪60年代开始的农产品补贴之争和自80年代开始的民用航空器（空中客车）之争如何最终解决和处理就是建立“北大西洋共同体”的一大障碍。法国已明确表示，农产品和文化娱乐业不容列入未来的谈判之中；（3）“敏感产品”贸易残存的关税和非关税壁垒也一时难以取消，如钢材贸易遗留的关税和纺织品服装进口配额等；（4）服务贸易领域里的一些个别行业，如金融服务业、文化娱乐业、航运与海运等能否最终通过谈判达成协议，依然是一个悬而未决的问题；（5）美政府对建立“北大西洋共同体”的态度暧昧。

从根本利益上来说，美国无论从哪个方面考虑，都不会轻易失掉欧洲，但美国目前忙于亚太经合和建立美洲自由贸易区，暂时不会分心来搞“北大西洋共同体”。当然，这在一定程度上取决于亚太经合和美洲自由贸易区的合作进程。虽然美欧在协调经济政策和贸易立法以及投资自由化等方面在今后谈判中也会碰到一些困难，但由于美欧经济发展水平、政治经济制度、立法体系与法制观念以及投资措施与知识产权保护法规等方面都有较高的“同质性”，而且经合发组织的发展已在宏观经济政策的协调和投资措施等领域做了大量前期工作，加之一年一度的西方七国首脑会议等有利条件，所以这些方面的合作将有助于克服掉建立“北大西洋共同体”的种种障碍。

但不能忽视的是，在成员资格问题上美欧双方也会出现分歧。如果未来的“北大西洋共同体”是完全基于北约而不是北美自由贸易区和欧洲联盟，那么像墨西哥、奥地利和未来的中东欧诸国将会被排斥在“共同体”之外。如果日本自身要求参加和美欧个别国家希望日本加入，那又会出现一些棘手的问题。

西欧诸国和加美目前倡议建立“北大西洋共同体”，绝非出于一时的权宜之计和一般性政治经济联合的考虑，而是有其深刻的国际政治经济背景的。综合分析其主要考虑有：一是冷战结束，东西方对峙不复存在，美欧政治与军事联盟的维系因素和基础亦逐步丧失，经济关系在美欧联盟中日趋占主导地位，经贸摩擦与纠纷逐渐增多，而且正侵蚀着美欧联盟的基础。如美欧农产品补贴纠纷曾三度使乌拉圭回合多边贸易谈判延期，在世贸组织总干事人选问题上的分歧造成世贸组织生效4个月无正式总干事④。再如，1995年初的欧加渔业争端曾一度使欧加外交关系陷入危机。这些冷战结束释放出来的经济矛盾和贸易纠纷，若不及时加以协调或缓解并相应地设立“争端预防机制”，势必会影响经贸合作的深度与广度以及政治关系的加强，削弱和侵蚀西方联盟。

二是建立“北大西洋共同体”是欧美的彼此需要。美欧联手既可以应付亚洲的崛起，又可以在美欧两大区域经济集团之间架起合作的桥梁，避免出现两大贸易集团对峙的局面。否则，如果造成两败俱伤，他国和地区会从中渔利。目前，一方面，欧盟对美实施其“一手抓着亚太，另一手拉着拉美”的经济合作与安全战略，甚表关切，担心待将来亚太经合和美洲自由贸易区形成后，在美国主导下会在经济格局上与欧盟对垒，危及欧盟的全球经济贸易利益；另一方面，美国对欧盟“东扩”和“南扩”的战略实施同样甚表忧虑，因为美国在中东欧和北非地中海以及中东地区有着自己切身的政治经济与军事利益。如果不久的将来，欧盟东扩与南扩的战略得以付诸实践，那么一个以欧盟为中心的拥有 40 多个成员，地域波及中东欧、北非地中海甚至中东海湾与中西亚地区的“大欧洲经济区”，会在世界政治经济与军事格局中占有决定性的主导地位。这对美国的全球战略来说，无异丢掉了大半个世界。美国对此绝对不会袖手旁观的。

三是鉴于历时 8 年的乌拉圭回合谈判未能全部满足美欧的要求和愿望，特别是在服务贸易、投资措施、知识产权保护、环境与贸易以及劳工标准等方面[⑤]。其中一主要原因是发展中国家在这些新议题上采取了极为强硬的态度。在美欧看来，发展中国家的这种做法就是一种不合作的态度。虽然，世贸组织已取代了关贸总协定，美欧在其中也起主导作用，但由于世贸组织的成员五分之四为发展中国家，加之多边贸易体制“协商一致”的议事规则，美欧要在今后由世贸组织主持的谈判中，推动这些新议题的讨论并最终形成符合美欧口味的多边协议，似乎是不可能的。美欧联合较易在这些新议题上达成协议，然后反过来通过其政治经济优势，迫使发展中国家做出是接受这些协议，还是被排斥在美欧市场之外的严酷选择。

四是美欧在当前一些国际问题上出现严重步伐失调与政策分歧。如在对待波黑、制裁伊朗和援俄以及牵制中国和古巴等问题上，美国很难说服欧盟与其采取相对一致的措施与步骤，使美国时常陷入外交孤立和尴尬的境地（古巴领导人卡斯特罗访法、欧盟带头解除对华经济制裁等）。西欧自身也面临多种“新威胁”，需要一个更加有效的美欧联盟来确保安全利益。这些“新威胁”是：俄罗斯不稳定且对欧盟存有戒心；波黑冲突久拖不决有可能第三次点燃巴尔干半岛这个导致世界大战的“火药桶”；中东北非地区的伊斯兰原教旨主义势力膨胀；北非国家内乱造成的移民潮将冲击西欧诸国，以及大规模杀伤性武器在欧洲范围和周边地区的扩散。

此外，一些西欧国家还担心德国逐渐坐大，重蹈二战之覆辙。加之西欧由于国家利益差异，难以实现真正意义上的统一外交、安全与防务政策，且在防务上还缺乏远距离兵力投送能力、现代卫星和电子指挥系统及导弹防御手段，将无力单独遏制这些新威胁。所以，美欧双方各自的“心病”都将使其对建立“北大西洋共同体”发生越来越大的兴趣，并付诸必要的热情与精力。

不足为奇，欧美一提出有关“北大西洋共同体”或“经济共同体”的倡议就招致了许多发展中国家的反对，同时也引起了世贸组织等国际经贸社会的严重关切。

有些发展中国家认为，虽说美欧政治与军事关系随着冷战结束有所削弱，但双方的经贸关系与合作却日益得到增强。如果美欧在现有基础上再通过区域集团和联盟的合作方式加以巩固，那么势将对其他国家和地区的经贸利益构成严重威胁。更有甚者，如果未来“北大西洋共同体”的建立是基于北美自由贸易区和欧盟再加上日本，那么，这个“共同体”无异于一个地地道道的“西方堡垒”，这对世界平衡的政治经济格局的形成和公正开放的国际经济新秩序的建立无疑是一大障碍。

前任总协定总干事萨瑟兰和世贸组织首任总干事鲁杰罗均对拟议中的“北大西洋共同体”持批评的态度，认为像美欧这样经济高度发达和贸易依存度奇高的两大集团，一旦联合起来，不管其开放程度如何，都会客观上形成与多边贸易体制对峙甚至凌驾于之上的局面，势必削弱多边贸易体制的职能的威信[⑥]。

无论如何，关于建立“北大西洋共同体”的问题，目前尚处于酝酿和讨论阶段，要进入磋商和谈判以最终实施运转，仍需要较长的时日。为了及早评估和判定建立“北大西洋共同体”的可行性，美欧双方高级政策官员于1995年10月举行了第一轮磋商，对将来美欧合作的形式、内容、范围等进行了全面的讨论和分析。但由于法英之间的矛盾，加上美欧在合作内容上的严重分歧，本次磋商并未取得预期的结果，仅对会议磋商情况形成一份非正式的介绍性报告。舆论认为，美欧能否就建立北大西洋共同体形成共识并迈出建设性一步，关键是1995年12月3日美欧首脑会晤（在马德里）能否取得积极成果。

第三节　澳大利亚的“环印度洋经济合作”新建议

在前面提及，“亚太经合”是在1989年由澳大利亚前总理霍克，经过近两年的呼吁倡议和广泛游说后而成立的。但由于澳大利亚本身的政治经济地位无法与美加日等国相抗衡，加之美国所谓“脱欧入亚”和其重视亚太经合的进程与发展走向，在亚太经合成立7年来，作为首创亚太经合的澳大利亚在其中仅扮演了一个“配角”。虽说澳在亚太经合的合作内容、体制化建议和合作进程等方面与美加的设想基本一致，但有关合作的重大计划和方案均由美国人起草提出，澳大利亚难以从中起到积极的建议性作用。所以澳大利亚政府对美国在亚太经合中既起主导作用，又包办一切的做法颇有微词，有时公开表示不满。特别是美国在1993年作为轮值主席国以后，澳大利亚在亚太经合中的作用进一步被弱化。鉴此，澳大利亚政府早在1993年底就试图寻求更加适合澳大利亚政治经济地位和地缘政治与经济利益的新区域集团合作形式，以便在其中理所当然地发挥主导作用。

伴随印度洋诸国，特别是印度、巴基斯坦和南非等国，最近几年正在实施开放型发展战略，加之南非联合政府的建立和莫桑比克内战结束，这为建立和发展环印度洋经济合作创造了有利的外部条件。另外这一地区广阔、重要自然资源丰富、海洋资源雄厚，各国经济发展水平与程度互补性极高。相互之间既没有传统的政治宿怨，也没有新的政治之争（当然印巴之间从小区域看是存有不可调和的政治之争），这为建立“环印度洋经济合作”提供了较好的政治环境。

1995年3月，澳大利亚外交部长埃文斯提出了建立环印度洋经济合作的动议。埃称“鉴于澳与南亚、中东海湾和南部非洲等地区的政治经济关系日益发展，探讨和寻求在印度洋地区建立一种类似亚太经合的区域合作形式是有其积极的发展前景的”。埃还称“在整个环印度洋地区，国与国之间的合作正显示出协同作用的生命力。不能否认，基于这种协同作用在不久的将来建立一种环印度洋地区的新型合作机制是可能的”。

与此同时，澳大利亚贸易部长麦克马伦进一步强调了埃的上述动议，认为“在当前区域集团合作遍布全球的形势下，作为环印度洋地区的国家如不充分抓住当前的机遇，加强区域间的经济贸易合作，并建立相应的推动这种合作的新机制，那将是环印度洋地区的一大失误”。澳政府基于上述设想，拟于1995年6月在澳大利亚西部海港城市佩斯召集第一届环印度洋地区国家经济合作会议。届时由包括南亚、东南亚、海湾和东南部非洲的37个国家的高级外交或经贸政策官员和专家与会，共谋印度洋地区经济合作的大计。

对澳政府的动议和邀请，许多国家如印尼、泰国、马来西亚、印度和南非等均作出了积极的回应。泰国和马来西亚的高级贸易官员认为，“建立环印度洋经济合作组织”的倡议是一个积极的构想，但这一合作组织“必须建立在开放和非排他性的基础上”。1995年初，南非副总统德克勒克在访问澳大利亚和马来西亚时，与两国领导人就建立环印度洋经济合作组织的建议交换了意见。德克勒克主张，“在印度洋地区建立任何合作机制不应包罗万象。如果这种合作组织的目标太高，既包括经贸又涉及政治合作，是不利于该地区的经济合作进程的。仿效欧盟的做法在环印度洋地区是很不现实的。当前应把这种动议和设想主要集中在经贸合作领域”。[⑦]印度政府对澳大利亚的设想也作出了呼应，认为“在印度洋地区建立区域经济合作新机制的条件越来越成熟。但这类合作组织必须在多边贸易体制的原则指导下创立一个公正开放的贸易集团，如建立排他性内向的经济集团，既不利于该地区的内部合作，同时也会阻碍与其他更活跃地区的经贸与技术合作”。

澳大利亚的动议虽然得到上述国家的积极回应，但像沙特、巴基斯坦、新西兰以及东部非洲国家均未作任何表态，其意向如何不甚明朗。即使第一届环印度洋经济合作会议对此形成了框架草案，要从务虚到务实，直至在贸易投资自由化方面取得实质性成果，其需要的时间不会比亚太经合短。当然，这主要取决于澳大利亚在其中是否能够扮演像美国在亚太经合中所扮演的角色和其他环印度洋地区国家的合作态度。像中东海湾、东部非洲和南亚虽然在整个跨印度洋地区间没有什么政治纠葛，但在各自小区域内的国与国之间的关系却时有紧张，以致诉诸武力。所以说，澳大利亚要把其动议付诸实施不但需要时日，而且也需要其广泛有效的外交周旋。

第四节 “中东北非共同市场”倡议的提出与存在的问题

随着1993年“巴以和平宣言”和1994年“约以条约”的相继签署，中东和平进程出现了突破性进展。而且马格里布的突尼斯和摩洛哥两国同以色列恢复了正常的外交关系。以色列与叙利亚和黎巴嫩的和平谈判在美国的斡旋下也有望达成协议。在这种政治关系缓和和由对抗转入对话以及犹太民族和阿拉伯世界的宿怨开始趋向和解的大背景下，中东北非的区域经济合作也日渐提到了各国对外政策的议事日程。

1994年10日，在美国的积极推动下，中东北非20多个国家的政府首脑、外长和经贸部长以及1500多家企业的领导人（如尤尼来佛、可口可乐等）云集摩洛哥名城卡萨布兰克，举行了中东北非首届区域经济合作会议，拉开了该地区实现区域经济与贸易合作以推动贸易投资和服务贸易自由化的序幕。此次中东北非区域经济合作会议发表了“十四点内容宣言”，为不久的将来，在该地区建立从海湾到大西洋的共同市场勾画出了蓝图，实现区域内货物、服务和劳动力以及投资四大自由流动。

根据“宣言”的规定，近期内中东北非诸国主要做好以下几方面的工作：(1) 尽快建立起促进贸易与投资流动的中东北非私人企业商会和商务理事会；(2) 为了促进该地区旅游事业的发展，各国联合建立专门的旅游管理委员会；(3) 根据美国的建议，为充分利用该地区雄厚的“石油美元”，探讨建立“中东开发银行”的可行性并及早创办；(4) 中东北非要为最终在该地区建立经济共同体和共同市场从政治和经济上创造良好的条件和基础；(5) 采取务实灵活的措施，迅速推动和巩固中东和平进程，力争使以色列与叙利亚和黎巴嫩两国签署和平条约 。宣言还指出，中东北非地区虽然在过去几年经济有所发展，石油收入大幅度增加，但由于该地区存在持续的政治纠葛和民族与宗教（伊斯兰教、基督教和犹太教）的矛盾，加之大量“石油美元”流入西方，致使该地区的经济和社会福利增长以及生活水平还比较低。所以说促进和加深该地区的经贸合作以带动各国的经济增长是确保该地区持久和平的最有效保障。宣言最后规定，第二届中东北非区域经济合作会议定于 1995 年 10 月在约旦首都阿曼召开，进一步探讨建立中东北非共同市场所涉及的问题。

在此次会议上，美国务卿克里斯托弗、以色列总理拉宾、约旦国王侯赛因、摩洛哥国王哈桑二世以及关贸总协定时任总干事萨瑟兰等到会就建立中东北非区域经济合作新机制发表了讲话。萨瑟兰在其发言中指出，“通过在中东北非地区建立旨在促进区域内经贸合作的新机制，是促进和平和巩固和平成果的最重要的途径之一。中东北非地区曾为世界经济的文明史培养过一批杰出的商人和企业家。相信在新生的多边贸易体制生效运转和乌拉圭回合成果付诸实施的今天，世界经济在为中东北非地区提供巨大贸易和市场准入机遇的同时，该地区也势将为其他地区创造更多的贸易机会。中东北非地区如能在不久将来建立起开放非排他性的区域经济合作组织，这将为加强世界多边贸易体制做出一大贡献。”[⑧]

尤应指出的是，中东北非由于存在着复杂的宗教冲突和民族纠纷，加之该地区曾是两极格局时代，诸大国利益的“交汇点”，其留下的“后遗症”时常在该地区复发，而且该地区被西方大国指控为是恐怖主义发源和滋生的温床。所以说中东北非共同市场新倡议这棵“幼苗”，能否在今后成长起来并开花结果，似取决于四方面的因素：一是中东和平进程能否在近期取得实质性进展的基础上加以巩固和维持下去；二是美国等西方大国在该地区的作用和主导地位，在多大程度上被中东北非某些国家所认可并接受，不致引起“回火”反应；三是美国与几个所谓“不负责任国家”如伊朗、伊拉克和利比亚等国之间的矛盾是否得以妥善处理；四是该地区不再出现和发生大规模的地区冲突和领土之争。

第五节 从“美洲倡议”到美洲国家首脑会议的召开

1990年6月，即美加墨三国首脑就发动北美自由贸易协议谈判的协议达成两个星期之后，美国前总统布什在访问巴西期间就提出了旨在建立从阿拉斯加到阿根廷的巴塔哥尼亚高地的美洲自由贸易区的“美洲倡议”（EAI）。克林顿1993年1月入主白宫后，不但继承了其前任的美洲经济安全战略思想，而且大大加快了探讨和建立美洲自由贸易区的步伐。

在1994年1月北美自由贸易协议正式生效和亚太经合在美国主导下，于同年11月通过了拟于2020年前建成亚太自由贸易区的“茂物宣言”之后，美国总统克林顿紧接着在同年12月召集了规模空前的美洲国家首脑会议，目的在于尽快推进美洲自由贸易区的创建进程。与会34个国家领导人（拉美国家唯有古巴未被美国邀请）一致同意建立一个包括货物与服务贸易和投资自由化以及知识产权保护等领域的美洲自由贸易区，并规定了从1995年1月开始到2005年，全部结束建立自由贸易区谈判的时间表。

1995年6月，为期5天的美洲国家组织（OAS）第25次会议在海地召开，此次会议的一个核心议题是，讨论和细化1994年12月美洲国家首脑会议上达成的建立美洲自由贸易区的合作协定。国际舆论认为，克林顿总统面对美国国会的强大压力和当时乌拉圭回合协议是否能获国会（1994年12月初也即美洲首脑会议召开前夕，美国国会批准通过了乌拉圭回合协议）通过的前景不甚明朗的情况下，积极促动实施美洲会议和召集举行美洲国家首脑会议的大胆举动，是为继续落实其以经济安全、确保防务和推进民主为“三大支柱”的外交政策，寻求和维护美国在拉美的利益。

毋庸讳言，从美国“美洲倡议”到召集美洲国家首脑会议，并力争在10年后形成美洲自由贸易区的举动以及拉美诸国对美洲倡议持积极态度两方面来看，双方对建立美洲自由贸易区各有各的盘算和目标。对美国来说，首先是为了“经济安全”利益，巩固自己的“后院”。冷战结束后，美国对美洲国家政策从“政治安全”逐步转向“经济安全”。这一转变从美国与加拿大和墨西哥谈判北美自由贸易协议就已开始。事实上，在笔者看来，美国与加墨首先达成北美自由贸易协议的主要目的之一，是以此作为“样板”来推动今后美洲自由贸易区的谈判。与此同时，美国可利用北美自由贸易协议在一定程度上刺激拉美诸国对“美洲倡议”表示出强烈兴趣（因为墨西哥作为拉美国家抢先进入了美加内部经济合作范畴，拉美国家将在不同程度上丧失与美加的许多贸易机遇）。这样做可以解除拉美诸国对美国提出建立美洲自由贸易区倡议的戒心（智利首先提出加入北美自由贸易协议的申请，并有望在1996年适当时候加入的举动更加激发了拉美诸国对建立美洲自由贸易区的积极性）。

美国实行这一转变的第二个考虑是，进入20世纪90年代以来，美国与美洲国家的贸易和投资有大幅度增长之势。美国与加拿大暂且不说，单就与拉美国家如巴西（相当于同中国的贸易额）、墨西哥（超过与德法之和）和委内瑞拉（超过与俄罗斯的贸易额）等国的贸易额，就已超过了美国与其他主要的贸易伙伴。而且根据美国商务部的估计，到2010年，美国对拉美国家的年度贸易额将以1000亿美元超过其与欧洲联盟的。鉴此，美国对这个拥有巨大潜力的市场不可能不发生强烈兴趣。

美国这一转变的第三个考虑是，对近年来拉美地区内的区域集团合作进程甚表关切。进入20世纪90年代以来，许多拉美国家重操起传统的区域合作机制，加强了双边和区域内的经贸合作，并相应签署了一系列颇有影响和规模的区域集团协议，如1994年8月签署的南方共同市场协议和日趋扩大的加勒比共同体与共同市场以及近来拟议中的包括中美洲诸国和墨西哥在内的加勒比国家联盟（参见第五章第四节）等。而且，拉美许多国家积极寻求与欧洲和亚太地区的经济合作[⑨]。美国担心失去“近水楼台”的机遇，更不愿看到“肥水外流”。

除了经济利益考虑外，美国试图通过建立一个以美国为核心的美洲自由贸易区来持久地稳固它在“后院”的政治主导地位。为此，美国把加强民主作为1994年12月的美洲首脑会议的主要议题之一，并在会议期间大谈民主改革。美国的真正用意是把美国的模式推销给其他美洲国家，扩大美国在该地区的政治影响力。但是许多美洲国家，对美国试图通过经济合作来干涉其内政的问题非常敏感。美国如想顺利实现建立美洲自由贸易区的经济安全战略，那么，在政治关系上，美国须对拉美诸国采取非常谨慎的态度。

对拉美诸国来说，建立美洲自由贸易区似可实现的目标：一是拉美国长期以来，被美国视为自己的“后院”，政治上处于不平等地位，经济上处于不发达状态。而且自20世纪80年代以来，债台高筑，投资流入减少，希望通过建立美洲自由贸易区来改变一下政治上与美加不平等的地位；二是由于政治地理和历史的原因，美国是拉美和加勒比国家出口产品的重要市场和经济发展资金的主要来源。通过建立美洲自由贸易区，可以进一步加强拉美诸国与美加的经贸关系，稳住并扩大在美加市场上的份额；三是通过建立美洲自由贸易区，可以从根本上改变拉美诸国由于北美自由贸易协议生效所处的不利竞争地位，特别是与墨西哥相比。所以，一些拉美国家领导人认为，未来10年关于建立美洲自由贸易区的谈判将成为美国与拉美诸国关系演变的轴心。

但是，值得注意的是，虽说美国在推动建立美洲自由贸易区方面旗开得胜，而且其倡议也得到了拉美国家的积极响应，但是，今后的谈判却不会诸事顺遂。首先，美国国会的阻力和压力将是今后建立自由贸易区谈判的一大障碍，美国政府在多大程度上能获得进行这一重大谈判的国会授权，以及美国国会会从中提出一系列环境保护、劳工权利、民主改革等政治社会问题来干扰谈判等，均将成为今后谈判中的棘手问题。原定智利于1995年中期加入北美自由贸易区，目前看来，因国会阻挠和克林顿政府缺少“快车道”授权，智利问题只能拖至1996年解决。如有不慎也可能久拖不决。而且1995年初爆发的墨西哥金融危机更增加了美国国会在这方面向美国政府施加压力的分量。其次，构建美洲自由贸易区的方式还没有明确，是通过美国与拉美各区域集团分别达成协议（1995年11月1日，美国贸易代表坎特与巴西贸易部长，在华盛顿发表联合声明，同意北美自由贸易区与南方共同市场在1996年7月份以前举行第一轮有关建立美洲自由贸易区的谈判，以加速这一进程），还是另辟途径谈判一个全新的协议；是采取单个加入现有的北美自由贸易协议的“智利模式”，还是美国分别与拉美诸国签署双边自由贸易协议的方式？这个问题不仅未确实，而且还存在分歧。

第三，美加与拉美和加勒比国家在一些重要原则问题上的分歧并未消除，如民族自决、不干涉内政等原则。这主要表现在对古巴问题的立场上。拉美诸国绝大多数国家坚持一个国家选择何种政治制度是该国内政，别国不得干涉，并要求美国解除对古巴的经济封锁，而美国则坚持己见。

最后，美加与拉美和加勒比国家经济发展水平、立法制度以及贸易政策等有较大的不同（美加与最穷的拉美国家的人均国民生产总值相差近百倍），而且拉美诸国在环境保护、知识产权以及劳动就业制度等方面的立法和政策很有可能引起美国国会的无休止的挑剔，延缓谈判进程。所以，美国和拉美的一些经济界人士认为，建立美洲自由贸易区的谈判进程，可能会遇到各种意想不到的挑战和困难。

第六节　独联体内部加速经济合作的步伐

苏联解体和东欧剧变后，独联体周边地区的区域集团化迅猛发展。在波罗的海地区的立陶宛、爱沙尼亚和拉脱维亚等共和国正加紧与德国和中东欧诸国进行区域合作。在黑海地区的乌克兰、摩尔达维亚、格鲁吉亚、阿塞拜疆和亚美尼亚等共和国有的已经加入了黑海经济合作组织，有的正在申请加入。在中西亚地区，阿塞拜疆、哈萨克斯坦、吉尔吉斯坦、塔吉克斯坦、土库曼斯坦和乌兹别克斯坦等共和国已于 1992 年加入了中亚经济合作组织。作为独联体核心国的俄罗斯虽表示出了对亚太经合的兴趣，但迟迟未做出建设性行动，故俄罗斯至今未参加任何一个区域集团。俄罗斯面对自身的处境和其他独联体国家借助地理条件和便利纷纷加入周边区域经济合作组织的态势，感到不但有被区域集团“边际化”的危险，而且独联体内部“离心力”趋向正大于“向心力”，独联体正面临被区域集团化肢解的可能性。

为了及早避免被边际化的危险，加强独联体内部的经济合作，重新树立和确保俄罗斯在独联体中“老大”的地位，1994 年 9 月，俄罗斯政府在莫斯科召集了独联体 12 国首脑会议，创立了“国家间经济委员会”（ISEC），由于与会首脑之间对该委员会的职权、组成地点以及合作内容上存在分歧，未能在这些问题上达成一致意见。俄罗斯试图把该委员会总部设于莫斯科，而非明斯克（独联体总部所在地），以此作为加强俄罗斯在独联体中的核心作用，强化各共和国之间经济政策的统一（例如，在货币的可兑性、金融政策和财税政策等方面），防止“人心思走”的任何行为（例如，突厥语国家由土耳其倡导实现“泛突厥语国家联盟”），以便最终实现一个类似前苏联的统一国家。

但是，许多共和国对俄罗斯的政治野心早存戒心，所以，在俄罗斯所倡导的此类合作过程中处处与俄作对；而且有些共和国为及早摆脱俄罗斯的控制，寻求对外联合与联盟已是大势所趋，俄罗斯恐难遏制这一势头。俄罗斯对车臣共和国所采取的武力控制手段，更激发了其他共和国对俄的反感和戒心，担心不久将来成为“车臣第二”。所以说，对俄存有二心的共和国正力谋他途，以摆脱俄罗斯的控制。

本章注释：

①如同在非洲的法属和英属殖民地一样，在拉美、加勒比、亚洲太平洋诸国获得民族独立前，由于其宗主国大都奉行的是自由市场经济和自由贸易的政策，特别是英国、西班牙。这样，在这些国家所属的殖民地之间也大都采取了自由贸易的战略，货物过境甚至人员过境有相当大的自由程度，当这些殖民地获得民族独立，成为一主权国家时，各国政府为了在政治、经济和军事等方面充分显示自己所享有的完全主权，纷纷在经济政策、贸易领域、关税法规与征收等方面设置限制性措施，在很大程度上阻碍了独立后的贸易发展。所以，新独立国家如西非、中部非洲和拉美等地区在20世纪60年代纷纷寻求区域经济合作，签署自由贸易协议，以恢复和实现独立前那种经济贸易上的自由合作。

②《日内瓦邮报》，题为“基辛格先生呼吁建立北大西洋贸易新体制”，1995年3月30日。

③《华尔街日报》，题为“欧美拟建立北大西洋自由贸易区”，克雷顿·尤特，美前贸易代表、农业部长，1995年5月24日。

④关于世贸组织总干事的竞选活动，自1994年4月15日乌拉圭回合“最后案文”签署后，就在世贸组织筹委会的主持下开始进行。后来主要集中在欧盟的鲁杰罗（意大利前贸易部长）、美洲的萨利纳斯（墨西哥前总统）和亚洲的金喆寿（韩国前工贸部长）三人之间的角逐。由于三人背后都有一个强大的区域集团所支持，所以三人角逐势均力敌，僵持不下。直到1995年1月世贸组织生效在即，总干事的人选也未敲定。为了防止出现世贸组织生效后无总干事的现象发生，世贸组织筹委会于1994年12月底做出决定，由当时的总协定部干事萨瑟兰作为世贸组织的临时总干事留任到1995年3月15日。但由于美欧日三大家在总干事人选问题上存在严重分歧，拖到3月15日仍未选出总干事，萨瑟兰的任职被迫推延至5月1日。后因涉嫌政治丑闻，萨利纳斯中途宣布退出竞选，只剩鲁杰罗和金喆寿两人。由于萨退出，许多拉美国家倒向鲁杰罗，使鲁在竞选中比金遥遥领先，但离协商一致还有相当大的距离，加之美无端指责鲁为保护主义者，故鲁金又僵持下来。一直等到美欧迫于形势的发展和双方高层领导的出面斡旋，方于同年4月中旬美欧日三方达成了妥协，由鲁出任总干事，但任期

不能超过4年，而且下一任须为非欧洲人，金喆寿选为副总干事（1995年7月走马上任），这样，长达一年的总干事人选风波才算结束。1995年5月1日，鲁正式走马上任，成为世贸组织第一任正式总干事。但总干事的人选决定问题，已引起了广大发展中国家的强烈不满，他们认为“大国操纵”和“包办一切”的做法，在新多边贸易体制中并未出现任何改善。这为世贸组织的今后运转，开了一个很坏的先例。

⑤此处所指的发达国家对诸多新议题谈判结果的不满主要表现在：（1）“服务贸易总协定”采取了一般原则与具体国民待遇和市场准入的承诺相分离的做法，而且给予了发展中国家在开放服务业部门方面较大的灵活处理权；（2）投资措施协议仅限于与总协定第三条国民待遇和第十三条数量限制相关的货物贸易方面，未能充分涉及投资措施的广泛领域（这一点尤其令发达国家失望），而且对发展中国家规定的过渡期为5～7年；（3）知识产权保护领域的过渡期（对发展中国家5年）太长，而且协议中有关义务的规定比较笼统；（4）环境与贸易问题，由于发展中国家的反对，乌拉圭回合未涉及这项议题，只是对此问题的今后谈判通过了一个部长决定；（5）劳工标准与贸易问题，由于发展中国家的强烈反对，乌拉圭回合即使部长宣言和决定也未涉及这一问题，致使美欧等在此问题上出师不利；（6）政府采购和民用航空器等诸边协议。由于其诸边性质和远远超过发展中国家的经济发展水平，除极个别发展中国家如韩国外，没有发展中国家目前表示愿成为这类协议的签字国。

⑥《金融时报》，题为“世贸组织总干事警告欧美自由贸易区”，1995年4月24日。

⑦《国际先驱者论坛报》，题为“澳大利亚主导扩大环印度洋圈的贸易合作”，1995年3月21日。

⑧《总协定与世贸组织新闻》，题为“扩大中东北非地区贸易机遇是推动和平进程的最有效途径之一”，萨瑟兰，1994年10月31日。

⑨在1994年，墨西哥、智利相继加入了亚太经合，而且秘鲁、阿根廷等国家都表示出了加入亚太经合的愿望；欧盟通过其第四个洛美协定，进一步加深了它与拉美加勒比国家的政治与经济关系，在一定程度上削弱了美国“加勒比盆地倡议”的笼络作用。另外，进入90年代以来，拉美诸国领导人接连出访日本、欧盟诸国，探讨经贸领域里的合作，也引起了美国的极大关注。

第七章　当前区域集团化发展的特点与问题

第六章第一节分析认为，世界区域集团化发展第一次高潮的兴起，有其很深刻的政治背景，无论是发展中国家的区域集团，还是发达国家的如“欧共体”、“经互会”；而第二次高潮的兴起更多的则是经济因素的考虑，也即通过加强区域内经济合作以实现规模经济效益（静态与动态），提高产业与产品的竞争能力，为增强综合国力和国际社会中的地位与作用建立新的基础与起点。基于经济利益为主，政治因素为辅而创建与形成的区域集团化发展，出现了一些明显的特点，如成员资格与合作内容日趋扩大、区域集团化“不平衡发展”、“跨地区”合作以及标榜多边贸易体制等。与此同时，各区域集团的发展也出现了一系列亟待解决的问题，如大国操纵、贸易自由化“名不符实”、“危机连锁反应”以及环境保护、劳工标准与贸易关系等。本章拟就区域集团化发展的特点与存在的问题做一些分析，以有助于我们加深认识区域集团化发展对世界经济格局和多边贸易体制的影响及作用。

第一节　成员资格与合作内容日趋扩大

一、大多数区域集团的成员资格采取“开口式”

从目前各区域集团发展情况看，对第三国加入大都采取了开放的态度，也即非成员提出加入申请，一般在适当时间内均能获得成员资格。当然，提出申请的第三国的政治、经济体制以及与该区域集团的关系等条件，很大程度上决定了这种加入进程。区域集团对成员扩大之所以采取较为开放的态度，主要有两方面考虑：一是保持本区域集团的活力，扩大区域集团合作地理范围，建立更广阔的统一市场，实现规模经济效应；二是保持非排他性的姿态，避免引起非成员的报复和国际经贸社会的指责。

事实上，一区域集团对成员资格是否采取开放式，是衡量该区域集团是否为排他性和堡垒的重要标准之一，而且，从多边贸易体制与区域集团的关系实践看，总协定也一再呼吁各区域集团在充分考虑非成员利益与要求的同时，应对吸收接纳新成员采取开放的态度。除了一些明确由双方构成的区域集团如美加自由贸易协议、澳新紧密经济合作关系协议等外，一般区域集团大都经历了成员由少到多的过程。如欧共体历经三次大规模成员扩大，由原来的 6 个创始成员国发展至 1995 年 1 月 1 日 15 个成员。刚刚成立 6 年之久的亚太经合也经历了两次成员扩大。第一次是 1991 年中国、中国台北和中国香港三方同时加入；第二次是 1994 年，墨西哥、智利和巴布亚新几内亚三国加入，使目前的亚太经合拥有 18 个成员。澳门、秘鲁、俄罗斯、印度和缅甸等国家与地区也示意出加入亚太经合的兴趣。

北美自由贸易协议原准备在 1996 年中期接纳智利，但由于墨西哥 1995 年初爆发金融危机，致使美国国会对智利加入北美协议持非常谨慎态度。这也说明，政治关系的变化，经济状况的好坏以及国际关系大环境的状况等在很大程度上影响区域集团对成员资格的态度。如欧盟目前采取的“东扩”和“南扩”策略，如果中东欧与俄罗斯的关系逐步加强，也即中东欧诸国采取加强与俄发展新型关系的对外政策，那么，欧盟东扩进程会加快，入盟条件也会适当放低；否则，欧盟会对中东欧诸国加入采取较为严格的审查程序和加入条件，从欧盟的南扩策略来讲，如果中东和平进程加快和美国或者俄罗斯在中东北非地区的作用日益增大，那么，欧盟南扩的进程势必会加快，当然这也取决于欧盟内部法国和西班牙等南扩派在其中的势力消长。

二、合作内容由单纯货物扩至服务、投资和知识产权等领域

随着多边贸易体制主导的世界贸易自由化范围的扩大与程度的加深，各区域集团内部经济贸易政策的调整，以及各国与地区经济结构的变化，区域集团的合作内容也在逐步扩大和深入。发展中国家间的区域集团合作内容的扩大，同单纯由发达国家和发达国家与发展中国家之间的区域集团合作内容的扩大在层次和范围方面存在着不同。一般来言，单纯发展中国家间的区域经济合作，由于其起点较低，贸易自由化采取“选择性”的方式，故这类区域集团合作内容的扩大主要集中于货物贸易领域，如马格里布共同市场、东盟、安第斯条约组织等。也就是说，发展中国家间的区域集团合作内容的扩大，一般落后于多边贸易体制的贸

易自由化进程。

发达国家之间以及发达国家和发展中国家之间的区域集团合作的内容，一般均从货物贸易领域扩展至服务贸易、竞争政策、投资和知识产权等领域，有的甚至涉及到环境保护与劳工权利标准等最新问题。此类区域集团在不同的领域超过了多边贸易体制的贸易自由化进程。如欧盟通过 1992 年统一大市场的建立和马约的生效，不仅在资本、人员和服务业自由流动方面，而且在建立欧洲货币联盟和统一协调货币单位方面均走在了多边贸易体制的前面。北美自由贸易协议由于后来 3 个附加协议（环境保护和劳工权利标准等）的形成[①]，也使其在这些新领域领先于多边贸易体制。

这种合作内容的扩大，有的是通过签署新的区域集团协议来取代旧的，有的是通过在原有协议的基础上加以修改、补充和完善。如 1965 年成立的澳新自由贸易区，被 1983 年形成的澳新紧密经济合作关系协议所取代，以此进一步扩大合作内容和贸易自由化的范围。东盟 1979 年采取的选择性贸易自由化的做法，被 1991 年达成的自由贸易协议所取代，并力争在 2003 年前建成东盟自由贸易区。再如南方共同市场 4 国成员，在 1994 年 8 月放弃了原拉美一体化联盟的有限产品贸易自由化做法的情况下，重新签署了“亚松森条约”，为 1995 年 1 月 1 日正式建立关税同盟奠定了基础，使整个拉美区域经济一体化进程向前推进了一大步。

当然，有些贸易优惠安排（个别发展中国家迫于自身经济状况）出现了贸易自由化逆转的现象。如根据第一个“洛美协定”的要求，个别非加太国家在“阿鲁沙和雅温德协定”条件下，给予来自欧共体出口产品的优惠待遇已被取消。另外一种较特殊的情况是欧共体与欧洲自由贸易联盟各成员的合作内容扩大。欧盟通过与欧联签署欧洲经济区协议而取代了原来的各个单项自由贸易协议，而且合作内容也从原来工业产品领域扩展至相互认可技术标准、协调竞争政策以及补贴政策等领域，并最终取消潜在的反倾销和反补贴措施。

三、合作形式由低级向高级发展

区域集团化发展的这一特点是与合作内容的日益扩大密切相连的，而且多边贸易体制的规定（“实质上所有贸易”）和关税谈判的巨大成果，也使那类单纯集中在关税减让和选择性贸易自由化方面的优惠贸易安排与优惠贸易区丧失了有效性和吸引力。

有鉴于此，许多国家放弃或基于原有的单项或数项产品的优惠安排而成立了自由贸易区或关税同盟，有的从关税同盟发展成为统一大市场与共同体。如1988年签署的美加协议，既包括了20世纪60年代形成的双边汽车自由贸易协议，又为美加建立自由贸易区提供了法律框架。1958年的罗马条约也是在基于原煤钢和原子能联盟的基础上形成的。西欧6国又基于该条约相继实现了关税统一、统一大市场等阶段，使西欧区域集团合作形式发生了根本性转变。同样的合作形式的升级也发生在加勒比海、安第斯、中美洲和东南非洲等地区的区域集团合作。

由于合作形式的提高，致使当前各类区域集团大都达到了不同层次和程度的自由贸易区的标准。但是，到目前为止，真正实现关税同盟的区域集团却为数有限，最明显的只有欧共体、南方共同市场和加勒比共同体。这说明，整个世界区域集团化发展的合作内容虽逐步扩大与加深，但区域集团之间发展水平是极不平衡的，而且还存在一些“非互惠”贸易协议（参见本章第四节）。

四、“跨地区”合作与“多重”区域集团成员身份的出现

伴随世界经济全球化、专业化和协作化的发展，国际分工无论在层次上还是深度上都出现了多样化与阶段细化[②]。与此同时，交通、通讯和电信（基础电信和增值电信）等领域出现了日新月异的科技革命。在此背景下，区域集团化发展出现了一个显著的特点，即跨地区合作。

跨地区合作的形成，使许多国家具有了双重或多重区域集团成员的身份。这种情况发生的背景要区别对待。有的国家参加一个以上的区域集团是出于政治、经济和防务等多方面考虑，为其实现中长期对外政策战略服务；有的国家更多的是出于经济因素考虑（当然加强政治关系是与经贸合作密不可分的）。前一类国家以美国最具代表性。到2005年美洲自由贸易区和2020年亚太自由贸易区以及未来的北大西洋共同体形成后，美国将成为5个区域集团的成员。美国这种做法的主要目的是为实现其亚太战略和美洲安全战略创造坚实的条件。目前，美国在积极推动亚太经合贸易自由化进程的同时，又“拉着”拉美诸国逐步迈向美洲自由贸易区的举动就充分说明了这一点。1985年美国与以色列签署了双边贸易协议。基于这一协议而建立的美以自由贸易区则是比较典型的跨地区合作形式。舆论认为，这是美国“插手”中东地区区域经济合作、扩大其在中东经济影响

的第一步。后一类国家主要是一些中小发达国家，如澳新（既是澳新自由贸易区的成员，又是亚太经合的成员）和比较活跃的发展中国家，如东盟6国、墨西哥、智利、巴基斯坦（既是南亚区域联盟成员，又是中西亚经合组织的创始成员）。

这种跨区域合作和多重区域集团成员身份的现象，虽说从中长期来看，有助于推动全球经济一体化的进程，增强了区域集团之间的合作，但在一定程度也使区域集团合作复杂化。而且使“大国操纵”的触角与波及面扩大了，造成了绝大多数区域集团渗透着程度不同的“南北矛盾”，同时也加剧了国与国之间争夺主导权的斗争（参见本章第五节）。这种主导权的争夺虽然在某种程度上不利于区域集团合作的顺利发展，但从推动区域贸易自由化进程的角度来看，有时的确能产生积极的作用。

第二节 区域集团化成效性的“不平衡发展”[③]

一、自由贸易区成为区域集团化发展的主要形式

从总协定和世贸组织所收到的109个区域集团协议通知看，绝大多数为自由贸易协议，比较规范的关税同盟协议除欧共体、加勒比共同体和南方共同市场外为数很少。这说明自由贸易区已成为区域集团合作的主要形式。

自由贸易区之所以受到各国的青睐，这除了建立自由贸易区，只涉及成员间相互取消贸易壁垒，而无须对外形成共同关税和贸易政策外，主要是由于各成员不同的经济发展水平和关税与贸易政策相差悬殊所致。具体来分析：（1）经济发展水平类似的国家，形成的区域集团大都采取了关税同盟的形式，因为类似的关税制度和贸易政策较易建立共同对外关税与贸易政策，如欧共体、加勒比共同体和南方共同市场以及中美洲共同市场等。而那些经济发展水平差距较大的成员和包括的成员类型多样化的区域集团，基本上是采取了自由贸易区的形式，如美加墨自由贸易区和2020年形成的亚太自由贸易区；（2）经济发展水平不同和不同的自然条件、资源禀赋以及历史与文化传统等因素，决定了成员间在实施关税和非关税措施保护时，只适用于不同的产品，也即确定了不同的敏感产品，要在这些关税保护截然不同的敏感产品间，形成统一的对外关税制度是非常困难的。

如在北美自由贸易区内，美国的敏感产品为钢铁、纺织品、农产品等，加拿大的敏感产品同美相似。但墨西哥的敏感产品则为原油和机械产品等。再如在亚太经合内，日本的敏感产品为大米，韩国的敏感产品为粮食和汽车，中国的敏感产品为汽车、天然橡胶和高档消费品以及粮棉油糖与烟草等；（3）自由贸易区协议容易满足总协定二十四条的规定，可顺利通过工作组的审查，而且也不会引起第三国的质疑与指责。

值得指出的是，虽说关税同盟是自由贸易区的较高级合作形式，但如果把关税同盟作为一个单独关税地区来看，其共同对外关税和贸易壁垒未出现大幅度降低的情况下，其贸易自由化程度不一定就比自由贸易区高。因为从区域集团的内部建设看，许多自由贸易区协议不仅涉及货物贸易，也包括了服务、投资、知识产权、环保与劳工权利等领域，而一些关税同盟的贸易自由化范围，只涉及货物贸易领域。基于这一点，不能说北美自由贸易区的自由化程度就低于中美洲共同市场或加勒比共同体。

二、有成效的区域集团化发展主要集中于欧美地区

1958 年罗马条约成立的欧洲经济共同体和 1960 年形成的欧联，不仅加快了西欧和北欧内部区域经济合作的步伐，而且也扩大了该地区与其他国家之间的贸易自由化范围。在通知总协定的 109 个协议（详见附件九）中，西欧和北欧国家作为成员的就有 76 个。主要原因是苏联东欧解体巨变后，东西欧关系缓和，欧共体和欧联分别与中东欧十几个国家签署了自由贸易协议，极大地扩大了西欧和北欧自由贸易区的覆盖范围。

欧共体通过“洛美协定”与非加太许多国家，也逐步建立了广泛的跨地区的非互惠贸易自由化范围，进入 20 世纪 90 年代以来，欧共体又陆续与中东北非和地中海地区的国家签署了一系列互惠自由贸易协议，为欧盟的南扩战略打下了铺垫。这样以欧盟为中心，以北欧国家和将来中东欧与中东北非国家为内圈，同以非加太诸发展中国家为外围的大欧洲区域集团将逐步形成。

面对以欧盟为中心日益发展和形成的大欧洲区域集团，北美地区的区域集团化，自 20 世纪 80 年代中期以来也进入了空前发展的时期。美加为了扩大自己的势力范围，把更多的国家和地区纳入自己的贸易自由化时间表，以便在不久将来形成以美加为中心的“泛美自由贸易区”。美加在 1988 年和 1992 年相继完成美

加协议和北美协议的情况下，全力以赴卷入了亚太经合和美洲自由贸易区的创建过程。美国还凭借其在中东的政策优势，在1994年10月动议召开了中东北非第一届区域经济合作会议，试图建立由美国主导的中东北非经济共同体，为与欧盟争夺在中东北非和地中海地区的控制权建立基础。在美洲自由贸易区建立以前，美国为了笼络住加勒比和拉美诸国，相继提出了加勒比盆地倡议和美洲倡议。美国首先是对加勒比诸岛国实施了“加勒比盆地经济恢复方案”，给予了加勒比共同体成员“准”北美自由贸易协议成员的资格，即加勒比国家的某些产品可享受北美协议的优惠待遇进入北美市场；其次是北美协议成员可单独与拉美诸国签署自由贸易协议，如墨西哥与智利在1991年达成了双边自由贸易协议；最后，美国试图在北美协议与拉美各区域集团如安第斯条约组织、南方共同市场、中美洲共同市场等之间达成集团间协议（参见第六章第五节），为最终过渡到美洲自由贸易区奠定基础。这样以美加为大脑和心脏，以拉美和亚太为两条腿的“人”字型组成的“泛美区域集团”将逐步形成。

这样看来，整个亚洲和俄罗斯将处于两大“超级”区域集团的夹缝中，而且有可能成为美欧激烈争夺的对象（美加积极参与亚太经合和欧盟加强与东亚地区政策对话等，已预示了这场激烈争夺战的开始）。鉴此，亚洲在区域集团化的发展进程中究竟起何种作用，诚然值得亚洲国家特别是东亚国家认真研究和高度重视。随着分别以美欧为中心的世界两大区域集团的逐步形成，那么，美欧之间经贸关系的发展将构成世界经济关系中的主流，且彼此形成互为存在的条件。这种基于经济因素形成的新“两极格局”，对多边贸易体制的发展和全球经济一体化的进程，都将产生深远的影响（参见第十二章第四节）。

三、发展中国家间的区域集团合作收效有限

在第五章介绍拉美和非洲大陆战后区域集团化发展时，曾得出发展中国家间的区域经济合作“收效不大”的结论。收效不大的主要表现是：自由贸易区或关税同盟协议涉及的产品范围较窄，而且大部分协议都未按既定时间表付诸实施，其中有些区域集团协议名存实亡。

造成发展中国家区域集团合作收效不大的原因有：（1）大部分发展中国家几乎同时采取了进口替代和实现工业化的战略，经济发展趋于内向，贸易政策趋向保护主义；（2）许多发展中国家政府在利益集团特别是进口竞争产业集团面

前势单力薄，敏感产品和受传统保护的产品难以纳入区域经济合作和自由化之列；（3）进入20世纪70年代和80年代，发展中国家的外部经济环境（融资、贸易条件和债务危机等）日益恶化，南北对话停顿，许多发展中国家纷纷采取了“自扫门前雪”和“以邻为壑”的政策。有些经济发展较快的发展中国家和地区，虽说采取了“出口替代”的外向型发展战略，但由于其自身经济发展过分依赖西方经济，同样缺少建立区域经济合作的基本条件，如东亚的新兴工业经济体；（4）有些发展中国家内部政局不稳，政变频繁，加之有些区域内，国家间因领土、宗教和政治意识形态之争，造成地区关系紧张，不仅延缓了区域集团合作的进程，而且使区域经济合作组织难以发挥作用。如南亚区域合作联盟成立10年来在推动本地区经济合作方面并未发挥多大影响。正如巴基斯坦总统莱加利在1995年5月出席南亚区域合作联盟第八届首脑会议上所指出的，“联盟在过去10年当中之所以没有在加强区域经济合作方面发挥其应有的作用，根本的原因在于它没有为解决彼此在政治上的分歧做出努力。所以谈区域经济合作之前首先要解决政治问题和处理好双边关系。”

进入20世纪80年代中下期以来，发展中国家伴随经济改革、结构调整以及外向型发展战略的实施，它们之间的区域集团化发展出现了一些转机，并取得了初步成效。例如1988年萨利纳斯上任墨西哥总统和1989年梅内姆当选阿根廷总统后，分别实施了自由市场经济改革，对外采取了注重吸引外资和扩大经济技术合作的外向型发展战略。这在一定程度上推动了北美自由贸易区和南方共同市场的建立。特别是作为单纯由拉美4个发展中国家创立的南方共同市场已于1995年1月1日正式生效运转，而且在贸易自由化范围和合作领域的扩大等诸方面取得了较大成效。北美自由贸易区作为一个由发达国家和发展中国家共同建立的区域集团，已成为通过加强区域经济合作来开辟与改善传统“南北合作”机制的典型和样板。这一合作模式和有成效的南北区域集团的形成与发展，必将为未来的亚太经合和美洲自由贸易区的建立提供可资借鉴的经验。再如，1994年12月基于原“东南非洲国家优惠贸易区”（PTA）而达成的“东南非洲共同市场协议”（COMESA）也于1995年初生效实施。这标志着非洲大陆区域经济合作伴随南非国内政局趋稳而进入了一个产生成效的新时期。

四、大集团、中小集团和“次区域”合作的“共存”现象

前面提及，当前区域集团化的发展出现了跨区域合作和多重区域集团成员身份的现象。这一是说明了有些国家同时或相继参加了两个或两个以上的区域集团；二是说明了世界区域集团化发展的密度和广度造成了区域集团相互重叠交叉、容纳涵盖的现象，即大区域集团中有中小区域集团，中小区域集团中还存在着成员国地方政府与企业之间的次区域合作。这一现象在当前的亚太经合和美洲自由贸易区的建立过程中尤为明显。欧洲的情况似比较特殊，如果把“欧洲经济区”作为一个区域集团来对待（事实上，欧洲经济区协议主要是一个过渡性协议，即把欧联所有成员逐步纳入欧盟中），那么，该集团短期来看，还包括欧盟和欧联两个区域集团。但是从欧盟与欧联关系的发展来看，欧盟对欧联是采取了兼并或者说“吃掉”的做法，即加入欧盟的欧联成员不能再维持其原有的欧联成员资格。如果按这一模式推导，未来中东欧诸国相继加入欧盟后，也不能保留其原来的中欧自由贸易区和中欧倡议组织的成员地位。但似乎欧盟允许其成员与非成员建立不具实质性合作内容的区域经济论坛和地方一级的次区域合作，因为作为欧盟重要成员的德国与拉脱维亚、爱沙尼亚以及波兰建立了“波罗的海大会”。同时德国、波兰和捷克三国地方一级政府与企业自20世纪90年代以来正积极开发西里西亚工业区（“苏台德地区”）“三角洲”。

亚太经合与美洲自由贸易区的情况也有些不同。目前亚太经合中所包括的区域集团，如美加自由贸易区、澳新和东盟全是在亚太经合成立以前就存在的。1994年墨西哥加入亚太经合后，可以说北美自由贸易区是在亚太经合成立后形成的。从理论和形式上讲，亚太经合包括了北美自由贸易区；但从合作的现实进程看，亚太经合尚处于讨论和制定阶段，还未进入实质性合作，即使2020年后，亚太经合也不过是刚完成了自由贸易区的形成阶段，也很难说在贸易自由化程度上超过北美自由贸易区。所以只能说，亚太经合在成员资格、地理概念上包括了北美自由贸易区。事实上，二者是两个不同的区域集团合作机制，前者松散，后者紧密。

在亚太经合的东盟诸成员之间，近几年又出现了次区域合作的“成长三角”。这似乎表明东盟并未把区域经济合作的全部希望寄托在“亚太经合”上，而是在参与亚太经合的同时，积极发展和开拓本区域内的经济合作，力争比亚太

经合提前 17 年即 2003 年建成东盟自由贸易区。

在亚太经合中并未参加任何中小区域集团的东亚国家如日本、中国和韩国等，虽在近几年动议建立东北亚小区域经济合作组织、大中华经济圈，但这种动议一直未有付诸实践的迹象。这是否说明，东亚诸国把区域集团合作的全部希望寄托于亚太经合?！马来西亚的“东亚核心经济论坛”倡议提出 5 年来，一直未取得突破性进展。这是否也反映出东亚诸国对在亚太经合内建立中小区域集团的态度不够积极?！对这两点现在给予肯定的结论似为时尚早。据外电报道，日本通产省自 1995 年初以来，就开始内部探讨和制定有关建立属于“东亚自己的”区域集团方案，并计划在 1996 年 3 月开始倡议实施。可能的成员有中国、韩国、中国台北和东盟的某些国家。这说明日本迫于西方大国均依托于区域集团来增强各自在世界经济事务中的分量的新形势，正试图在东亚地区建立以自己为中心的，排除美、加、澳、新的区域集团，以期增强日在国际多边和双边贸易关系与谈判中的地位。

美洲自由贸易区的情况则不同。在 1990 年，美提出“美洲倡议”后，拉美诸国的区域经济合作却进入了一个实质性的发展阶段。无论是新建的南方共同市场，还是自 20 世纪 60 年代发展保留下来的加勒比共同体、中美洲共同市场和安第斯条约组织，不仅在合作形式上做了调整，而且在合作内容和贸易自由化范围方面也都加大了力度。这也从一个侧面，说明了拉美诸国对将来由美加等发达国家主导的美洲自由贸易区采取了一种谨慎的态度，而且这些国家已充分认识到，要在今后美洲自由贸易区的合作进程中占有一席之地并从中捞到区域合作的实惠，首先应搞好小区域内的经济合作。至于待 2005 年美洲自由贸易区建成后，拉美诸国之间的中小区域集团的命运如何，这既取决于这些中小区域集团的合作进程，又取决于美洲自由贸易区本身的合作成效。

基于以上对欧洲、亚太和美洲区域集团化重叠、兼并和交叉发展的介绍，我们似可得出以下几点结论：（1）区域集团内是否能长期包容中小区域集团的发展，主要取决于该区域集团的合作程度与贸易自由范围。如果该区域集团的合作程度越深，贸易自由化范围越高和体制化建设越完善，那么，其包容中小区域集团的可能性越小；（2）中小区域集团如果是基于政治和经济双重考虑建立的或者其贸易自由化范围、合作程度和制度化建设超过了包容它的大区域集团，那么，它作为一个独立的区域经济合作组织的小区域集团势将存在于该大区域集团中，如澳新和东盟在亚太经合中存在的合理性无人提出过质疑；（3）无论区域集团的合作程度、贸易自由化范围和体制化建设如何，该区域集团成员间及其同非成员间的次区域合作（地方政府和企业之间的）是不受制约的；（4）在大区域集团正式成立前所存在和形成的中小区域集团，有的是先前成立的；有的是为了在大区域集团成立过程的谈判中，提高谈判地位和要价能力（大区域集团成立后即不复存在）；有的是为了在大区域集团成立后的生效运转过程中，通过结成小区域集团来保全自己的经贸利益，制约大国操纵的倾向；有的既是为了提高在大区域集团成立谈判中的地位，又是为了在大区域集团成立后保全自己的经贸利益；（5）如果在一大区域集团成立前后还包容一些中小区域集团的话，特别是在大区域集团的合作程度和贸易自由化范围与体制化建设，还落后于个别中小区域集团的时候，这种大区域集团包容中小区域集团的现象势必要维持一个时期，而且这时的中小区域集团，坚持与大区域集团并存是出于政治和经济双重考虑。但是，当大区域集团的合作程度和贸易自由化范围与体制化建设超过中小区域集团时，有些中小区域集团在经济上已丧失了继续存在的实际意义，势必面临消亡或解散的命运。所以说，那些在这种情况下能继续维持下去的中小区域集团，更多的是出于政治考虑而非经贸利益。当然，在大区域集团内继续维持的该中小区域集团，可能有超出该大区域集团之外的更广泛的国际政治与经济目标，如在联合国或世贸组织用一个声音说话或协调各自的立场等。如果东盟的今后内部建设不发生逆转和该地区不发生大规模政治危机的话，那么，东盟在未来亚太自由贸易区内（不管自由贸易区的合作进程如何）很可能继续作为一个独立的小区域集团存在下去。在未来美洲自由贸易区内的一系列中小区域集团，很可能大部分伴随着自由贸易区的正式建立而逐步被淘汰或自然消亡，或许个别出于政治目标而维持下去。

第三节　区域集团化波及所有多边贸易体制成员

一、2020 年世贸组织全部成员同时又是区域集团的成员

1995 年 1 月 1 日，世贸组织正式生效运转时，共收到 109 个区域集团协议的通知。这些区域集团协议几乎囊括了世界上所有的国家与地区，连一些微型国家

和小岛国都不同程度地卷入了所在地区的区域经济合作。截止 1995 年 6 月，总协定共有 128 个缔约方，除日本、香港和韩国等个别缔约方未参加任何区集团外，其他 120 多个缔约方均成为一个或一个以上区域集团的成员。

根据 1994 年 12 月世贸组织执行大会的有关决定，世贸组织在 1996 年 1 月即全部取代总协定。如果所有总协定缔约方届时完成乌拉圭协议的批准程序，那么，世贸组织正式成员将达 128 个。目前，有中国、俄罗斯、乌克兰、白俄罗斯和保加利亚以及中国台湾单独关税地区④等 28 个国家与地区正积极申请加入世贸组织。根据世贸组织的估计，到 2000 年，其成员将达到 150 个，包括了世界上近 80%以上的国家和地区，这些成员间的贸易将占世界贸易总额的 98% 以上。到 2020 年，根据 1994 年 11 月的“茂物宣言”，亚太自由贸易区正式建成生效运转。如果在这期间，俄罗斯、乌克兰、白俄罗斯等国家相继加入世贸组织的同时，又加入了亚太经合（指俄罗斯）或欧盟（指俄罗斯、乌克兰、白俄罗斯等），或者这些国家在本地区成立了自己的区域经济合作组织，那么，可以说，世贸组织的全部成员同时又是各区域集团的成员，有的世贸组织成员可能具有多重区域集团成员的身份。这样世界上将有 150 多个国家和地区拥有多边贸易体制和区域集团的“双重成员资格”。从这点看，多边贸易体制与区域集团化发展之间的关系不但密不可分，而且彼此之间的相互作用与影响直接或间接地构成双方相互存在和发展的条件（参见第十二章）。

二、区域集团标榜多边贸易体制的精神

从广义上讲，一区域集团与多边贸易体制一致性包括两层含义：一是区域集团与总协定和世贸组织的基本法律关系（我们在第三章中已做较详细介绍），即该区域集团协议的内容、时间表、自由化程度以及对第三国的影响是否与总协定二十四条和服务贸易总协定第五条的规定相一致；二是一区域集团的生效运转和基本目标与宗旨遵循多边贸易体制的精神，即总协定的基本原则⑤（请详见第十二章第二节）。

总协定所制定及倡导的一整套规范国际贸易的规则与纪律归纳起来有四大原则：（1）非歧视原则。总协定通过第一条核心条款最惠国待遇原则及第三条国民待遇原则来确保贸易中的非歧视。非歧视原则是多边贸易体制的基石。（2）市场开放原则。总协定通过第二条和第二十八条关税减让条款、第十一条

和第十三条取消数量限制条款，以及第十条增加确保贸易政策制定和贸易体制运作透明度等，来确保各缔约方之间的市场开放，以推动国际贸易自由进行。（3）公平竞争原则。总协定通过第六条反倾销、第十六条反补贴、第十七条国营贸易非歧视和基于市场考虑运营、第十九条保障条款以及第二十二条和第二十三条争端解决条款等保证国际贸易在遵循了前两个原则即非歧视和开放市场之后，还需要在公平竞争的原则下进行。（4）例外原则。总协定在其文本中通过对义务的特殊例外和一般例外的规定，来确保多边贸易体制基于一个务实灵活和保障权利与义务平衡的法律文件而顺利运行。总协定的一个重要特点就是“原则中有例外，例外中有原则”。总协定的例外条款很多，主要例外有 10 种以上。这些例外规定使总协定在复杂多变的国际贸易关系与环境中得以有效运转并“发展壮大”，直到成为一个最具权威的事实上的国际贸易组织。

纵观当前各类区域集团的发展与实际运行，绝大多数区域集团都公开声明标榜多边贸易体的上述原则与精神。有的区域集团是在其协议的前言或序言中明确写入了总协定的基本原则或笼统表述多边贸易体制的非歧视、公开与开放精神；有的在其成立协议中虽未明确写入，但在其后的部长大会或首脑会议的决定和宣言中，一再重申奉行多边贸易体制的原则。

此外，还有些区域集团，一开始运行头几年的一项重要任务就是旨在协调行动与政策，推动乌拉圭回合多边贸易谈判及早成功结束。如亚太经合 1989 年 11 月堪培拉会议决定、1990 年 11 月的“新加坡声明”、1991 年的“汉城宣言”以及 1992 年的“曼谷宣言”中，均用比较长的篇幅和充满忧患的措辞敦促有关各方采取灵活务实与建设性态度，及早推动乌拉圭回合的结束。欧共体部长理事会和欧共体委员会在 1990 年至 1992 年的历次会议中，也都相应地发表了一系列有关乌拉圭回合多边谈判的声明和决定。区域集团的这些举动为推动乌拉圭回合的成功结束，在一定程度上注入了政治力量。

区域集团大都标榜多边贸易体制的原则与精神主要出于以下考虑：（1）组成区域集团的主要成员几乎全部为多边贸易体制的成员，要确保各自在多边贸易体制中的权利与义务的平衡，必须使区域集团的运行与其在多边贸易体制项下的义务相适用；（2）标榜多边贸易体制的精神是一回事，具体实施当中发生暂时背离多边贸易体制的原则又是另一回事。事实上，一区域集团公开标榜非歧视、开放与透明等原则主要是为了安抚第三国，使其不至于采取相应的报复措施，又避免了其他区域集团竞相采取排他性措施，至少在多边贸易关系领域创造一个良好和相对和谐的环境；（3）如果大多数区域集团在对内实施优惠措施已获得总协定免除责任或符合有关规定（第二十四条）的同时，对外采取歧视性的、排他性的保护主义措施，以致成为一个排斥第三国贸易的“堡垒”，那么，其他本不想采取此类保护措施的区域集团，会在恶化的外部竞争环境条件下，丧失了其应有的对多边贸易体制的义务感和国际贸易社会的责任感，有的是伺机而举，有的是被迫奋起效尤。这样就会出现“集团对集团”、“堡垒对堡垒”的掠夺式不公平竞争局面，最终会侵蚀和瓦解多边贸易体制，造成世贸组织难以发挥有效监督和协调世界贸易的作用。一旦出现几个区域集团带头有意背离多边贸易体制精神，特别是那些重要的区域集团如欧盟、北美自由贸易区等，那么，正常的国际贸易竞争环境日益恶化的局面会一发而不可收。所以说，主观和客观因素均会对区域集团背离多边贸易体制的行为起抑制作用；（4）区域集团标榜多边贸易体制的另一主要考虑，是以此多边义务和纪律可遏制成员国内的利益集团保护主义势力的抬头及其复发。因为成立区域集团本身，就会造成某些既得利益的丧失和触动某些势力强大的利益集团的现有利益。这些因区域集团形成而受影响的利益集团，会设法通过直接或间接（利用国会议员所在选区的利益）途径来向政府施加压力，迫使政府在对待第三国贸易上实行新的保护措施，以此作为弥补因区域集团形成造成的利益损失；（5）一般而言，除了罗马条约、美加协议、南方共同市场协议中包括争端解决的规定外，绝大部分区域集团协议并未涉及争端解决机制。如果出现成员间的争端或发生成员与非成员的纠纷，可以投诉于世贸组织，以援引多边贸易体制的争端解决程序和规则。

另外，标榜多边贸易体制的原则和精神，可以为建立与世贸组织的正常业务往来和最终建立持久的成员资格关系（如欧盟作为世贸组织的一成员，其 15 个成员国又分别为世贸组织的成员）奠定必要的基础。当然有些区域集团是否能够获得世贸组织成员资格，主要取决于该区域集团成员的政治意愿以及合作程度、自由化范围与体制化建设等因素。

三、区域集团发展到一定程度会与多边贸易体制建立正常的关系

在前面第三章提及，美国在创立总协定时，所提出的建议草案中，只就“关税同盟”的问题做了表述。美国代表不希望把不具有单独关税领土性质的自由贸

易区也纳入总协定作为最惠国待遇原则的例外，因为总协定缔约方资格从严格法律意义上讲，是针对“单独关税领土”（既包括主权国家，也包括非主权的政治实体）的。

按总协定二十四条二款、第二十六条五款丙项和第三十三条的规定，单独关税领土是指：（1）现在在处理对外贸易关系和总协定规定的其他事务方面，享有或取得完全自主权；（2）与其他领土之间的大部分贸易，保持着单独税率或其他贸易规章的领土。根据这一规定，如果一区域集团随着内部合作程度的加深、贸易自由化范围的扩大以及体制化建设的完善，特别是对外统一关税政策的建立，将逐步从一开始的优惠贸易安排、自由贸易区发展成总协定意义上的“关税同盟”，也即一个单独关税领土代替两个或两个以上的关税领土。在这种情况下，具有关税同盟性质的区域集团，可以依据正常的加入程序申请作为总协定的一单独缔约方。

世贸组织基本上承袭了总协定关于单独关税领土可以成为总协定一缔约方的规定和做法。世贸组织协议第十二条一款中明确规定“任何国家或在处理对外贸易关系和本协议与多边贸易协议所规定的其他事项方面享有完全自主权的单独关税领土可以加入世贸组织”。这同样说明了一世贸组织意义上的单独关税领土可以申请加入世贸组织。基于这一点从理论上推导，一具有单独关税领土性质的区域集团可同样申请加入世贸组织。欧共体（目前的欧盟），在美国人的支持下就已成为总协定的一单独缔约方。在1995年1月世贸组织生效后，又继续成为世贸组织的一单独成员方。

欧盟作为世贸组织一单独成员，是迄今为止，区域集团在多边贸易体制中享有完全成员资格的唯一一例，造成这种情况的主要因素有：（1）目前，绝大多数区域集团都未实施共同对外关税，还不具备多边贸易体制意义上的单独关税领土资格，也即尚处于自由贸易区的阶段；（2）即使那些已成为关税同盟的区域集团，如中美洲共同市场、南方共同市场等，虽然从理论上讲已具备了申请加入世贸组织的成员资格，但由于其内部体制化建设，特别是政治方面的合作还未达到足以成为世贸组织一单独成员的条件；（3）参加区域集团合作的大多数成员更加关心的是经贸合作，而不愿意在政治领域加强一体化建设。因为政治一体化势必会造成把部分主权领域里的决策权交给区域集团的后果。大部分中小国家都不希望因区域经济合作而做出政治利益的牺牲。

欧盟虽说在政治一体化方面并未取得实质性进展，但其体制化建设已达到一个较高的水平。如欧盟委员会、欧盟部长理事会和欧洲议会以及欧洲法院等，已初步形成了“行政、立法和司法”三位一体的“权力制衡”结构。所以说，欧盟成为世贸组织一单独成员的各方面条件是任何一个区域集团都无法与之比拟的。但是，区域集团发展到一定阶段必然要求作为一方在多边贸易体系中发挥自身的影响力，这似乎是今后区域集团与多边贸易体制关系发展的趋势。这一发展趋势的快慢主要取决于各区域集团的合作进程和政治意愿以及相关的客观经济条件。如何系统地对待区域集团的成员资格问题，同样是摆在世贸组织议事日程上的一项全新的课题。虽然欧盟的做法提供了一些可资借鉴的经验，但是，欧盟的情况是由当时特殊的历史背景和美国的强有力支持等因素所决定的，不具有普遍性。

第四节　区域集团化发展中普遍存在的问题

一、“大国操纵主导一切，中小国家列席听会”

由于政治经济势力的差别以及参与区域集团的目标差异，目前在一些区域集团中“大国操纵主导一切，中小国家列席听会”的现象非常普遍。不同政治经济模式结合的区域集团，均不同程度地存在着“大国操纵”的倾斜局面。发达国家与发展中国家之间的区域集团，如美加墨和亚太经合自然由主要发达国家起主导作用；在单独由发达国家间组成的区域集团，如欧盟则由相对势力强大的国家所主导；在纯属由发展中国家组成的区域集团，如南方共同市场、南亚区域合作联盟等则主要由比较活跃的发展中国家起主导作用。

“大国操纵主导一切”主要体现在吸纳新成员、合作领域的扩大、贸易自由化的范围、议事程序以及体制化建设等方面的决策权上。而且区域集团的合作进程，因主要国家相应提出一系列建议草案而被人为地加快了，致使其他国家与地区在一些重大问题上并无多少议事与发言权，只得跟着大国走。如在亚太经合中关于贸易投资自由化的问题，美加为急于在这方面取得实质性成果，尽快打开亚洲（特别是东亚诸国与地区）的市场，美国在 1993 年作为轮值主席国期间，接连抛出了贸易和投资自由化框架草案，并要求和说服其他成员以美方建设草案作为讨论、议定和最终形成贸易投资自由化协议的基础。美国这一努力，为其在1994年印尼为轮值主席国时，说服各方达成确立亚太自由贸易区时间表的“茂物宣言”奠定了雄厚的基础。在1995年日本作为亚太经合第七任轮值主席国期间，美加伙同澳新和个别东盟国家，试图把“茂物宣言”制定的2010年和2020年建立亚太自由贸易区的时间表提前，并在忽视其他成员实际困难的情况下，一味坚持“全面自由化”的原则，因而遭到了日本、韩国和中国的强烈抵制。一度使人们对亚太经合的发展前景普遍表示忧虑。美国这一急于求成、不顾各成员经济差异的做法，对亚太经合的今后发展必将产生某些消极作用。

对于“大国操纵主导一切”的现象目前存在两种看法，一种是对此持积极肯定的态度，认为区域集团由该区域具有较大政治经济影响力的成员所主导，既可以促进和推动区域经济合作的深度与进程，又可以增强该区域集团的“向心力”和决策能力，继而有利于协调行动。欧盟和北美以及亚太经合等区域集团之所以取得较大进展，关键在于几个主要大国从中发挥主导作用；而20世纪60年代以来建立的拉美和非洲地区的区域集团之所以收效甚微，主要原因是缺少这种主导作用和“领导权威”，形成不了协调一致的合作方案。另一种看法与上述见解相反，认为当前区域集团中出现的“大国操纵”和“主导一切”的现象，如不妥善制止或遏制其发展，将会破坏某些区域集团的正常合作，有的甚至会葬送区域集团合作的良好前景。因为“大国操纵”不仅会引起政治敏感国家的抵触情绪，而且在经济上会招致成员国内利益集团的反对。在某些区域集团内，如完全按主要贸易大国的时间表进行区域经济合作，有些经济上比较脆弱的国家和地区会难以承受由此引起的社会政治经济压力，导致政治动荡和政府危机。所以说，多边贸易体制应在遏制大国操纵区域集团方面发挥必要的协调、斡旋和监督的作用，以保护其中小成员在各区域集团合作中的经贸利益。

二、区域集团合作“名不副实”的问题

从当前区域集团化发展的趋势和取得的现有成效分析，总的来讲，进入20世纪80年代中期以来，绝大多数继承和新建的区域集团均取得了程度不一的实质性进展，收效较大。有的甚至取得了突破性的进展，如南方共同市场，东南非洲共同体以及北美自由贸易区等。但也不排除有些区域集团只落实到文字上而未见诸行动。有的只完成了预定计划的一部分，有的把主要的敏感产品，如非加工

初级产品（如渔业和木材产品）、农产品、纺织品和矿产品等排除在贸易自由化范围；有的在工业产品领域也采取了“积极清单”[⑥]的做法（这主要发生于发展中国家之间达成的区域集团协议中）；还有的区域集团协议（大部分区域集团）自由化措施范围只涉及关税领域而未触及非关税领域（进口许可证、配额管理、反倾销和反补贴措施）等。所以说，目前除了欧盟通过取消关税和非关税措施，从而真正实现了成员间过境贸易自由外，绝大部分区域集团协议包括北美自由贸易协议仍处于逐渐过渡到“欧盟阶段”的进程当中。难怪 1995 年 4 月，世贸组织秘书处在一份有关区域集团化发展的报告中得出了这样的结论，即“当前各区域集团协议虽大都冠以自由贸易协议或共同市场协议，但在‘自由贸易协议’名义下，各区域集团的贸易自由化范围和程度是极不相同的。虽个别区域集团协议在其某些领域的自由化进程超过了多边贸易体制，有些区域集团协议的贸易自由化进程与多边贸易体制的自由化进程持平，但大部分区域集团协议或落后于或大大落后于多边贸易体制”[⑦]。

另外，还有一种类型的优惠贸易安排，由于其“非互惠”性质而削弱了此类协议所产生的贸易自由化结果与效应。如欧盟与非加太国家和地区，自 70 年代相继签署的 4 个洛美协议均属非互惠自由贸易协议[⑧]，也即一方单方面向另一方产品提供优惠贸易待遇，而无须对方相应地做出对等优惠减让。当然，从长远看，这是一种积极有效地推动欠发达国家经济发展、摆脱经济恶性循环的途径。但是，如果这一途径不能被一些欠发达国家有效利用或发达国家附以许多政治经济条件，那么，这种非互惠安排很可能助长受惠国内的保护主义势力，削弱其产品长期竞争力的提高，增加对发达国家经济的依赖性，因而难以改善此类国家的进出口商品结构，甚至使一些国家和地区的“单一出口商品结构”永久化，其结果适得其反。

三、“危机连锁反应”的处理问题

有个别区域集团虽就争端解决问题在建立区域集团的协议中做了明确规定，但这些协议和其他区域集团协议针对一成员发生经济危机如何进行处理并抑制其连锁影响等，并未做出规定。区域集团协议要针对一成员发生经济危机的问题做出规定和相应的预防措施，这涉及到各成员国内的宏观经济政策的制定与协调等方面。

目前，除了欧盟朝着这个方向（建立欧洲经货联盟）发展外，其他区域集团的合作范围仅局限于关税和非关税措施等边境贸易政策，尚不具备在成员之间进行宏观经济政策协调的条件（请参见第九章第三节）。但是，如果这一问题不能采取“超前”的做法加以预防或解决，势必会影响正常的区域经济合作进程。如1995年初，在北美自由贸易区内，墨西哥发生的金融危机就在一定程度上影响了北美自由贸易区内美加的经济发展，而且对当前国际多边金融货币制度提出了严重挑战。墨爆发金融危机，虽得到了美国和国际货币基金组织的大量资金注入，一定程度上缓冲了危机的负面影响，但这一危机在北美自由贸易协议刚生效一年后爆发，自然招致了美加国内不同利益集团的强烈反应，改变了许多政界要人和议会领袖对北美自由贸易协议所持的乐观看法。这种负面作用将迫使美加在推进北美自由贸易进程以及建立美洲自由贸易区方面，采取较前更为谨慎的政策。原计划在1995年中期接纳智利为北美自由贸易区成员的方案在美国国会中受阻，是与墨金融危机有直接关联的。

四、发达国家之间和“南北”矛盾交织于区域集团中

目前，在欧盟、亚太经合等区域集团合作中，发达国家之间的矛盾，主要是由于争夺主导权和宏观经济政策协调而引起的。如欧盟内部，在建立欧洲经货联盟方面英国和法德之间就存在着严重分歧；在争夺主导权方面，法德之间存在着激烈的内部斗争。在亚太经合内，虽说日本、加拿大和澳新在贸易自由化范围和合作程度等方面与美国意见基本一致，但美国在亚太经合中的主导作用已引起了日本的严重关切，澳新私下对美国的“老大哥”做法也颇有微词。另外，美日在体制化建设、自由化范围的广度、市场准入的改善以及财政货币政策等方面也存在着较大分歧，有些矛盾和分歧正趋公开化。

至于区域集团中存在和将来发生的“南北矛盾”，主要是由于大国操纵、合作进程人为加快、贸易自由化强求划一等方面引起的。由于当前区域集团化的空前发展，发达国家与发展中国家间正通过建立区域集团进行一种新的南北合作的尝试。20世纪60年代随着众多前殖民地获得独立后而逐步形成的南北矛盾（主要指经济领域），也逐步被“分割板块化”。如2005年的美洲自由贸易区，2020年的亚太自由贸易区以及未来的大欧洲经济区（包括中东、北非、海湾地区）内都将存在着新的南北矛盾，而且这三大区域集团内的南北矛盾由于不同的政

治、经济以及军事等因素，会呈现出不同的特点。虽说南北矛盾在总体上依然存在于多边贸易体制中，但“南北矛盾”因区域集团化发展而被“分割板块化”趋势，是会缓和还是会激化多边贸易体制中的这一矛盾以及对国际政治经济格局产生何种影响等问题，有待进一步研究。

五、区域集团之间的关系协调

当前，几乎世界上所有的国家和地区都不同程度地卷入了区域集团化浪潮，这样就使已有的国与国之间的关系内涵扩大了，出现了国家和地区所属的不同区域集团之间的关系。区域集团之间的关系，在国际关系和多边贸易体制中所体现的时间顺序并非同时，但国际关系中区域集团之间关系的形成和加强，必然逐步反映在多边贸易体制中。

区域集团之间关系的形成和加强，不仅扩大了国际关系的内容，而且也在一定程度上影响已有国际关系的格局，致使国家间的关系发展又受制于区域集团之间的关系。如果集团之间发生经济贸易纠纷，自然会形成集团与集团之间的关系协调问题；如果所属不同区域集团的两个国家之间发生经贸纠纷，那么，这种纠纷自然上升为集团之间的争端，这不仅涉及国家多、范围广，而且会在解决争端问题上出现长时间的对峙，不易找到妥协的解决办法。传统的处理国家间经贸争端的做法，如磋商、调停、斡旋以及仲裁等，并不能完全适用集团之间的争端解决，似乎集团之间“实力对比”的结果已经或将成为解决集团之争的最重要的依据，也即实力大的集团在争端解决中处于优势，实力小的集团往往被迫就范。国家间的争端解决，虽然也存在着“实力外交”的问题，但有些中小国家出于经济主权等敏感问题的考虑，往往不轻易向大国屈服。如东盟中的马来西亚，在其处理与美欧等西方国家的双边关系中，马政府往往能顺利执行其独立的外交政策，但东盟在处理与亚太经合和北美自由贸易区的关系中，却往往屈从于大国的压力。

区域集团之间的关系在多边贸易体制中的反应，近年来有增强之势。目前，世贸组织中虽只有欧盟一家作为成员参加多边贸易体制的日常活动，但世贸组织的绝大多数成员背后都有各自所属的区域集团为依托。如果根据前面所提及的，区域集团发展到一定阶段都将与多边贸易体制发生正常联系，有的会效法欧盟的做法而在世贸组织中寻求成员资格，那么，将来世贸组织的成员构成也会发生较大变化，出现成员间和集团间多边贸易关系的双重局面。这无疑对多边贸易体制已有的议事规则、决策程序和争端解决机制提出了考验。由于较大区域集团之间力量的均衡，当涉及一些重大问题的谈判和决策以及重要的争端解决时，集团之间势必会出现长时间的对峙，可能难以形成妥协。这在很大程度上将干扰多边贸易体制的议事、决策和争端解决的程序。美欧之间长期存在的农产品、空中客车补贴之争以及出现的世贸组织总干事的人选风波就是各大区域集团之间利益矛盾的反应。但是，从另一方面讲，由于区域集团关系最终体现的还是国家间的关系，区域集团之间的纠纷最终还源于国家利益的纠纷，当国家间的纠纷上升为区域集团之间的纠纷时，出于整体利益和长远关系发展的考虑，区域集团之间又往往容易达成妥协，有效迅速地解决彼此之间的纠纷。

六、环保、劳工权利等社会发展问题的出现

环境保护与贸易、劳工标准与贸易等新问题的出现，主要源于发达国家和联合国自 20 世纪 90 年代以来对全球经济可持续发展以及社会发展等方面的重视。但广大发展中国家对这一新动向表示严重关切。以美国为首的发达国家在乌拉圭回合发动时和后期谈判中曾极力试图把环保[9]、劳工权利标准[10]与贸易等新议题纳入多边贸易谈判，但由于为数众多的发展中国家的强烈反对，特别是劳工权利问题，发达国家未能如愿。乌拉圭回合只是就贸易与环境问题形成了一个妥协的部长决定并在服务贸易总协定、技术壁垒等协议中笼统地提及了环保问题。根据这一决定，世贸组织在总理事会下成立了贸易与环境委员会。该委员会将向世贸组织首届（1996 年 12 月在新加坡召开）部长级会议提出报告。关于劳工权利标准与贸易挂钩的问题，美国等发达国家虽在多边贸易体制中暂未能如愿，但这一问题已引起了国际社会的广泛关注。目前，国际劳工局在发达国家的促动下，成立了“国际贸易自由化的社会方面内容工作组”，专门讨论劳工权利标准与贸易利益的关系问题。

发达国家目前已认识到，要在多边贸易体制领域里解决国际贸易的社会问题，会暂时遇到发展中国家的极力抵制。在国际范围内要寻求解决这一问题的“突破口”，那就是发达国家所主导的区域集团合作。美国在北美自由贸易协议中通过附件协议的方式对劳工权利标准做了规定。美国在亚太经合中，也正酝酿如何解决劳工权利标准统一的问题，但马来西亚、印尼和“四小”已对此有所

警惕，似乎美国在亚太经合中解决劳工权利标准问题的设想，恐怕短时间难以实现。

发达国家力图把环保、劳工权利标准与贸易挂钩的主要考虑，虽不能简单地理解为发达国家旨在削弱发展中国家的出口优势、吸引外资的有利条件以及利用环保与劳工权利标准统一来搞贸易保护主义，但至少有这方面的打算。这正是当前广大发展中国家最为关切的方面。看来，在发达国家所主导的区域集团合作中，旧的和现有的南北矛盾，如在货物贸易、投资流动、服务贸易以及知识产权等方面所存在的矛盾还没有得到解决的同时，在环保、劳工权利标准与贸易关系等议题上所出现的新矛盾，将会使这些旧的和现有矛盾更加复杂化。"新旧"矛盾交织在一起似有可能激化区域集团中存在的南北矛盾，这对主要区域集团的合作进程势将产生较大影响。

本章注释：

①北美自由贸易协议于1992年形成后，在协议草案文本送交美国国会进行初步审议时，该草案引起了国会内、美南加州、新墨西哥州、亚里桑纳州以及德克萨斯州等地环保派和劳工权利派的广泛关切。因为协议中并未涉及环保和劳工权利标准问题。美国一些议员扬言如协议不增补有关环保和劳工权利标准等社会发展问题，那么该协议要获得众参两院通过似不可能。当时的布什政府为确保经过近一年半努力达成的北美协议不至于丧生于"绿色派"和"人权派"之手，就紧急召集美国劳工部、环境署和美国贸易代表办等联邦政府机构组成谈判班子与墨西哥就环保、劳工权利问题进行谈判。与墨西哥经过近半年的谈判形成了环保、劳工权利标准等三个附加协议，作为北美协议的一个有机构成部分。美国力图与墨西哥后补三个协议的主要目的是：（1）通过签署环保和劳工权利协议可在一定程度上提高墨西哥产品的生产投入，削弱其产品在贸易壁垒消除后的竞争优势；（2）可以防止墨西哥大量移民和廉价劳动力涌入美国南部各洲，避免美墨边境墨西哥方扩散的环境污染的侵扰，减少墨西哥对美国劳动力就业市场的冲击；（3）美国在多边贸易体中难以推动环保、劳工权利标准与贸易挂钩问题的圆满解决，美国试图通过区域集团合作来涉及这些新问题，可取得逐步在国际社会中解决环保、劳工权利与贸易挂钩问题的效果。

②传统意义上的国际分工按国别经济发展的不同来分有"水平型"（发展水平类似的）和"垂直型"（发达国家与发展中国家）；按利益诱引来分有资源导向、劳动力导向、市场导向和技术导向以及区位导向型分工。目前，随着高新和尖端技术的发展，在传统分工的基础

上，又出现了静态规模效益分工和动态规模效益分工，使国际分工日趋细化和多样化。细化的国际分工使产品的“原产地”难以确认和判定，而且“购置国货”的做法似乎也失去了其意义。

③这里首先是指区域集团的形式，有区域贸易安排、产品优惠安排、贸易优惠安排、自由贸易区、关税同盟、共同市场与共同体等多种形式，而目前90%以上的区域集团主要停留在自由贸易区阶段，形式过分集中；其次是区域集团合作成效主要集中在发达国家之间和发达国家与发展中国家的区域集团中，而发展中国家间的区域集团合作成效不大，也即成效过分集中；最后是指区域集团化发展的“共存现象”中，大区域集团吃掉中小区域集团，中小区域集团兼并小区域集团的趋势。所以说，本节所指的“不平衡发展”是合作形式过于集中、成效过于集中和大区域集团过于集中，而不是一般经济学意义上的“不平衡发展”。

④台湾当局1990年元月1日提出以“台澎金马”单独关税地区的名义加入关贸总协定的申请。经过我国与总协定缔约方的交涉与磋商，1992年9月，总协定理事会就台湾入关问题达成了基于“一个中国、中国同意和中先台后”三原则之上的总协定理事会主席声明。1992年9月29日，总协定根据上述声明的原则立场成立了中国台北工作组，由英国驻总协定大使莫兰德任主席，约有60多个缔约方参加了台湾入关工作组的工作。我国由常驻日内瓦联合国代表团派员以观察员身份参加台湾工作组会议。截止1995年5月，台湾工作组共召开了8次会议，与主要缔约方美欧日等进行了数十次双边谈判，基本上结束了台湾入关涉及的谈判工作。1995年6月，台湾工作组根据谈判结果起草了台湾入关议定书和工作组报告草案。由于我国“复关”谈判迫于美欧等主要缔约方的阻挠和苛刻要价一拖再拖，致使在总协定范围内基于“中先台后”原则而进行的台湾入关谈判也受制于我“复关”谈判进程。但是，值得注意的是，世贸组织的生效为那些符合多边贸易体制规定的任何单独关税地区自行申请（不需经主权国家政府同意）加入世贸组织提供了便利。那么，台湾就可以自行申请加入世贸组织，而无须征得我国中央政府的同意。因为“中先台后”的原则只能约束台湾入关的问题，至于台湾先我加入世贸组织的企图，我国只能通过政治外交优势来阻挡。如我复关谈判拖过1996年，那么，挡台先我加入多边贸易体制的工作是异常艰难的。故我复关谈判有政治上的紧迫性。

⑤总协定的基本原则在世贸组织做了完全继承的同时，又承认了“可持续发展”（有时译成“可持久”，sustainable development）原则。世贸组织虽未在其协议文本中专条就可持续发展原则做规定，但在其协议的序言中明确提到了“可持续发展”是多边贸易体制保证世界资源最优配置的重要目标之一（参见本章注释⑨）。

⑥“积极清单”和“消极清单”的选择性做法，是国际间贸易谈判的通常方式，特别是涉及一些敏感领域里的贸易自由化和市场准入及国民待遇等方面，一时做不到或需要过渡期

的时候，就利用“积极清单”或“消极清单”的方式。“积极清单”是指清单上所列的内容能够做到，未列内容做不到；“消极清单”是清单上所列内容做不到，未列内容可以做到。乌拉圭回合服务贸易谈判就采用了“积极清单”和“消极清单”相结合的做法。

⑦从区域集团协议的数目来看，诚然是为数不多的区域集团协议在贸易自由化范围和合作程度等方面与多边贸易体制持平或超过。但是正是这为数不多的区域集团协议（主要是欧盟、北美自由贸易区等）所涉及的贸易量却占世界贸易总额的70%以上。所以说，单纯从数目来看，难以客观地说明区域集团化在促进区域内和世界范围内的贸易自由化发展的积极作用。

⑧把在建立正式区域集团前成员之间或成员与第三国达成的自由贸易协议，分为互惠自由贸易协议和非互惠自由贸易协议，是世贸组织秘书处在1995年4月分析和评估区域集团的作用和影响时所采用的方法。其主要目的是准确地评估互惠贸易协议的作用，因为互惠贸易协议是区域集团化在世界范围内大规模兴起前的一种主要贸易合作形式，占有较大的比重，而且双边互惠自由贸易协议许多成为建立区域集团的基础性文件。非互惠自由贸易协议，虽然涉及国家较多，但涉及的贸易量却很小。一般来说，基于非互惠协议而提供的单方面贸易优惠是最高的（比普惠制和最惠国待遇以及优惠贸易安排等）。

⑨环保与贸易的关系问题，早在1971年总协定就开始探讨并相应成立了“环境措施与国际贸易工作组”（EMIT）。但由于当时环保与贸易并未引起各国和国际社会的广泛注意，所以该工作组的工作比较清淡。然而，进入20世纪90年代以来，特别是1992年6月“环发大会”的召开和1993年12月乌拉圭回合谈判的成功结束，环境与贸易问题转瞬成为国际社会的热门话题。环发大会通过了“里约环境与发展宣言”和“21世纪行动议程”，这是世界各国为保护环境、促进全球可持续发展而制定的指导原则和共同行动准则。1992年12月，总协定第48届缔约国大会授权环境措施与国际贸易工作组（1991年10月该工作组重新启动）和贸易与发展委员会两个机构来具体跟踪“21世纪议程”中有关贸易的部分章节，即贸易与发展委员会根据“议程”第二章简介和A节讨论通过贸易自由化促进可持续发展的问题；“工作组”根据“议程”第二章简介和B节讨论贸易政策与环境措施相互支持的问题。第48届缔约国大会还责成总协定理事会根据“议程”第二章B节有关部分处理机构之间的问题以及对外关系。乌拉圭回合由于发展中国家的反对并未就环保与贸易作为一个单独议题供谈判，但在许多多边协议如建立世贸组织协议的序言、贸易技术性壁垒协议、农产品协议、补贴与反补贴协议、知识产权协议和服务贸易总协定中均有涉及环保的字句。但这些字句笼统且不具操作性，故乌拉圭回合结束时形成了一个贸易与环境的部长决定，为今后世贸组织就环保与贸易问题谈判一个系统的多边协议提出了指导性原则，世贸组织生效时相应地成立了贸易与环境委员会（这主要采纳了美国为首的发达国家的主张）。

⑩把劳工权利标准与贸易挂钩的企图可追溯到19世纪上半叶，当时基于发达国家的法律“以道德理由调节国际贸易”的问题做了规定。进入20世纪20年代，几个欧洲国家对进口“低劣雇用条件”下生产的产品征收格外关税，同时很多国家也禁止进口劳改产品。1947年的国际贸易组织“哈瓦那宪章”认为，所有国家应共同关心随着生产力的提高来逐步实现并维持公平的劳工标准。只要生产力允许，就要提高工资和改善工作条件。在1971年实施普惠制方案时，美欧等国家在其各自的普惠制方案中均对受惠国的劳工标准做了规定，以此作为获得优惠的条件。在1986年乌拉圭回合发动前夕，美国会（民主党控制）就责成总统在乌拉圭回合谈判中就劳工标准与贸易关系形成协议。但由于发展中国家的抵制，美国的计划未能实现。到了乌拉圭回合结束后两个月，即1994年2月，美联合其他发达国家，把成立世贸组织筹备委员会的决定草案第一稿有关筹委会的职责中包括了“起草其他待同意问题的工作方案”的一段内容；在同年3月的乌拉圭回合贸易谈判委员非正式团长会议上，美国代表提出在刚拟就的“马拉喀什部长宣言”草案中增加一段内容：“部长们认识到，乌拉圭回合形成的更加开放的多边贸易体制应使全世界工人从增加贸易、就业和收入中获得利益。他们还认为，贸易利益不应来自削弱社会目标，因此同意对贸易制度与国际公认的劳工标准之间的联系早做考虑。”美国提出的上述二段内容旨在把贸易与劳工标准问题通过“马城会议”将其列入未来世贸组织的工作方案。最后，美国这一企图未能实现。1994年6月，国际劳工局召开的年度大会，在美国等发达国家的倡议下，审议了这个问题，并设立了一个国际贸易自由化的社会方面工作组。该工作组已在1994年11月和1995年3月分别召开过两次全会。虽说看上去是国际劳工局接纳了这一新课题，但发达国家试图把贸易与劳工标准问题纳入世贸组织范围内的举动时常发生，而且今后似有加强趋势。但是，1994年底，美共和党国会中期选举获胜后，似乎劳工标准与贸易问题的讨论在美国暂处低潮，因为共和党与美国大公司企业雇主有着密切联系，对劳工标准与贸易挂钩兴趣不大。这或许为广大发展中国家在这一问题上早谋应付和处理办法提供了契机。在笔者看来，贸易与劳工标准挂钩不管发达国家的动机如何，这似乎是社会进步和人类文明发展的客观要求。基于这种看法，未来世贸组织接纳贸易与劳工标准问题是大势所趋。

第八章　区域集团的贸易和投资效应分析

关于区域集团的贸易投资效应分析方法问题，一直在西方经济学界和多边贸易体制内存在着争议。从20世纪50年代沃纳的“贸易创出与贸易转移”论到70年代肯普—沃纳克的“实际贸易量分析法”，直到90年代的库克茨科—沃顿的“福利效应”模式及实际经验评估方式，均从不同角度对分析评估区域集团的贸易投资效应做出了自己的理论判断和解释。但是这些分析方法、理论和模式不是着重强调了静态效应而忽视动态效应，就是只注重动态效应分析而忽视静态效应，均带有某些片面性。

目前，由于区域集团的情况千差万变、合作形式程度不一，加之有成效的区域集团，除欧盟外大都开始运营实施的时间较短，如北美协议和南方共同市场等，所以，难以基于较充分的实践对分析评估区域集团的贸易投资效应形成一套比较系统科学的理论方法与模式。但是，我们通过简要介绍和分析有关区域集团的贸易投资效应的评估方法和理论，可以从中看出区域集团形成后对自身和第三国的贸易投资效应的增减程度，以此作为我们判断区域集团与多边贸易体制的一致性与互补性竞争关系的内涵。在本章介绍和分析基础上，我们将在第九章中简要分析第三国对区域集团的形成做出哪些政策反应。

第一节　区域集团对贸易格局的作用

一个世纪以来，无论从国别的贸易依存度，还是从贸易在世界经济中所占比重来看，贸易在整个世界经济活动中的重要性剧增。在1870年到1993年的123年期间，其中5个阶段当中的4个阶段的世界出口增长超过了世界产值增长（详见表一）。这说明世界各国经济的相互依存度日益提高，全球经济的一体化程度与日俱增。唯一的例外是1913年到1950年这一阶段，也即两次大战和世界经济大危机爆发的前后。如把这一阶段的世界产值增长同1950年到1973年这一阶段相比，其结果后一阶段是前者的2.5陪，就贸易增长来说则是前者的10倍，相差幅度之大一目了然。把战后50年来作一个整体阶段来看，世界贸易以年均6.5%的速度增长了12倍，而世界产值则为6倍。世界贸易增长速度如此之快，区域集团化在其中扮演了何种角色，我们可从世界七大地区内外贸易发展变化格局中发现区域集团的作用。

表一：1870年到1993年间世界国内总产值与贸易增长率

（年平均增长率的变化）

年　份	1870 ~1900	1900 ~1913	1913 ~1950	1950 ~1973	1973 ~1993
国内生产总值	2.9	2.5	2.0	5.1	2.6
商品贸易	3.8	4.3	0.6	8.2	3.8

注：贸易增长只涉及商品贸易，未包括服务贸易，如果把服务贸易纳入，其增长率比世界国内总产值的增长率还要高出许多。1870年到1900年的统计涉及12个发达国家，包括西方七大国。1900年到1950年涉及32个国家，其中包括七大国等在内的16个发达国家，前苏联以及包括中国、印度、阿根廷和巴西在内的15个亚洲和拉美的发展中国家。1950年到1993年涉及世界上所有国家和地区。

资料来源：世贸组织秘书处，1995年4月。

一、大区域内贸易增长变化与区域集团形成的关系

关于区域内贸易发展变化，对世界贸易在经济活动中作用的加强是否真正起到了促进作用，一直是一个有争议的问题。从西欧来看，1958年到1993年间，区域内贸易增长较快，从53%上升为70%，事实上，这一增长主要发生于1958年到1973年期间[①]，其后增长幅度比较缓慢。从亚洲和拉美两地区来看，其区域内贸易虽有所增长，但幅度较小。

其他地区如中东、非洲地区的区域内贸易增长未发生变化，有些地区如前苏联和中东欧，其区域内贸易不但未增长相反却出现了下降，即发生“区域贸易外散”（de-regionalization）。前苏联东欧地区出现区域贸易外散的主要原因，是以“经互会”为基础的强制性记账贸易和易货贸易的逐步废除以及各国采取了外向型经济发展和市场多元化战略，并相应地进行了国别贸易结构与政策的调整。基于上述情况，不难看出从1958年到1993年，区域内贸易在世界贸易中所占比重由40.6%上升为50.4%，主要是由于西欧区域集团的建立和内部合作程度的加深。

这说明如果把西欧区域内贸易增长不考虑在内，那么整个区域内贸易增长是有限的。这似乎与区域集团化兴起的巨大势头并不协调。所以我们紧接着要考察下一个问题，即区域内贸易在世界贸易中由 1958 年的 40.6% 上升为 1993 年的 50.4%，这其中，区域集团建立对促进区域内贸易增长究竟起了什么作用。

正如前面所及，战后区域集团协议执行的比较彻底、收效较大和贸易自由化范围较广与合作程度较深，主要发生在西欧地区，也即欧共体和欧联的建立。从 1958 年欧共体创立，然后是几次成员扩大，到 1960 年欧联建立和两大区域集团之间相继签署的一系列自由贸易协议等，这些区域经济合作的步骤确实扩大和增加了成员之间的贸易，促进了区域内经贸合作的发展[②]。1958 年到 1993 年，西欧区域内贸易占其整个贸易的比重从 52.8% 上升为 69.9%（见表二）。

表二：1928 年至 1993 年七大区域内贸易占其贸易总额的比例

（在每一地区商品贸易中的百分比）

年份	1929	1938	1948	1958	1963	1968	1973	1979	1983	1993
西欧	50.7	48.8	41.8	52.8	61.1	63.0	67.7	66.2	64.7	69.9
中东欧和前苏联	19.0	13.2	46.4	61.2	71.3	63.5	58.8	54.0	57.3	19.7
北美 *	25.0	22.4	27.1	31.5	30.5	36.8	35.1	29.9	31.7	33.0
拉美	11.1	17.7	20.0	16.8	16.3	18.7	27.9	20.2	17.7	19.4
亚洲	45.5	66.4	38.9	41.1	47.0	36.6	41.6	41.0	43.0	49.7
非洲	10.3	8.8	8.4	8.1	7.8	9.1	7.6	5.6	4.4	8.4
中东	5.0	3.6	20.3	12.1	8.7	8.1	6.1	6.4	7.9	9.4
世界	38.7	37.4	32.9	40.6	44.1	47.0	49.3	45.8	44.2	50.4

* 北美地区不包括墨西哥

资料来源：世贸组织秘书处，1995 年 4 月。

然而，西欧地区内区域集团的形成与发展是有其特殊性的，不但表现在欧共体成立的政治经济背景远不同于其他区域集团，就是内部合作建设所受到的外来压力（西欧处于冷战和东西方关系的前沿阵地）也是其他区域集团所无法与之比拟的，所以说，我们如因西欧区域集团的形成和发展促进了区域内贸易增长这一特殊例子，而得出世界范围内其他地区区域内贸易的有限增长也是由于各自形成的区域集团的缘故，那未免有点偏颇。

至于合作内容较多较深和贸易自由范围较广的美加、北美协议以及南方共同市场协议等，由于这些协议执行实施的时间比较短，有的则刚生效，其对促进区域内贸易增长究竟发挥多大作用，目前尚难得出准确的结论。

关于发展中国家间的其他区域集团协议，由于不完全实施或未执行、有限的产品贸易自由化范围以及关税的部分降低等，其收效较小，对贸易格局的影响与作用不大。

亚洲的情况则比较具有启发性。在亚洲除了东盟和南亚区域合作联盟外，并未有其他区域集团协议，而且东盟的早期合作主要集中于政治经济政策的讨论，并无实质性合作内容。南亚区域合作联盟成立10年来更是在区域经济合作方面收效甚微。这说明战后以来，亚洲并无真正意义上的区域集团形式的合作。但是，在没有区域集团合作的情况下，亚洲区域内的贸易却从1958年的41.1%上升到1993年的49.7%。这充分说明“市场导向”的自发区域合作在加强本地区内经贸发展的重要作用。

二、七大区域外贸易增长变化与区域集团形成的关系

区域内贸易增长是否会必然降低该区域的对外贸易增长幅度，这从西欧地区区域内贸易增长率较大的情况看，其区域外贸易发展并未发生什么变化。这对那些区域内贸易增长有限的地区，其区域外贸易更是没有多少变化。从贸易依存度的角度看，战后西欧的贸易在其经济中的重要性日益提高，贸易在国内生产总值中的比重从1958年的33%上升到1990年的45%（当然像荷兰、丹麦这样的贸易依存度奇高的国家，其贸易在国内生产总值的比重高达70%以上）。在这一大幅度提高中，区域外贸易在国内生产总值中的比重未发生多大变化（见表三）。

在其他地区，区域外贸易在其各自的国内生产总值中的比重与重要性同样未出现多大变化。但是北美地区的美加则情况有所不同，其区域外贸易在国内生产总值中的比重从1958年的6.3%上升至1990年的13.2%，增加了两倍多。这主要是由于进出口贸易在北美地区的国内生产总值中的比重增加了两倍多的缘由，即从1958年的9%上升至1990年的19%[③]。但这也并未影响北美地区区域内贸易的发展（见表二）。所以说，区域内贸易的增长和区域集团化的形成对区域外贸易的发展并未构成任何抑制或限制作用。

表三：1928 年至 1990 年七大区域的区域外贸易占其国内生产总值的比例

年份	1928	1938	1948	1958	1963	1968	1973	1979	1983	1990
西欧	16.5	12.3	20.6	15.8	12.2	12.5	13.8	16.1	15.3	12.8
中东欧和前苏联	24.3	21.7	13.4	9.7	8.6	14.6	16.5	18.5	17.1	22.7
北美	7.8	5.9	7.8	6.3	5.7	6.0	8.5	13.6	11.0	13.2
拉美	40.0	24.7	24.0	24.8	20.6	17.1	10.6	21.3	20.9	23.7
亚洲	17.4	8.1	15.1	15.5	11.4	13.5	13.6	16.1	15.4	15.2
非洲	53.8	45.6	45.8	42.2	51.9	34.8	37.7	44.5	35.0	45.6
中东	57.0	48.2	40.0	51.0	33.6	34.2	44.6	52.5	46.9	50.0
世界	14.9	12.4	14.9	12.9	11.8	11.6	14.2	18.8	17.4	16.1

资料来源：世贸组织秘书处，1995 年 4 月。

另外，在衡量区域内外贸易增长变化时，还应把统计货币的升贬值因素考虑进去，特别是货币的“升值作用”（valuation effect）。例如在 20 世纪 80 年代后半期，欧洲货币单位（ECU）对美元升值 60%，这就自然大大提高了以美元计价的欧洲区域内的贸易份额，如果贬值，用其对应的外币计价会出现贸易额大幅度下降。

三、区域集团对最惠国待遇和非歧视原则基础上的贸易影响

在没有区域集团合作的情况下，多边贸易体制成员间的贸易基本上是基于最惠国待遇和非歧视原则进行的。由于多边贸易体制本身允许那些符合其规定的自由贸易区和关税同盟的存在，那么，一区域集团的建立势必会自然造成基于最惠国待遇和非歧视原则的贸易量的减少，因为区域集团成员之间的贸易是基于比最惠国待遇更优惠的条件进行的。但是区域集团的成立造成基于最惠国待遇和非歧视原则的贸易的下降程度是不同的。假如一区域集团成立后新成员不断增加，自然会造成最惠国待遇贸易的持续下降，直至多边贸易体制的全部成员都加入了该区域集团为止，也即最惠国待遇贸易降至零。

非歧视原则的贸易，随着区域集团成员的扩大和该区域集团内部贸易的增长，其下降程度则不同。这一下降不同表现在两个方面：一是非歧视原则包括两个方面的内容，即最惠国待遇和国民待遇。如果一区域集团成立造成最惠国待遇

贸易下降，但丝毫未影响第三国产品进入该区域集团成员市场后所享受的国民待遇，这也是为何总协定二十四条的规定，把建立自由贸易区和关税同盟只看作是最惠国待遇原则的最大例外的缘由；二是假设当该区域集团的内部贸易达到世界贸易的50%时，非歧视原则的贸易则停止下降，而且该区域集团每增加一新成员，世界非歧视原则的贸易不但不再下降反而会增加，直至所有多边贸易体制的成员全部加入了该区域集团为止，世界非歧视原则贸易也将达到100%。因为该区域集团成员间的贸易是基于非歧视原则进行的。

区域集团成立造成最惠国待遇和非歧视原则贸易消长的变化，只是对形式不同的贸易消长有影响，事实上并不影响世界实际贸易量的增加。理解这一点对深入了解区域集团对贸易量的现实影响是至关重要的。决不能因区域集团成立造成最惠国待遇贸易下降而得出该区域集团抑制或限制了世界贸易实际增长的结论。

从以上对区域内外贸易发展变化与区域集团的关系以及区域集团对最惠国待遇和非歧视原则贸易的不同影响的介绍与分析，似可得出以下几点结论：（1）区域内贸易增长并不必然引起区域外贸易的下降，有时区域内贸易的增长，会伴随着区域外贸易发展不变或略有上升；（2）区域集团的形成并不必然成为区域内贸易增长的先决条件，区域集团的建立能否促进区域内贸易的扩大，主要取决于该区域集团的合作程度和贸易自由化范围以各成员的经济与贸易结构。有些地区未形成区域集团，其区域内贸易也出现了较大幅度的增长；（3）西欧区域集团化发展在较大程度上促进了区域内贸易的增长。转型经济国家（中东欧诸国）在重新建立区域集团的同时，区域内贸易不但未维持已有的水平反而出现了大幅度下降。这两种区域内贸易发展变化与区域集团形成的关系大相径庭，则属两种特殊的情况，都是在特定环境和背景下产生的。不能因前一种情况，而过分夸大区域集团对区域内贸易增长的促进作用，也不能因后一种情况，而否定有效的区域集团对区域内贸易扩大的推动作用；（4）区域集团的建立虽降低世界最惠国待遇贸易量和短时间影响非歧视贸易的增长，但是，区域集团必然引起世界实际贸易量的增长和扩大，而且区域集团成员的扩大和该区域内贸易增长到一定量会扩大非歧视原则的贸易量，所以说，不能因此误认为区域集团背离了最惠国待遇原则必然同等程度地违反了非歧视原则，进而抑制世界整体贸易的实际增长。

第二节　区域集团的贸易效应分析

一、贸易创出与贸易转移分析法

虽说对区域集团的贸易效应分析可追溯到几个世纪以前，但是，比较系统地对区域集团贸易效应进行分析并形成一套理论体系的，是1950年的美国著名经济学家沃纳（Jacob Viner）[④]。沃纳依据传统的国际贸易理论——“比较成本说”就区域集团对资源合理配置的影响进行了较为系统的静态分析，提出了“贸易创出”（trade creation）和“贸易转移”（trade diversion）分析法。

在沃纳看来，区域集团之所以会产生贸易创出和转移效应，主要是由于区域集团的建立在成员内和成员外贸易造成了关税和非关税措施的差别待遇所致。一区域集团形成贸易创出，是指一成员国内的一低成本生产供应商（来源）取代了另一或数个成员国内的高成本生产供应商（来源），也就是说一成员的低效益生产转移到另一或数个成员内的高效益生产；贸易转移，是指由于区域集团内贸易壁垒（特别是关税税率的下调或消除）的下降造成一成员的高成本生产供应商（来源）取代了来自第三国的低成本生产供应商（来源）[⑤]。

贸易创出的形成是基于比较成本优势，有利于资源的合理配置和开放贸易的发展；而贸易转移的产生则是由于人为的差别贸易待遇所致，不利于资源的合理配置和贸易的自由发展。沃纳鉴此得出结论，认为贸易创出有利于相关的区域集团成员，而贸易转移则至少不利于那些为此进口付出（排除了关税）较高代价的相关成员以及第三国的贸易出口。

由于沃纳的分析忽视了区域集团形成后，所产生的动态和规模经济效益，也未把产品之间的可替代性、价格需求弹性以及政府关税收入等考虑进去，故而容易得出大多数区域集团的贸易转移，大于贸易创出和贸易转移本身不利于经济发展和自由贸易扩大的结论。而且这种分析法依旧受制于传统国际贸易理论的束缚，难以对当前区域集团领域里出现的新合作，如高新技术和尖端科学等方面做出科学的评估。

从以下几个方面可看出沃纳分析法存在的弱点：首先，贸易创出效应的逐步扩大，会逐步缩小贸易转移。区域集团的建立导致内部成员间关税和非关税壁垒的消除和下降，资源得到合理利用，这不仅使区域内低成本生产供应商的出口扩大，而且使成员内那些利用进口产品作为投入的生产成本下降，双方的生产逐步形成规模经济，从而带动其他相关产业的发展，推动整个经济增长，经济增长势必会扩大从第三国的产品进口。

其次，即使区域集团成立造成某一产品发生贸易转移，但出现贸易转移本身，就说明该项产品从成员进口要比从第三国进口便宜。这样进口该产品的成员国内的消费者会从中收益，把由此节省的支出用于其他产品的消费，这既间接促进国内相关产业的发展，又会直接增加对其他进口产品的消费。

第三，区域集团成立会导致人为贸易障碍的消除与降低，从而加剧了区域内同类行业的竞争，竞争的加剧势将迫使企业内部进行改造，更新技术和增加花色品种，刺激新创造新发明。如果一行业的规模经济潜力有待开发挖掘，那么这种竞争压力会及早使这一行业形成规模经济。竞争带来的这一双重作用不仅会导致该行业投入的普遍下降，提高经济效率，而且会促使成员国的经济增长⑥。

第四，贸易转移虽然会造成成员与第三国贸易的暂时下降，但经过一段时间后，由于区域集团内规模经济的加速形成，实际收入的增加和经济的全面增长等会扩大成员与第三国的贸易。当然，在这一过程中，不排除个别第三国成为净损失者，但从整体来看，区域集团与第三国的贸易不会因为贸易转移而出现下降。不过，如果区域集团特别是关税同盟的内部优惠与共同对外关税和非关税政策之间相差悬殊的话，贸易转移造成该区域集团成员与第三国贸易下降的可能性就比较大⑦。这说明，区域集团建立造成的内外差别待遇越大，其造成贸易转移的可能性就越高。

最后，如果某些区域集团的合作仅限于货物贸易领域，由于其成员之间经济的互补性较低、出口商品结构类似、初级产品的价格需求弹性较小、有些产品具有不可替代性以及传统形成的贸易来源等因素，加之某些成员政府注重关税财政收入（即使第三国低成本产品加上比区域内高得多的关税后，仍不如从成员进口同类产品合算，但关税收入归政府财政，因而也要坚持从第三国进口这一产品）。而且此类区域集团内部只涉及关税减让，非关税措施依然故我。所以说，在这些区域集团中贸易转移较难产生。从广大发展中国家之间建立的一系列区域集团可以说明这点。如果以此推导，那些经济发展水平不同或者经济发展高度发达的国家之间建立区域集团，比较容易形成贸易转移。前者是因为互补性较高，后者是因为分工协作高度专业化、协作化，但是，这两种情况所造成的贸易转移内容不完全一样。经济发展水平不同和落后的国家结合在一起，较易在初级产品、加工工业和一般机械制造业产品等领域里的贸易产生贸易转移，同样也较易产生贸易创出；但在高新技术、尖端机械电子制造业（如汽车、飞机、计算机设备）等领域里，较难产生贸易转移，也不易产生贸易创出。这说明经济发达国家间的区域集团同经济发展水平不同的国家间的区域集团正相反，但是如果前一类区域集团在初级产品，如农产品（欧共体的“共同农业政策”）方面对外实行严厉的贸易保护主义政策，那么，也会造成巨大的贸易转移。

二、实际贸易量分析法[8]

用实际贸易量来评估区域集团的贸易效应，首先是由美经济学家肯普在1964年提出来的，然后由沃纳克、欧海姆、格里诺和布里斯等经济学家相继对实际贸易量分析法，从不同角度进行了补充和发展。为了纪念肯普和沃纳克两位经济学家首先系统地论述了这一分析法，西方经济学界把实际贸易量分析法惯称为“肯普——沃纳克定理”（Kemp-Vanek Theorem）。

肯普和沃纳克在20世纪60年代用实际贸易量来分析区域集团的贸易效应，主要是依据关税同盟的情况，未对自由贸易区的贸易效应作评估。直到1976年，肯普又以实际贸易量分析法对自由贸易区的贸易效应作了阐述。实际贸易量分析法，既不同于沃纳克的基于资源配置的贸易创出与转移理论，也不同于多边贸易体制的“总体上不得高于或严于”的审查办法。它是基于区域集团成立后，是否在促进了区域内贸易增长的同时，又不至于对第三国的实际贸易量造成下降这一基本假定而对该区域集团的开放程度加以分析的。

其主要内容有：（1）任意一组国家组成的区域集团，其在促进区域内贸易增长和福利增加的情况下，不会对第三国造成任何危害（实际贸易量保持不变）的可能性总是存在的，而且这种可能性大于相反的可能性；（2）造成区域内贸易量增加又不危害第三国的原因是，区域集团成立后，对内消除贸易壁垒，规模经济和竞争环境进一步形成，经济增长加速，社会福利增加，进而扩大对第三国的进口；对外形成共同关税和贸易政策，有的产品关税下降，有的产品关税上升，最终达到平衡，不影响对第三国的贸易量，也即每一第三国与成员国之间的货物和服务贸易量至少保持在关税同盟成立前的水平。自由贸易区虽对外没有共同关税和贸易政策，但各成员可以对每一产品关税做出相应的调整，以维持与第三国的贸易量（这一调整有的是主动的，有的是被迫的）；（3）区域集团成立对第三国贸易量的影响有时取决于个别情况，如进出口商品结构、产品的可替代性等，对区域内成员经济发展的促进作用也要基于具体情况进行逐一分析；（4）区域集团成立时在难以保证对第三国贸易量保持不变的情况下，应通过最低进口数量指标来加以确保以维持区域集团成立前各成员对第三国的贸易量；（5）如一区域集团属于区域内贸易量增加又不危害第三国的“可接受”区域集团（admissible regional grouping）⑨，那么，该区域集团的成员扩大有助于世界自由贸易的发展。建立和扩大区域集团的积极性与热情，只有等到世界成为一个大自由贸易区或关税同盟，即世界自由贸易和关税同盟覆盖全球时才终止。

实际贸易量分析法虽有其独到之处（比关税衡量法切合实际，因为关税总体水平不高于成立前不一定意味着实际贸易增长，关税水平间接影响社会福利，贸易量则产生直接影响，而且贸易量分析法，把对区域集团的一般性讨论转向了具体数字分析，有其客观标准。所以有人建议修改总协定二十四条的关税衡量法而采用实际贸易量评估标准），但也存在某些弱点，主要表现在：（1）实际贸易量分析是一种事后分析，而不像关税衡量法可在事前进行分析，而且一区域集团如刚生效，则无法用实际贸易量来评估，只有等到该集团运转几年后方可进行此法的分析。事后分析无法做出预防措施或事先提出建议（如多边贸易体制进行审查后无法相应提出建议）；（2）该分析法理论上比较可行、圆满，但在实践应用中会遇到困难。一区域集团协议，文字上可以预计能促进内部贸易增长而又不危害第三国贸易利益，但当实际运转时并不一定对第三国不造成危害。因为成员内利益集团可能具有足够的影响力，来迫使政府加严对第三国的贸易限制（如欧共体的“共同农业政策”）。而且，如成员间对某些世界产品的生产占有大部分比重，那么，该区域集团有可能通过限制对第三国贸易，以期在世界贸易中获得新的垄断地位；（3）该分析法与现实中的区域集团有一定距离，因为绝大多数区域集团协议中，只涉及如何维护和促进成员间的贸易利益，很少涉及与第三国的贸易关系问题，更谈不上如何维护和保持了。1991 年 12 月，乌拉圭回合“邓克尔最后案文”关于区域集团的问题是这样说的，“区域集团成员应尽最大努力避免对其他缔约方的贸易造成不利影响，这是确保多边贸易体制健康发展和促进世界贸易自由化发展的关键条件之一。”前任总协定总干事邓克尔曾对此作过这样阐述，即“总协定规则和纪律的制定，首先是保证当前区域集团化发展不是以第三国利益的损失为代价的”[10]；（4）一“可接受”的区域集团所产生的新贸易利益如何进行再分配，特别是成员与第三国贸易利益的重新分配问题，该分析法并未涉及。一般来说，成员内的利益再分配比较容易，因为通过贸易结构调整、再就业培训、受影响行业的投资补贴等可对新利益进行再分配并使之平衡，但成员与第三国就比较难办到；（5）该分析法虽对评估区域集团促进成员经济增长强调“逐案”评估的做法，但至于如何衡量贸易量并未相应做出解释。而且要在成千上万种产品上计算出其贸易量是下降还是上升也是比较困难的。这种计算是基于贸易总量，还是基于大类产品（农产品、工业品和服务业），还是基于具体产品来检验贸易量不变或上升或下降，依然是个遗留问题。这样要使该分析法具有了可操作性还须作进一步的完善与充实工作。

三、“实际贸易量分析法”在实践中遇到的困难

前面提及实际贸易量分析法在理论上是理想的，但其实际应用中会遇到一些困难。在一个静态世界里，要审查一区域集团的可接受性是比较容易的，只要对区域集团成立后和成立前的贸易量作一比较就可以得出结论。但现实世界中，还存在诸多变量和动态发展因素，要对一区域集团的贸易量做出准确的判断是困难的。一系列因素，如长期经济增长、短期宏观经济变动、技术更新、生产投入的变化以及消费者需求偏好等都将对实际贸易量的增长产生影响。这些外部因素有时会干扰区域集团对实际贸易量的真正影响，也即有时区域集团还未形成以前，这些组成该集团的成员与第三国的贸易大幅度增长，当区域集团成立后也正值上述外部因素的变化而造成对第三国贸易的大幅度下降；有时区域集团成立后也是由于上述外部因素的作用而出现与第三国贸易大幅度上升。所以说不能因前一种情况而得出区域集团造成对第三国贸易量下降，也不能因后一种情况得出完全是由于区域集团成立而造成对第三国贸易上升。因此，在分析区域集团对实际贸易量的影响和用实际贸易量消长来检验区域集团的“可接受性”时，均需把那些外部因素排除掉。

为此，出现了一些衡量和统计区域集团对实际贸易量影响的方式与模式。例如用衡量贸易在国内生产总值中的比例变化（区域集团成立前后作比较）来判定区域集团是造成对第三国贸易的下降或维持不变还是上升。另一种办法是通过

先计算出区域集团成立前几年的进口平均增长率，然后再与区域集团成立后几年的实际进口增长率作比较，进而得出实际贸易量的消长，可以发现区域集团的可接受与开放程度。

但是，值得注意的是，不同的衡量和计算标准往往得出不同的实际贸易量变化。因此，在评估区域集团的实际贸易量变化时，应强调贸易量变化的方向而不是大小幅度。只有这样，不同的衡量计算方法虽在贸易量的大小方面得出不同的结论，但却会对该区域集团的可接受与开放程度的看法趋向一致。也就是说，一区域集团的贸易量可能出现暂时下降，但其方向却是朝着可接受与开放程度日趋提高发展的，经过一段时间不仅会使贸易量恢复到区域集团成立前的水平，而且有可能出现上升之势。

为了便于理解实际贸易量分析法的真实意义，我们下面介绍一个美欧之间关于贸易量消长的争端。1973 年，当欧共体成员出现第一次扩大时，即英国、爱尔兰和丹麦三国加入，造成三国关税税率的变动。三国加入使其各自关税与现行欧共体共同对外关税相一致，这意味着三国的工业品关税下降，农产品关税由于共同农业政策的存在而上升。美国农产品出口因此而出现下降，要求与欧共体进行磋商。欧共体起初认为，关税变动产生的农产品进口下降，可以由工业品进口增加而得以补偿。美欧因此争执而进行了长期的谈判。最后欧共体同意可以改善一揽子产品进口的市场准入条件，但不同意单独把农产品列出来。1986 年当欧共体成员出现第二次扩大时，即西班牙和葡萄牙加入，美国对西葡两国因加入欧共体而造成粮食贸易转移提出申诉。美国认为这一贸易转移致使美粮食出口商蒙受 4 亿美元的损失。欧共体对此提出了以前的抗辩，认为西葡两国农产品进口减少已由工业品进口增加而得以补偿。美国因此而以提高某些从欧共体进口的农产品关税相威胁，欧共体示意以提高美出口农产品的关税为报复，美国认为，总协定二十四条关于“关税总体上不得高于……”应适用于具体产品而非总体贸易。经过一年的艰苦谈判，美欧最后就此达成一项协议。按协议要求，欧共体做出了一些让步，允许美在 4 年内以每年 3 亿美元的价值向西葡两国出口粮食。

以上美欧之争的核心问题，在于衡量计算贸易量的标准和基础，也即是以总贸易量还是基于具体产品来衡量。欧共体坚持以总贸易量来衡量，只要贸易总量在区域集团成立和扩大时没有发生大的变化，其他第三国就不应对此提出异议；而美国则坚持以具体产品的贸易量来衡量，认为即使贸易总量没有出现下降，个别产品出现下降，也不能判定欧共体是可接受的或有利于自由贸易的。

事实上，美欧双方各执己见的同时，如果能拿出具体贸易数字来作证据，最后判定欧共体成员扩大，究竟对美贸易量产生何种影响似不困难。问题的关键还是在于倾向于贸易总量分析，还是具体产品分析。如果按美国的具体产品分析来衡量，得出的结论是，欧共体成员扩大产生的工业品贸易量增加，并不能补偿农产品贸易量的下降，那么，欧共体似应在这场争端中为败诉方。假如欧共体不同意这种衡量办法及其由此得出的结论，那么，美欧双方要完全解决这一争端的可能性也极小。另外，按贸易总量来衡量一区域集团的可接受与开放程度，还涉及一些超经济因素，如第三国出于政治考虑或迫于特殊利益集团的压力，有可能出现，即使工业品进口增长能补偿农产品进口减少也不愿意或不同意的情况。面对这些难题，同时又考虑到实际贸易量分析法的客观性、准确性和数字标准的可获得性以及比关税衡量法的优势，有些专家建议，这类争端或由多边贸易体制的争端解决程序来处理，或者从根本上改变总协定二十四条有关“关税总体上不得高于……”的规定，“用实际贸易量总体上不得低于……”的规定取而代之。这将是多边贸易体制有关区域集团规定及其关系协调与理顺的一大进步改革。

四、“福利效应模式”

用福利效应模式来分析区域集团的贸易作用，最早是由伦敦西安大略大学国际经济关系研究中心主任沃顿（Ian Wooton）于1986年提出来的，后由库克茨科于1990年对这一分析法作了系统阐述。在此基础上，沃顿又于1993年对区域集团的贸易与福利效应进行了详细系统的理论发展。为便于介绍和分析，我们把这一分析模式姑且称为“库克茨科—沃顿福利效应模式”[11]。

福利效应分析模式事实上是一种比较综合的间接分析区域集团贸易作用的方法，它是在批判地继承了沃纳的贸易创出与转移论和广泛吸收了肯普—沃纳克的实际贸易量分析法的基础上创立的。该模式的核心是在进行了一系列假设的情况下，通过对世界上A、B两国成立区域集团，所产生的内部福利消长以及对第三国C的福利影响的分析而得出了以下结论：（1）在全球贸易自由化发展受到种种阻力和不尽人意的情况下，既然缺少促进贸易自由化的最佳选择，那么，区域内成立区域集团不失为一种次佳选择。这种区域集团首先应是可接受性的，即区域内贸易增长的同时，又不危害第三国；（2）贸易创出与转移分析法虽然是对区域集团内外贸易作用的一种有用的描述，但却不能确切地用来衡量福利效应。因为有些组成区域集团的成员对贸易转移所产生的不利作用有不同的看法。对一成员来说，贸易转移可以使国内消费者因进口产品价格低廉而收益，由此产生的福利可能大于由此造成的损失；（3）一国之所以加入区域集团，是因为从中所得大于其为加入该区域集团所付出的代价，而且在区域集团易与其他成员达成有助于区域内贸易发展，进而促进社会福利增长的自由贸易协议，但在广泛的多边贸易体制内由于利益纷争和关系错综复杂却不易形成对己有利的贸易协议；（4）区域内贸易增加，意味着区域内福利增加，同时，对区域外贸易根据肯普—沃纳克分析又保持不变，所以说，一方面增加一方面不变，只能提高全球福利。因此，从福利消长的观点看，世界贸易格局变化相对区域集团化本身并不对全球经济造成危害；（5）第三国的福利消长是受国际贸易条件、关税收入的变化以及与其贸易伙伴的成交价格的调整等因素所影响。如果几个大国组成区域集团，其对世界贸易的格局和供求关系势将产生巨大影响，从而贸易条件的变化对第三国的福利影响也将越大[12]。根据贸易条件变化对福利消长的作用来看，出口商品价格的提高一般来说有利于第三国，而进口商品价格的提高，却危害第三国。所以说贸易大国组成区域集团很可能对第三国造成危害，其可接受性也值得怀疑；（6）一般来说，在一区域集团内中小国家易获得较高的贸易利益和福利效应，而大国则不然，这主要是相对它们各自的经济规模和国内生产总值来说的，但大国获得的福利效应的绝对值不一定比中小国家少。

利用“福利效应模式”来分析区域集团的贸易作用，自20世纪80年代中期以来广泛流行，一些西方经济学家从不同的角度和利用不同的均衡计算评估方式，对美加协议、欧洲统一大市场等区域集团的贸易福利效应进行了分析。得出的结论虽有程度的不同，但大都认为这类区域集团程度不同地增加了区域内成员的福利，同时又不致对第三国的福利造成危害。例如1988年史密斯和维内布尔（Smith and Venables）利用静态部分均衡的方法，研究了欧共体内部取消非关税措施对各个行业所产生的福利[13]。其结果发现，如欧共体不实行内部经济一体化，也即在分散市场情况下，各行业的福利水平会基本上保持不变，但在通过市场一体化后，各个行业的福利平均水平却从0.04%上升至1.2%。

1992年著名经济学家鲍德温（R. Baldwin）利用动态一般均衡模式分析了欧共体的动态贸易效应[14]，其结论是贸易自由化所产生的动态福利作用使静态收益在15%到90%之间上升浮动。1992年，莫西尼尔（J. Mercenier）利用部分和一般均衡模式分析了1992年欧洲统一大市场形成前后的不同福利效应[15]，认为局部市场统一对所有欧共体成员产生很少的福利，而且对经合发组织的其他国家所造成的福利影响是混合的，但总体上产出增加了，企业的平均投入成本下降；全部市场统一后，所产生的福利收益同样很少，与经合发组织其他成员国家的福利水平保持不变，但是欧共体成员的贸易条件提高了，而其他经合发组织成员的贸易条件却下降了。基于以上分析未发现多少贸易量增加而引起多少福利增加的情况发生。

福利效应分析法虽综合了贸易创出与转移理论和实际贸易量分析法的优点，但其理论与实践应用中均存在一些明显的缺陷。主要是：（1）用福利效应分析区域集团的贸易效应得出的结论往往不够明确直接，而且受外部因素影响较大，有时难以断定福利的消长是否与贸易量的消长有必然的联系；（2）用不同的均衡模式分析同一个区域集团往往得出相差较大的结论，失去了其应有的准确性和参考尺度；（3）福利效应分析法实际上像实际贸易量分析法一样属于一种事后分析。在缺少准确的贸易数字统计的情况下，其分析就失去了应有的基础材料，而且一些新成立的区域集团和一些即将要形成的区域集团，难以用福利效应分析法进行事前评估，也就谈不上对区域集团的保护性和排他性加以限制与预防；（4）利用贸易条件的变化来衡量第三国福利消长与某一区域集团形成之间的关系往往不够准确，因为一国贸易条件的好坏，不仅与一区域集团特别是势力强大的区域集团的成立有关，而且还与该国进出商品结构、竞争力、价格与需求弹性以及相应的贸易政策等因素有关系。所以难以断定贸易条件的好与坏究竟与该区域集团对国际市场供求关系的冲击有多少程度的关联；（5）有些区域集团的形成和一国加入该集团的动机并非完全出于追求福利与贸易量增加的动机，而是与其他考虑如寻求市场准入的“安全”、建立国际经销“卡特尔”（联合起来形成卖方垄断或买方垄断）、对多边贸易体制职能作用怀疑与关切以及利用区域集团协议来巩固国内改革措施（如墨西哥参加北美自由贸易协议）等相联系，很难用数量标准来评估这些因素对贸易与福利增长和下降的影响。

五、经验评估方法

经验评估法主要流行于第一次世界区域集团化浪潮兴起之后，即20世纪60

年代和70年代。但当前经验评估法虽受冷遇，但个别西方经济学家和经济研究部门依然对此青睐如旧，因为经验评估法有其可靠性和事前与事后分析的优势，而且不受固定理论模式的束缚，具有现实的可操作性。大多数发达国家之间的区域集团，其官方评估贸易效应基本上还是首先采用了经验评估法，尔后方采用了一些实际贸易量和福利效应分析等理论方法。不可否认，经验评估方法的分析尺度基本上还是采用了沃纳的贸易创出与转移以及贸易量与福利效应的标准，即吸收某些理论分析法的可取之处。经验评估方法一个最明显的特点是，简单易行而且结论一目了然。例如，对欧洲经济共同体原6国成员的事后分析证明，制造业领域里的贸易创出大于贸易转移，在农产品贸易方面，由于具有强烈保护色彩的共同农业政策的实施，其贸易转移则大于贸易创出[16]。对欧共体统一大市场形成对第三国贸易效应的事前分析（ex ante estimates）得出的结果是，欧共体每一类商品的区域外进口呈现下降，如把欧共体企业一级的效益所得计算在内，这些损失则更大[17]。1992年利用事先分析法（预期某些经济变量的变化）对欧联的贸易效应进行分析评估所得出的结论是，贸易创出与转移均较小，而且贸易转移或许逐渐挤掉了贸易创出[18]。

对美加自由贸易协议的所有事先分析所得出的结论是基本一致的，即该协议对加拿大形成的福利效应较大，而对美所产生的福利收益相对其巨大的经济规模则可忽略不计。也就是说对整个经济的影响越小，其贸易和福利利益则越小。这一结论与福利效应模式的结论相吻合。同时这些分析还认为，如果在加拿大实现规模经营的话，美加双边贸易扩大而整体上对第三国贸易下降的程度则更大一些[19]。关于北美自由贸易协议的贸易效应评估，其结论是对第三国的贸易作用较小，而且产生净贸易创出[20]。关于北美协议对美加墨三国的福利效应研究表明，除墨一国外，其他两国的福利收益可忽略不计，因为美加协议对加拿大所产生的贸易自由化效应已单独计算出，未包括在北美协议中[21]。

经验评估方法如同贸易创出与转移等理论分析方法一样，忽视了区域集团的动态和规模经济效应，即成员因区域内贸易壁垒的消除或下降所产生的高经济增长对第三国贸易特别是进口的扩大作用。事实上，区域集团成员高经济增长对从第三国进口需求的刺激，以及区域集团内长达数年的阶段性贸易壁垒消除，一般似使从第三国进口需求绝对下降很少产生，除非某些行业如农产品贸易使第三国面对较高的贸易限制。正如我们在本章第一节中所言，即使像欧共体这样唯一的一个区域内贸易的扩大明显高于区域外贸易扩大的区域集团，其整体贸易的扩大程度，足以维持其与第三国贸易在其国内生产总值中的比重不变。而且还有一个重要的事实是，第三国在成员贸易中比较小的贸易份额，也不排除该第三国对这些成员国出口值绝对增加的可能性。一些利用实际贸易量分析法在评估欧共体统一大市场的“增长带动效应”（growth-enhancing effects）时，其结论要比经验评估方法的结论更加令人鼓舞，认为竞争加剧和市场扩大，对技术创新和进步所可能产生的积极作用，将对经济增长产生持久和潜在的巨大推动作用，而且静态效应的终止之日，将是“增长促进动态效应”（growth-promoting dynamic effects）产生之时，这“动静”交替将维持一个持续和赋有活力的经济增长[22]。此外，就统一大市场成立后，对欧共体经济增长所可能产生的作用将是每年 0.6% 的国民生产总值的增长[23]。对北美自由贸易协议跨国劳动生产率的非经验评估的结论是，墨西哥工人的劳动率，可能在 20 年内将提高 50%，达到现在西班牙的水平[24]。

第三节　区域集团的投资效应分析

根据传统国际贸易理论的解释，商品的流动难以伴随或带动生产要素的流动。但是当前国际贸易和投资流动发展的加速以及全球经济相互依存度日益提高与生产的全球化和一体化的空前发展，说明了不仅资金可以自由流动，而且作为生产力最活跃的要素——劳动力都可以跨国流动。所以说，“资金的非流动性之论”已难以适用当前国际贸易发展与投资流动的新情况，而且对分析区域集团的投资效应也是难以想象的。

本节所说的区域集团的投资效应，主要是指区域集团的形成对区域内外直接投资的流动与效益的影响，而非所指间接投资（或叫证券投资）。按照国际货币基金组织给对外直接投资（FDI）所下的定义则是，在一经济体内而非投资者所在的经济内经营的目的在于有效管理和控制该企业的投资。通俗讲，就是到海外投资办厂的经济行为。区域集团的投资效应就是指的对这类经济行为及其效益的影响程度。

一、投资效应理论分析的“滞后”

要说对区域集团的投资效应分析可以追溯到 20 世纪 60 年代。当时正值欧共体形成的同时，伴随美直接投资大量流入西欧。关于美大量直接投资注入西欧，是因绕过贸易壁垒还是因预期欧共体一体化所产生的市场规模与经济增长所致，就引起了争论。最后观点趋同一致，认为美大量投资注入西欧主要是由于美投资商对欧共体所可能产生的市场规模与经济增长的预期所致。

虽说区域集团的投资效应分析较早，但至今并未形成像贸易效应分析那样诸派系统的理论分析法与模式，而且分析对象主要集中于欧共体，其他区域集团很少涉及（当然，这也存在客观原因），其他区域集团特别是发展中国家间的区域集团的投资效应很小且缺少完备的统计资料。

目前投资效应理论分析的困难主要在于：（1）区域集团的形成对直接投资流向的影响是否产生投资创出和投资转移；（2）如果有，如何定义投资创出和转移；（3）关税与非关税措施等贸易政策和投资政策，对区域内外直接投资的影响是进行区别分析，还是进行综合分析；（4）是否有必要区分直接投资涉及的现存生产再定位和新投资生产定位（一般来说现存生产再定位比较困难，除非再定位后所得足以补偿再定位所失，如工厂车间关停，人员闲置和原始投资丧失等）；（5）区域集团是否对所有不同利益导向的直接投资（出口市场、规模经济效益、劳动力、资源优势以及政治利益等导向投资）的流向及其效应都产生程度不同的影响，还是仅直接触及出口市场导向（绕过贸易壁垒）和规模经济导向（预期市场扩大和增长）的直接投资。

投资效应理论分析中之所以存在上述几方面未决的问题，是因为当前绝大多数区域集团，无论贸易自由化程度多高，均未全面涉及投资政策与措施领域里的合作和自由化问题，即使像欧共体、北美协议等虽触及投资问题，但并未就成员间投资政策与措施的协调统一以及逐步自由化等问题做出系统规定。所以说，目前的区域集团的投资效应分析，主要集中在贸易效应和市场规模与经济增长对区域内外直接投资的影响上，至于区域集团形成后，在投资政策与措施方面的合作和协调统一等对直接投资的影响，还缺少必要的分析评估基础与现实对象。

有鉴于此，笔者认为，既然区域集团的形成，对正常的直接投资流动产生冲击，那么，其对直接投资同样会造成投资转移（investment diversion）；同时，区域集团的形成所产生的市场扩大、规模经济、竞争加剧以及经济增长等动态经济效应，势将会对第三国投资商产生诱引，形成投资创出（investment creation）。

为了较客观准确地分析区域集团的投资效应，笔者拟把区域集团形成所直接或间接造成的直接投资分为“主动投资”（positive investment）和“被动投资”

(negative investment)。前者是指第三国投资商按投资利润最大规律，对一区域集团形成后所产生的动态经济效应抱有较高的预期，并基于充分的可行性分析而主动进行的一种投资；后者则指第三国出口生产商迫于一区域集团的“堡垒”性质，或试图通过直接投资来缓冲该区域集团内的保护主义压力，而进行的一种投资行为。根据这两种投资行为的目标动机及其实施的战略不同，一般来说“主动投资”的结果主要是投资创出，但也不排除由于各种外来因素和变量（区域集团的合作程度、运行状况、成员的投资软硬环境等）的作用，使这类投资并未产生预期的投资效益，“被动投资”一般的结果是造成投资转移，但并非所有的这类投资都产生投资转移。如果第三国出口生产商为绕过贸易壁垒和稳住在成员内的已有市场份额进行投资办厂后，所生产的产品价格比同类进口产品的价格（扣除进口关税和其他税费后）还要低，质量还要好，那么这种被迫投资就产生了投资创出。

一般说来主动投资主要包括那些规模经济导向投资；被动投资主要涉及出口市场导向投资。所以由此得出的结论是，区域集团的投资效应，主要对规模经济导向投资和出口市场导向投资产生作用，而对资源、劳动力、技术优势以及政治利益导向投资并不产生多大影响，因为区域集团的形成不可能短时间内对劳动力、技术创新发明以及政治利益格局的变化产生多大作用，即使长期内，资源禀赋（人力资源除外）也不会因区域集团形成而出现变化。

二、区域集团内的投资效应

区域集团的形成虽说对区域内投资[25]不会形成主动投资与被动投资，但却能产生投资创出与转移的问题。区域内的投资创出，是指成员国的投资商在区域内外投资软硬环境和投资结构基本相同的情况下，在区域内的投资收益率高于在区域外的。投资转移，是指区域外的投资软硬环境比区域内要优越，如没有区域集团的作用投资本应流向区域外的却转向区域内，其投资收益率如扣除政策和非经济因素后，低于在区域外的投资收益率。形成投资创出的主要原因，是区域集团形成后市场规模随着关税和非关税措施逐步取消而日趋扩大、竞争加剧和规模经济导致劳动生产率提高（单位成本降低）以及经济增长加快等。此外，成员内投资政策与措施的协调统一以及劳动力和服务的自由流动与知识产权保护的加强等也将有助于投资创出。

至于区域内投资转移的形成因素则比较复杂，显而易见的原因主要有：（1）成员保护国内市场的非关税措施在成员间的统一实施，也即把原一成员的保护措施变为区域集团的，如欧共体的共同农业政策造成大量成员国的农业直接投资停留在区域内；（2）成员间某一产品主要生产商之间进行联合投资，建立大型联合（交叉董事）企业以在区域内外的该产品市场上占有独家垄断供应渠道的地位（建立卖方市场“卡特尔”），谋取暴利（这种投资收益率的高低主要取决于竞争条件和垄断高低）；（3）一成员国内经济政策在区域集团形成后的调整与变动，也将产生大量投资转移。如把一成员的国别购置国货政策改为购置区域内货物的政策，那么，其他成员的许多直接投资将投入国内，无须再到该成员进行直接投资[26]。即使区域外某一第三国的投资软硬环境比较优越，预期的投资收益率较高，区域内的投资商也要认真权衡在区域内外投资的利弊得失；（4）经合发组织成员国以及亚洲“四小龙”以外的其他发展中国家和地区，由于在对外直接投资商规定许多优惠政策的同时，又制定了大量限制投资商行为的旨在保护东道国利益的措施，加之发展中国家债务危机严重、市场经济发育不够成熟以及劳动力和资源优势日益弱化等，这些国际经济因素和投资流动新趋势，又在很大程度上助长了区域集团对区域内所产生的投资转移作用。

值得分清的是，区域集团的形成，不仅对那些以区域外市场为导向以及劳动力和特殊资源等为导向的投资，难以产生投资转移的作用，而且高新技术和尖端制造业或资金技术密集型产业（汽车、飞机等）等领域里的投资，更多的是受技术因素和已有合作结构的影响，也不会因为区域集团的形成而发生投资流向的变化。此外，区域内的现存生产再定位即使没有区域集团的形成，这类生产的投资也不会轻易转向海外的，故区域集团的投资转移作用与这类投资并无多大关联。

三、区域外投资效应即对第三国的对外直接投资的影响

如前面所述，区域集团的形成对第三国投资将产生主动投资和被动投资两类。前者主要受动态经济效益因素影响，其结果大都为投资创出；后者主要受区域集团或者该集团内一成员贸易保护主义政策的影响，其结果主要产生投资转移。

一般而言，受动态经济效应因素影响所产生的“主动投资”，主要集中于资

金技术密集型行业，而且大都是发达国家作为第三国，其投资商经过对一区域集团形成后所产生的市场规模、竞争格局以及经济增长等因素的分析和预期，并对在该区域集团实行投资的可行性与投资收益率加以调研后形成主动投资计划。例如，欧共体在20世纪60年代关税同盟形成和80年代中期欧洲统一大市场计划提出并付诸实施后，所吸引的大量美国和加拿大的投资注入就属这类投资[27]。

受区域集团的保护主义政策影响所产生的"被动投资"有的集中在资金技术密集型行业，有的则集中于劳动力密集型行业。资金技术密集型行业的被动投资，当前主要是日本自20世纪80年代以来对欧共体所进行的大量对外直接投资（有人认为，这种被动投资在某些程度上也受欧共体的动态经济效应因素的影响，不单纯是为了绕过欧共体的贸易壁垒）[28]。至于劳动密集型行业的被动投资是一些工业化发展程度较快的发展中国家为绕过贸易壁垒所进行的投资。这种投资因区域集团的形式不同，例如是关税同盟还是自由贸易区而有所不同。如果是关税同盟，这种投资一般是直接流向出口市场所在地的成员国内（但这种直接流向有时会遇到困难，因为东道国一般不鼓励劳动密集型行业投资的流入，一是怕与同类行业形成竞争；二是怕污染环境）。例如，亚洲"四小"对欧共体的投资主要是为了绕过欧共体对"四小"的劳动密集型产品（纺织、服装、玩具、轻工产品等）出口所设置的非关税措施（配额等数量限制）。如是自由贸易区，这种投资一般是在该自由贸易区内某一经济发展相对落后的（鼓励吸引外资的）国家内落户，然后把投资生产的产品（在享受区域内优惠贸易待遇的情况下）出口到其他成员。但是，由于自由贸易区协议大都有比较严格的原产地规则规定，在一定程度上抑制了这种投资。如北美协议达成后，一些东亚和拉美国家与地区的大量直接投资涌入墨西哥，其最终目的是以墨为跳板绕过美贸易壁垒，打入美国的市场。另外，被动投资在其主要目的是为了绕过贸易壁垒的同时，还试图以此投资在当地所产生的社会经济效益特别是劳动力就业效应，来缓冲东道国对该类投资的产品进口实施贸易保护主义政策的注意力。

基于以上对区域集团的内外投资效应分析，似可得出这样的结论：（1）区域集团的合作程度越深、贸易自由化范围越广，其动态规模经济效应就越大，区域内投资流动越快，规模经济导向投资流入越大，所产生的投资创出也越高；（2）区域集团的合作程度深和贸易自由化范围广的同时，如果其共同或各自的对外关税和非关税措施比较高的情况下，规模经济导向和出口市场导向的投资流入也就比较大，所产生的投资创出和投资转移因而较高；（3）区域集团的合作程度浅且贸易自由化范围窄的情况下，如果其共同或各自对外关税和非关税措施则比较高，那么，该区域集团的投资效应主要作用于出口市场导向投资，这时的投资转移将高于投资创出；（4）如果区域集团的合作程度浅且贸易自由化范围窄的同时，共同或各自对外关税和非关税措施保护程度又比较低，那么，该区域集团的投资效应无论是对规模经济导向投资还是对出口市场导向投资都比较小。

四、投资效应的经验评估

到目前为止，有关区域集团的投资效应的经验评估，主要集中于欧共体的实践，但这些评估并未得出明确的结论[29]。大多数经验评估都认为，在20世纪60年代，对欧共体的直接投资流动发生过结构变化，但是，关于这种变化是否与欧共体关税同盟的形成有关系则存在争论。到了90年代，一般认为，共同对外关税的提高很明显对投资流动产生一些积极影响，但是，其他变量因素如市场规模的扩大和预期的经济增长则是造成对欧共体大量直接投资流入的关键原因[30]。因为统一大市场计划涉及到区域内一系列非关税壁垒和市场准入限制的降低或取消，而且货物、资金、劳动力和服务逐步实现自由流动，这对市场规模的扩大和未来经济增长的提高均产生较大作用，所造成的规模经济导向投资势必大量流入，同时，也会造成一些出口市场导向投资的流入。这也是为什么自90年代以来，欧联诸成员积极申请加入欧盟的原因之一。

联合国贸发会议的投资报告中，有关自1985年统一大市场计划公布以来的对欧共体直接投资流动的统计数字，对上述调研结果提供了初步的支持。自1985年，流入欧共体的直接投资总量出现了大规模增加，从1984年的100亿欧洲货币单位上升到1989年的630亿欧洲货币单位。同时期，流入美国的直接投资也有增加，但1989年的增长率却非常低。在1984年，流入欧共体的直接投资总量只占流入美国的1/3，但到1989年分别流入两地的直接投资额则趋相同。在这期间，欧共体成员间的直接投资流动也加快，其速度快于第三国对欧共体的直接投资流动，前者在1985年至1989年期间年平均增长率为43.5%，后者则为28.6%，而同期流入美国的直接投资年均增长率仅为14.8%[31]。

本章注释：

①在此之所以把1958年作为分析区域内贸易量消长的起始年份，主要是由于在1958年内不仅欧共体生效运转，而且在1958年前即战后初期，贸易格局的演变受一系列特殊因素的影响。这些特殊因素包括美国的对外援助（“马歇尔计划”等）、汇率与贸易控制以及美元区和英镑区等。

②虽说在欧共体和欧联内，区域集团的成立促进了区域内贸易的发展，但如果从国别来看，从中获益也是苦乐不均。而且区域内贸易的重要性对个别成员和主要商品大类来说也变化不同。

③区域集团内高经济增长成员，对从第三国进口需求的刺激以及该区域内成员间阶段性取消贸易壁垒等原因，致使成员从第三国进口下降难以发生。关于这一点请参见本章第二节贸易效应的经验评估法一部分。

④《关税同盟》，卡纳基国际和平基金会，纽约，英文版，1950年。

⑤有时这种贸易转移并不完全受经济因素的影响，有些区域集团内成员政府为财政收入考虑，往往忽视企业的经济效益而继续从第三国进口征税产品。这种产品如扣除关税因素，其价格要比从成员内所进口的同类产品的价格低。对消费者和企业来说，它们希望区域内关税降至为零，但关税取消或下降无疑对成员的财政收入是一个损失，因为关税收入归国家财政，所以有些成员面对从其他成员进口产品对消费者和企业比较合算的情况下，却依然放弃从成员进口而继续从第三国进口征税的同类产品。

⑥哈里斯（R. G. Harris）和考克斯（D. Cox）两位学者曾于1984年以加拿大为例对竞争导致单位生产成本下降进行了分析。他们的分析结果发现，“加拿大为使其国内企业免受外来竞争的冲击实施了较高的关税。关税壁垒助长了生产商垄断市场的欲望，逐步形成卖方市场，因此导致了受此类保护的生产投入提高，经济效益下降，产品价格居高不下，竞争力丧失。这样就出现一种恶性循环，即竞争力丧失越是要求高保护以免遭到国外同类进口产品的竞争。后来加政府认识到这一点，逐步取消了关税保护，改善了进口产品的市场准入条件。市场的开放不但未冲击加国内生产企业，反而迫使加企业在竞争中发展壮大，降低了投入，提高了竞争力”。《贸易、产业政策与加拿大制造业》，“安大略经济研究”，多伦多，1984年。

关于在规模经济和不完全竞争条件下的贸易自由化的作用，经济学家理查森（J. D. Richardson，《在不完全竞争下的贸易自由化效应调查》，《经济研究》第12期，经合发组织，1989年）和诺曼（V. D. Norman，《贸易自由化贸易与福利效应评估》，《欧洲经济回顾》第34期，1990年）以及苏瑞尼文森（T. N. Srinivasan，《对区域集团的贸易与福利效应评估》，载入《区域一体化和全球贸易体制》，由安德森与布莱克哈斯特编辑，日内瓦，1993

年）等分别在不同时期从不同角度进行了理论分析。

至于区域集团形成所产生的经济新增长问题被冠以“新增长理论”出现，这一理论把贸易自由化对国民收入水平的一次性作用，同对经济年增长率的作用区别开来。后者是指短期内，贸易自由化将导致储蓄和投资增加，从而提高经济增长率，长期内，由于贸易自由化刺激了对创新和技术改造的投资、学习和采纳现行最佳生产工艺与积累人力资源的兴趣以及推动了国际专业化和技术跨国流动的发展，因而造成经济的持续增长。弗朗索瓦（J. F. Francois）和谢尔斯（C. R. Shiels）:《贸易自由化动态效应调查》第2608期，美国际贸易委员会，华盛顿，1992年。

⑦“发达国家之间的区域集团形成后，有些继续保持对外高关税的产品如纺织品、服装和鞋类等，以及受政府巨大扶持的行业如农业存在着形成贸易转移的巨大潜力；发展中国家间的区域集团内也同样存在着类似情况。例如，对以往拉美区域集团协议的调查表明，最初关税较高的行业，其贸易转移远大于贸易创出。托累（A. Torre）和凯利（M. R. Kelly）:《区域贸易安排》,《临时文件》第93号，国际货币基金组织，1992年。

⑧用实际贸易量来分析区域集团的贸易效应，首先是由肯普于1964年和沃纳克于1965年提出来的（《国际贸易纯理论分析》和《国际歧视的一般均衡：关税同盟分析》）。后来欧海姆（M. Ohyama）于1972年和肯普与温农（H. Y. Wan）于1976年对这一理论进行了正式举证。1981年格里诺（E. L. Grinols）和1990年布里斯（C. Bliss）对此理论的发展进行了后续工作（《对肯普—沃纳克理论分析的补充》和《关税同盟扩大的最优对外关税分析》）。这样，基于以上学者的理论分析和举证，基本上形成了一套系统完备的实际贸易量分析法。

⑨“可接受的区域集团”一概念是由美圣迭戈加利福尼亚大学教授麦克米兰（John MacMillan）于1993年在其《区域集团形成开放贸易与总协定二十四条的经济理论》一文中提出来的。麦在文中明确建议多边贸易体制应采纳和吸收“可接受”这一概念，以此来客观地审查各区域集团协议与多边贸易体制精神的一致性。该文载于安德森与布莱克哈斯特编辑的《区域一体化与全球贸易体制》一书中。参见注释⑥。

⑩《金融时报》，第二版，1992年8月22日。

⑪沃顿:《优惠贸易安排调查》,《国际经济学》第21期，第81至97页，1986年；库克茨科:《福利与关税同盟》，国家经济研究局工作文件第3476号，1990年。

⑫严格地讲，一国贸易条件与其他国家包括非成员（第三国）的贸易条件的变化相比较，才能显示出一区域集团形成对这些国家的福利影响。例如，一区域集团形成后可能对某些区域外产品的进口需求激增，从而导致这些产品的国际市场价格上升。如果这时一第三国同时也进口这些产品，那么该国贸易条件无疑因该区域集团的成立而恶化，从而损害该国的福利增长。

⑬史密斯（A. Smith）和维内布尔（A. Venables）：《1992 年：贸易与福利——一个均衡模式》，载入温特斯编辑的《1992 年后的贸易流动和贸易政策》，剑桥大学出版社，1992 年。

⑭鲍德温：《贸易动态收益分析》，《政治经济学季刊》，第 162 页，1992 年。

⑮莫西尼尔：《完成欧洲内部市场，可选择市场结构下的一般均衡评估》，“经济探讨与开发中心”工作文件第 0892 号，蒙特利尔大学，1992 年。

⑯劳埃德（P. J. Lloyd），《地区主义与世界贸易》，经合发组织编辑出版的《经济研究》第 18 期，巴黎，1992 年。

⑰虽说欧共体在 1967 年完成关税同盟后，大多数贸易壁垒被取消，但到 1985 年欧共体公布的统一大市场计划中却列出了三大阻碍市场统一的因素：第一是因海关手续的交易费用；第二是阻碍规模经济实现的技术性贸易壁垒；第三是服务贸易壁垒。1988 年，埃莫森（M. Emerson）和凯夫耐特（M. Cafinat）等 4 位学者在其《欧洲内部市场完成后的经济效益评估》（牛津大学出版社，1988 年）一书中在对欧洲统一大市场计划的福利效应进行了事先分析。

⑱同⑯。

⑲波拉姆格（C. A. Prima Braga）、萨弗蒂（R. Ssfadi）和伊茨（A. Yeats）：《北美自由贸易协议对东亚出口的影响》，世界银行工作文件第 1351 号，1994 年。

⑳瑞耐特（K. A. Reinert）、罗兰德（D. W. Roland-Host）和谢尔斯：《北美经济一体化的一般均衡分析》，载入由弗朗索瓦和谢利编辑的《贸易政策模式：对北美自由贸易协议的一般实际均衡分析》，剑桥大学出版社，1994 年。

㉑同⑯中的第二段。

㉒同⑰，第 29 页。

㉓同⑭。

㉔柯伊（T. J. Kohe）：《北美自由贸易协议的动态影响》，同⑳。

㉕区域内的投资流动包括两方面的资金投入，一是由成员国的投资商在成员之间的投资；二是在该区域集团成立前，第三国投资商已在该区域内所进行的投资，这涉及到该第三国投资商的再投资问题。

㉖经验评估显示，限制性的国别政府采购措施是促动对机械和电子工程行业直接投资的重要因素。英国对欧共体其他成员之所以进行了大量直接投资，就是因为这些成员的购置国货政策所致。如果统一大市场形成后，国别政府采购法规经过统一协调变为欧共体的政策，那么，与购置国货相关行业的成员间投资将趋减，因为呆在国内也同样享受到被购置的待遇。米灵顿（A. Millington）和贝雷斯（B. Bayliss）：《非关税措施和英国在欧共体的投资》，《国际商业研究》，1991 年。

㉗格林纳威（D. Greenway）和海茵（R. C. Hine）：《行业内专业化、贸易扩大和欧洲经济空间的调整》，《共同市场研究》第25期，第602至622页，布鲁塞尔，1991年；叶那波罗斯（G. Yannopolous）：《对外直接投资和欧洲一体化》，《共同市场研究》第28期，第235至259页，1990年。

㉘布拉萨哈伊姆（V. N. Balasubraman Yam）和格林纳威：《区域一体化协议与对外直接投资》，载入安德森和布莱克哈斯特编辑的《区域一体化与全球贸易体制》一书，第147页至166页。

㉙巴拉萨（B. Balassa）：《经济一体化理论》（1961年），《美在欧共体的直接投资》（1966年），阿联与欧文出版社，伦敦；叶那波罗斯：同㉗。

㉚叶那波罗斯于1990年在其《对外直接投资和欧洲一体化》一书中，对区域集团形成后的市场规模扩大与经济新增长对吸引直接投资的巨大作用进行了较详细调研。1992年，著名跨国公司理论专家邓宁（美国，J. H. Dunning）在《跨大西洋对外直接投资和欧共体》一文中（载入《国际经济学》第6期，第59页至81页，1922年）认为，欧共体的形成大大提高了美国已在欧共体诸成员内落户企业的竞争地位，这对进一步促进欧共体经济增长和刺激有效企业的产生起了积极作用。

㉛虽说许多美大企业已在欧共体诸成员内建立了良好的基础并比欧共体内部的同类行业处于更加有利地位，但美依然是欧共体吸引对外直接投资的主要来源（利普茜：《美国企业面对1992年的欧洲》，国家经济研究局工作文件第3293号）。在1985年至1989年期间，欧共体对外直接投资流入的最大来源是欧联，然后是美国，日本位居第三，金额分别是257亿、165亿和91亿欧洲货币单位（欧洲统计局：《1984年至1989年欧共体直接投资》，欧共体，卢森堡，1992年）。莱斯凯勒（J. Leskela）和潘文尼（S. Parvianinen）两位学者在1990年就欧联诸成员对欧共体的直接投资进行了详细探讨（《欧联国家：对外直接投资》，欧联“临时文件”第34号，1990年）。

第九章　贸易[1]经济政策对区域集团的影响与第三国政策反应

上一章着重介绍和分析了区域集团形成后，对贸易格局以及贸易与投资流向的影响，从理论到实践探讨了区域集团的贸易和投资效应。事实上，一区域集团形成产生什么样的贸易投资效应，又与组成该区域集团成员实施什么样的贸易和经济政策有直接关系，也即成员的关税、原产地规则政策和贸易的政治经济因素以及宏观经济政策（汇率、货币、财政以及税收等）等对区域集团的合作程度与贸易自由化范围等产生政策影响。同时，区域集团的发展和合作进程又反过来对成员的贸易与经济政策的制定产生作用。

早在20世纪60年代，西方经济学家[2]就开始了对贸易政策影响的研究，到了80年代，又把贸易政策与经济政策结合起来分析其对区域集团的影响[3]。进入90年代，一些西方学者[4]就成员的宏观经济政策影响进行了专题分析。这些分析大都基于把区域集团分为自由贸易区、关税同盟、共同市场、共同体和全面经济一体化5类来进行的。

笔者认为，就区域集团的发展历史，还应在自由贸易区前加上优惠贸易安排。因为区域集团的最初形式，就是通过实施优惠贸易安排而逐步发展起来的，并相应创造与实施了一些比较高级的合作形式。正如我们在绪论中所言，区域集团应包括6种类型，而且趋势是由低级向高级发展。从区域集团的合作形式及其内容同贸易与经济政策的关系来看，优惠贸易安排、自由贸易区和关税同盟三类，主要是涉及成员的关税与非关税措施方面的合作，即主要集中在边境措施，较少触及成员的国内经济政策与立法。而共同市场、共同体和全面经济一体化三类，在已完成贸易政策方面的合作的同时，还要逐步涉及成员的国内经济政策与立法方面的深层次合作。事实上，区域集团发展到一定程度也要求成员货币、财税和产业等宏观经济政策的协调与统一。但是，单就经济政策对区域集团形成后的合作成效的影响来说，其对优惠安排、自由贸易区和关税同盟同样产生不可忽视的直接与间接的作用与影响。本章在分析这些作用与影响后，再就第三国对一区域集团形成所做出的政策反应作一探讨，从而对当前区域集团的影响之深广有一更全面的了解。

第一节　成员贸易政策的影响与多边关税谈判的作用

在一区域集团成立前夕，拟组成该集团的有关国家和地区大都对各自的贸易政策特别是关税体制进行必要的调整和改动，以便在集团形成后，争取和确保自己的贸易权益。不可否认，一区域集团的酝酿、筹划和最终通过谈判签署协议等过程，大都由个别或几个该区域内的贸易大国所主导。这说明有的国家是发起倡导者，有的国家是积极响应者，有的国家则是被迫响应者。

由于区域集团形成的背景、涉及的成员经贸发展状况不同，因而，在该区域集团形成以前，成员在贸易政策方面所进行的调整与变动也不同。一般而言，成员大都在关税水平、非关税措施的保护程度以及原产地规则制定等领域做出程度不同的调整。调整后的贸易政策，势将对区域集团的形成及其贸易投资效应产生直接影响。

一、关税政策的影响

关税政策对区域集团形成后的市场准入和保护程度的影响，主要取决于成员的既有关税水平和制定共同对外关税政策的方式。如果组成一区域集团成员大都采取了高关税政策，那么，该区域集团的共同对外关税水平就比较高，市场准入条件相应的比较差，所产生的贸易转移也就比较大；如组成一区域集团成员有的采取了较低关税水平，有的则采取了较高的关税水平，那么，这时区域集团的共同对外关税高低主要取决于制定这一关税的方式；如果组成一区域集团成员大都采取了较低的关税政策，那么，该区域集团的共同对外关税水平自然较低。

就第二种情况来看，如果制定共同对外关税是采用了简单算数平均方式，那么，采取较低关税成员的关税就比以前的水平提高了，较高关税成员则就相应地降低了。如果采取加权平均方式，那么，其形成的对外关税水平主要取决于产品的进口量，那些进口量大的产品关税水平下降幅度就大一些。从整体上来说，该区域集团的市场准入总体条件就相对有了改善。简单算数平均方式虽然平抑了成员的关税水平，也许市场准入条件整体上比集团成立前各成员的市场准入条件并未恶化，但是，如果采取较低关税政策的成员是贸易大国或者贸易依存度较高，那么，利用简单平均方式制定的共同对外关税水平，就很可能使该集团的市场准入条件比原来恶化；反之，则改善。例如，第三章中提及，欧共体在 1957 年 1 月 1 日成立时制定对外关税，就是采取了简单算数平均方式。采取较高关税的法国与意大利的平均关税水平下降了，但采取较低关税的德国和比荷卢 3 国的平均关税水平则提高了。当时德国正值战后经济恢复时期，经济发展与增长较快，进口需求提高，所以那些对德出口较大的第三国，在一定程度上蒙受了损失。因而，在总协定工作组审查欧共体协议时引起了激烈争议，并涉及德、比荷卢的关税变动后的补偿性调整问题。当然，那些对法、意出口较大的第三国则从欧共体的成立中受益。所以说，这就涉及到第三章第四节中所提及的问题，即衡量一区域集团特别是关税同盟的共同对外关税水平，是用“总体上不得高于”还是用对个别第三国或具体产品也不得高于的标准。这一问题在多边贸易体制一直存在争议，而且一时难以得到解决。

以上分析不难看出，要避免因某些成员的较高关税，而造成区域集团市场准入条件的恶化，最有效的方法有三：其一就是利用加权平均方式。这种方式对那种绝大多数成员采取较低关税，而只有个别的采取较高关税的情况下组成区域集团，其意义尤其重大。其二就是利用成员最低关税，作为制定共同对外关税政策的基础。这种方法对那些组成成员大都实施较高关税政策的区域集团，其保障和改善市场准入条件的意义最大，也简便易行，但这种涉及成员大幅度调低关税的方法，在实际中较难应用（请参见第十三章第一节）。其三就是总协定主持下的多边关税谈判。这种有效方式的最早起因并非是由于区域集团兴起所致，自 1948 年 1 月总协定生效时，多边关税谈判就开始了。但是，在欧共体成立前，总协定在 20 世纪 40 年代末和 50 年代所进行的 4 轮多边关税谈判[5]的减让幅度相对比较小，只是到了 60 年代也即欧洲共同体的共同对外关税政策实施后，引起了美加日以及发展中国家的不满，要求总协定进行新一轮多边关税谈判，以便从根本上改善欧共体形成后的市场准入条件[6]。这样在 1960 年至 1962 年进行了第 5 轮多边关税谈判（又称“狄龙回合”）之后紧接着于 1964 年至 1967 年完成第 6 轮多边贸易谈判（又称“肯尼迪回合”）[7]。这两轮多边关税贸易谈判，使各参加方的最惠国待遇税率出现了大幅度降低，特别是肯尼迪回合谈判的结果，使总协定发达缔约方在工业部门进行了实质性关税减让，工业品税率平均降低 35%。由于有些产品例外，减少的比率比原来规定的要低。尽管如此，肯尼迪回合仍不失为工业发达国家进行的一次降低保护主义门槛的重大减让，首次成功地从传统的“产品对产品”的关税谈判转向“一揽子”减税方法[8]，涉及贸易额400亿美元。

对60年代的两轮多边关税贸易谈判成果的评论，由于利用不同的标准来衡量关税减让的价值[9]，因而得出的评价也褒贬不一，但是，这两轮谈判特别是肯尼迪回合谈判，使欧共体的平均共同对外关税水平降低幅度较大，不仅使原较低关税水平的德与比荷卢4国的关税水平广泛持平，而且同时也使较高关税的法意两国的平均关税水平出现了两次大幅度降低[10]。这样就使欧共体的总体共同对外关税水平相应产生了较大程度的下降，明显改善了市场准入条件。虽说后来，欧共体成员出现三次扩大，也招致了其他第三国对欧共体共同对外关税水平变动的异议，但是，经过东京回合和乌拉圭回合[11]两轮大规模多边贸易谈判，已使欧共体成员的工业品平均关税水平降至3%～4%。所以说在此基础上形成的共同对外关税政策已对第三国不足以构成较高歧视了[12]。但是，应指出的是，由于欧共体诸成员特别是法国一直奉行较高的农产品保护关税，且存在大量农业补贴，因而以往历次（不包括乌拉圭回合）多边谈判都把农产品划为例外产品，不容进行关税减让谈判；加之，欧共体在1972年实施了具有强烈保护主义色彩的共同农业政策，故农产品领域的关税政策对第三国贸易构成了较大威胁，而且造成了比较大的农产品贸易转移。

至于自由贸易区成员的关税政策，虽对第三国并不直接产生多大影响，但由于自由贸易区内部降低或消除关税壁垒对外各自保持已有的关税政策，所以说区域集团形成后，在内外关税待遇上也产生对第三国的歧视。如果组成自由贸易区成员大都实施较高对外关税税率，那么，该自由贸易区的排他性就较大，内外待遇的歧视性就较高，所产生的贸易转移也就较严重；如大都实行较低关税水平政策，那么，该自由贸易区的排他性就较低，内外待遇歧视性相应较低，所产生贸易转移就相对比较小。如一部分成员实施较高关税水平，另一部分成员实施较低水平，那么，前一部分成员贸易的排他性就比较高，该成员内外的关税歧视性就较严重，所产生的贸易转移也就较大（当然这还要取决于该成员是注重消费者和生产商利益，还是注重关税作为国库收入的重要性）；后一部分则反之。

总协定主持下的多边关税贸易谈判成果，同样适用于自由贸易区成员市场准入条件的改善情况，特别是那些实施较高关税成员的市场准入条件的提高。例如，美加两国在 1986 年乌拉圭回合发动前的各自工业品平均关税水平分别为 5.4% 和 9.0%，乌拉圭回合结束后，分别按 35% 和 47% 幅度进行减让，这样就大大改善了美加协议生效后加拿大对第三国的市场准入条件，所以说多边贸易谈判极大地降低了区域集团形成后所产生的潜在贸易转移。未来的多边贸易谈判还将继续减弱区域集团在关税领域所造成的贸易转移效应。

当然，不可否认，有些自由贸易区成立后，其成员在实现内部贸易自由化的同时，也自动削减各自对外关税。自动削减对外关税的起因，有的是迫于第三国特别是贸易大国的报复威胁，有的则是成员本身就是一个崇尚贸易自由化或贸易依存度较高的国家，有的则是成员内部贸易政治经济因素作用的结果。例如，澳新在 1983 年签署紧密经济关系协议并使之生效后，各自主动进行了对第三国关税乃至非关税措施的大幅度削减。1995 年初，美加协议中的加拿大就单方面主动宣布对其关税表中的 1500 个税目的产品进行大幅度减让。加拿大这一关税减让主要集中于生产投入的产品，目的在于通过削减关税，降低国内生产投入，提高与美同类行业的竞争能力。但是，关税同盟一成员要主动进行削减对外关税，则必须获得全体成员的同意，否则，难以进行主动削减关税。从这点看，关税同盟又不如自由贸易区的贸易自由化作用大。

二、原产地规则的影响

正如我们在第三章第四节所分析的，虽说个别关税同盟中也有原产地规则的规定，但是，所有自由贸易区为了确保内部优惠不肥水外流，基本上都制定了原产地规则。总体上看，设制原产地规则有两大目的，一是为了顺利实施关税优惠待遇体制（即关税差别待遇）；二是为了有区别地实施标记、配额等措施，并非与优惠待遇相关。这里所说的区域集团中的原产地规则，主要是指第一个目的下的优惠待遇原产地规则。

自由贸易区和关税同盟中制定原产地规则主要考虑有：（1）确定产品享受内部优惠待遇；（2）防止贸易规避或分散[13]（trade defection）行为；（3）禁止成员内那些主要靠进口原料和零部件来进行简单加工或组装后所形成的制成品享受贸易优惠待遇；（4）通过制定严格的原产地规则，可以扩大区域内中间产品、原料产品贸易。

随着生产的日益全球化和跨国的生产性、商业性与服务性企业的空前发展，加之生产要素流动的加速以及交通通讯事业的革命，只要全球贸易自由化还存在不尽人意之处，也即歧视性或差别优惠待遇继续存在，那么原产地规则也将继续存在下去，而且近年来随着区域集团化的兴起，原产地规则的制定与实施有加强之势。目前，在区域集团领域，判定产品原产地的办法主要有4种，即产品的实质转变（substantial transformation）、关税税目的变化（changes in tariff heading——CTH）、增值比率（value-added）和具体工艺程序[14]（specified processing）。

这4种判定原产地的办法，有的是单项被区域集团采纳，如东盟基于1992年的共同有效优惠关税安排而签署的自由贸易协议中规定，一项产品至少40%的成分来自东盟成员，方被判定为该项产品的原产地是东盟成员国。再如澳新紧密经济关系协议中采纳了增值比率50%的标准来判定产品的原产地。有的区域集团采用了把两种办法结合起来判定产品原产地的做法。例如美加协议中在主要依靠关税税目变化办法的同时，又以50%的增值比率标准作为辅助。再如欧共体与欧联诸成员、非加太国家与地区、马什里克成员以及马格里布4国等所签署的一系列优惠贸易安排和自由贸易协议中均规定了原产地规则。各具体协议中的原产地规则虽有稍许不同，但都采用了把关税税目变化与具体工艺阶段两种办法结合起来判定进口产品的原产地。美国与以色列1985年所签署的跨地区自由贸易协议中，也是采用了把实质性转变与增值比率35%的标准结合起来用的做法。

有的区域集团则是采用了把3种办法联合起来用的做法，例如北美协议中则是把实质性转变、关税税目变化及具体工艺阶段三者结合起来，判定产品的原产地是否属北美三国。1995年1月1日生效运转的南方共同市场，则采取了把关税税目变化、增值比率50%的标准及具体工艺阶段三者联合起来用的做法。

当前各自由贸易区和关税同盟，虽然采取判定原产地的办法各有不同，但是，从4种办法对判定检验的可操作性及减少对贸易的限制程度来看，关税税目变化和增值比率两种办法目前比较流行，而且有些国家建议，多边贸易体制基于这两种办法在今后形成有关区域集团原产地规则的多边协议。

从以上各主要区域集团所采纳的判定原产地办法的介绍不难看出，主要贸易大国原先实施何种办法，在区域集团形成后一般也采用何种办法。如美国在1974年建立普惠制方案中，就崇尚以实质性转变和增值比率判定来自发展中国家产品的原产地，以决定享受优惠待遇的资格，所以在美加和北美协议中，均采用了这两种办法。而且美立法（“1974 贸易法”和“1979 贸易扩大法”）历来制定比较严格的原产地规则，所以，这一严格性也带进了北美协议的原产地规则中。

区域集团协议中的原产地规则，虽目的在于确定成员产品享受优惠待遇的资格，但它的实施本身就较容易造成贸易转移。如果一区域集团协议的原产地规则比较苛刻，那么它产生的贸易转移就相对比较高。例如，北美协议中关于纺织品贸易的“北美纱线规则”，就要求纺织品和服装生产投入的纱线需事实上 100% 来自北美三国，否则就难以享受贸易优惠待遇。这一苛刻的要求，使墨西哥服装制造商面临两种选择，即是为了获得服装出口到美加市场的自由贸易待遇，把服装生产投入的纱线全部从北美内购进（即使成本较高），还是为获得第三国便宜的纱线而放弃服装出口到美加所享受的免税优惠待遇。墨西哥服装制造商是选择前者还是后者，主要取决于这两种选择的利益高低。如第一个选择利益较高，那么，墨服装制造商会放弃购买第三国便宜的纱线，从而造成贸易转移。但有时第二种选择也许得大于失，因而，造成的贸易转移就比较低。当然，如区域集团中的原产地规则过分苛刻，超出了一些成员生产制造商的操作承受能力和产业结构与生产投入的特殊要求，那么，这些成员宁肯放弃享受优惠贸易待遇而选择第二种做法[15]。

关于区域集团原产地规则的潜在贸易限制作用的问题，首次出现在总协定中是在 1960 年，即当时总协定工作组审查欧联协议时。欧联的第三国认为，较高的技术工艺标准和原产地规则要求给第三国造成实际困难，严重影响它们的贸易。此外，原产地规则的实施还可能限制半成品投入或部分加工原材料的进口，缩小区域集团与第三国的贸易，产生大量贸易转移[16]。而且，就当前自由贸易区和关税同盟的原产地规则的发展状况看，它往往成为成员内利益集团和保护主义势力得以滥用来保护国内市场的工具[17]。原产地规则除直接造成限制贸易的作用外，它的管理与实施本身也给贸易商进行取证、举证和造证等旨在满足原产地规则要求的行为产生了额外费用。所以说，区域集团的优惠原产地规则，不仅限制了成员从第三国的进口，而且也损害了成员自身的贸易权益[18]。自从 1991 年北美自由贸易协议谈判开始至今，有关区域集团的原产地规则的争论正与日俱增[19]，已引起了多边贸易体制的关注。

一般来说，在 20 世纪 80 年代以前，区域集团的原产地规则主要是对产品，但是进入 80 年代末 90 年代初，随着世界服务贸易的空前发展，特别是乌拉圭回合就服务贸易进行谈判，并于 1993 年 1 月达成多边服务贸易总协定后，原产地规则逐步开始引入服务贸易领域，特别是那些合作领域涉及服务业的区域集团，如欧盟、北美自由贸易协议和南方共同市场等，也已把原产地规则用来判定服务提供者的“原产地”（国籍）。区域集团的服务贸易中引入原产地规则的核心目的，在于判定哪个成员国可享受优惠贸易待遇，要判定哪个成员国首先应确定服务业提供者的国籍。

确定服务业提供者国籍的标准有：（1）商号所在地；（2）所有权人的国籍；（3）总部所在地；（4）业务的主要经营地。服务提供者包括自然人和法人。一般而言，要确定自然人的国籍比较容易，但要确定现代法人的国籍就比较困难。因为跨国服务性企业的发展、企业为税收目的实行的措施、公共交易企业的国际性分散持股以及合资合作企业与少数的有权的出现等因素，致使利用上述单一标准来确定服务提供法人的国籍是困难的，所以上述标准需要合起来确定国籍的属性[20]。

值得注意的是，服务提供者如被确定为所属区域内成员国籍，那么，该服务提供者不仅要享受市场准入的优惠待遇，而且还要享受国民待遇的优惠待遇。因为产品货物的原产地规则，只涉及进口边境上的优惠待遇，产品入境后，任何原产地的产品都享受与国内产品同样的待遇，没有任何区别。但由于服务贸易采取的是逐步自由化和考虑到经济发展现状的开放原则，所以不仅在市场准入方面存在差别待遇，而且在国民待遇上也存在不同待遇（主要取决于双边谈判的对等开放问题）。

从上述对区域集团中原产地规则的分析，似可得出以下几点认识：（1）原产地规则与歧视性贸易待遇是一对孪生姐妹。只要各国贸易中还存在着差别贸易待遇，原产地规则就会继续存在下去。世界贸易中歧视性差别贸易待遇消亡之时，就是优惠原产地规则不复存在之日；（2）组成一区域集团主要成员的国内原产地规则的立法与政策，对该区域集团形成后实施何种原产地规则（制定办法与苛刻性）产生直接或间接的影响；（3）总协定多边贸易体制对区域集团的关税政策规定了比较严格的纪律，而对区域集团的原产地规则不仅无此规定，而且也缺少这方面的专门协议或守则，这在很大程度上造成了各区域集团实施名目不同的原产地判定办法，产生了一些混乱；（4）一区域集团的原产地规则要求越严格，那么，它造成的贸易转移也就越大。但是，如果要求过分苛刻，即使成员获得原产地的好处大于从第三国购买便宜半成品或原料的利益，那么该成员也有可能放弃遵循原产地规则的要求。当然，多边贸易与关税谈判的成果越大，特别是最惠国税率的下降幅度越大，那么，优惠原产地规则对实施差别优惠待遇的意义就越小；（5）自由贸易区的原产地规则在造成贸易转移的情况下，第三国出口商为确保其在该区域集团成员中既有市场，会被迫进行直接投资，以使生产当地化，减少原产地规则对其出口利益造成的损失。这样原产地规则对直接投资流动特别是“被动投资”将产生直接作用；（6）货物原产地规则的做法逐步被服务贸易所采纳。服务贸易存在的歧视性差别待遇，不仅体现在市场准入方面，而且也存在于国民待遇中。这说明，原产地规则对服务贸易实施差别歧视性待遇的意义远大于货物贸易，而且，在服务贸易中实施采纳原产地规则在今后会有较大发展之势。

第二节　贸易政策的政治经济因素的作用与影响

贸易政策的政治经济因素指的是，一国内部保护主义势力与自由贸易力量作用于该国政府贸易决策过程的影响。世界贸易史告诉我们，一国经济实力雄厚、国际竞争力强大之时，大都崇尚自由贸易主义；反之则信奉保护主义。

在当前如一国经济地位受到它国挑战，国际竞争力相对趋跌的时候，大都奉行变相的保护主义政策，即所谓“公平贸易”或“管理贸易”。一国如信奉保护主义政策，这说明该国内部自由主义力量被保护主义势力所压倒，后者施加的压力足以迫使政府在国际上崇尚贸易保护主义。反之，则说明该国内自由主义力量得势，经济形势看好。那么，这种贸易政策的政治经济因素，对区域集团的形成会产生何种影响；区域集团形成后，这种政治经济因素，对影响区域集团及其成员的贸易政策又会造成何种作用。接下来拟对此做一下分析。

一、贸易政治经济自由与保护力量的“不平衡”

西方学者在分析一国贸易政策的政治经济因素时，一般都从该国内部政治经济结构中不同利益集团，对影响政府贸易决策的不平衡角度着手。从一国内部政治经济结构的组成看，崇尚自由贸易的利益集团，主要包括消费者、出口生产商与进口投入生产商及其行业协会与工会组织；信奉贸易保护主义，主要包括进口竞争行业及其行业协会与工会组织。虽说一国内崇尚自由贸易的利益集团从整体和数量上大于信奉贸易保护主义的利益集团，但就两者影响该国政府和政客的贸易政策偏好与制定的力度看，信奉贸易保护主义的利益集团往往占上风，其要求与利益在贸易决策过程中，常得到较多的反应与重视。

究其原因，主要有这么几方面：首先，自由贸易利益集团中的主要组成者——消费者不仅分散，而且难以组织起来形成对政府施加压力的利益集团。事实上，保护主义代价的直接承担人就是消费者。

其次，出口导向生产商对政府实施保护主义政策所产生的损失大都漠然或者没有认识到。只有保护政策对其出口利益构成直接威胁时（其他国家的报复措施）方做出反应，但这种反应一般是在保护主义的政策与立法形成并实施后的“滞后”反应，要改变既成的贸易保护政策与立法比较困难。

第三，进口投入生产企业和工人，虽说是贸易保护主义直接受害者，其对政府贸易决策的影响力也比较大，但是，如果这种进口投入国内有较多的同类生产企业，那么，这类遭受进口竞争的企业会联合起来形成利益集团来抵消进口投入生产企业与工人对政府的影响力和游说作用。所以说，这股自由贸易的力量在一定情况下几乎等于不存在。当然，在个别国家中，如这类进口投入是国内不能生产的，也就不存在这方面的进口竞争企业，政府自然会对这方面进口采取自由贸易政策。

第四，出口导向企业和进口投入企业的工人，对自由贸易政策所带来的收入增加和新就业机会一般不会产生较深的认识，甚至认为是当然的事，但是那些受进口竞争企业和工人对同类产品进口所造成的收入减少甚至失业却极为敏感并有强烈的反应，其对政府施加的压力也就比较大。

最后，进口竞争企业大都为劳动密集型行业或“夕阳工业”，竞争压力大都来自发展中国家的低成本产品。在这种情况下，进口竞争企业不仅易联合起来组成强大的利益集团，对政府施加压力，而且受此压力的政府也较易屈从，因为对中小贸易国和地区实施进口数量限制等保护主义政策一般不会遭到报复。这些中小贸易国和地区（大都为发展中国家，有时也包括中小发达国家）迫于贸易大国压力轻易不敢进行报复，即使采取报复措施，其作用和影响甚微。

由于上述这些因素的影响，亲自由贸易的利益集团往往在一国贸易决策过程中的作用，得不到充分或有效发挥；相反，进口竞争企业及其工人对政府的影响与游说作用，却有一个明确和集中的利益目标，那就是政府实施贸易保护政策符合其切身利益。因此，在一国的贸易决策中，自由贸易力量弱而保护主义势力强的不平衡现象是普遍存在的。

二、贸易政治经济因素在区域集团形成前后的变化

一国或地区之所以倡议建立或参加区域集团，是因为从中收益大于它为之所付出的代价（关税取消、财政收入减少以及交出贸易决策权等）。在一区域集团形成以前或一国在参加一区域集团以前，国内不同利益集团会表示出不同的反应，如果该国政府对成立或参加一区域集团的重大利益进行了有效宣传，而且消费者协会、出口导向企业与进口投入（这类进口主要来自该区域内）企业及协会与工会也都充分认识到这一重大利益，那么，亲自由贸易的力量会联合起来形成一个巨大的利益集团，来影响政府倡议成立或参加该区域集团。这时亲贸易保护主义的势力，特别是进口竞争企业及其行业协会与工会，会设法阻止政府倡议成立或参加首先是关税同盟，其次是自由贸易区。一般来说，贸易保护主义力量最反对的是政府倡议成立或参加一关税同盟。因为关税同盟成员要交出大部分贸易决策权，而且共同对外关税与非关税政策实施后，一成员要改变其对第三国的关税与非关税政策必须征得全体成员的同意，否则不得擅自实施。这样关税同盟的成立，在很大程度上就限制了该成员内贸易保护主义势力对政府决策的影响力，且也不能在对第三国贸易上寻到贸易保护的补偿。

在区域集团形成后，由于贸易壁垒消除，内部市场逐渐建立、竞争加剧、规模经济形成及新增长产生，那么，这会对成员内贸易政治经济因素变化产生作用。这时的消费更加分散，不是在一成员而在一集团内，其对贸易自由化积极作用的认识更加模糊，但是出口导向企业和进口投入企业对自由贸易的支持却更加强大；如果出口导向企业在第三国市场上面临竞争压力和困难越大，其对该集团内实施贸易自由化的支持就越大。至于进口竞争企业，有的被竞争所淘汰，有的把生产转移到劳动力和资源较充裕的成员内，这样进口竞争企业对政府贸易决策的影响就相对减弱。但是，要求保护国内劳工就业机会和环境等方面的力量会随之增强，而且在成员的政治层面上会逐步形成两大派别，即赞成和反对区域一体化的两大政治阵营。

对成员政府来言，在区域集团一级，它会极力以国内保护主义压力为借口，

来维护它在集团中的特殊利益或既有利益，以便少做减让，尽量让其他成员来迁就它的利益和要求。该成员内的亲贸易保护主义势力也有可能会利用这一点来大做文章，重新掀起贸易保护主义的力量。在国内一级，成员政府会利用区域集团贸易自由化的要求，来遏制亲贸易保护主义的力量。但是，如一成员内反对区域经济一体化的政治力量得势，那么，在一定程度上会阻碍区域集团的合作进程和顺利发展，甚至造成该国退出区域集团合作的后果。

三、自由贸易区成员内贸易政治经济因素的作用

如国内亲贸易保护主义势力不能阻止政府倡议成立或参加自由贸易区的话，那么，它们对此所做出的反应，就是力图使政府在对第三国贸易上实施限制，以寻求区域集团形成给其利益所造成损失的补偿。而且，自由贸易区成立后，区域内企业间竞争加剧，进口竞争企业面临的来自其他成员的竞争压力增加，为了缓冲区域内政策调整，特别是成员间关税和非关税措施等贸易壁垒的逐步消除所带来的压力，亲贸易保护主义的势力也自然会游说政府，对第三国进口更多的启用反倾销、反补贴或提高关税等非关税与关税措施，以及自动出口限制、有秩序的进口安排和进口价格监督制等“灰”区域措施[21]。

成员政府对亲贸易保护主义势力的此类要求做出何种反应，主要取决于该成员的经济贸易实力以及其他第三国和本集团成员的反应。如该政府迁就或屈从了这类要求，那么，该政府就冒遭受第三国报复的风险。如该国经贸实力强大，这种风险相对小一些。一般来言，在自由贸易区成立后，成员政府对国内有关对第三国进口抬高保护水平的要求大都采取谨慎态度。如该成员属中小贸易国，一般对此要求更加慎重。这其中有两方面原因：一是自由贸易区成立本身就已引起第三国的关切，如在此时对外采取保护主义政策，那会产生“火上加油”的作用，刺激第三国的不满情绪；二是，在实践当中，即使一成员政府屈从了国内保护主义势力的要求，对第三国进口广泛使用关税、非关税和“灰”区域措施，那么，由此对进口竞争企业所产生那点宽松环境，马上会被集团内其他同类行业所挤占[22]。所以说，这种做法在实际应用中效果不会太大。

既然在自由贸易区情况下，成员政府对第三国进口实施一系列补救措施或紧急保障措施对缓解竞争压力无济于事，那么，这些紧急保护措施不仅采用率会下降，而且还可以在一定程度上教育或瓦解亲贸易保护主义的势力，使进口竞争企

业丢掉幻想，积极对付挑战，在生产效率上下功夫，在竞争中求生存和发展。这从另一个侧面讲，自由贸易区所产生的竞争压力以及第三国可能报复的“双重”作用，可使一成员内亲贸易保护主义的势力发生分化乃至瓦解，进而扩大和增强亲自由贸易的力量。

四、关税同盟成员内贸易政治经济因素的变化

从区域集团化发展的几种形式看，关税同盟的合作程度与贸易自由化范围一般比优惠贸易安排和自由贸易区要高深。关税同盟的成立本身就说明了各成员内贸易保护主义势力在弱化，自由贸易力量在日趋加强。由于关税同盟实施共同对外关税和非关税政策，各成员已交出了大部分贸易决策权，而且成员独立制定与实施对第三国的贸易政策行为也受制于其他成员，所以说，成员内贸易保护主义势力影响政府决策的方式也随之发生变化。

在此情况下，各成员之间利益相同或类似的贸易保护主义势力和进口竞争企业会联合起来，共同影响关税同盟的贸易决策程序。这种联合有几方面优势，不仅游说费用下降，而且决策过程和地点也比较集中，易产生“投入少见效快”的效果。另外，由于关税同盟在实施共同对外关税与非关税政策的同时，内部也逐步进行经济一体化建设，这样那些经济发展相对落后的成员内自由贸易保护主义的呼声会增高。例如，欧共体在公布和实施统一大市场计划中的社会政策，如劳动安全、最低工资标准和社会安全保障等方面的协调时，那些因此而国际竞争力下降的成员内，贸易保护主义会重新抬头，要求边境保护和补贴。这也是为什么随着欧共体内部经济一体化的逐步发展，而在欧共体总部布鲁塞尔的游说集团也逐步增加的原因所在。虽说关税同盟成员国别一级的贸易保护主义势力相对减弱，但是区域集团一级的贸易保护主义力量却相应的强化，所以说，关税同盟内如果贸易保护主义在区域决策过程中得势或占上风，那么，该关税同盟的排他性和堡垒性质就趋于增强。试设想，如果欧共体的工业贸易政策类似于共同农业政策，那么欧共体或现代的欧盟很可能发展成为一个地地道道的“欧洲堡垒”，其对第三国贸易所构成的巨大危害或威胁是不难想象的。

但是，关税同盟由于其自身的特点，在对外实施新贸易保护主义措施时，须得到全体成员或大多数成员的一致同意，这一议事与决策程序，在很大程度上抑制了区域集团一级贸易保护主义势力的发展，使某些进口补救或紧急保障措施，

如反倾销措施难以对外付诸实施。在这种情况下，关税同盟内个别一贯比较信奉自由贸易的成员国政府，将对贸易保护主义措施的制定与实施发挥重要的否决作用。所以说，从这个意义上讲，区域集团的形成又抑制和弱化了成员一级和区域集团一级贸易保护主义势力，特别是最广泛使用的反倾销做法会在关税同盟成立后日趋减少[23]。

五、区域集团降低成员对多边贸易自由化兴趣的争论

关于区域集团形成后是否会分散或降低成员对多边贸易自由化的兴趣与努力的问题，在当前西方经济学界和多边贸易体制内存有争论。一种观点认为，区域集团成立后会降低成员对多边贸易自由化的兴趣与努力。因为如一区域集团成立后其内部市场比较大的话，可获得有效的规模经营，那么成员寻求和开拓第三国市场的积极性和紧迫性自然会下降。而且，在该区域内已获得既得利益的新集团会趋向保守，希望乃至要求关税同盟一级或自由贸易区及其成员政府对内实施贸易自由化政策和对外采取保护主义措施，以维持区域集团形成后业已建立起来的内部利益格局，避免外来竞争干扰和破坏区域集团内的竞争秩序。即使第三国主动改善其市场准入条件，区域集团也不应做出相应的反应。在这种情况下，第三国出口商等外来竞争力量在区域集团内是很不受欢迎的。基于这种相对静态的分析，易得出这样的消极结论，即区域集团不仅无助于多边贸易自由化进程，而且很可能发展成为排他性的“贸易堡垒”。这种观点在理论上需要多方面条件和假设才能成立。在实践中，能满足这些条件和假设的区域集团是不多见的，因为从欧盟和北美自由贸易区的发展情况看，还无法断定其排他性的程度，更难以对这两个内部市场比较大、自由化范围较广和合作程度较深的区域集团下结论为“贸易堡垒”。

另一种观点则基于动态效应分析，认为区域集团形成后，经过一个时期的发展不仅不会降低对多边贸易自由化的兴趣与努力，反而会加强。因为区域集团形成所产生的内部市场扩大、竞争加剧等动态效应，可以在增强区域内企业竞争能力的同时提高它们参与国际市场的信心。而且区域内激烈的竞争势必会淘汰一些低效率的企业，进而减少对贸易保护的要求。这两方面的积极作用，会促动那些经受内部竞争洗礼的企业，进一步寻求更广泛的区域内和多边贸易范围内的贸易自由化发展。欧共体在积极寻求建立统一大市场的同时，又极力促动乌拉圭回合

多边贸易谈判成功结束的举措就说明了这一点。笔者认为这种动态分析的观点比较符合区域集团与多边贸易体制关系发展的实际情况。

从以上分析可以看出，要对各类区域集团的贸易政策的政治经济因素的影响与作用，做出一个统一的结论是困难的，也是不符合现实情况的。因为不同的国家和地区以及不同的区域集团内部存在差别不同的贸易政治经济因素，而且随着时间的发展，各种贸易政治经济因素也会发生变化。但是总的来看，成员一级和区域集团一级的自由贸易势力与保护贸易势力的消长，成员内保护贸易势力有时易占上风。在区域集团一级，虽有时贸易保护势力占上风（短时间内），有时自由贸易势力占上风，但由于两股力量相互制约、相互制衡于动态效应中，其总的发展趋势是区域集团的贸易决策过程偏向自由贸易势力，即贸易政治经济因素中的自由贸易力量逐渐上升，而保护贸易力量逐渐下降。

第三节　宏观经济政策与多边贸易体制“国际收支条款”的作用

区域集团合作程度与贸易自由化范围是否较高和广泛，在很大程度上取决于组成该区域集团成员奉行何种贸易政策，以及贸易政治因素的作用方式与程度。另外，成员间资源禀赋、贸易、价格结构以及产业结构与区域内贸易流向等因素也影响区域集团合作的有效性。但是，一区域集团是否能健康顺利发展并生存下去以致朝着更高级形式迈进，又在很大程度上取决于成员各自是否拥有有序谨慎的宏观经济政策及其有效协调。事实上，有些区域集团成立之初雄心勃勃，但最后的发展不是“善始而未善终”，就是不了了之。究其原因主要是由于执行了不当或缺少完备的宏观经济政策及其有效协调。当然不符合现实或自己国情的贸易政策和进出口发展战略，也是造成某些区域集团不了了之的重要原因之一。另外，多边贸易体制中有关国际收支条款的规定，在一定程度上也助长了各缔约方为改善国际收支状况大量实施贸易限制，从而造成许多国家宏观经济政策特别是汇率政策的混乱。

一、宏观经济政策对区域集团形成与发展影响的经验教训

一般而言，欧共体形成与发展的过程虽然充满了诸多曲折与艰难，但无论从

其合作进程、内部体制化建设，还是从其贸易自由化范围与宏观经济政策协调来看，欧共体可作为区域集团化一个成功的范例。欧共体发展至当今的欧盟，是基于三个重要文件，即1957年的罗马条约、1987年的《统一大市场方案》和1991年的《马斯特里赫特条约》。其总体目标是实现货物、服务、资金与人员的自由流动，并于1999年建立基于单一货币和欧洲中央银行的经济货币联盟。实现这一目标的手段是，首先完成了货物贸易自由流动并建立了共同对外关税，然后是建立汇率安排减少汇率变动对一体化建设的冲击；其次是协调各成员影响货物、服务贸易以及生产要素自由流动的政策法规。到目前为止，取得的主要成果有：1968年全部取消内部关税，并提前废除了数量限制等非关税措施和实施共同对外关税；1972年实施具有保护色彩的共同农业政策；1992年建立了稳定汇率的欧洲货币制度（EMS），完成了统一大市场的建立。很明显，欧洲经济共同体比其他发展中国家间建立的区域集团要成功得多。

我们不妨再以中美洲共同市场和拉美自由贸易联盟为例。第五章第四节中提及，拉美各国较早实施区域一体化合作方案的目的，是力图在全面参与国际市场以前，先突破狭小市场和进口替代策略的限制，以提高各自的竞争力。但由于缺少健全的宏观经济政策的有效协调，加之体制化建设大大滞后，使许多拉美一体化协议收效甚微。1961年生效的中美洲共同市场协议，是当时发展中国家之间最具雄心的区域一体化协议，在其发展之初取得了有效进展。到1966年，中美洲5国94%应收商品已实现贸易自由化，并建立了共同对外关税。到1970年，已基本上建立起了标准的关税同盟。但到20世纪60年代末70年代初由于初级产品价格持续下降，加之石油危机爆发，使共同市场内的洪都拉斯和尼加拉瓜两个穷国遭受严重的国际收支不平衡，外汇储备急剧下降。由于共同市场缺少必要的汇率政策协调机制和成员间外汇扶持制度，遭受国际收支不平衡的成员，重新实施进口限制和外汇管制，使共同市场合作进程放慢，清算机制失效。到了第二次石油危机和1982年债务危机爆发时，中美洲共同市场陷入停顿。到80年代中期，在成员进行货币实际升值的同时，重新实施了共同对外关税，但是成员间贸易趋于双边化，使中美洲共同市场朝着分散化而非一体化方向发展。

拉美自由贸易联盟与中美洲共同市场不同，它起初是旨在促进工业化计划与双边合作的自由贸易联盟。既不属自由贸易区，更不具备关税同盟的条件。该联盟协议于1961年生效后，其合作内容主要集中于优惠贸易安排。起初合作进程较快，但后来趋于停顿。事实上，拉美自由贸易联盟是在帮助其成员实施进口替代战略，通过实施区域关税优惠和附加的双边优惠安排，来制止贸易条件的恶化和缓解对工业发达国家资本货物进口的依赖[24]。而且，巴西、阿根廷等区域大国内的既得利益集团，极力游说各自政府继续实施封闭内向和非竞争的贸易与产业政策，致使区域内合作进程步履维艰。1960 年到 1970 年，联盟成员间的贸易虽从 8% 增至 10%，到 1980 年上升为 14%（按价值计算），但如扣除贸易条件和汇率的变化因素，实际上，区域内贸易并未出现多少增长。联盟的失败使成员在双边基础上，于 1980 年建立了较松散的合作形式与区域内贸易自由化计划，从而导致了“拉美一体化联盟”的产生。

拉美一体化联盟，使成员从进口替代战略转向了通过提高贸易优惠待遇和改善市场准入条件，以促进现有双边贸易关系发展的策略。但是 20 世纪 80 年代初，石油危机与债务危机的爆发，对各成员产生了不均衡的影响，成员对此做出了不同的宏观经济政策调整的反应，造成实际有效汇率的巨大动荡，致使拉美一体化联盟趋向分化与分散。到 1990 年，拉美一体化联盟成员间贸易下降至 10%，接近 1970 年的水平。80 年代中期，拉美各国纷纷诉诸贸易保护主义措施，保护主义浪潮空前提高，外汇管制与外汇倾销盛行，宏观经济政策的调整与协调失灵。

虽说拉美各国奉行的“内向发展计划”——替代战略与区域贸易自由化和一体化的战略不协调，是造成拉美经济一体化不成功与发展曲折的主要原因，因为这种不协调在各成员之间实施关税减让方案、执行共同对外关税以及消除劳动力流动限制等方面制造了紧张关系，进而只能产生暂时的贸易自由化成果。但是，这种不成功与曲折同该地区宏观经济政策的不完备和“无序性”等特征却也有不可忽视的直接关系。因为在持续的财政收支不平衡而出现频繁“货币化”的同时，不发达的资本市场难以对国内债务提供融资。结果是，通货膨胀飞升造成外汇市场压力加大，因为这与该地区的“钉住”汇率政策不协调，使各国难以在汇率政策上做出灵活适当的调整。外汇趋紧势必造成国际储备下降。成员对此的反应是实施外汇管制和贸易限制。此类政策反应的后果是，国内货币升值造成黑市泛滥，进而使外汇更加吃紧。在此情况下，除非取消宏观经济失衡——财政无序状态的根源，建立起有序谨慎的宏观经济政策，包括汇率、货币与财税政策及其有效协调机制，否则，区域内的区域集团将无法富有生机与活力，甚至有可能夭折。

二、区域集团发展与宏观经济政策的“有序性”

从以上简要介绍与分析似可以看出，成员宏观政策及其协调，对区域集团发展成败影响的直接机制是实际汇率政策。汇率政策的巨大震荡和失灵，不利于区域集团的有效发展，而且实际汇率的变动使宏观政策与区域集团的发展进程建立了重要联系。这一联系说明了，区域集团的形成与发展需要成员间宏观经济政策的有效协调，宏观经济政策是否有效的协调，又在一定程度上决定了区域集团能否顺利地向前发展。前一层关系指的是，区域集团在合作程度加深和贸易自由化日趋广泛的情况下，必然要求成员间宏观经济政策的协调，而且区域集团发展到一定程度，即使贸易政策协调有效和成员做出巨大努力，如果缺少健全有序的宏观经济政策，特别是汇率政策与之配套，那么，该区域集团不但再向前发展会遇到困难，而且有可能停滞不前或中途消亡。后一层关系指的是，健全完备的宏观经济政策特别是汇率政策及其有效的协调，不仅可以确保解决集团内发生外汇储备下降与国际收支不平衡所造成的困难，而且可以有效地减缓和避免外来金融贸易（贸易条件恶化）动荡对区域集团合作的冲击。那么健全完备的汇率政策基于何种条件，又是如何制定的，这就是我们接下来要讨论的问题。一般讲，国内货币与财政政策的有序性（即纪律）是制定健全完备的汇率政策的最根本的基础条件。

1. 成员间宏观经济政策相互影响与协调的意义

区域集团合作特别是成员间市场一体化的发展，势必将加强成员间宏观经济的相互作用与影响。一成员内发生的政策动荡和危机，很容易漫溢或波及到其他成员。这种相互影响程度的加深，不仅使得政策协调对成员产生利益，而且使得考虑和分析这类政策的对外作用也显得非常有必要。为了充分理解这一点，在此假设一区域集团内的三种情况并逐一分析。一是两个大小相同的成员，其次是一个小成员，然后是大的主导成员。

一区域集团中两个大小类同的成员，随着整个合作进程的加快，两国之间相互依赖性增高，宏观经济政策越境影响随之增大。如果一国在制定或执行其宏观经济政策时，未考虑对邻国的影响，那么，这种政策至多是次佳的。例如，这两个成员的任一国家力图减少国内过渡需求的计划。如果两国通过政策协调后，该国就可放心大胆地实施稳定需求计划，因为外来限制已经取消，不会产生对外失衡。这种政策协调后的结果，是对双方都比较理想的。但是，值得指出的是，一国在认为另一国恪守协议的情况下，常常倾向于背离双方达成的合作协议而采取“以邻为壑”的政策。要防止这种情况出现，区域集团就需要建立制度机制以确保双方遵守协议。

第二种情况是，一区域集团中的一小成员的宏观经济政策，因其对外影响甚微可忽略不计。区域集团合作进程的加快，外来制约对该小成员内政策作用加大。如果该成员不设法使其宏观经济政策与外来制约相协调，那么，它很有可能被迫退出该区域集团协议。如果区域集团成员之间有政策协调机制和储备基金扶持，那么，该成员就可能安然渡过难关，确保区域集团的顺利合作。如该成员牵强留在区域集团内，那么，它为了保持其对外收支平衡，会实施严格的外汇管制与贸易限制政策，从而限制了区域集团内部合作进程，甚至会使经济一体化发展倒转。进一步分析，如该成员参加一区域自由贸易协议前，对其宏观经济政策未采取积极步骤加以相应调整，那么，在此情况下，其国内私营部门在预计这种区域合作最终会停顿破裂的同时，会大量提高现行开支，致使该国外汇储备迅速枯竭而不得不采取外汇管制与保护主义政策。这样就使区域合作不是倒转就是停顿。这种行为以免除责任的形式在发展中国家间的自由贸易区和关税同盟中，经常因其缺少严格的免除责任的纪律[㉕]而出现。发展中国家的区域合作的不成功与曲折，不能说与这种免除责任的行为没有直接的关联。因为这种行为，在缺少执行健全完备的货币与财政政策的纪律约束下，降低了免除责任的可信程度，并使之滥用。在自由贸易区和关税同盟中，为了提高区域经济合作的可信程度和帮助那些发生国际收支与金融危机的成员顺利渡过难关，有必要以净债权成员为核心建立一个能向净债务成员转移扶持资金的机制。

第三种情况是，一区域集团中的大的主导成员，虽其宏观经济政策受外来影响与制约较小，主动权与付诸实施其政策的能力较高，但是，其政策行为到了一定程度也会受到制约。如果该主导成员在区域集团中强行推行其宏观经济政策，给其他成员造成过高的外来制约或者造成一个极不稳定和妥当的宏观经济环境，那么，这些成员将放弃或退出这一区域集团协议。

2. 区域集团与政策纪律

前面提及，区域集团合作进程加快和顺利向前发展，需要成员间宏观经济政策的有效协调，进而言之，区域集团的合作成败又在很大程度上取决于成员是否执行了有序谨慎的宏观经济政策。因为有序谨慎的宏观经济政策，即货币与财政政策是确保政策有效协调和实际汇率稳定的基础。如果成员在制定和协调宏观经济政策时缺少必要的纪律，要实现实际汇率政策的稳定也是不可能的。

所谓有序谨慎的货币政策，是指能够维持可预见的低货币增长率，以此实现低通货膨胀；有序谨慎的财政政策，是指能够调整税收与预算政策，以此避免造成不可承受的公共债务。过高难以承受的公共债务将造成拖欠压力或者导致难以预料的通货膨胀，致使财政与货币政策产生动荡，波及实际汇率的稳定。试设想，如一区域集团成员缺少或未执行有序谨慎的货币、财政政策，致使通货膨胀飞升、债台高筑，造成实际汇率变化正常，其他成员纷起效尤，那么，在通货膨胀飞升和债台高筑以及实际汇率动荡的情况下，进行成员间的宏观经济政策协调是极其艰难的，似乎也是不可能的。如在此时国际上出现金融危机或类似石油冲击的突发性事件，致使成员出现国际收支困难和外汇储备下降，那么，成员为保全自己的利益，定会寻求外汇管制和贸易保护主义措施。这时区域集团的合作命运不是倒转就是消亡，甚至造成即使宏观经济的内外环境出现宽松也难以再重新启动区域经济合作的后果，因为以前的厄运会给各成员政府留下不同程度的“后遗症”。

在区域集团成员制定和实施有序谨慎的宏观经济政策的同时，如果区域集团一级不建立相应的制度机制来经常地监督与协调各成员的政策并提出相应的预防性措施与建议，似乎要实现有效的宏观经济政策协调也存在一定的困难。另外，在区域一级建立起比较完备的体制安排，如欧共体中的欧洲中央银行等机构，可以减轻有关政府面临的国内利益集团坚持要求调整有序谨慎的宏观经济政策的压力，进而避免与国内和区域集团合作整体利益不符的政策变动发生，因为利益集团的要求，是在不顾及其他社会经济利益而完全处于自身利益考虑提出来的。

三、多边贸易体制对各国宏观经济政策的影响

一般而言，如果外部宏观经济环境比较宽松或者制约较小，一国或地区政府大都愿意采用直接控制措施，如外汇管制和数量限制来改善国际收支不平衡，并

以此来调整汇率政策，而不愿实施或调整有序谨慎的货币与财政政策来从根本上改善国际收支不平衡。这可谓是在制定和实施有序谨慎宏观经济政策方面表现出来的“政府惰性”。此外，多边贸易体制允许各缔约方，在遇到国际收支困难时实施进口数量限制的规定，又在很大程度上助长了政府的这一惰性。

1979 年东京回合结束时和乌拉圭回合谈判期间，曾就总协定的国际收支条款进行了一些改革，加严了援引国际收支条款的条件及其实施进口数量限制的措施，并相应地规范了磋商程序，但这些改革并未从根本上触动国际收支条款规定的实质性内容，各国和地区仍可较容易地利用该条款来实施数量限制。这无疑在较大程度上影响了各缔约方实施有序谨慎的宏观经济政策的努力和积极性。这似乎是多边贸易体制对区域集团的形成和发展所产生的唯一比较明显的消极影响。随着未来世贸组织对有关国际收支条款的改进和纪律的加严，这一消极影响会随之趋减。

多边贸易体制为保障成员国际收支平衡而允许实施限制问题，是一个总协定生来即有而且延续至今的复杂问题。47 年来，包括美欧在内的发达国家和广大发展中国家均援用总协定有关条款，为保障国际收支平衡而实施进口限制。总协定于 1959 年专门成立了“国际收支委员会”，来具体负责处理和审议为保障国际收支平衡而要求实施数量限制的申请及其所实施的进口限制措施。为此，总协定与国际货币基金组织建立起密切的工作业务关系。1995 年 1 月 1 日世贸组织生效后，继续保留了国际收支委员会，并一再强调与国际货币基金组织之间的工作关系，以期国际经济贸易政策与纪律具有更强的凝聚力。

总协定国际收支条款主要是指，第十二条和第十八条 B 节，第十四条和第十五条也与此问题有密切关系。除总协定条文外，缔约方全体于 1972 年通过了《国际收支的进口限制程序》（下称“程序”）[26]，1972 年通过了与发展中国家按第十八条 B 节就其国际收支的进口限制进行磋商的“简单程序”[27]，1979 年东京回合结束时通过了为国际收支目的采取贸易措施的“宣言”（下称“宣言”）[28]。此外，总协定二十四条八款在允许自由贸易区和关税同盟成员实施贸易限制的“用尽单子”上，包括了总协定第十二条。这是多边贸易体制，允许区域集团成员在必要时可把国际收支项下的数量限制排除在贸易自由化范围之外的唯一明确规定。该规定究竟对那些因缺少或未执行有序谨慎的宏观经济政策和动辄采取外汇管制与进口限制，而又遭受不成功和曲折的区域集团产生了多大消极作用，目前尚缺少这方面的系统分析和研究，因而无从得出明确结论。

总协定第十二条是应英国和法国等西欧国家的要求而设立的，因当时这些国家经受严重贸易不平衡和国际汇率政策处于动荡时期，需为改善国际收支保持一些进口限制。事实上，在当时的西欧，对进口实施数量限制也有强大的理论支持。英国著名经济学家凯恩斯，早在20世纪40年代初就对在实行可兑换货币的情况下，实施数量进口限制的必要性，从理论高度作了阐述。总协定起草者迫于现实与历史接受了英法等发达国家的要求。为防止第十二条被滥用并相应地规定了实施进口数量限制不得超过的标准：（1）为了预防货币储备严重下降的紧迫威胁或制止货币储备严重下降所必需的程度；或（2）对货币储备很低的缔约方，为了使储备合理增长所必需的程度。从该条款的起草背景、较严格的标准以及实践应用来说，该条款主要是针对发达缔约方的。

总协定第十八条B节是1955年缔约方全体审议并相应修改总协定条款时，认识到发展中国家常因其经济发展而产生国际收支困难后增补的，认为第十八条关于政府对经济发展的援助规定，应包括维持因国际收支困难而实施的进口数量限制。该条B节也规定了类似第十二条的实施数量限制不得超过的标准：（1）为了预防货币储备严重下降的威胁或制止货币储备严重下降所必需的程度；或（2）对货币储备不足的缔约方，为了使储备合理增长所必需的程度。

从以上两条就实施限制不得超过的标准规定看，对发达国家的标准比较严格，对发展中国家则比较宽松，因为第十二条中是“紧迫威胁”和“很低”，而在第十八条B节中则是“威胁”和“不足”，而且，按第十八条B节所采取的进口限制，其他缔约方不得进行报复，而第十二条项下的限制措施常招致缔约方报复。第十二条与第十八条B节的另一个重要区别是第十八B节十二款项下的磋商，每两年一次，以使发展中国家有充分的时间准备。但是，实施限制的缔约方无论是发达还是发展中缔约方，均应随着国际收支条件的改善，逐步放松限制，直至取消限制。只要可能，缔约方应公布取消限制的时间表。

实践中，依第十二条行事的发达缔约方，多数均能在短期内取消进口数量限制（1至2年或更短），而依第十八条B节行事的发展中国家缔约方如巴西、阿根廷、玻利维亚、印度和埃及等则维持了长期的进口数量限制措施。上述多边贸易体制对发达缔约方与发展中缔约方为保障国际收支而实施数量限制的差别规定，其主要理论依据是，发达国家的国际收支困难，是随着周期性经济发展而出现的，属周期性的、短暂的；而发展中国家国际收支困难，则是由于贸易条件恶化和因经济发展扩大、进口需求等造成的，属结构性的、长期的。

在磋商程序方面，发展中缔约方也享受了优于发达缔约方的规定待遇。总协定要求有关缔约方就其为国际收支目的而实施的数量限制措施与缔约方全体进行定期磋商。磋商有“全面磋商”和“简单磋商”两种，后者只适用于发展中缔约方。

全面磋商按总协定缔约方全体1970年通过的“程序”进行，内容包括：国际收支困难的性质、其他可替代限制的办法、限制的方法与体制，以及限制对其他缔约方经济贸易可能产生的影响。1979年“宣言”又增加了两项新内容：(1) 实施的限制与其他缔约方限制措施的关系，以及其他缔约方实施限制对发展中国家出口产品利益的影响；(2) 通过其他缔约方采取措施来促进磋商国出口增长和缓解国际收支困难的可能性。国际收支委员会要就磋商情况做出详细报告，为此，磋商国须提供一些基本文件，国际货币基金组织提交“最近经济发展报告”，自1979年后，总协定秘书处提供相关的背景材料。基金组织积极参与磋商并就磋商国的经济金融情况发表正式立场。毫无疑问，全面磋商在一定程度上对各缔约方因国际收支困难而实施进口限制措施起了监督、协调作用，并与基金组织在贸易政策与货币政策的协调统一方面，建立了正常的业务往来，有效地促动了缔约方谨慎地实施数量限制来改善国际收支困难，使有关缔约方设法从制定有序谨慎的宏观货币与财政以及汇率政策入手，来解决收支不平衡的问题，抑制了对国际收支条款规定的滥用。

但是，全面磋商在实际应用中往往不能按计划实施，尤其是发展中缔约方在准备材料过程中，时常因种种困难与借口而不得不推迟原定的磋商计划。1971年，总协定原定15次的磋商只完成了7次。鉴此，国际收支委员会主席于1971年10月向总协定理事会提出建议，修改全国磋商的“程序”，以提高委员会的工作效率。于是产生了专门适用于发展中缔约方的“简单程序”。其主要内容是：(1) 对实施第十八条B节限制的缔约方而必须进行的磋商，总协定秘书处每年拿出时间表；(2) 需磋商的缔约方向缔约方全体提交一份简要文件，内容包括国际收支困难的性质、限制的方法与体制（特别是过去两年中的变化情况及有无歧视性限制）、限制的效果及放松或取消限制的前景；(3) 秘书处将此简要文件发至各方，并交收支委员会，以供事先磋商。委员会将从5方面来决定全面磋商是否适用（前次全面磋商至今有多长时间，磋商国根据前次磋商而采取的步骤，限制措施的性质及其变化情况，国际收支状况与前景的变化情况，国际收支的性质是结构性的还是周期性的)。如果决定不宜全面磋商，委员会则向理事会建议该磋商国视为已与缔约方全体磋商，并已履行第十八条B节规定的磋商义务；反之，委员会将商国际货币基金组织，按“程序”进行全面磋商；（4）总协定与基金组织做出安排，由基金组织向提交简要文件的缔约方提供国际收支的统计资料。实践中，自1972年“简单程序”实施以来，发展中缔约方的限制措施均予以简单磋商。

尤应指出的是，总协定创立之初就已认识到货币、汇率政策以及外汇管制等对正常贸易的影响，并在总协定文本中制定了第十五条。该条的基本目的是在贸易政策措施和货币金融政策之间建立联系并加以协调，并在此基础上确立多边贸易体制与多边金融体系的关系。据第十五条规定，缔约方全体审议所有国际收支方面的问题，须与基金组织充分磋商，接受基金关于汇率、外汇政策及国际收支状况方面的结论和统计资料，以及基金组织关于一缔约方外汇措施是否符合基金组织协定第八条规定的评论。对总协定第十二条和第十八条B节中所涉及的国际收支状况的标准，如货币储备的“严重下降”、“很低水平”、“合理增长率”等，缔约方全体均接受基金组织的决定。

该条的规定还涉及外汇措施与贸易措施的相互影响问题。该条四款规定，各缔约方不得以外汇政策来妨碍执行总协定各项规定，也不得以贸易措施来妨碍执行基金组织协定的各项规定。该条九款进而规定，总协定不妨碍缔约方实施与基金组织协定规则相符合的外汇管制。对此，缔约方全体在1955年审议总协定条文时作了补充说明，即九款规定不排除缔约方全体与实行外汇管制的缔约方讨论该外汇管制对贸易的影响。

试设想，如果该条在实践中能得以充分有效实施的话，无疑将会在货币、外汇等宏观经济政策与贸易政策之间建立起正常密切的协调关系，并以影响正常贸易发展为依据，来说服和督促许多试图援引国际收支条款和利用外汇管制的缔约方放弃实施进口限制和“以邻为壑”的货币与外汇政策，转而设法制定有序谨慎的财政与货币及外汇等宏观经济政策，由从治标转向从治本入手，从根本上改善国际收支困难。这样会在一定程度上迫使有关缔约方特别是发展中缔约方，进行宏观经济政策的改革与调整，为它们倡议建立或参加区域集团的有效宏观经济政策协调机制打下较好的政策基础。可惜的是，总协定第十五条在处理货币与外汇政策对贸易的影响的实践中并未发挥其原来设想的作用，事实上，也未得到总协定和基金组织的充分关注。

总协定对援引国际收支条款、实施限制的标准和磋商程序等方面的差别宽松规定，以及相关配套条款如第十五条未得以有效实施，使许多缔约方特别是发展中缔约方对国际收支条款进行了大量的滥用，致使许多进口数量限制措施事实上成为永久的。不少发展中缔约方因此而忽视有序谨慎的宏观经济政策制定与协调，对国际收支困难不究其真实原因，动辄采取进口数量限制似乎已成为一种常规做法。

国际收支条款的广泛滥用，不仅严重影响了正常贸易的发展，而且也降低了许多缔约方政府着手制定有序谨慎的宏观经济政策和进行贸易政策调整的积极性。这一点已引起多边贸易体制、多边金融机构等国际经贸社会的严重关切。包括发展中缔约方在内的一些经济界人士和总协定法律专家自20世纪70年代初（特别是1971年实施浮动汇率制）以来，就倡议改革和修正总协定的国际收支条款。其理论依据是，40年代末适用发达国家和60年代适用发展中国家的国际金融环境已不复存在，而且各国的经济与贸易结构也发生了变化，如浮动汇率制度的采纳、国际融资渠道的多样化、特别提款权的创立、基金组织短中期国际收支困难扶持贷款的建立以及许多国家宏观经济失衡等，这一系列因素已使单纯利用进口数量限制来改善国际收支困难的做法，已失去其必要性和客观依据。事实上，在许多国家存在严重通货膨胀和较高公共债务的情况下，实施数量限制往往难以奏效。鉴此，总协定自东京回合以来，对国际收支条款进行了两次较大的改革。

第一次是1979年东京回合结束时，总协定缔约方全体通过了“宣言”。该“宣言”将国际收支的磋商从以前的只磋商数量限制扩大到磋商为保障国际收支而实施的所有进口限制措施。该宣言还澄清了有关通知、磋商的程序，并对国际收支委员会成员资格等方面作了规定。在起草该宣言时，缔约方全体首次明确了以下几个原则：（1）就为维持或寻求国际收支平衡而言，采取贸易上的限制措施并非有效的办法；（2）为保障国际收支而采取的进口限制，不应为保护特定产业部门之目的，缔约方应努力避免依靠该限制措施来刺激新的投资；（3）发展中国家实施限制措施时，应考虑其各自的经济发展、金融和贸易情况。发达国家针对发展中国家的限制而采取贸易措施，将严重影响它们的经济贸易发展；（4）发达国家应最大程度地避免为国际收支目的而采取贸易限制措施。

“宣言”还对实施为国际收支目的的限制措施提出了三方面的要求：（1）对那些符合总协定、对贸易不利影响最小的限制措施，应优先使用；（2）避免同时使用一种以上的贸易限制措施；（3）缔约方应公布其取消贸易限制措施的时间表。

不难看出，宣言相比总协定的国际收支条款，无论在认识高度上还是具体措辞上均有了进步，因为多边贸易体制已逐步认识到，为保障国际收支而实施进口限制的局限性，暗含督促那些经受国际收支困难的缔约方，应通过制定和调整有序谨慎的宏观经济政策来从根本上解决国际收支不平衡。这是宣言最主要的改进。

1986 年发动的乌拉圭回合中的一个主要谈判议题，就是修改总协定原则，其中就包括对国际收支条款即第十二条和第十八条 B 节进行修改与完善。由于发展中国家的坚决反对，对国际收支条款并未形成实质性修改，最后只是达成了一个“关于 1994 年关贸总协定国际收支条款的谅解”（下称“谅解”），作为乌拉圭回合谈判成果的一个整体组成部分。谅解主要是对总协定国际收支条款的已有规定和 1979 年宣言中的原则作了进一步的重申。

关于限制措施的实施，谅解重申了以下原则：（1）尽可能快地公布取消限制的时间表，不能公开公布时间表要说明理由；（2）优先使用对贸易不利作用最小的措施，即价格措施（进口附加费和进口押金制等）；（3）设法避免实施新的数量限制，除非出现严重的国际收支形势，价格措施难以制止对外收支急剧恶化，而且同一产品只能实施一种限制措施；（4）实施限制只能控制进口的一般水平，不能超过解决收支困难所必需的程序，为减少限制的附带保护作用，应确保实施限制的透明度。

关于国际收支限制磋商程序的问题，谅解对以下几方面作了强调：（1）国际收支委员会就对为保障国际收支目的而实施的所有进口限制措施进行审议。委员会应遵循 1970 年的“程序”（全面磋商）；（2）实施新限制或提高现有限制总水平的成员，应在实施或提高这一行为发生后的 4 个月之内与国际收支委员会进入磋商；（3）所有为保障国际收支目的而实施的限制均应受制于收支委员会的定期审议；（4）对发展中国家或最不发达国家成员的审议适用于简单磋商。根据 1979 年宣言的规定来确定是否需要进行全面磋商。此外，谅解还对实施中修改或重新实施限制措施的成员，如何向世贸组织总理事会进行通知并为磋商准备基础文件以及收支委员会把磋商结果报告总理事会等程序性问题作了规定，并增加了一些新的内容。

除了谅解以外，乌拉圭回合在1994年4月结束时的部长大会上，部长们还就如何争取全球经济决策的更大一致性及世贸组织与基金组织如何进一步加强合作的问题，形成了两个决定。这说明多边贸易体制已日益认识到，加强贸易政策与宏观经济政策协调的重大意义，以及单纯在贸易领域采取措施不足以解决贸易领域以外的困难的现实。两项决定要求世贸组织总干事与世界银行行长和基金组织总裁，一起共同审议多边贸易体制与多边金融货币体系合作过程中的责任及合作形式。多边贸易体制对国际收支条款所进行的初步改革和相应的决定，对督促有关缔约方加强制定有序谨慎的宏观经济政策及其协调都将起一些积极作用，甚至对当前区域集团化中宏观经济政策的协调与机制建立，也将产生有利的影响。

第四节　第三国对区域集团化的贸易政策反应

从理论上讲，一区域集团协议本身一般不会为保护和维持第三国的经贸利益作专门规定。这一任务基本上由多边贸易体制来承担了。在多边贸易体制通过制定相应的多边规则和通知磋商与审查程序以保护第三国利益的同时，第三国本身为了尽量减少一区域集团形成后，对其所造成的贸易转移与投资转移以及贸易格局变化的不利影响，也对此做出了贸易政策的反应。

第三国做出贸易政策反应的选择有三个：力图参加区域集团，把第三国身份变为集团内成员资格；与其他第三国联合建立一新的区域集团；全力参与倡议和推动多边贸易谈判，以降低区域集团形成所产生的歧视。当然，第三国对区域集团形成所产生的不利影响表示关切并相应做出策略反应是自然的事，但这种关切和反应不宜过分强调并走极端，因为正如在第五章中所提及的，绝大多数世贸组织成员均参加了形式不同的区域集团。这说明，大家基本上“互为第三国”。如第三国相互效尤做出不适当的反应，那么，这种广泛的“连锁反应”势将会恶化国际经济贸易环境，危及多边贸易体制的正常运行及其权威。

一、加入或与区域集团进行联盟或联系

二战以来，主要区域集团成员资格普遍性的扩大，说明了“加入”已成为

第三国做出贸易政策反应的主要选择。例如欧共体历经三次成员扩大，从创立之初的6国发展至现在的15个成员国；中西亚合作组织由原来的3国扩大至现在的10国；北美自由贸易协议生效后，一些拉美国家如智利等表达了加入的强烈愿望；南方共同市场在1995年1月生效后，玻利维亚和智利正酝酿申请加入该共同市场；亚太经合也由1989年11月创立时的11个成员发展成为18个成员，而且俄罗斯、朝鲜、印度、巴基斯坦等也表示出了加入亚太经合的意向。

第三国申请加入一区域集团的主要目的，可归纳为以下几个方面：（1）获得进入成员市场的免税优惠待遇；（2）避免区域集团特别是关税同盟对外采取的紧急保护措施的危害，如反倾销和反补贴，以及自由贸易区原产地规则的限制[29]；（3）谋求与贸易大国建立特殊的经贸关系，以期维持和巩固在这些国家的市场份额，获得稳定安全的市场准入条件；（4）争得与区域集团内其他欠发达成员同等的贸易待遇与公平的竞争条件；（5）弥补自身在多边贸易体制说话分量小即“人微言轻”的局限性；（6）为进一步谋求政治联合与地缘政治利益奠定基础。

第三国加入区域集团的上述考虑有的侧重于与贸易大国建立特殊贸易关系，有的则注重避免紧急保护措施的危害，有的是为了争得同等的贸易待遇与竞争，还有的是包括上述所有目的。随着多边贸易体制在关税减让中日益发挥的重大作用，世界各国最惠国税率已处于较低水平，所以，为获得免税待遇的意义已趋小。另外，如果在一区域内建立区域集团的成员主要是贸易大国，只有个别为欠发达成员，那么，在本地区内的其他中小第三国会设法参加该区域集团，以减少由于个别欠发达成员在其中对其所可能产生的较大贸易和投资转移的效应。这样，如一中小第三国先获准加入该区域集团，那么，对其他中小第三国就会形成“多米诺骨牌”现象。

如果第三国加入不可能或者担心加入一区域集团会丧失太多的经济决策权，那么，一种可以选择的办法是与自由贸易区或者关税同盟建立联盟或成为其联系国。例如，欧共体第一次成员扩大时，欧联成员的工业品市场准入仍与其前成员英国、爱尔兰和丹麦保持着，并逐步通过与欧共体分别签署自由贸易协议而把工业品市场准入扩至欧共体原6个成员国。与此同时，欧联成员国决定使其内部原产地规则与更加严格的欧共体原产地规则相一致，以减少管理费用[30]。随后，欧联诸成员国审时度势与欧盟签署了欧洲经济区协议（EEA），以消除欧盟的紧急保护（反倾销和反补贴）的威胁，妥善处理技术性贸易壁垒和统一大市场中包括的其他方面的合作。再如，从1991年6月经互会解散到1993年3月，波兰、匈牙利、捷克、斯洛伐克、罗马尼亚和保加利亚6国先后成为欧盟联系国。虽说联系国地位离欧盟成员还有相当的距离，但这是中东欧诸国加入欧盟进程的最重要的一步。

基于以上这种联盟或联系，当两个或两个以上的国家获得了联盟或联系国地位，或一第三国与一现存的区域集团中一成员签署一项新的自由贸易协议，那么，这种情形很可能构成一种“轴辐”（hub-and-spoke）体系。这种“轴辐”体系最简单的情形是涉及3个国家。假如A、B、C3国，A国为轴心分别与B、C两国签署自由贸易协议，而B、C两国间则无自由贸易协议。例如，美在1985年与以色列签署自由贸易协议的同时，又通过北美自由贸易协议与加墨两国保持了联系，这样就构成了以美为“轴心”，以以色列、加拿大和墨西哥为“轮辐”的“轴辐”体系。当然，加墨两国并非为联系国地位，而是正式成员，而且，比上述情况更加复杂的轴辐体系也是有可能出现的，但是这种体系的一个核心是轴心国与轮辐国的自由贸易关系，即轴心国与各轮辐国之间的货物和服务贸易（或许还包括资本与劳动力）的流动比轮辐国之间的流动更加自由。

试比较，如果一自由贸易区域关税同盟通过一系列双边自由贸易协议而容纳了越来越多的国家和地区，那么，这种轴辐体系所产生的贸易自由化程度就会越来越低或者更具保护色彩。因为轴心国，一般为政治经济强大的贸易国将可能利用这类双边自由贸易协议的模式来与一些轮辐国分别不同地处理“敏感”的贸易流动。例如，农产品与一轴辐国，而纺织品与服装同另一轴辐国，以做到单独处理，各个击破。所以说，“轴辐”体系不仅有可能对成员产生较低的实际收入（对轴心国则可能产生较高的贸易私利），而且，相比全面自由化的贸易区而言，它对第三国所形成的潜在贸易创出也较少。

不难看出，这种基于轴辐体系而建立的自由贸易区是规范的自由贸易区的一种变形，它在对成员和第三国造成较大福利损失的同时，还有可能形成较大的投资转移。因为轴辐国的投资企业对到轴心国投资格外垂青。此外，较高的行政管理与交通运输费用，以及日趋增高的游说活动，有可能是轴辐体系所造成的另一资源的浪费。再以美与以色列和加墨为例，美以自由贸易协议和北美自由贸易协议中各有规定不同的原产地规则，如美再与其他国家签署含有不同原产地规则的自由贸易协议，其结果是造成了众多复杂的歧视性安排，使得关税歧视显得简单而又无足轻重，从而阻碍或拖延了区域集团内外的贸易自由化发展。

如果第三国加入不成，建立联盟或联系也不成的话，可与该区域集团就经济贸易政策的某几个方面建立联系与协调关系。当第三国与一区域集团成员的贸易发展关系占有重要地位时，在技术性贸易壁垒等领域建立这种协调关系对整体货物贸易发展就具有较大意义。例如，在美加协议前，加同美在技术标准和健康安全规则等方面一直保持着长时期的协调与合作关系，对美加双边货物贸易的发展无疑是一个推动。再如，瑞士政府在 1992 年公民投票中否决了欧洲经济区协议后，继续与欧盟在管理与技术标准等方面进行协调联系，使其与欧洲统一大市场计划的实施进程一致起来。

二、创建新区域集团

第三国通过创建一新区域集团对现存区域集团做出反应，事实上是一种“同病相怜”效应的结果。第三国与其他受影响的第三国联合起来创建一新区域集团，其目的在于“以毒攻毒”，减少本地区内现存区域集团对其所产生的威胁，或者以此来增强自己与其他地区内区域集团的要价与抗衡能力。在拉美和非洲地区无论 60 年代还是 80 年代中期以来，出现两次较大规模的区域集团化高潮，在较大程度上就是分别受 50 年代欧共体、80 年代末美加协议、北美自由贸易协议以及亚太经合等较大区域集团的刺激所致。为了使各自狭小的市场变成相对较大的市场，提高企业的竞争能力并形成规模经济，进而提高与其他区域集团的谈判地位与要价能力，增强在多边贸易体制中的说话分量。只有通过“联合自强”，加快区域内经济合作步伐，才能较易达到上述目标。另外，在 1960 年成立的欧联毫无疑问在很大程度上是由于 3 年前罗马条约的刺激所致[31]。当前，拉美的南方共同市场、欧亚地区的中西亚经济合作组织、南亚合作联盟等区域集团的产生或重新启动，在较大程度上均分别是由北美自由贸易协议、亚太经合、欧盟以及中欧自由贸易区的影响所引起的。

有些新区域集团的成立并非完全出自其他现存区域集团的形成刺激所致。如果几个第三国形成新区域集团协议后，将在货物、服务和贸易政策等领域实现比多边贸易全制或者其他现存区域集团更大范围的贸易自由化，那么，第三国对成立这样的区域集团自然有很高的兴趣与积极性。当其他现存区域集团的合作程度加深、贸易自由化范围加大而多边贸易体制在服务贸易自由化及生产要素自由流动方面达成协议的可能性近中期内较小的情况下，第三国联合建立新区域集团的兴趣与积极性自然日趋提高。这种基本上靠热情与外部压力而形成的新区域集团协议生效运转后，往往旗开得胜，但是，善始难以善终，不是收效甚微或陷入停顿，就是分化瓦解，其成员大都加入到其他现存区域集团中。

三、支持多边贸易自由化倡议与多边贸易谈判

第三国通过支持多边贸易自由化倡议和总协定主持下的多边贸易谈判，作为对区域集团形成的一种反应，常常是伴随加入或建立联盟关系或者建立一新区域集团做出的。当然不排除个别国家或地区在既没有加入或建立联盟关系，又未创建一新区域集团的情况下，一味追求和支持多边贸易谈判来减少区域集团形成对其所产生的不利影响。例如战后以来的日本、韩国、香港和台湾等。

1957 年欧洲 6 国签署罗马条约后，特别是西欧内部经济一体化的发展，对第三国的经贸利益客观上构成了威胁，引起了第三国包括美、加、日等在内的广泛关切。在当时，第三国对欧共体形成所做出的普遍反应就是督促总协定发动新一轮多边关税谈判，以降低欧共体内外关税待遇的歧视性。欧盟的形成与成员资格的三次扩大，更加激起了第三国对多边贸易自由化和多边贸易谈判支持的热情。前面提及，60 年代的两次多边贸易谈判（“狄龙回合”与“肯尼迪回合”）就是在这种背景下发动的，其目的在于缩小欧共体区域内外的关税待遇的差别，降低由此造成的排他性和贸易转移[32]，1972 年，英国、爱尔兰和丹麦 3 国加入欧共体以及共同农业政策的实施，在很大程度上激起了第三国倡议发动东京回合的积极性[33]。

但是，1986 年发动的乌拉圭回合中，关于降低区域集团的内外关税优惠差别已成为次要的目标，因为在当时，有效的区域集团合作依然集中在西欧地区，而美则依然比较信奉多边主义的原则，还未建立任何形式的区域集团协议[34]（但事实上，美在这个时期已开始酝酿转变其贸易政策，对寻求建立本地区内的自由贸易区发生了兴趣）。美发动和全国卷入乌拉圭回合的主要目标是力图在服务贸易、知识产权和投资措施三个新领域里形成多边协议，关税降低已无足轻重。发展中国家积极参与乌拉圭回合的主要目标和积极性在于力图就东京回合未完成和未触及的谈判议题，如农产品、纺织品与服装等行业纳入多边贸易体制的纪律框

架之下，以维护在这些领域里的重大贸易权益。因为农产品自总协定创立之初、纺织品与服装贸易自20世纪60年代初始，就一直游离于总协定纪律约束之外，而且这两项都与发展中国家的经济发展和出口利益乃至政治稳定有着密切的关系，所以发展中国家也已把关税减让看做是乌拉圭回合较次要的问题。

当然，1990年12月预期结束乌拉圭回合的布鲁塞尔部长会议的不欢而散以及同时兴起的大规模区域集团化浪潮，不可否认，成为迫使有关国家做出让步以使乌拉圭回合成功结束的关键因素。乌拉圭回合被迫延期和区域集团化浪潮汹涌澎湃，使许多参加方形成这样一种印象，即一旦乌拉圭回合失败，各区域集团协议将成为未来世界经济贸易关系赖以发展的最重要的基础。这意味着第三国有可能成为这一经贸关系中的后来者或者遭受被边缘化的危险，那些早已或正在参加区域集团的国家和地区，无疑会从这一新的国际经贸关系格局中获得更大的优势与利益。

所以说，世贸组织协议的达成，在很大程度上应归于第三国对强化20世纪90年代和21世纪初世界多边贸易体制的关心与热忱。正如前面所述，既然没有一个总协定缔约方参加了世界范围内的所有区域集团协议，那么，乌拉圭回合的所有参加方都处于互为第三国的地位。对广大发展中国家来说，一个只有区域集团构成的世界将对其利益是一个严重威胁，而且，即使发展中国家建立了区域集团，由于这类区域集团的自身力量较小、贸易自由化范围狭窄，它们同样有被较大区域集团边缘化的危险。加之，发展中国家内部市场狭小、产业结构落后以及人均收入较低等因素，将使其丧失对发达国家同它们建立自由贸易区的吸引力。与此同时，对发达国家市场的依赖将使发展中国家对后者之间的区域集团可能形成的贸易转移以及对多边贸易体制的侵蚀产生恐惧与忧虑。因此，广大发展中国家在1993年底乌拉圭回合结束前后，对谈判世贸组织协议表现出了空前的积极性与合作态度。

本章注释：

①本章主要分析了贸易政策和宏观经济政策对区域集团的影响，而未涉及投资政策对区域集团的作用，主要是有以下几点考虑：（1）从当前区域集团化的发展进程来看，绝大多数区域集团协议中大都未涉及投资措施与投资政策的合作内容，有的即使涉及如欧盟、北美协

议和南方共同市场，也只是触及资金的一般自由流动方面，并未系统地就成员间的投资措施与政策进行协调，纳入自由化进程。亚太经合于1993年在美的极力主导下，曾形成了一个贸易投资自由化框架协议，但该框架协议还有待于1995年11月的大阪会议和今后历次部长会议加以细化并制定行动纲领；（2）大多数发展中国家资金短缺，吸引外资是一项长期的任务，而且大都对投资决策的主权看得较重，轻易不会让与或受制于人。不但在区域合作中，发展中国家在投资政策问题上持非常谨慎的态度，而且在多边贸易谈判中，发展中国家对发达国家的要求与压力也采取了极其强硬的态度，致使乌拉圭回合并未就投资措施形成一项全面系统的多边协议，仅在投资直接涉及的货物贸易的国民待遇与数量限制方面达成了一个简短的协议；（3）发达国家鉴于在多边领域谈判投资措施协议的艰难性，它们曾在经合发组织内就它们之间形成一个多边投资协议做出过努力。1995年6月，经合发组织25个成员部长在巴黎公布了一个“多边投资纪律框架草案”（MAI），发达国家特别是欧盟力图以此为基础在多边贸易体制内形成一个发达与发展中成员都遵守的多边投资协议（美对此持有异议，主要担心因此而降低了投资自由化的标准），但发达国家的这一设想与努力势将遇到世贸组织发展中成员的强烈抵制和反对，其前景如何仍尚难断定。所以说，当前多边贸易体制仍然缺少一个完备的多边投资措施协议，也就谈不上对各区域集团在这一领域里的合作进行监督与指导。或许一旦多边贸易体制在今后某个时期有了自己的多边投资协议后，会带动区域集团在投资措施与政策贸易自由化方面的合作。

②巴拉萨：《经济一体化理论》，阿联与欧文出版社，1962年，伦敦。

③派克曼斯（J. Pelkmans）：《一体化的经济理论》，《共同市场研究》第18期，第333页至354页，1980年。

④金伯格（Hans Genberg）和内达尔西蒙（F. Nadal De simone）：《区域一体化和宏观经济》，载入安德森和布莱克哈斯特编辑的《区域一体化与全球贸易体制》一书中，日内瓦，1993年。

⑤总协定自1947年创立以来，共进行了8轮多边谈判，头4轮谈判主要集中在关税减让领域：（1）1947年4月至10月，在日内瓦举行了第一轮多边关税减让谈判，有23个国家（包括中国，当时由国民党政府派团参加）参加了谈判，达成双边减税协定123项，涉及商品关税4.5万项，使应征税进口值54%的商品平均降低税率35%，影响了100亿美元的世界贸易额。总协定本身就是这轮谈判的产物。（2）1949年4月至10月，在法国安纳西举行了第二轮多边减税谈判。参加国（包括中国）共33个，此轮谈判主要是为新加入总协定的国家安排的，达成双边减税协议147项，涉及关税减让5000项，使应征税进口值5.6%的商品平均降低关税35%。（3）1950年9月至1951年4月，在英国托奎举行了第三轮多边减税谈判，参加国39个（中国自此以后再未参加多边贸易体制的正式活动，直到1986年7月，中国提出恢复

总协定缔约国地位的申请后，相继参与了乌拉圭回合），达成双边减税协议 150 项，涉及关税减让 8700 项，使应征税进口值 11.7% 的商品平均降低关税 26%。参加谈判国的贸易额占当时世界进口额的 80% 和出口额的 85% 以上。(4) 1956 年 1 月至 5 月，在日内瓦举行了第四轮多边减税谈判，由于美国会立法对美政府参与谈判授权有限，影响了该轮谈判的规模，参加国仅有 28 个，使应征税进口值 16% 的商品平均降低税率 15%，达成的关税减让涉及 25 亿美元的贸易额。

⑥派特逊（G. Patterson）：《国际贸易中的歧视——1945 年至 1965 年间的政策问题》，普林斯顿大学出版社，1966 年。

⑦“狄龙回合”是 1960 年 9 月至 1962 年 7 月在日内瓦举行的第五轮多边减税谈判，因此轮谈判由当时美财政部长狄龙倡议发起而得名，参加国有 45 个，使应征税值 70% 的商品平均降低税率 20%，关税减让所涉及的贸易额为 49 亿美元。这是总协定主持下的最后一轮单就关税减让的多边谈判。“肯尼迪回合”是 1964 年 5 月至 1967 年 6 月在日内瓦举行的第六轮多边贸易谈判，参加国有 54 个，关税谈判结果使工业品的进口关税水平平均下降了 53%，影响贸易额 400 亿美元。此轮谈判首次涉及非关税措施如反倾销，而且从传统的产品对产品的关税谈判转向“一揽子”减税方法。

⑧所谓“一揽子”减税方法，是指谈判参加方按“线性削减公式”对选定产品的关税按议定的百分比实行统一削减。一揽子减税方法的有利之处是：(1) 技术上不复杂；(2) 简单易行，一次线性削减等于多次双边削减。不利之处是无法解决不同缔约方的关税比例悬殊的问题。

⑨总协定一般采用以下原则来衡量关税减让的价值：(1) 原则上，削减关税的价值高于约束关税的价值；(2) 对于低税率或免税的项目而言，对它们加以约束，就在价值上与对高关税的“削减”相等；(3) 对于低税率的一般性减让，相当于对高税率的大幅度减让。上述规则并不排除特定缔约方之间可以形成专门的价值衡量标准。

⑩温特斯（L. A Winters）：《一体化、贸易政策和欧洲鞋类贸易》，载于温特斯编辑的《1992 年的贸易流动与贸易政策》一书中，第 12 页，剑桥大学出版社，1992 年。

⑪“东京回合”（又称“尼克松回合”）是总协定于 1973 年至 1979 年在日内瓦举行的第七轮多边贸易谈判。参加国达 99 个，其中包括 29 个非缔约方，这次关税谈判兼用了“产品对产品”和“一揽子公式削减”方式，各参加方的减税幅度在 25% ~33% 之间。由于敏感性商品如纺织品及农产品被排除在外，实际上主要参加方的应税进口商品中有 30% 未减税，其余应税商品的 1/3 约减税 50%。关税谈判影响到的贸易额总计达 3000 亿美元。

乌拉圭回合是总协定于 1986 年 9 月至 1933 年 11 月在乌拉圭发动于日内瓦进行的第八轮多边贸易谈判，包括关税谈判在内共 15 个谈判议题。虽说 7 轮多边贸易谈判后，主要发达缔约方的工业品平均税率确实很低，关税在国际贸易中已不再构成主要障碍。然而，一些敏感性工业产品如纺织品、服装与鞋类等仍保持较高关税，而且农产品关税多年来一直处于总协定的规则之外。此外发达缔约方为保护本国夕阳工业广泛使用关税升级做法，如制成品的关税比原料进口关税水平高 4 倍以上。如把数量限制和名目繁多的灰区域措施转换为关税税率的话，那么，较高的关税水平对正常贸易流动的影响就更加明显了。因此，进一步削减关税仍是第八轮多边贸易谈判的一项重要内容。乌拉圭回合的关税谈判目标是：（1）通过适当的方法对实际关税水平进行削减，如可能取消关税，并要求参加方扩大关税减让范围；（2）1988年 11 月中期审评会议上，要求关税减让幅度不低于 40%，或不低于东京回合所取得减让的 1/3；（3）1993 年 7 月，美欧加日四方会议对工业产品关税减让幅度规定了更加详细明确的标准，后被各缔约方作为回合后期谈判的基础。乌拉圭回合关税谈判取得的主要成果是：（1）经过 7 年谈判，到 1994 年 3 月 24 日，所有参加方间的关税谈判已全部结束，关税总体关税减让幅度实际达 40%；（2）1994 年 2 月 25 日前，有 80 多个参加方提交了最后关税减让清单，经马拉喀什部长级会议批准后作为马城会议议定书的附件。

⑫《总协定文件选编》，第 30 卷，第 168 页；第 35 卷，第 293 页。

⑬贸易规避（又称“舞弊”）行为近几年在中美洲和加勒比诸国的对美加贸易中屡有发生，其主要原因是由于美对亚太国家和地区的纺织品与服装和低劳动力投入产品等规定了较苛刻的配额限制和反倾销措施。一些商人为了绕过美加这一限制和反倾销的威胁，采取了把产品运到中美洲、墨西哥和加勒比诸国内进行简单加工后贴上当地国标签运到美加的做法。这一问题已引起美加政府的高度关切，并要求在乌拉圭回合的纺织品和反倾销措施谈判中加上“反规避行为”这一问题。自 1993 年下半年始，美国已同大约 30 个国家和地区签订了包括“反规避条款”的新双边纺织品贸易协定。我国与美国于 1994 年 1 月达成的双边纺织品协定中也载有类似的条款。美国在纺织品和反倾销措施的多边谈判中，有关要求加入“反规避”条款的要求，遭到广大纺织品出口国和亚太国家与地区的反对，故未能满足美方的要求。事实上，美国试图滥用反规避条款来更加巧妙地限制低成本纺织品与服装和其他产品的进口，以维护其国内同类生产商的利益。美在北美协议中加严原产地规则的一个重要目的在于限制那些试图以墨为跳板对美进行低成本产品的出口。

⑭“实质转变”的办法主要源于美国，是指一项产品经过加工或装配后发生实质性转变，成为一项新的与投入加工或装配的产品完全不同的拥有新名称、新特征和新用途的产品；“关税税目变化”的方法在美国的提议下，已被多边贸易体制广泛接受，其大意是指一项产品在一国通过对从另一国进口的材料与部件进行加工后，该项产品的加工后足以能改变所进口材料或部件的关税分类，如不能改变，这项加工后的产品仍被看做是从另一国的进口产品；“增值比率”的方法主要为了用来弥补关税税目变化方法的不足。因为有些进口材料或部件经过

加工或装配后所形成的最终产品有时并不能改变关税分类，所以通过对加工或装配过程中所增加的价值比率来加以判定；“具体工艺程序”方法是美1984年首先对纺织品进口所采用的一种判定原产地的做法，指的是根据产品生产过程中不同阶段所采取的具体工艺程序来断定一项产品的原产地。这种办法虽有其客观性与科学性，但无论从技术上还是人工能力上都是比较困难的。

⑮克鲁格（A. O. Kruger）：《自由贸易区的保护机制：原产地规则》，第8页，“国家经济研究局”工作文件第4342号。

⑯《总协定文件选编》，第20卷，第152页至153页。

⑰帕米特（M. D. Palmeter）：《自由贸易区和关税同盟中的原产地规则》，载入安德森和布莱克斯特编辑的《区域一体化与全球贸易体制》一书中，1993年，日内瓦。

⑱哈林（J. Herin）：《欧联与欧盟关税水平的差别与原产地规则》，欧联非正式文件第13号。

⑲劳埃德在1993年的《自由贸易区中的原产地规则由关税替代的问题》一文（载入《世界经济》第16卷，第6号）中提出了一个新方法，即关税的征收按每一产品中所包含的从第三国进口的非区域成分来进行。这样就比较公平，也较易操作，但这一方法的操作基础问题在于出口方能否提供准确的统计资料。

⑳欧盟所通过的《第二银行业指南》中，认为被允许在任一成员国开业的企业（银行企业）为欧盟银行；而美加协议和北美协议则以所有权或控制能力而非企业自身作为判定一银行企业国籍的标准，然后判定其原产地和是否享有国民待遇。

㉑巴格瓦底（J. N. Bhagwati）：《区域主义与多边主义关系的展望》，载入德莫罗（J. Demelo）和派纳格瑞亚（A. panagariya）编辑的《区域一体化的新趋势》一书中，剑桥大学出版社，1993年。

㉒里莫尔（E. E. Leamer）：《美洲区域主义与全球贸易》，“国家经济研究局”工作文件第4753号，1994年。

㉓但是，根据《总协定1991年活动》和1993年温特斯在其《欧盟成员资格扩大与联系协议：当前经验与未来前景》一文（载入安德森和布莱克哈斯特编辑的《区域一体化与全球贸易体制》一书中）的调查分析认为，自欧共体建立以来，无论在共同体一级还是成员国一级，均出现非关税措施如反倾销和灰区域措施如出口自动限制被广泛利用的增长趋势。这些分析结果虽有启发性，但不是结论性的，因为在西欧内，各种贸易政策的发展与应用究竟在多大程度上与欧共体的创立和作用有关联，目前尚无明确的结论性分析结果。在20世纪70年代和80年代，绝大多数经合发组织成员国大都广泛采用了非关税形式的政府扶持政策和措施，在这期间，宏观经济的动荡（20世纪70年代两位数的高通货膨胀和1982年的世界经济

危机）和来自新兴工业化经济体的巨大竞争压力对西方工业发达国家构成了极大的威胁与挑战，无论是区域集团成员还是非成员均增加应用了非关税措施。根据总协定总干事向理事会提交的 1992 年至 1993 年的年度报告——《国际贸易与贸易体制的发展》的分析结果表明，在 1985 年至 1992 年间，美与澳大利亚所进行的反倾销与反补贴调查案子多于欧共体。

㉔朗海莫（R. Langhammer）和海门茨（V. Hiemenz）：《发展中国家区域一体化》，“联合国开发署与世界银行的贸易扩大方案”，非正式文件第 7 号，华盛顿，1991 年。

㉕例如，在 1991 年的智利墨西哥自由贸易协议中就有双方免除责任的规定。

㉖《总协定文件选编》，第 18 卷，第 48 页至 53 页。

㉗《总协定文件选编》，第 20 卷，第 47 页至 49 页。

㉘《总协定文件选编》，第 26 卷，第 205 页至 209 页。

㉙亨德林（B. Hindlin）和麦瑟林（P. Messerlin）：《市场准入的保证与区域主义》，载入安德森与布莱克哈斯特编辑的《区域一体化与全球贸易体制》一书中，日内瓦，1993 年。

㉚胡克曼（B. Hoe Kman）和苏威（P. Sauve）：《区域贸易安排与多边贸易体制的缺陷与漏洞》，载入同㉙。

㉛在 20 世纪 60 年代中期，日本迫于欧共体的形成与发展，曾试图与美、加、澳大利亚和新西兰建立一个“太平洋自由贸易区”以与欧共体抗衡。库吉马（K. Kojima）：《太平洋经济共同体与亚洲发展中国家》，“日本经济季刊”，第 7 期，1960 年。

㉜同⑥，第 176 页。

㉝温海姆（G. R. Winham）：《国际贸易与东京回合》，普林斯顿大学出版社，1986 年。

㉞巴格威尔（K. Bagwell）和斯戴格尔（R. W. Staiger）：《关税同盟兴起时的多边关税合作》，“经济政策研究中心”的讨论文件，第 962 号，伦敦，1994 年。

第十章　多边贸易体制与区域集团关系的实践

第一节　多边贸易体制与区域集团实践关系的“四种方式”及其特点

从总协定的史料记载看，多边贸易体制自诞生就开始了对区域集团的审议与监督工作。自1949年1月1日生效的南非与南罗德西亚关税同盟到1995年7月20日世贸组织对北美自由贸易协议第一次审议工作组会议的召开，多边贸易体制（在过去47年中）与区域集团关系经历了一个广泛和复杂的实践过程。有关总协定各工作组对80多个各类区域集团的审议报告及缔约国大会相关决定，就在总协定的年度《基本文件选编》中占有相当大的篇幅。

多边贸易体制与区域集团关系的丰富实践主要是通过以下四种方式进行的：一是根据建立区域集团成员方的要求和总协定二十四条规定，审议该区域集团与二十四条规定的一致性，如对欧洲经济共同体、美加自由贸易协议的工作组审议；二是对那些不单纯是由总协定缔约方组成的而且不完全符合二十四条规定，但又系建立总协定意义上的区域集团协议，可依据二十四条十款予以2/3多数通过（简单多数），如总协定早在20世纪50年代对尼加拉瓜与圣萨尔瓦多（当时为非总协定缔约方）的自由贸易协议以及尼加拉瓜与哥斯达黎加、圣萨尔瓦多、危地马拉和洪都拉斯（后4国当时均为非总协定缔约方）的中美洲自由贸易协议的审议就是采取了这种方式；三是对那些不符合总协定二十四条规定，但在一定程度上又具有一些区域集团特征的优惠贸易安排和单项或几项产品贸易协定，可依据总协定二十五条五款的规定经2/3多数通过（绝对多数）予以免除责任，如对1952年的欧洲煤钢联盟、美加勒比盆地经济恢复倡议（CBERA）以及第四个洛美协定等的审议结果就是予以这一免责待遇的；四是对那些完全由发展中国家组成的区域集团协议可依据东京回合形成的“授权条款”和总协定第四部分的相关规定，由总协定贸易与发展委员会主持予以审议通过，获得免除义务的待遇，如对1975年7月南亚东南亚7国达成的“曼谷协定”、东盟6国于1991年1月28日签署的有效共同优惠关税方案的审议就是采用了这一方式。

上述总协定和世贸组织对各类不同区域集团协议的4种审议方式，虽然在审议结果上给予免责或例外的方式不同，但各区域集团获得这一免责或例外待遇的目的却是一样的，即可背离多边贸易体制的最惠国待遇原则和其他总协定义务，建立符合本地区条件的区域集团或形成跨地区的优惠贸易安排。

多边体制与区域集团关系的实践告诉我们，第一种和第四种审议方式的结果是“自动获得免责”。虽说根据总协定二十四条规定所进行的一系列审议都未最终形成一致意见，且审议程序含糊不清，缺少明确的标准，但是经过总协定工作组审议的各区域集团协议均获得了总协定免责或例外待遇。第四种根据授权条款和总协定第四部分规定所进行的审议方式，虽说自东京回合后，发达国家与发展中国家在这一方式的选择问题上（发达国家认为，发展中国家之间形成的区域集团协议，特别是那些有重要影响的应严格按总协定二十四条来进行审议）有严重分歧，但是总协定和世贸组织在实践中，还是基本上依据授权条款和总协定第四部分的规定，对发展中国家间的区域集团协议进行了审议。第二种和第三种审议方式是需要根据规定进行投票程序的，所以说在形式上还要经过一道免除责任的手续。当然，实践中如果没有缔约方反对，还是采用缔约方全体做出一致决定的办法。事实上，这两种方式在实践中并未给任何缔约方和各类区域集团协议或优惠贸易安排在获得免除责任上形成过障碍或困难。只要当事缔约方提出申请，一般均能2/3多数通过，并做出相应的免责决定。

多边贸易体制与区域集团40多年关系的实践，可以概括为这样几个特点：

1. 总协定在审议各区域集团协议的过程中并未形成一套综合系统的具体实施总协定二十四条规定的程序，而是在实践过程中，根据不同的地区、不同类型的区域集团协议进行个案审议。早在1949年5月，总协定工作组在审议南非与南罗德西亚关税同盟时，个别缔约方就建议缔约方全体制定一套一般性程序来具体执行总协定二十四条的规定，以便为今后审议工作制定出可资依据的法则、标准和程序。但是，这一建议当时就被缔约方全体在南非与南罗德西亚关税同盟的工作组审议报告中否定了[①]。

2. 以往的审议案例对后来相类似的情况无“援用价值”，对那些有相似之处的区域集团协议在审议过程中，要根据实际情形进行区别对待。在南非和南罗德西亚两国未按总协定规定的1954年7月以前提交包括建成关税同盟具体计划和时间表的报告时，缔约方全体在1954年的第九届大会上，考虑到以上两国的现实困难决定授权两国继续享有总协定二十四条规定的利益至1965年[②]。个别缔约方根据这一没有具体计划和时间表的临时协议案例，提出了在今后审议工作碰到相同的临时协议时可以援引的建议。但是，这一建议未被缔约方全体所采纳，因为这种案例可以援引，不利于审议工作严格按二十四条规定进行，而且使审议工作有可能流于形式。事实上，总协定在这方面的审议工作还是在一定程度上参照了以往的案例[③]。

3. 总协定对众多临近协议（未按规定的具体时间建成统一对外关税政策或形成自由贸易区）未采取相应的制约或“惩罚”措施，相反却采取了听之任之和不了了之的做法。截至1995年5月，所有通知总协定和世贸组织的108个区域集团协议中，除了欧洲共同体、美加协议和南方共同市场协议等为数极小的按事先规定的时间表建成了关税同盟或自由贸易区外，绝大多数依然停留在执行临时协议的过渡期阶段。

4. 凡是通知了总协定的区域集团协议，在经过了4种方式中的一种方式的审议后，没有一项协议未获得免责或例外待遇，即使那些明显与总协定二十四条精神不符的协议，同样通过了总协定的审查关。

5. 总协定考虑到发展中国家的现实状况与实际困难，特别是在总协定条文中缺少有关发展中国家建立区域集团的专门规定，所以对发展中国家之间的区域集团审议相对松于对发达国家之间的。这种情况在授权条款出台即1979年以后更加突出。在总协定形成时，起草者们虽然迫于发展中国家的要求，把“自由贸易区”的概念纳入了总协定二十四条规定，但是，在实践中大多数发展中国家之间形成的区域集团协议，要按二十四条自由贸易区规定进行审议同样难以符合条件，不放松要求，审议工作就难以进行。

在第二章中提及，总协定创建时面对业已存在的诸多因特殊政治关系、历史条件和地理因素遗留的区域集团与优惠贸易安排，从现实和妥善处理最惠国待遇条款的角度出发，赋予了这类区域优惠贸易安排作为最惠国待遇原则例外的“祖父条款”地位。总协定对待区域集团协议的这一原始做法事实上使区域集团安排，在多边贸易体制中构成了最惠国待遇原则的最大例外，无形中对总协定40多年来处理与区域集团的关系实践产生了重要影响。为了较全面了解与探讨总协定和新世贸组织同区域集团的关系实践，本章不拟对总协定创建时与区域集团关系的历史背景作过多叙述，而拟对总协定创建后与区域集团关系发展的4种不同方式分别作较详实的介绍与总结，以便从中窥见区域集团对多边贸易体制权利与义务框架发展演进的影响，从而为今后世贸组织积极改进其有关监督和审议区域集团协议之条款和加强其与区域集团关系的协调，提供一些思路。

第二节 二十四条项下"自动获得免责"审议

总协定根据其二十四条规定首次审议区域集团协议，是1949年5月对南非与南罗德西亚关税中同盟的审议与讨论。该审议工作作为总协定创建后遇到的第一"案例"虽有其特殊意义，并对后来总协定审议在合理时间内建立关税同盟或自由贸易区的临时协议产生了一些参考作用，但由于该关税同盟涉及贸易额较小，而且未在规定的时间内形成共同对外关税政策并于1960年最终消亡，故其对多边贸易体制发展变化的影响是比较有限的。从总协定根据二十四条规定对区域集团的审议历史看，真正对总协定多边贸易体制的权利与义务平衡框架提出挑战和产生深远影响的是1957年的欧洲经济共同体和1988年的美加自由贸易协议。另外，美与以色列于1985年达成的跨地区的自由贸易协议也在总协定与区域集团的关系实践中产生了一些影响。至于1993年生效的北美自由贸易协议，世贸组织于1995年7月才开始审议该协议的多边工作，本节也拟作简要介绍。

一、对欧共体罗马条约的审议及其影响

在1957年3月25日，比利时、荷兰、卢森堡、法、德和意大利6国政府签署了旨在建立欧洲经济共同体的罗马条约。6国政府根据总协定二十四条七款a项的规定，把罗马条约提交总协定缔约国全体审议讨论。在1957年10月的缔约方全体第十二届大会上，总协定委派了一个包括全体缔约方的委员会，以审议罗马条约和总协定有关条款，讨论和考虑6国政府实施执行两个文件项下相互关联的最有效办法。该委员会有三项职责：（1）审议罗马条约的相关条款及其实际应用中可能产生的问题。此审议主要涉及条约规定的关税安排、数量限制的采用、农产品贸易以及欧洲共同市场同海外国家与领土的联盟；（2）根据1项的审议结果，提出必要合适的建议，包括总协定缔约方与欧共体之间建立有效持续的

合作机制等；（3）向缔约方全体提出报告并建议该委员会是否有必要继续进行其工作。

委员会根据第1项职责相应地成立了4个小组，分别是：A组，具体负责审议条约中与建立共同对外关税和取消进出口关税有关的条款；B组，负责审议条约中与实施数量限制有关的条款；C组，审议条约中与总协定相关的农业条款；D组，审议条约中有关欧共体与海外领土联盟的条款。

根据1957年9月该委员会提交的审议报告内容，上述4个小组在短短半年内分别对罗马条约涉及的关税、数量限制、农产品贸易以及与海外领土的联盟关系等方面进行了全面的讨论、答疑和审议。审议过程中，罗马条约成员6国与该委员会成员之间，在有关总协定二十四条解释、共同对外关税水平的计算方式、数量限制的取消范围、共同农业政策的贸易保护作用，以及欧共体的关税同盟与自由贸易区重叠存在的合法性等方面存在严重分歧，致使审议工作在难以形成一致性意见的情况下暂时中止。

1. 共同对外关税政策与建立关税同盟时间表

A组根据总协定二十四条四款和五款至九款的具体规定，对罗马条约中涉及的共同对外关税政策的制定、关税水平高低的评估标准、补偿性调整以及完成建立关税同盟的具体计划和时间表等问题进行了广泛讨论，主要分歧存在于以下几个方面。

关于总协定二十四条四款与五款至九款之间的关系，欧共体成员国代表认为，两者之间的关系解释应采取彼此依存和关联的做法，因为在五款句首中的“所以”一联词明确无误地说明了四款与五款至九款之间的内在联系，不应把两者分开来解释。所以说，五款至九款中规定的条件旨在确保建立的关税同盟或自由贸易区与四款第二句话的精神相一致。换言之，只要建立的关税同盟或自由贸易区满足了五款至九款所规定的条件与要求，就势必自动地符合了四款的精神，因为五款至九款不过是对四款的原则性规定作了细化而已。A组绝大部分成员对上述解释提出了异议，认为四款为一关税同盟的建立与总协定目标相一致制定了基本原则；而在五款至九款规定中涉及的问题需个别来处理，以保证这些具体问题的解决与四款所体现的基本原则相吻合。一些成员甚至主张，关于罗马条约中有关建立关税同盟的条款是否真正符合了四款所体现的基本原则，不能简单地从文字与理论上来判断，草率地得出结论，应在实际执行中加以评断。所以，在罗马条约生效实施初期，还难以基于现有的实践得出客观准确的审议结论。

关于共同对外关税的制定，主要分歧集中在关税的计算方式和评断标准以及补偿性调整上。A组大部分成员认为，罗马条约项下的共同对外关税制定采取的是简单算数平均方式。这种方式掩盖了关税同盟成立后造成个别产品关税升高的事实，所以，在评断基于这种方式制定的共同关税的高低时，应采用国别基础上的单项产品关税的审议做法。根据总协定五款a项中有关“总体上不得高于或严于……一般限制水平”的规定，并不排除对共同关税的高低审议采取对个别产品关税以及该共同关税对个别第三国的具体影响的审议方法。欧共体成员国代表则反对上述解释与意见，主张总协定二十四条的规定并未就制定共同关税的计算方式做出任何具体要求，更谈不上排除算数平均方式的问题。只要计算方式所形成的共同关税总体上不高于一般限制水平即可。而且算数平均计算方式所形成的共同关税在造成个别产品关税升高的同时也致使某些产品的关税大幅度下降，两者可以在很大程度上相互抵消，最终实现总体上不高于一般限制水平的实际效果。

关于共同关税实施造成关税减让表中约束税率变动后，进行补偿性调整的问题，A组绝大部分成员建议缔约方全体应根据总协定二十四条六款的要求，对欧共体拟议中的共同关税进行一次全面详细的审议，而且基于这种审议结果所进行的补偿性调整需按国别来进行，以便充分照顾那些非主要供应国的利益。在此基础上，缔约方全体再对共同关税的影响进行联合审议和评判。为确保这类补偿性调整及早结束，应规定出相应的具体时间表。欧共体成员国代表则明确反对上述这种基于国别的补偿性调整做法，认为这种做法不仅技术上操作起来复杂，而且费时费力。要按国别进行补偿性调整谈判，又要规定具体的时间表更是不现实。涉及关税变动的补偿性调整，只能按照总协定第二十八条的规定程序来进行，任何新程序只会使谈判复杂化。

关于完成建立关税同盟的计划与时间表的问题，A组绝大多数成员对罗马条约中有关分三个阶段实现关税同盟的规定表示关切，特别是允许第一阶段可以视情况延期和最后一个阶段缺少明确的计划，更是引起了许多成员的忧虑。欧共体成员代表承认最后一阶段的实施计划与时间表的规定不如第一、二阶段那样明确，但是承诺最终完成关税同盟的时间无论如何不会超过15年。至于第一阶段可视情况延期的变动，是否需要缔约方全体根据总协定二十四条七款b项规定，向欧共体提出建议的问题，欧共体成员代表则表示，它们不可能接受这类建议。

A 组在经过近半年对欧共体的共同关税政策审议后认为，该组审议工作在一系列重要问题上，如共同关税的计算方式、评判标准以及补偿性调整的谈判程序均未达成一致性意见，需要在欧共体继续提供详实的材料后再进行这种审议，并建议这种审议工作应转交给一个合适的两会间委员会作进一步承办。

2. 欧共体数量限制问题

关于如何处理关税同盟成立后 6 国的现有数量限制和未来如何实施数量限制的问题，在 B 组审议过程中引起了激烈争论，而且该问题成为总协定审议各区域集团协议工作中普遍存在的一个难题。所以说，有关欧共体成员如何消除既有限制和未来如何实施数量限制，在总协定审议工作中所发生的重大分歧，诚然对多边贸易体制的权利与义务平衡框架产生了深远影响，而且有些争论和分歧令人深思。

B 组根据该委员会的讨论情况对罗马条约实施数量限制的条款，特别是那些为保障国际收支平衡而实施数量限制的相关条款，在过渡期内和以后的实施情况进行了审议。审议过程中，欧共体成员国代表根据有关总协定二十四条八款 a 项的规定，认为关税同盟成员不仅有义务取消它们之间的关税壁垒，而且在最大可能的情况下，也同样有义务取消它们之间现存的数量限制，但是这种成员间取消数量限制的做法，根据总协定二十四条的“对内取消关税和其他贸易限制，对外则实施实质上同样或其他贸易规章”的精神，不适用于第三国。欧共体代表还根据总协定二十四条五款首句中的“本协定的各项规定，不得阻止各缔约方在其领土之间建立关税同盟或自由贸易区……”的规定，认为要建立真正符合总协定二十四条意义的关税同盟之缔约方，可以背离总协定的其他义务规定，包括第十一条至第十四条有关非歧视地或为保障国际收支平衡实施数量限制的规定。基于这种解释，欧共体代表把二十四条五款看做是总协定为那些建立关税同盟或自由贸易区之缔约方所规定的一项总体例外。然后，欧共体代表又基于二十四条五款 a 项中的明显包括数量限制的“其他贸易规章”这一概念来与八款 a 项（2）中文字相同的“其他贸易规章”概念相对比，认为后者同样包括数量限制。这样，欧共体在实现关税同盟对外采用共同关税的同时也应实施共同的数量限制。根据这种解释，罗马条约中有关“允许一成员国无需要因其自身国际收支状况而可以实施数量限制”的规定自然是与总协定二十四条的精神相一致的，而且依据“总体例外”的解释。也谈不上与总协定第十二条的规定相抵触。

欧共体代表上述对二十四条诸种解释的一个重要目的，在于使欧共体成员6国在完成建立关税同盟后完全摆脱总协定第十一条（数量限制的一般取消）、第十二条（为保障国际收支而实施数量限制）和第十三条（非歧视地实施数量限制）等规定的约束。摆脱这些规定的法律约束，欧共体成员国在完成建立关税同盟时，不仅可以在对内取消数量限制的同时继续保持对第三国进口的数量限制，无须承担“一般取消”和“非歧视实施”的义务，而且为了对外实施实质上同样的其他贸易规章（包括数量限制），那些并不存在国际收支困难的关税同盟成员国，同样可以参照其他成员国为保障国际收支平稳所实施数量限制的程度来实施数量限制。

B组绝大部分成员对欧共体成员国代表的上述解释提出了严重质疑，认为：(1）总协定二十四条五款首句规定的解释是指执行总协定和各项规定有碍于建立关税同盟或自由贸易区时，方可背离总协定的这些各项规定。但是，欧共体成员6国在建立其关税同盟时，并不存在执行总协定第十一条、第十二条和第十三条规定会阻碍它们建立关税同盟的情况，所以，欧共体成员国不能因建立关税同盟而背离总协定除第一条外的其他义务。否则，无异于退出了总协定，在总协定范围内的这种审议工作也显得毫无意义；（2）总协定二十四条八款a（2）项中的“其他贸易规章”指的是贸易法规、政策和与关税制度相关的海关估价、报关和验关程序等，并不包括数量限制。如果包括数量限制，总协定起草者们就会像在八款a（1）项中，直截了当地利用“其他贸易限制”这一概念。所以说，关税同盟的每个成员对于同盟以外其他第三国贸易实施实质上同样的其他贸易规章并不能解释为“实施实质上同样的数量限制”；（3）假如欧共体代表有关其他贸易规章包括数量限制的解释是对的，那么，在对内取消限制对外继续保持数量限制的情况下，那些确实存在国际收支困难的同盟成员国，不可能单纯凭借对外实施数量限制而解决其收支困难，因为同盟内其他成员国的产品会乘“虚”（相互之间取消了数量限制）进入该成员，在此情况下，国际收支不可能从根本上得到解决；（4）对外实施共同的限制不同于对外实施共同关税那样简单，因为实施共同关税易保证该共同关税水平总体上不高于一般限制水平（有的关税升高，有的降低，可相互抵消），但是实施共同数量限制则不同。如果那些本来未实施数量限制的成员国，在关税同盟成立后与那些实施数量限制成员国看齐，那么，这种共同数量限制的保护水平，必定严于关税同盟形成前的一般限制水平。这样的关税同盟就不符合总协定二十四条五款 a 项的规定。

B 组面对以上严重分歧并考虑到欧共体关税同盟的建立尚处于初期，认为在目前阶段，通过审议工作得出罗马条约有关实施数量限制的条款是否与总协定二十四条规定相一致的结论为时尚早。在这种情况下，更不可能根据缺少一致性的审议结果提出相应合适的建议。但是，这不等于说今后缔约方全体不再采取任何行动。因此，B 组的结论是，缔约方全体没有必要为是否建立一个处理欧共体 6 国实施数量限制的机制而做出一项正式决定。但是，鉴于如何实施数量限制对国际贸易的重大影响，缔约方全体有必要在这一问题上与欧共体成员国之间建立起密切的合作关系，以确保总协定其他缔约方及时了解相关情况。并且要求欧共体个别成员国在实际实施进口限制时所引起的具体问题，均应按总协定的相关条款进行审议解决。为了妥善解决欧共体成员国为保障国际收支平稳而实施数量限制所发生的问题，总协定应在第十五条一款规定的基础上，继续加强与国际货币基金组织的业务合作。

3. 农产品贸易问题

罗马条约第四十、第四十二、第四十三和第四十四等条款，针对欧共体在一定过渡期内完成建立共同农业政策作了具体规定。这些条款虽未完全勾勒出欧共体共同农业政策的基本框架，但其中某些规定已预示着共同农业政策具有强烈的保护主义色彩。这一点已被欧共体于 1972 年所实行的共同农业政策所验证。由于当时 C 组在审议罗马条约有关农产品贸易的条款时，既缺少必要的资料，也缺少对有关未来共同农业政策实际执行的估价，所以对欧共体农产品贸易政策的审议只能根据罗马条约的有关条款作初步讨论。有些成员对此问题所表达的一些严重关切随着后来欧共体共同农业政策逐步实施均成为现实。所以说，总协定对欧共体农产品贸易的审议并未起到任何预防和约束作用。

关于过渡期内实施的最低价格和长期合同制的问题，欧共体代表认为在完全建立共同农业政策以前，实施最低价格的主要目的在于保证农产品供求关系的稳定，保护农产品生产者的生产积极性，推动欧共体成员国之间农产品贸易壁垒的取消，并为建立共同农产品价格体系和平衡不同成员国生产商的生产条件打下铺垫。至于罗马条约第四十四条一款允许其成员国可对第三国农产品贸易实施最低价格制的问题，欧共体代表则认为，这种做法不会损及第三国的农产品出口利益，因为这种最低价格做法只涉及有限数量的农产品，而且它的实施与成员国农产品关税和数量限制的取消同步进行。

C 组大部分成员对欧共体代表有关最低价格的解释不敢苟同，认为最低价格制名义上非歧视地对内对外实施，但事实上对第三国的农产品出口构成了严重歧视，而且这种价格所涉及的少数农产品在欧共体诸成员内生产量很少，有的农产品在欧共体内几乎没有这种生产，主要是来自第三国的供应，所以这种歧视程度就更高。因为欧共体成员国内部取消农产品关税贸易壁垒后，对外则继续保持共同关税，如果不实施最低价格，第三国可以通过提高投入产出比例降低生产成本，来抵消进入欧共体市场所遇到的关税壁垒，以便能同欧共体生产商进行平等竞争；但实施最低价格后，第三国生产商就失去了这种可能性，在最低价格基础上再加上关税，第三国生产商同欧共体内同类生产商相比显然处于竞争劣势。

至于过渡期继续采取农产品长期合同供货方式，欧共体代表认为，这是在罗马条约签署前西欧诸国之间就存在的一种贸易方式。总协定条文中并无任何规定禁止缔约方之间采用这种方式，而且这种长期合同供货方式可以作为罗马条约有关取消农产品关税与数量限制条款，来推动某些农产品贸易趋向自由化的有效补充。因为在共同农业政策出台以前，各成员国内还存在一些国别限制条例，通过固定的长期供应合同方式，可以绕过或打破这些国别条例的限制。

C 组大部分成员则对长期合同方式对正常贸易的影响表示关切，认为这种长期合同不仅会缩小第三国农产品的出口，排斥新生产供应商进入农产品贸易渠道，而且会造成第三国出品商享受不到欧共体成员国农产品需求扩大的利益，这种明显扭曲贸易的做法是与总协定贸易自由化的基本精神相悖的。有些成员则在审议讨论中声明，长期合同方式虽在目前并未发现其具有明显限制第三国贸易的倾向，一时也难以判定它与总协定哪一具体条款不符，但这不等于说，这种方式具有了长期存在的合理性。欧共体代表在有关这一问题的最后审议中承诺，长期合同方式只适用于少数几种农产品，而且一旦负责执行共同农业政策的农业机构在欧共体内建立，这种方式即可消亡。

关于罗马条约有关农产品条款执行对单一农产品国的影响，C 组一些中小农产品出口国成员对此表示极大关切，认为像罗马条约中有关糖进口的规定，将对那些糖生产出口国产生严重消极作用，加之较高的共同对外关税和最低价格制的实施，几乎等于排斥了这类产品进口到欧共体市场上。此外，欧共体拟对咖啡、可可和香蕉等热带产品所实施的关税配额，将进一步恶化市场准入条件（欧共体的海外联系领土的出口则不受此影响）。

欧共体代表对此问题的解释是，罗马条约有关这方面的规定在实施过程中，将充分考虑到单一农产品出口国的这一切身利益，不会造成产品出口的市场准入条件恶化，而且罗马条约第二十五条有关关税配额作用或终止的规定，将确保欧共体从第三国以低税或免税进口一定量的这类热带产品，有些热带产品被征收的共同对外关税事实上大大低于欧共体成立前的一般限制水平。C组在审议这一问题时，也充分注意到那些主要依赖一种或几种农产品出口国所表达的关切，并望密切跟踪欧共体农产品贸易政策变化对这类农产品出口的影响。

关于建立共同农业机构的问题，C组大部分成员认为，罗马条约有关建立共同农业机构和共同农业政策的规定太模糊笼统，一时难以得出明确的结论。但是对罗马条约第四十条有关措施和规定的初步分析来看，这些措施和规定一旦实施和执行，将不可避免地与总协定二十四条及其他条款的规定发生冲突，而且为建立共同农业机构和共同农业政策所要形成的稳定进出口共同机制、反倾销措施以及保护大农场生活标准的担保范围等，均将不同程度地干扰欧共体与第三国的农产品贸易，客观上抬高了市场准入壁垒。有鉴于此，C组成员认为有必要根据总协定二十四条四款的精神，继续深入地审议欧共体建立共同农业机构和制定共同农业政策对第三国农产品贸易的实际影响，并建议根据总协定二十四条七款的规定，在总协定与欧共体之间，针对共同农业机构和共同农业政策的问题建立起一个适当的正常联络机构，以确保缔约方全体及时跟踪欧共体建立共同农业机构和共同农业政策的情况，审议和判定其措施与总协定要求的关系。

欧共体代表对成员的上述关切与建议做出了以下反应：（1）欧共体在建立关税同盟的过程中，拟把各成员国内的主管农产品贸易的国别机构和国别农业政策通过统一协调建立起共同农业机构和共同农业政策的有关规定和做法，没有任何违犯总协定规定与精神的地方，而且总协定也无这方面条款限制其缔约方在这方面的行为；（2）建立共同农业机构和共同农业政策是建立完备的关税同盟之所需，并为最终实现欧洲经济联盟作准备，所以说，这与总协定二十四条规定的原则是基本吻合的；（3）关于反倾销措施的问题，主要是为了在建立起共同农业机构以前，确保各成员国农产品出口商有一个公平的竞争环境，制约成员国国别农业扶持和补贴政策对成员国间正常农产品贸易的干扰作用，这些措施不会增加第三国对欧共体农产品贸易的困难；（4）欧共体在建立共同农业机构的同时，所要实施的保障农产品生产者生活标准的担保机制，是一项综合性社会经济与政治保障措施，不单纯靠价格机制，还要考虑其他经济与社会变量。虽说这种担保机制通过人为地维持生产者的产品价格来防止它们的生活标准出现大起大落，在一定程度上不完全符合经济效益和价值规律等原则，但这是欧共体诸成员国的政治现实与农场主利益所使然。事实上，这种担保机制也有其限度，那些长期入不敷出的农场主不可能永久地获得这种担保，如果这样财政负担将难以承受；（5）由于总协定二十四条七款和第二十二条（磋商或谈判）等均对通知程序和磋商机制作了明确规定，没有必要在总协定和欧共体之间建立什么固定的联络机构。再者，农产品贸易一直是总协定贸易自由化发展进程中最慢的一个领域，如果其他缔约方在其农业政策改革及资料提供方面不承担义务，而专门要求欧共体成员国承担这一义务，这似构成了阻碍建立关税同盟或自由贸易区的事实，所以，欧共体成员国完全可依据总协定二十四条五款首句的规定而拒绝承担这种额外义务。欧共体成员国只能依据二十四条七款的规定，势必要向总协定秘书处自愿提供有关建立共同农业机构和制定共同农业政策的情况资料。

C组根据审议情况，认为在目前阶段，特别是在共同农业机构和共同农业政策建立以前，单凭手头所掌握的一些简单材料，是很难对未来的欧共体共同农业政策与总协定的一致性做出明确结论的，而且缔约方全体也不可能根据总协定二十四条七款对欧共体罗马条约中有关建立共同农业政策和过渡期内的条款提出任何建议。但这并不意味着缔约方全体在今后适当时候，对欧共体的共同农业政策不提出建议和采取相应的行动。

4. 与海外领土的联盟问题

为了促进前殖民地经济的发展，确保这些地区的产品稳定地进入西欧市场，欧共体成员6国，特别是法国，在草拟罗马条约时，充分酝酿和考虑了如何处理西欧诸国与其前属殖民地和附属地之间的传统贸易关系，并在罗马条约第一百三十三条中写入了关于在欧共体与非加太18个海外领土之间建立贸易联盟的规定。总协定有关欧共体委员会D组被授权审议了罗马条约中有关与海外领土建立贸易联盟条款与总协定的一致性问题。这一审议涉及的问题不仅触动了总协定二十四条规定本身的法律内涵，而且从中所反映出的问题也确实值得多边贸易体制予以倍加关注，并能在尔后的实践中做出相应的改善和调整。事实上，这些在20世纪50年代后期早已暴露出来的问题，40年后，即使乌拉圭回合多边谈判也并未从根本上予以协调解决，有关总协定二十四条的谅解也未涉及这些问题。这无疑把此类隐埋在多边贸易体制与区域集团关系中的问题留给了世贸组织。

D组大部分成员对欧共体与海外领土建立贸易联盟所提出的关切与问题，主要集中在以下几个方面：（1）总协定二十四条的规定，无论从其起草历史还是其法律解释来说，均不允许同一组建立关税同盟的缔约方同时，又与其他缔约方建立自由贸易区。换言之，建立关税同盟的成员国不能同时又是自由贸易区的成员④。所以说，罗马条约中有关欧共体关税同盟6国成员与其海外领土同时又建立自由贸易区的规定，是与总协定二十四条规定不符的；（2）如果欧共体与海外领土建立的是一种优惠贸易安排（贸易联盟），而不是总协定意义上的自由贸易区的话，那么这种优惠贸易安排就扩大了总协定第一条二款所允许的优惠安排范围，而且受惠的海外领土，也并非属于该款6个附件中所列的有资格背离总协定第一条最惠国待遇原则的国家与地区，故这种贸易联盟明显与总协定第一条二款相悖；（3）如果欧共体成员国为了绕过上述总协定条款的约束和困难，把与海外领土建立贸易联盟滞后于关税同盟的形成，使两者形成的时间相隔无论如何短（哪怕是相隔一小时），使这种贸易联盟仍以自由贸易区的形式出现，那么这种贸易自由化范围是否包括实质上所有贸易，成员是否能取消关税壁垒，联盟建立后各成员的对外关税水平是否总体上不高于成立前所实施的相当关税等，确实值得关切。单从罗马条约第一百三十三条规定中可以发现，在这种贸易联盟项下，只有欧共体6国成员取消关税，而其他海外领土对内依然可保留关税和保护关税，这显然与总协定二十四条八款b项不符；（4）这种贸易联盟的目标是值得理解的，但它事实上损及了其他欠发达国家和地区的实际出口利益。这些受惠领土出口的初级产品能够享受低税或免税待遇进入欧共体市场，而其他欠发达国家与地区出口的初级产品则不能，客观上这种贸易联盟就在欠发达国家和地区之间造成了歧视性的不公平待遇。所以这种优惠安排势必产生一部分国家和地区从中受益，而另一部分国家和地区从中受损的现象，而且在多边贸易体制中有可能形成另一套贸易体制与规则的局面，危及多边贸易体制的完整与统一；（5）有些D

组成员甚至会开批评欧共体成员国试图把“贸易联盟”这一概念引入总协定二十四条规定中的行为。

欧共体代表针对缔约方的上述关切和指责作了解释和争辩。它们认为总协定二十四条规定并未排除同一组缔约方既建立关税同盟又建立自由贸易区的可能性。如果总协定起草者要禁止这种做法，那么，二十四条中应当写入相应的限制条款，如果关税同盟与自由贸易区同时建立不允许的话，那么两者在一定时间间隔内分别成立即“共存”总归是可以的。至于欧共体与海外领土所要建立的贸易联盟是否和总协定第一条二款相冲突的问题，欧共体代表则提醒D组成员要认识到早在总协定创立前，法国与其海外殖民地就存在一系列的贸易优惠安排，罗马条约的有关规定不过是这种传统贸易安排的一种继承。关于贸易联盟的贸易自由化范围等问题，欧共体代表声称，一旦今后实施这一计划的细节与总协定二十四条规定不符，它们可对此申请免责待遇，更何况这种贸易联盟中的贸易自由化范围已完全与“实质上所有贸易”的要求相符合，涉及98.6%的内部贸易额。从理论与实践来看，80%的贸易额就已包括了“实质上所有贸易”。所以说，这种贸易联盟虽名称不同，但事实上为标准的自由贸易区，那种指责欧共体“试图引入”行为的言论也就成了无稽之谈。

D组面对上述带有根本性的争论，在其报告中建议到，有关关税同盟与自由贸易区共存的问题，是一个值得缔约方全体和总协定认真加以研究并做出相应决定的重大问题。希望在第十二届缔约国大会和第十三届缔约国大会期间建立一机构如“会议间机制”，来继续审议和讨论罗马条约中涉及的重大难题，并在总协定第十二届缔约国大会欧共体审议委员会的统一协调指导下，全面审议四个小组遗留和未决的问题。

5. 总协定会议间委员会对欧共体的审议报告及第十三届缔约国大会的结论

根据1957年10月第十三届缔约国大会的指示，会议间委员会依据总协定的有关规定继续对罗马条约的条款及其实施可能产生的问题进行了审议，并对在缔约方全体和欧洲经济共同体间建立有效和持续合作机制问题进行了讨论。该委员会建立了一个类似D组职责的工作组，专门就欧共体与海外领土的贸易联盟对其他缔约方贸易所产生的影响进行了审议，并于1958年4月向会议间委员会提交了其审议报告。该委员会基于原四小组的审议，对欧共体关税同盟的共同关税、数量限制的采用以及共同农业政策的制定等方面继续进行了审议。在1958年4月，该委员会举行了全体会议，欧共体代表和委员会成员分别就罗马条约的有关规定作了声明。关于共同关税，该委员会欣喜地注意到，欧共体承诺努力在规定的时限内即1959年7月以前完成共同对外关税的制定并对此最大可能地提供有关资料。在审议讨论期间，委员会成员和欧共体代表分别就各自在第十二届缔约国大会上有关国际收支数量限制的维持或实施的表态作了重新确认。会议间委员会已认识到欧共体共同农业政策的制定将是一个长期过程，在目前阶段很难就此下结论。随着共同农业政策的制定与实际实施，欧共体应依据总协定二十四条七款要求继续就共同农业政策经常地提供材料与信息，以便为下一步审议做准备。

根据已有的审议报告和委员会成员与欧共体代表的各自声明，该委员会认为，如暂时把有关法律和罗马条约与总协定一致性问题的讨论搁置一边，集中精力解决具体和实际问题似更有裨益。解决罗马条约实施所引起的具体和实际问题的最佳程序就是总协定第二十二条的磋商程序，当然总协定条文中规定的其他程序也可以酌情采用。委员会的这种观点无异于建议总协定停止对罗马条约所进行的这种难以形成一致意见的审议工作，待罗马条约具体实施产生具体问题时可按总协定有关程序来逐一解决。

1958年10月，第十三届缔约国大会根据会议间委员会的审议报告和有关建议，对是否继续审议罗马条约的问题做出了以下结论：（1）许多缔约方已认识到，由于罗马条约自身的性质和缺少充足的资料，缔约方全体在现阶段要依据二十四条七款规定完成对罗马条约的审议是不现实的，而且审议中涉及法律问题的讨论在现阶段无益再进行下去；（2）这一审议工作推迟很明显不能损及其他缔约方在总协定二十四条项下的权利；（3）缔约方全体欢迎欧共体成员随着其合作进程的发展进一步提供有关资料与信息；（4）缔约方全体注意到，总协定第二十二条磋商程序是解决有关罗马条约实施所产生问题的最合适的机制；（5）缔约方全体同样欢迎欧共体成员国为顺利进行总协定第二十二条的磋商提供有关资料与信息；（6）缔约方全体也注意到，总协定的其他正常程序也可随时酌情用来解决罗马条约实施所造成的具体问题。当然，总协定二十四条对那些认为该条规定为其与总协定条款不符的任何行为提供了理由的缔约方同样是完全适用的⑤。

二、对欧共体成员第二次扩大的审议

欧共体成员第二次扩大，是指1985年西班牙的葡萄牙两国在与欧共体10国成员签署了“加入条约”后正式加入欧共体，使欧共体成为拥有12个成员国的世界上最大的关税同盟。在欧共体委员会根据总协定二十四条七款对西葡两国加入事宜向总协定秘书处做出通知后，总协定理事会于1986年2月12日建立了相应的工作组，根据总协定的有关条款对西葡加入欧共体涉及的关税、数量限制、共同农业政策中的差价税与收入和价格支持措施等问题进行了全面审议。工作组召开了8次会议，并于1988年10月就西葡加入欧共体问题形成了工作报告，该报告虽未在一些核心问题上，如估算共同对外关税水平的标准、数量限制对市场准入条件的影响以及差价税、农产品补贴对第三国贸易的作用等达成一致意见，但在同年10月19日召开的缔约方全体大会上还是获得了通过。使总协定对西葡加入欧共体的审议工作在未得出明确结论和提出相应建议的情况下暂趋结束，事实上这一审议工作也重蹈了罗马条约审议无果的覆辙。

美国代表在审议中，对西葡两国加入欧共体后，造成数量限制涉及的工业产品增加和欧共体农业政策适用于西葡两国导致市场准入条件恶化等问题提出了强烈质疑。工作组其他成员对欧共体成员扩大产生约束关税变动、优惠贸易政策调整以及履行总协定义务等问题也提出了不同程度的异议，许多成员表示保留继续审议欧共体成员扩大造成的贸易转移影响的权利。

工作组成员的关切、质疑和异议归纳起来主要集中在以下几个方面：(1) 不能以成立或扩大关税同盟为名而背离总协定除第一条以外的义务。根据总协定二十四条的规定，那些拟成立关税同盟或自由贸易区的缔约方须在严格限定的条件下背离最惠国待遇义务，不能因为创建或扩大关税同盟或自由贸易区而违背总协定诸如第十一条、第十二条和第十三条的规定，所以说，西班牙和葡萄牙因加入欧共体而致使两国的对外数量限制增加是与总协定规定不符的；(2) 对欧共体成员扩大所产生的新共同对外关税水平的评估，不能简单笼统地以“贸易范围”的标准来进行，而应以总协定关税谈判中常用的“实际征税”标准来衡量，只有这样才能真正评估出欧共体成员扩大后共同对外关税水平是高于还是低于扩大前的水平。实际征税办法对欧共体由10国扩至12国的共同对外关税的评判结果是高于扩大前的水平。所以欧共体应采取措施使这一消极做法尽快与总协定二十四条五款要求相一致；（3）根据总协定二十四条的起草目的和条款规定本身的涵义，总协定之所以允许缔约方建立关税同盟或自由贸易区，是因为这类经济一体化协议的签署和由此建立的区域集团，不仅有助于各组成领土间自由贸易的扩大，而且对其他缔约方与这些领土之间的贸易不致构成阻碍。所以说，关税同盟的成立或成员扩大，如果恶化了各组成领土或新加入领土原来的市场准入条件，那么这种关税同盟就应受到总协定的禁止。以此对照西葡两国加入欧共体，不难看出，由于欧共体极具保护主义色彩的共同农业政策措施，如差价税、收入和价格补贴等将适用于西班牙和葡萄牙，造成两国农产品进口市场条件恶化，故严重违背了总协定二十四条四款的规定。如果欧共体对此不能采取积极有效的措施，来保证西葡两国的农产品进口市场准入条件维持已有的水平，那么，这种成员扩大就应受总协定所限制。否则，有关缔约方将寻求总协定的其他程序，如第二十二条和第二十三条等来解决由此引起的纠纷；（4）总协定二十四条八款 a（2）项中的“其他贸易规章”一概念，无论从何种角度解释，均不含进口配额与数量限制等措施，故不能以此款规定为那些关税同盟成立或成员扩大所产生的数量限制增加寻找借口或合法理由。由此可见，欧共体对西葡两国加入后实施欧共体原 10 国所维持的进口数量限制并扩大其范围，显然是违背总协定二十四条规定的；（5）欧共体共同对外关税，因西葡两国加入所造成的约束关税税率的变动，应依据总协定二十四条六款的规定和第二十八条的补偿性调整谈判程序，在逐项产品和国别基础上进行补偿性调整谈判，不能采取大类产品冲销对抵的办法，那样会造成补偿性结果的不公平，甚至会严重损及那些非主要供应国的出口利益。而且这种依据总协定规定所实现的补偿性调整不能无理无据地要求受益缔约方做出相应的“反向调整”；（6）虽然工作组的审议暂时不能形成一致的明确结论，但不能因此使审议工作无果而散、不了了之。工作组应在要求欧共体继续不断地对西葡两国加入情况提供材料与信息的情况下坚持审议工作，逐步澄清问题和解决缔约方提出的一系列关切。此外，有关工作组审议欧共体成员扩大是否与总协定一致的举证事项，不应由工作组来承担，而应由欧共体 12 个成员国来负责。这是总协定二十四条七款 a 项所规定的义务。

欧共体代表对缔约方的上述关切与要求做出了针锋相对的反应和答辩，但基本是与其在审议罗马条约时所做出的解释相类似，属老调重弹。欧共体坚持以“贸易范围”的方式来分析和评判成员扩大后的共同对外关税水平，而且个别产品的关税上升被大量产品的关税下降充分抵消。西葡加入欧共体后实施共同农业政策和采用某些数量限制是完全符合总协定二十四条八款 a（2）项规定的，事实上，这些措施的实施不仅未恶化西葡两国的市场准入条件，反而促使两国的关税、进口管理更加开放、对外贸易更趋自由化。欧共体还坚持认为，即使西葡两国为加入欧共体而采取了某些数量限制，造成对个别第三国的消极影响，但这也是暂时的，从长远来看，有助于扩大欧共体对第三国的贸易，而且总协定二十四条五款首句也赋予了那些创建或加入关税同盟或自由贸易区的缔约方免除总协定其他义务的待遇，如第十一条、第十二条和第十三条等。另外，欧共体对那些缔约方有关继续审议、进一步提供材料并得出明确结论的要求予以拒绝，认为有些缔约方提出的问题已超出了工作组职责范围和能力，对工作组只需要对各方意见与要求归纳成一个报告即可，而无须做出明确结论。

总协定工作组面对以上缔约方和欧共体在一些基本问题的严重分歧，在工作组报告中做出了以下结论与建议：（1）由于双方之间存在着对总协定二十四条有关规定的不同解释和在西葡两国加入欧共体的一些根本问题上的分歧，工作组的审议工作现阶段不可能对此形成一致性的结论。本工作组起草的现有工作组报告不过是归纳总结了各方的解释、关切、要求与意见；（2）本工作组注意到诸多缔约方有关此问题继续保留其总协定权利的声明，本报告提交给总协定缔约国大会不会损及这些权利；（3）本工作组建议缔约方全体要求欧共体 12 个成员国根据正常程序继续每隔两年提交一次有关欧共体关税同盟形成情况，包括对第三国影响的报告，直到关税同盟完全形成时为止。每当这一报告收到后，总协定秘书处将把这一报告的讨论与审议一般列入最近召开的总协定理事会议程上，然后为各缔约方提供一次对此报告进行分析并提出意见与要求的机会，以达到进一步审议西葡两国加入欧共体与总协定是否一致的目的[⑥]。

三、对美加自由贸易协议的审议

美加两国在于 1989 年 1 月 1 日美加自由贸易协议生效后，正式把该协议副本提交给总协定秘书处，作为完成总协定二十四条七款通知义务的第一步。总协定理事会相继于 1989 年 4 月 12 日成立了审议美加自由贸易协议工作组。该工作组成立两年后方于 1991 年 3 月 26 日召开了第一次审议会议，紧接着在同年 6 月、7 月和 10 月连续召开了 3 次会议，并于同年 11 月 12 日形成了只反映有关各方意见，而无明确结论的工作组报告，该工作组报告在 1991 年 11 月 12 日的缔约国大会上获得通过。

由于美加自由贸易协议内容广且复杂，不仅有些内容超出总协定及其二十四条规定的范围，而且一些独特的规定，也越出了总协定各工作组以往审议区域集团协议的经验和所遇到的问题。所以说，对美加协议的审议工做出现了审议问题的深浅不平衡和缔约方比较关心的问题 难以获得有效澄清的现象。那些属于总协定及其二十四条规定范围的问题，如关税、非关税措施和进出口管理措施等获得了较深入的讨论和审议，而那些超出总协定范围的问题，如投资、服务贸易等则只能等到乌拉圭回合后再进行审议。另外，像美加协议中的争端解决机制与总协定的争端解决机制之间的协调关系以及总协定中并未明确涉及的区域集团协议中的原产地规定等问题，在审议中引起了激烈争论，双方分歧较大，难以形成一致性结论。

在审议工作的 4 次工作组会议上，欧共体、日本、澳大利亚、北欧以及东盟等对美加自由贸易协议中的有关内容和规定充分表达了各自的关切、疑虑和意见，并提出了一些相应的建议。归纳起来主要有以下几个方面：（1）美加协议是当今国际贸易中由两个主要贸易大国形成的规模最大、范围最广、影响最深远的自由贸易协议，而且是一个双边自由贸易协议。它也是总协定 40 多年来所审议的一个规模最大、范围最广和内容最复杂以及体制化建设最规范的自由贸易区协议，而且该协议生效之际，正值乌拉圭回合谈判处于中期谈判阶段，有些新问题的多边纪律与规则尚处酝酿，讨论与制定过程中。这样美加自由贸易协议生效实施势必对第三国的贸易利益、现行多边贸易体的职能作用以及当前的国际贸易格局产生巨大甚至是不可想象的影响。所以说，审议工作必须全面、深入和细致，既要根据总协定二十四条的规定进行审议，同时又要根据总协定的其他条款进行综合审议，有些新问题还须等到乌拉圭回合的有关协议出台后来进行审议；（2）美加两国本来就是世界上经贸关系密切度最高的两大贸易体制，如果再通过实施自由贸易协议的作用，那么，两国的内部贸易发展更加迅速，客观上造成了排他性作用，加之该协议中一些新的和独特的规定，如原产地规则、政策采购、汽车与能源贸易以及双边争端解决机制等，这无疑在总协定多边贸易体制之外将逐渐形成美加两国的双边贸易体制。这一基于美加协议和涉及巨大世界贸易量（美加之间的贸易额和两国与第三国的贸易额之和占世界贸易总量的 25%）

的区域双边贸易体制与总协定多边贸易体制是一种互补还是一种竞争的关系，诚然值得总协定引起高度重视，并对此进行全面的调查、讨论与审议，尽量避免和减弱美加协议现在和将来对多边贸易体制所产生的消极作用；（3）虽说根据加拿大政府的研究表明，美加协议执行两年来，美加之间贸易相对下降，对第三国贸易却出现了增长，但是从长远和整体看，美加协议的贸易转移效应究竟是小于还是大于贸易创出，其对第三国贸易将会产生何种影响，在目前尚缺少足够资料和统计数字以及执行近两年的情况下，还无法得出明确积极的结论。这一工作有待于将来适当时候进行，仓促得出结论不利于审议工作继续深入客观地进行；（4）就贸易自由化范围来看，虽说美加协议规定在10年内将取消所有关税，并大大减少和取消非关税措施，但依然规定了以诸多贸易自由化的例外产品，对水果和蔬菜的紧急保护关税机制（美加协议第702条）、猪肉进口的数量限制（第704条）、家禽和奶制品的进口许可证（第705条）以及对含糖10%以上产品的数量限制等。另外，美国还依据其国内立法对某些工业产品规定了祖父条款例外待遇。这样就使美加协议是否与总协定二十四条八款b项中“实质上所有贸易”的规定相符合产生了问题。建议美加两国应对这些产品尽快列出取消关税与非关税措施的时间表；（5）美加协议有关原产地规则、退税制度的中止以及海关用户费用免除标准等方面的规定，在很大程度上恶化了美加两国的市场准入条件，将对第三国的出口产生排斥作用，因而是不符合总协定二十四条四款有关“对其他缔约方与这些领土之间的贸易不得提高壁垒”以及同条五款b项有关“对其他缔约方贸易的关税和其他贸易规章不得高于或严于同一组成领土在未成立自由贸易区时所实施的相当关税和其他贸易规章”的规定的；（6）有些缔约方对美加协议中有关关税在10年内全部取消，两国对能源、二手汽车等产品进口的数量限制在10年过渡期内逐步废除和在10年过渡期内为实施紧急保障措施可中止关税减让或起用最惠国税率以及对某些数量限制缺少明确取消时间表和计划，特别是对水果和蔬菜进口将实施长达20年的紧急保障机制等诸多规定的合理性提出质疑，认为这似与总协定二十四条五款c项有关“应具有一个在合理期间内成立自由贸易区的计划和时间表”的规定不相符合，因为长达10年甚至20年的过渡期已算不上是“合理期间”；（7）大多数缔约方对美加协议第1102条允许美加双方可以相互免除各自实施的全球紧急保障行动的做法，是与总协定第十九条有关“非歧视地实施保障措施”的规定不相符的，而且总协定二十四条的规定也不允许自由贸易区的缔约方采用选择性的保障措施。如果这一规定不作相应的更动，美加协议的实施将会严重损及总协定有关“非歧视和最惠待遇地实施保障措施”的原则，由此对第三国出口利益产生严重威胁，甚至造成重大损失；（8）关于投资和服务贸易的问题，大多数缔约方均认为，从政策角度看，美加协议中有关投资与服务贸易合作的规定已超出了总协定及其二十四条规定的范围，因而也就超出了本工作组的审议职责，但不等于说多边贸易体制在今后特别是乌拉圭回合在投资和服务贸易方面达成多边协议后依然会对区域集团协议涉及的投资和服务贸易问题的审议无能为力或无所作为。在目前审议阶段，有关缔约方对美加协议中投资与服务贸易问题充分表达各自的关切以及工作组与美加之间广泛交流信息与意见，这对下一步继续进行审议是颇有裨益的。从“与贸易有关”的角度，美加协议中有关对区域内投资商与区域外投资商的区别划分，以及在汽车行业投资的歧视性规定等是明显与总协议第三条国民待遇原则和二十四条四款的规定不符的。服务贸易领域对区域内外服务业提供特别是金融服务业提供者在开业权、国民待遇以及市场准入等方面的差别歧视性规定，也引起了许多缔约方的关注；（9）许多缔约方对美加协议及其项下的权利与义务同总协定及其项下的权利与义务的关系协调问题表示严重忧虑。这种关系协调有两层法律含义，其一是美加协议的规定、原则与纪律同总协定的规定、原则与纪律发生不一致时，谁优先或以谁为标准；其二是美加协议下的权利与义务和总协定项下的权利与义务的执行与实施哪者优先的问题。根据美加协议第104条的规定，即“除本协议另有声明外，本协议项下的权利与义务优先于总协定项下的权利与义务”。很明显，这一规定将使美加协议凌驾于多边贸易体制之上，不仅对第三国缔约方在总协定下的权利与义务平衡构成严重威胁，而且势将侵蚀多边贸易体制。具体地讲，美加协议的双边争端机制与总协定的多边争端解决机制，当在同时受理一项争端或纠纷时，如果两者判决基本一致时，则不会出现什么问题，如两者结论或判决不一致时，究竟以谁的判决为准并进行相应的实施，这就产生了很大的问题。而且执行谁和不执行谁的判决，不仅对美加两国意义不同，而且对第三国的总协定权利与义务平衡也将产生不同的影响。美加协议实施两年来的经验说明，美加协议的争端解决机制事实上优先于总协定的争端解决机制，造成多边贸易体制的争端解决职能对美加协议所产生的纠纷或争端不发生作用。在这一问题上，美加两国对缔约方的关切和疑虑未拿出足够的理由来加以澄清。大多数缔约方认为，要防止美加协议对多边贸易体制构成的威胁和可能产生的作用，事先避免出现一个与多边贸易体制相抗衡的地区双边贸易体制，最有效的办法就是把乌拉圭回合在投资、服务贸易、原产地规则、保障条款以及争端解决方面所达成的多边协议的有关纪律纳入美加协议中。

此外，有些缔约方对总协定工作组成立长达两年后才召开第一次审议会议一事提出忠告，认为工作组会议拖延召开，主要是由于美加协议成员未及时提供必要的资料以及对缔约方所提书面问题未给予及时答复所致。这种未能按总协定二十四条七款规定行事的拖延做法，是否与通过有意拖延使之成为"既成事实"(fait accompli)，弱化工作组的审议职能的打算有内在联系就不得而知。希望这一拖延案例对今后的审议工作不构成任何援引或参照作用。

针对上述缔约方提出的质疑、关切和忧虑，美加作了如下解释和反驳：(1) 无论从美加协议内容本身，还是从其两年的实际执行来看，美加自由贸易协议不仅完全与总协定及其二十四条的规定相符合，而且许多方面远远超出了总协定的范围，事实上美加协议的贸易自由化程度高于多边贸易体制；(2) 美加协议的内容、规模和完善程度是任何自由贸易协议都无法与之比拟的。毫无疑问，美加协议是迄今总协定所审议的一个最规范、最广泛和贸易自由化程度最高的自由贸易协议。所以说，美加自由贸易协议，不仅丰富和扩大了总协定有关自由贸易区规定的内涵，而且理应成为总协定缔约方今后建立自由贸易区赖以依照的样板；(3) 美加协议生效两年来的实践证明，协议规定的目标不仅是开放的、公正的而且促进了北美自由贸易化的向前发展，而且协议实施也未造成贸易转移效应，美加两国在1989年和1990年的两年内与第三国的贸易不是下降，而是出现了较大幅度的增长。随着美加协议的进一步实施，从长远来看，由于协议推动美加两国内部的经济增长，市场规模不断扩大，规模经济效益日渐提高，经济福利相应增加，特别是加拿大从中受益最大，因而增加从第三国的进口，促动北美与其贸易伙伴的经贸发展，由此而形成的动态规模经济效益，远大于协议本身所可能造成的贸易转移效应；(4) 在10年过渡期内，美加之间的关税不仅降至为零，而且非关税措施也大幅度削减。在此过渡期内，只有少数个别产品作为例外，大宗商品全部纳入贸易自由化范围。对水果和蔬菜的紧急保障机制维持20年与10年过渡期的概念是完全不同的，前者的关税在10年内完全取消，20年的概念是指这期间在出现紧急情况下，可启用保障机制，这也是总协定第十九条所赋予任何缔约方的权利，并不影响10年内取消正常关税的计划；（5）关于终止退税制度、美对加免除海关用户费和采用严格的原产地规则等，美加则认为终止使用退税制度，是属美单方面的自由决定权，总协定并未要求美加承担继续实施这一制度的义务。美免除加的进口用户费的做法，是完全符合总协定二十四条八款b项规定的，无须承担最惠国待遇原则的义务。原产地规则只适用于美加两国的贸易，不会影响与第三国的贸易；（6）美加协议中有关投资、服务贸易和知识产权的规定已远远超出了总协定的范围，工作组在一无职权二无法律依据的情况下，对这些问题进行审议是没有什么意义的。待乌拉圭回合结束后，再对照各有关协议的成果和规定，对美加协议作适当调整修改是必要的。但就目前美加协议有关投资和服务贸易的规定来看，不仅其自由与开放程度超过了当今世界经济在这些领域里的自由化程度，而且也不存在任何有关区域内外的歧视性规定与做法；（7）至于美加协议与总协定谁优先的问题，这要视具体情况而定。那些超出总协定范围的内容，自然要依据美加协议的规定，有关这些内容而引起的纠纷，在进行协调解决时，也理应以美加协议的争端解决程序为标准。在货物贸易方面，以不影响其他缔约方的总协定权利与义务平衡为前提，不能简单地明确以谁为优先。

美加协议工作组在结束其审议工作时，做出了以下结论和建议：本工作组虽未就美加协议与总协定的一致性做出明确一致的结论，但是审议工作却对那些属于总协定范畴的问题进行了澄清，由于各方对总协定及其二十四条规定存在着不同理解和解释，加上目前阶段尚缺少充足的材料，在一些问题上如退税制度的终止使用、某些农产品例外、原产地规则对第三国贸易的影响以及美加协议与总协定谁优先等依然存在严重分歧，一时难以达成共识。至于那些超出总协定和本工作组职责范围的内容，如投资和服务贸易，在现阶段进行审议是不现实的，本工作组已注意到许多缔约方保留了其在总协定项下和乌拉圭回合结束后继续就所关心的问题进行审议或者磋商的权利。考虑到乌拉圭回合正在就总协定二十四条、第十九条以及原产地规则等内容进行谈判，待这些多边谅解或协议出台后，再对这些问题进行讨论和审议是非常有必要的。基于现阶段的审议工作情况，本工作组拟向理事会提交只反映各方关切和意见以及建议的工作组报告，并建议缔约方全体依据乌拉圭回合就总协定二十四条现时形成的谅解第十一款规定，要求美加两国定期（每隔两年）向总协定提交有关美加协议执行情况的报告，特别是乌拉圭回合谈判成果纳入美加协议的情况，美加两国应及时报告总协定秘书处[⑦]。

四、对美国以色列自由贸易区协议的审议

美以自由贸易区协议于 1985 年 4 月 22 日签署，并于同年 5 月 1 日，美以两国把该协议正式通知总协定秘书处。1985 年 10 月 10 日，总协定理事会相应成立了审议美以自由贸易协议的工作组。该工作组基于协议文本和美以两国详实的书面解答材料，在 1986 年 10 月 16 日、12 月 10 日和 1987 年 2 月 5 日与 3 月 17 日连续召开了 4 次工作组会议，并于 1987 年 5 月 14 日向总协定理事会提交了工作组报告。

总协定工作组成立后，着手汇集了各缔约方就美以协议所提出的问题，并及时把问题清单转交美以两国进行解答。由于此次审议工作事先做了较好的准备，美以在提供了较充足的资料信息的同时，又对缔约方所提问题进行了较为详实的解答，澄清了一些问题，致使此次审议工作成为总协定审议各类区域集团协议有史以来比较圆满的一次。除了个别问题外，对整个协议的审议工作几近达成了一致性结论，即认为美以比较符合总协定及其二十四条的规定。该工作组考虑到个别缔约方保留了其在总协定项下就美以协议今后执行中所产生的具体问题继续进行审议与磋商的权利，故该工作组为避免损及这些缔约方的此类权利，最后向总协定理事会提交的报告，还是以只反映各方关切和意见的形式出现的。

在审议过程中，美国代表首先对美以协议是如何的符合总协定及其二十四条规定作了说明，即：（1）美以协议的酝酿和制定的全过程，是完全遵循了总协定及其二十四条的规定进行的，并充分考虑了美以两国在多边贸易体制下的权利与义务和其他第三国的贸易利益；（2）对美以两国间实质上所有贸易拟取消关税和其他限制性商业规章；（3）在合理期间内即 10 年内完成取消全部关税和使其他贸易限制自由化；（4）协议第六条对某些农产品规定为贸易自由化例外，是根据美“农业调整法”第二十二条款的 1955 年免除总协定义务规定做出的，而且对这些农产品只实施非关税措施而无关税壁垒；（5）协议项下的关税和其他贸易规章，既不高于也不严于协议达成前的一般限制水平，而且不会因该协议执行产生新的贸易壁垒；（6）协议不仅在某些方面，如幼稚工业保护、国际收支条款和从量税条款等方面加严约束纪律，提高了总协定义务，而且在某些方面如政府采购和国际收支例外等方面的规定还超越了总协定的范围；（7）美以两

国不仅根据总协定二十四条七款规定作了及时的通知义务，而且对缔约方所提出的问题进行了认真详实的解答，所以说，美认为美以自由贸易协议是当今总协定范围内少有的几项符合总协定及其二十四条规定的区域集团协议之一。工作组理应对此做出明确的结论。以色列代表对美的说明和解释表示完全支持，并强调美以协议不仅将为美以两国贸易的发展创造一个公平的自由贸易环境，而且同时也会扩大美以两国与第三国贸易的发展与增长。

面对美以对所提问题的详实解答和美以协议本身内容的规定，个别缔约方认为美以协议作为一项比较全面规范的自由贸易区协议，已基本上符合了总协定二十四条的要求。欧共体代表则认为，美以协议是一个地理上既不邻接，传统上又无特殊贸易关系的两个国家之间形成的跨地区自由贸易区协议，这既丰富了总协定二十四条规定的内容，同时也给总协定的审议工作提出了新问题，即审议跨地区自由贸易协议是否与审议同一区域内的自由贸易区协议相一致或者类似，还是有所不同，故本工作组应对美以协议进行较全面审议，以期获得经验，为今后类似情况的审议奠定基础。大部分缔约方认为，美以协议从关税自由化方面看，已完全符合总协定二十四条的要求，但如从非关税措施的取消时间表和自由化程度，特别是协议第六条对农产品例外的规定等来看，美以协议与总协定及其二十四条要求的一致性就非常值得怀疑。

另外，考虑到关税和非关税措施取消和逐步自由化的 10 年过渡期，以及对美以协议某些内容是否与总协定及其二十四条要求相符合存在疑虑，一些缔约方建议缔约方全体要求美以不仅在 10 年过渡期内定期就协议执行情况提交报告，而且 10 年过渡期后也应定期提供这类情况报告，以便总协定监督协定的执行情况，确保第三国缔约方的经贸利益和在总协定项下的权利与义务平衡。但是这一建议，美以只接受了前一部分，即在 10 年过渡期内根据总协定的有关规定定期提交协议执行情况报告，但至于 10 年过渡期后，美以是否有义务继续这样做，取决于其他自由贸易区协议的做法[8]。

五、世贸组织对北美自由贸易区协议的审议

美加墨三国在 1992 年 12 月 7 日签署北美自由贸易区协议 3 个月后，即 1993 年 2 月通知了总协定。通知中特地提及，为了使总协定缔约方全体能够及时地对该协议进行审议，并形成报告和提出建议，美加墨三国将就北美协议的有关情况

提供进一步的资料与信息。鉴此，总协定在其 1994 年 3 月的理事会上成立了审议北美协议的工作组。美国考虑到世贸组织已于 1995 年 1 月 1 日正式生效和美国会批准了美政府有关执行乌拉圭回合成果的法案，有关审议北美自由贸易区协议的法律依据和程序也将按世贸组织的相关程序和新规定来进行。1995 年 3 月，美加墨三国又向世贸组织服务贸易理事会提交了通知，指出 1994 年 1 月 1 日生效的北美协议中的服务贸易内容，属于世贸组织服务贸易总协定第五条一款所规定的那类自由贸易协议，应按服务贸易总协定第五条七款（a）项要求进行通知。

为了顺应世贸组织业已取代 1947 年总协定的变化，使对北美协议的审议工作尽快在世贸组织范围内启动，1995 年 7 月 11 日，世贸组织总理事会对原在总协定理事会上成立的审议工作组进行更名，并按世贸组织的有关规定重新规定了工作组的职责，也即在按 1947 年总协定第二十四条规定的基础上，又把乌拉圭回合关于总协定二十四条的谅解和服务贸易总协定第五条的规定纳入审议工作的法律依据中。事实上扩大了审议范围和所参照的法律规范，这无疑增加了工作组今后审议工作的复杂性。

在 1994 年 3 月总协定成立工作组后，就通知各缔约方尽快把对有关北美协议的问题以书面形式提交给总协定秘书处，美加墨三国对缔约方所提出的 232 个问题于 1995 年 6 月向世贸组织提交了较为详实的书面解答。紧接着世贸组织于同年 7 月 20 日召集了第一次审议工作组会议。此次会议主要是由美加墨三国听取世贸组织成员对北美协议所表示的关切、疑虑，然后进行口头解释和澄清。从会议召开的总体情况看，各成员的关切、疑虑和问题基本上与各自书面所提出的问题相类似，主要集中在以下几个方面：（1）北美协议所产生的内部关税的取消对总协定关税减让表中约束税率的影响以及国民待遇和非关税措施例外产品的规定、退税和海关用户费的变化、汽车、钢材与服装行业的特殊规定等在多大程度上会改变美加墨三国的现行市场准入条件；（2）对照乌拉圭回合在技术性贸易壁垒、政府采购、投资措施、知识产权、动植物检疫、争端解决机制、保障条款以及服务贸易等方面所形成的新的多边谅解和协议，北美协议有关这些方面的规定是否与上述新的原则与纪律相符合，需要做哪些方面的调整和更动，特别是北美协议中的争端解决机制与世贸组织的新争端解决机制的协调问题；（3）美加墨三国在执行北美协议过程中，应采取什么有效措施来确保第三国的贸易利益和在多边贸易体制下权利与义务平衡不受侵害，尽量缩小贸易和投资转移效应，扩大贸易与投资的创出效应；（4）北美协议成员资格是开放的还是封闭的，环境、劳工等三个附件协议与北美协议之间的关系与协调，以及这三个附件协议的报告对北美自由贸易区建立的影响等。

美加墨三国在基于其现有书面解答材料的同时，还将在今后举行的历次工作组会议上继续对各成员所提的上述方面的问题和一些新问题做出澄清与解释。欧共体、日本、拉美的巴西、阿根廷和东盟等成员，从它们所提的书面问题和第一次工作组会议上的表现，不难看出，这些成员特别是欧盟和日本决不会轻易放过北美协议，势将继续提出诸多难题，以便更加彻底地审议北美协议的规定及其执行情况。有些总协定法律专家认为，单就北美协议本身的复杂性和其涉及面之广以及欧盟与日本的态度而言，有关这一协议的审议过程定会旷日持久，而且这旷日持久的审议能否就北美协议与世贸组织各项规定的一致性达成比较一致的结论似也不容乐观，最有可能的可能是重蹈以往总协定各审议工作的覆辙。

第三节　二十四条十款项下“免除责任”的审议

根据总协定二十四条十款规定，获得免除最惠国待遇义务的区域集团协议迄今只有两例，一个是作为总协定缔约方的尼加拉瓜于 1951 年 3 月 9 日同非总协定缔约方的圣萨尔瓦多（1991 年 5 月加入总协定）所签署的自由贸易区条约；第二个是 1956 年 7 月尼加拉瓜与 4 个非总协定缔约方的中美洲国家所签署的中美洲自由贸易与经济一体化条约。

总协定起草者们把此款写入二十四条主要是为了适用当时形势的需要，即总协定成立之初，大部分国家和地区都不是总协定缔约方，成立关税同盟或自由贸易区很可能涉及这些非总协定缔约方，而且战后初期，自由贸易的发展刚处于起步状态，许多国家和地区还在实行内向非开放的经济发展战略。在这种背景下所成立的关税同盟或自由贸易区，就很难完全符合总协定二十四条五款至九款的要求。所以说，总协定二十四条十款规定，那些“与本条五款至九款的要求不完全相符，但系为建立本条所称的关税同盟或自由贸易区的建议，缔约方全体经 2/3 多数通过可予以批准”。从该款规定看出，那些不符合二十四条五款至九款规定的区域集团协议，要获得该款免除责任待遇的最重要的前提条件，是系建立总协定二十四条所称的关税同盟或自由贸易区的建议。该款 2/3 多数是指简单多数，这同总协定第二十五条五款的2/3投票多数则不同，后者是指超过全体缔约方半数以上的绝对多数。

总协定二十四条十款自进入60年代以来至今未再被援用过。主要原因是总协定缔约方队伍迅速扩大，各国和地区大都实施了开放经济战略，伴随国际分工的加深和生产的日益全球化，国家间的贸易关系逐渐紧密，国际贸易的内涵和相互依存度空前扩大和提高，经过总协定主持下的数轮多边关税贸易谈判，贸易自由化获得迅猛发展。在这种背景下成立的区域集团协议大都涉及范围广泛，规模较大，需要按总协定二十四条规定进行较为严格的审议，所以十款几乎处于“名存实亡”的状态。即使有些建立区域集团协议的缔约方要求援用十款予以免除义务，但恐怕其他缔约方和总协定也不会情愿接受这一要求，2/3多数通过就难保证。

再者，按总协定二十四条所审议的各类区域集团协议，没有一项未获得过免除最惠国待遇义务的，不过是受审议的区域集团协议成员按要求提供一些必要的资料并就所提问题进行一番艰苦程度不同的书面与口头解答而已，所以从这点看，也没有必要去援用十款规定，自找麻烦，反正经过再艰难的工作组审议也都能获得免除义务。但是，如果区域集团协议中有非总协定缔约方（不能参加总协定的业务活动，总协定也无权对它们进行审议），援用十款就成为必要。

一、尼加拉瓜与圣萨尔瓦多自由贸易区条约

1951年3月9日，尼加拉瓜与圣萨尔瓦多签署了自由贸易区条约。同年3月7日，尼政府提前两天把该条约草案通过了总协定，并希望获得总协定免除最惠国待遇义务的决定。总协定在接到尼政府通知和条约草案后，经初步讨论和分析，认为该条约大部分内容并不符合二十四条的规定，条约中只有第三条和第四条规定在两国之间逐步取消关税，而且圣萨尔瓦多为非总协定缔约方，所以要按二十四条五款至九款进行审议是困难的。但考虑到“尼圣条约”又系建立二十四条所称的自由贸易区的建议，而且尼政府承诺在过渡期内每年在6月30日或之前向缔约方全体提交一份有关该条约第三条和第四条执行情况的报告，并势必要提供格外信息和资料，总协定缔约方全体于1951年10月25日针对该条约按总协定二十四条十款做出了如下决定：“尼加拉瓜政府在成立自由贸易区时，有权享用总协定二十四条规定的利益。如缔约方全体在对尼政府的情况报告和有关

统计资料进行研究后发现，自由贸易区条约的执行与实施不可能导致总协定二十四条意义上的自由贸易区的建立，那么缔约方全体将对其上述决定进行重新审议”[⑨]。

二、尼加拉瓜参加中美洲自由贸易区的问题

1956年7月31日，尼加拉瓜政府把其拟参加建立中美洲自由区，并相应地与哥斯达黎加、圣萨尔瓦多、危地马拉和洪都拉斯4个非总协定缔约方签署自由贸易协议的决定通知了总协定，通知中还附带对拟议中的自由贸易协议内容作了说明。尼政府为赢得总协定缔约方全体的支持，向总协定作了两项初步承诺，即其一是决心在中美洲自由贸易和经济一体化条约生效后10年内完成建立中美洲自由贸易区；其二是决心为实现上述目标而对条约内容按总协定二十四条有关规定做出适当修改，并设法与条约其他成员就建立自由贸易区的具体计划和时间表达成临时协议，在不迟于1960年9月1日向总协定缔约方全体提交这一临时协议。

总协定考虑到尼政府的上述承诺与决心，以及尼政府又承诺在10年过渡期内每年在不迟于9月1日，向缔约方全体提交有关中美洲自由贸易区在取消关税和其他限制性商业规章方面所取得进展的情况报告，并进一步考虑到中美洲条约的其他4成员均为非总协定缔约方，总协定缔约方全体于1956年11月13日根据总协定二十四条十款规定，针对尼政府参加签署中美洲自由贸易区条约问题做出如下决定：“尼政府有权享用总协定二十四条有关建立自由贸易区规定的利益。但是，如缔约方全体在对尼政府所提交的有关具体计划与时间表以及情况报告进行研究后，发现中美洲条约生效后10年内是不可能导致建立总协定二十四条意义上的自由贸易区的话，缔约方全体将对其上述决定进行重新审议”[⑩]。

中美洲经济一体化进程虽历经坎坷，波折丛生，但在发展中国家所建立的各区域集团中还算得上是一个佼佼者，取得了较好的成效，推动了中美洲地区贸易自由化的发展，为中美洲实现第二步经济一体化战略打下了基础。进入20世纪90年代以来，哥斯达黎加、圣萨尔瓦多、危地马拉拉和洪都拉斯分别于1990年11月、1991年5月、1991年10月和1994年4月陆续成为总协定缔约方。面对当前区域集团化浪潮的兴起和中美洲各国间经贸依赖性的加深，中美洲地区有必要通过进一步消除贸易壁垒促进区域经济合作。1993年10月29日，中美洲5国

总统在危地马拉城召开的第14届中美洲首脑会议上，签署了《中美洲经济一体化总约》（又称“危地马拉草约”）。

1995年8月9日，中美洲一体化秘书处在圣萨尔瓦多发表公报，宣布“中美经济一体化总约”于同年8月16日开始生效实施。该条约通过法律形式保证了中美洲一体化的进程，并将完善有关中美洲经济一体化的各项研究，其中包括在美洲自由贸易区、对外贸易关系、海关合作与联合、生产要素的自由流动、金融货币联盟以及各项宏观经济政策与产业政策协调等。如果一体化总约的各项内容能在今后得以有效实施，那么，中美洲经济联盟将最终形成。一体化总约的中美洲5国现时作为世贸组织的成员，也应把“总约”通知世贸组织，根据总约的内容、规模和自由化程度，世贸组织或者按东京回合“授权条款”或者以授权条款为主并结合总协定二十四条及其谅解和服务贸易总协定第五条规定（这主要取决于审议工作组的职责范围）对总约进行全面审议。中美洲5国要参照40年前即1951年10月和1956年11月的缔约方全体决定来援引十款予以免除责任似不符合现实了。

第四节　第二十五条五款项下“免除责任”的决定

总协定第二十五条五款作为缔约方全体联合行动以实施免除责任的规定之所以适用了某些区域集团协议，这主要是由于总协定面对现实的结果，总协定对某些区域集团协议实施了该款规定的免责行动更多是侧重于程序上的而非实质上的要求。按严格的法律解释，本款并不适用于区域集团，因为本款规定中有明确的前提条件，即“在总协定其他部分未作规定的特殊情况下……”但有关区域集团协议获得免除义务的问题，不仅总协定二十四条作了规定，而且二十四条十款又对那些不完全符合本条规定的区域集团协议作了特殊规定，所以说总协定第二十五条五款不适用于区域集团协议。但是，有些法律专家则认为，总协定第二十五条五款应有更加广泛的适用性，即使有些问题在总协定中有相应的规定，但如果这些问题具有特殊性并且该特殊问题的当事缔约方提出免责申请，该款就应适用于这些问题。对某些区域集团协议来讲，援用该款理论与实践上并不存在任何困难，因为总协定二十四条十款也规定了前提条件，即“系为建立本条所称的关税同盟或自由贸易区的建议”，那些不符合此要求的区域集团协议，特别是那些针对一项或几项产品规定优惠安排的协定就符合了总协定第二十五条五款的前提条件。总协定在过去40多年历史上，正是基于此种解释对诸多优惠贸易安排和商品自由贸易协议做出现实的免责决定，有关区域集团协议的免责决定占整个免责决定总数的80%也就不足为怪了。

总协定在对区域集团协议实施第二十五条五款规定的实践中，做出免责决定并不难，难的是这项决定的含义和范围如何界定。从第二十五条五款的条文规定看，缔约方全体可以解除“某一”缔约方对总协定所承担的“某一项”义务，那么这一规定：一是只适用于解除“某一”缔约方的义务，而对一区域集团协议必然涉及两个或两个以上缔约方的情况是否适用，在总协定内一直存在争议；二是这一规定只可解除对总协定所承担的某一项义务，就是指总协定第一条的最惠国待遇义务，还是暗含其他总协定义务。事实上，总协定缔约方全体在针对某一区域集团协议根据第二十五条五款作免责决定时，完全摆脱了上述苛刻法律争议的束缚，采取了一种较为现实和适用形势发展的姿态。总协定第二十五条五款对区域集团协议的广泛适用性，等于总协定对任何类型的区域集团协议开了“绿灯”，使总协定二十四条项下的审议更流于形式，减弱了总协定对区域集团的约束与监督作用。

虽说总协定第二十五条五款的“免责规定”，对诸多贸易优惠安排和商品自由贸易协议获得免除总协定义务提供了便利，但是总协定在具体实践中，也逐步丰富和完善了获得免责义务决定的条件与程序。一项优惠贸易安排或商品自由贸易协议要获得免除义务的待遇，除了第二十五条五款中规定的先决条件外，还必须满足以下几项条件：（1）贸易优惠安排或商品自由贸易协议的目标是与总协定的总目标相一致的；（2）安排或协议的实施不致对第三国缔约方的贸易或同类商品贸易造成损害，不致产生巨大贸易转移效应以及不致影响总协定项下权利与义务平衡。不难看出，这两项在实施中形成的前提条件不仅笼统、含糊，而且在做出免责决定时，也无从去判定某项安排或自由贸易协议是否符合这些条件，因为只有等协议或安排实施一个时期后才能做出判断。

为了确保免责决定监督优惠贸易安排或商品自由贸易协议的严格实施，总协定早在1956年11月第十届缔约方全体大会上，针对缔约方全体审议有关免除总协定第一部分和其他主要总协定义务的要求规定了程序性指导原则[11]，归纳起来主要有：（1）要求获得免除总协定第一部分和其他主要总协定义务的申请，应至少提前30天通知总协定，如在要求采取紧急行动的特殊情况下，这一要求期限可适当放宽；(2) 在上述所规定的提前30天之内通知的申请缔约方应与提出磋商要求的缔约方进入全面磋商，力争达成满意的协议或谅解；(3) 如该磋商未达成满意的结果或缔约方全体对申请缔约方向其他缔约方的合法利益所做出的保障不满意时，不应接受这一申请并做出相应的免责决定；(4) 任何免责决定中都应包括有关该免责决定进行具体行动的磋商和缔约方全体或会议间委员会进行仲裁的程序；(5) 任何免责决定视情况规定年度情况报告制度和对该决定进行年度审议的做法。这一指导原则，并未涉及免责决定的有效期的制定和如何终止免责决定以及免除其他主要总协定义务的含义与援用争端解决机制的问题。另外，对免责决定和一项贸易安排或自由贸易协议实施而影响总协定第二条关税减让表中约束税率以及免除最惠国待遇和其他总协定义务是否对受影响缔约方给予补偿问题也未提及。看来主要原因，是考虑到各项贸易优惠安排或自由贸易协议均有各自不同的特殊情况，上述问题需要在各项免责决定中做出具体的规定，难以形成系统的原则。

总协定在这一方面的实践告诉我们，绝大部分有关优惠贸易安排或商品自由贸易协议的免责决定中，都相应地保留了第三国有权援用总协定第二十三条争端解决程序的规定，而且这些免责决定，绝大部分是免除总协定第一条最惠国待遇原则义务，而很少涉及其他主要总协定义务（欧洲煤钢联盟除外）。至于免责决定期限的终止，有的决定则无明确规定，而且规定不需做补偿性调整，如1952年11月缔约方全体对“欧洲煤钢”所做出的免责决定[12]（事实上，这一免责决定如不是因为罗马条约于1957年取代了“欧洲煤钢”，那么，其有效期就将具有永久性）；有的决定是通过规定该项优惠贸易安排或商品自由贸易协议的实施不致与此项免责决定相违背，或不致损及其他缔约方在总协定项下的权益和造成严重的贸易转移效应，以及或者通过磋商达成满意协议为前提条件，否则，受损害缔约方可建议缔约方全体终止该项免责决定。如果缔约方全体认为建议合理属实，就应立即采取相应的行动，例如1965年12月，缔约方全体通过邮政投票对“美加汽车产品自由贸易协议”所做出的免责决定就有较详细的类似规定[13]。除上述两种较特殊的情况外，总协定缔约方全体有关这方面的决定，绝大多数是依据某项优惠贸易安排或商品自由贸易协议自身规定的过渡期或有效期而做出相应的终止期限，也即一项安排或协议的过渡期或有效期结束之日，就是该项免责决定终止实施之时。例如1985年2月15日缔约方全体对美国的“加勒比盆地经济恢复方案”⑭（有效期为1984年1月1日至1995年9月30日，决定终止日同1995年9月30日）以及1994年11月10日总协定理事会对第四个洛美协定（有效期为10年，即从1990年3月1日至2000年2月29日，终止日同2000年2月29日）所做出的免责决定⑮。鉴于篇幅，本节对上述例子就不再作详细介绍，如读者想了解有关情况，可根据本章注释去阅读参考。

第五节 “授权条款”项下的“自动免责”审议

在“授权条款”于1979年11月28日正式生效以前，单纯由发展中国家缔约方之间签署的区域集团协议与总协定的实践关系，主要是通过上面介绍的三种方式进行的。截至1979年11月，共有15项发展中国家之间签署的优惠贸易安排、自由贸易区和关税同盟协议以及商品自由贸易协议通知了总协定，其中南非罗德西关亚税同盟协议（1949年4月1日生效）、赤道非洲国家关税同盟（1962年7月1日生效）、拉美自由贸易联盟（1961年6月2日生效）、加纳与布基纳法索（原称上沃尔特）自由贸易区协议（1962年5月9日生效）、非洲共同市场（1963年7月1日生效）、阿拉伯共同市场（1965年1月1日生效）、加勒比自由贸易区协议（1968年5月1日生效）和加勒比共同体与共同市场（1973年8月1日生效）等9项自由贸易区或关税同盟协议是根据总协定二十四条五款至九款规定进行审议的，有的审议形成了书面工作组报告，有的只形成了口头声明，有的则审而无果；尼加拉瓜圣萨尔瓦多自由贸易协议（1951年8月21日生效）和尼加拉瓜参加的中美洲自由贸易区协议是根据总协定二十四条十款做出的仅有的两项获得免责决定的案例；其余4项，如尼加拉瓜参加中美洲经济一体化总条约（1961年6月生效）、埃及印度南斯拉夫贸易扩大与合作协议（1968年4月1日生效）、亚太经社会发展中国家成员是第一个贸易审判协议（又称“曼谷协议”）则是通过总协定第二十五条五款规定而获得免责待遇的，这4项协议中后3项在授权条款生效后，又分别按条款的规定向总协定贸易与发展委员会作了通知，其中曼谷协议和东盟优惠贸易安排，又根据授权条款和总协定第四部分的规定进行了审议，并就审议结果分别向贸易与发展委员提交了执行报告。

关于发展中国家之间的区域集团协议，是按照授权条款还是依据二十四条规定进行通知与审议的问题，发展中国家与发达国家特别是与美国之间一直存在争议。但是，自20世纪80年代初以来，发展中国家之间所形成的诸多区域集团协议，均是按照授权条款向总协定贸易与发展委员会做出通知和进行审议的，除了埃及印度南斯拉夫优惠贸易安排、曼谷协议和东盟5国优惠贸易安排外，截止1995年5月，总协定贸易与发展委员会受理了8项发展中国家的区域集团协议，其中包括安第斯关税同盟，东盟6国有效共同优惠关税方案（CEPT）和南方共同市场等较为重要的发展中国家区域集团协议。

总协定贸易与发展委员会对这8项发展中国家的区域集团协议分别采取了不同方式的审议行动，例如对海湾合作理事会成员间的联合经济协议（1983年5月1日生效）只是表示“已注意到”，对南太平洋区域贸易经济协议（SPARTECA，1981年1月1日生效）要求在进一步提供资料与信息的同时向贸易与发展委员会作情况报告，对拉美一体化联盟（LAIA，1981年5月18日生效）、安第斯关税同盟（1988年5月25日生效）和东盟有效共同优惠关税方案采取的是向总协定贸易与发展委员会做出情况发展报告的行动，对南方共同市场（1995年1月1日生效）协议，总协定迫于美等发达国家的压力，则采取了较为严格和规范的审议程序，贸易与发展委员会于1993年5月28日成立了工作组，其审议程序和标准也将按总协定二十四条和其他条款的规定。但是总协定对中西亚经济合作组织成员间的优惠关税附加议定书（1991年5月23日生效）和泰国与老挝（非总协定缔约方）优惠贸易安排（1991年6月20日生效）则迄今未采取任何行动。

事实上，无论总协定对发展中国家的区域集团协议采取何种审议行动，其审议工作的严格性、广泛性和规范性比在总协定二十四条项下的审议工作均宽松得多，而且依据授权条款的审议，只要有关发展中国家向总协定做出通知，一项区域集团协议就自动获得免责待遇，而无须经过总协定二十四条五款至九款的繁琐答疑和讨论程序以及二十四条十款和第二十五条五款的投票表决程序。但是一些较为重要的区域集团协议，如东盟有效共同优惠关税方案和南方共同市场协议还是需要进行比较详细的情况介绍和说明的，而且，虽然这两项协议的审议程序比较宽松，审议工作组的工作是由总协定贸易与发展委员会主持而非理事会，但是审议的实质还是类似对欧共体和美加协议的审议程序，审议的标准也基本上是总协定二十四条和其他总协定条款的规定。所以说由总协定贸易与发展委员会主持下的对主要发展中国家区域集团协议所进行的“授权条款”项下的审议，形式上虽与二十四项下的审议有所不同，但实质上则是一致的。

主要发展中国家，在总协定多边贸易体制范围内之所以坚持由贸易与发展委员会主持进行授权条款项下的审议，主要出于以下几点考虑：（1）总协定二十四条制定的背景和规定的标准，并未真正反映发展中国家之间进行和实施区域经济合作计划和贸易优惠安排的实际要求，而且也不符合总协定成立后的现实国际贸易形势与环境；（2）授权条款的出台是发展中国家在多边贸易体制内追求差别更优惠待遇的一大胜利，它不仅使发达国家向发展中国家单方面非互惠地提供待遇的做法具备了法律依据，而且也为发展中国家之间所建立的优惠安排和区域经济合作协议自动获得总协定免责义务提供了永久的法律基础。如果在实施授权条款的过程中，发展中国家的区域集团协议，不能依据授权条款的规定进行通知与审议，那么势将弱化或减损授权条款的现实意义；（3）坚持授权条款项下的审议不仅可以放松审议程序与要求，达到进行“简单审议”的目标，更重要的是让国际多边贸易社会认识到发展中国家在多边贸易体制内享受到不容置疑的差别更优惠待遇；（4）一般来说，发展中国家内部的政治结构相对比较脆弱，大多数国家的领导层均是冒一定的政治风险、克服国内利益集团的各种阻挠而与周边国家和地区达成区域集团协议的。在此背景下，如果在多边贸易体制内按相对宽松的标准与要求审议这类区域集团协议，并能顺利自动获得免除总协定义务，那么，在一定程度上会减少建立区域集团所带来的政治风险，否则，将可能触发和扩大这种政治风险。这是广大发展中国家特别是那些政治敏感度高的主要发展中国家，在多边贸易体制内不得不考虑的一个现实问题。所以说，从这点出发，在今后世贸组织内，发达国家成员对待发展中国家的区域集团协议，不仅有必要采取灵活务实的态度，更为重要的是从政治经济战略高度给予必要的支持与配合。试回忆，20 世纪 60 年代风起云涌的拉美一体化高潮不久即转入低潮，甚至出现“逆向一体化”，其中的教训不能不引起发达国家的认真考虑。

在上面第二节提及的于 1995 年 8 月 16 日生效的“中美洲经济一体化总约”和当前正在筹划中的将成为世界第四大自由贸易区的“加勒比国家联盟”（ACS）等一些新的发展中国家区域集团协议，不久的将来在世界贸易组织中同样会遇到“授权条款”审议的诸多问题。

本章注释：

①《总协定文件选编》，第2卷，第181页，1952年5月，日内瓦。

②《总协定文件选编》，第3卷，第47页，1955年6月。

③ 总协定在1965年3月对土耳其与欧共体联盟的审议工作组报告中就明确提及，“临时协议中并非必然包括详细的具体计划和时间表”。这说明该审议事实上参照了以往的案例。《总协定文件选编》第13卷，第62页，1965年7月。

④《总协定文件选编》，第6卷，第90~91页，1958年3月。

⑤《总协定文件选编》，第7卷，第71页，1959年2月。

⑥《总协定文件选编》，第35卷，第320~321页，1989年6月。

⑦《总协定文件选编》，第38卷，第76页，1992年7月。

⑧《总协定文件选编》，第34卷，第65页，1988年6月。

⑨《总协定文件选编》，第2卷，第30页，1952年5月。

⑩《总协定文件选编》，第5卷，第29~30页，1957年1月。

⑪《总协定文件选编》，第5卷，第25页，1957年1月。

⑫《总协定文件选编》，第1卷，第17页，1953年3月。

⑬《总协定文件选编》，第14卷，第37~39页，1966年7月。

⑭《总协定文件选编》，第31卷，第20~23页，1985年3月。

⑮《总协定理事会文件》，文号C/W/820，1994年11月10日。

第十一章 多边贸易体制与区域集团贸易自由化范围与机制的比较

第五章和第六章较详细介绍了区域集团发展的过去与现在，可从中发现区域集团在推动和扩大区域贸易自由化范围与机制的深度与广度及其有效性；在第七章、第八章和第九章中，通过利用静态与动态的分析方法，较深入地研析了区域集团化发展的特点、问题及其对贸易投资、经济政策和第三国贸易的影响与作用，比较系统地揭示了区域集团自身存在的优缺点。

另外，在上一章中对区域集团与多边贸易体制的关系实践进行了分门别类的介绍与分析，以此可窥视它们相互之间所采取的态度与对策，发现彼此之间既存在摩擦又存在融合的对立统一现象，使我们对区域集团与多边贸易体制之间“互补性竞争”关系的轮廓有了一个概括的了解。为了进一步研究两者之间互补与竞争关系的内在实质，为下一章得出区域集团与多边贸易体制互补与竞争关系目标趋同性的结论打下基础，我们拟在本章着重就两者各自在推动贸易自由化即在货物贸易、服务贸易、知识产权保护、投资与竞争政策的范围以及在促进和实现贸易自由化的机制方面所存在的异同作逐一比较。通过这一比较还可以帮助我们进一步认识到，在当前多边贸易体制，特别是乌拉圭回合（世贸组织取代总协定）结束后日益加强的同时，区域集团化势头不但未收敛，反而有增无减的深刻原因，从而说明区域集团在诸多方面不仅对多边贸易体制有补充作用，而且在个别方面比多边贸易体制确实存在独到的优势。

第一节 货物贸易自由化范围的异同

一、关税减让

关税是市场经济国家和地区调节进出口最重要的方式，也是多边贸易体制所提倡的通过影响价格进行管理贸易的唯一完全合法的手段。关税减让是贸易自由化早期（总协定创立后的头 20 年）的唯一核心内容。为了给贸易行为获得一个安全开放的基础，无论是区域集团还是多边贸易体制的成员，均是在两个层次上推行关税自由化的：一是通过契约保证的方式，约束或限制关税水平并实施减让义务；二是关税减让承诺的产品范围（如机械、化工、建筑设备等产品）。

在区域水平上，按严格规定的要求，真正的关税同盟或自由贸易区的关税自由化应包括“实质上所有贸易”，但现实中还没有一个区域集团即使欧共体也未能完全达到这一标准。事实上，作为贸易自由化范围广深的欧共体，其关税自由化也只局限于工业品领域，一些敏感性产品，如纺织品和农产品大都作为关税自由化的例外。当然，除去这些例外产品，欧共体在其建立关税同盟的过渡期结束时，已在区域内取消了所有关税。从这点看，欧共体的关税自由化快于多边贸易体制在这方面的行动步伐。欧共体于 1973 年同欧联通过签署自由贸易协议，在当时建立起了世界上基本取消工业品关税的最大自由贸易区。全面取消关税的方案与计划也已经写入了 1992 年的欧洲经济区协议中，估计这一计划将伴随欧洲经济联盟的逐步建立在 1999 年前实施完毕。但是有些敏感产品仍对中东欧国家的供应商实行长达 10 年的关税配额，在一定程度上限制了这些国家的低成本产品进入西欧市场。

再从北美自由贸易区的情况来看，墨西哥原本是一个高保护关税的国家，但为了同美加谈判自由贸易协议并为建立自由贸易区做好准备，自 20 世纪 80 年代末以来，墨西哥政府对其高关税制度进行了一系列大胆自愿的改革，较大幅度地降低了其关税水平，使其基本上与总协定发达缔约方的工业品平均关税水平相一致，墨西哥政府大幅度削减关税的行动，为北美地区在 10 到 15 年的过渡期内实现全部取消关税的目标铺平了道路。

不难看出，虽说发达国家之间的关税自由化，在过去 40 多年内无论在区域集团内还是多边贸易体制主导下的几轮回合中均取得了巨大成就，但是进一步推动关税自由化以致最终取消关税，依然是各区域集团实施贸易自由化计划的重要组成部分，对那些关税平均水平依然居高不下的发展中国家来说，在其区域集团内实施关税自由化方案，往往是实现区域经济合作和促进贸易自由化发展的首要目标，如东盟自由贸易区、拉美南方共同市场、南亚区域合作联盟以及东南非洲经济共同体等均属此类。

从多边关税自由化的发展来看，总协定在过去 40 多年内所取得的主要成就之一，就是推动工业发达国家进行了大幅度的关税减让运动。到目前为止，发达国家受制于关税约束的进口产品已占其总进口的99%。总协定主持7轮多边谈判已使发达国家的最惠国待遇关税从1947年的平均47%降至乌拉圭回合发动前（1986年）的平均6.3%。乌拉圭回合关税减让谈判情况显示，其总体关税减让幅度平均高达40%。除个别行业外，这一减让幅度大大高出了原定30%的目标。如果乌拉圭回合关税谈判成果将来得以有效实施，那么，工业发达国家来自世界各地的免税进口商品将从20%上升至43%（日本将高达71%），一些高于15%的“关税高峰”也将大大降低（这一点对缩小区域集团所产生的贸易转移效应将产生积极作用），整个进口产品的平均关税水平将下降至3.8%。

毫无疑问，多边贸易体制范围内最惠国待遇关税水平的大幅度下降，不仅使发达国家的关税不再具有重要的壁垒作用，而且也大大降低了在发达国家市场上寻求关税优惠待遇的重要性，从而在很大程度上缩小了发达国家之间区域集团所可能产生的贸易转移效应。正如在第七章第一节之三中所分析的那样，这种情况会推动区域集团的合作形式由低级向高级发展。但是，尤应注意的是，关税在发展中国家包括那些中等收入的国家与地区和新兴工业化经济体中，依然是重要的贸易壁垒。由于历史与现实的原因，无论是发展中国家间的区域集团合作，还是多边贸易体制发动的一系列多边回合，均未在推动发展中国家的关税自由化方面取得什么进展。这把本应早完成的任务，留给了今后发展中国家间的区域集团和以世界贸易组织为基础的新多边贸易体制。

在1986年乌拉圭回合发动以后，广大发展中国家对内纷纷进行了经济改革，对外实行了外向型发展战略，许多发展中国家伴随贸易政策的转变，以自愿和契约的方式并在区域和多边基础上，对高关税进行了一系列重大改革，进行了大幅度的关税减让。在乌拉圭回合关税谈判中，发展中国家特别是亚洲和拉美做出了全面的关税约束承诺，其结果使发展中国家61%的进口产品受制于约束关税。这是发展中国家对多边贸易体制40多年来做出的最突出的贡献。但是，发展中国家在乌拉圭回合中所做出的关税减让承诺的实际意义，目前尚难做出明确的判断①。

从以上对比不难看出，区域集团与多边贸易体制在推动关税自由化方面基本上是同步进行的（或许待欧洲经济区协议全面实施后，欧盟的关税自由化步伐会快于多边贸易体制）。这一同步进行有两层涵义：其一是双方在推动发达国家关税自由化方面的贡献与步骤是基本相同的，这是积极的一面；其二是消极的作用，即发展中国家间的区域集团在推动其成员实施关税自由化进程中所遇到的困难与失败类似于多边贸易体制中的，二者在此方面均收效甚微。所以说，多边贸易体制在今后如何有效地支持发展中国家间的区域集团，发展中国家间区域集团又如何能积极配合多边贸易体制进一步促进发展中国家的关税自由化，不仅是多边贸易体制和发展中国家间区域集团共同面临的一项紧迫任务，而且也可以验证一下两者在推动发达国家关税自由化的互补作用，能否同样会发生于多边贸易体制与发展中国家间的区域集团之间。

二、非关税措施减让

关税水平的大幅度下降，导致其保护国内市场和调节进出口能力的弱化。与此同时，各国和地区特别是工业发达国家，大都设法寻求替代关税以保护国内市场和个别工业的新措施，纷纷采取了非关税措施，如海关估价、数量限制、进口许可证、动植物检疫条例、技术性壁垒以及反倾销、反补贴和保障行动等。

作为关税以外的非关税措施，长时期以来受到发达国家的青睐，主要原因是，这类措施不仅具有隐蔽、模糊等特性，而且保护国内市场和某一特定工业以及实现政治集团利益的功效要比关税作用高得多。所以说，多边贸易体制虽从20世纪60年代的肯尼迪回合开始就着手制定一系列有关规范非关税措施行为的纪律与规则，并一再强调非关税措施对贸易发展和竞争格局所产生的严重扭曲甚至破坏作用，督促有关国家尽量以关税为保护和调节的主要手段。但是，工业发达国家不仅在实施非关税措施方面未有所收敛，反而花样翻新、巧立名目，致使非关税措施滥用成灾，大大冲销了多边贸易体制在关税自由化领域已获得的成果，总体上拖了世界自由贸易进程的后腿。

非关税措施的表现形式多种多样，涉及一国贸易制度的各个方面。经过近八年的努力，乌拉圭回合在动植物检疫（农产品）、技术性壁垒、装船前检验、海关估价、进口许可证程序、补充关税（与进口货物报关相关的其他税费）以及反倾销和补贴与反补贴等非关税措施达成了多边协议，并在总协定第十九条原有规定的基础上改进和加严了实施保障条款的程序与纪律。乌拉圭回合所达成的这些非关税措施协议，有的是具有明确的标准特征，如海关估价、动植物检疫和技术标准；有的则具有明显任意性，如进口许可证、保障措施以及反补贴和反倾销措施。

从乌拉圭回合谈判的情况看，其重要目标之一就是旨在对非关税措施的实施规定一套准确的指导与限制原则和程序，包括透明度、可预见性（决策的具体标准）和对出口商的程序性保证。例如，根据乌拉圭回合有关反补贴与反倾销措施协议的规定，世贸组织一成员在实施和管理上述两类措施时须遵守以下步骤：(1) 调查举证行为；(2) 终止调查的标准；(3) 向有关当事方提供详细通知和举证权；(4) 用于确定倾销或补贴对国内工业损害标准；(5) 对确定倾销或补贴的详细解释；(6) 实施“夕阳条款”（sunset clause）[②]。即除了确定一旦终止反倾销或反补贴措施，倾销或补贴以及因此造成的损害有可能卷土重来外，反倾销或反补贴措施的实施期一般不得超过 5 年。

作为较具有国内立法和决策范围的技术标准和动植物检疫条例，近几年来伴随环境保护、质量标准、食物安全以及国家安全日益受到世界各国与地区的重视，形形色色、名目繁多和标准内容迥异的技术标准与动植物检疫条例大量出现于不同国家的进出口管理体制中，在很大程度上干扰和限制了正常贸易的发展，客观上为出口商增加了负担和费用。为了进一步规范各国实施技术标准的行为，多边贸易体制早在东京回合时就制定了“技术性贸易壁垒守则”，但由于该守则的签字国数量有限，其作用未能达到预期目的，致使守则仅具有“诸边”性质[③]。

至于动植物检疫条例的多边行动，由于这类条例管理的对象大都为农产品，加之农产品贸易自总协定创立至 1994 年 12 月（准确地说是 1954 年，美国依据其“1938 年农业调整法”第 22 条规定向总协定申请获得了免责待遇，致使农产品进出口国事实上仿效了美国做法，所以说美是使世界农产品贸易游离于多边贸易纪律之外的始作俑者）就一直不受多边贸易纪律的约束，所以说，总协定根本谈不上对动植物检疫条例采取多边行动的问题。直到乌拉圭回合发动时才把农产品动植物检疫条例的问题列入了谈判议程，并于 1993 年底乌拉圭回合谈判接近尾声时达成了一项多边协议（SPS）。与此同时，乌拉圭回合根据东京回合技术标准守则的已有内容，经过改进与完善达成了一项具有多边性质的技术性贸易壁垒协议（TBT）。

根据动植物检疫协议的规定，应鼓励世贸组织成员政府把它们的国别措施基于其他国际组织发展形成的国际标准、指导原则和建议而制定实施[④]。不管实施的动植物检疫条例与标准有多高，只要它们是科学的，对动植物健康是必要的而不致对进口来源产生歧视即可。技术性贸易壁垒协议也沿用了动植物检疫协议的同样做法，要求成员政府利用可获得的现行国际标准，但是，如果这些现行的国际标准对达到某一特定目标特别是“国家安全”[⑤]要求等不是有效的或者是不适当的途径的话，那么，在这种情况下，可以实施国内标准与条例。在充分考虑到实现目标的同时，这些国内标准与条例不应具有超出实现合法目标之必要的贸易限制程度。

多边贸易谈判的另一个同样的重要目标，是对政府采购行为和特殊的产业领域规定多边纪律，以防止在这些行业里形成阻碍商业考虑和正常贸易发展的现实与潜在的非关税壁垒。例如，东京回合谈判就政府采购、民用航空器、奶制品和牛肉等形成了具有诸边性质的守则协议，但由于其诸边性质，其功效未能得以发挥出来。乌拉圭回合谈判中，发达国家对东京回合产生的 9 个守则协议[⑥]抱有两个目标，一是力图通过新一轮谈判加严和改进这些守则的规定与纪律；二是力图说服发展中国家接受这些守则协议，使它们原具有的“诸边性质”转变为多边协议。但是由于广大发展中国家的强烈反对，发达国家的两个目标只实现了“一个半”，这意味着加严和改进的目标已基本实现，而转变为多边协议的目标只实现了一半，仍有政府采购、民用航空器、奶制品和牛肉等四个协议依然保留了诸边性质。至于进口许可证、倾销与反倾销、补贴与反补贴、海关估价和技术性贸易壁垒等五个守则协议，由于乌拉圭回合结束时，对非关税措施各项协议采取了“一揽子承诺”（“统一整体义务”原则要求不允许有例外，接受一个协议就等于接受其他全部协议，没有挑选的余地）的做法，所以这些守则协议成为乌拉圭回合一揽子谈判成果的有机组成部分，具备了多边性质。

在区域经济合作水平上，减少和取消非关税措施同样成为区域集团特别是发达国家区域集团的重要目标之一，而且个别区域集团如欧盟、澳新自由贸易区在取消非关税措施特别是在相互认可技术标准条例和取消反倾销措施方面，走在了多边贸易体制的前头。然而大多数区域集团协议，即使像欧盟与欧洲自由贸易联盟同中东欧国家达成的联系协议、美加协议和北美自由贸易协议等也未能在成员之间相互免除实施反倾销行动。毫无疑问，这些协议成员国政府内的反倾销法规就被纳入乌拉圭回合反倾销协议所规定的诸多义务中。这就是说，只要一区域集团协议没有涉及规范或取消非关税措施，那么，该协议成员（如果为世贸组织成员的话）一般趋向于把制定和改进非关税措施纪律的任务，交给多边贸易体制主持下的多边谈判。这一点可从美加墨三国在紧锣密鼓地谈判达成北美协议的同时，又卷入乌拉圭回合中的各项非关税措施特别是反倾销措施的谈判情形中得到证明。

技术标准的协调或相互认可同样在区域集团协议（主要是欧盟和欧联）中发挥重要的独到作用。乌拉圭回合技术性贸易壁垒协议只要求成员尽可能地把其标准与条例基于国际公认的标准，并不要求而只是鼓励成员之间相互认可，以此不同的国别标准可视为相同。在各区域集团协议中只有欧盟成员国在其统一大市场计划中，同意把对其有关成员间贸易的技术标准的相互认可作为强制性的义务，并通过欧洲经济区协议把这一义务扩至欧联的成员国。

三、补贴与反补贴措施

“补贴”一直被看做是造成当今国际贸易摩擦与争端的重要根源之一，特别是当补贴以出口补贴形式出现时，更易对正常贸易造成扭曲。事实上生产补贴当其在实施补贴国市场产生排斥进口产品作用时，同样会对正常贸易造成扭曲。无论是出口补贴还是生产补贴，均对产品的成本构成产生直接的影响，造成厂家和出口商低价甚至是亏本竞争，这种通过补贴低价或亏本竞争的根本目的在于打开或稳定或扩大或垄断国内外市场。在这种情况下，如果有些国家与地区在区域内形成约束补贴协议，而世界上其他第三国则照样补贴它们的出口或生产，那么受区域集团补贴协议约束的成员在贸易上势将处于劣势，故补贴纪律与原则很难在区域水平上制定和形成，因为那些有战略眼光的政府发现如果其他国家政府（包括第三国政府）不在规范补贴问题上予之配合，它是很难孤军奋战的[⑦]（国内利益集团的政治压力和其他国家实施补贴对自己造成的冲击）。所以说，目前除欧共体外，实施补贴和反补贴措施的权利在区域集团一级并未取消。这意味着乌拉圭回合就补贴与反补贴所达成的多边框架纪律协议，仍将是管理与指导大多数区域集团成员在补贴与反补贴行为方面的主要法律依据。

不可否认，作为直接或间接影响正常贸易和公平竞争格局的出口或生产补贴与反补贴，多边贸易体制真正系统地对待它只是始于东京回合。总协定第六条和第十六条虽然涉及补贴与反补贴措施，但因规定的条文过于笼统与含糊，在实际中可操作性较低，故难以发挥其功效。这在一定程度上助长了一些缔约方滥用补贴和反补贴措施，来保护国内市场和特定工业的势头。

总协定在东京回合期间，曾试图针对补贴与反补贴措施达成一个系统的多边守则协议，但由于美欧之间在这一问题上存在不可调和的分歧，加之众多发展中国家对加严补贴纪律存有疑虑，致使东京回合未能就这一问题形成一个系统全面的多边协议，只是基于总协定第十六条的已有规定作了某些非实质性的改进，再加上该守则的诸边性质，其收效甚微，这说明东京回合并未从根本上触动补贴与反补贴的实质性内容。

乌拉圭回合则在这一问题上取得了突破性进展，新协议不仅严格界定了补贴的概念，而且把补贴分成了三类，即禁止性补贴、可诉补贴和不可诉补贴，并对禁止和可诉补贴所造成的损害分别规定了较为明确的补救措施和实施补救措施的程序。但新协议也存在遗留问题需要解决，因为补贴与反补贴措施属于竞争政策的范畴，在当前缺少一个全面系统地规范竞争政策的多边协议的情况下，要孤立地单纯在补贴与反补贴领域，寻找全面和根本上解决由此造成的贸易扭曲和竞争格局失衡的有效办法，似乎是不可能的。所以新协议在对待如何纠正因补贴造成的竞争扭曲时，依然允许利用贸易补救办法，即反补贴措施来平衡竞争失衡。事实证明，以反补贴来抵消补贴求得暂时的公平竞争是一种消极的办法，而且往往造成以反补贴为名实则进行贸易保护的情形。

在前面已提及，农产品关税自由化，无论在区域一级还是在多边一级均未取得进展。至于农产品的非关税措施和补贴，如数量限制、动植物检疫条例、国内支持和出口补贴等方面的自由化，在乌拉圭回合农产品协议于 1995 年 1 月生效以前，就更不可能在区域和多边一级取得什么进展了。农产品协议要求世贸组织成员对其影响农产品贸易的所有非关税措施关税化的税号实施百分之百的约束，并对出口补贴和国内支持承诺约束和减让义务。虽说农产品协议有效实施后，关税和补贴依然成为农产品贸易发展的障碍，但是，无论如何这是多边贸易体制 47 年以来首次在限制和减低农产品贸易非关税壁垒方面采取的重要步骤。这一步骤使得多边贸易体制在推动农产品贸易自由化方面走在了区域集团的前头，同时农产品协议不仅对各区域集团尽快实施农产品贸易自由化计划保持了外部压力，而且同时也提供了可资借鉴的指导原则和经验。

在区域一级，我们说绝大多数区域集团协议均未触及农产品贸易。一个例外是欧共体，其农产品关税同盟的结果是形成了 1962 年的欧共体成员国的共同农业政策。但欧共体共同农业政策的酝酿与制定不是一个旨在降低和取消农产品贸易的关税与非关税壁垒的自由化过程，而是一个协调与统一各成员国国别农业政策的过程。事实上，共同农业政策的实施在很大程度上强化了欧共体农产品贸易的保护程度。另一个例外是澳新自由贸易区协议，它的情况与欧共体的共同农业政策不同，作为农产品主要进出口国的澳新在其实施自由贸易区协议过程中，同时也对其农产品贸易壁垒进行了较大幅度的减让，致使两国成为西方经合发组织诸成员中两个保持最低农产品贸易保护与扶持程度的国家。在北美自由贸易协议中，尽管农产品关税将在过渡期结束时全部取消，但是，规范和约束美加墨之间农产品贸易非关税措施（包括出口补贴）和国内支持的纪律仍依据世贸组织项下的新农产品协议。

四、原产地规则

从第四章第四节之三和第五章有关原产地规则的介绍中不难发现，原产地规则作为一种非关税措施性质的贸易壁垒，主要存在于各区域集团协议特别是自由贸易区协议中，而且它不像补贴和技术性壁垒那样纯属于国内立法与决策范畴。原产地规则，在区域集团中大都说明了歧视性差别待遇的存在，一般称这类原产地规则为“优惠原产地规则”，也即为了辨别产品不同来源而实施不同优惠待遇。关税同盟的主要特征是对外实行共同关税贸易政策，故为实施差别优惠待遇的原产地规则在关税同盟中就不像在自由贸易区协议中那样具有意义，例如北美自由贸易协议、南方共同市场和东盟自由贸易协议中均含有优惠原产地规则，而且有的规定还比较苛刻。一般来说，苛刻的优惠原产地规则不仅有可能扩大贸易转移效应，而且有可能构成一种严重的贸易壁垒。所以说，原产地规则在各区域集团协议中的广泛出现和应用，在一定程度上影响了区域集团推动贸易自由化的进程。

总协定在其文本第九条中曾就原产地标记作了一般性原则规定，但这种原产地标记不是为实施差别优惠待遇为主要目的的，它更多的是为了统计和分析进口商品结构而制定的，这类原产地标记虽有时对正常贸易也能产生某些障碍，但不如优惠原产地规则那么严重。在总协定范围内这种不是为实施差别优惠待遇而设置的原产地规则称为非优惠原产地规则。乌拉圭加合发动时，曾有许多参加方建议在修改和完善总协定第九条原产地标记的同时，应对区域集团协议和其他各类优惠关税安排中存在的各类优惠产地规则，制定一个统一规范的多边协议，以进一步协调这类原产地规则，防止滥用。但乌拉圭回合在这方面的谈判结果是针对非优惠原产地规则的一般原则、变动通知程序等达成了一个多边协议，至于优惠原产地规则仅在上述协议附件二中以“共同宣言”的方式提及。无疑，乌拉圭回合把谈判一个多边优惠原产地规则协议的任务留给了世贸组织。这一任务既可通过在总协定二十四条规定中增加有关优惠原产地规则的内容来完成，也可通过针对这一问题制定一个单独的多边协议来进行。选择哪种方式主要取决于世贸组织与区域集团关系的今后发展走向，及其对区域集团化出现的贸易保护倾向所可能采取的态度。

五、府采购行为

政府采购是指为了公共需要，由政府部门（包括中央或联邦一级和地方或州政府一级）或由政府指定的部门实体购买货物或服务或工程的行为（这些购买行为不是为了商业目的）。政府采购行为（规范、公开、公平、公正）直接关系到货物或服务供应商的经济利益，所以说政府采购不仅仅是一个单纯的非商业目的采购行为，其最终效果应能促进本国工业特别是某些重要产业的发展，提高产业竞争力，扩大出口。各国为此在不同程度上制定了各类法规政策对本国产品及其供应商提供优惠待遇，防止“肥水流入他人田”。如美国的“购买美国货”政策，其目的在于限制外国供应商的竞争，鼓励政府部门优先购置美国供应商和生产商的货物或服务。

由于政府采购量在世界总体贸易中所占份额日益增大，政府采购行为的完成是否基于商业考虑和公平竞争原则，直接关系到第三国供应商的合法权益和世界资源的合理配置。所以说放松和使政府采购行为自由化，已成为当前多边贸易体制和区域集团共同面临的一项亟待解决的任务。

在前面提及，多边贸易体制为响应发达工业国家的要求，曾在东京回合期间针对政府采购行为达成一项守则协议，该协议于 1981 年 1 月 1 日生效，仅有美、欧共体（希腊、葡萄牙和西班牙未承担义务）、加拿大和日本等 12 个总协定缔约方签字接受。乌拉圭回合在现有协议的基础上，经过改进和完善达成了一个政府采购诸边协议，签字国也仅局限于发达国家。该协议在充分吸收和汲取了欧共体在协调和放松政府采购行为法规条例的先期经验与做法的基础上，对政府采购的招标、投标（公开投标、选择性投标和单独投标）方式作了较为详细的规定，并把政府采购实体扩大至地方和公用事业部门。

在区域一级，政府采购行为犹如农产品贸易一样，被绝大多数区域集团（主要是发展中国家之间的区域集团协议）排除在贸易自由化范围之外。有的根本就不涉及政府采购行为的问题，有的区域集团协议即使涉及这一问题，也未进行系统地单独处理。唯一的两个例外是欧共体和澳新自由贸易区。

欧共体在实现政府采购行为规范化和自由化方面进展最快，它的政府采购实体不仅包括政府部门，还包括公用事业企业（这一点经验被多边贸易体制所吸收，并逐步得到了发达国家的广泛认可）。1988 年的美加自由贸易协议采纳了东京回合政府采购守则的某些基本原则（最惠国待遇和国民待遇）和招标投标程序，扩大了采购实体的范围并相应降低了适用守则的起始价款。在北美自由贸易协议谈判期间，美加墨三国在涉及政府采购问题上，本打算把地方一级采购实体排除掉，但由于当时正值乌拉圭回合谈判，在政府采购实体扩大问题上取得了重大进展，美加墨迫于多边谈判的进展，最终在其自由贸易协议中写入了地方或州政府采购实体（但由于美国某些州和加拿大某些省不同意受制于政府采购协议的约束，故北美自由贸易协议并未包括全部地方政府采购实体），而且其起始价款总体上低于乌拉圭回合政府采购协议所规定的[8]。这说明多边贸易体制对北美地区的政府采购行为规范化与自由化起了重要的推动作用。在规范政府采购行为这一问题上，可以说多边贸易体制与区域集团之间形成一种彼此呼应、相得益彰的关系，即多边贸易体制取之于区域集团（欧共体和澳新自由贸易区）又用之于区域集团（美加和北美协议）。

但是值得指出的是，尽管区域集团和多边贸易体制在规范政府采购行为上做出了努力，也制定了相应的规则与纪律，事实上这些努力与纪律对扭转有关国家购置国货的倾向和促进越境采购并未（至少到目前为止）产生明显的积极影响。在笔者看来，多边贸易体制之所以在规范政府采购行为方面，未能取得预想的进展，而且经过两轮多边谈判所形成的政府采购协议只具有诸边性质，主要原因是由于那些具有一定经济实力和发展水平的发展中国家和地区，如韩国、马来西亚、印尼、印度以及香港等采取了抵制态度，加之个别发达国家国内行政体制的过于民主，地方政府在立法决策方面具有独立地位，难以协调统一并形成对外谈判立场。

主要发展中国家抵制多边谈判的主要考虑，是为了保护国内采购市场和不具对外竞争力的国内供应商的权益。事实上，无论在区域还是多边一级，强化和规范政府采购行为，把公平的招标投标竞争机制引入各国和地区（对那些经济迅速发展的发展中国家更具重要意义）的采购市场，不仅可以规范和约束政府的采购行为，制止腐败现象，而且在很大程度上节省政府公共开支，提高公用事业的服务质量，确保工程安全，并能对国内供应商保持竞争压力。鉴于近几年来亚太地区各类恶性事故的发生（地铁塌陷、桥梁断裂、楼房倒塌和煤气天然气管道爆炸）和“领袖”工程的剧增，笔者希望在不久的将来能有越来越多的亚太国家和地区参加乌拉圭回合的政府采购协议，并能严格履行协议的各项义务。同时也希望亚太经合组织在积极推动本地区贸易投资自由化的条件下，能及早把规范政府采购行为的区域谈判提到议程上来⑨。

六、国内政策的协调（请参见本章第五节的有关内容）

作为边境措施重要组成部分的关税，经过 8 轮多边谈判和区域集团关税自由化已降至很低的水平，当然，发展中国家的平均关税水平仍相对较高。在此方面无论是多边贸易体制还是区域集团，仍面临较为艰巨的关税自由化任务，故今后一个时期，发展中国家之间的区域集团实现关税自由化依然是主要目标。但现实中，关税自由化只是贸易自由化的一个方面，发达国家工业品平均关税水平的大幅度下降，致使关税以外的贸易自由化更具有重要意义。结果是决定进口产品在国内市场竞争条件的主要因素已不再是关税措施，而是非关税措施、补贴和政府采购行为以及与进口产品国民待遇相关的国内政策。我们知道非关税措施、补贴和政府采购等问题乌拉圭回合已分别形成了相应的协议并制定了规范纪律，这无疑是世界贸易自由化发展的一大进步，而且多边体制在这些领域的新发展，也有助于促进有关区域集团贸易自由化进程。

总协定二十四条明确规定，对那些符合条件的区域集团免除实施最惠国待遇关税的义务，但是否免除实施最惠国待遇的非关税措施义务目前尚存争议。假如总协定二十四条免除最惠国待遇的义务包含了非关税措施，那么，在当前关税水平普遍较低的情况下，区域集团对第三国所可能产生的歧视主要集中于非关税措施方面。如果说总协定二十四条免除最惠国待遇义务不包含非关税措施，那么，从理论上讲，各区域集团对第三国所产生的歧视和不利影响就大大减少。因为上述两种假设成立的一个重要前提条件是，进口产品通过进口国海关进入国内市场后与来自区域集团成员的产品享受同样的国民待遇。我们上面提及，与进口产品国民待遇相关的国内政策是决定进口产品竞争条件的一项非常重要的因素。对进口产品的国民待遇来说，总协定二十四条规定很明显并未免除区域集团实施国民待遇的义务，所以说，这在很大程度上避免了区域集团对第三国产品（包括服务贸易）产生歧视性待遇，降低了区域集团形成“贸易堡垒”的可能性。

从当前影响贸易政策的各种国内经济因素，以及各国经济与世界经济的日趋融合来分析，关税自由化一项不能改善市场准入条件，非关税措施的自由化也不可能从根本上改善市场准入条件。如果影响贸易正常发展的国内政策，没有得到规范与协调，只是不折不扣地奉行多边贸易体制的国民待遇原则，同样也不可能有助于市场准入条件的改善（日本的情况就说明这点）。要彻底改善和确保市场准入条件与安全，必须在实施关税和非关税措施自由化和国民待遇原则的同时，对与贸易相关的国内政策（财税、货币、汇率、产业、投资导向和流通体制等）加以协调和规范，这是当前和今后多边贸易体制和区域集团共同面临的一项艰巨任务。

在乌拉圭回合期间，多边贸易谈判对如何协调成员国内经济政策做出了努力，但收效不大。只是就国别贸易政策的审议问题，达成了一个原则性的多边协议（参见本章第四节之二），在多边范围内协调与经济主权相关的国内经济政策的困难是可想而知的。成员资格复杂、发展水平、决策立法程序相差悬殊，这都客观上给多边贸易体制协调与统一国内政策增加了目前和今后一个时期内难以逾越的障碍。从欧共体在这方面的经验看，似乎在区域集团内更易进行国内政策的协调工作，因为区域内涉及成员少、政治经济决策立法与发展水平相近，“船小好掉头”。但是欧共体成员间国内政策协调到今天这样的程度也是历经波折，前后长达近 40 年。所以说在区域一级协调国内政策的艰难性也不容低估（我们将在下章从区域集团与多边贸易体制的互补性竞争关系的角度继续讨论这一问题）。

第二节　服务贸易自由化与知识产权保护程度的异同

一、务贸易自由化

自20世纪80年代中期以来，服务贸易自由化问题均提到了各主要区域集团，如美加、北美、澳新和欧洲统一大市场计划等议事日程上来。与此同时，多边贸易体制主导下的乌拉圭回合也对服务贸易自由化做出了巨大努力，并形成了服务贸易总协定（请参见第四章第二节），而且这一自由化进程在基础电信、金融服务、海运以及自然人流动等四个领域，目前正由世贸组织主导下继续进行。由于区域集团和多边贸易体制在实施服务贸易自由化行动方面采取了截然不同的做法，故试图就两者的服务贸易自由化进程作比较是困难的。例如北美自由贸易协议文本第五部分是把服务业自由化计划分门别类地广泛纳入该协议有关投资、竞争政策和自然人临时流动等条款中，除个别行业部门作为例外。这一服务业自由化方案基本上为企业和相关管理人员提供了自由入境待遇和国民待遇。这说明北美自由贸易协议的服务业自由化计划包含了所有服务行业，但不是所有服务行业的所有部门，即采取了“否定清单”（有时也称“消极清单”）的做法。

乌拉圭回合服务贸易多边谈判，则采取了“肯定清单”（有时也称“积极清单”）和“否定清单”相结合的方法，即在开放服务行业方面使用了“肯定清单”，而在一开放的服务行业中涉及到具体部门的开放时使用了“否定清单”，并在各成员的服务业承诺表中指出，它拟向外国服务提供者实施市场准入和国民待遇的服务部门及其相关条件，但是这种市场准入和国民待遇义务的实施并非自动的，因为在各国的义务承诺表中都规定了实施这些义务的条件。事实上，服务贸易总协定项下的具体市场准入条件和国民待遇的给予，主要取决于双边谈判的结果。虽说服务贸易总协定的这种做法限制了多边服务贸易自由化进程的广度与深度，但是在一个由125个参加方卷入、意见分歧悬殊的多边谈判中，采取这种方式又是非常必要和务实的。

服务贸易自由化的重要内容是涉及国内法规条例（即“管理壁垒”）的自由化，这一点类似于货物贸易遇到的非关税壁垒（产品进口需要质量、安全和环保等目的检验与检疫），外国服务提供者的准入条件一般也取决于许可程序和资格标准，例如，一外国银行拟在一国开办金融业务，它首先要获得该国政府（中央银行或政府相关法规政策）的营业许可。再如一外国医生要到另一国开诊，他必须满足和符合该国有关医生资格标准后才可在该国境内行医。律师和工程技术人员也面临同样的情况。在使国内法规条例以及资格标准不致成为外国服务提供者进入市场的障碍方面，服务贸易总协定对国内条例和标准规定了一个纪律和原则方案，即各国的国内条例与标准应基于客观和透明的标准，其负担不应超过确保服务质量的必要程度，许可程序本身不应成为服务提供的一种限制。另外，服务贸易总协定还对国内条例与标准的相互认可问题作了规定。

国内条例与标准一体化程度较深、范围较广的区域集团协议要数欧共体。早在 1957 年的罗马条约中就对四大要素的自由流动作了规定，特别是货物和服务业自由流动。所以说，罗马条约虽不是全部但至少涉及了绝大部分的贸易管理壁垒。欧共体在促进管理条例与标准一体化进程中经历了两次比较大的回合，第一次是 20 世纪 70 年代，第二次是伴随统一大市场行动而进行的，目前这一回合正在继续。到目前为止，欧盟虽部分地解决了成员国内条例与标准的协调，如陆路运输业已全面自由化，但在海运、空运以及自然人资格标准等方面仍未取得突破性进展。如果欧盟在不太久的将来能全面完成其国内条例与标准一体化进程，无疑又会推动多边贸易体制在这些领域里的谈判并能提供可操作的经验与做法。

二、知识产权保护

乌拉圭回合知识产权保护协议的较顺利达成，其最主要的动力来自工业发达国家。工业发达国家希望形成一个综合的多边知识产权协议来协调规范各国形形色色、互有出入的知识产权保护法规及其相应的实施措施。此外，力图通过达成一个多边框架纪律和原则以制止冒牌货贸易，也是推动乌拉圭回合形成知识产权协议的一个重要原因。除个别例外，知识产权协议要求其成员对贸易伙伴的国民实施最惠国待遇原则，并在保护产权方面提供非歧视的国民待遇。

知识产权协议涉及的保护范围的比较广泛，几乎容纳了当前知识产权的各个方面，包括版权及其相关权利（邻接权等）；商标和服务业标志；地域标志；专利；工业品外观设计以及集成电路布局设计等。协议对遵循 1967 年《巴黎公约》的实质性条款作了一般的义务规定，并规定对所有科技方面的一切发明提供 20 年的专利保护。至于集成电路布局设计的产权保护，协议要求成员根据 1989 年 5

月签署的《华盛顿集成电路知识产权保护公约》的规定提供保护，当然新协议在现有公约基础上又作了一些增补规定。世贸组织成员（也是新协议成员）根据协议规定应依据各自国内法规对确保外国权利人的知识产权得以有效实施提供必要的程序和补救措施。这一要求包括有关举证、指令、损害及其他民事补救（包括司法当局有权采取紧急行动，为制止商标冒牌货和盗版产品进口提供特殊边境措施以及实施监禁和处罚，以此作为一种有效的制止基于商业规模的蓄意商标伪造或版权剽窃的措施）的规定。

在区域一级，知识产权保护问题的提出犹如非关税问题的处理。一般来说非关税措施绝大多数国家或地区无论对待区域内贸易伙伴，还是第三国均采用无差别的单一制度，知识产权保护法规也是如此。这一特点使得旨在形成一个多边协议的谈判在乌拉圭回合期间特别具有吸引力（当然大多数发展中国家只得屈从于工业大国的压力亦步亦趋罢了），因为知识产权多边谈判的首要目标是通过制定规则，形成一个全球范围内的规范与协调各国知识产权法规的多边协议，而且这一协议可以把各国所应承担的义务固定下来，并利用统一的争调解决机制加以实施各方已承诺的义务。所以说，一个广泛系统的全球多边知识产权保护协议，要比一个区域的局部协议提供给知识产权持有人的商业利益大得多（无论在地域上，还是在时间上），即使那些在协调国别保护标准方面，取得了广泛深入的一体化成就的区域协议，也同样不及多边协议的有效作用。

知识产权保护协议，不像世贸组织有关货物和服务贸易的协议那样，文本中并未专门涉及“经济一体化”的规定。协议中仅提及关税同盟成员之间，在取消全部边境限制实现货物自由流动后，无须采取特别的旨在实施知识产权协议规则的边境措施的问题。乌拉圭回合谈判之所以未在知识产权协议中涉及区域知识产权保护合作，主要是由于该协议如同伯尔尼和巴黎公约那样，包含了广泛的国民待遇义务，任何关税同盟或自由贸易区在知识产权保护方面已没有多少余地可以在区域成员之间提供优惠待遇了。也就是说，仅从知识产权保护方面，任何区域集团协议在保护程度、范围、时间、基本原则（最惠国待遇、国民待遇）和有效的争端解决等方面，均不可能超过乌拉圭回合的多边知识产权保护协议（TRIPs）。

第三节 “结构性障碍”取消与减让的异同

一、“结构性障碍”的含义

结构性障碍顾名思义是由于经济体制中存在的结构性问题，而对正常贸易发展形成的贸易壁垒。经济体制的结构性问题主要包括私营垄断、限制性商业惯例以及纵向市场联合协议的存在等，也就是通常所讲的“不公平竞争政策”。结构性障碍是否存在或严重程度的高低，取决于一国或地区内是否采取了公平的“竞争政策”（反垄断和反不正当竞争法规）。它有广狭两义之分，广义上的结构性障碍，不仅包括限制性商业行为所造成的不公平竞争，而且也涉及环保、知识产权保护和劳工权利标准等引发的贸易保护主义行为；狭义的结构性障碍主要是指限制性商业行为所产生的贸易障碍，它是指企业（公营或私营）在经济贸易活动中背离公平竞争原则，通过公开或隐蔽的手段牟取经营利益的行为，其主要表现形式是垄断和不正当竞争。结构性障碍通常所指的是狭义上的，其主要特点是长期、隐蔽和具有国内属性的企业行为。

各国特别是西方国家为了在各自国内建立正常公开的竞争秩序，维护市场调节作用的发挥，早在 19 世纪末就开始制定各种独立的竞争法、反托拉斯法和反不正当竞争法，如美国 1890 年的《谢尔曼反托拉斯法》（1914 年美又相继通过《克莱顿反托拉斯法》和《联邦贸易委员会法》。这三部法律及其后来的修正案构成美反托拉斯和反不正当竞争法的主体，至今仍发挥着重要作用）。英国 1948 年的《垄断与限制性商业惯例》（1956 年修订为《限制性商业惯例法》）和日本 1968 年的《关于国际许可证协议的反垄断法准则》等。随着经济的发展，发展中国家或地区和一些中东欧国家，战后以来也相继制定了本国的竞争法律，如匈牙利的《禁止不正当经济活动法》、中国台湾省的《公平交易法》，中国于 1994 年也颁布了《反不正当竞争法》。

尽管世界各国立法时所处的政治、经济和历史背景不同，制定的竞争法也各有不同，但其立法的基本出发点即“保护公平竞争”是相同的，其包括的最基本、最普遍的内容是类似的。一般情况下，各国法律均包括两个方面的内容，即反垄断和反不正当竞争行为。反垄断方面的规定主要有：禁止有限竞争，限制经济力量的过分集中，禁止滥用市场优势操纵市场等。反不正当竞争行为规定主要有：禁止虚假广告宣传，禁止盗用名牌商标生产假冒伪劣产品，禁止采取欺诈手段牟取暴利等各种违背商业道德的行为。

限制性商业行为不仅在本国企业的市场竞争中存在，在国与国之间的贸易中也泛滥盛行。国际贸易中的垄断及不正当竞争行为不仅发生在发达国家之间，而且更多的是出现在发达国家和发展中国家的贸易中。由于各国的竞争大都注重协调管理本国市场上的垄断和不正当竞争行为，而对国际贸易领域中的限制性商业行为大都采取了漠视甚至姑息纵容的态度，致使目前国际贸易领域里的限制性商业行为日益泛滥。其主要表现形式有跨国兼并、协议共同定价、串通投标、划分市场和顾客、出口卡特尔、制定转移价格、销售量和生产量的定额分配、联合抵制交易和技术转让中附加限制性条款等。这足以说明各国偏重于国内市场秩序和公平竞争的诸多立法，不但不能降低和取消限制性商业行为在国际贸易领域里所产生的结构性障碍，并相应地约束其在国际贸易交往中的延续，反而会在一定程度上助长限制性商业行为在国际贸易中的泛滥。所以说，加大国际多边范围内和区域内在规范和约束限制性商业行为以降低结构性障碍对贸易干扰的协调管辖力度，并形成相应的多边与区域互为补充的纪律框架，就成为当前世贸组织和区域集团共同面临的又一项紧迫任务。事实上，这方面均是多边贸易体制和区域集团薄弱的环节。

二、国际多边努力

如何规范和约束限制性商业惯例，在总协定范围内既是一个“古老”的问题又是一项“新”课题。说它“古老”是因为早在总协定创立之初，在美国有关建立国际贸易组织（ITO）的建议中，就存在一章专门规范和约束限制性商业行为；说它是一项新课题，是指国际贸易组织夭折后，总协定中并未有任何涉及规范限制性商业惯例的条文。这说明总协定临时生效 47 年来未曾正式触及这一问题，直到乌拉圭回合酝酿发动前后，有些缔约方提议把限制性商业惯例纳入正式谈判议程。但由于该问题不仅涉及发达国家之间的分歧，也交织着发达国家与发展中国家之间的矛盾，故该问题仍被排斥在乌拉圭回合谈判之外，只是服务贸易总协定在其附件中就个别行业的公营垄断问题作了较笼统的规定。乌拉圭回合结束后近两年来，多边贸易体制本身和越来越多的成员要求世贸组织今后谈判的重点议题之一，就是如何规范限制性商业惯例所形成的结构性障碍问题，并力争在不太久的将来形成一个全面系统具有较强法律约束力的多边竞争政策协议。

接下来简单地追忆一下总协定创立前后与限制性商业惯例这一问题的纠葛，对理解当前多边贸易体制解决这一问题的紧迫性是有裨益的。

美国在1946年坚持把规范限制性商业惯例纳入“国际贸易组织宪章”（即“哈瓦那宪章”）的主要考虑是：国际贸易组织主要是来协调、规范和管理与政府行为直接相关的关税和非关税措施等贸易政策的，如果不把经济结构中与企业行为相关的垄断卡特尔[10]和不正当竞争行为置于国际多边管理的纪律框架中，关税和非关税措施再降低，再自由化，贸易的自由流动同样是不可能的。美国的这一建议起初被国际贸易组织筹备委员会所采纳，并在哈瓦那宪章中专门以一章（第五章）九条的内容规定了限制性商业惯例。但由于国际贸易组织宪章遭到美国会反对未能生效，加之1947年10月在日内瓦形成的总协定文本本身并未涉及这一问题，故使多边贸易体制在规范限制性商业惯例方面留下了空白。

1951年，在美国建议下，联合国经社理事会成立了一个特设委员会开始审查和研究限制性商业惯例的问题，力图形成一个国际协议。1953年该特设委员会起草并向经社理事会提交了一份报告，紧接着对此报告进行了讨论。在总协定第九届缔约国全体大会上，丹麦、挪威和瑞典联合提出了一项把限制性商业惯例纳入总协定修改文本中的建议，但这一建议并未在总协定引起多大反响。1955年总协定限制性商业惯例工作组曾针对丹麦建议作过这样的声明：“有关总协定是否包括管理限制性商业惯例的职责问题，在缔约方之间存有不同意见，而且有关这方面行动正在联合国经社理事会中进行，工作组如在此时继续推动这一工作未免有点过急，故建议总协定推迟做出进一步行动”[11]。但是在当时的总协定内有一种强烈的意向，认为总协定是处理和规范限制性商业惯例的唯一合适机构。1955年经社理事会继续讨论这一问题，但未取得任何进展。

在1956年第十一届总协定缔约国全体大会上，挪威代表团建议应在总协定内设立一个专门工作组来对限制性商业惯例的危害、特点、表现形式以及与总协定的法律关系等作进一步分析与考察。与此同时，当时的西德代表团提议把磋商作为解决限制性商业惯例造成的贸易障碍的第一步。在此次缔约国大会全体会议上，主席在认识到大家一致认为总协定有能力处理限制性商业惯例的情况下，把该问题委派给一个“两会间委员会”来继续探讨。在经过两会间委员会的进一步讨论和广泛听取了各缔约方的意见后，在日内瓦成立了一个专家小组，对所有现成的有关限制性商业惯例的材料和政府间协议（双边的）进行全面系统的研究分析，并于1959年5月形成了一份研究报告。同年举行的总协定第十三届缔约国全体大会根据专家小组的报告通过了一项决议。该决议认为，“国际卡特尔和托拉斯[12]活动有可能阻碍国际贸易的扩展和某些国家的经济发展，因此损及关税减让和非关税措施取消所产生的利益，干扰总协定目标的实现”[13]。大会委派一个专家小组继续对总协定就这一问题采取进一步行动进行研究并提出建议。

在总协定对限制性商业惯例采取行动的同时，其他一些国际组织，如联合国贸发大会、经合发组织等也对这一问题进行了研究与分析。这些国际组织与总协定在同样一个问题上重叠重复活动，不仅阻碍了国际多边对规范限制性商业惯例采取具体行动的进程，而且也使总协定处于一种尴尬的境地。1960年6月，总协定专家组形成了一份报告，在这份报告中，有些专家认为，总协定缔约国全体可通过总协定第二十五条对限制性商业惯例采取行动，有的甚至建议总协定缔约国全体依据其争端解决机制（总协定第二十三条利益丧失或损害）来处理限制性商业惯例对一缔约方贸易利益所产生的损害。但是，有些缔约方则认为，总协定第二十三条被用于处理限制性商业惯例所引发的争端是极不合适的，理由是，“先暂时不考虑第二十三条是否适用了限制性商业惯例，如果缔约国全体依据第二十三条对限制性商业惯例采取行动的话，争端当事方必然会陷入报复和反报复的漩涡中，恶化贸易环境，产生严重的消极作用，而且总协定职责本身是否包括管理缔约国属下的国民行为尚存争议，更何况总协定依据其第二十三条对属于企业行为的限制性商业惯例采取法律行动了”。鉴于以上分歧，该总协定专家组在其报告中作了以下结论：“在目前达成一个旨在规范和约束限制性商业惯例的多边协议是不现实的。因为在各国之间还没有形成一个必要的共识，而且各国对在这一领域里制定一个有效的管理程序尚缺少充足的行动经验”[14]。

自1960年以来，总协定未再正式涉及这一敏感复杂的问题，故在总协定范围内，有关规范和约束限制性商业惯例的多边行动事实上陷入停顿。

联合国贸发大会自1964年成立以来，一直在规范限制性商业惯例方面做出了不懈努力，并取得了一定成效。在1979年联合国贸发第六届大会上，与会各国经过磋商和妥协，终于提交了一份《一套管理限制性商业惯例的公平原则与规则的多边协议》（通常称《原则和规则》）草案，并于1980年联合国第三十五届大会上获得正式通过。《原则与规则》对那些被禁止的限制性商业行为，如协议共同定价、串通投标、划分市场和顾客、销售量和生产量的定额分配以及排他性行业协会等作了较具体的规定。虽说《原则与规则》不具有法律约束力，而且条文中不少地方措辞含糊，带有明显的折衷色彩，并规定了许多例外条款，但它毕竟是迄今为止就国际竞争政策问题达成的第一个国际性多边文件。十几年的实践证明，《原则与规则》在规范和约束国际贸易中的限制性商业行为，推动各国立法方面起到了积极的作用，同时也为今后世贸组织就此问题形成一套具有法律约束力的多边规则奠定了基础。

联合国贸发大会迫于当前限制性商业行为在国际贸易新形势下（全球化、区域集团化和贸易自由化）的新发展，考虑到乌拉圭回合在关税和非关税措施方面取得的重大进展，认识到有效规范和约束企业行为对配合全球贸易自由化和发展中国家的经济发展的重要性，故已把与规范和约束限制性商业行为有直接关系的国际竞争政策问题，分别纳入了将于 1996 年 4 月举行的联合国贸发九大有关“相互依存”和“贸易影响”的议题中。

值得一提的是，经合发组织早在 20 世纪 60 年代就开始讨论研究限制性商业惯例的问题，并于 1986 年要求其成员对各自的与限制性商业行为等有关的结构性政策向秘书处做出通知。自 1989 年以来，在经合发组织的国别政策报告中一直有关于结构性（政策）障碍的章节。但这些程序和做法同样不具法律约束力。

三、区域集团的努力

二战后初期，欧洲理事会就开始讨论并起草了一份管理和约束西欧诸国的限制性商业惯例的草案。煤钢联盟和 1957 年的《罗马条约》均吸收了这份草案的主要内容，对管理限制性商业惯例和垄断规定了较为有影响的条文。如《罗马条约》第八十五条就针对如何管理、规范和约束限制性商业惯例和公营垄断的问题作了专门规定。这一规定赋予欧洲委员会不仅有反对私营限制性商业行为和卡特尔以及反托拉斯的权利，而且也拥有反对公营或私营管理垄断的权利。这一规定不仅引起了经济界的热烈讨论，而且也推动了后来经合发组织在这方面的协调和研究工作。

进入 20 世纪 90 年代后，随着电信业的空前发展，欧共体在有效制止和约束这些行业领域里的公营或私营管理垄断方面取得了较大进展。欧共体还把其在约束限制性商业行为等结构性障碍方面的规定与经验纳入了“欧洲经济区协议”中，这无疑把这一成果扩大到了欧联诸成员国范围内。在不久的将来，随着欧盟的东扩和南扩，大欧洲范围内统一的竞争政策会逐步确立。这对世贸组织谈判这个多边的国际竞争政策势将产生深远的影响。

在澳新自由贸易区协议中，有一个很接近共同竞争政策的规定，但在美加协议和北美协议中就未能规定一个共同的旨在约束结构性障碍的竞争政策制度，只是对个别行业，如电信中存在的通过公营垄断滥用市场力量的结构性障碍作了些笼统规定。另外，北美协议还对公用企业和公营垄断做了一般规定，要求协议成员政府不要责成公用企业或公营垄断采取有损协议的行为，同时要求每一成员建立国别竞争政策制度。这后一要求自然是针对没有竞争政策的墨西哥政府了。

亚太经合虽没有正式触及限制性商业惯例的问题，但在其讨论和改善成员国和地区市场准入方面，涉及到了行政措施等影响贸易发展的结构性障碍问题。亚太经合随着贸易与投资自由化的进一步发展，能否在规范和约束限制性商业惯例方面有所作为，目前尚不明朗。

值得一提的是颇具影响的美日“结构性贸易障碍谈判”（SII）[15]。这一谈判的进行是美日双边经贸关系长期处于摩擦状况所致，美国经过与日进行多年的双边贸易政策谈判发现，要从根本上改善日本的市场准入条件，单纯局限于贸易政策领域（即通过贸易手段），而不触及日本经济生活中所存在的结构性问题是难以奏效的。故美国从 1989 年中期开始要求与日本进行结构性贸易障碍谈判，谈判涉及双方各自国内经济社会中久已存在的结构性问题，如日本的同业联盟（“株式会”制度）、交叉董事制（各个竞争对手的公司董事互相兼职，借以消除彼此之间的竞争，共同对付外来竞争）、繁杂的销售体系（独家交易与搭卖安排和价格歧视以及排他性零售分销做法）和土地价格形成方式等（美欧指责日这些结构性障碍为“没有关税和数量限制的恶劣贸易保护主义”）；美国方面存在的政府赤字、就业政策和教育制度等，这些政策和结构性问题对美国企业的竞争能力产生的虽是间接但却具有重要作用。

这种结构性障碍谈判虽然充满了矛盾和曲折，在认识和鉴别何为结构性障碍上存在严重分歧，但这种谈判不是要求一国完全仿效另一国，而是通过双边谈判尽可能地选定出哪些为结构性障碍，并寻找出相应的降低这些障碍对贸易干扰作用的办法。美日经过近两年的讨价还价，双方于 1991 年 6 月勉强达成了一份框架协议。框架协议的达成并未对改善日本的市场准入条件产生多大作用，所以说美日间的结构性障碍谈判仍在继续当中。美日当前的汽车贸易、航空运输等谈判均为这一谈判的重要组成部分。

第四节　维护权利与义务平衡机制的异同

一、权利与义务平衡的含义

在一般的经济商务活动中，权利与义务的平衡是一个相对和“定性”的概念，绝对和定量的权利与义务平衡是不存在的，也是不现实的。一般而言要维护一般经济商务活动中的权利与义务平衡是比较容易的，可需要通过约束性和强制性的法律手段来确保。根据国际政府间协议产生的权利与义务平衡，更是一个相对的概念，但是要维护这一权利与义务的平衡，就变得异常复杂和敏感，因为这其中涉及到国家“主权”的神圣和不可侵犯性。事实上，任何具有法律约束力的裁决（包括仲裁）在国家主权面前都显得苍白无力。所以说要维护政府间协议的权利与义务平衡，主要靠该协议成员政府的“自律”。该协议自身所具备的维护权利与义务的平衡机制更多的是依靠磋商、斡旋和调停以及审议和谈判为基础的争端解决机制，也就是以和平手段为主，法律手段为辅。

无论是区域集团协议，还是多边贸易协议对其成员而言，均是一个权利与义务的法律体系。在这个法律体系中，所谓的“权利”是指一成员从其他成员遵循协议规定中所得的利益；所谓的“义务”是指一成员为获得其他成员遵循协议规定而自身也必须遵循奉行协议规定的行为。

要维护区域集团协议和多边贸易体制的权利与义务平衡，首先是要确保其每一成员的权利与义务平衡，因为各成员的权利与义务平衡的总和，就是区域集团协议和多边贸易体制的权利与义务平衡框架。如果在一区域集团协议中，某一成员未能或部分地遵循了协议规定，而其他成员都严格按协议行事，那么，该成员在协议中所享受的权利大于其承担的义务，权利与义务失去了平衡。如果其他成员效尤，整个协议的权利与义务会出现严重失衡，那么，该协议已形同虚设，即使名义上存在，也不会产生任何实际效果。20 世纪 60 年代的一些拉美和非洲区域集团协议的命运就说明这点。这一情形同样适用于多边贸易体制。

不过在现实中有些情况需要区别对待。在一区域集团协议（如北美协议）和多边贸易体制中，如果是美国这样的贸易大国不遵循或不严格遵循协议规定，即使其他成员均严格按协议行事，那么北美协议和世贸组织的可信性、权威性及其权利与义务的平衡就很难维持下去。如果不是美国而是墨西哥这样中等贸易国家，那么就不会从根本上危及协议的生命力。如果是比墨西哥还小的国家（其贸易量在世界贸易中占极小比重），那么该小国在多边贸易体制即使不履行义务只享受权利也不会产生多大的消极影响。当然如果这类发展中国家作为一个整体来看，长期在多边贸易体制中权利与义务失衡，那么其消极影响就要另当别论。

我们这里是想说明，在一区域集团协议和多边贸易体制中，确保贸易大国的权利与义务平衡，对维护区域集团协议和多边贸易体制的总体权利与义务平衡是至关重要的。事实上，无论在区域集团协议还是多边贸易体制中，似乎表面上发展中国家，通过享受差别优惠待遇而造成权利大于义务的不平衡，但要从它们的实际经济发展水平和贸易量来看，它们在协议中所享受的权利和承担的义务就基本上是平衡的，更何况有些协议完全是依据发达国家的愿望和经济水平达成的，而且在现实中打破权利与义务平衡的，往往是那些具有较强经济实力的贸易大国。

从以上简析不难看出，维护权利与义务的平衡，是维护和保持区域集团协议和多边贸易体制的威信和生命力的基础和前提。但是，要从长远战略角度，确保区域集团协议和多边贸易体制的威信与生命力并促其向前稳步发展，在对待权利与义务平衡时，又必须采取灵活和务实态度，因为区域集团协议是包括两个或两个以上成员的地区多边协议，多边贸易体制则是容纳了上百个成员的世界多边协议，成员资格的普遍性注定了其成员之间政治、经济和文化的多样性。如果不区别对待，一味追求同等的权利与义务平衡原则，那么势必会阻碍这一合作进程，甚至会导致协议流产。这也就是为何在北美协议的关税自由化方面有 10 年过渡期（照顾墨西哥）、南方共同市场关税减让方案中有不同时间表（照顾乌拉圭和巴拉圭）、亚太经合实现贸易自由化有 2010 年和 2020 年两个时间表之分，以及多边贸易体制中有“授权条款”、特殊更优惠待遇和不同的过渡期规定的原因所在。从当前多边贸易体制和区域集团维护权利与义务平衡的情况看，主要有两种机制即贸易政策审议和争端解决机制。

二、贸易政策审议机制是维护权利与义务平衡的第一步

贸易政策审议机制（TPRM），是世贸组织继乌拉圭回合后创设的一个系统监督其成员贸易政策的机制，也是维护多边贸易体制及其成员权利与义务平衡的第一步措施。世贸组织框架通过一系列多边货物和服务贸易以及知识产权保护协议构成了一个广泛的权利与义务法律体系。在这一体系中每一成员须确保其贸易法规和行政措施与世贸组织的要求相一致，由此在成员之间创立一个平衡的权利与义务框架。

一般而言，每一成员政府在多边贸易体制中出于国际威望和信誉的考虑，大都能从主观上遵循其承担的多边贸易义务。但正如在第九章第二节中所分析的，由于贸易因素的政治化，成员政府时刻面临着不可避免的利益集团的保护主义压力。毫无疑问，区域集团协议和多边贸易体制的义务规定在一定程度上缓冲了成员政府所面临的保护主义压力。如果成员能善于利用这类义务规定，还可以预先遏制国内保护主义势力的抬头。但由于成员政府有时出于短期政治利益考虑或屈从于集团压力，而采取背离义务规定的措施，甚至危及其他成员的贸易利益。所以说，在多边贸易体制内，单靠协议的规定并不能保证其协议的有效实施。没有协议的有效实施，就谈不上确保权利与义务的平衡。这也就是乌拉圭回合针对贸易政策审议问题形成一个多边协议的主要考虑。

世贸组织根据协议规定，可以定期对有关成员的贸易决策与立法程序及其对多边贸易体制的影响实行审议并提出相应的建议。这样多边贸易体制一则通过了解成员的贸易政策与立法及程序，审查各成员对多边贸易体制各协议（包括政府采购、民用航空器等四个诸边协定）的规则、纪律及所承担义务的执行情况并评估成员贸易政策与立场及做法，对多边贸易体制的影响；二则可以通过审议与监督提高成员贸易政策制定与立法程序的透明度。

世贸组织根据贸易政策审议机制协议的要求，成立了专门的贸易政策审议机构（TPRB），并根据成员在世界贸易中所占份额决定其受审频率。在世界贸易中排名前 4 位的美欧日加两年审一次；排名 5 至 20 位的国家和地区（如香港、新加坡等）四年审一次；其他国家和地区 6 年审一次。到目前为止，世贸组织的贸易政策审议机构已对美、欧、日、澳大利亚、加拿大、摩洛哥、巴基斯坦和孟加拉及毛里求斯等 11 个成员的贸易政策进行了第一轮审议。

虽说贸易政策审议机制，对督促成员履行多边义务，提高政策立法透明度产生积极作用，但由于审议结果和提出的建议并不具有法律约束力和构成具体执行协议义务的基础，而且在审议中要充分考虑到成员国内的法律与政治体制和遵循透明度贯彻自愿的原则，故它对维护权利与义务平衡的作用是有其局限性的。维护多边贸易体制权利与义务平衡的第二步最有效措施（也是关键时候的最后一着）依然是其争端解决机制。

贸易政策审议机制，到目前为止在各区域集团中还未全面系统地建立起来，有的根本就未涉及这一问题。这是区域集团不如多边贸易体制的一个薄弱环节。或许区域集团成员之间由于政治、地理和文化上的某些相似性，其维护权利与义务平衡的第一步措施更多是依赖于各成员的自觉自律。另外，有些区域集团内部定期和不定期召开首脑会晤、贸易经济部长、财政部长会议，这也是一种通过注入政治力量和增强政治意愿来维护权利与义务平衡的机制。

三、维护权利与义务平衡的第二步措施——争端解决机制

在多边贸易体制内，利用争端解决机制来维护权利与义务的平衡，是总协定和世贸组织不同于其他国际组织的一大特征。根据乌拉圭回合“争端解决规则与程序谅解”（请详见第四章第三节）而改进的新争端解决机制，使这一大特征更具明显性。有些西方法律学家认为，多边贸易体制具有司法性质的争端解决机制，是当前国际经济法律制度中罕见的例外做法。根据自身规定的法律程序和通过建立相应的机构来解决成员间的贸易争端，是多边贸易体制具有法律约束力的最高体现。

根据世贸组织的争端解决机制程序，成员可以得到有关其贸易伙伴的贸易措施的权威裁决。裁决的执行程序要求应诉方在裁决获得通过后，就实施该项裁决的意向通知争端解决机构。如果一项获得通过的裁决，在合理时间内未被执行，那么申诉方可要求予以进行报复的授权。所以说，世贸组织的争端解决程序为其成员提供了一个确保其贸易伙伴取消非法贸易措施的强有力的机制，因而可以制止成员背离多边贸易义务的现实与潜在可能性。然而，世贸组织的争端解决机制虽具有法律约束力，但不具有强制力。一个拥有充分主权的成员政府，只有在自愿（当然迫于国际压力）实施一项获得通过的裁决时，这项裁决才具有法律约束力。如果该成员政府不愿实施，世贸组织也不具备迫使该政府取消某一非法贸

易措施的强制力，法律约束力也就无从谈起。所以说，多边贸易体制的威信和法律约束力取决于成员政府对它的尊重程度。

在区域集团一级，目前拥有争端解决机制的有欧盟、美加协议、北美协议和澳新自由贸易协议以及南方共同市场等。但唯独欧盟的争端解决机制，不仅具有法律约束力和强制力，而且还赋予了非政府实体（自然人和法人）提出申诉的权利。这一点完全不同于其他国际协议中的做法，也比多边贸易体制的争端解决机制略胜一筹。

欧洲法院（ECJ）对其成员国拥有强制性裁决权，而且规定欧盟成员国间的贸易争端必须毫无选择地由欧洲法院来进行审理解决。根据总协定的史料记载，自罗马条约生效至今的37年内，欧共体没有把一起有关其成员之间的贸易争端提交给多边贸易体制来解决。但是与欧共体签署联系协定或者自由贸易协议的国家和地区，均在其协议中保留了可以选择利用多边贸易体制争端解决机制的条文（这主要发生于“中心与外围”或“轴辐体系”中）。此外，当欧共体在以“法定多数”程序、通过基于相互认可和以母国政策为准推行国别管理政策协调方案（请见本章第五节）遇到困难和僵局时，欧洲法院可以出面作约束性裁决，以打破僵局，推动政策协调进程向前发展。在其他区域集团如美加和北美协议中，其争端解决机制则是模仿了多边贸易体制的做法，而且成员保留了选用多边贸易体制争端解决程序的权利。值得注意的是，美加协议和北美协议对成员实施反倾销和反补贴最后决定时规定了“超”国家审议程序，以确保这些决定与实施这类措施的政府国别法规相一致，从而可以通过减少潜在的司法判决错误来增加出口商的安全感。

虽说不少区域集团协议规定了争端解决程序，但从经验、成熟度、监督作用和裁决的公正与有效性来说，多边贸易体制的争端解决机制享有无可争辩的格外优势。

第五节 规范和协调国别政策机制的异同

在当前世界经济相互依赖程度日益加深和关税与非关税措施大幅度降低的情况下，如何进一步规范和协调国内政策与立法，就提到了区域集团和多边贸易体制的议事日程上来。由于各国政治体制、经济发展水平和历史文化背景各异，国与国之间的政策，特别是与贸易相关的经济政策和贸易立法也存在着差别与不同。这些差别与不同随着国际分工和国与国经济相互融合的加深，其对正常贸易发展的阻碍作用也越来越明显。区域集团和多边贸易体制根据各自组织的特点与优势分别在规范和协调成员国别政策与立法方面积累各自的经验，并形成了不同的操作方法和协调机制。接下来拟从区域集团和多边贸易体制对协调国内政策与立法的“侵入”力度、国别政策的认可程度、确保利益平衡方式以及协议实施的法律手段（见本章第四节 4.3）等方面来分析各自的优势和异同。

一、对国别政策与立法的不同侵入力度

一般说来，一项国际协议对其成员国内政策的侵入力度越大，该协议成员间国别政策的差别越小，成员政府在这一方面的决策主权也越弱化。鉴于这一规律，为了避免在一个由诸多情况不同的成员构成的多边贸易体系内，触及贸易以外的经济政策主权问题，多边贸易体制 40 多年来，对缔约方国内经济政策一直采取了“不侵入”（或称“不干预”）、非歧视和国民待遇的原则机制。通俗地讲，就是总协定禁止歧视但允许其缔约方政府有维持不同国别政策的自由。当一缔约方的主权措施（如政府补贴）对另一缔约方的贸易造成损害时，总协定向受损缔约方提供补偿措施（如采取反补贴措施等）。

不可否认，多边贸易体制进入 20 世纪 80 年代以来，特别是乌拉圭回合发动以后，开始超越严格法律意义上的国民待遇原则，探讨“公平对等贸易机会”的问题。多边贸易体制这一态度的些许转变，在一定程度上受美政府放弃“自由贸易”而标榜“公平贸易”政策变化的影响[17]。所谓“公平贸易机会”强调的不单纯是进口国（或东道国）提供国民待遇的问题，进口国政府还应参照出口国（或“母国”）政府是如何对待其进口产品的（特别是该进口国出口到该出口国的产品），即开始注重对等互惠的问题。

多边贸易体制已逐渐认识到只强调国民待遇原则只保证了非歧视，但不能保证贸易自由化的进一步发展，因为缔约方只要对进口产品提供国民待遇即可，无须对其国内政策与立法进行规范与协调，所以说有些国内政策与立法，对贸易和投资流动形成了严重障碍。而且国民待遇原则，既不能普遍降低国内政策所产生的贸易壁垒，更不可能在规范和协调不同国内政策方面产生推动作用。乌拉圭回合服务贸易谈判，鉴于国民待遇原则的局限性吸收了“公平对等贸易机会”概

念，使之作为一项原则纳入了服务贸易总协定，即市场准入条件的对等互惠原则，以配合国民待遇原则的有效实施。

当前，在世贸组织贸易与环境委员会中有关环境保护与贸易发展关系的讨论，也说明了多边贸易体制正式触及国内政策的协调问题，因为成员内环境保护政策与立法纯属该成员政府的决策主权。有些国际环境保护利益集团支持多边贸易体制以贸易作为环境政策工具，触及成员政府和环境政策与立法主权。不难看出，多边贸易体制迫于一些成员和国际社会以及世界经济形势新发展的压力，已逐步采取更具侵入力度的机制，开始从单纯的贸易政策机制转向贸易政策与经济政策相配合的机制。

在区域一级，一些重要的区域集团协议，如美加协议和北美协议在“侵入”国内政策与立法协调方面，基本上采取了多边贸易体制的国民待遇为基础的做法。因而允许各成员在提供国民待遇的同时保留采用国别法规政策的自由。所以说在北美自由贸易区内，国别技术性贸易壁垒、环境保护政策等即使在对贸易造成严重障碍时，也无法加以约束和规范。但是，北美协议生效几年来，成员政府已认识到协调和约束国别政策的重要性，并建立了技术标准联合委员会，以发展和制定具有可比性的共同标准和规则。另外，从北美协议签署不久所达成的有关环境和劳工权利等三个附加协议也能看出，成员政府之间在有必要制定共同政策和标准以限制社会或环境倾销方面日益形成共识。

欧共体的情况则完全不同，它协调和规范成员国国内政策与立法的侵入范围，包含了政府管理者影响竞争的各级政府机构和各种形式，而且还涉及到私营实体。在这点上，欧盟的侵入力度，要比北美自由贸易协议大得多。在北美协议中，绝大多数低于联邦政府的政府机构（如州政府）均被排除在协议之外，对私营管理实体（公用事业企业），同样采取了不受协议约束的自我克制做法，也即协议成员政府只承诺在自由贸易区内不得通过对私营管理部门（公用服务企业和标准机构）施加影响来扭曲公平竞争。

二、国别（“母国”和“东道国”）政策[18]的不同认可程度

这里所说的认可程度，主要是指以东道国投资商和服务提供者的管理政策为准，还是以母国的管理政策为准的问题。如果是前者，其核心问题是提供国民待遇，未涉及政策协调的问题。如果是以母国的管理政策为基准，这说明已超越国

民待遇原则，而触及国与国的政策协调和相互认可，是区域经济一体化和全球经济一体化的一种深入发展。

北美自由贸易协议在触及成员管理政策方面，就采取了以东道国和东道州或省为准的做法。这种做法主要源于美国。具体来说，一服务业投资商在美国某一州内进行投资，他需遵守当地州政府有关服务行业的投资管理政策。这意味着美国的任何一个州政府在向外来投资商和服务业提供者提供国民待遇的同时，有采取新政策和保留现行管理政策的自由权。在美国的联邦政治体制中，保护州政府自我制定符合它们实际情况的管理政策和法规是一种传统的政治倾向，不易改变。尽管美国国会根据“州际商业条款”享有管理政策立法的宪法权力，但是，美国国会总不愿把其意志强加给联邦州政府。例如在银行业和证券业领域里的改革迟迟未获进展就说明这点。很明显，北美协议吸收了美国内的这一做法，把国民待遇扩展至“州民”或“省民”待遇。

相反，欧共体内部国别政策认可方式，要比北美协议大胆得多，它采取了以“母国政策为准”的做法。为了取消不同国别标准和管理政策对贸易产生的壁垒，欧共体采取了全面系统和严厉的协调和趋同措施，并取得了成效。成员国政府实施国别管理政策的能力受制于欧共体的共同政策机制。在有些情况下，这种能力被共同决策能力所取代。但不可否认，欧共体在长达近 40 年的管理政策协调和趋同方面也历经坎坷。在 20 世纪 70 年代，欧共体认识到当时实行的协调国别政策的方式是笨拙的，有很大的局限性，故进入 80 年代后采取了“相互认可”的新方式，并把这种方式在欧洲统一大市场行动方案中法律化。这样就把欧共体成员国之间的政策协调集中到最实质性要求上。最实质性要求规定每一成员必须接受和认可其他成员国的标准和管理政策。这种“相互认可”做法的实际执行导致了以“母国政策为准”机制的广泛推广，它允许国别政策有一定程度的多样性，但是它至少使得外来投资商和服务业提供者，只需遵循其母国管理政策即可，而没有必要遵从东道国的。所以说相互认可和以母国政策为准相比，国民待遇和以东道国政策为准的做法更有助于提高政策与立法程序的透明度和市场开放程度。

一般而言，在欧共体内，相互认可主要集中在技术标准方面；而以母国政策为准，主要侧重于投资和服务业管理政策方面。相互认可和以母国政策为准，推动政策协调和一体化发展的最大优势是有助于刺激成员国之间在管理政策透明度和开放程度方面的竞争，这种竞争又有助于推动成员国间政策的趋同化。但是，相互认可和以母国政策为准，在成员国之间引发的管理政策透明度和开放程度竞争，如果没有摆脱“协商一致”议事规则的束缚，而采用“法定多数通过”的方式，那么，这种竞争很可能会转化为管理政策制定的竞争，导致政策花样翻新、变化无穷的局面，因而会阻碍政策趋同化的进程。欧共体为此采用了“法定多数通过”的议事规则，确保了这种竞争朝着积极的方向发展。但欧共体的经验告诉我们，这一趋同化的进程是比较漫长的，绝非一蹴而就。例如欧共体只是部分地实现了反托拉斯政策的趋同就历经 30 年。但是无论如何，相互认可和以母国政策为准方式的采用，大大加速了国别政策的协调和趋同进程。欧共体逐步建立了“欧洲法优于国内法”的法律体系以及欧洲委员会在一些领域，如竞争政策拥有优于成员国政府的主导权和实际决策权等，就足以说明欧共体政策一体化的深度与广度。

相互认可和以母国政策为准的做法，符合了欧共体推动一体化发展的需要并取得了进展，但这不等于说此类做法马上可以被其他区域集团所能吸收采纳，更不可能在多边贸易体制内急于推广。因为情况不同，盲目照搬往往适得其反，甚至阻碍多边贸易自由化进程。事实上，在目前和今后一个时期，多边贸易体制更适宜继续利用国民待遇原则，来逐步协调和触及国内管理政策。国民待遇原则相对于成员资格广泛的世贸组织而言也具有它的优势，如简单易行，不过多侵入国内决策主权，而且在发生争端解决时，按国民待遇原则较易判定谁是谁非和问题出在什么地方。

三、谈判中确保利益平衡的不同方式

在各区域集团协议的谈判中，确保成员自身利益平衡和“互惠”的方式是各不相同的。有的吸收和采纳多边贸易体制的方式，即“要求与给予”，是指一方在要求其贸易伙伴实行具体贸易自由化的同时，自身也做出某些让步，以达到“对等互惠”的目标。有的区域集团则是根据实际情况采取了一种全面贸易自由化，以确保长远动态利益平衡和互惠的方式。自由贸易区协议大都采用了“要求与给予”的方式，主要用于关税减让谈判中。

在多边贸易体制中，这种方式也被用于非关税措施谈判，例如政府采购谈判为了确保各方利益平衡在确定起始价格方面就采用了这种方式。在乌拉圭回合的服务业贸易谈判中，这种方式还被用来作为选定某一服务部门实施国民待遇的原则。但是这种方式虽有助于推动谈判，确保各方利益平衡和互惠，但最终无助于进一步扩大和提高市场开放程度，因为谈判基于对等互惠和“要求与给予”的原则，使自由化和开放范围的“给予”受制于相互参照和攀比的牵制。

北美协议即采取了“要求与给予”的方式，每一成员通过一领域里的让步获得另一领域里的利益来实现利益的平衡和互惠。“要求与给予”方式是美加协议和北美协议谈判中的主要手段，但是谈判中也有其他更为积极的方式予以补充，如政府采购谈判是基于逐个实体方式进行的，投资协议则是采取了“否定清单”的做法，这样就扩大了投资政策的协调和约束范围。

欧共体则是采取了一种系统广泛的自由化机制，打破了保持暂时利益平衡原则的束缚，从长远考虑寻求一种动态的利益平衡。但是这种方式的采用并不意味着每一个成员国在其具有比较优势方面不再寻求具体自由化的目标。欧共体在其统一大市场行动方案中具体规定了如何实现货物、资本、劳动力和服务四大要素自由流动的方法和措施。这一规定在《马约》有关初步实现政治联盟的目标中也得到了具体反映。事实上，欧共体虽采取了全面自由化机制并规定了各成员国应承担的义务，但是有些行业市场并未实现自由化。不过这一方面随着完成统一大市场努力的加强正在逐步得到改进和纠正，而且自由化范围正朝着包括各个经济领域的方向发展。难怪不仅金融服务业自由化计划包括了银行和保险业，而且投资服务业自由化计划也包含了证券市场交易业。由于欧共体摆脱了短期利益平衡原则的桎梏，故其政府采购协议包括了所有应包括的采购实体。

不难看出，多边贸易体制和北美协议所采用的“要求与给予”方式在推动贸易自由化和经济政策一体化方面，明显不如欧共体的全面自由化机制。但是，“要求与给予”方式之所以被多边贸易体制和北美协议所采用，除了这种方式适用谈判情况外，它本身还有可在确保利益平衡以达成一个各方都较满意的平衡协议的同时，又能使各方彼此接受差别的重要优势。通俗地讲能达到“求同存异”的效果。事实上，全面自由化机制虽然能推动贸易自由化向高级发展，但是，多边贸易体制在当前和今后一个较长时期，唯一可采用的稳妥机制仍然是“要求与给予”方式，因为在多边贸易体制内，维护利益平衡往往比推动贸易自由化进程具有更重要的意义。

本章注释：

①由于大多数发展中国家对关税约束水平普遍较低，所以在多数情况下，以 1986 年为基期的关税减让资料和信息都不完备。在乌拉圭回合结束后，适用于已受约束产品上限约束水平和未受约束的实用关税水平，所体现的平均约束税率出现下降。那些在乌拉圭回合结束前就对其全部或主要部分税目实行约束的发展中国家（如智利、哥斯达黎加、墨西哥和委内瑞拉等），其在乌拉圭回合中的关税承诺总体上反映了上限约束税率的下降。

②在乌拉圭回合反倾销协议谈判中，有些参加方提议对东京回合“反倾销守则”中有关“维持反倾销措施的期限”问题做出澄清。根据这一提议，新协议第十一条十一款对此制定了“夕阳条款”，大意是指在不迟于 5 年合理期内，反倾销措施应自动废止，除非实施方政府在审议后认为要废止很有可能造成倾销和损害的继续和再现。为了解决那些在世贸组织生效（1995 年 1 月 1 日）前悬而未决的反倾销措施，这些措施适用“夕阳条款”的起始时间不应迟于 1995 年 1 月 1 日。该条款在制止长期滥用反倾销措施以达到保护国内市场的行为方面将起积极作用。

③“诸边”（plurilateral）的概念最早源于东京回合谈判。当时谈判所形成的 9 个守则均采取了自愿参加和对签字国有效的原则。绝大多数发展中国家均未参加这些守则，签字国只局限于发达国家。在乌拉圭回合结束时，这 9 个守则中的 5 个被全面系统地纳入了多边贸易框架中，具备了多边性质，而仍有 4 个协议仅限于在那些签字的国家之间生效。“诸边”这一概念只是相对于多边而言的，它并不完全取决于签字国的多寡。即使这 4 个协议的签字国达到占世贸组织成员的绝大多数，它仍然是诸边协议。只要世贸组织未采取行动，通过协商一致的程序，把它们纳入多边权利与义务的框架中，其诸边性质不会改变。当然“诸边”性质的现实意义不同于纯法律和理论概念的分析，数字和签字国的多少不决定协议的实际意义，决定协议实际意义的往往是什么样的签字国。

④在食物安全方面，联合国粮农组织（FAO）和世界卫生组织（WHO）的食品营养委员会；在动物健康方面，国际动物流行病防治署（IOEZ）和植物健康方面的《国际植物保护公约》均是这里所指的国际组织及其形成的有关条例、标准和指导原则。

⑤这里除了“国家安全”要求外还有禁止欺诈行为、保护人类健康与安全和保护动物、植物的生命与健康以及环境保护等要求。

⑥东京回合的 9 个守则协议除政府采购、民用航空器、奶制品和牛肉 4 个外，还有进口许可证、反倾销、反补贴、海关估价和技术性贸易壁垒 5 个守则协议。

⑦为了防止其他国家从旨在限制对民用航空业发展的直接或间接补贴的新民用航空器协议中获得好处，美欧联手正在力图改变民用航空器协议的诸边性质，使其变为约束所有世贸

组织成员的多边协议。早在1992年8月，东京回合民用航空器守则委员会就授权美欧采取行动，动员发展中国家加入该协议。美欧对民用航空器协议所采取的游说行动能否在今后取得预期效果，还取决于在航空业领域里有重要利益的俄罗斯和中国是否予以积极配合（当然俄中在加入世贸组织后才能发挥这样的影响）。

⑧例如，世贸组织“政府采购协议”中有关中央或联邦政府采购实体的起始价为13万特别提款权（18.2万美元），而北美协议中的起始价则为5万美元。至于建筑合同，政府采购协议和北美协议的起始价款基本相近，前者为500万特别提款权，后者为700万特别提款权。

⑨随着亚太经合体制化建设和贸易投资化逐步取得实质性进展，美日等成员开始对协调亚太成员之间政府采购行为发生兴趣。据日本外务省官员透露，亚太经合组织在茂物会议（1994年11月）后，特别是日本作为亚太经合第六任轮值主席后（1995年1月），在工作一级已开始讨论政府采购行为的问题，并力图在不久将来先形成一个不拘约束力的政府采购框架协议，以便为今后最终形成一个正式协议做好准备。目前，讨论阶段应促成成员间就各自政府采购政策和法规交流信息和资料，以期提高彼此在这一领域里的相互认识和透明度。

⑩这里的“卡特尔”（carter）是指“国际卡特尔”（又称“国际同业联盟”）。无论国内卡特尔还是国际卡特尔，其组织形式和目的是类似的。卡特尔系市场经济中垄断组织最普遍的一种形式，即生产同类商品的企业为垄断某一特定市场而组成的联盟。参加者共同签订协定，要有共同的价格政策和生产政策。参加卡特尔的企业在生产、销售和法律方面仍保留各自的独立性，但要受协定的约束。破坏协定者须向卡特尔缴纳罚金。进入20世纪60年代以来，国际卡特尔已出现在服务贸易领域，其势头不减。

⑪《总协定文件选编》，第3卷，第239页，1955年，日内瓦。

⑫这里的“托拉斯”（trust）是指“国际托拉斯”。它是垄断组织的高级形式。由生产同类商品的企业或与产品有密切关系的企业联合，旨在垄断销售市场、争夺原料产地和投资范围以及加强竞争力，从而获取高额垄断利润。卡特尔和托拉斯是经济体系中所存在的最严重的“结构性”问题，故是限制性商业行为的最主要表现形式。

⑬《总协定文件选编》，第7卷，第29页，1959年，日内瓦。

⑭《总协定文件选编》，第9卷，第171页，1961年，日内瓦。

⑮参见笔者在1990年4月19日《国际经贸消息》第一版发表的《美日结构性障碍谈判的背景与影响》一文。

⑯无论是“1994年总协定（包括1947年总协定）”还是世贸组织的争端解决程序，均不受理其成员国内的非政府实体（自然人和法人）的申诉，只是“政府采购协议”中很有限地涉及到公用事业实体的申诉权。按严格的法律界定，政府采购协议作为诸边协议，其有关非政府实体的申诉权受理程序并不是世贸组织争端解决程序的一个组成部分。

⑰1985年9月23日，美总统里根在白宫就“公平贸易”问题发表演讲。这标志着美国贸易政策的基调从“自由贸易”转向“公平贸易”或“互惠贸易”。这一贸易政策在1988年的《综合贸易与竞争法案》中得以法律化。像301条款和超级301条款均是实施这种“公平贸易”政策的具体法律工具。

⑱这里的“政策”概念主要是指管理和指导投资和服务业发展的政策和立法，以区别于与进出贸易直接相关的贸易政策与立法。

第十二章 “互补性竞争”为区域集团与多边贸易体制关系的核心

通过以上各章的介绍与分析，我们现在应该回到本书的结论问题上，即区域集团与多边贸易体制之间，究竟是一种竞争关系还是一种“互补性竞争”关系，是一种互补占主导还是一种竞争占主导的关系，或者是一种别的什么关系。我们在第二章、第三章、第四章以及第十章通过对多边贸易体制有关区域集团的法律规定、改进和存在的局限性以及法律规定实践的全面介绍与分析，不难发现，多边贸易体制不仅在法律规定及其改进方面，对区域集团采取了认可和宽容的态度，而且在法律规定的实际执行中也采取了灵活务实的做法。

我们通过第五章和第六章对区域集团发展的过去与现在以及当前发展新动向的回顾与展望，第七章对特点与所存在问题的归纳，第八章和第九章对贸易与投资效应和贸易政治因素与第三国反应的分析，以及第十一章对自由化范围与机制的比较，似乎使我们更加倾向于得出这样的结论，即无论是区域集团成立的背景，还是其内容、原则、目标和成功的前提条件，均与多边贸易体制趋向协调，而且自由化范围和机制的异同所产生的不是一种相互排斥、有你无我的竞争关系，而是一种相互借鉴、优势互补以致相得益彰的关系。即使区域集团的形成和发展短期内会在人力、财力、政府注意力和有效性以及开辟新领域与制定新规则与纪律等方面，同多边贸易体制产生某些竞争局面，但由于二者长远目标的趋同和各自具备的优势以及内外在动因作用等因素，这种竞争局面的结果不仅扩大了二者互补的内涵与意义，而且整体上推动和加速了全球经济的一体化和贸易自由化进程。

鉴此，笔者认为，区域集团与多边贸易体制关系的核心是“互补性竞争”关系。为了进一步阐明这种关系的实质，本章在围绕多边贸易体制对区域集团采取宽容的主要考虑和产生的积极影响进行分析后，拟就区域集团对多边贸易体制形成的补充作用和竞争与互补效应的相互转化问题作抽象定性分析，以进一步巩固本书的结论。基于所得出的结论，可以看出“互补性竞争关系”不仅为贸易自由化的整体发展注入了活力，而且推动了区域集团与多边贸易体制的“最终汇合”。

第一节　法律与实践“宽容”的主要考虑

总协定二十四条及其“谅解”和服务贸易总协定第五条以及“授权条款”，对成员建立关税同盟和自由贸易区的问题，通过灵活、笼统和模糊的规定采取了宽容的态度。这种宽容态度意味着多边贸易体制对区域集团给予了事实上的认可。我们不妨把这种宽容称作“法律宽容”（也是“第一步宽容”）。基于现实的考虑，总协定在具体处理和审议有关区域集团的发现，单有法律上的宽容是不够的，在实践中对区域集团的审议并做出相应的报告时，还必须采取灵活和宽容的态度，我们不妨把这种宽容称作“实践宽容”（也是“第二步宽容”）。这两步“宽容”可足以反映出多边贸易体制对区域集团的真实态度。

一、“法律宽容”的基础与考虑

从第二章和第三章与第四章的介绍与分析可发现，总协定对区域集团在法律上的宽容主要体现在对“实质上所有贸易”、“总体上不得高于或严于”、“关税和其他贸易限制”、“临时协议的审议”以及“补偿性调整”和“授权条款”等方面的模糊性规定上。这种原则、笼统、含糊的规定，有的法律专家认为，是总协定的一大失误，给后来的实际审议工作带来了巨大障碍和困难，应予以彻底修正和改进；有的则认为，这是总协定在审时度势和充分认清历史与现实的情况下，对区域集团所采取的一种有意识的“法律宽容”，以便审议中掌握主动权，因而主张视情况需要可对有关审议程序加以改进。关于这一问题的争论和分歧，多边贸易体制自身还是倾向于后一种看法的。

多边贸易体制实施法律宽容的理论基础，归结起来有两点：一是在区域内，两个或两个以上的国家或地区通过真正关税同盟的做法实现区域贸易自由化，就如同在一个主权国家内实现省与省或州与州之间的经贸政策与法规协调以期建立统一的市场体系那样。故总协定可以在法律上认可其成员之间建立的关税同盟。事实上关税同盟的结果就是建立了一个较大的单独关税地区，而且成为多边贸易体制成员的硬性条件就是“单独关税地区”资格。二是世界各国经济发展、政治制度和文化习俗以及现有的区域合作水平参差不齐，如果在法律上一概用关税同盟来要求区域合作，那势将出现众多自由贸易区游离于多边贸易体制之外的现象。广大发展中国家更适合采用自由贸易区或者是优惠安排的方式来加强区域经济合作。而且法律规定标准越高，离现实情况越远，规定与执行的差距也就越大，以致产生规定形同虚设的后果（请参见第二章第二节）。

多边贸易体制采取法律宽容的主要考虑体现在：（1）通过建立区域集团来加强区域内国与国、地区与地区间的经济合作与贸易往来古今有之。如果对此视而不见，一味用多边贸易体制的最惠国待遇原则要求之，而不事先做出相应的灵活规定，这将造成法律规定的一大疏忽和失误，最终可能导致最惠国待遇原则失去严肃性，进而侵蚀多边贸易体制赖以存在的基础；（2）建立关税同盟或自由贸易区是国家主权意志的体现，无论是采取宽容还是不宽容，关税同盟或自由贸易的建立是任何外来压力和义务都难以阻止的。事实上一组国家或地区建立一区域集团大都经历一个较长时间的酝酿、讨论、策划和付诸实施的过程。一旦宣布建立，一般都不可逆转（成败另当别论），而且成立区域集团的问题往往成为组成成员国政府对外政策的重点。如果在国家主权意志面前，多边贸易体制在法律规定上不采取宽容的态度，毫无疑问会影响自身的稳定发展和成员力量的壮大；（3）区域集团有的是出于政治目的而结合，经贸利益次之；有的是出于经贸目的而联合，政治目的次之；以政治目的为主的联合，并不影响多边贸易体制的原则和利益；从长远动态看，以经贸目的为主的联合，其根本目标是与多边贸易体制趋同的（请详见本章第二节）；（4）区域集团有其自身的优势，在促进某些领域进一步贸易自由化、有效协调国别内部经济政策与立法、对等互惠、实现政治联盟以及约束大国操纵等方面，多边贸易体制不可能完全满足其成员的愿望。有些问题更宜在区域内协调解决，而且这种解决有可能对多边贸易体制是一种有效的补充；（5）从静态看，区域集团越是实现了内部真正的经济一体化和贸易自由化，其对外构成的歧视就越严重，所以讲，总协定二十四条的有关规定事实上是旨在给其缔约方政府增加建立区域集团的某些政治压力，经济与贸易的要求越含糊、笼统，解释和适用起来就越主动和灵活，在一定程度上可以强化缔约方政府创立区域集团的责任感，避免区域集团建立的随意性。

二、"实践宽容"的主要考虑与目的

我们通过第十章的介绍与分析不难发现，总协定分别利月四种审议和免除义务责任的方式，对现实中的区域集团采取了极大的宽容态度。实践证明，任何类型的区域集团协议只要通知总协定，经过不同形式和程序的审议后，均可获得免除义务的待遇。法律上对区域集团采取了宽容，实践中，遵照这些宽松的法律规定进行审议区域集团协议时，更需要宽容态度，否则审议工作难以进行。总协定采取宽容都很难形成一致性意见，更不用说严格实施法律规定了。

多边贸易体制对区域集团协议审议，采取宽容的主要考虑是：（1）法律规定的宽容，灵活多样的解释，致使审议和讨论工作缺少明确的行动原则与标准，要严格依据原则和标准得出一致性结论，是不可能的，事实上也没有很大的必要；（2）审议的结论是否定还是肯定，对已达成协议的成员政府来说意义不大。经过艰苦谈判达成的协议，不会因为多边贸易体制的建议而被修改。如果多边贸易体制坚持其对某一区域集团协议的否定结论，那么结果是该协议成员集体退出多边贸易体制。这种后果的严重性取决于该协议成员的贸易分量。像欧共体这样的区域集团，总协定在审议一开始就采取了迁就和宽容态度，尽管第三国缔约方对《罗马条约》的诸多规定提出了一系列关切和歧义。如果欧共体与多边贸易体制之间达不成妥协，欧共体 6 国当时宣布退出总协定，这对多边贸易体制无疑是一种灾难性的后果。所以说总协定对待欧共体的唯一选择是宽容；（3）区域集团的形成和发展必然引起其他第三国的关切和注意，同时对多边贸易体制也构成一种外部压力。第三国会设法利用多边贸易体制的多边关税和贸易谈判来解决和缓和它们的关切。这样一来，区域集团的建立会引发第三国对多边贸易体制的支持和注意力，进而客观上推动多边贸易自由化进程；（4）一些规范和比较成熟的区域集团协议，客观上讲是基本符合多边贸易规定和原则的。虽说审议期间，各缔约方从自己的利益出发提出这样和那样的不同意见，致使工作组最终难以形成一致性报告，但是这主要是由于总协定自身的议事程序即"协商一致"所造成的。如果采取"多数通过"的方式，对大多数区域集团协议的审议工作还是能够较圆满结束的。所以说，不能因为总协定对绝大多数区域集团协议采取宽容态度和得不出最后一致性意见，而妄下"绝大多数区域集团协议都不符合总协定规定"的结论；（5）总协定对区域集团协议的审议，重要的是对区域集团的形成与发展保持一种监督的外部压力，尽量促其遵循多边贸易体制的基本原则和精神。至于得出何种结论，对现实中的区域集团的意义并不大，这也是为什么47年来，总协定对区域集团审议明明是流于形式但还要继续进行这项审议工作的原因；（6）除发达国家之间形成的区域集团协议比较规范外，发展中国家之间形成的自由贸易区协议不但不够成熟和规范，而且即使那些比较成功的，其自由化范围也只限于关税减让领域，况且这类区域集团协议涉及的贸易量较小，影响微弱（当然拉美的南方共同市场是个例外）。事实上，有些发展中国家之间的区域优惠贸易协议，根本就不是总协定二十四条所指的关税同盟或自由贸易区。要是按有关规定进行审议，不但找不到审议的对象，更谈不上做出什么结论。所以说，根据“授权条款”的规定来对待发展中国家之间的区域集团协议是比较合适的，既可以达到保持监督的目的，又不至于给发展中国家造成额外的人力和物力上的负担。

第二节 区域集团与多边贸易体制的“趋同性”

我们这里所指的“趋同性”是指从长远动态看，各类区域集团形成的背景、内容、标榜的原则与精神、基本目标以及成功的先决条件等方面，与多边贸易体制具有较高的共同性、相似性和一致性。这种“趋同性”并非偶然的巧合，而是由多边贸易体制通过对区域集团有计划的审议与监督以及客观上形成的多边压力所产生的积极影响和有效补充带来的。虽说由于特殊的历史、地理与现实原因，有些区域集团协议在某一方面或某几方面与多边贸易体制有出入甚至公然相左（这种情形是极其罕见的），但从长远和动态看，其走向是与多边贸易体制趋于一致的。本节的分析与比较是基于我们在第五章、第六章、第七章、第八章和第九章的有关内容进行的，并借助第十一章的分析进而就多边贸易体制对区域集团的形成与发展所产生的积极影响做出归纳。

一、兴起与强化背景及面临挑战的“共同性”

一般认为，1957年《罗马条约》的签署和由此建立的欧共体，主要是出于政治考虑和应付冷战局面并在美国怂恿下产生的。但是大多数区域集团形成的大背景除了某些政治因素外，更主要的还是出于经济考虑，特别是冷战结束后形成的一些区域集团，如南方共同市场、中欧自由贸易区等。面对欧共体政治经济联盟的纵深发展，美国单边和双边主义的盛行、新老贸易保护主义措施的泛滥、多边贸易体制权威的下降和乌拉圭回合四度延期以及大国操纵国际经济事务趋势的加强与各国经济相互融和、相互渗透和相互依赖的加深等等，中小发达国家和广大发展中国家或者通过近水楼台的优势加入或正在申请加入区域内已有的区域集团，如欧洲自由贸易联盟成员陆续加入欧盟，或者成立新区域集团如南方共同市场、东南非洲共同体，以期联合自强、扩大和加深区域经济合作、发挥区域优势，寻求建立更大的规模经济和市场效应。这样既可以凭借区域集团增强各自在国际经济事务中的决策分量，又可以提高在多双边谈判中的要价能力。

我们在第六章第一节和第九章第四节中，曾谈过区域集团化加强与多边贸易体制强化（乌拉圭回合结束，世贸组织取代总协定，争端解决机制改进等）并举的“共生现象”和第三国为对付区域集团的兴起支持多边贸易体制及其谈判的问题。从这些分析中，不难发现，多边贸易体制每次进行职能强化活动（发动新一轮多边谈判以制定和改进多边纪律，开辟贸易自由化的新领域等）的原因背景与上面刚提及的区域集团形成的背景有许多相似之处，如单双边主义和新老贸易保护主义措施（如美国的 301 条款和超级 301 条款，“灰”区域措施等）的盛行泛滥、世界经济的相互融和与相互依赖加深等。二者基本上面对同样的挑战，在不同程度的区域范围内采取迎接挑战的行动。我们前面提及，区域集团行动的强化和新行动的出台又促使第三国集中精力支持多边贸易体制采取新行动，以期冲销区域集团造成的歧视效应，如 1985 年 1 月《罗马条约》的生效，致使美日要求总协定连续发动了两次多边谈判（狄龙回合与肯尼迪回合）。1973 年英国、爱尔兰和丹麦三国加入欧共体，又促使美、加、日等发达国家要求发动新一轮多边谈判（东京回合）。1985 年欧洲统一大市场计划的提出和美加经济合作的强化（1988 年签署“美加日自由贸易协议”），成为乌拉圭回合发动的重要背景之一。

多边贸易体制的强化，按“彼此消长论”的观点，应在一定程度上减弱区域集团化发展，但现实的情况却恰恰相反，出现了多边贸易体制强化与区域集团进一步兴起的“共生现象”。如 1979 年东京回合结束后不久，欧共体加快内部一体化步伐并相继提出了建立欧洲统一大市场的计划；乌拉圭回合结束和世贸组织的生效的同时，一系列新的区域集团倡议和计划也陆续提出，如美洲自由贸易区、北大西洋经济共同体和环印度洋经济合作组织的倡议，以及南方共同市场与欧盟自由贸易区协议的酝酿等。

这种形成与强化背景的“相似性”和“共生现象”可以说明以下几个问题：(1) 区域集团形成与多边贸易体制强化行动的根本目的是一致的（详见本节之三）；(2) 多边贸易体制成员在注重建立和加强区域内经济合作的同时，并未忽视强化多边贸易体制职能和加强多边贸易关系，而是二者并重；(3) 区域集团合作拥有自身的优势，多边贸易体制客观上不能完全满足其成员的某些（特殊的）需要。所以说，那种认为多边贸易体制弱化而区域集团化加强和多边贸易体制强化而区域集团化减弱的观点并不符合实际；(4)“相似性”和“共生现象”使得区域集团与多边贸易体制之间建立“互补性竞争”关系具备了客观条件，因为强化了的多边贸易体制可以更好地监督区域集团的形成和发展并有效地吸收区域集团新发展所积累的“先进”经验；区域集团又可以从强化和完善了的多边贸易体制中汲取新的内容和多边纪律，以充实和改进区域内的经济合作内容和贸易自由化范围（如北美三国从乌拉圭回合达成的有关协议中吸取了许多内容来充实北美协议；欧共体迫于乌拉圭回合农产品协议和补贴与反补贴协议的义务规定，使其敏感和困难的“共同农业政策”也提到了改革的议程上）。

二、内容与原则的“相似性”

除最惠国待遇原则作为合法例外外，迄今为止，那些重要的区域集团协议的内容，基本上与多边贸易体制的自由化范围相类似（虽有量上的区别，范围大小的差异，但质上是相同的），而且大都标榜多边贸易体制的开放、公平、透明和非歧视等基本原则。即使像欧共体在某些领域的贸易自由化范围超过了多边贸易体制的进程，其对多边贸易体制的作用也是一种积极的促动而非排斥性的竞争影响。我们在这里所说的内容相似，并非指主要区域集团协议的贸易自由化范围完全与多边贸易体制一样，而是说明主要区域集团在坚持和标榜多边贸易体制的基本原则和精神的同时，其实施区域内贸易自由化计划的整体内容，如关税、非关税措施减让与取消以及方式具有相似性，而且并未超出多边贸易体制的范围。但是在一些具体的领域，特别是在某些产品的关税约束与减让以及某项非关税措施的取消等方面，还是比在多边贸易体制内提前行动一步，也即先在区域集团成员间实施这方面义务，然后逐步扩展至多边贸易体制成员。这种情况往往适用于发展中国家。由于受它们的现实经济水平和财政金融与贸易格局的限制，暂时难以在多边内承担义务，只能局限于区域内成员之间。这说明区域集团在一定意义上成了多边贸易体制推动发展中国家全面参与世界贸易自由化进程的“试验场”（详见本章第三节）。

这种内容与原则的相似性，可以使我们得出以下几点启发和认识：（1）多边贸易体制无论从贸易自由化内容还是原则上，均对主要区域集团的形成与发展产生了积极影响，致使这些主要区域集团大都在多边贸易自由化的整体范围内和基本精神的指导下，在区域内寻求适合各自情况的具体自由化领域和做法。虽说在自由化范围大小和具体领域上有异同和差别，但在根本性质上却是相同的。也就是说那些在自由化范围上不及多边贸易体制的区域集团，该集团成员在多边贸易体制内同样不承担自由化的义务，或享受过渡期，但在一些具体领域，有些区域集团成员虽在多边贸易体制没有承担自由化义务或享有过渡期，却在区域集团内实现了自由化。那些在自由化范围方面超过多边贸易体制的区域集团，有的不过是多边贸易体制正在或不久将来可以实施的，有的即使多边贸易体制将来无法实施，该区域集团在这方面的新作为也是旨在推动本地区的经济一体化进程，客观上带动了全球贸易自由化的发展，并为多边贸易体制提供了可资汲取的经验与做法；（2）目前，还没有一个公然违背多边贸易体制的基本原则和开放精神并试图利用区域联盟来搞贸易保护主义的区域集团。这说明建立区域集团并不自动或必然提高贸易保护程度或自然产生排他性“贸易堡垒”。在当前绝大多数区域集团成员同时又都是多边贸易体制成员的情况下，多边纪律、原则和基本精神的遵循，更进一步减少了区域集团发展成为“贸易堡垒”的可能性。虽说有些区域集团客观上会产生贸易转移和造成对第三国贸易的损失甚至会打破现有的投资与贸易格局，但是由于长期动态规模经济效应的作用，这类区域集团的形成事实上并未造成区域外贸易和投资下降，而是逐步出现了与区域内贸易和投资同步增长的趋势，因而未损及基于资源有效配置的世界贸易与投资格局。有些区域集团成立后，在个别方面，如原产地规则、农业政策和数量限制的范围等，虽出现较浓的贸易保护主义色彩，但这与区域集团的形成并不必然有直接的因果联系。即使没有区域集团，原产地规则和保护农业政策在国别基础上同样具有较强的保护主义倾向；（3）区域集团广泛吸收和尊重多边贸易体制的贸易自由化内容、原则和基本精神，就足以说明多边贸易体制的强劲生命力和权威，从而反映出进一步加强和改善多边贸易体制职能对协调和监督区域集团形成和发展的重要性。这说明多边贸易体制面对区域集团化的兴起和发展是有所作为，而不是“心余力绌”；（4）区域集团虽说在协调和规范国内政策方面有其“天然”的优势，有些还取得了有效的成果。但是，如果没有多边贸易体制在长达40多年内积极推动全球贸易自由化进程，使各成员政府和利益集团在经受多边义务压力后逐渐认识到自由贸易的益处并为各区域集团在贸易政策领域的自由化奠定了必要的内容和原则基础，这一天然优势的发挥和成果的取得是不可想象的。所以说，离开了多边贸易自由化的广泛基础和背离多边贸易体制的基本原则的区域集团，不仅找不到实现有效的区域经济合作和推进贸易自由化的机制，甚至有可能会中途夭折。

三、目标与成功基本前提的“一致性”

区域集团的基本目标与多边贸易体制基本目标的一致性是比较明显的。不同地域的区域集团虽在目标的侧重点和高低程度上有所不同，但根本的目标是一样的，即通过创立区域集团以取消或降低成员间的贸易障碍，进而协调与规范国内经济政策与立法，最大限度地推动贸易的自由流动，建立和扩大市场规模经济，实现资源的合理配置，以期扩大就业、提高生活水平、保护环境和促进经济可持续增长。个别区域集团还把实现政治联盟或政治一体化和社会问题的协调解决（劳工权利、文化交流和制止毒品交易以及移民政策等）纳入了区域合作的目标范畴。但这些社会目标有助于区域集团的根本经济目标的实现。事实上，政治一体化的实施、社会问题的合作解决，甚至军事合作的加强，其最终目标都是为了实现经济利益这个根本目标服务的，严格地说是手段而不是目的。

乌拉圭回合结束前总协定的基本目标是：在处理缔约方的贸易和经济关系方面，应以提高生活水平、保证充分就业、实际收入和有效需求的巨大稳定增长、扩大世界资源的充分利用，进而提高商品生产与交换为目的。世贸组织的基本目标在保留了总协定上述目标的同时，又增加了两项彼此相连的内容，即可持续发展的资源最优利用和环境保护。

从以上不难发现，虽说区域集团的目标着眼于区域内，多边贸易体制的目标着眼于世界范围内，但二者的目标内涵和努力方向是基本一致的。如果把动态规模效应考虑进来，那么“区域进程”与“多边进程”[①]的最终方向是一致的，即多边贸易自由化基础上的世界经济一体化。有鉴于此，多边贸易体制在对各区域集团根据有关规定进行了必要和有效审议与监督指导的情况下，似没有理由也没有必要对区域集团的形成与发展忧心忡忡，疑窦丛生。

至于区域集团成功的前提条件和多边贸易体制得以有效运转的基础的一致性问题，只要把第五章的介绍和总协定40多年的发展历程稍加归纳比较就可一目了然。

区域集团从酝酿形成到发展壮大并能获得有效成果的前提条件须有：(1) 成员国的经济体制模式是自由市场经济；(2) 奉行开放的外向型经济发展战略和自由贸易政策；(3) 区域成员间的经贸依赖和相互融合在市场力量和资源最优配置的驱动下已达到较高的程度（当然，这一程度的提高也可以通过区域集团的有效发展从较低水平起步）；(4) 持续稳定的国别政治环境和外部力量的支持；(5) 具备了宏观经济政策特别是汇率政策的初步协调经验和相应的协调机制。当然，区域集团要实现区域内以经贸合作为中心的目标，不可少的因素就是区域内相对稳定的区域政治环境和比较和平的睦邻友好关系。严重的领土、宗教争端和历史遗留的民族冲突以及意识形态领域里的长期对抗等，均是区域集团形成和发展的重要制约因素。

以总协定和世贸组织为基础的多边贸易体制，其顺利发展和有效协调世界多边贸易关系的重要条件，首先是其成员奉行市场经济规律（严格地讲，市场经济制度是申请加入多边贸易体制的先决条件）和比较自由开放的贸易政策；其次是世界经济的相互依赖、相互融合和国际分工发展到了较深入的程度；第三是相对和平宽松的政治环境和国际社会的支持；第四是主要贸易大国信守多边贸易体制的纪律、原则和精神，并注重发展和改善多边贸易体制，同时又需要其他中小贸易国和发展中国家的配合与支持；最后是善于迎接和及时解决国际经济发展产生的新挑战和新问题，并制定相应的多边纪律与规则。当然除了上述这些重要条件外，多边贸易体制根据国际贸易发展的客观现实和考虑到不同成员的不同经济发展水平，制定并实施灵活务实的贸易规则和妥善解决成员间的贸易争端，也是确保多边贸易体制有效运转的重要因素。

显而易见，成员国奉行市场经济模式和外向型发展战略与自由贸易政策是区域集团和多边贸易体制有效运转并获成功的根本前提条件。把市场作为配置资源的根本机制不仅制约了政府过多过滥的行政干预，而且为公开、公平的竞争创造了基础。这种市场经济的运行“外延”势必是外向型经济的形成和发展。外向型经济的形成和发展又为自由贸易政策的实施提供了必备的客观环境。基于成员国此类经贸政策的区域集团，虽然有时短时间内难免产生贸易保护主义或排他性倾向，但从长期动态角度，其贸易政策的基本走向是开放和自由的。

有鉴于区域集团与多边贸易体制二者成功的根本前提的“一致性”，我们似可以得出这样的结论，即那些获得有效运转并取得成功效果的区域集团，在其成员奉行市场经济体制、外向型经济战略和自由贸易政策（成员间存在实施自由贸易政策的程度差别）的基础上，其区域经济贸易合作的形式与内容、目标与原则等基本上是开放而非排他性的。这类区域集团的形成与发展不仅不会对多边贸易体制构成挑战与威胁，反而是一种有益补充和促进。对此，多边贸易体制应采取的是一种监督、指导与协调合作的态度，而不应谈“虎”色变和杞人忧天。至于那类封闭的、排他性的具有贸易堡垒倾向的区域集团，虽短期内形成和有所发展，但最终的命运仍将或者是名存实亡，或者是解体解散。多边贸易体制对此可酌情事先提供指导和建议，如无转机，可泰然处之。

第三节 区域集团对多边贸易体制的积极影响

我们前面提及，多边贸易体制并不能全面满足其成员方的需要，有些方面特别是那些敏感、涉及国内政治和利益集团的利益较大的领域，如竞争政策、政府采购和政策与立法协调等在多边范围内是很难短时间内有所作为的。我们虽不能妄下结论，认为区域集团（即使是那些运转顺利成效显著的关税同盟和共同体）在推动贸易自由化方面就一定比多边贸易体制进程快和效率高[②]，但有一点是比较肯定的，即由于区域集团拥有地缘政治、经济模式与发展水平类似、成员少而想法一致等优势，因而容易协调谈判立场，避免“免费搭车”[③]，确保利益平衡，并产生直接明确的贸易利益。这样一来，区域集团作为介于国家与多边贸易体制之间的“地区多边贸易体系”[④]，不仅能促使成员国内政治和利益集团认识到国际经济相互依赖的现实与国际多边规则协调和制定的重要性，为开辟和进一步推动多边贸易自由化进程提供经验和“试验场”，而且有助于自由经贸政策思想在成员间的传播，成为加强成员国内政治利益集团与工商产业界同多边贸易谈判沟通联络的纽带以及加速国别经济与世界经济接轨的桥梁。

一、有助于认识国际经济的相互依赖和多边协调的重要性

在第九章第二节中，我们曾分析过一国国内贸易政策的政治因素的作用与影

响。由于传统和既定政策产生的既得政治利益和经济利益集团的存在，致使一国国内的贸易保护主义势力总是大于自由贸易的力量。既得利益集团为了维护和固守既得利益，一般都反对改革现行的经济和贸易政策，使之纳入国际多边纪律框架和国际规范。

区域集团协议的达成，有助于促动成员国政府和利益集团认识到接受国际规则和纪律的必要性。在前面提及，无论是区域集团协议还是多边贸易协议，均是一个权利与义务的框架体系。区域集团成员要获得其他成员遵循协议规则与纪律所产生的权利，它必须按照协议承担改革国内不符合国际规范与纪律的政策法规的相应义务，也就是为得到权利所付出的代价。

相对区域集团来说，多边贸易体制的权利与义务框架离成员国政府比较遥远，付出代价并不一定马上产生直接明显的利益，因此国内政治利益集团都不愿为此付出改革既定政策与立法的代价。区域集团正好可以弥补多边贸易体制的这一局限性，它可以促使成员国内政治利益集团充分认识到区域内国际经济的相互依赖，进而促其接受国际规范与纪律。第十一章第一节和第三节提及，由于贸易政策与国内政策的相互渗透，二者之间的界限越来越模糊，国内政策直接和间接的贸易作用日益增大，加之区域集团的形成能够对所付代价带来立竿见影的利益，故成员国内的政治利益集团认为有必要加强国与国之间经济和贸易政策的协调并制定相应的国际纪律加以规范。

在欧共体，由于较高程度的经济相互依赖性，致使各成员国内的工商产业集团、工会组织、环境保护主义者以及政府管理机构认为有必要广泛接受国际协议。竞争政策的协调便是一个很好的例子。《罗马条约》生效后的许多年内，有关制定一个统一的管理“兼并”政策的行动，遇到了产业界的强烈反对。随着欧共体内部一体化的发展，成员国间的经济相互依存度日益提高，欧洲产业界最终认识到通过协调和规范国别政策，建立一个管理欧洲市场的统一竞争政策的必要性。成员国政府部门面对国别市场的欧洲化或国际化，也不得不承认国别协调的局限性。消费者团体也即刻认识到，要保证货物和服务业的跨国自由流动，必须尽快制定欧洲范围内的产品标准条例。产业与市场的融合使得跨国污染越来越严重，引起了环境保护主义者及其游说团体的关切，呼吁建立欧洲范围内统一的环保政策与立法体系[⑤]。另外，北美协议形成后不久又签署了环境与劳工等三个附加协议，这就说明北美自由贸易区的建立，使成员国内的有关利益集团全面认识到协调统一不同的环保与劳工政策的重要意义。

第十一章第三节中曾提及有关协调建立国际统一的竞争政策的必要性，早在总协定创立前的《国际贸易组织宪章》中就有较详细的反映。这说明国际多边社会早已认识到解决这一问题的重要意义，多边贸易体制之所以40多年来在此问题上未取得任何实质性进展，就是因为缺少成员国政府和利益集团的强有力支持。

二、成为进一步推动敏感领域多边贸易自由化的“试验场”

敏感领域主要涉及到经济决策主权方面的问题，如竞争政策、技术标准和商品检验以及司法判决等。如上面所述，多边贸易体制40多年来在协调统一竞争政策上未获得任何进展。在解决成员间贸易争端方面，虽建立了比较完备的争端解决机制，但其有效程度和法律约束力在面对成员国司法判决主权时往往受到影响。在乌拉圭回合发动以前，要改进和加强多边贸易体制的争端解决机制可谓是艰难异常。在协调和规范技术性贸易壁垒（请参见第十一章第一节之二）方面，多边贸易体制虽制定了多边协议，但其协调和规范力度是非常有限的，因为是基于国别技术标准和条例来认识和借鉴国际通行的技术标准和条例的。

区域集团凭借其自身优势，已在上述敏感领域比多边贸易体制的自由化进程向前推进一步，为多边贸易体制在已有的基础上，进一步实施自由化计划提供了“试验场”。例如美加在谈判自由贸易区协议过程中，就如何制定争端解决程序面对两种选择：一是总协定的争端解决机制（基于“协商一致”程序和注重谈判解决）；二是欧共体的超国家争端解决体系（欧共体法律优于成员国法律）。在美加看来，总协定的争端解决程序缺乏有效性和执行力度，而欧共体因其过分侵入司法主权而难以接受。美加处于两难境地，最后创造性地建立了符合两国情况的区域争端解决机制，即提高国别执法力度的同时，成员国政府和司法当局可保留其判决主权，但应受制于独立的审议程序[⑥]。这一机制后来由北美协议完全继承，而且对当时乌拉圭回合有关改善争端解决程序的谈判也产生了很大影响。世贸组织新争端解决机制中的“上诉复议机构”的建立（请参见第四章第三节）就是参照了美加协议的做法。另外，欧共体在协调和规范国别技术性贸易壁垒方面所采用的“相互认可”的做法，也必将对多边贸易体制在全球范围内如何有效地协调和规范技术性贸易壁垒提供新思路。

三、为开辟自由化新领域并制定国际纪律提供了经验与技巧

国际多边谈判一般而言，大都是由成员国主管外交外贸事务的一些职业谈判专家在日内瓦或其他国际名城进行的，成员国内的行业或部门技术专家和产业界极少卷入。这样就使多边谈判与国内有关机构和相关产业部门产生一定程度的脱节，甚至出现“为谈判而谈判”和国内有关部门认为多边谈判与自己利益无关紧要的现象，使得多边谈判在开辟贸易自由化新领域上困难重重。

区域集团的形成和发展可为成员政府、管理阶层和利益集团注重参与多边谈判、开辟贸易自由化新领域并制定相应的国际规则提供了一个良好的学习和培训机会，同时也加深了国内主管部门和产业界同职业谈判代表之间的联系与了解，一定程度上解决了“脱节”的问题。

在区域集团内，成员国政府和利益集团之间可通过公平互惠原则来加以协调贸易利益与国内政策的冲突，最终在一些新领域达成一个权利与义务平衡的区域经济合作协议。然后区域集团的经验与技巧再应用到多边贸易体制有关这方面的谈判中。

欧共体的政府采购谈判及其协议以及美加协议中有关服务贸易自由化大胆采用货物贸易的最惠国待遇、国民待遇等非歧视原则的做法，均对乌拉圭回合有关政府采购和服务贸易的多边谈判产生了积极影响[⑦]。

四、区域谈判与多边谈判的“协同作用”

“协同作用”是指，区域集团内有关一方面的谈判，正值多边内进行同样的谈判，两场并驾齐驱的谈判相互推动，彼此汲取新技巧的现象。例如欧共体20世纪70年代内部进行的有关政府采购的谈判与当时东京回合有关政府采购的多边谈判相伴而行。欧共体谈判在是否包括公共管理部门的问题上存有争议，因而东京回合所达成的《政府采购守则》也把公共管理部门排除在采购实体清单外。但是东京回合守则对签字国有关要求放低起始价和扩大采购实体范围的规定，却极大地影响了欧共体的谈判。

进入20世纪80年代中后期，美加、欧共体和总协定都在进行有关扩大和改进政府采购规则与纪律的谈判。欧共体在有关把公用事业部门纳入采购实体问题上，首先获得进展无疑推动了总协定在这方面的多边谈判进程，因而乌拉圭回合

所形成的《政府采购协议》就包括了公用事业部门。多边谈判的这一进展又推动了北美协议谈判。北美协议的谈判起初并不包括州或省级政府采购单位，在乌拉圭回合于1992年取得突破性进展把地方政府采购单位纳入采购实体清单后，北美协议谈判也随即在这方面（把部分州或省级政府部门纳入采购实体清单中）达成了协议[⑧]。服务贸易谈判在北美、多边服务贸易谈判和欧共体三者之间也同样出现了"协同作用"的相互影响。

五、有助于巩固改革成就和自由经贸政策思想的传播

20世纪70年代末，广大发展中国家在国内掀起了经济改革和推行外向型经济发展战略的浪潮，这种改革开放的政策方案，往往不是通过稳定的决策与正常的立法程序和先行的政治体制改革而制定实施的（有的国家缺少这种决策与立法程序，有的即使有也只是"摆设"），而是靠某个领导人的东山再起，或者是迫于国内外形势的压力，或者是个人爱好等发起进行的，改革开放的政治、立法和群众基础是比较脆弱的，一有风吹草动就会出现前功尽弃或逆转。

在这种情况下，发展中国家通过参加本地区内的区域集团协议，利用协议的要求和规定（承担的义务）作为一种向国内利益和保守集团施压的外部机制，以巩固改革开放的成就并促使其向前发展（当然有些国家可通过加入多边贸易体制来巩固自己的改革开放成就，但多边贸易体制所形成的压力，就不如本地区的区域集团所产生的压力那样直接和有力度，因为区域内有周边关系和地缘政治利益考虑的约束，所以除非本地区内没有或没有有效完备的区域集团，一般都先利用本区域内的区域集团作为对内施压的外部机制）。墨西哥加入北美协议的一个重要目的之一，就是旨在利用所承担的北美协议义务和美加的压力来巩固萨利那斯总统当政以来所取得的改革开放成就。

区域集团的形成、发展和扩大，还有助于自由经贸思想的传播，特别是那些一贯实施贸易管制和保护政策的国家，在加入区域集团后或者迫于压力或者出于自愿吸收并借鉴其他成员执行自由经贸政策的经验与做法，以提高本国贸易政策的开放自由程度。例如1985年西葡两国通过加入欧共体，在很大程度上改革和完善了原先较具保护色彩的贸易管理体制。一些原来资本投资管制较严厉的欧洲自由贸易联盟国家，如奥地利、瑞典在1995年1月1日加入欧盟后，就完全接受了欧盟的投资自由政策[⑨]。再如1988年美加协议的签署，无形中就使加拿大接

受和吸收了一些美国的自由市场经济和自由贸易主义思想；北美协议中的墨西哥无疑也借鉴和汲取了美加自由贸易政策的做法与经验。

区域集团通过巩固成员国内改革开放的成就，并促之向前发展以及传播自由贸易思想，对多边贸易体制所产生的积极影响是不言而喻的，因为成员国内改革开放所产生的自由市场经济和外向型经济战略以及自由贸易政策，均是多边贸易体制得以加强和有效运转的最重要的前提条件（请参见本章第二节之三）。

第四节 “互补性竞争”加速了贸易自由化进程

多边贸易体制的法律与实践的宽容，意味着对区域集团的建立为国家主权意志体现及其积极作用的认可；兴起与强化背景的共同性昭示了区域集团与多边贸易体制从不同的范围与角度来迎接所面临的共同挑战；内容与原则及目标与前提的一致性，说明区域集团的建立并不必然成为“贸易堡垒”以及多边贸易体制对其形成与发展所产生的有效监督作用；区域集团通过开辟和进一步推动贸易自由化对多边贸易体制所产生的积极作用，表明前者对后者不是威胁而是补充，二者彼此吸收兼容，达到协同前进的效果。

在这种基本框架下，区域集团与多边贸易体制关系的主流不是那种相互排斥，互不兼容的优胜劣汰式竞争，而是一种相得益彰、兼容协同的“互补性竞争”。区域集团的形成和发展与多边贸易体制的改进和加强，在发挥各自优势的情况下产生了竞争；这种竞争结局是二者彼此取长补短，相互补充；互补作用的影响进一步提高二者在开辟和实施贸易自由化领域与计划的竞争层次，因而又丰富和增加了二者互补的内涵……直到全球经济贸易一体化的实现。所以这种竞争与互补效应相互转化的（动态）互补性竞争关系，不仅使区域集团成为全球经济一体化的“积木”（不是“绊脚石”），而且加速了多边贸易自由化总体进程。

一、“互补性竞争关系”维系的客观因素

区域集团化浪潮的兴起和深入发展诚然在多边贸易体制、国际社会以及各国政治经济领域引起了强烈反响，官商学各界均对区域集团与多边贸易体制关系做了各种不同的阐述，得出了不同的结论。在世贸组织范围内，目前就存在两种截然不同的看法：一派认为由于区域集团本身所具有的排他性质以及在人力、注意

力和开辟贸易自由化新领域等方面，与多边贸易体制形成的相互替代的竞争关系大于互补关系，它将逐步侵蚀和瓦解多边贸易体制；另一派则认为区域集团与多边贸易体制的关系，是一种总体上互补大于竞争的关系。

面对区域集团化形成与发展同多边贸易体制改进与强化并举的现实，单纯从对多边贸易体制和区域集团的好恶和静态的角度来分析二者的关系是不够的，往往易得出偏颇的结论，走向悲观或乐观的极端，因而造成束手无策或高枕无忧的局面。笔者在以上各章节，通过从动态发展的角度和理论到实践的认识方法，对区域集团与多边贸易体制的关系作了较全面的分析，得出了“互补性竞争”为区域集团与多边贸易体制关系的核心的结论。宽容与认可、趋同与一致以及补充与促进都是这种关系存在的具体表现和条件。

确保区域集团与多边贸易体制互补性竞争关系形成和发展的客观因素，除了法律与实践宽容、背景、内容、原则、目标和成功前提的趋同性等以外，还有这样几方面：（1）区域集团的成员同时又都是多边贸易体制的成员（参见第七章之四），在履行区域集团协议的义务时，受制于多边贸易体制义务的约束；（2）区域集团成员同时处于互为第三国的状况，妥善解决和保护第三国的关切、要求和利益的有效机制是多边贸易体制，因而区域集团的形成不会影响各国对多边贸易体制的既有支持（参见第九章第四节）；（3）虽说多边贸易体制不能全部满足其成员的要求，但区域集团同样不能满足其成员全部贸易利益和要求，如北美协议中的美国和亚太经合中的“四小”，它们更广泛的贸易利益是在世界范围内实现的，而且区域集团协议的签署不过是市场导向合作到一定程度的一种政府政策导向行为，因而区域集团的形成与发展并非必然改变这类成员对多边贸易体制的兴趣、热情及其支持政策；（4）把区域集团贸易自由化成果多边化正日益成为一种有意识、有计划的行动。发达国家考虑到多边贸易体制成员众多、分歧较大，在一些方面的自由化计划难以付诸实施，故他们先在区域集团内酝酿、协商并逐步形成一套纪律和经验，然后再通过多边贸易体制使之多边化，以约束发展中国家的贸易行为，扩大这些纪律的实际意义，如服务贸易、知识产权都属这类情形。目前竞争政策、投资政策、环境与贸易、劳工权利与贸易等议题也正在沿袭这一思路（参见本章第三节）；（5）保持各自优势和特长是区域集团和多边贸易体制赖以存在和有效运转的基础，区域集团在某些领域里的自由化新作为，会客观上使多边贸易体制相形见绌，只有积极汲取和采纳对方的有益经验和技巧，使之多边化，方能与区域集团并驾齐驱；反过来讲，多边贸易体制的关税和非税措施谈判成果，以及在某些方面的贸易自由化新作为弱化和侵蚀了区域集团加强区域合作的作用与成效，客观上又对区域集团形成了压力，从而迫使其在一些领域采取进一步自由化的行动，以保持自己所拥有的独特优势。这种相互保持压力、相互吸纳、取长补短以致协同发展就是“互补性竞争关系”的主要内涵，(6) 区域集团的深入发展不仅在体制上使之与多边贸易体制发生正常联系，而且在解决与区域外贸易争端，甚至有些区域集团内部成员间的贸易争端方面，也将越来越多地求助于多边贸易体制的争端解决机制。因为区域集团内动态规模效应的作用（参见第八章第二节和第三节）使之与区域外的贸易投资合作加深扩大，贸易摩擦和纠纷上升，加之多边贸易体制程序较之其他机制更加公开、公平、公正和有效。

二、竞争与互补作用相互转化的动因

推动区域集团与多边贸易体制竞争与互补作用相互转化的动因来自三方面。首先，成员国政府通过追求贸易自由化来实现经济增长、提高生活水平、扩大就业、有效利用资源以致保持自己的经济实力是竞争与互补作用相互转化的内在动因。区域集团和多边贸易体制均是实现贸易自由化的手段，贸易自由化又是实现上述目标的有效手段之一。创立区域集团的目的在于充分利用区域内优势，有效推动区域贸易自由化的发展，扩大市场与经济规模效益，促进区域内全方位的经贸合作，以弥补短时间内多边贸易体制在某些方面难以实现的自由化行动。如果达不到这些目标，区域集团也就失去了赖以存在的基础。积极参与多边贸易体制的目标，在于在更广泛的世界范围内妥善处理和发展同其他第三国成员的多边贸易关系，维护和实现多边贸易利益，提高自己在世界多边贸易体制中的规则、纪律和政策制定的参与能力。这两种行为的最终目标，均是为了实现经济增长和保持在世界新格局中的经济实力。

其次，区域集团和多边贸易体制在一个世界经济环境中面临同样的形势和挑战，为迎接同样的挑战，是竞争与互补作用相互转化的主要外在动因之一。贸易与投资流动的加快，使各国市场之间的融合加深，产业转移和行业渗透使国际分工日趋专业化、协作化和内部化，进而提高了国际经济的相互依赖，增加了贸易争端和纠纷，国别经济政策与贸易政策的界限渐趋模糊。国际经贸形势的这种新发展，使贸易政策的协调力度和有效性大大弱化，经济政策与立法协调和规范日显重要。区域集团因其占有“天时”、“地利” 和 “人和” 的独特优势，先声夺人地在经济政策协调与规范以及开辟贸易自由化新领域等方面取得了有效进展。区域集团在这些方面的成效进而刺激了多边贸易体制及其成员。区域集团形成的这种外部压力和刺激有助于多边贸易体制面对新形势新问题在广大成员之间协调立场、求同存异，使经济政策如竞争政策、环境保护政策等尽早提到多边贸易体制的谈判议程上。

最后，区域集团与区域集团之间以及区域集团与多边贸易体制之间为保持各自优势，巩固各自生存与发展的基础而形成的争胜好强和相互借鉴的压力，是竞争与互补作用相互转化的另一外在动因。前面提及，保持优势是区域集团和多边贸易体制赢得同情和支持并得以有效运转的基础。如果不求进取，丧失优势和达不到实现经济增长与保持经济实力以及妥善解决所面临的经贸问题的目标，那么无论是区域集团还是多边贸易体制都将缺少生命力，其存在的必要性势将受到成员方的质疑。所以说，区域集团与多边贸易体制只有在彼此之间形成的竞争压力环境中，相互汲取，取长补短；方能协同发展，保存自己。另外，各区域集团之间为保持各自优势，促进本地区的经贸合作，形成与其他集团相制衡的作用，也必须在贸易政策与经济政策协调以及开辟和进一步推动贸易自由化方面施展高招，各显神通，并能彼此吸取、采纳、模仿和应用对方的有效经验与做法。

上述内在和外在动因的相互作用，使区域集团和多边贸易体制在实施和开辟贸易自由化计划与新领域方面，由于各自优势的发挥形成了暂时的竞争局面，即在某些方面，区域集团走在了多边贸易体制的前面；也可能在某些方面后者走在了前者的前面。由于互补性竞争关系形成的客观因素的存在和内外动因的作用，这种暂时的竞争关系会适时转化为彼此兼容、相互借鉴的互补关系。互补关系的暂时存在使区域集团与多边贸易体制的关系处于相对平行发展的状况[10]。事实上，这种平行发展状况掩盖了区域集团和多边贸易体制在各个不同的新贸易领域酝酿、讨论 、磋商和制定自由化新方案和新议程的行动。一待时机成熟，区域集团和多边贸易体制之间又会掀起新一轮实施进一步促进贸易自由化行动与开辟贸易自由化新领域的更高层次的竞争。这种更高层次的竞争接下来又转化为内涵更为丰富的互补关系……

三、“互补性竞争”为贸易自由化的整体发展注入了生机与活力

我们从以上分析可发现，互补性竞争关系的存在不仅推动了区域集团内贸易自由化的向前发展，而且同时也促进了多边贸易体制范围内贸易自由化的深入发展，也就是说，互补性竞争关系所产生的竞争与互补作用的相互转化效应为世界贸易自由化的整体发展注入了生机与活力。

不难想象，如果区域集团只是跟在多边贸易体制后面，亦步亦趋，没有开拓和实施贸易自由化计划的新作为，那么区域集团的发展就会失去活力，甚至其存在的必要性就要打折扣，更谈不上对多边贸易体制形成一种外部压力了。如果多边贸易体制在推进贸易自由化计划方面，一味步区域集团之后尘，没有充分发挥自己的优势，仅起到“守株待兔”的应付作用，那么，多边贸易体制的职能和权威不仅无法强化和提高，反而可能遭到弱化和丧失，成员的热情和注意力自然会更多地转到区域集团的发展上来。所以说，区域集团与多边贸易体制之间没有一定的竞争竞赛关系，只存在二者不分先后的“平行发展”，相互吸收借鉴的互补关系就无从谈起；如果二者之间客观上只存在竞争，彼此的成果与经验不能相互吸收和采纳，那么这种竞争就是一种排斥性竞争，其结果很可能是多边贸易体制被区域集团化形成的“板块经济”所分割以致瓦解，世界经济以规则为基础的体系将被以实力为中心的“炮舰体系”所取代。

很显然，单就区域集团与多边贸易体制的关系来看，没有竞争，就没有互补，就没有生机和活力；当然，没有互补的竞争是危险的，特别是对多边贸易体制[11]。但是，由于决定互补性竞争关系的客观因素的存在和内在与外在动因的相互作用，没有互补的竞争格局的产生与形成将受到制约，因而竞争关系存在和发展的总体走势将是一种互补性竞争关系的存在和发展。有鉴于此，竞争关系的存在不可怕，可怕的是缺少竞争的平行发展；区域集团的形成与发展不可怕，可怕的是多边贸易体制束手无策，无所作为。

世贸组织于 1995 年 1 月 1 日生效以来，在西方经济界和多边贸易范围内逐渐形成一种令人担忧的观点。这种观点认为，区域集团只有跟着多边贸易体制的步伐走，以致平行发展，二者方能相安无事地共存于世界经济的新格局中，否则就是鱼死网破，两败俱伤；更有可能的是多边贸易体制被区域集团分割瓦解。按照上述的一系列分析，我们可发现这种观点的偏颇至少有三点：一是只看到区域

集团的威胁，而未认识到二者存在的互补性竞争关系；二是只要求区域集团如何如何做，而未考虑到多边贸易体制应如何采取行动，改进和完善有关区域集团的监督程序与机制；三是否认了区域集团的独特优势，有些自由化方案在区域集团内可讨论实施，但在多边范围内有可能条件不成熟，短时间内难以提到议事日程。世贸组织首任总干事鲁杰罗，尽管承认区域集团对贸易自由化的有益作用，赞成那些开放的区域集团，但他否认二者间竞争关系存在的积极作用，强调“平行发展”的重要性。如他在1995年10月的一次演讲（在哈佛大学）中曾针对区域集团与多边贸易体制的关系指出：“区域集团自由化方案与建议必须与多边贸易体制的发展现状相协调，并使之多边化，以确保区域集团与多边贸易体制的平行发展”[12]，另外，持这种“平行发展论”的人很容易得出这样的结论，即区域集团重要性的提高和发展意味着多边贸易体制地位的下降和削弱。

从现实角度出发，多边贸易体制无论从法律上还是国际舆论上，不仅无法遏制区域集团化的发展，而且也似乎不可能要求区域集团与自己同步发展。如果无视现实，执意以求，既错过吸纳和借鉴区域集团有效经验以壮大自己的良机，又失去了利用外部压力来改进和完善有关区域集团审议机制的机遇，其危险是不言而喻的。

四、“互补性竞争”推动了区域集团与多边贸易体制的“最终汇合”

我们说20世纪80年代中期以来兴起的这股空前高涨的区域集团化浪潮的背景和前提，不同于20世纪60年代战后出现的第一次区域经济合作运动。这次兴起的背景和前提是经济相互依赖，市场相互融合和各国的改革开放发展到一定程度的政府政策行为，也即市场导向促成了政策导向，所以它的发展一开始就建立于比较稳固和健康的基础之上，大多数区域集团发展初期就取得了较好的成果，有的贸易自由化计划正在按预定的时间表实施，有的则被提前执行，特别是乌拉圭回合结束后，多边贸易谈判在非关税措施等领域取得的重大成果，大大激发了一些区域集团进一步推动和提前实施本区域贸易自由化计划的热情，如东盟把建立自由贸易区的时间表提前了3年。亚太经合也在酝酿提前完成建立自由贸易区计划的问题，并在1995年11月大阪第七届部长会议上通过了按50%提前实施乌拉圭回合各项协议义务的行动纲领（即首期承诺实施的方案，Down Payment）。

根据行动纲领的要求，亚太经合成员须在1996年制定出集体与单边行动计划，并于1997年1月付诸实施。欧盟也正在为抓紧建立其经贸联盟而作各种政治努力。乌拉圭回合对各主要区域集团的形成与发展所产生的重大推动力，足以说明互补性竞争对促动贸易自由化深入发展的巨大作用。

互补性竞争关系，在其内在和外在动因的作用下，不仅促动各区域集团在贸易自由化范围的深度与广度上下功夫，而且也迫使主要区域集团在扩大成员资格和地域范畴上做文章，以期扩展和开拓本地区的势力范围，为资本、技术寻找更广阔的自由市场。这样在各区域集团之间就出现了联盟、联合和政策对话的现象，并选择那些合格的国家和地区及早入盟。主要区域集团如北美、欧盟和亚太经合等均在积极考虑扩充成员的问题。

根据目前已有的方案和新倡议，以欧盟、北美和东亚为中心的三大区域集团目前已显雏形。可以预见，在最迟的2020年前，如果不发生大的国际动荡和大规模武装冲突，以欧盟为中心包括中东欧、北非地中海和中东海湾以及中西亚国家和地区的大欧洲经济区，以北美为中心包括所有拉美国家的美洲自由贸易区（西半球自由贸易区）和以东亚与北美为中心包括南亚和部分拉美国家的亚太自由贸易区势将使世界经济格局处于“三足鼎立”的状态。

在这三大区域经济集团的形成过程中，有些边缘国家和地区以及中小区域集团迫于形势的发展和利益的轻重取舍以及现有双边关系的考虑，必将参加这三大集团中的一个或两个，如俄罗斯也可能只加入欧洲或亚太，也可能同时加入两个（俄身兼两成员资格有可能成为亚欧实现经济联合的重要桥梁之一）。环印度洋的一些国家和地区有的会加入亚太，有的会加入欧洲，有的可能身兼亚欧成员资格。非洲大陆的一些区域集团大都可能被欧洲经济区所兼并。这样整个世界经济格局“三分天下”的轮廓会更加清晰明显。与此同时，三大区域集团迫于“三足鼎立”的经济形势和要求市场经济规模继续扩大的压力，加之互补性竞争关系的内外在驱动，不仅在实施进一步贸易自由化方案、开辟新领域以及国别经济政策与立法协调等方面有大的发展和作为，而且在酝酿、探讨和寻求建立彼此之间的联盟方面也将有果敢的行动与举措。事实上，目前这三大区域集团之间的联盟机制有的已进入建立的初期阶段，如美加墨三国同时身兼美亚（北美自由贸易区和亚太经合）成员资格本身就是美洲与亚太联盟的“天然”条件；有的正在谈判签署区域集团间自由贸易区协议，如南方共同市场自1995年9月开始与欧盟谈判建立跨地区的自由贸易区；有的正在探讨、酝酿，如欧美双方正在倡议建立“北大西洋自由贸易区[13]”，东亚与东南亚正在同欧盟举行亚欧政策对话，探讨亚欧之间的洲际合作。

试设想，基于这种广泛联盟结构关系的既有三大区域集团，在未来欧美、亚欧和美亚三大区域集团作为经济桥梁的作用下将趋于全面联合。这样以中小区域集团为“积木”，以三大区域集团的联合为标志，世界经济最终走向了基于全球自由贸易区的世界经济全面一体化的道路。在这一新的世界一体化框架中，贸易的边境壁垒已趋消亡，贸易投资政策、竞争政策以及宏观微观经济政策的协调与规范将达到一个高度统一的水平，国家的政治经济主权将在较大程度上遭到削弱，贸易政策与经济政策的界限基本趋于消亡。在这期间，随着全球自由贸易区的逐步建立，原有贸易大国的地位虽会相对下降，但其主导作用不会改变；一些现存的人口大国有可能发展成为经济大国，并在全球自由贸易区内发挥主导作用；也有可能继续保持原有的中等地位，依然处在一种既发挥不了主导作用又不甘心当“陪衬”的尴尬境地。

在三大区域集团联合为全球自由贸易区的同时，多边贸易体制在互补性竞争关系的作用下，不仅在成员资格扩大（尽快吸收中国、俄罗斯、中国台北、乌克兰以及其他独联体国家加入世贸组织）和体制化建设（竞争政策、经济政策协调委员会以及国际贸易法院的建立等）诸方面将经历新的发展变化，而且在贸易自由化范围、经济政策与立法协调的深度与广度等方面也将发生新的突破性进展，以致最终与全球自由贸易区的成员资格、体制管理结构以及贸易自由化范围趋于协调统一。至此程度，多边贸易体制在其发展过程中通过渐进式的立法程序（如同乌拉圭回合协议在成员政府签署后，再由国内立法机构批准认可）将发展成为全球自由贸易区的当然管理者，那么，基于区域集团与多边贸易体制“最终汇合”的全球经济一体化将得以实现。这就是本书分析所发现的区域集团与多边贸易体制关系基于“互补性竞争”发展的未来走向。

本章注释：

①“区域进程”与“多边进程”是由美经济学家巴格瓦底（Jagdish Bhagwati）在1992年4月的《地区主义与多边主义》一文中提出来的概念。巴利用此概念力图说明是“区域进程”

还是“多边进程”，为实现全球贸易自由化目标的最佳手段。巴是西方经济学界崇尚多边主义而反对区域集团的典型代表。

②参见注释①，巴认为，从区域集团和多边贸易体制的发展史看，多边贸易体制在推动贸易自由化方面要比区域集团速度快和效率高，而不是相反。

③“免费搭车”（free rider）是多边贸易体制内形容那些只享受权利而不承担相应义务的情况，主要集中于关税减让方面。这一情况涉及的国家和地区目前主要指的是发展中国家和地区。在日本加入总协定后，西方国家也曾把日本称作是免费搭车者。为了解决这一问题，乌拉圭回合各协议签署时采用了“一揽子承诺”（也即“整体义务承诺”）的方式，即毫无例外地接受乌拉圭回合达成的各项协议。这在很大程度上增加了发展中国家特别是那些最不发达国家和地区在人力、物力和体制上执行协议的负担。

④“地区多边贸易体制”和“地区多边主义”是笔者相对于“全球多边贸易体制”和“全球多边主义”最早在《多边贸易体制作用及面临的挑战》一文（请详见1991年4月5日《人民日报》国际版）中提出来的概念。后用于《从关贸总协定到世界贸易组织》一文（请详见1994年12月25日《人民日报》国际版）中。

⑤《区域一体化与多边贸易体制》，第62页，经济合作与发展组织报告，1995年3月，巴黎。

⑥同⑤，第64页。

⑦同⑤，第63页。

⑧同⑤，第65页至66页。

⑨同⑤，第66页至77页。

⑩1993年底乌拉圭回合结束到1996年12月世贸组织第一届部长大会召开（在新加坡）之间可算是区域集团与多边贸易体制处于相对平行发展的时期。在这期间，欧盟、北美和亚太除了在酝酿、探讨和拟定未来新自由化行动外，不会出台具体的大举措，当然亚太经合会在实施贸易投资自由化方面制定具体的行动纲领，但大的行动与措施可能1997年后陆续出台。多边贸易体制在集中完成新旧交替的同时，正在力争就服务贸易谈判遗留的四个方面（基础电信、金融服务业、海运、自然人流动）达成协议，但因各方分歧较大，短时间内恐难有进展。金融服务业虽在欧盟的推动下达成了协议，但由于美国中途退出谈判，加之其他国家出价甚低，协议很不完整，尚待进一步完善。更重要的是这些领域在区域集团一级并未取得实质性进展，互补性竞争关系的作用尚未发挥出来，故在多边贸易体制内较难推动。

⑪在第十一章第五节和本章第一节中已提及，区域集团协议的签署是成员国主权意志的体现，不管外在压力有多大，它一般是不可逆转的。参加多边贸易体制虽然也大都是成员国主权意志的体现（“单独关税地区”并非属主权实体），但它的多边性质决定了这一主权意志

的体现不像区域集团那样充分，加之区域集团协议的签署涉及到周边、双边政治关系和地缘政治利益，所以说没有互补的竞争关系格局更多的是对多边贸易体制产生不利。

⑫《美贸易内情》（英），1995 年 10 月 31 日，华盛顿。

⑬根据《国际先驱者论坛》1995 年 10 月 31 日的报道，美欧为建立“北大西洋自由贸易区”在同年 10 月于卢森堡举行了第一次可行性讨论会议。但由于这一倡议依然缺少足够的政治支持（法国反对，美国政府领导态度暧昧），第一次会议不欢而散，未取得实质性进展。同年 12 月，美国总统克林顿在马德里与欧盟委员会主席桑特和欧盟轮值主席、西班牙首相冈萨雷斯举行了首脑会谈，其中专门讨论了建立美欧自由贸易区的问题，并签署了美欧经济合作协议。这在一定程度上为将来建立北大西洋自由贸易区奠定了基础框架，为这一进程的迅速发展注入了政治推动力。

第十三章　改进和增补有关区域集团规则与审议程序的建议及设想

“互补性竞争”是区域集团与多边贸易体制关系的核心，但这并不等于说区域集团对多边贸易体制所产生的影响全部是积极的和补充的，不可否认区域集团在某一时期的某些方面或者个别区域集团对多边贸易体制客观上所造成的消极影响甚至损害是存在的。互补性竞争关系也不意味着多边贸易体制自身没有多大必要对其有关区域集团的法律规定和审议程序进行改进与增补。我们从上面各章的介绍与分析不难发现，由于总协定二十四条规定的笼统、模糊和不完整，不仅给总协定的审议工作带来了困难，而且在一定程度上也助长和扩大了互补性竞争关系中的消极作用。

改进和增补总协定二十四条的有关规定，使之明确、具体和量化①，有助于评判和断定一区域集团是否与多边贸易体制相符合；完善和加强总协定工作组的审议程序与后续审议程序，可以对一区域集团协议的酝酿、谈判、签署及实施的全过程保持一种约束力，以便对该区域集团的开放性、非歧视性和贸易自由化的发展方向形成有效的监督和指导作用，同时还可以使第三国成员及时了解该区域集团协议现实与潜在影响，进而促其提高集团内贸易政策制定与实施的透明度。这或许是多边贸易体制继续对区域集团进行工作组审议和后续审议并在现有基础上加以改进与强化的首要目标，也是对区域集团的形成与发展所产生的最积极的作用与影响。

互补性竞争关系的形成，虽有其客观因素和内外动因的作用，但多边贸易体制为了能动地争取互补性竞争关系朝着有利于加强自身职能的方向发展，确保其核心作用，从多边贸易体制的角度看，改进和增补规则与审议程序的紧迫性主要体现在以下几方面：（1）以世贸组织为基础的新多边贸易体制不仅其协调的范围扩大了，其监督和管理世界贸易自由化发展的职能也得到了强化。作为最惠国待遇基本原则最大例外的区域集团规定，也应相应地加以改进与修正，改变总协定对区域集团法律规定的过度宽容，从一开始就树立起对区域集团协调管理的权威；（2）新多边贸易体制诞生的前后，也正值区域集团化新高潮的兴起，这在国际社会官商学各界引起了关切与反响。人们对多边贸易体制能够有效地驾驭和监督区域集团朝着开放和自由化方向发展寄予了厚望，为此纷纷提出了思路不同的改革和增补多边贸易体制有关规则与程序的建议与设想。如果世贸组织不能适应形势的发展，重视国际社会的关切与反响，及时做出必要的改进与增补，继续沿用总协定原有的老一套，那么，世贸组织的威信势将遭受不同程度的弱化；（3）乌拉圭回合形成的各项贸易自由化成果大都体现在各区域集团的今后自由化方案中，有的制定了实施细则，有的制定了行动纲领，有的准备提前实施，但也有个别的并未对此做出积极响应，行动滞缓。面对这种背景，多边贸易体制如不及早恢复和改进区域集团发展情况的后续审议程度，建立健全通知与报告制度，那么，多边贸易体制不仅对各区域集团的整体发展状况缺乏了解，而且对有关乌拉圭回合各项自由化成果的实施情况也难以全面掌握。这将意味着世贸组织对世界贸易和区域集团发展监督和管理作用的弱化，长此下去，其监督、指导和协调的基础势将受到侵蚀；（4）乌拉圭回合总协定二十四条谅解对有关区域集团所产生的争端适用多边争端解决机制的问题做出了明确规定，加之新争端解决机制的改进和完善，第三国成员利用新争端解决程序来解决其对一区域集团协议内容的严重关切和因此造成利益丧失的案例会日渐增多[②]。如果有关“实质上所有贸易”、“总体上不得严于或高于”以及“其他限制性商业条例”等规定没有改进，使之具体化和量化，那么争端解决过程中有关调查、取证和裁决程序就失去了严格的法律依据，公正有效地解决有关区域集团的争端是不可能的。这对多边贸易体制及其争端解决机制无疑是一个挑战。

我们在第四章提及，乌拉圭回合总协定规则谈判和服务贸易谈判，并未全面涉及区域集团的问题，因而对总协定二十四条规定的改进和增补是有限的，而且知识产权谈判根本就未提及这一问题。接下来我们拟结合在上述各有关章节提及的世贸组织亟待解决的课题，如签署前或签署后审议、优惠原产地规则的统一制定等，来重点介绍西方经济学和法学界提出的一些有代表性的改革与增补建议，进而可发现改革与增补的余地及必要性。

第一节 澄清和改革及增补有关规则的建议

提出澄清和增补有关规则建议的学者大都认为，现行总协定二十四条规定和标准可操作性差，不充分也不全面，因而难以保证一区域集团协议对其成员、第三国以及多边贸易体制不造成这样或那样的问题和困难。关于规则的概念问题，首先应解决和澄清的是“实质上所有贸易”这一概念涉及的范围确定。几乎所有研究区域集团问题的学者都认识到，明确界定这一概念的范围对制约利益集团利用单项或几项产品协议排除敏感性产品来搞贸易保护主义的重要意义；其次是充实和规范“总体上不得严于或高于”的这一要求，以把区域集团现实与潜在的贸易转移效应和对第三国的不利影响降到最低程度。乌拉圭回合对这一要求的充实与规范并未取得任何实质性改进。

一、对现行规则进行澄清与改进的建议

1. 成立区域集团代价论

这一理论建议的主要代表人物是美经济学家、哥伦比亚大学教授巴格瓦底。巴在其1993年的《区域主义与多边主义》一文中认为，总协定二十四条有关“总体上不得高于或严于”的要求是不够的，既不明确也不充分。关税同盟或者自由贸易区建立后，应大幅度减少其对第三国贸易的关税壁垒。这一目标可通过实施关税同盟成立前其成员的最低关税税率作为该区域集团的统一对外关税水平来实现，那些高于这一水平的成员，应以此进行削平其高关税。鉴于自由贸易区成立后各成员仍保留各自的对外关税政策的特征，短时间内无法像关税同盟那样实施统一的对外关税政策，故巴建议总协定二十四条应把自由贸易区排除掉。以成员最低关税作为区域集团的共同对外关税水平的做法，虽然对成立关税同盟的绝大多数成员有其苛刻性，甚至无法接受，但这是那些真想成立较为规范的关税同盟的国家所应付出的代价。

巴这一理论建议可操作性较高，简便易行，而且在对等互惠为基础的多边贸易领域，这一建议如被采纳实施，无疑会大大减少区域集团可能造成的贸易转移，减少对第三国贸易利益的威胁，而且因提前实现关税减让目标（相对多边贸

易体制现行关税减让与约束水平来说）而增大区域集团对促进全球贸易自由化和一体化进程的贡献。但是认识到“互惠”和“要价与出价”仍然为多边贸易体制关税谈判原则的情况下，巴的建议究竟能否被未来世贸组织的主要成员所接受，似不容乐观。

2. 贸易量不减论

这一理论认为，只要一关税同盟或自由贸易协议签署实施不造成成员与第三国的贸易量下降，就可判定该区域集团协议与多边贸易体制是吻合的。因而建议对二十四条的规则做相应的改进，以便根据“贸易量不减”来断定一区域集团协议是否与多边贸易体制相一致。这一理论最早由美加州大学国际关系与太平洋研究院教授麦克米兰（J. McMillan），在其 1993 年的《区域一体化能否形成开放贸易：经济理论与总协定二十四条》一文中提出来的。这一理论建议，意味着多边贸易体制只能对一区域集团协议签署并实施一个时期后进行审议，完全排除了事前对临时协议或者正式协议实施审议和监督的可能性。因为在一区域集团协议签署并实施一个时期以前进行预先审议，照此贸易量不减论是绝对不可能的。对一项未签署实施的协议预先估计其对第三国贸易量的实际影响难免过于武断。

麦的建议在实际执行中可能会遇到这样几方面的困难和问题。首先，如一区域集团协议在签署实施前，该区域成员与第三国的贸易量就已出现了下降或签署实施时正值贸易量下降，那么，这种下降是否归于该区域集团协议的形成，势将在工作组的审议中引起分歧。经验似乎表明，将来这可能是引发区域集团成员与第三国成员矛盾的主要根源。

其次，区域集团协议签署并实施一个时期后的审议结果，如果是贸易量下降，世贸组织据此建议修改，那么，世贸组织的修改建议，面对一个经过长期努力而形成的属主权意志体现的区域集团协议能否产生功效，似乎很值得怀疑，而且成员国内的立法机构有可能对多边贸易体制产生抵制或敌对情绪。这似乎是多边贸易体制的精神与原则不允许出现的政治后果。

最后，即使该区域集团成员为维护多边贸易体制建议的严肃性，采取了合作态度，照建议修改了区域集团协议，那么这种事后的修改与变动是与通过提供可预见性、透明度和法律与市场安全来鼓励贸易投资流动的目标相左的，也不利于工商企业制定海外贸易和投资的长远规划。所以说，麦的建议提出三年多来，其理论上的可行性虽在学术界引起了较大反响，但世贸组织对此建议出于种种顾虑而反应冷淡。

二、增补新标准和制定新纪律的建议

同以上有关改进和完善现行多边贸易体制规则的建议不同的是，进入 20 世纪 90 年代以来，特别是乌拉圭回合结束前后，西方一些法律和经济专家认为，单纯对现行规则修修改改是难以适应当前区域集团化发展形势的，重要的是在现行规定改进的基础上，增加新的标准和纪律，因此提出了诸多建议。这些既涉及到区域集团成员也关系到第三国成员。

1. 紧急进口补救措施的实施范围

补救措施主要包括反倾销、反补贴措施等，这里并不注重关税措施的问题。有些区域集团成立后，对成员出口商免除了实施补救措施即反倾销与反补贴措施，而对第三国出口商则继续保留实施这类措施，如欧共体；有些区域集团虽未对成员出口商实施彻底免除的待遇，但提供了独立的审议程序，如美加和北美协议。这类做法不仅引起了第三国的严重关切，而且使许多第三国特别是那些中小国家和地区为获得免除实施补救措施的待遇纷纷急于要求加入一些主要区域集团。

面对以上情形，1993 年，伦敦经济学院高级讲师亨德利（Brian Hindley）和巴黎政治研究院经济学教授麦瑟林（Patrick Messerlin），在其共同发表的《市场准入的保证与区域主义》一文中，联合提出了这样一项建议，即希望未来世贸组织能在其有关规定中，增加解决区域集团协议中的反倾销与反补贴的内外实施规则。亨麦二人认为，区域集团对内免除和对外继续实施补救措施的做法，造成该区域集团成员扩大并不可怕（事实上是件好事），可怕的是，对内免除反倾销和反补贴措施形成区域内激烈竞争后，成员政府为缓解这一激烈竞争而对第三国出口商会采取更多的反倾销与反补贴措施。这种情况下的反倾销与反补贴措施的实施，就有可能建立于武断和随便的调查结果基础上，甚至出现以反倾销和反补贴为名，而兴贸易保护之实的现象。所以，世贸组织在有关规定中，针对区域集团对内对外实施反倾销与反补贴措施的纪律问题及时做出增补是非常必要的。

亨麦建议是要求区域集团成员严格依据乌拉圭回合的反倾销协议和补贴与反

补贴协议的有关规定，实施内外统一的反倾销与反补贴措施，还是希望世贸组织针对这一问题，另行重新制定有关区域集团实施反倾销与反补贴措施的多边纪律，二位在其文中并未具体提及。笔者认为，如希望世贸组织重新制定有关区域集团的反倾销与反补贴纪律似没有必要，因为区域集团成员大都为世贸组织成员，只要区域集团成员能够严格履行其在乌拉圭回合反倾销与反补贴协议项下的义务，似乎可以达到亨麦建议的目标，但这又取决于区域集团协议本身在这方面的规定内容。

2. 优惠原产地规则的多边纪律制定问题

区域集团化的形成与发展，最易引起人们忧虑的方面，是优惠原产地规则普遍存在于自由贸易区协议中。笔者认为，区域集团协议中最有可能产生贸易保护和造成贸易转移的就是优惠原产地规则的实施，而且各自由贸易区都制定了标准与内容各不相同的原产地规则（请参见第三章第四节之三、第五章第二节、第九章第一节之二和第十一章第一节之四），因此造成了混乱，这给第三国出口商造成了很大不便。优惠原产地规则在自由贸易区协议中广泛实施，不仅造成了资源浪费和加剧了贸易转移效应，而且也败坏了区域集团整体推进贸易自由化的名声。我们前面提及，乌拉圭回合对优惠原产地规则并未制定出系统的多边纪律，只是在非优惠原产地规则协议的附件中作了一个共同宣言。

鉴于此情，一些西方学者提出了协调与制定多边优惠原产地规则纪律的建议。其中具有代表性的建议是由美国国际法协会海关与贸易法小组委员会主席帕米特（N. D Palmeter）于 1993 年在其《关税同盟与自由贸易区的原产地规则》一文提出来的。帕认为，原产地规则本身并不必然产生贸易保护主义和贸易转移，问题是优惠原产地规则在自由贸易区中易被成员所利用和操纵，而形成贸易保护主义癖好，故关键是在多边范围内通过讨论、协调，形成一个统一的约束优惠原产地规则制定与实施的纪律框架。这可能是解决当前自由贸易区内利用和操纵原产地规则易形成保护主义倾向的有效途径[③]。

美学者克鲁格（A. O. Krueger）则于同年在其《作为自由贸易区中的保护主义方案：原产地规则》一调研报告中，提出了比帕米特更为激进的看法与建议。在克看来，自由贸易区中的原产地规则，由于不仅保护了进口成员的市场和同类产品生产商，而且也对出口成员的同类产品生产商提供了保护，因而造成了严重的资源配置失调和资源浪费以及贸易转移。所以说，自由贸易区中的原产地规则本身就是贸易保护主义产生的渊薮。因此他建议多边贸易体制应制定一个禁止自由贸易区实施优惠原产地规则的多边纪律。不难发现，克这一激进的建议在理论上，诚然触及到了优惠原产地规则的实质问题，无疑如能按这一建议照办，多边贸易体制会在很大程度上制约自由贸易区的保护主义倾向，增大区域集团与多边贸易体制的一致性及其补充作用。但是这一建议的激进性，恐怕决定了其难以被多边贸易体制吸收与借鉴的命运。

3. 成员资格的自由扩大问题

一般认为，以某一区域集团的主要成员为轴心而分别与其他第三国成员形成自由贸易协议的“轴辐体系”，比关税同盟和自由贸易区具有更大的危险，因为它易产生贸易扭曲，阻碍世界经济的融合和一体化的进程。所以“轴辐体系”是区域集团化发展过程中对多边贸易体制构成的最大威胁，也可能是互补性竞争关系巩固与发展的潜在障碍。为了制约“轴辐体系”的形成与发展，减少其可能产生的危险与威胁，最有效的办法是就区域集团成员资格扩大的自由加入条款制定一个多边纪律，以使那些第三国能够顺利申请加入一区域集团。我们在第十二章第四节之四中提及，区域集团特别是那些主要区域集团成员资格的顺利扩大，不仅能确保该区域集团的开放性，减少排他性，而且中长期内能够使其成为世界经济一体化和贸易自由化的整体发展进程的“积木”，加速区域集团与多边贸易体制的“最终汇合”。所以，多边贸易体制不失时机地尽快就自由加入问题制定一个切实可行的多边纪律，是非常必要和迫切的。

最早倡导在区域集团协议中制定自由加入条款的是巴格瓦底和澳大利亚墨尔本摩纳什大学经济学教授斯内普（Richard H. Snape）。巴于1991年在其《处于危险中的世界贸易体制》一书中，提出了必须通过多边贸易体制来制定有关区域集团自由加入问题的纪律的建议。巴认为，区域集团一旦成立，由于既得政治利益和经济利益集团的操纵，该集团就具有了天生的排他性，特别是在成员扩大方面。要寄希望于区域集团自愿解决成员资格扩大问题是枉然的，也是不现实的。那些固守既有成员的区域集团，不仅易发展成为一个贸易堡垒，而且会刺激“轴辐体系”的形成与扩大，进而侵蚀和肢解多边贸易体制。因而巴强烈呼吁未来世贸组织能就区域集团的自由加入问题，制定一个具有法律约束力的多边纪律，把是否拥有自由加入条款，作为衡量一区域集团协议是否与多边贸易体制相一致的重要条件。

斯内普的建议与观点同巴有所不同。斯在1992年的《区域一体化对澳大利亚影响》一报告中认为，区域集团成立初期是有一种扩大成员资格的“惰性”，但随着动态规模经济效应的形成和寻求更广阔自由市场欲望的驱使，区域集团会逐渐考虑扩大成员范围的问题。但这一过程是缓慢的，如果多边贸易体制在此方面能讨论并制定相应的纪律协议，助其一臂之力，这一进程自然会加快。斯不同意多边贸易体制无视各区域集团的发展实际而做出有关自由加入的硬性的统一规定与纪律，但他充分强调了确保区域集团基于自由加入的成员扩大的重要意义。

不容回避的是，虽该自由加入条款对确保区域集团的开放性和制约“轴辐体系”的形成与发展是至关重要的，但在实际中，如果多边贸易体制要对此采取多边行动并制定相应的统一纪律，势必会碰到一些现实困难。首先，制定统一的自由加入条款的多边纪律是否符合所有区域集团的实际情况，如欧共体成立初期的中心目的是来自冷战的考虑，而且有美国的支持。如果对当时欧共体一味要求其实施自由加入条款，那么不仅不符合当时的政治形势，而且也是不可行的，要求苏联东欧国家加入西方联盟岂不成了政治笑话。

其次，有些区域集团成员资格不仅有政治和经济方面的条件要求，而且还有分担预算的义务，如欧共体的共同农业政策基金就是这类情形。有些第三国有这个能力，可承担预算义务，有些国家则没有这个能力，即使有多边纪律，也无济于事。

最后，制定一个多边纪律无疑对中小贸易国，特别是发展中国家顺利加入本地区由发达国家倡导建立的区域集团是极为有利的，但是由于历史与现实的政治主权利益考虑，有些中小国家则不愿加入，或者暂时不愿加入，担心经济主权受损或政治上受制于大国的操纵。当然这类情形在当今世界经济中越来越少，大多数中小国家出于地缘政治和经贸利益考虑，大都是愿意加入本地区的主要区域集团的。

4. “授权条款”与总协定二十四条相结合的问题

“授权条款”是东京回合针对发展中国家的优惠贸易安排、非互惠等问题而形成的（请参见第三章第五节）。总协定考虑到发展中国家的经济贸易发展水平、封闭内向的贸易政策以及发展初期的区域经济合作等因素，通过制定“授权条款”来免除发展中国家之间的优惠贸易安排满足总协定二十四条规定的要求，以向发展中国家在此方面提供差别更优惠的待遇。事实上，即使没有“授权条款”的宽容和灵活性，发展中国家之间在酝酿和建立区域集团时也不可能按总协定二十四条的要求来进行，更谈不上基本符合了。“授权条款”的出台不过是总协定面对现实而对发展中国家之间所形成的一系列区域优惠安排难以符合总协定二十四条规定与要求的一种认可。第十章第五节的实践经验告诉我们，按“授权条款”进行通知和审议是一种非常简单易行的“自动免责”审议程序，更多的注重形式而非实际内容。

但乌拉圭回合发动以来，大多数发展中国家对其经济体制、贸易政策自愿进行了改革，取得了较显著的成效。有些发展中国家继东亚“四小”走向了外向型和出口导向型的经济发展之路，这不仅为它们逐渐卷入多边贸易活动提供了基础，而且也为它们发展区域经济合作并取得成效创造了必备的前提条件。在这一背景下，有些发展中国家在充分吸取和总结了以往发展区域合作不成功经验的同时，重新掀起了新一轮的区域合作高潮，而且此次行动明显比以往要成熟、规范得多。特别是一些发展中的大国成为发展区域合作的“带头人”。这一形势的变化和发展中国家广泛参加了乌拉圭回合这一事实，使得“授权条款”在监督、指导和审议发展中国家之间的区域集团协议，特别是那些有一定影响的协议的作用，遭到发达国家和一些西方学者的质疑，提出了修改“授权条款”或者把“授权条款”与总协定二十四条有关规定结合起来的倡议。

涉及“授权条款”与发展中国家区域优惠安排问题的主要代表人物，是美国明尼苏达法学院教授、知名总协定法律专家胡代克（Robert E. Hudec）。胡早在其1987年的《总协定法律体系中的发展中国家》一书中，就对“授权条款”的形成背景、目的、实质及其影响作了较深入的分析，并认识到在发展中国家经济贸易政策变革和多边贸易体制职能趋强的形势下，改进和补充“授权条款”的必要性。胡认为，总协定及其发达国家成员之所以对发展中国家履行总协定二十四条义务给予了同情考虑并制定出“授权条款”，是因为当时大多数国家都奉行了“幼稚产业保护”和进口替代政策，对这些国家采取过硬或者提出过高要求是徒劳的。但当今形势的变化和发展中国家之间区域合作的加强，会使变革“授权条款”的问题提到总协定的议程上。

1993 年，在乌拉圭回合各项协议框架已初步形成，拉美南部四国区域合作加强和北美协议签署后，胡在其《论非茵格[4]的文章》一文中就大胆提出了改进和增补“授权条款”的具体建议。在胡看来，一些发展中国家倡议建立或参加一区域集团的重要目标之一，就是旨在通过国际义务来巩固国内改革开放的成就，仅出于此目标，发展中国家自身也会要求或倡议改进“授权条款”。多边贸易体制应不失时机地对“授权条款”加以改进和增补，并使之逐步与总协定二十四条的规定与要求结合起来。

自乌拉圭回合结束到世贸组织至今，新多边贸易体制虽未对“授权条款”与总协定二十四条相结合的问题，进行正式讨论并制定出文字上的规定（这当然是该问题比较敏感，分歧较大，也正值世贸组织取代总协定的过渡时期），但是总协定自 1992 年在南美“亚松森条约”生效通知后，就开始对“授权条款”的改进进行了一系列小范围的非正式讨论，并成立了审议“南方共同市场协议”的工作组。“南方共同市场”四国中的三国巴西、阿根廷和乌拉圭[5]是根据“授权条款”向总协定贸易发展委员会做出通知的，这样就在发展中国家与发达国家之间引起了分歧。发展中国家普遍认为，南方共同市场不仅根据“授权条款”通知，而且也应按此审议；发达国家特别是美国则坚持应按二十四条审议，主要原因是南方共同市场影响较大，按缺少具体规定和标准的“授权条款”无法予以审议。

这一争论持续了两年多，直到世贸组织生效 9 个月后，各方才达成妥协，并确立了该审议工作组的职责范围，即按“授权条款”和 1994 年总协定的有关条款包括二十四条对南方共同市场协议进行审议，并向世贸组织贸易发展委员会和总理事会提交审议报告和建议。但此一案例对今后审议发展中国家的区域集团协议没有援引效力，应采取逐案处理的办法。这说明世贸组织今后仍需对“授权条款”同总协定二十四条内容如何结合的问题，进行较为系统的改革，以制定出相应的谅解或协议。

第二节 改进和完善工作组审议程序的建议

一、生效前审议的问题

我们在第三章第二节中提及，总协定对区域集团协议生效后审议的结果往往是，没有做出修改建议的余地或者余地很小，而且对区域集团临时协议的事前审议，也因种种原因而于20世纪70年代中期陷入停顿。为了使总协定审议工作组在完成审议后能提出相应的修改建议并确保建议发生功效，有人提出了恢复和完善生效前审议的建议。这种建议的核心内容，意在一区域集团协议经过签署和获得立法机构批准等正式程序完成以前，先进行对其通知并审议。例如，当就一区域集团协议草案谈判结束时，这说明成员政府即将对此达成一项正式协议。如果在就此协议举行公民投票和立法机构批准以前，先把这一协议草案通知总协定和世贸组织并由工作组进行审议，然后提出相应的建议，那么，建议就比较容易被该区域集团协议成员所接受并付诸实施。

生效前审议虽说对多边贸易体制有效监督区域集团的形成发展有着重要意义，但这一建议如果被采纳实施，在实践中也会碰到一些困难，这主要表现在：(1) 有些区域国家和地区迫于国内利益集团和保守势力的压力，一般都采取“趁热打铁”的策略，即谈判一结束就立即签署协议，使之成为只能向前走不能后退的局面。这样一来，谈判结束与协议签署生效的间隔就比较短；(2) 有些协议草案并非不加修改的成为区域集团的正式协议。这说明，有些草案在经事前审议后还有可能出现变动或修改，这不仅降低了工作组审议报告的准确度，而且也使得多边贸易体制陷入被动；(3) 如果一项协议草案经审议后提出了修改建议，成员政府照建议做了修改，那么这修改后的协议很可能被立法机构否决，因为，建议和修改行为可以作为否决的好借口。基于这样一种顾虑，有些世贸组织成员甚至大多数成员会反对恢复和完善生效前审议的做法。

二、改革“协商一致”的议事程序问题

我们在前面多次提及，“协商一致”的议事程序给多边贸易体制审议区域集团协议工作造成了许多困难，不仅人为地拖长了工作组的审议时间，而且审议结果大都得不出一致结论。“协商一致”要求工作组全体成员无论是肯定还是否定都必须形成一致的意见，这就注定了工作组不可能做出明确的结论。因为工作组全体成员既包括区域集团成员也包括第三国成员，不同的成员从自身利益的不同角度出发会对一项区域集团协议做出截然不同的评判。即使工作组的全体第三国成员一致认为一项协议与多边贸易体制不符，但只要该协议成员持不同意见，该工作组对该项协议也无法形成一致的否定结论。

为了改变这一状况，提高审议工作的效率和对区域集团的监督能力，在当前多边贸易体制内，有些法律专家和官员提出了改变区域集团审议程序的建议，即把“协商一致”改为“法定多数”或“简单多数”通过的做法，这一改变不仅能够提高审议工作的实际效率，而且也有利于强化多边贸易体制对区域集团形成发展的监督力度。我们在第十一章第五节论述欧共体协调国别政策时，就曾提及欧共体把“协商一致”程序改为“法定多数通过”的做法，对促进政策协调与规范进程所产生的积极作用。

三、解决第三国出于私利而漠视“整体”要求的问题

我们在前面有关章节中提及，总协定二十四条有关“实质上所有贸易”和“临时协议含有具体时间表”的要求，前者是旨在防止区域集团成员内的特殊利益集团，通过把敏感产品排除在贸易自由化之外而搞贸易保护主义；后者是用来避免区域集团成员，利用无限期的时间表来拖延建立关税同盟或自由贸易区。但是，一些第三国出于自身某项或某几项产品出口利益的考虑，对总协定二十四条有关“实质上所有贸易”的要求并不感兴趣，甚至支持一区域集团协议把那些对其有重要出口利益的产品排除在协议之外。因为这样做可以消除该区域集团成立后对该第三国可能产生的贸易转移效应。从一般意义上讲，一区域集团的贸易自由范围越广，产品包括越多，其对第三国构成的歧视就有可能越高，产生贸易转移的可能性就越大，故大多数第三国对“实质上所有贸易”这一要求并不十分重视。这也是为什么有关这一问题的争议，第三国从未诉诸于总协定争端解决机制的缘由所在，大都采取了不了了之的态度。

至于临时协议含有具体的过渡时间表问题，第三国同样采取了漠视态度。因为临时协议过渡到正式成立关税同盟或自由贸易区的时间越长，对第三国的出口利益就越有利。过渡期长了，区域集团所产生的歧视和可能的贸易转移效应也就相应地拖后了。但是，从整体推进区域集团的健康发展和贸易自由化进程来看，严格履行“实质上所有贸易”和“临时协议含有具体时间表的要求”是至关重要的，事实上，从长远来看对第三国也是有利的。

有鉴于此，世贸组织在其 1995 年 5 月的一份名为《区域主义与全球贸易体制》报告中提出了改革“协商一致”程序的重要性与紧迫性。报告认为，由于第三国对“实质上所有贸易”、“总体上不得严于或高于”以及“其他商业条例”

与“临时协议具体时间表”等要求的不同看法与解释和因此产生对这类整体要求的漠视（特别是对某一重要的区域集团协议审议时），有必要对“协商一致”程序进行改革，以消除不同看法和漠视给审议工作造成的困难和障碍。

四、继续加强事后审议的重要意义

虽说事后审议对建议修改一区域集团协议的余地不大，但事后审议对该区域集团协议的谈判过程却产生重要的监督作用。这种监督作用可促使成员谈判代表充分顾及到多边贸易体制的基本原则和精神，使谈判结果尽可能地符合多边贸易体制的有关规定与要求。这说明总协定二十四条的规定与要求以及世贸组织的有关纪律的具体实施，不光体现在工作组的审议过程中，更重要的是这一审议程序提前对区域集团成员决策过程所施加的监督作用。例如，欧共体统一大市场计划的制定、欧洲自由贸易联盟协议与北美协议的谈判过程均能说明这点。

这种事后审议之所以能产生预先的监督作用，主要是因为：（1）成立区域集团的成员大都是世贸组织的成员，多边贸易体制所产生的义务对成员有较大法律约束力，只为了建立区域集团而不考虑多边贸易体制的义务，势将引起广大第三国的反对，从而恶化对外贸易环境；（2）成立区域集团的成员充分利用多边贸易的规定与要求来抵制国内利益集团的不合理的特殊要求与压力；（3）世贸组织新争端解决机制取代总协定旧争端解决机制，将在很大程度上强化事后审议所产生的预先监督作用。为了避免今后争端的出现，区域集团协议的谈判制定过程，一开始就应考虑到多边贸易体制的规定和第三国的利益。所以说，在世贸组织生效之初，特别是在“事前审议”还办不到的情况下，进一步加强“事后审议”是重要的。事后审议所产生的预先监督作用，在一定程度上起到了事前审议的作用。

另外，值得一提的是，有些区域集团的产生背景，并非是出于经贸考虑而是更多地侧重于政治联盟的目标。以往经验告诉我们，像欧共体和东盟就属这类情形。当然这些出于政治目的而建立的区域集团随着国际政治经济形势的变化和内部经贸合作的发展，也逐步转向了以经贸利益为主的区域经济合作。但是，那些侧重于政治利益而成立的区域集团，对其最初的审议工作是很难严格地按照多边贸易体制的规定与要求来进行的，有时甚至无法找到相互比较的内容。这类情况今后不能排除再发生的可能。所以说，世贸组织也应考虑制定特殊的审议程序以对付这类情况的出现以期掌握审议工作的主动权。

第三节　后续审议机制的建立与改进建议

后续审议是多边贸易体制对区域集团审议工作一个重要组成部分。一般而言，工作组的审议只是整体审议工作的最初也是第一步的审议，其主要目的在于通过审议了解和评估一区域集团协议是否与多边贸易体制的规定和要求相一致，并对该区域集团协议的谈判施加预先的监督作用。但要增强这种监督作用，并对该区域集团协议签署后的实施与发展继续维持这种监督作用，提高该协议执行、变动或改进的透明度，促其继续朝着开放和符合多边贸易精神的方向发展，还必须进一步加强与完善工作组审议完成后的审议与报告机制。这也是今后世贸组织亟待解决的问题。

一、单项协议的后续审议问题

从实用的角度看，大多数多边贸易体制成员似乎更加关注对一区域集团协议的后续审议工作。因为协议的具体实施和透明度直接关系到对第三国成员的现实影响。乌拉圭回合谈判在这方面取得了一定进展。根据总协定二十四条谅解第十一款的规定，世贸组织将恢复自 1987 年中止的对单项区域集团协议实施情况的定期审议制度（请参见第三章第三节和第四章第一节）。在 1972 年到 1987 年期间，总协定曾实施过两年一度的报告制度，但由于缺少一个统一的报告格式，而且在报告内容上也未形成共同的意见，故该做法于 1987 年事实上中止。从此后那些声称完成或建成关税同盟或自由贸易区的缔约方也不再向总协定提交情况报告。

如果单纯恢复以往两年一度的报告审议制度，而未加以改进和完善，那么也无助于加强后续审议制度的功效。在 1972 年的有关实施定期报告制的讨论中，缔约方曾试图就报告的标准格式以及内容要目达成协议，但这一努力未能成功。失败的原因不是由于有关标准格式与内容的表面分歧所致，而是由于定期报告与审议的目的是评估区域集团协议的实施对世界贸易的影响，还是按总协定二十四条规定继续审议该区域集团协议的问题。这一问题的分歧将依然存在于世贸组织内，所以说，世贸组织能否在这一问题上形成共识并解决这一问题仍需拭目以待。

另外，关于在世贸组织内后续审议工作的负责机构问题，也需要讨论解决。有的主张由货物贸易理事会召开特别会议负责对情况报告的后续审议，有的主张由总理事会负责。不管是由货物贸易理事会还是由总理事会负责，这种审议会议轮流对每一区域集团协议实行两年一度的审议，以便及时了解和掌握每一协议的实施执行情况，提高继续监督的作用和透明度。

二、全部协议共同审议的可行性

世贸组织在其 1995 年 4 月的报告中提出另一种可供选择的后续审议措施，即通过汇总各区域集团的情况报告来举行定期的审议大会[6]。这种做法的益处是在审议大会上没有明显的区域集团成员与第三国成员之分，大家基本上既是区域集团成员同时又是第三国成员。这样的与会资格可以使大家显示出公正、客观和利益共同的态度，在一定程度上避免成员因特殊关切和私利面对正常审议工作所产生的干扰。与此同时，还可以体现出大家一起共同审议所有区域集团协议的执行发展情况的多边精神，共同督促某一区域集团成员遵循多边贸易体制的基本原则，进而达到既维护多边贸易体制，又能推动区域集团贸易自由化向前发展的双重目标。这类审议大会可由总理事会负责召集，一年一度，必要时可由世贸组织总干事事先准备一份当年区域集团发展的形势报告作为大会的辅助材料。

但是，这种一年一度的大会共同审议做法，如果没有完备的情况报告制度和会前充分的准备，很可能流于形式，成了一种纯务虚的审议会议，而且这种会议是否能够涉及到一些具体义务的执行并能提出相应的建议，增强后续审议所形成的监督作用仍尚难预料。

三、关于倡议建立“区域集团委员会”的问题

有关在多边贸易体制的组织结构中，新设一个全面系统负责区域集团事务委员会的问题，早在乌拉圭回合结束前后，总协定内就有一些中高层官员提出了倡议。但在总协定向世贸组织过渡的两年时间，这一倡议一直未得到应有的重视，也未曾在多边贸易体制的有关会议上非正式讨论过。造成这一状况似乎有两方面的原因：一是多边贸易体制还未从长远战略高度充分认识到区域集团的健康发展对其本身所产生和将要产生的积极作用，而且总协定有关区域集团的审议实践记

录是那样的不理想，如何认真有效地处理与区域集团的关系发展还未形成一致的看法；二是主要贸易大国（除日本外）又都是主要区域集团的成员，它们的精力主要放在完成乌拉圭回合的后续谈判上，不想因区域集团的审议问题而节外生枝，分散精力和注意力。

但是，伴随世贸组织生效运转，区域集团化的发展势头有增无减，已有的区域集团不是正在加大内部一体化的力度，就是把时间表提前，缩短过渡期，而且建立新区域集团的倡议和区域集团间相互联合的行动不断出现，面对此情此景，世贸组织、国际社会以及各国官商学各界要求多边贸易体制认真研究和妥善处理与区域集团关系的呼声日益高涨，有关改革和增补世贸组织的区域集团规则与审议程序的建议也层出不穷。值此背景，西方四国贸易部长于 1995 年 10 月 21 日在英国小镇瑞普利，重点讨论了多边贸易体制如何完善和改进对区域集团的管理、协调监督与审议的体制问题。会后发展的联合声明指出，鉴于当前区域集团化的发展形势和多边贸易体制的新旧交替，为提高各区域集团政策制定与执行的透明度，加强多边贸易体制的协调监督能力，建议尽快在世贸组织总理事会下增设一个区域集团委员会，具体负责有关区域集团的通知、审议、定期报告和后续审议事务。

西方四国贸易部长的建议一提出，立即得到了国际社会和世贸组织秘书处的广泛支持。据世贸组织官员透露，西方四国贸易部长关于在世贸组织增设一个区域集团委员会的建议，不仅得到了发达国家成员的支持，而且也得到了发展中国家成员的积极响应。世贸组织内上至总干事下至各业务司司长均认为这一建议是建设性的、务实的，适应了当前区域集团化空前发展和多边贸易体制审议工作相对滞后的形势。该建议提出后不久，加拿大提议应尽快把讨论和如何实施这一建议的问题纳入世贸组织第四届总理事会的会议议程，并制定出具体的行动计划。

据初步分析，增设一个区域集团委员会可产生诸多积极作用，这主要表现在：（1）目前，在世贸组织中有 28 个区域集团审议工作组，由于人力、时间以及程序上问题，这些工作组审议工作缓慢，效率较低。如果增设一个委员会来系统全面负责这些工作组的工作，无疑将推动这一工作进程；（2）增设一个新委员会，对世贸组织成员不会造成任何格外的义务和财力负担，无论是职能、义务范围还是人力、财力都将继承原来各工作组的，只是从组织管理体制和简化工作程序上做一下调整而已；（3）提高世贸组织对管理、协调和监督区域集团形成与发展的职能作用和权威，进而确立区域集团事务在多边贸易体制业务框架中的地位；（4）成立一个区域集团委员会，同时还可以促进和推动有关总协定二十四条规定的改进、增补、完善和改革。

本章注释：

①乌拉圭回合多边谈判取得的一项重要成果，就是把总协定的有关条文和东京回合各守则中涉及到的概念、标准和条件加以具体化、量化和规范化，如反倾销、补贴与反补贴、海关估价、技术性贸易壁垒等。

②按总协定的争端解决程序，成立专家组、专家组报告和裁决等需要协商一致才能通过。因一区域集团协议内容而引发的争端，当事方不仅涉及到第三国成员，也包括该协议成员，如果诉诸总协定争端解决程序，这类争端是难以获得迅速和有效解决的，只要有一成员持反对意见，专家组就成立不起来。但新争端解决机制采用了除非"协商一致反对"，专家组会自动成立。这样有关区域集团的争端案子会上升。

③关于关税同盟和自由贸易区的贸易保护主义倾向问题，一般认为自由贸易区因广泛实施原产地规则和各自为政的贸易政策，它比关税同盟具有较高的保护主义倾向。也有些学者如雷狄（M. Leidy，国际货币基金组织贸易政策专家）和胡克曼（B. Hoekman，世贸组织贸易政策专家）则认为关税同盟具有保护主义倾向，因为共同的对外贸易制定与实施，大大降低了保护主义势力的游说费用，而且，各成员贸易政策的决定权已归交为一个区域委员会，这对利益集团更易进行选择目标，重点突破。事实上这种情况理论上易讲得通，但现实中并非如此。

④菲茵格（J. M Finger），《关贸总协定对区域集团协议的影响》，1993 年，剑桥大学出版社。

⑤当时南方共同市场中的巴拉圭还未成为总协定缔约方。巴于 1994 年 1 月 6 日成为总协定缔约方。

⑥《区域主义与世界贸易体制》，第 68 ~ 69 页，1995 年 4 月，世界贸易组织，日内瓦。

第十四章　区域集团与多边贸易体制关系发展中的中国“入世”与对策

第一节　区域集团化的兴起与我国对策（专文一）[①]

1992 年欧洲统一大市场的形成，1989 年 1 月 1 日生效的美加自由贸易协议，目前正在酝酿的亚太经济合作以及拉美经济体系，马格里布和阿拉伯世界经济共同体市场的出现，预示了当今世界经济正朝着区域集团化方向发展。这种趋势对当前和今后的国际贸易格局将产生深沉的影响。下面拟从区域经济合作的兴起、内容、原因、对国际贸易发展的影响以及我国的对策 4 个方面加以论述。

一、区域集团化的兴起和发展

1. 多边性区域经济联合体——欧洲统一大市场

建立欧洲统一大市场（以下称“大市场”）的目标早在 1957 年的罗马会议上就已确定。《罗马条约》规定，欧洲将逐步取消物质边界，于 1993 年 1 月 1 日正式建立起一个拥有 3.2 亿消费者的内部大市场。在这个大市场中，商品、人力、服务和资本可以自由流动，同时加强欧洲社会、经济的协调发展。关税同盟的建立虽然在一定程度上促进了欧共体内部贸易的发展，但经济危机、日美、日欧贸易摩擦以及新兴工业化经济的崛起，促使欧共体成员国纷纷采取贸易保护措施，严重阻碍了商品自由流通。对于人员、服务、资本的自由流动，由于各成员国的措施不协调，欧共体成员国“各自顾各自”，上述有关要素自由流动仍难以全部实现。

面对这种状况，自 1982 年以来，欧共体各成员国首脑曾多次表达了在欧共体建立一个“全面一体化的内部市场”的意愿。1985 年 12 月，在卢森堡举行的首脑会议上，欧共体 12 国领导人确认了建立大市场的计划，并通过了《欧洲单一文件》。为保证大市场建设的顺利进行，1987 年 12 月，欧共体委员会提出了一项由主席德洛尔制定的一揽子改革方案，即“德洛尔计划”。这项计划以财政为中心，主要包括扩大欧共体自身财源，控制农业开支和增加结构调整基金三个内容。经过一年的争论，12 国终于在 1988 年 2 月 13 日就这一计划达成协议。至此，大市场的建立不仅有了明确的目标和具体的规划，而且也有了相应的决策机制和必要的财政保障。

但是，大市场进程一开始就遇到政治经济和文化上的阻力：

（1）12 国对各自利益受损的担心难以使步伐一致。法国想保住其社会福利，前联邦德国要维持马克优势，英国担心其利益受到欧共体损害，这样就自然形成了两个政治集团——以英德为首的北部自由市场国家和以法国为首的赞成混合经济的社会党执政国。这一点至少说明 12 国尚未把本国的利益真正与欧洲紧密地联系在一起。

（2）国界尚未取消，争夺战就已打响。法国、比利时在欧洲议会的地位问题上展开了明争暗斗。密特朗新年贺词首次在斯特拉斯堡发表，旨在肯定该城作为欧洲首都的地位。

（3）在统一税收和货币方面分歧很大。目前，取消关税壁垒将严重损害增值税率最高的法国的利益，法国把欧洲的税收计划说成是“愚蠢的”。然而，前联邦德国总理科尔支持“1992 年计划”的一项条件就是建立一种较低的、统一的增值税制度。而在使用共同货币方法，法德两国正好采取了上述相反的态度。法国支持欧洲统一货币目标的实现；德国货币和银行业主却反对与不独立于政府的欧洲其他中央银行合作；撒切尔夫人坚决反对把英镑纳入现有的欧洲货币体系，更不必说使英镑受欧洲中央银行控制了。所以说在 1992 年底实现共同市场的“四大”自由流通，欧洲共同体成员国还需要在各方面做艰苦的协调和立法工作。

2. 一个世纪的梦想——美加自由贸易协议

1985 年 9 月，美国同以色列所签的自由贸易协议生效；1987 年 11 月，美国与墨西哥签署了自由贸易协议大纲，两国在各个领域开始进行磋商；紧接着 1988 年 1 月，美加签署了自由贸易协议（以下称“美加协议”），并于 1989 年 1 月 1 日正式生效，形成了世界上最大的双边贸易区。

美加历来有着密切的经贸关系，加对美依赖度很高，对美出口占其出口总额的比重高达75%以上；美对加的出口也占其总出口额的20%左右。但近年来，美加贸易出现不平衡现象，美对加贸易逆差从1982年的130.7亿美元增加到1986年的233.3亿美元。从1986年9月开始，美加两国举行就扩大市场渠道、限制贸易保护主义、促进两国间的贸易与投资的双边谈判，于1987年10月3日达成了美加协议。

美加协议的生效，既有利于改善美国巨额的贸易逆差，也可缓解加拿大对美国贸易保护主义的反感。值得指出的是，美加协议把服务贸易自由化引入其内容并加以实施，这就为美国在今后双边谈判和新一轮多边贸易谈判中增加了同其他缔约国讨价还价的能力。

3. 多层次的分工的亚太经济圈

第二次世界大战后的世界经济，可以说五六十年代是大西洋经济繁荣的时代。但经过动荡的20世纪70年代后，在80年代初转移到了亚太地区。据总协定的统计，1985年以来，太平洋贸易超过大西洋贸易。近年来，亚太地区在推进工业化方面出现了“雁式发展”的你追我赶的局面。日本20世纪50年代末完成工业化，进入70年代以来在尖端技术的发展方面领先世界，新兴工业化国家和地区（以下称“四小”）的经济得益于日本的直接投资，出现了大幅度增长；东盟6国以泰国和马来西亚为先导，也逐步实行了工业化。

随着经济贸易的迅速发展，亚太国家正加紧寻求本地区的协调与发展。自1988年以来，特别是在5月大阪亚太经济合作会议召开前后，日本各界代表提出了若干设想，有的提出“东亚经济圈”，有的还提出“环日本海经济圈”，似乎比“东亚经济圈”更引人注目。澳大利亚总理霍克于1988年10月周游数国，声称“如果争取放宽国际贸易限制的努力不能取得成功，太平洋西岸各国可能需要组成一个贸易集团，以对抗北美和西欧的贸易保护主义”。1989年11月6日，准备已久的亚太经济合作第一届部长级会议在堪培拉举行，由12个国家的经济贸易部长参加，这说明亚太经济合作已由过去的民间讨论转向政府一级、由学术转向现实。

但是，能否在亚太地区建立一个类似西欧和北美的“经济圈”，各国意见分歧很大。多数国家和地区认为，亚太地区特别是在东亚地区的经济合作是必要的，但由于该地区政治体制和发展阶段不同，语言、文化、宗教各异，短时间内很难建成一个规范的“经济圈”，只能根据不同的经济发展水平和多层次分工，自然地形成一种相互协调、紧密合作的地区型经济关系。

二、区域集团化发展的中心内容

当前兴起的区域集团合作不仅包括了关税和非关税壁垒等传统内容，而且还包括了一些新课题，如投资保护、服务业和知识产权保护等。这一新发展同总协定主持下的7轮回合的关税减让方面所做出的贡献是分不开的。各缔约国工业品关税的大幅度降低使之对贸易的保护作用越来越小，通过缔结关税同盟和自由贸易协议来促进区域间的商品贸易和要素自由流动也变得难以实现，所以说缔结综合取消贸易限制的共同市场日益受到各国政府的重视。不管区域集团化是以优惠贸易安排、自由贸易区和关税同盟，还是以共同市场和共同体以及全面经济一体化的形式出现，都离不开以下主要内容：

1. 关税

关税减让历来是实现贸易自由化的重要手段之一。总协定第二十四条八款规定“关税同盟应理解为以一个单独的关税领土代替两个或两个以上的关税领土；对这些领土间的贸易实质上已取消关税和其他贸易限制”。关税同盟是实现经济一体化的重要桥梁，其主要目标在于各成员降低或取消关税促进商品贸易发展。如美加协议中的一个重要目的在于商品按三种方案中的一种取消关税：（1）立即取消关税；（2）五年之内取消关税；（3）十年之内取消关税。欧共体成立后，在经济一体化方面所采取的主要措施之一就是建立工业共同市场，取消成员国之间工业品关税和数量限制，为1992年前实现劳动力、资本的自由流动提供前提条件。

2. 非关税壁垒

20世纪80年代已逐步形成了以非关税措施为主、关税壁垒为辅的新贸易保护主义。农产品面临的非关税壁垒超过制成品，数量限制超过价格限制，更多地实行“自动”出口限制措施，技术标准日趋复杂和严格，卫生检疫规定苛刻。非关税措施种类增多，严重阻碍了国际贸易的发展，因此，减少非关税壁垒对贸易发展的阻碍就成为当前区域集团化中的一项重要内容。如美加协议中对农产品、能源和汽车的规定，不采取新的产品出口补贴措施，禁止对原油、天然气、电力和铀矿进出口实行各种数量限制、税收、最低进口价或最低出口价与其他相关措施，仅允许有限的例外；对汽车贸易实行新的原产地规则；为推进大市场的形成，取消各国苛刻的技术、卫生和检疫标准。为协调成员国技术的规定与标准，欧共体委员会已提出了250多项建议。

3. 投资保护

对外直接投资的增加是战后国际分工加深和国际贸易大发展的一个重要因素，使国际间和区域间的生产专业化协作经常化，相互依赖度提高。如日本对"四小"的直接投资从1984年的101.4亿美元上升到1987年的268亿美元；日本对东盟6国的直接投资也出现大幅度增加，日本对泰国的投资1987年比1986年增长了1.1倍，而且这种投资是以出口为目标，使垂直分工向水平分工的方向转变。目前，在日本、"四小"和东盟6国之间已经出现了日本出口高技术产品，"四小"出口标准技术产品，东盟出口劳动密集型产品这种三角国际分工格局。所以说，实现亚太经济圈一个不可缺少的环节，就是对投资者实行国民待遇，最终实现资本自由流动。在美加协议中，对投资者的待遇问题也做了规定，如"两国均给对方投资者以享受本国国民待遇的权利，放宽收买企业的限制，投资时不再附加地方性的限制条件。"

4. 服务业

战后服务贸易在国际贸易中所占的比重越来越大。如果没有服务业的自由流动，以商品贸易带动的生产要素的流动将永远停在间接流动阶段，区域间的合作就不完善，所以，大市场和美加协议的一个重要目的，就是旨在实现服务贸易的自由流通。例如大市场取消技术边界的中心内容，就是实现运输、银行、保险等传统服务行业以及电信、视听信息情报等新服务业在各成员国间自由流动。

美加协议就服务业达成了国际上最早的一项综合性谅解。根据这一谅解，涉及到影响服务业的各项新措施时，各方向对方公民所提供的待遇将不低于给本国公民的待遇；还规定了开设企业权、过境销售权、法规透明度以及非歧视原则等行为规范，对于电子计算机服务、高级通信、观光和建筑业不实行新限制。

5. 知识产权保护

美国对加拿大提出签订自由贸易协议的意向做出积极响应，不仅出自其经济利益考虑，更重要的是符合美国的全球贸易战略。早在20世纪80年代初期，里根政府就构想出一种战略，用双边自由贸易做典范，迫使其他国家在多边贸易谈判中接受美国提出的关于充实和加强世界多边贸易纪律的主张。美国近年来对其神圣“三大件”中的知识产权问题的重视，超过对商品贸易和非关税壁垒这些传统问题。1986 年 9 月，美国在总协定乌拉圭回合部长会议上，就开始把这些课题提到多边谈判桌上。在美加协议中，双方规定对知识产权的大多数领域要实行强有力的保护，并继续坚持在新一轮多边贸易谈判中共同做出努力，来加强和更新保护国际知识产权的规则。

欧共体将在欧洲范围内进一步创造有利于工业、知识产权合作的环境。第一步已开始，如已制定“欧洲信息技术研究与发展的战略计划”、法国倡导的“尤里卡”计划等。各成员还采取了一些措施以协调成员国企业法、工业知识产权法、商标法、版权法等。

6. 人员、资本自由流动

实现人员、资本自由流动是经济一体化发展迈出的实质性一步。欧共体从 20 世纪 60 年代初就对人员流动实行了一系列措施。1988 年 6 月 22 日，部长理事会通过了关于成员国相互承认大学文凭的规定。欧共体认为，大市场的实现，意味着任何一个欧洲公民有权选择在任何一个成员国工作、居住，同时有权享有至少在市一级以上的选举权。

为实现资本自由流动，欧共体做了不少的努力。实现资本自由流动，首先要取消外汇兑换的控制；其次要准许用本国货币向非居民贷款和国外转移外汇；再次，还要制定统一的储蓄收入税率，以避免消费者自动离开高税率的国家；最后还要解决汇率的问题，因为如没有固定汇率，就不可能有真正的资本流动。因此，解决汇率问题就意味着要加强欧洲货币体系的建设。1988 年 6 月 27 ~ 28 日，在汉诺威举行的首脑会议上，决定成立一个委员会，专门研究如何逐步实现欧洲货币联盟问题。该委员会要对是否需要一个共同货币和管理货币的机构，如何将来促进这种货币流通等问题作进一步的研究。

三、区域集团化对国际贸易的影响

1. 促成区域集团化形成和发展的因素

（1）贸易分工的重心转移。二次大战后的世界贸易分工的重心从战前的

“劳动力——自然资源”型分工转向了现在的“劳动力——资本”型分工。也就是说，以商品贸易为主体的传统贸易形态，日益朝着商品、人员和资本、服务有形和无形贸易并重的双重贸易形态转变，结果发达国家与发展中国家之间劳动力——自然资源比率已明显趋于接近。南北之间的国际分工越发困难，从而使发达国家和发展中国家在各自区域内寻求经济一体化成为一种必然趋势。尽管发展中国家也必须从工业化中寻找出路，但同发达国家相比，劳动质量差距大和资本不足，难以同发达国家建立一种可以获得贸易利益的有效分工。但在劳动质量类似、劳动力和资本比率差距不大的发展中国家发展分工，实现区域经济合作，则可以从中获得更大的贸易利益，如阿拉伯共同市场等。

由于发达国家之间社会制度和经济发展水平相近，它们可以通过专业化协作生产获得规模经济利益，通过协议性分工，可以平等地分配国际分工的利益，从而促进了区域经济一体化实现。另外，由于发达国家之间的要素型分工，只能保持暂时的比较优势，具有不稳定性，易形成“拉锯战”，为了使之成为稳定的、和谐的，发达国家也必须建立区域性的共同市场，协调各国的产业和贸易政策。

（2）当前由贸易不平衡而引起贸易保护主义升级，也加剧了区域集团的形成。战后，在总协定多边贸易框架和国际货币基金组织的支撑下，在很大程度上结束了二战以前关税为主的贸易保护主义，建立了一个相对开放的国际贸易环境。但20世纪70年代初，由于石油危机等突发因素对西方经济的冲击，引起了1974～1975年战后最严重的经济危机。各西方国家为了保护本国市场，医治“滞胀”病，纷纷在非关税领域中大做文章，“灰”区域措施广为盛行，总协定许多有关取消数量限制的条款失去作用。正如总协定七人专家报告中指出的，“准许例外和建立关税同盟及自由贸易区的规定已被歪曲和滥用，有些缔约国所采取的奖出限入的措施已同总协定所倡导的基本精神相距甚远。”在此情况下，有必要结成区域性经济同盟，协调行动，减少贸易壁垒和贸易摩擦。

（3）国际间直接投资增加为区域集团化的发展起到了催化剂的作用。国际间的直接投资就是到国外投资办厂，它对加深国家间经济贸易关系起很大作用。随着跨国公司的迅猛发展，使直接投资在国际间的转移秩序化，从而也使直接投资动机从五六十年代的自然资源导向和市场份额导向转向70年代以来的生产要素导向，这就造成发达国家之间投资和发达国家向一些劳动力质量和基础设施较高的发展中国家的直接投资增加，极大推动了世界经济一体化的发展。如日本向

“四小”、“四小” 向东盟6国进行直接投资的大幅度提高，使东亚和东南亚地区各国和地区的工业生产能力得以积蓄下来，制成品的出口能力增强，水平型分工取得进展。

（4）一极世界经济的崩溃，促成多极世界经济的形成。战后，以美元为中心建立起来的国际金融与贸易格局已远远不能适应世界经济一体化的发展进程，国际经济现有的协调机制与国际经济的现实不相适应的矛盾日益加深。1985年，日本超过美国成为世界上最大债权和金融资产国，黄金储备也赶上了德国。这样，美国作为牵引世界经济增长的火车头的一极世界逐渐向美、日、欧三足鼎立的多极世界演变。为了维护自己的经济贸易地位，有必要从地缘利益出发，结成区域经济同盟，来应付变化中的世界经济格局。

（5）战后科技的迅速发展引起了世界性产业结构的明显变化。科技成果在生产领域里的广泛运用，发达国家内部的新兴行业不断代替旧行业，由劳动资本密集型向资本技术密集型发展，使第三产业在国民生产总值中所占比重越来越高。有关服务业、知识产权等新领域的国际管理与争端问题日益增多，作为以协调商品贸易为宗旨的多边贸易机构、总协定就显得无能为力。这就有必要利用地区双边和地区多边贸易谈判的成就来给多边贸易谈判施加压力，并将以此为样板同其他有关国家达成自由贸易协议。

（6）“大市场”的首先提出，加速了世界经济向区域集团化方向的发展。美同加签订自由贸易协议的一个很重要的战略目的，就是对付1992年实现大市场的欧共体。西欧是美国重要的出口市场，大市场建立本身是为了对付日美在技术领域中的优势，对此美国存有戒心。美国想联合加拿大再拉上墨西哥形成北美自由贸易区，增强抗衡能力。作为资源短缺、贸易技术立国的日本和“四小”就更担心1992年的大市场。西欧诸国对日本巨额的外贸盈余有强烈的反感，两家间的贸易战时有发生，为对付这种局面，日本力图在东亚地区寻找盟友，形成以日本为首的东亚产业协作体系。日本目前通过贸易、投资和援助三位一体的强大经济力量，正在推动东亚区域内的经济联盟。

2. 区域集团化对国际贸易的影响

区域集团化的产生和发展，不仅对以比较成本说为基础的传统国际贸易政策提出了挑战，而且对当前国际贸易甚至下世纪的国际贸易格局也将产生深远影响。

（1）静态效应。作为经济区域一体化最主要形式的自由贸易区和关税同盟，通过贸易创出对国际贸易产生静态效应。总协定早在20世纪40年代就肯定了自愿缔结自由贸易区和关税同盟协议对贸易发展的积极作用，如在第二十四条四款中规定：“通过自愿签订协定发展各国之间经济的一体化，对扩大贸易的自由化是有好处的。”但是，因自由贸易区和关税同盟有着相互矛盾的两种功能：对成员国内部是贸易自由化措施，对外则是差别待遇，这就决定了在出现贸易创出的同时，还附带有贸易转移。转移效果的大小取决于缔结自由贸易区和关税同盟协议的状况是完全专业化的，还是不完全专业化的。一般来说，各参加国之间越是资本劳动禀赋比率相差不大，经济发展水平相类似，就越容易互相生产和消费相类似的商品，并形成不完全专业化，转移效果就相对越小。这种情况主要发生在发达国家之间，如欧联。但是，受自然因素制约的初级产品或者几个进出口商品结构互补性较大的国家结成自由贸易区和关税同盟协议就容易陷入完全专业化，这时区域外贸易减少，区域内贸易增加。

（2）规模经济效益。作为协调政策的区域集团合作，通过取消妨碍贸易、外汇以及劳动和资本自由流动的障碍以实现激烈竞争，来达到大批量生产的规模经济效益，获得技术利益。也就是说，通过共同市场可以打破“高利润率——低资本周转率——高价格——市场狭窄——竞争消失——市场停滞——阻止新竞争企业出现……”的恶性循环转向“大市场化——大批量生产——规模经济——成本下降——价格下跌——大量消费——市场扩大——竞争进一步激化……”这样一种积极扩张的动态规模经济效应的良性循环。

（3）区域集团化会进一步促进相互直接投资的扩大和发展。为了绕过区域集团对外投资的差别待遇和贸易壁垒，许多国家和跨国公司纷纷到当地投资办厂，使企业和产品当地化。如亚太地区一些政府和大企业的发言人说：“堡垒最容易从内部攻破”；“让欧洲人认为我们是欧洲企业，而不是亚洲企业”，“在统一大市场内部实现亚资企业欧洲化”。在这方面最突出的是日本。目前日本在欧共体各国已建有1400家子公司。美国的大跨国公司对欧共体采取“迂回包抄”的战略，即先在欧共体外围成员，如西班牙、葡萄牙、北爱尔兰、意大利投资设厂，建立桥头堡，然后到有竞争力的国家投资办厂。美国跨国公司1988年在欧共体内为建立新厂和安装新设备投资近192亿美元，比两年前增长39%。面对这种局面欧共体一些跨国公司也积极采取措施，消除官僚拖拉和高成本的困境，扩大对外直接投资，以对抗灵活机动的日本公司和势力强大的美国公司。

（4）区域集团化将成为本世纪末乃至下世纪世界经济发展的“落脚石”。为了应付1992年的大市场，美加协议的生效，日本筹划中的亚太经济圈，拉美经济体系，拉美三国（阿根廷、巴西、乌拉圭）最近成立的共同市场，世界最新成立的区域性经济联盟——北非共同市场（大马格里布共同体）和阿拉伯四国（埃及、约旦、伊拉克和也门）经济共同体，都预示着当前和今后世界范围内区域集团化的大发展。

但也应看到，区域集团化的兴起会使国际贸易出现三足鼎立的格局，与总协定加强多边贸易自由化的精神和提倡的最惠国待遇的基本原则相悖。区域集团化将造成割据一方的局面，出现以集团来抗衡集团，使过去国别间贸易摩擦转为集团间的贸易摩擦，甚至会出现长时间势均力敌的对峙状态，导致集团间的冲突愈演愈烈，使总协定加强国际多边协调的诺言成为空话。这势必损害各国之间业已建立起来的贸易关系，削弱世界经济的发展，进而引发社会不安定和政治动乱。另外，美国于1989年8月23日签署的《综合贸易法案》抛弃了多年标榜的“自由贸易”口号，转而强调“公平贸易”，这有可能标志今后贸易保护主义更加合法化和经常化，助长集团间的贸易战。

总体来说，从长期看，三大经济集团各自性质不同，对国际贸易的影响程度也就不同。多边性区域联合的欧洲大市场，其政治意义大于现实的经济意义；而大市场的最终形成，或许能成为推进世界经济一体化发展的重要“积木”；美加协议的生效，将进一步加深两国间的经贸关系，但从根本上看则是美国为其推行以双边贸易为主体的对外贸易战略的一个成功样板，至于最有经济活力的亚太经济圈，其多层次分工和合作形态的发展与变化余地最大，所以说它对下个世纪的世界经济贸易格局将产生最深远的影响。

四、我国面对区域集团化发展与对策

区域集团化兴起和世界贸易格局的大变动，使我国作为“二元结构”形态较突出的发展中大国处于一种主动和被动的混合局面中。1986年11月，我国参加了“太平洋经济合作会议”，并成立了“太平洋经济合作全国委员会”；10年改革开放使我国得以同世界各国加强了经济贸易往来，在沿海各省市已形成了能良好地吸纳外资和技术的前沿阵地；世界范围内的经济结构的进一步调整和“经济东移”，日本内需主导型和资本立国战略的确立，“四小”和东盟国家贸易方向的转移以及日元、台币的升值，为我国吸引外资，引进先进适用技术，发展劳动密集型和中低技术密集型产品出口，提供了有利的国际环境。但是，也应看到，由于我国经济体制处于转型中，各方面政策法规还没完全到位，软环境风险较高和资本的单向流动，加之发达国家贸易政策的再调整，区域集团内部各种技术、检验、卫生标准的统一以及“四小”和欧共体外围国西班牙、葡萄牙等拥有较强的灵活性和竞争性，又使我国处于一种不利地位。另外，美、日、苏联三国对建立亚太区域合作也表现出积极姿态，如从万斯的“太平洋新意识”到里根政府的“环太平洋共同体代表”，从三木武夫的“太平洋经济圈”到中曾根的“综合性亚太区域合作方案”，以及苏联为亚太国家的宣称如“亚太经济合作全国委员会”，这一系列因素又使我国受到严重挑战。由此出发，我国的经济对策应该是：

1. 尽早恢复我国总协定缔约国地位。总协定是世界上最大的国际贸易多边协调机构，它调整着近90%的世界贸易额，拥有111个成员国。我国以发展中国家进入总协定，不仅可享受总协定第四部分和其他附属协定项下针对发展中国家规定的差别优惠待遇，而且还可以此敦促美国给我国无条件的最惠国待遇和欧共体取消对我国所实行的各种数量限制，为我国出口创造良好的国际环境。同时，我国还可以总协定为讲坛，阐述我国对外贸易政策，维护我国合法贸易权益，并从总协定秘书处获得其他缔约国有关贸易政策和海关统计的资料，以利我国做到知彼知己，协调出口，统一对外。另外，恢复我国总协定缔约国地位，还可显示我国全面参与世界多边贸易体系、维护和发展非歧视性的多边贸易的决心，增强我国在多边贸易谈判中的要价能力。

2. 积极采取出口多元化和“产业梯度滚动式”战略，建立起可转换的需求结构和符合国际规范的产业政策。从近期着眼，实行“一大力、二重点、三加速”的梯度滚动式战略。即一是大力发展劳动密集型产业，发挥廉价劳动力资源优势，但因此类产品市场容量有限，附加值和创汇率低，竞争激烈，不宜把重点放在简单劳动的初级加工上，而应选择那些市场需求弹性较高、国家资源和技术同劳动相结合的产业；二是重点发展机电产品、家用电器、耐用消费品的出口；三是加速发展高技术产业，改变单一的出口商品结构，增加贸易流向，减少对某国或一地区的出口依赖度，增强应变能力。从长远来看，调整不合理的产业政策，扶植和发展资本密集型产业。我国在航空、光学仪器、生物工程等高技术产业和科技开发力量上，拥有一定优势。在这些领域中，我国可同一些发达国家大力合作，如在美日等国建立高精尖的技术，内引外联，以我为主的发展高技术出口产业，这对优化我国20世纪90年代或下世纪的出口商品结构将产生积极影响。

3. 建立跨国大企业集团，扩大对外直接投资，变单向资本流动为双向资本流动，变消极等待出口为积极拓展我国商品市场。对外直接投资，不仅可绕过区域集团对外统一设制的贸易壁垒，开辟出口渠道，而且还有助于引进先进适用的技术。用对外直接投资弥补国内技术引进不足，并把经消化改造的工业技术向外出口，改变单纯利用优惠政策吸引外资的做法，实现“引进来——打出去——再引进来——再打出去”的双向良性循环。另外，对外直接投资还有助于取得国内必要的原材料，缓和国内原材料紧张的局面，以此可引发国内出口导向型企业生产成本下降，提高在国外的竞争能力，攻破区域集团的贸易障碍。

4. 研究制定我国中长期对外经济关系发展规划，落实各项政策和措施，完善各项外贸法规，为20世纪90年代我国对外贸易发展做好准备。在坚持全方位开放的情况下，采取“一集中、二稳定、三发展”的策略。即集中精力，组织货源，挖掘潜力，扩大我国在欧美市场的份额；稳定和保持我国在日本市场的份额，充分利用日本内需主导、开放市场和扩大制成品进口的有利时机，组织适销产品出口；大力发展我与“四小”的经贸关系，促进民间往来和来华投资办厂，对“亚洲其他”国家和澳大利亚、新西兰继续发展互补性经济关系。

5. 进一步推进国内价格和金融体系的改革，发展国外债券和保险业务；增强我国驻欧美、日本等重要国家使馆商务处的力量，加强对各个区域集团的调查研究，及时掌握其变化动向。利用区域集团化带来的区域内经济增长所产生的贸易机遇，扩大我国出口，并利用“对等”原则进行双边谈判，争取达成对我国有利的条件，减轻区域集团排他性对我国的不利影响。同时，组织财力培养“全欧型”、“北美型”和“亚太型”的涉外人才，这是我国积极主动地适应区域集团化浪潮的长久之策。

第二节　区域集团化的发展趋势与我国对策（专文二）②

冷战后，东西方关系和南北关系被日益发展的区域经济集团化所取代，而且世界政治经济的格局也因区域集团化影响而走向多极化。当前世界经济领域里的区域集团化是指各国和地区出于经济、政治特别是地缘政治经济利益考虑而通过优惠贸易安排、自由贸易区、关税同盟、共同市场和共同体的不同形式加强本地区内经济贸易合作的一种发展趋势。这一发展趋势不仅对各国内部经济结构调整、贸易发展战略实施产生深远的影响，而且对国际关系和多边贸易体制的稳定发展及本世纪末下世纪初世界经济贸易格局的形成也将发挥重要作用。

一、发展现状与新态势

1. 欧洲

目前区域经济合作内容之广，范围之大，程度之深和体制化建设之成熟应首推欧洲联盟（EU）。欧盟历经 38 年，从一开始的罗马条约为起点，形成为 20 世纪 60 年代的关税同盟，70 年代的欧洲共同市场，发展到 80 年代末 90 年代初的欧洲统一大市场，以致发展为现在拥有 15 个成员的欧洲联盟。与此同时，欧盟为把整个欧洲乃至其周边地区联结为最终的欧洲经济区，在 1991 年 6 月“经互会”解散后，乘机与东欧诸国签署了“联系国协定”，为这些国家最终加入欧盟做准备。1994 年 12 月在西班牙和法国的倡议下，欧盟埃森首脑会议通过了“欧洲——地中海诸国合作”草案，试图把地中海沿岸和北非中东国家纳入欧洲经济区。目前欧联（EFTA）的瑞典、芬兰和奥地利三国已加入欧盟，剩下的 4 国挪威、瑞士、冰岛和列支敦士登正加紧内部合作，以便短期内不被欧盟吞并。

作为欧盟外围的东欧 6 国在“苏东波”现象后，鉴于一时难以加入欧盟，为加强本地区的经济合作，波、匈、捷、斯 4 国于 1992 年 12 月签署了“中欧自由贸易协定”。力争 5 年内（原定 8 年）建成中欧自由贸易区。同时，东欧其他 3 国罗、保、阿联合中亚其他 7 国在土耳其倡议下于 1992 年 6 月创立了“黑海经济合作组织”。波兰同时加入了由德国、拉脱维亚等 10 国组成的“波罗的海大会”。这样，仅从经贸合作看，中东欧已开始形成地区性的三大经济合作区，即中欧区、黑海区和波罗的海区。

2. 美洲

作为世界上经贸依存度最高的美、加两国的基于 1989 年 1 月生效的“美加协议”于 1993 年同墨西哥签署了自由贸易协议，并相继在环境、劳工等方面达成了三个附加协议，这样作为打破区域性经济集团而完全按经济发展程度组建成的北美自由贸易区（NAFTA）正式生效运转，实现了美政府一个世纪的梦想。紧接着克林顿政府在基于 1990 年 12 月布什“美洲倡议”（EAl）的基础上，于 1994 年 12 月召集了美洲首脑会议，试图实现美政府“从阿拉斯加到阿根廷”的美洲经济安全战略，以在 2005 年前形成西半球经济区（AFTA），以抗衡欧盟。

拉美诸国出于自身经济利益的考虑，对布什美洲倡议和克林顿美洲经济区设想忧虑忡忡，拉美各国通过五个地区合作协定，正在加强本地区的经贸合作。这五个地区合作组织最具影响的是由巴、阿、乌和巴拉圭四国基于“亚松森条约”和“黑金城议定书”于 1995 年 1 月正式成立的“南方共同市场”。

3. 亚太

正在崛起的亚太经合（APEC）在 1989 年成立前经历了战后近半个世纪的酝酿和讨论，从万斯的“太平洋新意识”到里根的“环太平洋经济合作”和克林顿的“太平洋共同体”。1989 年 11 月在澳大利亚总理霍克的积极推动下，亚太 12 国在堪培拉召开了第一届亚太经合部长会议，使亚太经合从民间讨论转向政府间协商。亚太经合经过 6 年的发展，特别是曼谷、西雅图和茂物三个宣言相继通过后，无论是在体制化建设，还是在贸易投资、技术合作方面都取得了实质性进展，并力争在 2020 年前实现亚太自由贸易区。美国为急于实现其在亚太的经济、政治和军事战略，在亚太经合过程中特别是在推动贸易投资自由化方面起了主导作用，已引起亚太其他成员的关切。由于亚太经合成员间政治、经济和民族利益悬殊，而且经济贸易合作内容尚处于讨论、制定阶段，近期内，亚太经合不会发展成为类似欧盟和北美自由区的区域经济集团，但区域内各国和地区的经济合作与联系将进一步发展，仍以组建和巩固小区域性经济集团为主。

1990 年 12 月，马来西亚总理马哈蒂尔鉴于亚太经合由发达国家主导，而且合作进程和发展速度未充分考虑其他东亚成员的经济发展现状，提出了“东亚经济核心论坛”的设想，旨在排除美、加、澳、新卷入亚太经合，成立一个属于东亚的经济组织。马这一设想目前除获得我国明确支持外，其他东亚包括日本均迫于美国的压力而态度暧昧。看来“东亚经济核心论坛”（EAEC）倡议面对迅猛发展的亚太经济合作组织其前景不容乐观。

4. 独联体

被当前区域集团化发展边缘化的俄罗斯，有意加入亚太经济合作组织和欧盟，但至今未有实质性进展。俄政府认识到要应付当前区域集团化的挑战，首先应把独联体 12 国联系起来，以防止周边区域集团通过经济合作为先导肢解独联体。目前独联体诸共和国正通过各自地理、政治和语言优势同周边国家进行经济联合，如中西亚经济合作、黑海经济合作、泛突厥语国家合作以及中亚国家加强同中国的经贸关系。迫于这种形势，俄于 1994 年 10 月在莫斯科召集独联体 12 国首脑会议，成立了旨在加强独联体内部经济合作的“国家间经济委员会”(IEC)，并警告那些正在寻求对外经济联合的共和国，要以独联体的团结利益为重，首先应加强内部合作。

5. 其他地区

其他地区区域集团化发展虽比欧洲、美洲和亚太等地区有所滞后，但也正在积极酝酿和筹划。如伴随中东政治形势的缓和而于 1994 年 10 月召开的中东北非首脑会议，旨在通过加强本地区经济合作进一步消除政治分歧。会议通过的“卡萨布兰卡宣言”为建立从地中海到海湾的经济共同市场奠定了框架。目前，澳大利亚政府参照亚太经合的模式提出了包括东南亚、南亚、中东海湾、印度洋岛国和东南部非洲共 37 个国家和地区的“环印度洋经济合作”新倡议。1995 年 3 月，美前国务卿基辛格倡议建立旨在加强美欧经贸联合的“北大西洋经济联盟”(NAEA)。

不难看出，几乎世界各国和地区都以不同的方式和程度卷入了当前兴起的区域集团化浪潮中。世界经济的横向布局被区域集团化所形成的大小不同的“经济板块”网络化；纵向布局出现了由多边贸易体制、经济一体化、区域集团和双边经贸关系所形成的“多层次结构”。

二、区域集团化进一步发展的原因

1. 冷战后，综合国力和经济安全成为各国对外政策追求的核心目标，区域经济合作加强与否是各国实现本地区和平与稳定以及充分实施对外政治、经济与军事战略的关键和先决条件。

2. 欧洲统一大市场计划的首先提出和实施促使其他国家和地区纷纷效尤，以形成可以与之抗衡的区域集团，维护自身的经济贸易利益。

3. 以总协定为基础的世界多边贸易体制在20世纪80年代遭受新老贸易保护主义的空前冲击，乌拉圭回合四度延期，多边贸易体制管理、协调和监督世界贸易发展的能力和威信下降，各国特别是那些中小贸易国家力图寻求和加强本地区经济合作，以维护其在世界贸易中的利益，弥补多边贸易体制的不足。

4. 生产的全球化、专业化和协作化，致使世界经贸合作的内涵扩大，投资流动增加，国与国间的经贸依存度空前加强。通过寻求地区内的经济合作，发挥内部优势，既可求得规模经济效益，以弥补国内市场的局限性，也可实现生产要素的自由流动，减少投入，提高国际竞争力。

5. 布雷顿森林体系的瓦解、南北对话的中断、地区经济的不平衡发展、国际债务的战略的失败等因素，为推动区域集团化发展提供了外部压力；地区关系的缓和、各国市场导向改革的兴起以及外向型经济发展战略的实施，又为区域集团化的发展提供了必备的合作条件。

另外，由于历史和现实的原因，多边贸易体制允许各国暂时背离最惠国待遇等基本原则而建立开放的自由贸易区和关税同盟的规定，在一定程度上也助长了区域集团的进一步发展。

三、区域集团化发展的新特点

1. 区域集团的成员由少到多，成员资格采取开放式而非封闭式，即周围国家甚至非本地区的国家和地区，只要条件成熟都可以提出申请加入。欧共体内原来的6国发展为现在的15国，到本世纪末将增至20个成员；亚太经合由成立时的12个成员发展到现在的18个成员。目前越南、俄罗斯、印度、秘鲁等国家都表示出申请加入亚太经合的意向。

2. 区域集团的合作内容由浅入深，形式由低级向高级发展。区域集团合作起初一般先从建立优惠贸易安排、取消关税壁垒开始，然后逐步实现生产要素（商品、劳动力、资本、技术）自由流动；相应的合作形式是先建立优惠贸易安排、自由贸易区和关税同盟，再逐步建立共同市场、经济共同体。欧洲联盟、亚太经合、南方共同市场和东南非洲共同市场均是沿着这一方向发展变化的。

3. 区域集团合作形式多样化，逐步由类似政治、经济模式的国家和地区结合，转向不同政治、经济模式和不同经济发展阶段的国家和地区的联合，出现了区域集团内多层次分工合作的形式。这样就使区域集团化触及到了南北合作的问题。北美自由贸易区和亚太经合内部就出现了水平型与垂直型分工并举，发达国家与发展中国家进行区域经济合作的特点。

4. 区域集团内部合作关系是平等的“伙伴”关系，不再是以往那种宗主国与殖民地、控制与依附的不平等关系，议事和决策采取协商一致的做法。当然由于成员间现实政治、经济和军事实力相差悬殊，较大区域集团内个别大国操纵合作进程、不顾中小成员经济发展现状、按自己时间表推进自由化进度的现象有增无减，这就使区域集团内部合作充斥着复杂矛盾。1994 年 11 月亚太经合雅加达领导人非正式会议，有关贸易自由化时间表的争议就说明这点。

5. 科技发展和通信技术的革命，使传统意义上的区域集团合作发生变化，区域合作已超出了地缘条件的限制，出现了跨地区、跨洋和洲的合作发展态势。这一发展使许多贸易大国充当了多重区域集团成员的身份。例如目前美国通过贸易、投资和技术合作“三位一体”的强大攻势，在广泛参与亚太经合的同时，又在极力实现其美洲倡议的设想。美前脚踩着“亚太经合组织”，后脚踏着拉美的“人”字型格局已显端倪。这似乎是美既广泛参与亚太事务实现其亚太战略，同时又要巩固其“后院”的长期外交政策战略使然。

另外，值得注意的是，目前一些非政府组织（NGO）和私人企业也开始参与区域集团合作的活动。一些发达国家出于意识形态考虑，积极鼓励转型经济和发展中国家实施私有化计划，使之走向所谓西方民主和多党制的政治道路。这就是为什么在一些区域集团内，发达国家积极支持非政府间组织的私人企业参与本属政府合作活动的深刻原因。这一动向在亚太经合内发展比较明显，美、台湾、菲律宾和泰国等成员对此起了推波助澜的作用。

四、区域集团化存在的问题

1. 新的南北矛盾。无论是现在的北美自由贸易区、亚太经合，还是将来的欧洲经济区和美洲自由贸易区，均将涉及发达经济与不发达经济之间如何开展合作的问题。发达国家参与区域经济合作，欢迎发展中国家参与的目的在于通过区域合作打开发展中国家的市场，实现政治和经济渗透，以维护其在本地区的政治经济主导地位；发展中国家积极投入由发达国家倡导形成的区域合作的主要目的，是获得贸易优惠待遇、资金和技术，以期绕过发达国家的贸易壁垒，实现国内经济调整和出口多元化战略。发达国家和发展中国家参与区域集团合作的经济目的虽然类同，但双方的政治目的和促进合作的方法却不同，这一矛盾在很大程度上将延缓区域经济合作的进程，甚至会导致区域集团的破裂。

2. 大国操纵。虽然各区域集团合作在决策方面都采取了协商一致的做法，但是个别大国通过其政治、经济和军事优势在合作方式、议事程序、合作内容与进程以及接纳新成员等方面都起主导作用，在区域集团合作过程中出现了“大国议事决策，中小国家和地区列席听会”的局面。

3. 争夺主导权的斗争。区域集团合作过程中争夺主导权的斗争主要集中在发达国家之间。欧盟的德法英、北美自由贸易区的美加、亚太经合的美日澳，都存在着在各区域集团内部争夺主导权的问题。在欧盟内部以法国为首的南部集团和以德国为首的北部集团之间，在接纳东欧国家和北非地中海国家先后次序上就存在严重分歧。亚太经合最早是由澳大利亚倡议成立的，美日在参与亚太经济合作起初均采取了谨慎观望的态度，但随着合作进程的加快，特别是美利用其1993年为轮值主席国期间，把亚太经合的体制建设和贸易投资自由化进程向前推进一大步，而且克林顿总统倡议召集了第一届亚太经合成员领导人非正式会议，这在很大程度上奠定了美在亚太经合的主导地位。日本和澳大利亚无奈只能采取“跟着走”的态度。最近澳政府倡议建立环印度洋经济合作组织的举动，不能说与澳在亚太经合的地位下降没有关系。在未来的环印度洋经济合作组织内很有可能是澳大利亚扮演主导角色，新西兰、印度和南非似乎无力与澳抗衡。

4. 集团之争。目前区域集团化之所以兴起，一个很重要的原因就是以集团来抗衡集团，加强区域经济合作是迎接区域集团化挑战的重要战略之一。区域集团化在世界范围内兴起，使几乎所有国家和地区都不同程度地卷入了地区经济合作中，这样传统国家之间的贸易纠纷和摩擦，势必上升为集团之间的贸易摩擦。国际经济关系的这种变化，不仅会使贸易战“白热化”，而且会影响世界经济贸易决策的凝聚力。

5. “离心力”大于“向心力”。这一问题主要存在于目前亚太经合中。亚太地区是世界经济中最具活力的地区，其区域经济合作近几年虽有较大发展，但其政府政策导向的合作进程、内容、形式却落后于欧盟和北美。这除众所周知的政治、民族利益因素外，主要是各国经济利益侧重点不同所致。这主要表现在：（1）东亚地区特别是“四小”均实行外向型经济发展战略，其经济贸易利益重点不仅仅局限于本地区；（2）作为以贸易和技术立国的日本，面对日趋统一的欧盟和北美自由贸易区，近几年在贸易、投资和技术方面进行了主要侧重美欧的调整，以稳住其在欧美的市场份额。这说明日本的经济利益不全部在亚太地区（日海外投资只有20%在西太平洋地区，仅及在美的一半）；（3）亚太地区国家特别是东盟6国更加注重多边贸易体制的作用，对广泛的亚太经合一直存有戒心，担心东盟受弱化。东盟6国在20世纪90年代初之所以对亚太经合组织采取积极参与的态度，主要是由于乌拉圭回合四度延期，多边贸易体制前景不明所致。乌拉圭回合成功结束和世贸组织生效，运转将在很大程度上把东盟6国注意力拉到多边贸易体制上来。从目前东盟6国在多边领域的作用日益增强和1994年11月雅加达会议上，除印尼外其余5国对亚太自由贸易区设想表示冷淡就说明了这一点（这在很大程度上受了“彼此消长论”的影响）；（4）随着亚太经合进程的加快，中国内地、台湾和香港三方利益协调和矛盾将日益突出；加之马来西亚一直对亚太经合采取“不予合作”的态度，这些政治利益（远高于经济利益）的问题将延缓合作进程；（5）美国在亚太经合中的主导作用势必会引起“回火”反应，挫伤其他成员参与合作的积极性，出现“欲速则不达”的后果。

6. “危机”的连锁反应。从目前区域集团合作的内容与进程看，大都未涉及如何处理一成员发生大的经济动荡对其他成员的影响问题。区域集团内当成员发生经济、金融和政治危机时，受影响的首当其冲的是区域集团的内部成员，这一点对那些合作程度较深的区域集团更是如此。所以如何采取预防措施，避免“危机”造成的连锁反应，将提到各区域集团的合作议程上来。1995年初，墨西哥所发生的金融危机对美加经济的巨大影响就是一例。这说明区域集团的合作，要获得稳定发展，必须把金融货币政策的协调同贸易投资领域里的合作同步并举。但从欧盟货币政策联盟的艰难历程看，两者同步进行目前在各区域集团内是不现实的。

7. “排他性”的问题。各区域集团虽说其各自的成立章程，均标榜贸易自由化，不搞排他性，但区域集团的内部合作客观上却构成了内外贸易待遇上的差别。如果区域集团的贸易创出大于贸易转移，那么总体上讲是有利于世界经济的增长和各国人民的福利增加；反之则不然。

另外，随着区域集团合作内容的加深与扩大，遇到的问题（主权）和阻力（国内利益集团）也将加大。欧盟作为单纯发达国家之间的联合、北美自由贸易区和亚太经济合作作为发达国家与发展中国家的一种区域合作，这些区域集团的合作过程尚且艰难，单纯的发展中国家之间的区域合作更不会一帆风顺。早在20世纪六七十年代成立的中非共同市场、西非共同体和拉美一体化联盟以及海湾合作组织等至今未取得较大进展也说明这一点。

五、区域集团化与多边贸易体制的关系

1. “相互促进”的关系，多边贸易体制可通过其广泛的成员资格和有约束力的贸易规则与纪律来监督协调和指导区域集团化朝着开放的、非排他性的方向发展，而且各类区域集团大都采纳和奉行多边贸易体制的基本原则；与此同时，各成员通过参加本地区的经济合作，促进经济发展，可以使其在多边贸易领域发挥更大的作用，且区域集团内成功的合作经验和贸易做法，可推广至多边贸易体制领域。

2. 区域集团化的加强，在很大程度上可以增强某些中小贸易国在多边贸易体制中的谈判地位和发言权，改善贸易大国操纵多边贸易体制决策程序的局面。东盟6国在当前多边贸易领域发挥越来越重要的作用就说明这一点。

3. 多边贸易体制如同一巨大的“保护伞”，不仅可维护中小成员在区域集团中的经贸权益，而且也可以受理区域集团内成员之间和同集团之外的贸易纠纷和争端。事实上，目前大多数区域集团合作并没有能力也没有相应的机制来处理贸易争端。

4. 多边贸易体制可以推动区域集团内贸易自由化的发展。如农产品贸易是各类区域集团极少涉及并使之自由化的敏感领域，无论是欧共体的“共同农业政策”，还是澳新自由贸易区，农产品均成为不能触及的问题。正是由于乌拉圭回合在农产品贸易自由化取得巨大进展方给欧共体、北美自由贸易区的农产品贸易政策的改革注入了活力。

5. 乌拉圭回合谈判成功，在一定程度上削弱了区域集团化的作用，特别是那些通过优惠贸易安排，以促合作的区域集团。因乌拉圭回合关税和非关税措施的谈判，已使各国的平均关税水平特别是工业品大幅度降低。所以说，在区域集

团化过程中，缔结取消各类贸易限制和实现全面合作的自由贸易区、关税同盟、共同市场、共同体将受到青睐，这将促使区域集团化走向更高级的合作形式。

6. 区域集团合作发展到一定成熟阶段，必然会与多边贸易体制发生正式联系。欧盟与总协定的关系发展就是如此。其他区域集团随着内部机构建设的完善和合作程度的加深，势必会效法欧盟做法，那么未来多边贸易体制将由各类大小不同的区域集团所控制，成员资格也会出现双重性，由于较大区域集团之间力量的均衡，当涉及一些重大问题的谈判和决策时，集团之间势必会出现长时间的对峙，这在一定程度上会干扰多边贸易体制的议事、决策和争端解决的程序。1995年出现的世贸组织总干事的人选风波就是各大区域集团之间利益矛盾的反应。

六、区域集团化的发展趋势

1. 短期内，区域集团化的发展将促使世界经济朝着多极化方向发展。由于地缘政治利益的诱导、争夺区域集团主导权斗争的加剧、发展中国家经济的相对落后以及各区域集团间利益的纷争，短期内区域集团化的发展仍将围绕欧盟、北美自由贸易区和亚太经合这三大集团而产生一系列中小区域集团。拉美内部5个区域中小集团的进一步发展、中东北非区域经济合作的开始、中西亚经济合作组织的重新组合、独联体内部经济联系加强以及澳政府最新提出的“环印度洋经济合作”的倡议，这都预示了短期内区域集团化将使世界经济朝向多极化方向发展。

2. 中期内，区域集团化将促使世界经济“三分天下”的格局得以形成。按目前欧洲经济区、美洲自由贸易区和亚太经合的经济合作时间表，到2010年，欧洲将实现包括中东欧、北非中东，甚至中西亚的以欧盟为中心的“大欧洲经济区”；在2005年前，美洲将实现包括35个国家在内的西半球自由贸易区；在2020年前，亚太将实现包括拉美太平洋国家，甚至南亚和俄罗斯在内的环太平洋自由贸易区。在这期间，由于利益的诱导，非洲各小区域集团、地中海沿岸国家和独联体等将向欧洲经济区靠拢；中西亚、南亚和印度洋诸国将向亚太经合靠拢，也即出现大区域集团兼并中等区域集团，中等区域集团吃掉小区域集团的现象，最终世界经济将出现以欧洲经济区、美洲自由贸易区和亚太经合为中心的“三分天下”的格局。

3. 世界经济“三分天下”格局能否维持较长时间以致维持下去，这似取决于两大因素：一是东亚各国特别是中国、日本和“四小”三方之间能否进一步加强和如何加强政治、经济和军事关系，以便在短中期内形成一股独立领导亚太经合的力量；二是俄罗斯在区域合作方面是倒向或者亚太或者欧洲，还是“脚踏两只船”。如果是前者，俄是否与该地区合作顺利；如果是后者，俄的合作注意力是倾向于欧洲还是亚太。

4. 长期内如果东亚不能形成独立领导亚太经合的力量，据初步预测，世界经济“三分天下”的格局将被美欧为首的两大集团所取代。亚太经合目前虽具强劲势头，但外来力量干预过多，而且亚太诸国和地区之间、政治民族、领土领海和经济与军事之争端较深且复杂，亚太各国特别是东亚能否捐弃前嫌，从战略高度出发，在短期内建立一个独立完整的并足以同美欧相抗衡的区域集团，似不容乐观。目前欧盟正积极通过把中东欧、中西亚和中东纳入欧洲经济区而向亚太地区渗透；美加在参与亚太经合的同时，加紧筹划美洲自由贸易区，一些亚太国家和地区也有意申请加入北美自由贸易区和美洲自由贸易区。这样伴随各区域集团经济合作的不平衡发展，新的政治、经济和军事利益所驱使，区域集团化势将出现重新分化组合，最终世界经济将出现以欧洲为中心的包括中西亚、南亚和非洲印度洋诸国为一方与以美洲为中心的包括亚太大部分国家、太平洋诸国以及澳新为另一方的两大区域集团对峙的局面。这样整个亚太地区在区域集团化过程中不过是起了使美、欧在太平洋实现政治、经济和军事“大汇合”的桥梁作用。由于美欧两大集团具有相似价值观念和政治经济模式，根本利益是一致的，最终这两大集团必然实现合作合并，这将是 21 世纪中叶，世界经济从区域集团化走向世界经济一体化的“宏伟图景”（这不是世界经济“从一级到多级再到一级”的简单循环，而是世界经济朝着更成熟、更高级形式的一体化方向发展）。

5. 面对区域集团化与世界经济一体化发展方向的暂时背离，各类区域集团和世界多边经贸组织在贸易规则与机构建设的重叠，如何在更高层次上加以有效协调和管理世界经济的发展，目前提出了两种设想。一种是通过把现有联合国的多边经济机构联合起来，组成联合国“经济安全理事会”，这样新成立的世贸组织有可能被收编，但这种设想除联合国范围内似乎没有在各国引起多大反响。另一种是由加拿大贸易部长麦克拉伦 1994 年底提出的以“世贸组织为基础的超级多边经济协调机制”。这种设想似乎有其可行性，值得重视。

七、对我国的影响及对策

在我国既没有参加“多边贸易体制”，又没有加入亚太范围内“小区域集团”的情况下，致使我在亚太经合难以发挥主导作用。这样区域集团化向我提出的挑战大于给我带来的机遇。但是只要我国认真把握我在亚太所处的政治经济地位，善于利用我十几年所取得的较大经济实力，及早制定出我国中长期亚太战略，我国定会化“挑战”为“机遇”，使我国在区域集团化和亚太经合中立于不败之地。

1. 面对区域集团化向我国提供的机遇和挑战，扩大机遇和迎接挑战的最有效途径之一，就是及早恢复我在总协定和世贸组织的成员资格，以全面参与世界多边贸易体制。这不仅为我国经济尽早与世界经济接轨提供基础条件，增强我国在多边贸易领域的谈判与决策能力，而且也为我国充分参与亚太经合注入活力，为维护我在区域经济合作的经济权益提供多边保护，解除后顾之忧。目前绝大多数国家和地区在参与区域集团合作的同时参加了世界多边贸易体制。1994 年 11 月亚太经合领导人非正式会议通过的“茂物宣言”中就敦促亚太经合组织有关成员应参加多边贸易体制。如我国“复关”和“入世”问题久拖不决，随着亚太经合发展的逐步深化，我国参与这一区域合作的能力和程度将受到制约。

2. 我国在争取早日“复关”和“入世”的同时，应根据我经贸发展的特点和我国在亚太政治经济中所占优势，采取积极、务实的态度参与亚太经合，并能相机提出与我国有利的对案和建议，并敦促实施，以使亚太经合能充分反映和体现我作为亚太大国的利益与要求，力争在亚太经合的进程中发挥我越来越大的作用。

3. 大力深化我经贸体制改革，有效实施外向型经济发展战略，使我国经济体制尽早转向成熟的市场经济轨道。这是我国充分参与区域经济合作和全面参与世界多边贸易体制的最根本的基础条件。目前作为标榜多边贸易体制精神的亚太经合中既有发达经济、新兴工业化经济，又有不发达经济，这为我国作为亚太发展中的大国充分参加本地区合作提供了现实机遇，通过参与亚太经合可以使我国经济与世界经济接轨先行一步，这为我国下一步通过参与世界多边贸易体制，以实现我国经济与世界经济全面接轨做好准备。

4. 在实施出口多元化战略的同时，我们应侧重加强我与亚太特别是东亚国家和地区如日本、“四小”的经贸关系，积极寻求建立“东北亚小区域集团”；同时进一步加深我与港台地区的经贸合作，力争促成“大中华经济区”的形成和发展。这两种经贸合作关系的加强，既可以巩固我在亚太经合中的政治地位，又可以使我与东亚各国和地区一道形成一股“独立领导”亚太经合的力量，以制约美在亚太事务中的主导能力和欧洲对亚太的渗透，从战略高度维护和发展我在亚太的政治、经济与军事利益。

第三节 从“总协定”到“世界贸易组织”（专文三）⑧

二战后形成的总协定在即将走完其47年的艰难历程之际，代之而起的将是乌拉圭回合产生的世界贸易组织。1994年11月30日和12月1日美国众参两院分别以绝对多数通过乌拉圭回合协议和同年11月28日欧盟外长理事会做出了在年底适当时候如期批准该协议的决定。这事实上意味着世贸组织于1995年1月1日正式生效运转已是大势所趋。继承和发展了现行总协定贸易体制的以世贸组织为支柱的“新世界多边贸易体制”也将初步形成。国际经贸社会机构体制上发生的这一巨大变革，既预示了世界多边贸易体制新纪元的到来，又昭示了当前国际贸易格局的未来走向。

总协定作为一项多边契约在近半个世纪的世界经济史上，不仅发挥了事实上的“国际贸易组织”的作用，弥补了世界经济支柱“三少一”的缺陷，而且在瞬息万变的世界贸易环境和相对稳定的体制职能与贸易规则的摩擦碰撞中，承担了不可替代的中间协调角色。总协定正是在缩小这种动静“时滞”的过程中，对世界多边贸易关系的稳步发展和抑制形形色色的贸易保护主义与促进贸易自由化发挥了重要的折衷协调、监督与管理作用。国际贸易内涵的扩大，国际经济格局的重组既给现行总协定多边贸易体制的发展注入了活力，同时，也日益表现出其职能作用和“先天不足”的局限性。发展活力和职能作用的局限这一矛盾的冲撞在总协定主持下的第八轮多边贸易谈判中孕育了新生儿的诞生，即世贸组织的创立。

世贸组织协议的形成，是历时8年的总协定乌拉圭回合谈判在推动和完善现行多边贸易体制方面取得的一项重大成果。作为总协定第八轮全球多边贸易谈判（也是总协定主持下的最后一轮谈判）议题不仅包括货物贸易，而且还囊括服务贸易和知识产权保护及投资措施三项新议题，并把自20世纪50年代初作为总协定例外的农产品贸易和自70年代初一直背离总协定基本原则的纺织品贸易也纳入多边贸易谈判。经过8年的艰苦谈判，乌拉圭回合所达成的21项贸易协议作为世贸组织协议的附件，共同构成了作为体现一揽子协议成果的“最后案文”，并于1994年4月15日召开的马拉喀什贸易部长会议上获得通过。

从世贸组织协议及其各附件协议的内容、范围和体制职能以及对今后国际经济贸易发展可能产生的影响看，较之总协定它在强化和完善世界多边贸易体制职能作用和规范国际贸易竞争规则取得了许多新的进展。

这主要表现在：(1) 世贸组织将以丰满和健全的“国际人格”作为一正式的国际组织构成新世界多边贸易体制得以有效运转的基础，不像总协定作为一项多边条约而非国际组织一直临时适用到现在，所以总协定的参加者为缔约方，而不是成员；(2) 进一步明确、规范和量化了总协定文本及其附加协议中的一系列模糊不清的贸易与法律概念，如倾销与反倾销、补贴与反补贴、海关估价和国际收支限制条件及保障条款等；(3) 扩大和拓宽了多边贸易体制的协调领域与范畴，并相应地在农产品、纺织品、知识产权保护和服务贸易方面制定了过渡原则和纪律，这意味着把以协调货物贸易（除农产品和纺织品外）为宗旨的现行总协定多边贸易体制的管理权限扩展至服务贸易和环境保护与贸易等新的领域；(4) 增强和延长了世贸组织在世界多边贸易关系中的管理“触角”，即新多边贸易体制不仅调整和管理与进出口贸易直接相关的关税与非关税措施，而且还涉及到各成员政府的宏观调控措施、产业与税收和财政与货币政策以及经济立法等与贸易相关的国内措施，这是世贸组织一改总协定只注重和协调贸易政策与贸易立法做法的进一步强化多边贸易体制的一项重要机制。在某些程度上将侵蚀和弱化成员政府的内部经济决策和立法主权；(5) 进一步强化和规范总协定现有的维护多边贸易体制的贸易政策审议与争端解决机制以及保障条款，使之更加制度化、法律化。如新的争端解决协议中不仅规定了贸易争端的自动立案程序，而且还就如何设立上诉机构和裁决的严格法律约束力作了明确规定。这在很大程度上将增强发展中国家成员政府在贸易争端解决过程中的地位，削弱主要贸易大国以实力干预和拖延争端解决的能力；(6) 较充分地反映和体现了发展中国家特别是最不发达国家经济发展水平和资金贸易的需要，在总协定有关给予发展中国家差别更优惠待遇（DMF）规定的基础上，进一步就特殊和差别优惠待遇、免责条款和例外规定等作了明确的法律表述。世贸组织协议本身及其20个协议均涉及到发展中国家和最不发达国家的特殊与差别待遇的问题（只有四个诸边协议中的民用航空器守则没有这方面的规定），这也从一个侧面说明了广大发展中国家在当今世界多边贸易体制和国际经贸社会领域发挥着越来越重要的作用；（7）成员资格更趋普遍化和代表性，总协定原以成熟的市场经济国家的国别与地区政府为主导的局面在世贸组织成员结构中将有所变化，它不仅包括市场经济国家和地区，而且还将包括众多经济转型的苏联东欧和亚太国家和地区，甚至越来越多的国际经济组织和区域集团化组织或以成员身份（如欧盟）或以观察员资格（如经合组织和亚太经合）参与未来世贸组织的活动。这样一则可以使世贸组织更加完整，成员资格日趋普遍化；二则可以在一定程度上抑制当前兴起的区域集团化可能形成的排他性贸易保护主义势力的滋生蔓延。

虽然世贸组织协议及其若干附件协议在继承和发展现行总协定的基础上进行了诸多方面的改进、完善与强化，但这些规定目前仅落实在各协议的文字中，处于“纸上谈兵”阶段，至于今后世贸组织如何有效地贯彻实施还是一个未知数。再者，当前主要西方国家的国内贸易政策和贸易立法日趋具有管理和保护色彩，加之当前世界范围内兴起的区域集团化浪潮日益高涨和单边贸易保护主义与经济贸易问题政治化势头有增无减，未来的世贸组织势必面临诸多困难和挑战。

首先，从世贸组织协议文本与其诸多附件协议的法律关系来看，虽说二者作为有机的法律文件整体构成了乌拉圭回合的多边贸易谈判的一揽子成果，但由于世贸组织协议本身并未像总协定文本那样就多边贸易体制的基本原则，如最惠国待遇、国民待遇、非歧视和透明度等作详细明确的规定，而是散见于各附件协议中，世贸组织协议除了序言笼统地提及几项根本原则外，只是针对世贸组织的结构、职能作用、成员资格、生效、加入和退出等问题做了程序性规定，未涉及实质性原则问题。有些关贸法律专家称此特征为“小宪章附带庞杂的大附件，犹如小车后边挂着一个大拖斗”。所以从法律上说，未来世贸组织如何基于其自身的程序性规定有效实施各项附件协议，将是新多边贸易体制面临的第一个亟待解决的法律难题。

其次，当前以单边报复和双边幕后解决贸易摩擦与争端形式出现的“管理贸易”盛行，导致种类繁多的绕过多边贸易纪律和保障条款约束的“灰”区域措施层出不穷，如在钢铁、汽车、纺织品等双边贸易领域出现的自愿出口限制、有秩序的市场销售安排、价格管制等。这些措施之所以称其为“灰”区域措施，就在于其限制贸易增长的副作用难以估计，其法律特征难以在现行总协定中定性。严格法律意义讲，无法把这些“灰”区域措施纳入多边贸易纪律框架加以规范和消除。面对总协定这一存在已久的法律难题，世贸组织的有关协议除了原则性提及和敦促有关国家尽快取消这些措施外，并未在取消时间表和如何取消与防止这些措施方面做出详细明确的规定。无疑此类措施在今后世贸组织的运行中将继续侵蚀世界多边贸易体制的管理协调职能，遏制整体世界贸易的增长。

第三，世贸组织生效后不仅继承总协定协调货物贸易的职能，而且还要负责实施知识产权协议和服务贸易总协定，但是，知识产权协议作为这一领域里的一项空前的综合性协议，服务贸易总协定作为世界服务贸易方面的第一项多边协议，特别是后者在以多边贸易体制形式协调和管理服务贸易问题上只是一个初步尝试。服务贸易总协定除了就服务业市场准入、横向承诺与逐案处理、逐步自由化和最惠国待遇与国民待遇等做了总体的原则性规定外，并未进一步涉及各成员履行具体义务和全面实施本协议等敏感问题。加之诸多发展中国家对两项协议本身规定与将来实施存有戒心和国际经贸社会无此经验可资借鉴，这就注定了世贸组织在今后具体落实这两项新协议的过程中势必遇到一些困难。

第四，当前国际范围内以区域集团化形式出现的“区域多边主义”似有愈演愈烈之势，在世界经济“中心与外围”势力的相互驱动下，逐渐形成了分别以北美自由贸易区（NAFTA）、欧洲联盟（EU）和亚太经合（APEC）为核心的世界经济三分天下的雏形。在此格局的背后，目前拉美国家在美洲倡议（AEl）的引导下正向北美自由贸易区靠拢，欧盟积极拉原东欧和地中海北非诸国加入欧洲经济区，一些南亚和拉美国家也在积极酝酿加入亚太经合。不管这些自由贸易区和区域集团化的章程与协议如何标榜贸易、投资自由化和强调加强多边贸易体制，但在一定程度上其关税非关税优惠待遇的规定都具有一定的排他性，而且以往那种国家之间的贸易摩擦和争端将随着区域集团化的分化、重组与形成逐步上升为国家集团之间的贸易摩擦与争端，双边贸易战将演化为集团之间的贸易战。集团之间的贸易纠纷、摩擦和贸易战而导致的贸易保护主义的范围和深度将随之扩大和增加。面对这一发展中的国际经济形势，世贸组织在既有的有关规范和约束区域集团化的多边贸易纪律和原则情况下，如不能有效地驾驭和协调区域集团化朝着开放、透明和贸易自由化的方面发展，并使之纳入未来多边贸易体制的总体框架中，那么以世贸组织为基础的多边贸易体制必将受到严重侵蚀和破坏。

最后，由于国际社会中“实力外交”和“强权政治”的阴霾不散，加之冷战结束后世界经济虽朝向多级化方向发展，但各“级”的中心国大都为西方国家，这意味着未来的世贸组织将有可能继续重演总协定的谈判、磋商和决策与立法40多年来一直由几个主要贸易大国操纵和控制的倾斜局面。这一倾斜局面的改善程度，直接关系到世贸组织今后能否妥善处理发达国家成员与发展中国家成员在新多边贸易体制中的法律与贸易关系。而且这一关系是否得到妥善处理，也直接影响到新多边贸易体制能否健康顺利发展的重大问题。

此外，伴随世界经济与贸易的不断发展，乌拉圭回合遗留下来诸多未完成谈判并形成协议的课题，而且这些课题大都为敏感问题，具有较强的政治和社会色彩，如环境保护与贸易、劳工权利标准与贸易、反托拉斯法与限制性商业惯例等。世贸组织能否在不久的将来主持并完成这些新课题谈判并形成具有法律约束力的多边协议仍是国际社会所关注的一大问题。

第四节　多边贸易体制运行的新机制（专文四）④

总部设在日内瓦的“世界贸易组织”根据1994年12月8日世贸组织筹委会执行大会的决定已于1995年1月1日正式生效运转。虽说二战后形成的总协定将于世贸组织共存一年，但从监督、协调和管理今后新多边贸易与法律关系的角度看，事实上世贸组织已取代总协定成为国际多边贸易体制得以运转的基础和法律载体。作为在过去近半个世纪的世界经济中扮演着事实上的“国际贸易组织”角色的总协定已基本完成了其历史使命。这一新旧交替说明以正式的国际贸易组织为核心的新世界多边贸易体制的到来，同时也勾勒出本世纪末下世纪初世界经济秩序和贸易格局发展变化的未来走向。

一、世贸组织产生的背景

世贸组织协议的形成是乌拉圭回合多边贸易谈判的一项重大意外成果。在1986年9月乌拉圭回合发动时，15项谈判议题中并未有关于建立世贸组织的问题，只是设立了一个关于修改和完善总协定体制职能的谈判小组。但是由于乌拉圭回合谈判不仅包括了传统的货物贸易问题，而且还涉及知识产权保护和服务贸易以及环境等新议题，这样现行总协定今后如何有效地贯彻执行乌拉圭回合形成的各项协议就自然而然地提到了多边贸易谈判的议事日程。考虑到现行总协定作为从 1948 年临时适用到现在的一项多边条约和以协调货物贸易为主的职能作用，无论从组织结构还是协调职能来看，现行总协定面对庞杂纷繁的乌拉圭回合多边谈判协议，均显示出其“先天”不足性，有必要在总协定基础上创立一个正式的国际贸易组织来监督和执行新一轮多边贸易谈判的成果。

1990 年初，时任欧共体轮值主席国的意大利首先提出了建立多边贸易组织（MTO）的倡议，同年 7 月欧共体把这一倡议以 12 成员国的名义向乌拉圭回合体制职能谈判小组正式提出来，随后得到加拿大、美国的支持（但日本出于其在总协定“免费搭车”的利益考虑，对欧共体倡议反应冷淡）。迫于主要西方大国的动议和支持，1990 年 12 月乌拉圭回合布鲁塞尔部长会议正式做出决定，责成体制职能小组负责“多边贸易组织协议”的谈判。体制职能小组经过一年的紧张谈判，于 1991 年 12 月形成了一份“关于建立多边贸易组织的协议”草案，并成为同年底“邓克尔最后案文”的一个整体部分。后经过两年的修改、完善和讨价还价，最终于乌拉圭回合结束（1993 年 12 月 15 日）前的 11 月形成了“多边贸易组织协议”，并根据美国的动议，把多边贸易组织改名为“世界贸易组织”。“世贸组织协议”于 1994 年 4 月 15 日在马拉喀什部长会议（以下称“马城会议”）上获得通过，与其各附件和部长宣言与决定共同构成了乌拉圭回合多边贸易谈判的一揽子成果，并采取“统一整体义务”的形式，被 104 个参加方政府代表所签署。

二、主要内容、基本宗旨和原则

世贸组织协议由其本身案文 16 条和 4 个附件所组成。案文本身并未涉及规范和管理多边贸易关系的实质性原则，只是就世贸组织的结构、决策过程、成员资格、接受、加入和生效等程序性问题做了原则规定。事实上有关协调多边贸易关系和解决贸易争端以及规范国际贸易竞争规则的实质性规定均体现在 4 个附件中。这 4 个附件包括 13 个多边货物贸易协议、服务贸易总协定（GATS）和知识产权保护协议（这三项构成附件 1）、争端解决规则与程序谅解（附件 2）、贸易政策审议机制（附件 3）以及 4 个诸边协议（附件 4）。另外从广义上讲，世贸组织协议还包括 1994 年 4 月 15 日马城会议上的形成的一系列部长决定、宣言和谅解。

世贸组织的基本宗旨是，通过建立一个开放、完整、健全和持久的多边贸易体制与促进世界货物和服务贸易的发展以及有效合理地利用世界资源来改善生活质量、扩大就业、确保实际收益和有效需求的稳定增长。与此同时，遵照可持续发展的目标和不同成员的实际经济发展水平与需要，保护环境并提高和完善环境保护的手段。实现这一基本宗旨的原则是：多边主义、最惠国待遇、国民待遇、非歧视、对发展中国家特殊与差别待遇、市场考虑和透明度以及通知与审议义务等。

三、组织结构、作用和存在的问题（参见附件十）

世贸组织现有成员 126 个，其最高权力机构是部长大会（至少每两年一次，第一届部长大会定于 1996 年 12 月在新加坡举行），负责世贸组织日常会议和工作的是总理事会和秘书处。总理事会在贯彻实施贸易争端解决机构和贸易政策审议机构职能的同时，下设三个理事会即货物贸易、服务贸易、知识产权和四个委员会即贸易与发展、国际收支、行政预算以及环境与贸易。三个理事会将根据各自所管辖的贸易领域和职权范围相应设立分委会并规定分委会的职权和议事规则，然后报各自理事会审议批准。世贸组织秘书处设总干事一人。由于长达 9 个月的总干事人选风波，直到世贸组织生效后的 3 个月也即 1995 年 3 月，美欧在总干事人选问题上方达成妥协，选举意大利前贸易部长鲁杰罗（Renato Ruggerio）任世贸组织第一任总干事。事实上，世贸组织生效的 3 个月期间，由当时的总协定总干事萨瑟兰担任世贸组织临时总干事。

世贸组织作为一正式国际机构为处理和协调成员间的多边贸易关系提供了一个重要的框架机制，其主要作用为：（1）促进乌拉圭回合各协议的执行、实施和管理；（2）为成员间有关贸易协议的谈判和未来有关新议题，如金融服务业和国际竞争政策等多边谈判提供一个场所；（3）协调解决货物贸易、服务贸易和知识产权领域及其相互之间出现的贸易纠纷和争端；（4）负责审议各成员的贸易制度和与贸易相关的国内经济政策；（5）组织编写年度世界贸易报告和举办世界经济与贸易研讨会并向发展中国家提供必要的技术援助。

世贸组织协议虽说在体制职能和规范贸易竞争规则方面，对现行总协定作了许多改进与完善，但仍存在一些隐患和问题，这主要体现在：（1）如何协调理顺案文本身与其庞杂的附件之间的关系，而且许多协议并无以往的经验可资借鉴；（2）各类绕过总协定纪律约束的“灰”区域措施，如自限协议并未在有关协议中规定出明确的取消时间表，新多边贸易体制势将继续受到此类措施的侵蚀；（3）长期游离于总协定管辖之外的农产品和纺织品贸易虽在乌拉圭回合中形成了协议，但协议执行的过渡期长达10年。这意味着在今后一个时期内，多边贸易体制对农产品和纺织品贸易的管理与协调职能仍将遭到极大弱化，贸易扭曲现象依然存在。作为在农产品和纺织品贸易方面的重大出口利益的发展中国家，将在这个较长的过渡期内难以享受多边贸易体制所赋予的权利；（4）针对当前兴起和今后持续发展的区域集团化问题，世贸组织协议本身及其各附件协议未就如何监督、协调和驾驭等做出相应规定。新多边贸易体制能否确保形形色色的区域集团化组织朝着开放、公平和非排他性的方向发展并杜绝区域集团化对自身机体的肢解和干扰，将是摆在世贸组织议程中亟待解决的一项重大课题；（5）世贸组织协议特别是其附件协议继承了总协定“原则当中有例外，例外当中有原则……”灵活应用的特点。几乎每一个协议在涉及某项贸易规则时均列出了例外规定。这除了照顾发展中国家特殊的贸易、经济发展和金融需要外，主要是为了迎合主要贸易大国的利益要求，如反倾销和反补贴原则。如此多的例外规定和免责条款，将严重影响新多边贸易体制有效运转，一定程度上姑息了各种新老贸易保护主义的滋长蔓延；（6）由于对货物、服务贸易和知识产权实行统一的争端解决机制，这意味着三者之间可以实行跨部门的“交叉报复”，即如某一成员在知识产权保护不当，另一因该成员保护不当而蒙受措失的成员政府可以对该成员的产品出口加以限制。“交叉报复”是发达国家在乌拉圭回合争端解决机制谈判中所追求的重要目标，这无疑对那些服务业欠发达和知识产权保护水平较低的广大发展中国家的贸易权益构成了一个很大的现实与潜在威胁；（7）作为只适用于签字国和执行有条件最惠国待遇的4个诸边协议，即政府采购、民用航空器、牛肉和奶制品以及未来达成的多边钢铁（MSA）和多边反托拉斯协议（MAT）等将产生一个与多边贸易体制平行的“次多边贸易体制”。由于这些诸边协议的签字国绝大多数为发达国家，而且只对签字国发生权利与义务适用问题，即便是世贸组织成员而非此类协议签字国也无权享受这些协议所产生的利益。这意味着在未来的多边贸易体制中，将出现有条件的最惠国待遇和歧视性贸易条件，世贸组织将在一定程度上重蹈总协定遭受“东京回合”守则肢解的覆辙；（8）乌拉圭回合遗留给世贸组织许多悬而未决的敏感问题，如环境与贸易、社会条款与贸易以及限制性商业惯例等竞争政策与贸易。这些新议题能否在未来世贸组织的主导下，通过多边谈判达成协议还是个未知数。

另外，关于如何加强同其他多边经济机构如世行、国际货币基金和联合国贸发会议的联系与合作，以促进和确保贸易政策与财政、金融政策的统一协调，提高世界经济贸易决策的凝聚力，世贸组织协议及其附件并未作详细明确的可操作性规定，只是马城会议的一项部长宣言中对此作了非常概括的原则性声明。

四、中国“复关”与世贸组织

目前申请加入总协定的国家和地区包括中国在内共有 28 个，但中国的情况不同于其他申请者，这是因为中国不仅原是总协定创始缔约方（要求恢复在总协定的缔约国地位，不是重新加入），而且全面参与了乌拉圭回合各项议题的谈判，并签署了“最后文件”。中国通过 15 年的改革开放，经济贸易体制已发生了日益朝向成熟的市场经济方向发展的重大变化，已基本上符合多边贸易体制的要求，中国履行总协定和世贸组织义务的能力大大增强。这说明中国早日“复关”的愿望是真诚的，完成中国复关谈判的主客观条件已成熟，所以说中国政府在 1994 年 11 月做出年底必须结束中国复关实质性谈判的重大决定是合情合理、顺理成章的。但由于个别缔约方无视中国国内为复关超前进行的一系列重大改革和中国代表团在过去 9 年所做出的种种努力，脱离中国经济发展的实际水平，漫天要价，蓄意阻挠，致使总协定第 19 次中国工作组会议未能就结束中国复关实质性谈判做出决定。

根据世贸组织的有关规定，成为创始成员的资格是：（1）在世贸组织生效即 1995 年 1 月 1 日前为总协定缔约方；（2）在乌拉圭回合市场准入谈判中已做出具体减让并使货物和服务业减让义务承诺表经审查批准后成为乌拉圭回合一揽子减让义务的一部分。不难发现，目前，中国成为世贸组织创始成员的唯一障碍，就是中国复关谈判未能如期在 1995 年 1 月 1 日前结束。考虑到总协定同世贸组织共存一年，中国仍有“关”可“复”。如果按严格的法律规定和过渡性安排，在世贸组织生效后，不存在任何国家和地区先申请加入总协定再成为世贸组织创始成员的问题，而是要求直接申请加入世贸组织，那么考虑到中国“复关”的特殊性，作为个案处理，中国在世贸组织生效后仍可坚持先复关，然后世贸组织总理事会可通过做出政治声明的方式认可中国为世贸组织创始成员。这一点对作为有充分主权的中国中央政府，今后在世贸组织内妥善处理与香港、澳门和台湾的多边贸易关系是十分重要的。

中国与总协定和世贸组织是相互需要的，把中国这样一个正在崛起的世界贸易大国和最大的现实与潜在市场排斥在世贸组织之外，不仅使中国丧失了履行其多边减让义务的法律基础，而且也势必损及新多边贸易体制的普遍性和有效运转。所以说，及早结束中国复关谈判，不仅有助于推动中国改革开放事业的发展，促进中国在多边贸易体制内同各成员建立持续稳定的贸易关系，而且也有利于其他成员的贸易增长和对华贸易的扩大。

世贸组织——通过扩大多边纪律，将大大拓宽其协调管理世界贸易的范围，增强和延长其调控多边贸易关系的“触角”；通过进一步规范国际竞争规则，势必有效地抑制新老贸易主义的抬头，加速世界贸易自由化发展的进程；通过大幅度削减关税和非关税措施以及加严多边贸易规则，将在很大程度上冲淡和削弱区域贸易集团化所形成的歧视性、排他性的“贸易转移”效应，从而使区域贸易集团协议的大量内容“多边化”；通过重振多边主义，强化统一的争端解决机制，将进一步遏制单边主义和双边幕后解决做法的盛行，提高和维护中小贸易国有参与多边贸易体制的能力和贸易权益；通过尽早把中国这样一个发展中的贸易大国吸收纳入其体制，不仅可以强化新多边贸易体制的职能，增加其成员资格的普遍性，而且将极大改善多边贸易体制的民主决策程序，一定程度上扭转那种“大国操纵”和“强权政治”的倾斜局面。但这些诸多目标和规定目前仅落实在字面上，尚处于“纸上谈兵”阶段，对新生的世贸组织来说，能否通过有效地实施各协议，严格约束有悖多边贸易体制精神的贸易保护主义行为，促进贸易自由化的发展并妥善处理面临的种种挑战，以期实现上述目标，多边贸易体制有关各方仍需做出巨大努力。

第五节 中国复关实质性谈判内情透视及对策建议（专文五）⑤

历时9年的复关谈判因1994年总协定与主要缔约方同我未能就结束实质谈判达成谅解而暂时陷入僵局。我国复关谈判从其涉及国家之多、内容之广、技术问题之复杂和时间之长而言，在中国对外谈判史上是空前的。实际上这是冷战后我国在多边外交舞台上同以美为首的西方国家集团的一次重大的经济外交较量。其较量的过程不仅说明了我综合国力和国际经济地位日益增强，而且也透视出了西方大国面对日趋强大中国的那种“悲喜交加”的矛盾心理，即既想把我尽早拉入多边贸易体制，使之受制于国际贸易竞争规则和纪律约束，另一方面又怕我国崛起的经济贸易势头冲击世界经济，扭转多边贸易体制中既成的“南北”格局。从我国对今后复关谈判的原则立场看，要启动目前陷入僵局的复关谈判，主要取决于美欧等主缔约方对我国复关某些实质性立场和要价的松动，同时也取决于我国决策层对我国全面参与世界多边贸易体制利弊得失的认识高度。但是我国全面参与以世界贸易组织（下称“世贸组织”）为基础的新多边贸易体制只是个时间问题，任何困难都不可能持久地阻挡这一参与进程。也可以说中国以市场经济为导向的经济体制改革和日益增强的贸易实力是促动中国经济及早同世界经济接轨的内在动力，是开放经济发展的一种客观规律，是不以人们的意志而取舍的。为便于我国复关最后阶段谈判方案策略的制定，进一步提高在当前区域集团风起云涌的背景下，对这一重大经济外交举措意义的认识，本文拟从对我国复关谈判三个阶段的回顾开始，然后简要分析主要缔约方要求我国承担额外义务的考虑，侧面反映我国复关谈判艰难复杂所在，进而对下一步谈判提出几点建议。

一、“复关”谈判三个阶段

从复关谈判的内容、进展和所处的不同国内外政治经济形势来看，9 年谈判大致可分为三个阶段。

第一阶段是从 1986 年 7 月中国提出复关申请到 1989 年 6 月。这期间，我国与主要缔约方进行了十几次双边磋商，并就中国复关的一些核心问题基本形成了谅解，而且中国工作组通过连续召开 7 次会议，也已基本结束了对中国外贸制度的答疑和综合评估工作，中国复关议定书框架草案跃然纸上，1989 年年底结束复关谈判无论在多边谈判还是在双边磋商中已基本形成共识。

这一阶段的复关谈判之所以进展顺利并在一些本应为焦点问题上（如选择性保障条款和美给华无条件最惠国待遇以及欧共体列出取消对华歧视性数量限制时间表等）取得突破性进展的原因有五个方面：一是中国改革开放的进程位居“苏东波”之前列；二是中国当时提出的改革目标是建立和完善有计划的商品经济

（西方对我改革目标的最终方向不抱奢望），当时改革开放的每一项举措均使美欧日等主要缔约方喜出望外；三是主要缔约方基于中国的经济改革目标（建立有计划的商品经济，而非市场经济）所提出的要价比较适中务实，而且这些要价与当时我国改革开放的步子基本协调；四是中国与欧美日等主要缔约方冷战前双边政治关系发展处于“蜜月”时期，双边经贸关系处于建立、开拓的发展阶段，贸易纠纷和摩擦被良好的双边政治关系所掩盖，美欧急于把中国拉入多边贸易体制，以期为“苏东波”树立一个样板；五是乌拉圭回合谈判伊始，世贸组织的建立并未提到议事日程，中国复关的“入门费”只局限于货物贸易的市场准入，完全基于总协定要求，而未涉及知识产权、投资措施和服务业市场准入问题。

所以说，这一时期美欧对我国复关谈判的关心和要价主要集中在贸易政策透明度与统一实施、关税与非关税措施的减让、价格改革的时间表和选择性保障条款等 5 个中心问题。基于这种要价的复关谈判，内容和范围不仅少而窄，而且涉及的问题也大都是关于我国贸易管理体制方面的，未全面触及我国内经济政策和外汇政策。为促动我国复关谈判，加强国内协调工作，当时成立了以张劲夫为组长的国务院总协定部际协调小组（后改为部际协调委员会，由当时的田纪云副总理担任主任，1992 年李岚清副总理继任），外经贸部相应成立了部内协调小组。

第二阶段是从 1989 年 6 月到 1992 年 2 月第 10 次中国工作组会议召开。这一阶段是以美为首的西方国家对华实行经济制裁，把暂时不让中国复关作为其经济制裁的一项主要内容，加之国内经济处于治理整顿阶段，复关谈判涉及的双边磋商和以日内瓦工作组会议形式进行的多边谈判（这期间曾召开过第 8 和第 9 次工作组会议，均为象征性例会）事实上均陷入停顿，而且还危及到我国复关谈判第一阶段取得的成果。致使这一阶段复关谈判陷入停顿除众所周知的原因外，还有（1）国内为配合治理整顿而加严和重新启用一系列行政管理措施，西方和总协定误认为这是中国改革开放的倒退；（2）冷战后释放出来的中美双边经贸纠纷，如劳改产品、知识产权保护、纺织品非法转口、贸易不平衡和市场准入等成为多边解决我国复关的先决条件和障碍，而且美方把双边贸易问题是否妥善解决同我国复关谈判挂钩；（3）乌拉圭回合因美欧农产品补贴问题陷入僵局，总协定和有关各方无心关注中国复关谈判；（4）台湾当局于 1990 年元旦以“台澎金马”名义提出加入总协定申请，使台湾这个中美双边关系中的敏感问题卷进了我国复关谈判中，使我国复关谈判因“六四”风波政治化倾向日趋加强；（5）中国是目前共产党执政国家中唯一的一个在国际政治经济舞台上扮演重要角色的大国。所以说在这种背景下，主要西方大国对我国复关谈判采取了拖延战术和“口惠而实不至”的态度。

第三个阶段是从 1992 年 2 月到 1995 年底。这一阶段复关谈判重新启动并进入权利与义务敲定的实质谈判最后攻坚时期。在这期间，1992 年初邓小平同志南巡讲话而引发的深化改革和“全方位”对外开放为中国经济的高速发展注入了新的推动力；十四大的召开为中国经济体制改革确立了建立市场经济和现代企业制度的目标，并相应地推出了一系列深化改革的重大步骤。

这一系列改革开放的新举措为及早结束我国复关谈判本应提供了契机。但由于冷战后出现的新国际形势和乌拉圭回合形成的“世贸组织协议”生效在即，中美三个备忘录（劳改产品、知识产权和市场准入）的相继签署和人权与贸易关系的脱钩，美国对华贸易政策中唯一可以向中国施压的杠杆就是我国“复关谈判”，加之主要西方国家基于我国经济贸易迅猛发展而对我国复关未来对其本身和多边贸易体制之影响的重新认识，上述出现的一系列积极因素对我国复关谈判不但未能发挥其提供契机和推动作用的有利一面，相反却扩大了我国复关谈判的内容，拖长了谈判时间，致使主要缔约方对我国复关谈判采取了“滚动式”要价，无视我国现阶段经济发展水平，要求我国提前从发展中国家行列中“毕业”，承担发达国家在总协定中所承担的义务。

主要西方国家对我国议定书谈判和市场准入谈判的要价不仅涉及贸易管理、关税与非关税措施、贸易政策统一实施和透明度等问题，而且把一些不属现行总协定义务，如知识产权保护、服务业市场开放、农产品与纺织品贸易等以及纯属我国国内宏观经济调控措施和司法主权事务，如指定经营、价格协调、财税政策和司法审查等也统统放入其要价盘子中，使中国复关后期谈判陷入一个“怪圈”，即复关谈判面对变化中的中国经贸体制和总协定多边贸易体制，不是谈判问题越来越少，谈判范围越来越集中，而是越谈问题越多，越谈内容越广，似乎中国无论如何深化改革、完善经贸体制，其离“复关”要求和目标不是越谈越近而是越谈越远；西方的“胃口”不是越“吃”越小，而是越吃越大，直至欲壑难填；中方的义务不是越谈越固定，而是越谈越多；中方的权利不是越谈越明确，而是越谈越模糊。为及早摆脱和打破这一谈判怪圈，增加有关各方的责任感与紧迫感，我国于 1994 年 11 月 28 日及时明智地做出了“1994 年底为结束中国复关实质性谈判最后期限”的重大决定，以促动主要缔约方丢掉幻想，要价适可而止，对我国复关谈判采取务实灵活的态度。这一决定目前已产生了良好效果，复关谈判目前虽陷入僵局，但这是实质性问题解决的前兆。

二、美欧要我国承担的额外义务

美欧等主要缔约方基于新的乌拉圭回合协议和世贸组织的成立以及中国经济的“特殊性”，在我国复关后期谈判中要求我国承担额外的义务。这些额外义务不仅超出总协定和世贸组织的要求，且超出贸易本身直接触及到我国内经济决策与立法。而我国也正是因为经济处于转型和发展初期而无须和甚至无法承担这些额外义务。主要缔约方的要价和中方出价均是基于同样的考虑，即“转型独特”的中国经济而致使“供求”的缺口难以弥合，要价与出价的距离难以缩小，进而注定了中国复关谈判的艰难与复杂。

不可否认，世界多边贸易体制的新旧更替，客观上扩大了我国复关谈判的范围，抬高了我国复关“入门费”，在很大程度上使中国复关谈判的既定的设想出轨。从货物贸易到服务贸易，也即现行总协定义务与世贸组织义务“双重义务”交替并存，不仅使缔约方漫天要价、有意扩大我国复关谈判范围和承担额外义务的要求有了现时的法律基础，而且使我国国内十几年经济改革和对外开放所积累的对外承受能力相形见绌。我国虽在复关谈判中采取了灵活务实的态度，试探性“透支”我国经贸体改的措施，但依然无法满足美欧日等主要缔约方的苛刻要求。

1. 要价超出总协定和世贸组织义务

所谓要价超出总协定和世贸组织义务，是指总协定和世贸组织有关协议本身已有了相应的规定的情况下，主要缔约方却针对中国单独搞一个特殊条款，作为个案处理。这说明谈判本身并未建立在信任的基础上，而是对我国采取了一种歧视性做法。例如，国际收支项下数量限制的问题。总协定本身（第十二条和第十八条）和乌拉圭回合的有关谅解已对此作了详细明确的规定，美方却坚持在我国议定书中单独制定一项特殊的国际收支条款，其用意在于剥夺我国国际收支出现困难时利用最有效的数量限制的权利。再如国民待遇问题。总协定（第三条）有关国民待遇的要求只是对产品而言，而不是对法人和自然人，就连乌拉圭回合服务贸易总协定关于对服务业提供者和自然人提供国民待遇的要求也是采取双边谈判和逐案处理的方式。而美方则要求中方在议定书中承诺对外资企业、外国服务业提供者以及自然人流动提供完全的国民待遇。此类要价还有选择性和一般性保障条款、反倾销与反补贴价格比较、保密材料列明和贸易立法实施前供评论等。

2. “超贸易因素”义务涉及我国内经济决策与立法事务

美欧等主要缔约方除了要求我国承担超总协定和世贸组织义务以及把农产品与纺织品贸易和动植物检疫等本属世贸组织义务强加给我复关谈判一并解决外，还提出了一系列超出贸易范畴的要价。例如价格管理体制问题。一国的定价制度是该国根据重要产品的供求关系而实行宏观调控的重要手段，纯属国内经济决策范畴，而美方则要求中方在议定书中就价格管理对进出口贸易的影响、缩小国家定价范围、保证定价政策透明度等做出承诺，这一问题因为我国在谈判中据理力争，美方已放低其要求，并达成谅解。再如司法审查问题。总协定（第七条）有关司法审查的要求仅涉及海关事务的行政行为，而美欧则要求中方在议定书中承诺司法审查范围，不仅包括海关、进出口贸易事务，而且还要涉及贸易立法和总协定各项义务的执行以及与贸易有关的一切行政行为。司法审查是一国国内司法主权，即使总协定缔约方，其国内司法审查制度也不一样（只有发达国家如英、美、法、德等司法审查范围较广。在美国，一切行政行为均受制于司法审查），并非所有的行政行为（如国防、外交）均受制于司法审查。在执行总协定义务方面，司法审查并非主要义务，有关行政行为的纠纷主要靠其自身的争端解决机制和对等原则来解决。此类超贸易范畴的要价还包括：产业政策的制定、外贸制度统一实施中个人与政府的关系、经济发展数据统计资料、财税政策以及审议经济体制改革进程等。

3. 超出我国现行经济发展水平的义务

美欧等主要缔约方在基于我经济转型和市场经济不完善对我国复关提出要价时采取了极其庸俗的“实用主义”态度，未在中国入关的权利与义务的谈判中采取“单一标准”。他们在要求我国承担额外义务时，认为中国经济处于转型时期，市场经济远非完善；它们在设法剥夺和削弱我国总协定权利时，则认为中国经济已经“毕业”，市场经济发育良好和对世界经济冲击巨大，有意忽视我国经济发展的现实水平，刻意否认我国发展中国家地位，向我国提出了一系列超出我国经济发展水平的义务。例如发展中国家地位问题。我国复关的三原则之一就是中国要以发展中国家地位进入总协定。总协定和世贸组织诸协议中，针对发展中国家规定了一系列特殊和差别优惠规定，美欧等主要缔约方担心我国进入总协定后会凭借现实与潜在的经济实力，充分利用有关发展中国家的诸多特殊优惠规定，坐享多边贸易体制的利益而不承担相应义务，逃避贸易纪律的约束。所以他们在我国议定书中承认“中国经济的许多特征是发展中经济的特征”，实际上是否认中国为一个发展中国家。一些以农产品和资源产品的生产和出口为主的发达国家（如澳大利亚、新西兰）又何尝不是发展中经济的特征？许多超出我现阶段经济发展水平的义务正是基于对中国为一个发展中国家的否认，如议定书中许多条款要求中国不得援引总协定和世贸组织协议针对发展中国家特殊例外和优惠规定。欧盟甚至还不承认我有权引用总协定第十八条（针对发展中国家的规定）来保护新建和扩建中的汽车工业。再如要求我国不得限制外贸经营权（允许私人和外国法人与自然人经营外贸）、取消所有外汇管理措施（人民币完全自由兑换）、不得实施出口补贴、全面开放服务业市场（增值电信、保险业、市场分销、证券业）、参加发达国家之间的零关税与协调关税制以及接受政府采购和民用航空器等诸边协议。

此外，美欧在我国复关谈判中还把一系列本属双边经贸关系中的问题，如知识产权、纺织品转口、贸易不平衡和农产品贸易的动植物检疫以及出口配额（资源性产品）等纳入到我国复关的多边谈判中来，并人为地把这些双边问题是否妥善解决同我国复关谈判进程挂钩，试图趁我复关之机，在多边谈判中压迫我国按其条件解决双边问题，这一做法越发加剧了我国复关谈判的复杂性，在很大程度上拖延了我国复关的总体进程。

三、美欧对我国“复关”谈判提出高要价的主要考虑

我国复关谈判形式上是我国与总协定上百个缔约方一场多边谈判，但从谈判的实际进程、内容和遇到的主要问题来看，事实上左右我整个复关进程的是美国一家，欧盟、日本、加拿大和澳大利亚等发达国家主要采取了“步美国人之后尘”的唯美主义态度（虽说欧盟在我国复关的后期谈判阶段，试图单独挑头推动谈判，但最终还是迫于美国的压力，虚发一枪，重新躲在美国的后边，亦步亦趋，其最终向我国要价的苛刻性不亚于美国）。我国复关这一多边谈判受制于中美总协定双边磋商进程的严酷现实，是由美国自身的强大经济实力和其在多边贸

易体制决策中发挥的领导作用所决定的（冷战后美国在我国复关谈判中的决定性作用更加突出了）。

面对这一现实，我国自1991年6月以来在设法解决中美双边经贸问题（劳改产品、纺织品转口贸易、知识产权和市场准入以及最惠国待遇）以期促动复关谈判的同时，我国党政领导人在与美欧诸国举行高层会晤时，均从政治与长远高度再三谈及我国及早进入世界多边贸易体制的重要意义；我国复关谈判主管部门领导和谈判代表不仅从战略高度论述我国复关谈判与总协定和其他缔约方的利害关系，而且也多次“恩威”并夹地表述了我国复关的原则立场；一些世界级政界要人为我国早日复关发出政治呼吁；总协定前任和现任总干事在各种多双边场合也为及早结束中国复关谈判进行积极斡旋推动。美国方面对如此强大的政治舆论攻势和我国“1994年底结束复关实质性谈判”的政治决定，不但未放松其高要价，显示出灵活性，反而采取了一种“油盐不进”的与中方僵持到底的谈判态度（关于美国对我复关谈判采取“拖延”战术的主要考虑笔者曾分别于1992年8月《国际内参》和1994年1月6日《参考清样》两篇报告中谈及）。现主要谈一下在目前形势下美欧提出高要价的主要目的。

首先，美国通过对我国复关高要价，从短期看，不仅可以在打开中国市场方面对我国保持压力，而且可以此作为施压“杠杆”，迫使我国按美方条件解决双边存在的贸易纠纷。在我国复关谈判后期阶段，美方一再宣称，关于中国复关的政治决定，美方早已做出，即中国应该成为总协定和世贸组织的一员，但这一加入进程必须建立在良好的商业基础之上。不难看出，美国试图趁我国加入总协定之际来解决其商业利益集团在进入我国市场方面过去、现在和将来所产生的一系列关切，以期弥补美方在过去十几年中，无论在进入我货物和服务业市场方面，相对落后于日本和欧盟诸成员所造成的损失，确保其未来进入中国市场的能力和安全。例如美国在我国农产品进口、动植物检疫、开放增值电信和金融服务业市场以及汽车产业政策方面的高要价就充分反映了美方这一打算。除此之外，美方还把我国复关时间表同中美双边经贸领域存在的如知识产权、贸易不平衡等问题的解决相挂钩。美国贸易代表坎特直言不讳地表示，如中方不能妥善解决美方对华在知识产权保护方面的关切，将直接影响到中国参加世贸组织的进程。

其次，美国政府对我国复关实行高要价，可在很大程度上缓冲其与国会在对华政策协调中出现的紧张关系。克林顿上台后，认识到中国在国际政治和经济舞台上所扮演的重要角色以及美国在华日益增长的巨大商业利益，在对华政策上逐渐采取了一种比较务实灵活的态度，并于1994年5月26日在屈从于美国在华各商业集团压力和牺牲美国会和国务院“人权派”和“反华派”利益的情况下，宣布人权与贸易脱钩，基本上解决了自1989年以来一年一度的中美最惠国待遇论战的问题。克林顿这一有悖于其总统竞选时对华政策基调的举动，在美国会引起一场轩然大波，招致许多国会议员的尖刻批评，有些议员（米彻尔和佩罗西）试图通过提出新的议案来推翻总统的行政声明。加之美国政府自1994年4月以来在执行其“特殊301条款”对华实施因知识产权保护不当的贸易报复方面采取了一再拖延的做法（从5月30日延至6月30日，再拖至12月31日，直到1995年初中美达成协议为止）。有些议员指责美国政府是在执行一项以牺牲美国经济安全利益来“调情”中国政府的软弱无力的对华政策。美国政府迫于国会的压力和反华势力的舆论攻势，面对中美双边关系中目前只有中国复关问题是美政府可以利用来向我国施压的有效手段，所以美国政府设法在我国复关谈判中采取了一种层层加码、“滚动式”要价的强硬做法。在美国政府看来，对我国复关态度越强硬，要价越高，其在我国复关问题上的贸易和政治利益越是万无一失，这是因为美方高要价一旦中方接受，这不仅可以为美商业集团争得一份可观的商业利益，而且也可以此安抚国会“人权派”和反华势力对政府政策的不平；如果美国高要价中方无法接受（甚至中方离开谈判桌），中国复关问题就会久拖不决，这样既可以此在双边问题上继续对华保持压力，也可以向国会显示政府对华政策的强硬姿态。而且中国暂时不复关，对美经贸利益丝毫无损，因为以往和现行的经贸利益，可以通过已有的中美双边贸易协定和两个备忘录来确保维持，中国复关对美国产生的利益可以继续通过双边谈判来获得。事实上在双边关系中对华施压可能比在总协定和世贸组织的多边场合更奏效。

第三，美国对我国复关高要价，反映出其对我国转型经贸体制的担忧，美国试图从我国内经济贸易决策和立法入手，形成严格的预防措施来确保其进入我国市场的安全与利益。在美国看来，中国经贸体制虽历经十几年的市场导向改革，各种私营经济成分也有所发展，但市场经济还处于发育和健全的初期，在所有制形式没有发生根本变革的情况下，行政命令和计划经济的因素在中国经济生活中依然发挥着核心作用。在这种特殊的经济转型过程中，“文字”上的市场准入改善承诺不等于现实的市场准入条件的改善。指令性计划、行政命令、国家定价、国营贸易、指定经营、外贸经营权的限制、产业政策国产化比例和外汇平衡要求、不同经济成分企业之间的不公平竞争和关税调节作用的弱化以及对内外资企业和自然人的商业行为实施非国民待遇等国内经济政策与立法，不仅将大大抵消中国在关税和非关税措施等市场准入方面所做出的让步与改善，而且会严重影响中国履行其多边贸易义务的能力。鉴此，美试图从治“本”入手，通过高要价来触及我国内立法和经济决策机制，从根本上确保我市场准入条件改善对美所产生的实际利益。

第四，美国通过对我国复关高要价，可以迫使台湾当局在入关条件上做出重大实质性让步，在海峡两岸之间形成一种“鹬蚌相争，渔翁得利”的局面。台湾为扩充其国际活动空间，及早挤进总协定，在其入关谈判中不仅实施了“弹性外交”、“务实外交”和“金钱外交”等一系列周旋活动，而且一开始就声称以发达经济身份入关，对总协定和美欧等发达国家的高要价实行迁就和一味让步的态度，甚至同意接受纯属发达经济之间的政府采购和民用航空器等诸边协议，并使其关税总体约束上限和减让幅度向发达国家看齐。台湾当局在其入关条件上的让步与出价一定程度上弱化了我国在复关谈判问题上所做出的已有让步和出价。美国利用我国对台湾抢先入关问题的敏感性和把台湾当局的让步和出价作为“参照物”来向我施压，甚至提出了比对台湾的要价有过之的高要价，并设法放慢台湾当局入关谈判节奏，以期稳住中国有充足的时间和耐性来考虑美方的要求。反过来再以此向台湾当局施加更大压力，索取更高的出价。美国这种极其恶劣的外交手腕，台湾当局入关谈判代表团已有所警觉，并在 1994 年底的谈判中对美方要价采取了较硬的立场，这将有利于触动美方放松对我国的高要价，客观地配合和推动我国复关谈判。

第五，冷战结束后，世界虽朝向多级化发展，但从区域集团化的兴起和重组的格局形势看，各“级”中起主导作用的仍是美欧日等西方主要发达国家（亚太是美日，北美是美加，欧盟是法德英）。而且美国正在通过主导亚太经合的发展走向来实施其在该地区的政治经济外交战略。在这一背景下，美国通过对我国复关高要价，不仅可以迫使我国在暂时不能进入世界多边贸易体制下，只能客观上服从美国的亚太战略设想全心投入到我唯一能够参与的亚太经济区域化合作中来，而且在我国复关谈判作为中美之间的一次重大的经济外交斗争中，美国通过与其他西方国家联手压我就范，可以充分显示美在冷战后的东西方关系中仍发挥主导作用。

第六，目前一些苏联东欧的转型经济国家正在申请加入世贸组织，加之长达4年之久的美日贸易谈判始终未能形成令美国人满意的结果，而且美日、美中贸易不平衡问题日益加剧。这使美充分认识到，在总协定向世贸组织过渡之际，须从一开始就把好“入门关”，杜绝任何世贸组织新成员坐享多边贸易体制利益而不相应承担义务的情况重演，避免“第二个日本”在亚洲出现。所以美国试图通过严格把好我国入关条件，既可以防止美中贸易关系发展成为类似当前棘手的美日贸易摩擦，又可以为今后俄罗斯、乌克兰和保加利亚等国家加入世贸组织树立一个样板，以起到“惩一儆百”的效应。

第七，美国对我国复关实行高要价，也反映出西方国家对我国经济贸易迅速增长的担忧，试图通过我复关谈判来确保避免不久的将来中国经济贸易实力对其国内市场的冲击。美国这一关切是基于近几年来美国对华贸易赤字的急剧增加，1994年已高达280亿美元（按美方统计）；在过去15年来，中国出口增长率是世界贸易平均增长水平的3倍，中国现已成为世界10大出口国之一，而且在今后5年中，中国机电产品出口将成为美国同类产品出口利益的直接竞争者，损及美国经贸利益；据估计，到2010年，中国综合经济实力将超过美、日、欧盟，成为世界经济第一大国。美国迫于上述现实和估计，为确保其未来经贸利益免受冲击，所以在我国议定书谈判中，同欧盟一道，坚持压我国接受选择性保障条款和一般保障条款。

最后，美国通过高要价，把我国复关谈判拖过1994年，这既可以使我国成为世贸组织创始成员资格的法律条件不复存在，又可以使美的高要价（超出总协定的世贸组织义务）在世贸组织取代总协定后得以合法合理化，让我国在“无关可复”的情况下把复关谈判转为加入世贸组织的谈判。后一种情况目前已成为事实，但前者虽说创始成员同一般成员在世贸组织的权利与义务并无任何差别，但创始成员资格对我国今后在多边贸易体制中妥善处理同香港、澳门和台湾的关系却具有特殊的意义。因为作为享有充分主权的大陆中央政府以一般成员的身份与作为我国两个特别行政区却具有创始成员资格的香港与澳门共同参加未来世贸组织各项多边活动，这一国际外交层面上无形中产生的尴尬和损失是不能不引起我国作长远考虑的。

此外，在我国复关谈判的后期阶段，美方采取强硬态度和高要价的另一考虑是，静观美国新一届国会对我国复关持何种态度。民主党国会中期选举败北正值我国1994年底复关谈判的关键时刻，美国民主党政府即将面对的是一个由共和党控制的国会，如因中国复关问题而使美国政府与国会在对华政策上发出第一个不合作信号，这对美国政府今后两年内与国会在协调对华关系方面无疑将投下阴影。

四、对我国“复关”谈判的几点建议

我国复关后期谈判目前陷入僵局，无疑是由于以美国为首的西方国家的高要价所致，但在我国通过郑重的政治决定宣布1994年底为结束我国复关实质性谈判最后期限的同时，我国代表团在一无新的谈判授权，二无多少灵活余地可显示情况下，如不出现任何大的转机，谈判陷入僵局似乎是一种必然的结局。高要价和无授权致使我国复关谈判异常艰苦，但我国代表团在克服了谈判过程中出现的一系列意想不到的困难同时，运用了灵活有效的谈判技巧并做出种种巨大努力，最终依然使我国复关谈判在1994年底取得了“非常实质性”进展，解决和基本解决了一些焦点性问题，如国营贸易、进出口许可证、外汇管理、价格管制、特殊贸易安排、技术性贸易壁垒等，遗留的问题有外贸经营权、出口补贴、国际收支措施、保障条款和反倾销与反补贴价格比较以及发展中国家地位等。根据复关谈判取得的已有成果和未决问题并结合当前形势，特提出以下几点建议：

1. 首先应从客观全面的角度重新认识我国复关的重大意义，中国及早复关利远大于弊这已是世人有目共睹的事实。由于中国9年复关谈判不仅涉及我国经贸体制的外部管理与内部协调体系，而且还触及到有关部门的现有利益，加之对我国复关整体利益与长远利益认识不足甚至缺乏客观性，各种忽左忽右的片面认识甚嚣尘上，诸如“中国经贸体制尚好，复不复关意义不大”、“不参加关贸中国经贸照样发展”、“中国复关就是在复美国人的关”、“复关意味着自杀”、“保护优于开放”以及“总协定万能”和“复关过早”等等。事实上，中国申请复关，全面参与世界多边贸易体制，使中国经济尽早同世界经济接轨，这是我国在审时度势，充分估计和分析国内外经济形势下于20世纪80年代中期自主做出的重大举措。在复关谈判的后期阶段，我国应排除各种片面认识和部门之见的干扰与影响，本着“统一认识、总揽全局和扎实工作”的精神，尽早制定出我国下一步谈判方案。

2. 为使我国复关谈判的务实与灵活态度落到实处，启动与促动谈判进展，我国应对主要西方的高要价采取“原则性强、方法要灵活、具体问题具体分析”的做法，也即实行“逐案处理”的方式。美国要价虽极其苛刻，超出我国经贸发展水平，但某些要价本身也反映了对我国经贸体制转型期间产生的一系列问题的合理关注，如发展中国家地位、外贸经营权的限制、进口管理的双重保护、非关税措施、低价竞销、企业间不公平竞争、地区间政策差异等；有些要价则属无理要求，如加入零关税和协调关税制、完全取消直接出口补贴、在实施收支平衡限制时不得使用数量限制等；另外一些要价连美、欧等发达国家自己也未做到，如给外资企业和外国服务与服务提供者以完全的国民待遇。对后两类要价我国没有给其谈判余地，但总协定和世贸组织有关给予发展中国家的特殊待遇，如海关估价、知识产权（专利5年过渡期）的问题，我国可提前做到，可缩短过渡期；如非关税措施取消时间表的问题，鉴于总协定在这方面的实践和世贸组织的有关规定（允许延期和展期），我国可对最终的156个税号的非关税措施提出取消时间表（如到期该项产业需继续保护，我国可提出申请延期），这不仅可对我国此类产业进行结构调整、技术改造和提高竞争能力保持压力，而且可以及早摆脱中国产业发展陷入的“落后——保护——落后——保护——长着胡子的婴儿”的怪圈。再如国营贸易中关税配额内非国营贸易企业经营、外贸经营权的适度放开、金融服务中外资银行的区域限制等都采取个案处理的做法。当然我国上述让步与灵活做法需同美国在零关税与协调税制、企业的国民待遇和服务业市场开放以及国际收支条款等方面的高要价挂钩，以期换得对方对其高要价的松动。

3. 鉴于目前谈判陷入僵局，在美国等主要西方国家未调整其高要价以前，我国在充分把握形势发展走向的情况下，暂采取“冷一段”策略。这样一则可以有充足的时间做好国内各部门的协调工作，对我国已有出价作一次全面评估；二则可以迫使美欧重新考虑其要价的可行性，并做出相应调整。同时，我国应与一些重要的发展中国家继续进行市场准入的双边磋商，这不仅可以维持我国复关谈判总体进程的连续性，而且也可对美欧日澳等发达国家保持一定的压力。但是，考虑到我复关谈判的特殊性与紧迫性，特别是台湾入关和我国纺织品出口利益这两个现实问题，“冷一段”不宜“冷”的时间太长，时间长了，要解“冻”并非易事。我国应善于掌握多边和双边关系发展中出现的契机，及时启动谈判。

4. 我国于经济转型期间制定一系列宏观调控措施和产业政策以及贸易管理条例，应在充分考虑我国特殊国情的同时，还要严格遵照国际规范和国际惯例以及世界多边贸易体制运行的规则。这不单单是为了我国复关谈判，更重要的是使我国经贸决策建立在客观和科学的基础上，而不受部门利益所左右。这样的决策程序既可有效地推动中国经济与世界经济接轨的进程，又可以为我国今后一系列的多双边经贸谈判中减少不必要的难题。

5. 鉴于当前国家间经济外交的重要性和美欧对我国复关的经济考虑远大于政治考虑，注意到复关谈判中美欧等主要西方国家关切的是现实的商业利益，而非法律条文的措辞，我国在开拓和发展双边经贸关系时应采取统筹兼顾、彼此呼应的策略，使我国在双边贸易问题上所做出的努力和让步能有效地配合我国重大的多边外交斗争，而不致孤立进行，并通过各种途径作好美欧日工商企业界的工作，使之逐渐认识到中国及早复关，对稳定中美经贸关系和其在华经贸利益所产生的积极影响，适当放低政治宣传的基调。

此外，考虑到美国贸易代表办（USTR，直接负责我国复关谈判）过去和现在在对华经贸政策和对我复关谈判所持的消极态度以及在美国对华新决策层中所起的有限作用，我国在今后中美双边经贸高层交往中，应多做美国总统经济顾问、经济政策特别助理以及国家经济委员会和国务院的工作，打破美贸易代表办在我国复关问题上一家独揽的局面，这非常有助于美国政府从客观全面和战略高度调整与制定对我国复关谈判的立场和政策。

本章注释：

①本文最早以题为《区域集团化对贸易的影响》发表于 1989 年 11 月 22 日《人民日报》国际版（专论），后全文发表于 1990 年 5 月的《国际贸易论坛》，并全文转载于《中国经贸论文集》（第四辑）。

②本文系笔者于 1995 年 2 月为“中办”所作，后全文发表于 1995 年 4 月的新华社《国际内参》。

⑧本文全文发表于 1994 年 12 月 25 日的《人民日报》国际版（专论）。

④本文第一稿以题为《试析酝酿中的新“国际贸易组”》发表于 1990 年 5 月的《瞭望》周刊第 22 期，后经全面修改以现名发表于 1995 年 7 月《对外经贸大学学报》。

⑤本文以题为《美欧对我复关高要价及其目标》发表于 1995 年 2 月 26 日的新华社《国际内参》。

第十五章　区域经济一体化的理论概述

第一节　“经济一体化”思想的起源

经济一体化的概念最早是由对产业组织进行研究的经济学家提出的，主要是指那些通过协定、卡特尔、康采恩、托拉斯、合并等形式将竞争者结合成的经济联合体，即水平一体化，或指供给者和消费者结合形成的垂直一体化。这一定义仅涉及到微观方面，只是表示出将各个部分经济体结合为一个整体的生产合作现象，尚不同于当代的国际经济一体化的概念。根据美国经济学家麦彻洛普对1930～1942年的世界经济文献研究表明，尽管不能确定更早便已存在国际经济一体化的概念，但完全可以肯定这一概念至迟也远在 1942 年之前 10 年就已经出现了。

正如麦彻洛普在《经济一体化的历史思考》的第一章所述：“我对最初使用者的搜寻就如同一本侦探小说一样”，终于在瑞典经济学家赫克歇尔 1931 年所著的《重商主义》一书瑞典版中发现“经济一体化”的新含义，并且不是转引自其他什么文献。赫克歇尔提出“政策一体化”的概念，并加以诠释道：“重商主义就像一个联合的体系试图去推翻经济的分散化”。这同我们当今所讨论的国际经济一体化的概念是很接近的。

此后，由韦伯主编的一套丛书中，还收录了盖蒂克和冯尤恩在 1933 年写的一篇题为《欧洲生产和经济一体化》的论文。该文主要是考察欧洲国家间互相交织的贸易，并利用统计方法测算欧洲经济一体化的程度，即欧洲国家间经济的相关程度。到现在，这种方法仍被研究国际经济一体化的学者广泛采用。而不少西方与中国学者所引以为据的希尔格特于 1942 年出版的《全球贸易网络》一书，则是第一本研究全球经济一体化的著作，而并非最早提出国际经济一体化概念的文献。

官方正式使用国际经济一体化的概念则是在第二次世界大战之后的 1947 年。

当时美国三位经济学家范克里夫兰、摩尔和金德尔伯格在向时任美国政策规划参谋部主任凯南呈递的报告中，曾呼吁要“协调欧洲复兴计划以通往强大的和经济一体化的欧洲。”随后，“一体化”一词频繁出现在高官会议的备忘录和演讲中。据一位记者统计，美国经济合作署署长霍夫曼在欧洲经济合作组织（OEEC）发表的一次仅约 5000 字的演讲，竟 50 次使用了“一体化”一词，可见他极力主张加快欧洲经济一体化的迫切心情。也是霍夫曼，在 1949 年的官方声明中首次对“一体化”做出了更为明确的界定，宣称：“一体化就是形成单一大市场”，并指出，“在这一市场中，商品流通的数量限制、支付流通的货币障碍、甚至所有的壁垒最终都将消除。”

第二节 区域经济一体化理论的形成与发展

区域经济一体化理论是在第二次世界大战以后才成为国际经济学的一个新的研究领域。其研究的重点在于关税同盟对资源配置效果引起的影响。1950 年维纳系统地整理了关税同盟理论。这一理论给区域经济一体化理论的发展提供了重要的基础。上世纪 50 年代的经济理论对经济一体化现象，如贸易、货币、财政、分配等许多问题没有做综合性的分析，到了 60 年代以后，出现了经济一体化的综合性的效果分析。以维纳的贸易创造和贸易转移效果为基础，不仅在关税同盟引起的生产效果方面，而且在消费效果和贸易条件引起的效果分析上广泛地进行研究。以 1957 年的罗马条约为起点，不仅在经济一体化的静态效果分析，而且动态效果的分析也受到重视，其结果是确立了一个大市场理论。区域经济一体化的动态效果在上世纪 60 年代以后促进了发展中国家的经济一体化的形成，区域经济一体化成为工业化政策的一个手段。到了 80 年代中期以后，欧盟发表的《1992 年计划及德洛报告》，以及美国对关贸总协定的失望，转而寻求属于它的区域经济一体化组织，这些使许多有关经济一体化的研究得到了发展。事实上，经济一体化的中心地一直在欧洲，欧盟是唯一成功的区域经济一体化的代名词。所有的理论都以欧盟作为模型，而且现实也支持了这些理论。另一方面，美国改变一向坚持的多边主义政策，转为多边主义跟区域主义共同采取的所谓二重政策（two-track policy），给经济一体化理论提供了新的启示。区域经济一体化已经成为国际关注的焦点，多边和区域之间各种关系成了上世纪 90 年代中期特别是

WTO 正式成立后国际经济中重要的争论点。

这样，总结上世纪 80 年代中期以来的理论发展，区域经济一体化研究的主要成果，表现在以下三个方面。

第一，随着经济一体化形式的多样化和发展，摸索新的模型，测定其效果的方法也越来越复杂，假定的前提更为接近现实。例如，欧盟《1992 年计划》的宗旨是消除物理性、技术性和关税性壁垒，并具体列举了将近 300 条措施，到 1992 年底基本完成大部分措施。包括切基尼（Ceccheni）报告书的许多研究，都在测定各部门贸易壁垒的消除和采取共同规定所带来的经济效果。这不仅是在宏观的成果方面，还包括微观的和制度上的成果。另一个例子是北美自由贸易区。虽然北美自由贸易区包含了大量 1989 年美加自由贸易协定的内容，但是北美自由贸易区具有与其他自由贸易区不同的特征。除了它是发展中国家和发达国家之间成立的最早的自由贸易区之外，还包括了服务贸易自由化的内容。

第二，欧盟分阶段地促进成员国之间的经济、市场的一体化。经济一体化理论不同于上世纪 50 年代的一般理论，它引用了其他领域的研究成果，表现出试图用各种理论接近的倾向。研究最多的领域是货币一体化（monetary integration）理论的发展。从上世纪 80 年代中期开始研讨的德洛尔报告，经过 1993 年的欧洲联合条约而具有可能性。以欧盟这个实体为研究中心，非常现实地开展理论研究。以金融、通货理论为基础的这些经济一体化理论的前提就是欧盟的目标。为具有与一个国家相等的金融、货币体制、统一货币的实行、中央银行制度的设立及固定汇率制度的确立等构成理论核心。此外，欧盟的市场一体化继续发展，将会促进其成长，但也有可能导致其利益在成员之间分配不均匀。另外，随着经济一体化的国际分工的深化带来的成长效果测定方面的研究，也重新受到重视。这种理论除了研究动态性效果以外，还要阐明为什么国家间的相互让步比一个国家的单方面开放政策更具优势。

第三，最近出现的所谓新区域主义的主要重点在区域主义和多边主义对国际福利的关心。如前所述，美国的二重政策只是实现国家利益的手段。与欧盟的实现欧洲统一的政治、经济目标相比，美国只是在扩大的角度上促进北美自由贸易区的发展。1996 年美国除了促进全美自由贸易区（FTAA）继续进行政府间会议之外，还要在亚太经济合作内实现贸易投资自由化。另一方面，一直以区域内市场一体化及成员扩大为主的欧盟，似乎把自由贸易区的形成作为一项对外政策。

它已经向地中海沿岸诸国、美国及拉丁美洲诸国提出类似的邀请。1996 年 3 月在曼谷首次亚欧首脑会议（ASEM）上，主要议题也是加强两个地区间的经济合作。区域经济一体化出现了新的局面，理论上再次面临的问题是区域主义跟国际主义的关系是相互替代还是互相补充？经济一体化是区域主义，理所当然具有排他性，但是积极的区域主义有可能成为实现国际主义的实质性手段。这个争论的答案在于经济一体化自身的性质，即这些经济一体化组织的对外政策是保护主义还是积极参加国际贸易自由化。这一争论的结果形成了诸多观点，有的认为 WTO 与区域经济一体化推动全球贸易自由化进程中的关系是相互替代的，有的认为是相互补充的，还有的认为是替代大于互补或互补大于替代，而笔者经过多年跟踪研究 WTO 与区域经济一体化的关系发展历程，并于 1996 年形成了本书所提出的“互补性竞争”的观点。这一观点已被联合国贸发会议以及发达国家和发展中国家政府与经济界所广泛认可。而且 10 年来的 WTO 与区域经济一体化关系的发展实践也支持这一观点的客观性、规律性。

第三节　区域经济一体化的理论内容

区域经济一体化理论主要有关税同盟理论、大市场规模效益理论、协议性国际分工原理、国家需要理论以及 WTO 的“实质上所有贸易”理论和“互补性竞争”理论和区域金融一体化等。

一、关税同盟理论

关税同盟理论是区域经济一体化的主要理论基础。该理论认为，关税同盟建立后，可以产生贸易创造和贸易转移两种静态效应。贸易创造效应指关税同盟建立后，由于成员之间取消关税，一国原来由本国生产的成本高的某些产品，改由生产成本低的成员进口，因而可以把原来生产成本高的资源转向成本低的产品生产，该国可以获得贸易利益。贸易转移效应指关税同盟建立后，由于成员之间取消关税和实行对外共同关税，一成员与非成员之间的价格较低的进口贸易会被成员之间的价格较高的进口贸易所替代，从而减少该国的贸易利益。关税同盟除了上述静态效应外，还会产生规模经济、竞争强化和投资扩大等动态经济效应。

二、大市场规模效益理论

大市场规模效益理论是论证共同市场的动态理论，其主要观点是：以前各国之间推行狭隘的只顾本国利益的贸易保护政策，把市场分得过于细小而缺乏弹性，因而只能提供狭窄的市场，无法实现规模经济和大批量生产的利益。共同市场的目的就是把那些被保护主义肢解得分散孤立的小市场统一起来，结成大市场，通过大市场内部的激烈竞争，实现大批量生产的规模动态利益。该理论的核心有两点：第一，建立大市场的目标是通过扩大市场以获得规模经济，从而实现经济利益；第二，依靠因市场扩大化而竞争激化的经济条件，实现上述目的。

三、协议性国际分工原理

日本教授小岛清在考察了经济共同体内部分工的理论基础后，在其著作《对外贸易论》中提出了在共同体内实行协议性国际分工的新理论。他认为，光靠作为竞争原理的比较优势原理不可能完全实现规模经济的好处。他从成本长期递减来寻找国际分工的动因，认为经济一体化的目的就是要通过大市场化来实现规模经济，从而达到成本长期递减的目的；共同市场必须在同等发展阶段的国家之间建立，而不能在工业国与初级产品生产国之间建立；在发达工业国家之间，可以进行协议性分工的商品范围比较广，因而利益也比较大；在生活水平和文化等互相接近的地区，并且容易保证相互需求的均等增长。

四、国家需要理论

该理论认为：第一，在国际社会中，任何国家都要捍卫或增进本国的经济利益。这种愿望和追求可以概括为三种经济需要：经济安全需要（最低层次）、经济实力和竞争力需要（较高层次）、经济霸权需要（最高层次）。第二，一国通过经济一体化可以更好地实现和满足自身的经济需要。因此，该理论认为：经济一体化形成和发展的内在动因是经济安全、经济实力和竞争力、经济霸权等三个层次的经济需要；如果世界经济环境变化增强了各国的经济需要或提高了它们经济需要的层次，经济一体化就会走向高潮，否则就会走向低落；经济一体化形成后能否巩固和发展，取决于成员经济需要的层次和经济需要得到满足的程度。

五、WTO“实质上所有贸易”理论（详见本书有关章节的内容）

六、互补性竞争理论（详见本书有关这一理论的阐述）

七、区域金融货币一体化的理论

主权货币与国际流通货币之间的矛盾，伴随国际市场，国际贸易和国际合作的发展而日益突出。探索和创建一种在全球范围内广泛认可、流通和结算的货币的努力自16世纪中叶就开始了。从1588年达万则堤的“全球货币”，到法国大革命时期帕里克的“国际货币”，再到战后凯恩斯的“班柯”（Bancor）和怀特的“尤尼塔斯”（Unitas）以及特里芬的“货币金”（即“文明金本位”或“特别提款权本位”，SDR）。系统阐述区域金融货币一体化理论的是美国金融理论家与实践家罗伯特·特里芬。特氏认为人类要创建一种全球自由流通的“货币金”，必须面对主权国家和主权货币盛行的现实，先从区域金融货币合作一步步做起，形成构建全球货币的区域货币板块。要实现这一目标的具体做法则是通过签订“集体协议”，加强区域经济货币合作，实行多边支付，并以此为基础最终达到国际货币经济一体化。特氏认为，国家主权作为一个在相互依存的世界里进行政策决策，行使行政管理框架的不充分性，而金融货币领域的合作对这种“不充分性”是一个有力补充。1960年，他在对当时新兴的欧共体发展前景进行分析的基础上，集中探讨了进行国际合作的途径，认为这种合作必须首先依靠那些利益密切相关的“同心国”组成的区域性集团。这种“同心国”之间的合作比更广的全球性合作要实际得多，有效得多。他们之间达成这种紧密的地区性协议对在世界范围内可以达成的相对比较松散的协议是一个有用的补充和支持。在一定良好的条件下，它可以为参与国之间达到经济和货币主权的完全合并扫清障碍①。

在特里芬之后，特别是近20年间，36个国家和地区爆发了40多次金融货币危机，1997年的亚洲金融危机的爆发，更激发了经济、金融领域呼吁国际、区域货币合作的热情，区域货币协调合作安排和区域货币一体化趋势加强。一大批经济学家，如蒙代尔、麦金农、库珀、瑞哈特、弗兰科尔和滨田宏一等，纷纷对国际和区域货币合作从动因、成本－收益等方面进行研究探索，提出了“政策与市场溢出效应”、“多赢博弈”和“最佳货币区”等一系列区域金融货币一体化的理论和模型。

第四节　关税同盟理论的局限及有待研究的课题

如前所述，区域经济一体化理论应当超过简单的关税同盟的范围，成为研究所有形态的区域经济一体化组织的普遍理论。它以研究两个以上国家或地区之间形成的区域经济圈的经济效果为中心。所以经济一体化理论的中心课题是两个以上的国家或地区形成区域经济一体化组织时，对其成员的资源配置、规模经济、贸易条件、要素的生产性、甚至经济增长、经济稳定以及对收入分配引起的效果等的分析。至今为止的这些研究课题主要在关税同盟理论领域里研究，关税同盟理论从比较经济学的角度上，集中研究由关税同盟引起的资源配置的效果，最近的研究主要是对规模经济效果以及贸易条件改善效果的理论分析。但是，今天的区域经济一体化已经超过了关税同盟。比如，欧盟通过实现成员间的经济政策的协调和各部门的共同政策，已实现了向经济、货币联盟的发展。用简单的关税同盟理论不能充分地说明这些新的经济一体化的合作实践。当区域经济一体化组织形式为关税同盟的阶段时，在关税论的角度上分析差别关税引起的经济效果，在一定程度上可以掌握区域经济一体化的经济效果。但是，今天的区域经济一体化包含许多不能用简单的差别关税的效果分析能说明的关税以外的原因。因而，今天的区域经济一体化已经超过了关税理论的研究范围。由于共同市场内生产要素的自由流动会影响生产要素的生产率变化，而且生产要素的生产率变化又会改变当事国比较优势条件和特定结构，因此经济联盟的成员之间的经济政策的调整不仅在关税方面，还在消除诸如非关税壁垒的措施，在生产、流通、消费、投资等许多方面促进共同经济区域的形成。如此看来，区域经济一体化理论的新课题是重新分析和整理以前在关税同盟理论从没涉及到的许多宏观经济的效果。特别是在当今世界中区域经济一体化会诱发国际分工结构以及相对优势结构的变化，还会伴随国际政治、经济关系、国际市场结构及市场秩序的变化，对此的经济效果分析将成为区域经济一体化理论的重要课题。区域经济一体化理论应从单纯对传统的关税理论或者关税同盟理论的研究，转向与国际经济学相关的全部内容的广泛研究。

作为经济一体化理论的课题，还要强调的一点是，有必要研究由于经济一体化引起的二元国际分工关系以及与经济全球化和国际化相关的国际经济关系的变化情况，由于区域经济一体化中二元国际分工关系的形成和由此引起的国际市场秩序的变化因素，我们不仅要对区域经济一体化组织的制度方面，而且要对区域经济一体化的功能方面展开研究。一般来说，区域经济一体化是通过政府间制定协议实现的。但是，如果经济国际化集中在一个特定的地区，也会出现实际上的区域经济一体化，在这种情况下，虽然没有政府间协议，也会像政府间达成协议的区域经济一体化组织一样，导致区域内外分工关系以及市场秩序的新变化。所以区域经济一体化不仅是指制度的一体化，有时也可能是指功能的一体化。

最后，经济一体化理论的概念和条件也需要更好地阐明。根据古典的分类方法和 1994 年关贸总协定第 24 条的定义，经济一体化是指自由贸易区以上的组织形式，例如关税同盟、共同市场及经济联盟等。随着国际贸易的自由化趋势，关税和非关税壁垒等边境措施的影响会越来越小。所以经济一体化理论只研究这方面的内容不仅不现实，而且不可能像国际贸易理论那样具有独立的研究领域。所以有必要在现代的意义上整理并归纳经济一体化理论。此外，还要研究具备哪些条件的国家或地区之间可以成立区域经济一体化组织。根据国际经济理论，扩大市场必定伴随利益，但这只是必要条件，不是充分条件。经济一体化理论应该能说明那些区域经济一体化失败的原因。当然也有非经济性原因，但是有必要从经济角度更为广泛地进行研究。

第五节　经济一体化思想的理论归纳

经济一体化理论内容广泛，并随着世界经济的发展而发展，在国际经济学界至今尚无被普遍接受的定义。目前较为流行的一种定义是：将两个或两个以上分立的国民经济体结合为一个范围更大的经济集团的状态或过程。通过对西方经济学家有关国际经济一体化理论的分析，笔者认为可以从组成经济一体化的国家类型、形成经济一体化的动力机制以及一体化的程度等三个方面对经济一体化思想进行归纳。

第一，根据组成经济一体化组织国家或地区的经济结构，有人将其划分为互补型经济结构一体化与竞争型经济结构一体化。具有互补型经济结构的国家组建的经济一体化组织，主要按照“赫－俄”原理（H－O）所确立的生产要素禀赋差异形成垂直分工；同时由于资本禀赋的差异，容易引起资本从丰裕国或地区向相对贫乏的国家或地区流动，而这种资本流动的单向性，不易促使成员建立货币金融合作机构。具有竞争型经济结构的国家或地区，处于相似的经济发展阶段，通常根据规模经济和产品差异化的原则形成水平分工，并且较易达成货币金融合作的协议。

第二，从形成经济一体化的动力机制来看，有人将其分为市场导向一体化和制度导向一体化两种类型（这种把市场规律与制度因素分离的分析，有些形而上学）。市场导向经济一体化是以经济活动本身自发形成的高度密切联系为基础，而不是依赖于协定或组织所导致的若干国家或地区经济的融合。它有如下三个特征：其一，为寻找有利的投资场所和克服贸易壁垒的资本，特别是直接投资的跨国流动，推动了地区经济一体化；其二，市场导向经济一体化在各国边界和沿海地区表现最为明显，因为跨国公司可以利用低运输成本和其他的成本差异以抵消贸易障碍带来的损失；其三，市场导向经济一体化多以单边自由化为基础，而不依赖于地区内国家间的谈判。

制度导向经济一体化是以一定的国际协定和组织形式为框架的一体化。在经济一体化进程中，各成员达成某种形式的协定或条约，制定明确的一体化目标和阶段性建设方案，并且设置了相应的行政机构以行使立法和监督的权力。市场导向一体化和制度导向一体化是经济一体化的两个层面。市场导向一体化反映了经济一体化的实质性内容，它是各国或地区市场经济自发的内在要求，但这种力量支配下的国家或地区间的经济交往活动是不稳定的；而制度安排则将这种国际经济关系以某种特定的形式予以固定化。可见，当市场导向一体化发展到一定阶段时，比如要求建立制度性一体化予以保障，并为促进市场导向经济一体化向深度发展提供了条件。

第三，从经济一体化程度的不同来划分，又有人分为“浅度”一体化和“深度”一体化（这一分析只要定义清楚似乎也没有多少意义）。“浅度”一体化主要通过商品和劳务贸易的自由流动表现出来。“深度”一体化则延伸到商品、服务的生产和国际资本的自由流动，以及由此引起的有形贸易和服务贸易的增长。优惠贸易安排、自由贸易区、关税同盟等三种形式的经济一体化组织，由于成员之间共同调节的主要是商品市场，以消除彼此间的边境贸易壁垒，扩大内部市场，并借此加强市场机制和竞争机制在内部市场的作用，因而属于“浅度”一体化的范畴。经济共同体和共同市场除允许商品自由流动之外，资本、服务、人员和技术均可不受阻碍地在成员间自由流动，各种生产要素可以在区域内进行最优组合，大大加强了生产过程的一体化趋势；而经济与货币联盟则进一步要求实现不可逆转的固定汇率和统一各成员货币，并通过共同机构对货币和财政等经济政策进行统一协调，直到最后建立超国家机构，在经济领域推行趋向一致的经济政策，使各成员成为一体化区域内的各个分区，形成完全的经济一体化。尽管完全的经济一体化不具有现实意义，但从理论上看，经济共同体和共同市场以及经济与货币联盟等形式均是“深度”一体化。

第六节　经济一体化理论的新发展

传统经济一体化理论最早的现实基础是建立于19世纪的德意志关税同盟。第二次世界大战后建立的绝大多数国际经济一体化集团，无论是欧盟（EU）还是北美自由贸易区（NAFTA），所强调的皆为区域内部的经济协调和发展，具有一定的封闭性和对外歧视性，因而造成经济一体化内部的经济融合和福利增长高于区外，是具有一定封闭性和排他性的地区主义，曾一度引起关贸总协定和WTO的广泛关注。亚太经济合作组织虽然还不是一个严格意义的区域经济一体化组织，但其成立之初就强调不搞封闭性地区主义，这样便突破了传统经济一体化理论和以往地区经济合作的传统模式，既不同于自由贸易区和关税同盟，也不同于经济与货币联盟，当然这与亚太经济合作组织自身是一个论坛性组织有很大关系。1991年亚太经济合作组织在曼谷部长级会议上，首次联合声明在自由贸易原则下，亚太经济合作组织应成为开放性地区主义的榜样，但声明对开放地区主义的含义及实现方式未做出具体阐述。1992年在汉城召开的第三次部长级会议上，正式提出了开放性地区主义的概念，以支持全球多边贸易自由化的发展，并在1994年亚太经合名人小组的第二个报告中对其进行了阐述，到1995年大阪会议则将非歧视性条款列入行动议程，更强化了开放性地区主义作为亚太地区经济合作原则的作用。实际上，开放性地区主义作为亚太地区经济合作的构想在上世纪70年代末就已提出了。1979年7月，美国国会发表了《关于建立亚洲太平洋地区经济组织的研究报告》，该报告认为“坚持开放性的国际经济秩序中，维护美国的领导作用，对美国有重大利害关系”，“亚太各国之间的贸易、投资和金融方面需保持和扩大开放性和竞争性的关系”，因此不主张“建立性质类似欧共体的太平洋自由贸易区”。与此同时，日本环太平洋合作研究小组先后于1979年11月和1980年5月提出了《环太平洋合作构想中间报告》和《最后报告》，指出环太平洋合作的“发展方向首先是建立一个为了共同的目标而结合起来的开放性的合作”，“它是面向世界的开放性地区主义，而决不是排他性的关门主义”。尽管早已有了这些构想，但对其进行系统比较和理论化则至今仍未完成。

澳大利亚经济学家德赖斯代尔是研究亚太地区经济合作的先驱之一，他在1988年出版的《国际经济多元论——东亚及太平洋地区的经济政策》一书中对亚太地区的经济合作模式做了开创性的研究，他的一个中心论点是认为“保证经济政策上的努力用于维持一个开放的、非歧视性的贸易和经济体制，是东亚和西太平洋国家利益之所系。”亚太经合建立后，越来越多的学者对开放性地区主义的构想表示关注。亚太经合名人小组主席、美国经济学家伯格斯滕在比较了众多的定义之后认为，“追求地区性目标的同时，在世贸组织（WTO）的框架内，继续推行单边自由化并参与多边贸易谈判来对世界其他国家削减贸易壁垒，同步实现地区内和全球自由化”，是开放性地区主义较准确的定义。这一比较客观准确的定义，应该说是“互补性竞争”理论在国家经济实践中的成功运用。

亚太地区经济合作的实践正在进行之中，就目前发展的情况看，它从三个方面对传统理论提出了挑战。第一，就经济合作模式看，亚太地区推行开放性地区主义应该说是对关贸总协定（世贸组织）第24条规定的秉承和遵守，是对非歧视性原则的回归。它不一定采取签订条约的方式来消除壁垒，不走对成员优惠、对非成员歧视的道路，而是把在内部行之有效的贸易自由化方案如信息技术协议（ITA）成功地提供给WTO，并使多边化，因此不会影响成员与外部的经济联系。第二，就经济合作利益的来源看，由于采用非歧视性的方式消除壁垒，不会引起现存贸易的转移，不会使非成员付出不必要的代价，那么瓦伊纳提出的将贸易创造所得和贸易转移所失进行比较分析的方法就需要修正。这样，亚太地区经济合作在取得贸易创造利益的同时，几乎不会产生贸易转移效应，从而增加全世界的经济福利。第三，亚太经合关于建立贸易投资自由化、便利化和部门优先自由化以及成员间经济技术合作的目标，涉及到“浅”度一体化与“深”度一体化两种类型和优惠贸易安排、自由贸易区、关税同盟与共同市场等四种形式一体化组织的内容。特别是东亚金融危机对亚太经合组织的众多成员造成了巨大的损害，很可能促使亚太经合组织在货币金融合作等宏观经济政策的协调方面做出一些安排，这实际上还要借鉴经济与货币联盟的有关措施。事实上，在金融货币合作领域，自 1998 年以来，亚洲地区已迈出了可喜的步伐。由此可以看出，亚太经合组织很难归入传统理论的某种类型，它的发展必将引起经济一体化理论的创新。但是，亚太经合这种论坛性、开放性的区域经济一体化合作方式，能否继续取得实质性成果，并走向规范的区域经济一体化的新阶段，还有待于进一步观察。

本章注释：

陈岱孙，厉以宁：《国际金融学说史》，1991 年，中国金融出版社，第 575 ~ 579 页。

第十六章　新一轮区域经济一体化浪潮兴起的特点及其动因

第一节　新一轮区域经济一体化浪潮兴起的背景

20 世纪 90 年代末期，全球区域经济一体化出现了迅速发展的态势，掀起了第四轮浪潮，即新一轮区域经济一体化浪潮，并一直延续至今。应该说冷战结束以来全球范围内市场化改革趋势，当时乌拉圭回合谈判前景扑朔迷离、亚洲金融危机、单边主义的盛兴、新贸易保护主义的抬头以及全球化的深入发展等因素是此次区域经济一体化浪潮兴起的重要背景。

一、东欧、中国及新兴经济体市场经济的初步建立

新一轮区域经济一体化浪潮兴起的一个背景是，发展市场经济成为各国经贸联系的共同基础。从全球范围内看，随着东欧剧变和苏联解体，中亚、中东欧等国家开始了由计划经济向市场经济的体制转型；发展中国家通过对战后经济发展经验的反思，开始了由国家动员和配置资源以启动发展的体制转向了以市场为基础的体制改革；即使是发达的市场经济国家，为赢得全球竞争优势，也开始对各自长期实施的市场管制、干预和保护体制进行体制结构调整。作为全球最大的发展中国家，改革开放 25 年来，中国在建立市场经济体制方面所取得的进展有目共睹。2001 年中国市场经济发展程度已达 69%，超过世界市场经济 60% 的临界水平。中国经济自由化指数排名均领先于俄罗斯。[①]可以说，正由于世界各国对发展市场经济、加快市场化改革达成了广泛的共识，区域经济一体化才可能得以顺利发展。

二、多边贸易谈判前景的不可预测性

1994 年 4 月，历时 8 年的乌拉圭回合终于在摩洛哥的马拉喀什结束。乌拉圭回合旷日持久，原定谈判日程一拖再拖，昭示着关贸总协定（GATT）多边贸易

谈判的艰难和曲折。无独有偶，2001 年 11 月，在多哈发起的 WTO 首轮多边回合谈判，即多哈发展回合，也同样步履维艰，及至 2005 年，多哈回合谈判虽然显露出了一丝胜利的曙光，但连续两轮多边贸易谈判前景的不可预测性和不可预期性使多边贸易体制正面临边缘化的威胁，客观上为更多的双边和区域性贸易协议取代多边贸易协定提供了发展空间和机遇。因为在国际贸易中，区域经济一体化是典型的实用主义，而 WTO 则有相当的理想与协调主义色彩。与 WTO 148 个成员谈判相比，自由贸易协议（FTA）的谈判要容易得多，针对性和灵活性也更强，而且可以避开 WTO 谈判中无法回避的难题，容易取得互补双赢效果。因此，在 WTO 多边贸易体制推行出现暂时困难的情况下，着手启动区域经济一体化战略便成为各国和地区参与全球经济竞争的又一选择。在 2003 年 9 月坎昆会议之前，美国就曾声称，“如果坎昆会议失败，美国可能会舍弃 WTO 提供的多边谈判框架，自行同其他国家缔结双边或地区自由贸易协定”。[②]美国的这一表态和当前区域经济一体化的发展趋势不谋而合。

三、亚洲金融危机的深刻影响

1997 年的亚洲金融危机爆发后，由于东亚地区缺乏一个区域经济一体化组织，各国难以采取统一的行动共同对付危机，甚至一些以邻为壑的不当措施进一步加剧了危机。亚洲金融危机使得东亚国家看到，过度金融投机带来的金融风险是任何单个国家都难以防范和抗拒的，多边组织如国际货币基金组织并不总是万能和友善的，所以需要加强地区经济合作，以增强应对危机、促进经济增长的能力。金融危机后东盟各国的经济表现差强人意，东亚经济重心进一步北移，东盟经济的表现不如中、日、韩三国。东亚地区的经济合作，在东亚地区经济重心北移的情况下不考虑中、日、韩的加盟是不合道理的。东盟国家出于对地区经济安全的考虑，对超出东盟范围的经济合作逐渐采取了越来越积极开放的态度。由此，一方面东亚地区经济合作进程加快，出现了“10 + 3”模式和“10 + 1”模式；另一方面，以金融合作为主要内容的亚洲货币互换机制得以确立，其目的是为了应对紧急情况下外汇资金流动性困难。

四、单边主义的滥用

和平与发展依然是当代世界经济中的两大主题，在维护世界和平和促进共同发展方面，现有的以国际组织、多边协定、非政府组织和地区组织构成的国际体系，长期以来一直是维护世界和平的基础。但冷战后形成的“一霸多强”的以“单边主义”为主要特征的国际关系格局，使和平的国际环境存在着诸多的不确定性。“9·11”事件之后，反对国际恐怖主义成为一项主要议题，使全球多极化发展，加强国际经贸合作出现了新的转机。在促进全球发展方面，冷战结束后，旧的国际经济秩序已明显不适应全球化发展的需要。要重建国际经济新秩序，就必须建立全球权利和义务相平衡的约束机制（制约以实力替代规则和不遵守规则等问题），就必须确定危机发生时的全球调整责任和解决机制（全球预防危机的政策协调等问题），就必须管理和协调全球化发展中的不平衡、不稳定增长问题（全球的宏观调控），就必须建立促进发展和保护弱者利益的再调节机制等问题。这就需要建立一套新的经济协调体系。如果这些问题得不到及早解决，一旦各种矛盾交织激化到一定程度，全球化进程仍可能会出现逆转和倒退。所以说，面对单边主义和先发制人的大国独霸行为的泛滥，通过加强地区内的区域经济一体化，实现互利共赢，增加地区的政治凝聚力，就不失为一种缓冲外来政治压力的保护层。

五、经济全球化深入发展

区域经济一体化浪潮是在经济全球化的背景下发展的，它是最终实现世界经济一体化的具体步骤和途径，是世界经济一体化的有机组成部分。它在政府干预和组织下，提高区域经济一体化内部国家经济和政策的相互依存度，两者的方向是一致的。20 世纪 90 年代以来经济全球化的发展步伐尤其迅速，呈现出以下一系列新形态：（1）贸易全球化。贸易自由化几乎成为所有国家为之努力的行为规则。由于每个国家几乎都加入到世界经济体系中，并从对外开放，尤其是贸易自由化中得到利益；使它们在 20 世纪 90 年代纷纷加入到贸易自由化体系中去。1995 年 1 月 1 日世界贸易组织（WTO）正式运转，标志着一个以贸易自由化为中心，囊括当今世界经济各领域的多边贸易体制构筑起来，这大大促进了国际贸易的发展。（2）跨国公司迅速发展。目前，总数已达 6.4 万多国家的跨国公司及其遍布全球的数十万个子公司和附属企业，形成了一个庞大的全球生产和销售体系。当前引人注目的是，跨国公司近年来经营战略上走兼并与联合，跨国联盟成为公司发展的新趋势，全球性公司正在兴起。（3）生产和资本全球化。经济全球化的实质是生产要素在世界范围内的有效配置，使生产社会化发展到更高程度。经济全球化涉及的中心是金融市场，经济全球化的主要途径是国际市场，金融一体化加快了资本转移，活跃了金融市场。金融业的电子化使外汇交易和资金转移在客观上不受时空限制。许多国家的金融市场已同国外结成电脑网络，业务迅速发展。1973 年，全球每日外汇交易量只有 150 亿美元，到目前已增长到每日约 1.5 万亿美元。近期国际经济发展表明经济全球化的主要形式不仅从贸易转向直接投资，而且进一步转向间接投资和对地产、信息、金融业的直接投资。（4）全球的经济、政治、文化等诸多方面日益表现出某种整合态势。随着冷战的结束，多极化趋势日益明显，欧洲统一大市场的形成，通讯及信息技术的迅猛发展，互联网络的兴起，使整个地球日益成为一个“地球村”，不仅传统经济活动走向全球化，而且生产、生活方式等各方面也已跨出原来的地理界限，为全球所拥有。不难发现，贸易、生产、金融和投资等方面的全球化在跨国公司为载体的驱动下，其深度、广度空前强化，这为不同地区内部发展区域合作奠定了重要的经济条件。

六、新贸易保护主义更加隐性

自 1997 年亚洲金融危机和美国“9·11”事件以来，全球经济遇到了很大的困难，2000 年以来，占世界经济 70% 的美、日、欧经济同时不同程度地出现了衰退或增长迟缓，这是 1975 年以来的首次下滑。其中，美国经济从 2000 年下半年开始急剧降温，2001 年 3 月正式陷入衰退；日本在经历了 20 世纪 90 年代“失去的十年”后，进入 21 世纪不仅不见起色，反而陷入了更加严重的通货紧缩和经济衰退；此外，欧盟经济也一直处于低速增长，按欧委会的统计，2001 年欧盟的经济增速仅为 1.7%，是欧盟自上世纪 90 年代初经济衰退以来的最低水平。2003 年下半年以来，虽然全球经济开始缓慢复苏，但是由于发达国家经济复苏尚不坚实，贸易保护不可小视，加上美元汇价可能会继续下跌（美元贬值周期一般为 10 年），恐怖威胁仍会困扰国际社会，因此全球经济彻底走出低谷的态势仍不十分明朗。在此情形下，国际贸易继 2000 年空前增长 13% 后，2001 ~ 2003 年平均只增长 2%，明显处于低谷期，全球贸易摩擦也因此频繁发生。许多国家和地区为了保护本地市场，拓展海外市场，以保障人类健康、安全、卫生和保护环境为借口大量采用以技术性规章和标准为主要内容的新贸易保护主义政策。安全标准、质量标准等技术壁垒激增；“两反一保”、动植物卫生检疫等非关税壁垒不断呈上升趋势；新的道德标准、社会责任、劳工标准、环境标准等被一些国家和地区用来作为新的贸易保护主义的手段。因此，在一定程度上来说，新一轮全球区域经济一体化浪潮更多的是应对世界经济萎缩以及新贸易保护主义抬头的一个重要途径。

第二节　新一轮区域经济一体化浪潮在不同地区的发展现状

一、亚洲区域经济一体化步入正常轨道

与其他地区相比历史上亚太地区尤其是东亚地区的区域经济一体化水平较为滞后。亚太地区最早的双边 FTA 是 1983 年签署的澳大利亚——新西兰紧密经济关系协定，在 1989 年以前，它一直是亚太地区唯一的双边 FTA。1997 年，全球 GDP 排名前 30 位的国家和地区中，唯有东亚的日本、韩国、中国、中国台湾及香港特区没有加入任何双边 FTA。但是，1997 年以后，东亚各类双边 FTA 大量涌现，构成区域经济一体化第三次浪潮在亚太的主角。据不完全统计，目前，亚太地区处于不同阶段的双边 FTA 已超过 50 个。

特别值得一提的是，1989 年 11 月，在澳大利亚总理霍克的提议下，亚太地区 12 国 27 位外交部长和经济部长在堪培拉举行了首届“亚太经济合作组织部长”会议，标志着亚太经合组织（APEC）正式成立。虽然 APEC 与 WTO 运行机制和组织形式并不一致，但 APEC 自成立以来，均强调 APEC 与 WTO 一致性，以推动多边自由贸易体制的发展为己任，不遗余力地推动多边贸易谈判，巩固多边贸易的成果。正如 WTO 总干事穆尔先生所说，APEC 在很多方面是世贸组织的一个实验场所。同时 APEC 的实践是对传统的区域经济一体化理论的一次挑战，它所推动的“开放的地区主义”与 WTO 非歧视原则是一致的，凸现了经济全球化对区域经济集团的一种积极影响，并对 WTO 多边贸易自由化谈判的顺利举行提供了基础和保证。

日本是亚洲区域经济一体化的最积极推动者和参与者，先后提出多种模式的经济合作，但迫于美国的压力，日本在推动周边区域经济一体化时采取了一种“善始不善终”的策略。在韩日东北亚经济自由贸易区的提议无法得到韩国的热

情回应的情况下，日本转而与新加坡进行了不打枪的秘密谈判，并于2001年10月签订了双边自由贸易协定。根据协定，日本撤销3300个新加坡产品的关税，而新加坡则撤销所有从日本进口的产品的关税。此外，日新还互相承认通信设备、电器产品的性能和安全性，统一电子商务交易规则，实行促进公平竞争的投资制度，相互认定专家资格等。2000年11月，第四次东盟与中、日、韩领导人会晤，即“10+3”会议，去掉了“非正式”一词，表明“10+3”模式正在走向制度化的轨道，亚洲区域经济一体化步入新的发展阶段。目前，“10+3”货币互换协议已经顺利达成，东亚金融合作前景看好。此外，在“10+3”框架下，还建立了不定期的“10+3”财政部长、经济部长和外交部长会晤机制。与此同时，在东盟与中国（即“10+1”）会议上，中国提出，中国入世后经济将更加开放，这对东盟国家是有利的。在打破东盟国家对“中国威胁论”疑虑的前提下，中国提出，从长远来看，中国与东盟国家可以进一步探讨建立自由贸易区问题。这一提议立即引起广泛反响并引起东盟国家的认真对待。此后，经过2001年6月博鳌中国－东盟高官会议、2001年9月的东盟－中国经济部长会议以及2001年11月的中国－东盟领导人会议，双方逐步就在10年内建立自由贸易区达成了共识。2002年4月，中国－东盟自由贸易区第一次会议召开，中国－东盟自由贸易区谈判正式启动。“10+3”模式和“10+1”模式的初步形成和建设，标志着在东亚地区，区域经济一体化开始向着制度化、体制化的有利方向发展。2002年9月，在东盟与中国、日本、韩国、澳大利亚、新西兰经济部长文莱会议上，推进区域经济一体化再次成为整个会议的焦点，日本与东盟宣布在10年内建立自由贸易区，东盟与澳大利亚、新西兰签署了《更紧密经济伙伴关系协定》，韩国着手考虑与东盟建立自由贸易区；澳大利亚提出单独与新加坡建立自由贸易区的建议；日本与澳大利亚的自由贸易区谈判虽然搁浅，但双方仍然决定建立较低级别的经济伙伴关系。在中亚地区，前苏联时期的经济结构正在为现行的独联体国家之间的区域贸易协定所取代。

在金融合作领域，APEC财长会议自1994年开始召开，到2001年已经召开了8届年会，并发表了一系列有指导意义的宣言和行动计划。日本提出建立一个亚洲货币基金的倡议虽然没能实现，但亚洲各国抓紧金融领域和合作却没有停止。2000年，东盟10国与中、日、韩3国的财长在泰国清迈举行会议，决定在“10+3”的框架下一方面加强信息、数据的交流，也就使得其他国家更清楚的了解自己国内的情况；另一方面建立双边货币互换机制，并在此机制下建立地区资本流动监控体系，以增强东亚抵御地区性金融危机的能力。清迈协定正式讨论了设立一个亚洲调汇体系，以防范 1997 年东南亚地区金融危机的重演。经过艰苦的谈判，2000 年日本终于与马来西亚签订双边调汇协定，总值 10 亿美元。同时，日本与泰国、韩国和中国也分别签订了双边协议。由此，日本强烈倡导的亚洲货币基金已现雏形。

二、大欧洲经济区日益凸现

1960 年 1 月，在欧洲经济共同体成立后不久，英国、丹麦、挪威、瑞典、瑞士、奥地利和葡萄牙等 7 个西欧国家缔结了斯德哥尔摩公约，组成欧洲自由贸易联盟。欧洲自由贸易联盟与欧共体建立欧洲经济区经历了两个阶段：第一阶段建立自由贸易区始于 1972 年到 20 世纪 80 年代初，欧共体与欧洲自由贸易联盟国家相互间的工业品贸易关税和数量限制最终全部取消，西欧形成了人口超过 3. 5 亿的世界上最大的自由贸易区，区内的贸易额占世界贸易总额的 25% 以上。第二阶段建立欧洲经济区，始于 1984 年，直至 1992 年 5 月两大组织签订了欧洲经济区协定，其中心内容是在欧共体和欧洲自由贸易联盟成员之间实现商品、人员、资本和服务的自由流通，建成一个北起北冰洋，南至地中海，人口达 3. 8 亿的超级共同市场，即欧洲经济区，条约于 1994 年 1 月 1 日正式生效。由于瑞士和列支敦士登不参加，欧洲经济区的运作涉及欧共体 12 国和奥地利、芬兰、冰岛、挪威、瑞典等欧洲自由贸易联盟的 5 个国家，它将向欧洲自由贸易联盟 5 国提供欧共体统一市场的四大流通，同时欧洲自由贸易联盟 5 国也接受欧共体除农业和政治条例外的大约 70% 的条例，欧洲经济区实质上仍是自由贸易区。欧共体同其他国家经济关系的规则不适用于经济区，欧洲经济区也没有共同的对外贸易政策，渔业政策和农业政策。欧洲自由贸易联盟国家既不参加欧洲货币体系，也不参加欧洲货币联盟，同时，在欧共体朝着政治联盟发展、建立共同的防御政策和外交政策过程中，欧洲自由贸易联盟国家也不参加。

1991 年 12 月在荷兰马斯特里赫特举行的欧共体 12 国首脑会议上，欧共体各国签署了《政治联盟条约》和《经济与货币联盟条约》，即一般简称“马约”，这是欧洲一体化向纵深发展的又一个里程碑，其主要内容是为建立经济货币联盟确定了具体的时间表和步骤。此外，该条约还就共同的外交、安全、社会政策等方面提出了新的努力目标，为建立欧洲联邦奠定了基础。马斯特里赫特条约是对《罗马条约》的重要修正，它的签署标志着欧共体一体化进入了一个新的发展阶段，1992 年，欧共体各国又联合签订了《欧洲联盟条约》，将使欧共体各国不仅在经济方面，而且在安全、外交和法律等方面实现一体化。经过一番曲折，1993 年 11 月 1 日“马约”终于正式付诸实施，从而使欧共体向实现欧洲联盟方向又跨出了一大步。1994 年 11 月欧洲议会批准奥地利、芬兰、瑞典加入欧盟。从 1995 年起，欧盟成员从原来的 12 国增加到 15 国。1999 年 1 月 1 日，欧元启动，第一批参加欧元区的共有 11 个欧盟国家。欧元成功启动，这是自布雷顿森林固定汇率体系崩溃以来，世界货币结构最为重大的变化，表明欧洲经济联盟向货币联盟迈出了重要一步，为建立真正的欧洲联盟奠定了重要基础。可以说，欧元的启动向传统的国际货币——美元提出了强有力的挑战，也为经济全球化过程的国际货币体系建设进行了开拓性尝试。

2004 年 5 月 1 日欧盟实现了历史上第 5 次、也是规模最大的一次扩大。马耳他、塞浦路斯、波兰、匈牙利、捷克、斯洛伐克、斯洛文尼亚、爱沙尼亚、拉脱维亚和立陶宛 10 国加入欧盟，标志着欧洲进入了一个崭新的历史时期。随着新成员的加入，原欧盟 15 国扩大到了 25 国，其经济总量由原来的 91690 亿欧元增加至 96130 亿欧元，仅次于美国；贸易总量由原来的 17546 亿欧元增加至 18461 亿欧元，仅次于美国。成为全球第二大经济和贸易体。在实现东扩之前，欧盟与中东欧国家就已经通过双边协议联系在一起，保加利亚、捷克、匈牙利、波兰、罗马尼亚、斯洛伐克和斯洛文尼亚签署了中欧自由贸易协定，波罗的海地区的爱沙尼亚、拉脱维亚和立陶宛也已建立了自由贸易区。总体上来说，欧洲与地中海地区的区域经济一体化发展水平最高。

三、美洲区域经济一体化范围扩大

过去 10 年间西半球的美洲是区域经济一体化发展最快的地区。1994 年 1 月 1 日，北美自由贸易协定正式生效，自此，世界上最大的贸易区在北美宣告诞生。北美自由贸易协定确定了原产地规则，保障仅仅北美地区制造的商品享受优惠。来自北美的产品大部分立即取消关税，有的产品的关税在5~10年逐步取消，若干敏感产品的关税可在 15 年内取消，为了取消关税，3 国同意采用 1991 年 7 月 1 日已在美加生效的税率，3 国还将取消边境上进出口的配额、许可证的禁令和限制，但为保护人类生命健康、环境、能源、农牧业生产而做出的特殊规定例外，协定还规定了 3 国相互放宽金融服务和投资的限制，成立一个三边委员会以解决 3 国之间在商业、环境、捕鱼权等问题上的纠纷。

从 1994 年 12 月起，美、加、墨、智 4 国领导人决定开始就智利加入北美自由贸易协定进行谈判。1996 年 11 月，加拿大和智利在渥太华正式签署了两国自由贸易协定。协定从 1997 年 6 月 2 日起正式实施。该协定将成为智利最终加入《北美自由贸易协定》的桥梁。从 1996 年 8 月起，洪都拉斯、危地马拉和萨尔瓦多三国也开始了通过墨西哥加入北美自由贸易协定的谈判。2001 年，美洲 33 个国家的首脑签署了协议，以 2005 年为最后期限，正式创建美洲自由贸易区。如果能实现，西半球将成为全世界最大的贸易市场。其消费者超过 8.5 亿，每年购买商品和服务性行业总价为 13 万亿美元。

在南美洲，根据 1991 年 3 月在巴拉圭首都亚松森签订的《亚松森协定》，南方共同市场（简称“南锥体”，MERCOSUR）于 1995 年 1 月 1 日正式启动，原始成员为阿根廷、巴西、巴拉圭和乌拉圭，后又增加了智利和玻利维亚两国，是仅次于欧盟、北美自由贸易区（NAFTA）和 APEC 的世界第四大区域经济组织，也是仅次于欧盟的全球第二大关税同盟。根据《亚松森协定》，在 1991 年至 1994 年 6 月 30 日期间，成员以每半年减低 7 个百分点的速度将区内关税降为零，同时于 1995 年 1 月 1 日起，对 85% 的进口商品实行税率为 0%～20% 的统一对外关税。同盟还充分考虑到了成员间发展水平的差异，对巴拉圭和乌拉圭做了区别对待。阿根廷和巴西在 1994 年 12 月前实现零关税，而巴拉圭和乌拉圭推迟到 1995 年 12 月。

在中美洲，中美洲共同市场（CACM）是由危地马拉、洪都拉斯、尼加拉瓜、萨尔瓦多和哥斯达黎加 5 国在 1960 年建立的关税同盟性质的区域经济一体化组织。此后墨西哥和委内瑞拉又先后与之签订了贸易协定，共同市场不仅确立了在 5 年内建成自由贸易区并实施共同对外关税政策的目标，而且创建了中美洲经济一体化银行，为区内的工业和基础设施建设提供资金。此外，1969 年 5 月，哥伦比亚、智利、厄瓜多尔、秘鲁、委内瑞拉、玻利维亚 6 国在哥伦比亚的卡塔赫那签署《安第斯条约》，正式成立了安第斯集团。该集团从 20 世纪 70 年代起，开始削减区内关税，计划在 10 年内实现零关税，欠发达的厄瓜多尔和玻利维亚则不受此时间表限制。由于受 80 年代债务危机和国际收支赤字影响，计划未能如期实现。1991 年底集团再次明确提出了建立安第斯自由贸易区的目标，并于次年 5 月就共同对外关税达成一致。在全部应税商品中，1/3 项目征收 5% ~ 10% 最低关税，40% 的项目征收 15% 的关税，其他项目征收 20% 的关税。

四、非洲区域经济一体化在曲折中发展

在非洲，二战结束后，区域经济集团也如雨后春笋，竞相成立。1949 年南非与罗得西亚关税同盟是发展中国家按 GATT 第 24 条款登记的第一个区域经济集团。1964 年喀麦隆、中非、刚果、加蓬、乍得和赤道几内亚等6 个法语国家成立“中非关税同盟（UDEAC）”，掀起了一轮非洲国家成立区域经济集团的地区主义浪潮。1972 年 11 月，除赤几之外的上述 5 个成员又决定共同组建中部非洲中央银行，统一货币单位为“中非金融合作法郎”。[③]

1967 年，肯尼亚、坦桑尼亚、乌干达三国决定成立“东非经济共同体”（EAEC），之后三国又与苏丹、赞比亚两国成立“东非关税同盟”，并与欧洲经济共同体签订《阿鲁沙条约》，成为欧洲共同市场的免税成员，享受关税特惠待遇。1970 年 5 月，象牙海岸（科特迪瓦前身）、尼日尔、马里、塞内加尔、毛里塔尼亚等国在巴马科举行首脑会议，成立“西非国家关税同盟”。1973 年上述 5 国和贝宁、布基纳法索等 7 国又根据巴马科会议精神，建立了“西非经济共同体”（CEAO）。同年，利比亚、塞拉利昂两国成立“马洛河同盟”（MaRo River Union，MRU），之后几内亚也加入同盟。1975 年 5 月 28 日，为整合 CEAO 与 MRU 两个区域经济集团及接纳尼日利亚、加蓬、赞比亚、加纳、多哥、几内亚比绍等新成员入盟，西非 15 国首脑在拉各斯召开会议，签署了《西非国家经济共同体条约》，“西非国家经济共同体”正式成立，成为当时非洲最大也是最活跃的区域经济集团。1974 年，刚果、达荷美、布基纳法索等 12 国成立“马拉加斯经济联盟”。1976 年，布隆迪、卢旺达和扎伊尔三国成立“大湖国家经济共同体”。

进入 20 世纪 80 年代，“中非关税同盟”6 国和扎伊尔等中部非洲 10 国首脑于 1983 年 10 月在加蓬首都利伯维尔举行会议，成立“中非国家经济共同体”，成员增至 10 国。1996 年 3 月，东非经济共同体 3 国成立了“东非合作组织”，将工作重点放在防止冲突和扩大经济合作上，并宣布其货币可自由兑换。2000 年 7 月，三国决定对本地生产和出口的所有产品免除关税，并着手筹建“维多利

亚湖经济区”。1991 年，西非国家经济共同体要求成员在四年时间内消除非关税壁垒，逐步取消和降低工业制成品的关税。1995 年 7 月，西非国家经济共同体决定在 2000 年建立西非关税同盟和实行统一货币，2005 年全面建成“西非经货同盟”。1999 年 7 月，西非国家经济共同体又决定在 16 个成员中发行一种旅行支票，这一措施被视为统一货币开始在西非地区流通。西非国家经济共同体还建成了“西非电讯网”和“西非高速公路网”，同时出台了兴建“西非海运和航空网”计划。不仅如此，共同体还准备实行成员公民跨国旅行免签证制度，并在各成员的大专院校和中学开设一体化课程，宣传“西非国家经济共同体”公民意识，强化西非人观念。

此外，成立于 1910 年的“南部非洲关税同盟”（SACU）随着南非废除种族隔离政策和曼德拉当选南非首位黑人总统后，20 世纪 90 年代重新启动。1992 年 8 月，“南部非洲协调会议”在接纳南非和毛里求斯后，更名为“南部非洲发展共同体”，成为非洲发展潜力最大和地区合作水平最高的区域经济集团。共同体 14 个成员年贸易额超过 100 亿美元，国内生产总值达 1760 亿美元，占撒哈拉以南非洲的 60%。2000 年 8 月，南非共同体决定自 9 月起正式实施自由贸易协议，计划在 2008 年前取消 85% 商品的关税，其余 15% 的食糖、牛肉、鱼产品等敏感性商品在 2012 年前全部取消，进而建立“南部非洲自由区”，并争取在本地区实施单一货币体制。另外，1981 年 12 月，安哥拉、布隆迪、科摩罗等 19 国成立“东南非优惠贸易区（PTA）”，后来，又将该组织更名为“东南非共同市场”。1999 年 5 月，第四届首脑会议发表《内罗毕宣言》，要求取消边境限制和关税，实现人口、货物自由流动。2000 年 10 月，东南非共同市场在赞比亚首都卢萨卡举行特别首脑会议，决定刚果（金沙萨）、肯尼亚、毛里求斯、埃及、乌干达、赞比亚、津巴布韦、马拉维等 9 个成员率先建成“东南非自由贸易区”，到 2025 年，自由贸易区还将实行统一货币，建成自己的中央银行，并大力发展与其他非洲区域经济集团的经贸关系，共同组建“非洲经济共同体”，实现非洲一体化的宏伟目标。

五、跨洲、跨区域经济一体化广泛兴起

新一轮区域经济一体化浪潮的一个重要趋势就是跨洲、跨区域经济一体化的出现和发展。尽管跨区域经济一体化这种形式尚未出现，但可以预计未来便可成

为现实。目前正在谈判中的协定已经出现这种类型，例如，“欧盟与南方共同市场（MERCOSUR）”、“中美洲共同体及共同市场（CARICOM）”与“加勒比海共同市场（CACM）”等。

跨洲区域经济一体化早在上世纪90年代就已出现。1996年亚欧首脑会议（ASEM）第一次会议在曼谷的召开，表明了欧盟不甘于被排斥于亚太地区贸易投资自由化进程之外的决心。1998年启动的美洲自由贸易区谈判不仅吸纳了APEC近四分之一成员参加，而且使本就对APEC心怀叵测的美国进一步降低了APEC贸易投资自由化、便利化和经济技术合作的热情。按克林顿1993年提出的“亚太共同体”计划，美国的本意是将NAFTA模式在美洲推广的同时进一步“克隆”至APEC，从而形成背靠美洲面向亚太的全球战略。1995年以来，突尼斯、摩洛哥等成员先后与欧盟谈判建立“欧盟与地中海自由贸易区”，并成为欧盟的伙伴国和联系国。南非则在与印度、澳大利亚、马来西亚等国积极筹建“印度洋经济圈”，这些措施必然会有利于非洲地区的稳定和发展，加强非洲的地位和影响。

最热衷跨区域经济一体化形式的首推美国。2002年1月，布什总统正式提出与中美洲签署自由贸易区协定；3月中美洲各国总统签署了圣萨尔瓦多声明，将就地区贸易关税交通限制地区边境冲突等问题达成协议，为正式开启同美国的自由贸易谈判创造条件。在整个地区层次上，美国与智利、韩国、新加坡和土耳其的双边自由贸易协定也以“快车道授权”正在谈判。2002年布什政府获得快车道谈判权，为整个谈判如期完成（2005年前）提供了条件。2003年5月，美国已经宣布拟在今后10年内与中东各国建立一个双边自由贸易协定。2004年2月，美国和澳大利亚签署了一项自由贸易协议，同月与南亚和东南亚六国（印度、缅甸、斯里兰卡、泰国、尼泊尔和不丹）签署了于2017年建立自由贸易区的框架协议。在中东地区，目前，美国现在已经与中东国家中的摩洛哥、约旦、巴林和以色列签署了自由贸易协定，这可以认为是美国总统提出的建立“大中东自由贸易区”的具体体现。美国与摩洛哥的谈判持续了一年时间，与巴林只谈了5个月。2005年2月，美国宣布与阿联酋的FTA谈判将于3月8日开始，与阿曼的将于3月12日开始，因此即将开始的与阿联酋和阿曼的谈判采用巴林模式。

第三节　新一轮区域经济一体化发展的最新特点

战后区域经济一体化第一轮浪潮的兴起，有着很深刻的政治背景，无论是发展中国家的区域经济合作，还是发达国家的合作如“欧共体”；第二轮和第三轮浪潮的兴起更多的则是经济因素的考虑，也即通过加强区域内经济合作以实现规模经济效益（静态与动态），提高产业与产品的竞争能力，为增强综合国力和国际社会中的地位与作用建立新的基础与起点。但是，基于经济利益和综合国力竞争为主，政治因素为辅而形成的新一轮浪潮，与20世纪90年代之前的区域经济一体化相比，呈现出许多新的明显特点。

一、全球范围内区域经济一体化发展汹涌澎湃

近年来，WTO首轮回合（即多哈发展议程）谈判步履维艰和坎昆会议的受挫，明显加速了全球范围内区域经济一体化的发展，其中自由贸易协议（FTA）因其可操作性极强而发展迅速。从图1中可以明显看出，1992年至2002年的10年间，全球区域贸易协定数量上升非常迅速。截止2004年1月，向GATT/WTO通报的区域经济贸易协定已达293个，其中目前仍有效的有197个。仅在2003年全球就签署了12个区域贸易协定，同时启动了9个新协定的谈判。区域经济集团主要依靠三条途径不断发展：一是不断深化升级现有形式；二是扩展现有集团成员；三是缔结新的区域贸易协定或重新启动沉寂多年的区域经济一体化谈判。据WTO统计，截至2003年10月，向WTO/GATT通告的区域贸易协定数量已经累计达到285项，其中尚在实施的有189项。此外，有60项协定虽然没有向WTO通告，但已经开始实施。依据区域贸易协议（RTAs）生效的时间划分，超过一半是在WTO时代（1995年以后）完成的；而在GATT时代完成的124项中，尚在实施的只有48项。其中由两个主权国家或具有超国家性质的区域经济一体化缔结而成的双边FTA发展最为迅速。20世纪90年代以来区域经济一体化迅速发展与两个因素直接相关：一是长期以来一直作为全球多边贸易体制推动者的美国，开始寻求区域经济一体化。例如，1988年与加拿大签署了自由贸易区协定后，1994年又完成了北美自由贸易区的建设，如今美国又提出建立美洲自由贸易区的构想；二是冷战结束后，中东欧国家除了相互间签署了大量的双边贸

易协定外，还纷纷与欧盟签署了自由贸易区协定。

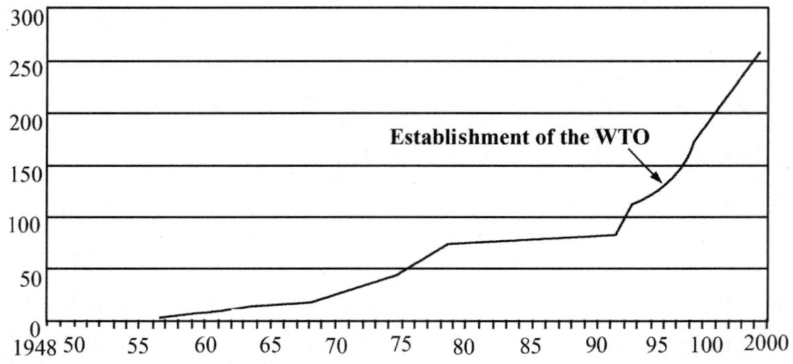

图 1：向 GATT/WTO 通报的区域贸易协定累计数量（1948～2002 年）

资料来源：WTO 官方网站。

二、区域经济一体化覆盖所有国家和地区

截至 2004 年底，全球区域经济一体化协定数量已超过 300 项，这些区域经济协议几乎囊括了世界上所有的国家与地区，连一些微型国家和小岛国都不同程度地卷入了所在地区的区域经济一体化。WTO 全部成员同时又是各区域经济的成员，有的 WTO 成员可能具有多重区域经济成员的身份。这样世界上有近 150 多个国家和地区拥有多边贸易体制和区域经济的“双重成员资格”。从这点看，多边贸易体制与区域经济化发展之间的关系不但密不可分，而且彼此之间的相互作用与影响直接或间接地构成双方相互存在和发展的条件。④

三、区域经济一体化内容广泛深入

随着多边贸易体制主导的世界贸易自由化范围的扩大与程度的加深，各区域经济内部经济贸易政策的调整，以及各国与地区经济结构的变化，区域经济的合作领域也在逐步扩大和深入。一般而言，单纯发展中国家间的区域经济一体化，由于其起点较低，贸易自由化采取“选择性”的方式，故这类区域经济一体化内容的扩大主要集中于货物贸易领域。发达国家之间以及发达国家和发展中国家之间的区域经济一体化的内容，一般均从货物贸易领域扩展至服务贸易、竞争政策、投资和知识产权等领域，有的甚至涉及到环境保护与劳工权利标准等最新问题。此类区域经济在不同的领域超过了多边贸易体制的贸易自由化进程。这种合作领域的扩大，有的是通过签署新的区域经济协定来取代旧的，有的是通过在原有协议的基础上加以修改、补充和完善。

四、区域经济一体化形式与机制灵活多样

首先，大多数区域经济集团的成员资格采取“开放式”态度，也即非成员只要提出加入申请，一般在适当时间内均能获得成员资格。除了一些明确由双方构成的区域经济如美加自由贸易协议、澳新紧密经济合作关系协议等外，一般区域经济大都经历了成员由少到多的过程。例如，欧共体历经五次大规模成员扩大，由原来的6个创始成员发展至2004年5月1日的25个成员。成立14年之久的亚太经合也经历了四次成员扩大。1998年11月，秘鲁、俄罗斯、越南加入，使目前的APEC拥有21个成员。

其次，合作形式和层次由低级向高级发展。许多国家放弃或基于原有的单项或数项产品的优惠安排而成立了自由贸易区或关税同盟，有的从关税同盟发展成为共同市场。例如，1958年的罗马条约是在基于原煤钢和原子能联盟的基础上形成的，继而又基于该条约相继实现了关税统一和共同市场等阶段，最后演变成为目前全世界经济一体化程度最高的欧洲联盟，使西欧区域经济一体化形式发生了根本性转变。由于合作形式的提高，致使当前各类区域经济大都达到了不同层次和程度的自由贸易区的标准。

最后，进入20世纪90年代，区域经济一体化的构成基础发生了较大变化，表现在：（1）打破了狭义的地域相邻概念，出现了跨洲、跨洋的区域经济一体化组织。例如，2004年9月，日本与墨西哥签署了一项自由贸易协定，协定于2005年4月生效，这是日本继与新加坡签订自由贸易协定后的第二项协定。（2）不同社会制度、不同发展水平的国家开始组建区域经济集团。2004年8月17日，美国与摩洛哥签署了自由贸易协定。根据协定，美国与摩洛哥之间的95%以上制成品贸易关税将被取消，美国将大大增加对摩洛哥的农产品出口。协定的签署也使向布什总统提出的在2013年前建立美国—中东自由贸易区的计划前进了一步。（3）区域经济一体化出现多层次性，成员身份交错重叠。一些较大区域经济集团内出现了次区域经济组织，彼此互相联系互相影响，而一个国家同时加入两个或两个以上RTAs的情况更是屡见不鲜。例如，APEC中就包含了

NAFTA、ASEAN等区域经济一体化成员；墨西哥不仅加入了NAFTA和拉美一体化联盟，还同欧洲自由贸易联盟以及亚洲各国广泛签订了双边自由贸易协定。美国出于其亚太战略和美洲安全战略的考虑，目前正在积极推动亚太经合贸易自由化进程的同时，又“拉着”拉美诸国逐步迈向美洲自由贸易区，到2005年美洲自由贸易区和2020年亚太自由贸易区以及未来的北大西洋共同体形成后，美将成为5个区域经济的成员。[⑤]

五、各区域经济一体化时间表普遍加快

进入20世纪90年代以来，欧盟又陆续与中东、北非和地中海地区的国家签署了一系列互惠自由贸易协定，为欧盟的南扩战略打下了铺垫。这样以欧盟为中心，以北欧国家和将来中东欧与中东、北非国家为内圈，同以非加太诸发展中国家为外围的大欧洲区域经济将逐步形成。面对以欧盟为中心日益发展和形成的大欧洲经济区，北美地区的区域经济一体化，自20世纪90年代中期以来也进入了空前发展的时期。美加为了扩大自己的势力范围，把更多的国家和地区纳入自己的贸易自由化时间表，以便在不久的将来形成以美加为大脑和心脏，以拉美和亚太为两条腿的“人”字型组成的“泛美经济区”。此外，出于安全和政治利益上的考虑，2004年，欧盟实现“东扩”，完成接纳首批10个新成员。美国在1994年完成北美自由贸易区之后，也开始推进另一个雄心勃勃的计划——2005年之前签署美洲自由贸易区协定，以涵盖除古巴之外的所有34个美洲国家。伊拉克战争结束后，美国基于其中东战略提出了2013年与中东国家建立自由贸易区的建议，而在此之前，欧盟已经决定在2010年与这些国家建立自由贸易区。

第四节　新一轮区域经济浪潮迅猛发展的主要动因

从以上对新一轮区域经济一体化合作的最新发展态势、形成背景及其主要特点的简要分析不难发现，此轮区域经济一体化合作浪潮的兴起之所以波澜壮阔、风起云涌，是有其深刻的经济动因、政治、WTO和区域经济一体化发展的不平等诸多动因。

一、经济动因

传统的区域经济一体化强调对成员方的静态经济收益，包括改善成员的贸易条件、获取规模经济收益、强化竞争、吸引外国投资等。但经验研究显示，这些静态收益并不大。在新一轮区域经济一体化浪潮中，民族国家参与区域经济一体化的动因更多的是寻求动态经济收益。

1. 全球范围内的市场化改革奠定了体制基础

当代国际分工的深化和经济生活国际化程度的不断提高，是区域经济一体化发展的主要经济基础。在战后新技术条件下，各国各地区之间的分工与依赖日益加深，生产社会化、国际化程度不断提高，使各国的生产和流通及其经济活动进一步越出国界。这就必然要求消除阻碍经济国际化发展的市场障碍和体制障碍。一般说来，国际分工越深化、经济互补性越强，这种要求也越迫切。在当今世界，已经有越来越多的国家认识到，只有选择市场经济体制，才能加快本国经济发展的速度、提高本国经济的运转效率和国际竞争力。封闭经济由于缺少外部资源、信息与竞争，而呈现出经济发展的静止状态。计划经济体制则由于存在信息不完全、不充分、不对称和激励不足等问题，而导致资源配置与使用的低效率。所以，不管是传统的封闭经济，还是起源于前苏联的计划经济都不约而同地走上了向市场经济转型的道路。由此而造成的各国在经济体制上的趋同，消除了商品、生产要素、资本以及技术在国家与国家之间进行流动的体制障碍，促成了区域经济一体化的发展。

2. 区域经济一体化的贸易创造效应扩大，贸易转移效应在弱化

1950 年，经济学家维纳在《论关税同盟问题》一文中指出，组成关税同盟的总福利效应要看贸易创造效应和贸易转移效应对比之后的净福利，也就是说，如果贸易转移效应超过贸易创造效应，一国参加关税同盟的净福利将是负的。但在国际贸易理论的最新进展中，经济学家 Kowalczyk（2000 年）提出了另一种衡量参加区域经济一体化组织后国家福利变化的方法。他指出，贸易转移不一定会降低国家福利。即使在一个只存在贸易转移效应而没有贸易创造效应的关税同盟，国家也可能由于参加同盟而增加福利，但全球福利却由此而受到消极影响。从 Kowalczyk 的理论我们可以清楚的得出结论：如果一个贸易小国处于周边国家

纷纷加入区域经济组织的地缘经济环境中，该国的明智选择就是加入该区域经济组织。现在假设成员之间实行自由贸易的同时，并不对外统一关税，设置贸易壁垒，而是对外部世界也开放国门，同样降低贸易壁垒。那么，整个世界将不是由本国、伙伴国和外部世界三部分组成，而是由本国和外国（包括伙伴国和外部世界）两部分组成。贸易创造效应将仍然存在，而贸易转移效应将大大削弱，甚至为零。原因是本国对伙伴国开放的同时，也对外部开放，因而本国可以在伙伴国与外部世界二者之间选择进口方向，哪国成本低，就从哪国进口，因此，贸易转移没有发生。⑥

3. 区域经济一体化的投资创出效应扩大，投资转移效应在弱化

按照FTA相关理论，由于贸易转移效应的作用，包括高效率成员在内的FTA，通过区域内贸易投资活动的扩大，有利于整体效率的提高。以中、日、韩建立自由贸易区为例，日本属于工业化、城市化程度相当高的发达国家；韩国属于工业化、城市化程度较高的中等发达国家（1996年加入OECD组织）；中国仍属于开始走进工业化，城市化程度还较低的发展中国家。从一般意义上讲，发展中国家与发达国家建立FTA，会大大促进区域整体的资源优化配置和发展中国家的结构升级。如果区域组织实行开放的地区主义原则，从而使区域组织的投资创造效应大于投资转移效应，则两者相互促进的关系将成为主要方面，互相制约成为次要方面，对区域内乃至世界经济必然是有利的。首先从资源转移上看：中国不仅是世界上人口最多的国家，而且是世界上人力资源最丰富的国家，据中国人口普查统计，中国15~64岁（劳动力）人口占总人口比重由1982年的61.5%，提高到2000年的70.15%；15岁以上（含15岁）人口平均受教育年份也由1982年的4.61年，提高到2000年的7.11年，增长幅度为54%。由此可见，中国在三国人力资源上具有最大的战略资源优势。此外，中国在自然资源、资本资源等方面也具有相对比较优势。日、韩在知识技术资源上则明显强于中国。中国知识技术资源占世界总量的比重为1.85%，而日、韩则分别高达14.7%和7.5%，分别是中国的8倍和4倍。中国知识创新能力与韩、日相比也十分低下，据统计，1997年仅为1.7%，而韩、日则为5.6%和8.56%，是中国的3~5倍。尤其是中国的技术创新能力与韩、日相比差距甚大，仅为1.6%，而韩、日则分别为31.1%和44.05%，是中国的19到27倍。此外，韩国在网络化教育、CDMA技

术以及 IT（信息）、BT（生物）、NT（纳米）、ET（环境）和 CT（文化）等技术领域具有相当的比较优势；日本则在高科技、知识产业化及国际资源利用方面具有明显优势。其次从产业及分工转移上看：中、日、韩三国经济虽然处在不同的发展阶段，但是其发展模式大同小异，即以出口为导向，以制造业为中心，辅以大规模基础设施和房地产建设拉动经济增长的所谓东亚经济发展模式。其结果，中、日、韩三国已成为全球制造业的中心。根据 RSCA（均衡比较优势指数）预测，中、日、韩三国比较优势形式各有不同。日本拥有交通设施、电气和其他机械方面的优势，中国的优势则在纺织、制衣方面，而中日两国的共同优势也是韩国所拥有的，尽管在其他许多产业韩国的比较优势较为模糊。现在，中、日、韩三国的产业分工结构也正在发生变化，过去是日本的材料产品、中国的消费品、韩国的中间材料产品的三角分工结构，随着中国经济技术的突飞猛进，中国在中间材料产品和零部件产品领域的竞争力在逐渐增大，从而使得中、日、韩三国在国际市场份额占有的竞争更加激烈。在这种严峻的国际经济形势下，加快三国产业结构调整已成为必然趋势，投资转移效应可以在很大程度上对此加以影响和推动。⑦

4. 市场规模与产业结构升级效应

国家间要素比较优势的变化推动国际分工的变化。建立在比较优势学说基础上的国际贸易理论解释了国际垂直分工的现象。但是，这种理论无法解释国际水平分工的格局，即要素禀赋相似或相同或生产同一类别产品的国家间存在大量的部门内贸易。部门内贸易是指国家之间进口或出口基本相同或相似的产品，它涉及不完全竞争的领域，一般不能用建立在完全竞争基础上的传统国际贸易理论来解释。从产品的水平差异方面来看，消费者的偏好是多样的，在产品存在水平差异性，并且生产的平均成本递减的情况下，即使在两个完全相同的国家之间也能展开部门内贸易。从水平分工的理论我们可以看出，规模经济是部门内贸易的一个重要因素，并且是贸易得益的一个重要来源；嗜好越是相似的国家，越有可能展开部门内贸易区域经济一体化将原本被保护主义分散孤立的国内小市场统一起来，形成一个更大的市场。通过这个大市场内的激烈竞争，实现大批量生产的技术利益，促进产业结构升级。所以，水平差异的部门内贸易是区域经济一体化的内在动因，直接促进了区域经济的一体化。

5. 贸易与投资便利化效应初步显现

区域经济一体化趋势都在不同程度上加深了成员经济相互之间的融合，使资金流动、贸易往来、人员劳务交流的市场边界越来越大。它们对成员经济产生了多方面的影响。首先，由于商品自由流通的范围得以扩大，大大加强了对成员内部的投资者和非成员投资者的吸引力，从而使企业投资增加，投资环境得到进一步的改善；其次，区域经济一体化条件下国际投资的环境大大改善，金融领域的全球融合也使国际资金流动更加便利通畅，因此在开放中能吸引到更多的外国资金，同时也拥有本国资本外投的良好经济环境和条件。再次，区域经济一体化条件下融资的便利和国际市场竞争的透明化、激烈化，促使成员适应竞争，满足国际国内市场需要而生产出适销对路出口商品，不断优化出口商品结构，促进国内产业结构调整。最后，区域经济一体化带动了世界范围内经济与技术开发区、保税区和自由贸易区等多种形式经济区的发展。它们不仅成为吸引外资的“载体”，而且对于解决发展中国家的就业问题发挥了积极作用。再以中、日、韩建立自由贸易区为例，假定其他条件不变，在中日韩自由贸易协定后各国的既存关税（韩国7.9%，日本3.6%，中国16.8%）取消时，通过一般均衡（CGE）模型预测的结果如下：首先，中日韩自由贸易协定的结果使三国的实际国民收入有所增加；其次，在贸易收支方面日本对韩国和中国的贸易顺差大幅度增加，韩国对中国的贸易顺差小幅度增加，对日本的贸易逆差缩小。从产业类别来看，韩国的农业、矿产业和金属产业的产量减少，但在纤维和运输设备等较中国有比较优势的产业的产量增加；日本的农业产量减少，而其他产业的产量都有所增加；中国的农业产量增加，但金属、运输设备和机器设备产业的产量却减少。

6. 跨国公司的协调、公关、渗透作用日益加强

在区域经济成员内部，经济政策的逐步协调，生产要素将实现完全自由流动，生产要素价格最终也会趋于均等。因而表现为区域内交易空间的进一步扩大，交易规则的进一步统一。其对国际间交易成本的降低和产权结构更为合理的安排的作用是非常明显的。同时也为公司一体化提供了进一步发展的大环境。总体上来说，区域经济一体化的发展有助于促进跨国公司的微观一体化，这是因为区域一体化使对外直接投资的动机发生了变化，并且为跨国公司实行复合一体化的经营战略提供便利。传统上，对外投资作为要素流动的一种形式，与商品流动

之间存在着某种替代关系。可以说，区域经济一体化的实践刺激资本的国际化和一体化。因而，区域经济一体化的最重要特征便是在宏观层面从制度上保证了跨国公司在区内的微观一体化的顺利实现。因为一旦区域经济一体化形成，通过区内一体化的体制、机制和政策的推动，使区内的跨国公司在这块已经“围起来”的商场上较易占据优势地位，使其在区内扩张更具有便利的条件。此外，区域经济一体化使跨国公司内部经济活动障碍逐步消除，跨国公司将可能淡化其国家属性而强化其作为区域公司的属性，跨国公司在区内的发展将会更加迅速，各区域经济组织对区际商品、资本、要素和服务的流动具有一定保护性，这在一定程度上限制了商品和资本在区际的流动，跨国（区域）公司拥有本区市场的同时，会进一步加大对其他区域的投资，以获得更多的资源和分享各区域组织内的大市场，目前跨国公司的全球兼并浪潮只是这个趋势的前奏。

7. 加强宏观协调、预防经济危机，合理解决贸易纠纷

罗纳德·科斯（1937 年）在《企业的性质》一文中将企业的边界刻画为交换的范围，在企业里，市场机制被放弃而代之以用权威和指令来完成资源的配置。科斯关注使用市场的成本对契约和交换的影响，并指出当使用市场的成本大于使用直接权威的成本时，活动就会被纳入企业内部。如果我们把国家或者国家间的经济联盟看做全球化市场中的企业，顺着科斯定理的逻辑，我们就会发现，当使用全球化市场的成本和风险大于国与国之间的谈判成本时，一体化的区域经济也会使用国家的直接权威将一部分全球化市场内部化为区域市场，从而有效地降低在全球范围内配置资源的搜寻成本。另外，一体化的区域经济由于地理上接近、文化上相似、市场结构上互补，可以有效地降低交易成本和违约风险。经济全球化来自于市场机制作用过程中的具有随机性的系统性风险不能通过区域经济一体化来化解。但是，来自于一国不能在全球化冲击下做出有效的结构调整所产生的非系统性风险，是可以通过把全球市场内部化为区域市场来化解的。其次，我们从金融的角度看这个问题，一体化的区域经济必然要求在货币层次的合作。货币合作是区域经济一体化的必然趋势和逻辑结果。[8]各国相对意义上的小货币（弱货币）转变为区域经济一体化框架下的大货币（强货币），将带来币值的相对稳定，使国际游资和货币狙击者无法冲击，或者狙击货币的成本高昂。这种货币稳定带来的金融稳定将直接使世界经济受益 ，有利于各国经济的健康发展。

此外，由于WTO等全球化的经济组织规模较大，各种利益关系错综复杂，要在短时间内取得较大程度的进展必然会有很大难度，而双边的或次区域的经济组织由于参与国的沟通、协调和谈判的成本较低，可以相对顺利地启动实质性的合作进程。这实质上也是一种降低广义的交易费用的过程。这种双边的或次区域的经济合作本身就是经济全球化的重要组成部分，并且可以迂回推进经济全球化的发展。

二、政治动因

区域经济一体化浪潮兴起的原因是复杂的，不是任何一个学科体系所能容纳的。不同的学者从不同的角度来考虑这个问题，但迄今为止仍没有一个普遍接受的看法。但是，关于这个问题的更多解释是建立在政治学的基础上，制度主义和外溢效应往往能更完满地解释这一过程，而经济理论充其量只能对这一过程中某一新步骤的开始提供解释，而不能对未来的发展做出合理估计。一个不可否认的事实是，实质性的区域经济一体化是推动国际经济一体化的主要形式，但是离开了政治意愿和高层支持，这一合作很难顺利发展。

1. 应对国际政治关系多极化发展的新环境、新变化

世界范围内一超多强的政治格局正在形成，政治多极化在曲折中发展。区域经济一体化往往是地区和次区域大国巩固和强化其区域大国并逐步走向世界大国的重要途径。在全球化时代，经济因素与非经济因素越来越多地交织在一起，全球性或区域性问题越来越多，从环境保护到贸易中的环境条款，从劳工权利到贸易中的劳工条款，从知识产权保护到WTO的“与贸易相关的知识产权协定”，从艾滋病等传染病预防到新一轮多边贸易谈判中的“知识产权与公众健康”，从反毒品到国际开发援助，从非法移民到劳动力国际自由流动。诸如此类的问题既超越了纯粹的贸易领域，也超越了整个经济领域。每个国家（即使是最封闭的国家）都程度不同地面对全球性问题的冲击。全球性问题的性质决定了单个国家政府应对策略的局限性。多数情况下，处理全球性问题是由国际多边机构完成的，如联合国、世界银行、国际货币基金组织、世界贸易组织、国际劳工组织等。这些机构的推动者通常是发达国家。但如果国与国之间的立场存在差异时，某些国家会寻求双边协定或区域协定。近年来，美国签署的和准备签署的自由贸易区协

定（如北美自由贸易区协定，美国与约旦、以色列、新加坡的自由贸易区协定，以及未来的美洲自由贸易区协定）都有许多非贸易条款。欧盟本身已经进入经济一体化的高级阶段，并向政治经济一体化阶段迈进，任何新成员的加入都需要全面接受欧盟现有的各项制度安排。

2. 利用区域开放合作来推广经济大国的政治理念

冷战结束之后，东西方意识形态的全面对抗结束。以美国为首的西方大国把推广西方民主制度和自由价值观念作为其新时期国际战略的一个重要基石。布什在其第二任就职演说中着重强调美国有关自由的传统与现代理念，就说明了这一点。西方大国运用区域贸易协定实现其政治目标的情况越来越多。因此，大国把政治因素作为参与（或组建）区域贸易协定的一个目标既是全球化发展的客观要求，也是后冷战时代西方国家主导国际关系格局的反映。政治考虑常常是区域贸易协定的前提条件。在美洲自由贸易区的建设过程中，美国国内有争议的一个领域就是南美洲国家的民主化程度存在差异。安第斯条约组织的五个成员（玻利维亚、哥伦比亚、厄瓜多尔、秘鲁、委内瑞拉）在民主制度、打击恐怖主义、缉毒领域存在诸多问题，这是与美国要把美洲自由贸易区作为稳定“后院”战略格格不入的。因此，许多人建议美洲自由贸易区的建设应该采取“双轨道”战略，即先与民主制度较为成熟的国家（如巴西、阿根廷、乌拉圭、智利等）组建一个“超级 NAFTA ”（a super NAFTA ），然后再逐渐扩展到其他国家。至于古巴则根本不考虑接纳。同样，欧盟在接纳东欧国家过程中也把申请国的民主化程度作为一个先决条件。

3. 寻求区域层面的政治保护（通过利益协调用一个声音说话）

在这方面，欧盟致力于“大欧洲自由贸易区”的构想表露得非常明显。在欧盟于 2004 年扩大成为 25 个成员后，其对外经济贸易扩展目标并没有终止。因为即将加入大欧洲自由贸易区的一些国家，对欧盟今后的经济发展十分重要。尤其是，欧盟对俄罗斯的加入非常感兴趣。1991 年苏联解体后，其主宰的经互会合作组织已不复存在，与之相适应，原华沙条约组织也已烟消云散。在此情况下，除了欧盟经济一体化集团外，从政治军事角度考察问题，北大西洋公约组织，即北约成为全球现已存在的一个军事政治集团。最近一些年来，随着欧盟的东扩，北约也随之在扩大。2002 年 10 月，欧盟委员会商定于 2004 年 5 月把 10

个中东欧国家纳入该经济一体化集团，这些国家随之也将成为北约成员。在北约东扩后，其势力范围将扩展到俄罗斯的家门口。其实，北约也想把俄罗斯等前苏联国家纳入自己的势力范围，无奈俄罗斯目前还不想加入北约。若 2013 年俄罗斯加入了大欧洲自由贸易区，那么，北约扩展到俄罗斯等前苏联国家自然也就顺理成章。到那时北约的势力范围将横跨欧亚非三大洲，成为一个名副其实的全球军事政治集团。欧盟作为一个整体，在 WTO 成为独立的一方。在与美国、日本等大国成员就敏感贸易问题进行抗争的时候，欧盟就用一个声音来施加压力；在面对其他成员就特殊经济问题如农产品补贴向欧盟施加开放压力时，欧盟就采取众口难调、分而治之和无法协调的战略。欧盟利用区域合作的双重策略，屡试不爽。东盟通过加强协调合作，在 WTO、联合国贸发会议等国际多边组织中，用一个声音说话，维护自身利益的趋势日益增强。

4. 构建区域的政治凝聚力，化解政治矛盾

政治考虑有时会成为某些区域贸易协定的主要动机。虽然区域贸易协定的基础是成员之间的经济利益，但在特定时期，政治利益也会成为大国参与区域贸易协定的首要考虑。"9·11" 事件之后，美国把反恐作为其国际战略的一项核心内容。2003 年 5 月伊拉克战争结束之后，美国主动提出与中东地区国家在 2013 年之前建立自由贸易区的倡议。显然这种行为很难用维纳定理来解释。多数评论认为，美国此举的真正目的是要通过自由贸易区方式在该地区推行美国式民主制度，从制度上消除恐怖主义产生的根源。此外，美国早期与以色列、约旦签署的自由贸易区协定在很大程度上也是基于非经济考虑。同样，出于谋求政治利益的协调，在伊拉克战争开战前曾经理直气壮的站到美英联军对立面的法德两国的态度，在 2003 年经历一个 180 度的转变，也就是美英媒体常说的"U 转折"。法德这么快就急着与"主战派"的英美修好，此举到底为哪般呢？显然，是要在伊拉克的战后重建时分"一杯羹"。因为法国和德国也很清楚，在利益面前，没有永恒的敌人。识时务者为俊杰。从美英联军现在的战争进展来看，取得最后的胜利虽然可能会遇到一定的麻烦，但萨达姆政权的灭亡似乎已经不可避免。他们也没有必要为一个即将失败的政权与美国抗争到底。留得青山在，不怕没柴烧。法德应该做的，就是尽快收起"白脸"面孔，以"红脸"应对美英，以在伊拉克的战后重建上换取更多的好处和发言权。另外，也可以牵制美英，防止美英在战

后“吃独食”。再从欧盟区域经济一体化中的法德两国关系修好并成为推动欧盟区域经济一体化纵深发展的重要政治力量来看，通过各方的共同努力，加快区域合作的进程，诚然是增强区域政治凝聚力，化解政治宿怨和历史难题的有效机制。

5. 抗衡其他区域经济一体化的压力

随着欧盟扩充步伐的加快，美国与欧盟的政治冲突将逐步显现出来。缘由是，美国已经在 2001 年与约旦签署双边自由贸易协议，同时，美国早在 1985 年 3 月便与以色列缔结了自由贸易协定，而上述两个国家也是未来大欧洲自由贸易区的成员，围绕成员利益的冲突必将在美欧之间表现出来。除这一政治动机外，欧盟决定建立大欧洲自由贸易区还有另一个外部因素的制约，那便是对付美国和美洲自由贸易区等。在推行自由贸易区协议方面，与欧盟相比美国已经落后。最近几年，欧盟不仅在家门口加紧对外经济扩展，而且，在拉美和亚洲等地也在积极展开经济合作活动。而美国因一直忙于其内部事务，除了决定于 2005 年组建美洲自由贸易区外，在对外加强经济贸易合作方面进展一直比较迟缓。但是，2001 年布什入主白宫后，一举改变以往被动挨打的局面，除了继续加强与拉美国家建立自由贸易区谈判外，美国还与东亚的新加坡、中东地区的约旦以及澳大利亚等国积极增强双边经济贸易关系。早在 1995 年 10 月美国便提出与欧盟建立大西洋自由贸易区的构想，而且，美国还打算把亚太经合组织这个横跨美洲和亚洲的跨地区经济合作组织控制在自己手中。到 2004 年欧盟东扩后，欧盟 25 国的总体经济实力大体上与 2005 年的美洲自由贸易区经济实力旗鼓相当，美国若再把 APEC 的主导权掌握在手中，那么，2004 年欧盟 25 国的经济实力仍不如美国。因此，欧盟只有继续扩大其势力范围，方能达到抗衡美国的预期目的。

尤应指出的是，通过参与区域经济一体化合作，在贸易自由化和市场开放等方面做出一系列新的承诺，这些承诺无论在广度和深度上都超过在 WTO 所做出的。有些国家和地区可以进一步制约国内利益集团的阻挠，平衡各方面力量，为经济转轨或深化体制改革，加快市场经济建设和完善。这一点对那些新兴经济体和正在进行改革的国家和地区往往是其参与区域经济一体化合作的一个重要政治动因。

三、WTO 动因

在多边贸易谈判中一些敏感问题和特殊经济贸易难题无法达成的协议却经常能够在双边或诸边贸易谈判中达成。从这种意义上说，区域经济一体化是多边贸易体制的实验场，许多贸易自由化措施都是首先在区域一体化内部实施的，例如，在亚洲，由于西雅图会议的失败，一直奉行贸易多边主义的日本也开始寻求双边贸易协定。而且自由贸易区和关税同盟等区域经济一体化形式作为 1947 年关贸总协定（GATT 1947）多边货物贸易原则的最大例外，WTO 对于其成员参加符合其 24 条规定的区域经济合作组织，不但允许，甚至放任和鼓励，这就使得 WTO 许多成员对于区域内贸易的重视，远远大于对区域外贸易的重视，这直接诱导了 WTO 成员一种现实主义与机会主义态度。WTO 达成的协议对自己有用，不妨用之，如果对自己不利或者用途不大，则束之高阁。许多国家之所以不愿意在 WTO 成员内轻易妥协的重要原因，就是开始转向了区域经济一体化。

1. 多边贸易体制（MTS）自身存在的弱点

WTO 是通过双边或者多边谈判来达成协议。然而，影响贸易谈判议题设定、进展过程和结果的因素非常复杂，既可能是国际政治格局和国际经济状况，也可能是各成员方有差别的政治、经济、法律乃至文化制度；既可能是外在因素如利益集团的游说施压也可能是内在因素如谈判议题本身涉及的问题复杂（如环境、劳工标准、竞争政策等）。因此，这种以谈判为基础的运行机制在成员少、议题少的情况下是一种很好的机制，但当参加的国家多，议题多，且又存在重大分歧的情况下，这种机制就很难发挥作用，甚至无法启动或者无果而终。目前，WTO 已发展到了 148 个成员，且新成员还在继续增加，谈判已经成为一个多边的综合博弈的过程。假设就一个议题进行双边谈判，那么进行一轮谈判的可能次数为上千上万次。如果考虑到有多个议题，除了进行双边谈判外还要举行三边谈判、多边谈判，谈判的次数几乎就是个天文数字。虽然这仅是个理论推算，许多议题，许多国家并不参加，在计算时是要扣除这一部分，但即使扣除这一部分，谈判的量也非常大。因此，表面上将西雅图会议的无果而终、坎昆会议的不欢而散以及多哈发展议程的步履维艰，归咎于议题众多以及谈判双方或者多方存在着尖锐对立，还不如说是 WTO 谈判机制的失败。再有，WTO 的自身运作机制的缺陷还体现在其“一揽子接受”方式上。根据该方式，WTO 成员对各项议题的谈判只有在一致同意的基础上才能进行，这为各方做出让步提供了折衷的舞台。然而，在现有条件下，由于发达成员与发展中成员在农业和“新加坡议题”等问题上存在巨大的利益分歧，甚至美国在“新加坡议题”上所采取的观望态度，注定了要在短时间内达成共识和消除发达成员和发展中成员的矛盾并非易事。⑨

2. 现有协议实施造成的利益不均

WTO 自成立伊始，就将“制定和实施多边贸易协议”作为其重要的职能之一，然而，WTO 成立十年来，无论是发达成员还是发展中成员都从各自不同利益角度考虑，在协议的实施上采取敷衍和拖延的态度，从而导致 WTO 多边贸易协议的实施绩效大打折扣。其中，发展中成员实施协议的最大压力来自《与贸易有关的知识产权协议》（TRIPS）、《与贸易有关的投资措施协议》（TRIMS）、《实施卫生与植物卫生措施协议》（SPS 协议）、《技术性贸易壁垒协议》（TBT 协议）等一系列新协议。以南美为例，根据 WTO 2000 年和 2001 年的贸易政策评审报告，南美凯恩斯成员虽然都通过立法或修改现行法律不同程度地反映了 TRIPS 协议要求，但没有一个成员完全彻底。发达成员没有有效实施的协议主要集中在《农产品协议》和《纺织品与服装协议》。农产品、纺织品与服装是发展中成员具有较大比较优势的劳动密集型产品，是发展中国家获取外汇的主要来源，这两个协议的执行与否直接关乎到发展中成员的出口利益。然而，在过去十年，发达成员在农产品贸易自由化方面进展缓慢，欧盟是全球最大的出口补贴使用者，1995～1998 年，欧盟年均出口补贴支出约 60 亿美元，占全球出口补贴的 91%，而欧盟、瑞士、美国和挪威四个成员的出口补贴占全球的 98%。针对这一现状，虽然《新加坡部长宣言》第 10 段，《多哈部长宣言》第 12 段都专门规定“对实施 WTO 协议的重视及促进实施措施”，然而，由于导致协议不能有效实施的原因不可能短期内解决，这将使得 WTO 暂时还不可能摆脱实施协议方面面临的困境。

3. 多哈发展回合步履维艰、前景难料

2002 年多哈会议只是决定发起新一轮谈判，但对于谈判议题没有明确确定，在没有明确议题的情况下谈判结果可想而知。更为重要的，WTO 首轮谈判在酝酿过程中并没有“发展”的内容，在多哈《部长宣言》中也没有相应的反映。欧盟出于自身利益的需要在多哈曾试图把新一轮谈判命名为“发展回合”，但没

有成功。然而，从多哈一回到日内瓦，WTO 几个主要成员在多哈《部长宣言》中增加了有关小型经济体（第 35 段）、贸易、债务和金融（第 36 段）、贸易与技术转让（第 37 段）、技术合作与能力建设（第 38 ~40 段）以及最不发达国家和特殊差别待遇等内容，以此装点门面，突出新一轮谈判的“发展”特色。以欧美为首的发达国家之所以极力将 WTO 新一轮命名为“多哈发展议程”，其目的在于以“发展”特色来掩盖新保护主义贸易政策的真实面目，而发展中国家之所以接受“多哈发展议程”这一称呼也是不得已而为之的权宜之计。在这样的背景下，多哈发展回合先天不足，自然缺少从根本上解决南北问题的政治和制度基础。事实证明，由于各方利益错综复杂，虽然整个谈判进程仍然在继续，但是几乎所有领域的谈判都超过了原定的时间底线，多哈发展议程最后取得成功的希望有多大，能否实现人们对它的期望，值得关注。

4. 谈判议题错综复杂，矛盾重重

在多哈回合既定的 21 个议题中，既有乌拉圭回合既定承诺的执行问题，如与执行有关的事项和若干考虑；也有乌拉圭回合议题进一步深化的问题，如农业、服务业、非农产品市场准入、与贸易有关的知识产权、贸易与投资的关系、政府采购透明度、WTO 规则（包括反倾销规则；反补贴规则与区域贸易协定三个分议题）、争端解决谅解；也有新加坡部长级大会上业已提出的新议题，如贸易与竞争政策、贸易便利化、贸易与环境、电子商务、最不发达成员、特殊与差别待遇；也有多哈部长级会议首次提出的全新议题，如小型经济体、贸易、债务与金融、贸易与技术转让、技术合作与能力建设。这 21 个议题既反映了国际社会在新世纪国际经济贸易中的共同关注与诉求，同时也是不同利益集团斗争和妥协的结果。而且，在这些议题中，不仅在发达成员与发展中成员之间，而且在发达成员内部也存在着尖锐对立，例如，环保、劳工权利、投资等。

相比之下，区域经济一体化具有诸多优势，例如，地缘接近、文化相通、内在机制灵活、试验场，有针对性地解决区域内存在的问题等。在 WTO 无法满足一部分国家在开放贸易方面的需求，由此导致：其一，一些相似的国家撇开 WTO 开展区域经济一体化。由于在多边贸易谈判中无法达成的协议却经常能够在双边或诸边贸易谈判中达成，区域贸易协定能够充当多边贸易谈判的实验场。其二，一些大国把区域贸易协定作为增强其市场影响力或者作为规避世贸组织非歧视性要求的一种手段。通过区域贸易协定，实施一些在多边贸易协定中尚未存在的规则，并向贸易伙伴施加压力。其三，一些发展中国家和转轨国家把区域贸易协定作为锁定贸易自由化或国内制度改革进程的机制。利用区域贸易协定，它们向外部世界发出一个清晰而可靠的信号：本国的贸易自由化体制和制度变革具有长期稳定性。其四，为了保障市场准入，被排除在区域贸易协定之外的国家要么加入已有的区域贸易协定，要么创建新的区域贸易协定。其五，扩大对国际经济规则的影响力。通过区域贸易协定，一国的呼声更容易在多边谈判中得到放大。其六，寻求区域经济一体化的非经济收益（详见本章第二部分的有关内容）。由于区域贸易协定把成员经济客观上融为一体，各成员之间的政治、安全、外交领域的共同利益必然会增加。同时，区域贸易协定通常能够提供区域内的公共产品，如环境保护、共同资源开发、打击跨境犯罪，甚至包括劳工标准、民主制度等。

四、区域经济一体化发展不平衡所形成的外在压力

冷战结束后，经济全球化与区域经济一体化并行发展，这使世界经济在趋于融合的同时，又不断地以一些地区为核心进行聚合。但是，区域经济一体化进程发展并不平衡，在以欧盟为代表的发达国家区域经济一体化取得令人瞩目进展的同时，越来越多的发展中国家感到了空前的外来压力，并逐步意识到，只有依靠区域经济一体化的联合才能争取自身在国际经济中的合法权利。在当代世界经济格局中，各区域经济组织除了要继续巩固和发展自身之外，由发展中国家组成的区域化集团纷纷涌现。

1. 论坛性合作旷日持久、难以深入

欧盟的实践已经证明，实质性区域经济一体化是区域经济走向融合并取得最大利益的必由之路。一个区域经济一体化组织要发挥效力，实现既定目标，必然对成员要有强制性的约束机制。APEC 的产生及其发展便是一个很好的例子。尽管东亚国家目前大部分参加了 APEC，但是，由于各成员之间在政治体制、经济发展水平和历史传统等多方面都存在着巨大的差异，以致到目前为止，各成员对 APEC 的组织性质和原则仍然存在严重分歧，更谈不上建立统一的约束性规则和制度性体系，使 APEC 实际上只是成为各成员进行经济合作的一个协商论坛，其

公开论坛的特点和首脑会议的非正式性使之不能把自己搞成一个规范的区域经济一体化组织，不能用强制性措施和谈判手段来落实战略目标。而就世界范围推动区域经济一体化的实践经验看，最有效的途径仍是采取通过组建带有很强约束机制的自由贸易区或关税同盟或经济共同体的方式，以加快区内贸易和投资的自由化、便利化和经济的更紧密融合。近来的趋势表明，包括 APEC 在内全球论坛性合作几乎都有逐步向谈判安排变化的倾向。事实也说明，在迄今全世界达成的区域经济一体化中，九成左右是具有实质性内涵的双边自由贸易协定。如表 1 所示，仅 2004 年上半年，全球范围内的双边自贸谈判已取得诸多成果。

表 1：2004 年上半年全球范围内的双边自由贸易谈判成果

1 月 1 日	智利与美国签署的自由贸易协议生效
1 月 6 日	南亚区域经济一体化联盟 7 国外长签署南亚自由贸易区框架协议
1 月 25 日	哥斯达黎加和美国签署自由贸易协定
2 月 7 日	印度、缅甸、斯里兰卡、泰国、尼泊尔、不丹发表联合声明，决定签署建立自由贸易区的框架协议
2 月 16 日	韩国国会通过与智利签订的自由贸易协定
3 月 4 日	阿根廷外交部发表新闻公报说，南方共同市场与印度有望达成自由贸易框架协议
3 月 10	日本经济产业大臣中川昭一表示，日本和墨西哥在双边自由贸易谈判方面已取得实质性进展
3 月 18 日	泰国贸易官员表示，今年年底泰国将和冰岛、挪威、列支敦士登和瑞士 4 国签署自由贸易协定
4 月 26 日	巴拿马和美国举行第一轮双边自由贸易协定谈判
5 月 8 日	新加坡和约旦签署自由贸易协定
5 月 10 日	美国与马来西亚签署协议，确定启动自由贸易谈判论坛
5 月 12 日	日本和墨西哥贸易官员共同表示，双方有望在 8 月份签署自由贸易协定
5 月 16 日	约旦和以色列签署贸易协议，两国在联合工业园区内生产的商品可以自由进入欧洲市场
5 月 18 日	美国和澳大利亚签订自由贸易协议
5 月 19 日	新加坡和印度结束第八轮自由贸易谈判

5 月 27 日	美国和巴林签署自由贸易协定
5 月 27 日	南方共同市场轮值首席贸易谈判代表雷德拉多表示，南共市与欧盟已经具备签署自由贸易协定的基础
5 月 28 日	中国和新西兰正式签署《中国－新西兰贸易与经济合作框架》
5 月 28 日	美国与尼加拉瓜、危地马拉、洪都拉斯、萨尔瓦多和哥斯达黎加 5 个中美洲国家签署自由贸易协定
6 月 5 日	美国贸易代表佐利克前往秘鲁、厄瓜多尔商讨自由贸易谈判事宜
6 月 29 日	中国和南部非洲关税同盟同意启动自由贸易协定谈判
7 月 3 日	中部非洲国家经济共同体自由贸易区正式启动
7 月 5 日	澳大利亚和泰国签署自由贸易协定
7 月 6 日	中国和海湾合作委员会签署经济、贸易、投资和技术合作框架协议，并启动自由贸易区谈判

资料来源：《全球自贸谈判硕果累累》，国际商报网站。

2. 发展中国家的区域经济一体化收效甚微

从战后区域经济一体化的发展历程来看，发展中国家之间单纯的南南区域经济一体化收效不大，主要原因是发展中国家几乎同时采取了进口替代和实现工业化的战略，经济发展趋于内向，贸易政策趋向保护主义。有鉴于此，发展中国家的区域经济一体化不是半途而废，就是因政治因素而不了了之，善始难以善终，迫使许多发展中国家寻求与大国的区域经济一体化。在此背景下，20 世纪 90 年代以来的区域经济一体化，南北合作以及北北合作已占据主导地位。经验研究显示，在南南型贸易组织内，成员之间的经济绩效在逐渐拉大；而在南北型贸易组织内，成员之间的经济绩效在逐渐缩小。例如，在欧盟内部，20 世纪 80 年代中期，爱尔兰、西班牙和葡萄牙的人均收入分别只相当于欧盟最富裕国家（德、英、法、意）平均水平的 61%、49% 和 27%，到 90 年代末期分别上升到 91%、67% 和 38%。相反，在东非共同市场、中美洲共同市场、西非经济共同体，因成员内部收益分配不均衡而陷入困境，其中东非共同市场因无法满足两个落后国家（乌干达和坦桑尼亚）的要求被迫解散。NAFTA 作为一个由发达国家和发展中国家共同建立的区域经济合作组织，已成为通过加强区域经济一体化来开辟与改善传统“南北合作”机制的典型和样板。这一合作模式和有成效的南北区域经济的形成与发展，必将为未来的 APEC 和美洲自由贸易区的建立提供可资借鉴的经验。

3. 有成效的区域经济一体化主要集中于欧美地区

欧盟、北美自由贸易区的合作相对全球范围内的区域经济一体化大大超前，对其他国家和地区形成倒逼压力。在 1958 年罗马条约基础上成立的欧洲经济共同体不仅加快了西欧和北欧内部区域经济一体化的步伐，而且也扩大了该地区与其他国家之间的贸易自由化范围。欧共体通过“洛美协定”与非加太许多国家，也逐步建立了广泛的跨地区的非互惠贸易自由化范围。进入 20 世纪 90 年代以来，欧盟又陆续与中东、北非和地中海地区的国家签署了一系列互惠自由贸易协定，为欧盟的南扩战略打下了铺垫。这样以欧盟为中心，以北欧国家和将来中东欧与中东、北非国家为内圈，同以非加太诸发展中国家为外围的大欧洲区域经济将逐步形成。面对以欧盟为中心日益发展和形成的大欧洲经济区，北美地区的区域经济一体化，自 20 世纪 90 年代中期以来也进入了空前发展的时期。美加为了扩大自己的势力范围，把更多的国家和地区纳入自己的贸易自由化时间表，以便在不久的将来形成以美加为大脑和心脏，以拉美和亚太为两条腿的“人”字型组成的“泛美经济区”。随着分别以美欧为中心的世界两大区域经济的逐步形成，那么，美欧之间经贸关系的发展将构成世界经济关系中的主流，且彼此形成互为存在的条件。这种基于经济因素形成的新“两极格局”，对全球区域经济一体化的进程产生了深远的影响。

第五节　区域经济一体化的发展前景

20 世纪 90 年代末以来，新一轮区域经济一体化浪潮和经济全球化的相互促进和交替发展成为世界经济贸易发展的基本特征。一方面，WTO 的建立和运作，推动着经济全球化不断向纵深发展；另一方面，各种类型的区域经贸集团在世界各地蓬勃发展，掀起了区域经济一体化的新热潮。同上世纪 90 年代之前的区域经济一体化相比，新一轮区域经济一体化呈现出许多新的变化。这些变化将会对全球经济运行机制和发展格局产生重大而深远的影响。

一、内容将越来越广泛、越来越深入

目前，那类单纯集中在关税减让和选择性贸易自由化方面的优惠贸易安排形式的区域经济一体化丧失了其有效性和吸引力。许多国家放弃或基于原有的单项或数项产品的优惠安排而成立了自由贸易区或关税同盟，有的从关税同盟发展成为共同市场。例如，1958 年的罗马条约是在基于原煤钢和原子能联盟的基础上形成的，继而又基于该条约相继实现了关税统一和共同市场等阶段，最后演变成为目前全世界经济一体化程度最高的欧洲联盟，使西欧区域经济一体化形式发生了根本性转变。由于合作形式的提高，致使当前各类区域经济大都达到了不同层次和程度的自由贸易区的标准。但是，到目前为止，真正实现关税同盟的区域经济却为数有限，这说明，整个世界区域经济一体化的领域还有巨大的发展空间。目前，由于发达国家和联合国自 20 世纪 90 年代以来对全球经济可持续发展以及社会发展等方面的重视。诸如与贸易有关的问题，如环境保护与贸易、劳工标准与贸易等新问题已经引起了世界各国的重视。发达国家已认识到，要在 WTO 多边贸易体制领域里解决国际贸易的社会问题，会暂时遇到发展中国家的极力抵制。在国际范围内要寻求解决这一问题的“突破口”，那就是发达国家所主导的区域经济一体化。美国在北美自由贸易协定中通过附件协议的方式对劳工权利标准作了规定。美国在 APEC 中，也正酝酿如何解决劳工权利标准统一的问题。看来，在发达国家所主导的区域经济一体化中，在货物贸易、投资流动、服务贸易以及知识产权等方面将继续深化的同时，将进一步由边境措施向成员内的政策法规渗透，由贸易政策触及成员内的经济政策，以及由涉外法律法规的协调向成员内的法律体系调整转变。

二、开放的区域经济一体化将成为主流

纵观当前各类区域经济一体化的发展与实际运行，组成区域经济的主要成员几乎全部为多边贸易体制的成员，要确保各自在多边贸易体制中的权利与义务的平衡，必须使区域经济一体化的运行与其在多边贸易体制下的义务相适用。因此，区域经济一体化对成员资格大多采取开放式的态度。一是保持本区域经济的活力，扩大区域经济一体化地理范围，建立更广阔的统一市场，实现规模经济效应；二是保持非排他性的姿态，避免引起非成员的报复和国际社会的指

责。除此，绝大多数区域经济一体化都公开声明标榜多边贸易体制的原则与精神——公正、公开和公平。有的区域经济一体化是在其协议的前言或序言中明确写入了WTO的基本原则或笼统表述多边贸易体制的非歧视、公开与开放精神；有的在其协定中虽未明确写入，但在其后的部长大会或首脑会议的决定和宣言中，一再重申奉行了多边贸易体制的原则。此外，还有些区域经济一体化，一开始运行头几年的一项重要任务就是旨在协调行动与政策，推动多边贸易谈判及早成功结束。作为WTO正式成员，欧盟是迄今为止区域经济一体化在多边贸易体制中享有完全成员资格的唯一一例，充分地表明，开放的区域经济一体化将成为区域经济一体化的发展主流。[10]

三、跨洲和跨区域经济一体化形式日益增多

20世纪80年代以前，美国在全球经济中的地位决定了它一直是全球多边贸易体制的主要推动者。在多边贸易体制内部，尽管当时欧共体的发展对美国是一个挑战，但并没有威胁到美国的霸权地位。当1986年欧共体决定在1992年与欧洲自由贸易区合并建立欧洲统一大市场时，美国第一次感到霸主地位受到了威胁，因为新的欧洲统一大市场的市场规模将首次超过美国。面对这一挑战，美国放弃了拥有悠久历史的“孤立主义”传统，着手推进美加自由贸易区的建设。1992年，欧盟签署《欧洲统一法》，美加自由贸易区也同步扩展为北美自由贸易区。北美自由贸易区的产生和欧洲统一大市场的形成，标志着美欧之间的竞争进入一个新的阶段。大国之间的竞争由此开始演变为区域经济集团之间的竞争。此后，欧盟积极开展“东扩”，美国致力于美洲自由贸易区的建设。2004年，欧盟实现“东扩”，完成接纳首批10个新成员。美国在1994年完成北美自由贸易区之后，也开始推进另一个雄心勃勃的计划2005年之前签署美洲自由贸易区协定，以涵盖除古巴之外的所有34个美洲国家。除了各自完成上述扩张外，美欧在世界其他地区的争夺也不断加剧。欧盟已与土耳其签署了关税同盟条约，与地中海国家、中东欧国家、南非、墨西哥、智利缔结了自由贸易区协定，与南方共同市场、新加坡的谈判也在进行之中；通过2000年的“科托努协定”，欧盟将用自由贸易区协定替代原有的“洛美协定”。而美国与以色列、约旦、新加坡、澳大利亚、巴林、新西兰、东盟、非洲国家和地区之间也已经或正在商谈缔结自由贸易区协议。伊拉克战争结束后，美国基于其中东战略提出了2013年与中东国家建

立自由贸易区的建议。而在此之前，欧盟已经决定在 2010 年与这些国家建立自由贸易区。2004 年以来，甚至连中美经济界的一些有识之士，鉴于中美经贸关系的深入发展和贸易摩擦频仍，大胆提出了建立中美自由贸易区的设想。可以预见，随着大国之间的竞争正让位于区域经济集团之间的竞争，跨洲和跨区域经济一体化将会越来越多。

四、对经济全球化发展进程的影响越来越大

区域经济一体化和经济全球化的走向，都是国际生产力的高度发展的产物。两者的产生和发展，还都有各自特殊的因素起作用，因此形成了同时并存的两种现象或两种趋向。由于各地区组织内部实行更高程度的自由化和更密切的合作，而这些地区性组织又都是开放性的，面向全球的，则它们的发展自然会在总体上促进经济全球化的发展。在贸易方面，20 世纪 90 年代货物和服务贸易的增长率接近全球 GDP 增长率的两倍，贸易总额超过 7 万亿美元，可以说，经济全球化的主要特征之一是国际贸易发生质的变化。但值得注意的是，在全世界贸易总额中，有 50% ~60% 的贸易额是发生在区域经济一体化组织内部，因此，国际贸易质的变化，实质上是建立在区域经济一体化组织内部贸易快速发展的基础之上。在国际投资方面，国际投资作为衡量经济全球化不可忽视的重要指标，近十年一直保持快速增长的势头（2001 年除外）。从区域经济一体化的实践来看，区域经济一体化对国际直接投资的增长起到了推波助澜的作用。一方面，区域经济一体化组织的成立，使成员在吸引外国直接投资方面展开竞争，从而加速全球对外直接投资的流动。另一方面，域外非成员为避开地区性贸易壁垒，防止被排斥在具有大规模市场优势和要素自由流动优势的区域经济一体化组织之外，会想尽办法在区域内部展开直接投资活动。例如，日本丰田公司在英国投资设厂，目的是打开欧盟市场，而在发现英国未加入欧元区后，随即在法国北方城市新建汽车厂。可见，与单一国家相比，区域性经济合作组织的成立，更易激发跨国公司的投资积极性，更易引发地区性投资的热潮。因此，从上述分析来看，区域经济一体化的发展，将来至少在贸易与投资两个方面推动着全球化的进程。

本章注释：

①北京师范大学经济与资源管理研究所：《2003 中国市场经济发展报告》，中国对外经济贸易出版社，2003 年 2 月第 1 版，第 217 页。

②刘光溪主编：《坎昆会议与多哈回合》，上海人民出版社，2004 年。

③任贻康、周建平主编：《区域性国际经济一体化比较》，经济科学出版社，1994 版，第 222 页。

④世界银行：《全球经济展望 2005 年》，第 31 页。

⑤李向阳：《全球化时代的区域经济合作》，《世界经济》，2002 年第 5 期。

⑥世界银行：《全球经济展望 2005 年》，第 57 页。

⑦朴盛珉：《达成建立中日韩自由贸易区的贸易效应分析及经济效应预测》，中国经济展望网。

⑧迈克尔·穆萨等著：《世界经济日益一体化中的汇率制》，孙青等译，中国金融出版社，2003 年 7 月，第 62 页。

⑨陈泰锋：《从多哈回合谈判看 WTO 多边贸易体制新动态》，《WTO 动态与研究》，2004 年第 7 期。

⑩林其屏：《开放性区域经济合作：一种新的世界经济合作模式》，《亚太经济》，2004 年第 4 期。

第十七章　“入世后过渡期”中国参与区域经济一体化的战略选择

第一节　中国参与区域经济一体化的现状

中国是一个具有国际影响力的大国。从人口、资源、经济总量以及在国际政治、经济中的地位及其发展趋势来看，中国对世界经济和政治生活的影响越来越大。中国参与区域经济一体化尽管取得了一些进展，但由于观念束缚、体制障碍、政策滞后和起步较晚，参与区域经济一体化的程度还不高。实际上中国在过去几十年当中，从来没有参加过任何区域经济集团和区域政治集团，包括以发展中国家为主体的77 国集团。中国参与区域经济一体化的进程是在中国入世的谈判进程当中，特别是在中国入世以后开始的，中国参加一个松散的非体制性的组织，也就是从亚太经合组织算起。如果把 2001 年中国与东盟的 FTA 谈判作为开端的话，也不过两三年的时间。因此，我们可以形象地说，在参与区域经济合作的进程方面，中国才刚学会走路，在未来的参与历程中势将遇到诸多意想不到的困难和问题。

从目前来看，中国主要进行了以下三种类型的区域经济一体化。①

一、参与具有一定机制的区域经济一体化

到目前为止，中国参与的具有一定机制的区域经济一体化组织有“10 +3”区域经济一体化、上海合作组织、图们江地区的次区域经济一体化组织、澜沧江—湄公河地区的次区域经济一体化。

1. “10 +3” 区域经济一体化

“10 +3” 区域经济一体化是指东盟 10 国与中、日、韩三国的合作。“10 +3” 区域经济一体化始于 1997 年。中国是 “10 +3” 区域经济一体化的重要成员，在 “10 +3” 合作中举足轻重。中国在历次 “10 +3” 会议上都提出许多建设性

的倡议，有力地推动了“10+3”合作的发展。在1998年第二次“10+3”会议上，中国建议加强东亚各国在经济领域特别是金融领域的协调与合作。在2000年第四次“10+3”会议上，中国阐明了关于“10+3”合作定位的主张，指出“10+3”可以发展成东亚区域经济一体化的主渠道，建议逐步建立起地区金融、贸易和投资合作框架，实现地区经济的更大融合。这一主张得到“10+3”其他国家领导人的一致赞同，“10+3”作为东亚合作主渠道的地位开始确立。在2001年第五次“10+3”会议上，中国系统地阐述了对新世纪初“10+3”合作发展的主张，表示“10+3”可以在侧重经济合作的同时，逐步开展政治和安全对话与合作。2003年10月8日，在印尼，我国还与日本、韩国共同签署了一份推进三边合作的联合宣言。经贸议题成为这一宣言的核心内容，这将大大推进“中—日—韩”三方自由贸易进程，“10+3”也将水到渠成，形成三方自由贸易区可致多赢。

2. 上海合作组织

“上海合作组织”是由“上海五国会议”发展而来的。“上海五国会议”成立于1996年4月。虽然“上海五国”会晤机制最初是以边境裁军和加强军事信任为议题，但随着时间的推移，五国关系日益密切，友好关系深入发展，经贸合作与文化交流也相继展开，它为五国合作增加了更为丰富的内容。“上海合作组织”是中国与中亚国家合作的主渠道，中国为促进“上海合作组织”的健康发展做出了重要贡献。2000年7月，在“上海五国”杜尚别会晤上，中国提出四点倡议，更加充实和完善了“上海五国”机制，即以五国元首年度会晤为核心和动力，促进各方面各领域的具体合作。从而在“上海五国”框架内形成多层次、多领域的会晤机制，逐步将五国会晤机制发展成为五国合作机制。2001年6月，中国、俄罗斯、哈萨克斯坦、吉尔吉斯斯坦、塔吉克斯坦和乌兹别克斯坦六国元首在上海举行了第六次会晤，签署了《“上海合作组织”成立宣言》，成立了“上海合作组织”。这是第一个以中国地名命名的国际合作组织。2003年9月23日，由温家宝总理主持的上海合作组织成员总理会晤，在同意建立一个地区反恐中心的同时，签署了加强经济合作的条约，其最终目标是在中亚地区建立起自由贸易体制。2004年6月18日，以塔什干峰会为标志，上海合作组织进入了全面合作的新时期。六个成员的元首签署《塔什干宣言》，决定采取一系列推进安全、经济等领域合作的具体步骤。2004 年 9 月 23 日，上海合作组织成员总理第三次会议在吉尔吉斯斯坦首都比什凯克举行。温家宝总理提出，“要循序渐进地重点深化经济合作，多层次地密切经济联系，多渠道地为经济合作创造条件，认真落实多边经贸合作纲要”。在此次会议上，举行了由中方首先提议并单独出资建设的“上海合作组织经济合作网站”开通仪式，成为了成员间第一个经贸领域信息合作项目。

3. 图们江地区次区域经济一体化

图们江地区次区域经济一体化是东北亚地区最重要的次区域经济一体化圈（又被称为“增长三角”）。1991 年 7 月，联合国开发计划署（UNDP）提出一个开发图们江三角洲的计划。同年 10 月，UNDP 召开了图们江开发会议，正式成立图们江开发项目，并成立了项目管理委员会等机构，图们江地区开发正式启动。1995 年 12 月，中、朝、韩、俄、蒙五国就建立图们江经济开发区和东北亚开发协商委员会等问题达成三个协议，1996 年各签署国政府正式批准该三项协议。由此，东北亚区域经济一体化利益协调机制初步建立起来，并开始投入运行。中国政府非常重视图们江地区的开发，采取多项措施积极推动开发的顺利进行。1992 年 5 月，中国政府决定将黑河、满洲里、绥芬河、珲春四城市对外开放。国务院设立图们江开发领导小组，并把图们江开发正式列入“九五”计划和 2010 年长远规划。1993 年批准了吉林省政府制订的“图们江下游珲春地区综合开发规划大纲”，并积极建设珲春经济技术开发区及铁路、公路、通讯等基础设施，从而使该市边境经济合作区建设初具规模。2004 年 7 月，在长春结束的 UNDP 图们江区域开发项目第七次政府间协商协调会议上，UNDP 官员表示，UNDP 在充分尊重各国意见的基础上，决定对图们江合作开发计划的三份文件予以延期，并继续支持图们江开发计划的下一步顺利实施。今后，UNDP 将继续发挥牵头和协调作用，促进图们江区域各国实现互利和共同繁荣。

4. 澜沧江—湄公河地区的次区域经济一体化

1992 年，亚洲开发银行邀请澜沧江—湄公河流域的柬、中、老、缅、泰、越六国的代表团召开了第一届澜沧江—湄公河次区域经济一体化会议。六国政府对“大湄公河”次区域经济一体化热情很高，沿岸各国都希望发展经济，推进合作步伐，保持区域稳定，提高人民生活。会议通过了《次区域经济一体化》

的总体框架报告，由亚行牵头的“大湄公河”次区域经济一体化就此起步。这就是澜沧江—湄公河次区域经济一体化的缘由。澜沧江—湄公河次区域处于东南亚、南亚和中国大西南的结合部，面积230多万平方公里，人口2.5亿，拥有丰富的生物多样性资源、农业资源、水能资源、矿产资源、土地资源、人力资源、人文资源和旅游资源，区位优势特别明显，在资源和市场方面具有较强的互补性，充满了巨大的贸易和投资机会，具有极大的发展潜力。深入一点看，澜湄次区域腹地涉及东南亚和南亚的许多国家和地区，大约拥有20亿人口，是当今世界经济最具活力的地区之一，也是世界重要的战略物资补给地，有望成为21世纪世界和亚洲新兴的巨大市场。自1992年以来，许多国家和亚洲开发银行已经对澜沧江—湄公河次区域的合作问题进行了大量的研究。我国是亚行倡导的大湄公河次区域经济一体化项目的支持者和积极参与者，是东盟—湄公河流域开发合作计划的“核心国”。通过与湄公河委员会开展坦诚的对话并参与次区域的开发活动，中国已与湄公河沿岸各国在交通、能源、电讯、环境、旅游、人力资源和贸易与投资等众多领域开展了合作。如成立了国家级的“澜沧江—湄公河流域开发前期研究协调小组”；一些重大基础设施建设项目有的已经开始实施，有的已列入国家或云南省的“十五”发展计划。

二、参与具有论坛性质的区域经济一体化

1. 亚太经济合作（APEC）

亚太经济合作成立于1989年11月，是亚洲和太平洋地区最大的区域性经济合作论坛。我国于1991年汉城会议上加入了APEC。作为重要成员，我国积极参与了APEC各类专业部长会议、高级官员会议、贸易投资委员会及其下属工作组、专家组会议。1991年的汉城会议上，我国提出了亚太合作的多样性、开放性、合理性三原则，为《汉城宣言》的制定奠定了基础。此后，从1993年起，中国连续出席领导人非正式会议，并在每一次会上发表重要讲话，阐述中国参与亚太经济合作的重要原则，表明中国改革开放、积极参与亚太经济合作的决心，同时也对APEC的发展远景表明了中国的看法。中国在APEC中扮演了越来越重要的角色，在推动贸易投资自由化和便利化方面做出了巨大贡献。在关税方面，中国多次用实际行动落实自己做出的承诺。1995年大阪会议上，中国宣布中国

将从1996年起大幅度降低进口关税税率的决定。1996年马尼拉会议上，中国宣布到2000年中国争取将进口商品的平均关税降至15%左右。1997年温哥华会议，中国宣布将于2005年将工业品平均关税降至10%。在经济技术方面，中国也发挥了重要的推动作用。1996年马尼拉会议上，中国就APEC经济技术合作进行了全面、系统的阐述，并首次提出了指导APEC合作的“APEC方式”。1997年温哥华会议上，中国重申了“APEC方式”，敦促发达成员开放技术贸易市场，加速向发展中成员转移技术，建议APEC制定一项《走向21世纪的科技产业合作议程》，这一提议在会议通过的《联系大家庭宣言》中得到了充分体现。1999年奥克兰会议上，中国提出坚持独特的“APEC方式”、重视经济技术合作等是APEC保持活力和取得成功的重要经验。2001年，APEC会议在中国成功举办，进一步证实了中国对区域经济一体化做出的积极努力和贡献。2003年10月20日，国家主席胡锦涛出席APEC第11次领导人非正式会议，在此次曼谷峰会上，中国提出三项主张：“第一，要加强相互信任，保持亚太地区稳定。第二，要采取有效措施，促进经济社会协调发展。第三，要推动相互开放市场，健全多边贸易体制。”我国的主张得到与会各方的普遍认可和呼应。

2. 亚欧会议（ASEM）

为了加强亚欧之间的政治对话和经贸合作，1994年10月，新加坡总理吴作栋访问法国时提出了召开亚欧会议的设想，获得欲与亚洲国家建立新型伙伴关系的欧盟的支持。1996年3月1日，首届亚欧首脑会议在泰国首都曼谷举行，中国、日本、韩国、东盟七国和欧盟十五国领导人及欧盟委员会主席出席了会议。会议以“为促进发展建立亚欧新型伙伴关系”为主题，发表的《主席声明》确定了未来亚欧关系的基本框架。首脑会议每两年举行一次，轮流在亚洲和欧洲国家举行，1998年和2000年分别由英国伦敦和韩国汉城承办了第二届和第三届亚欧首脑会议，第四届亚欧首脑会议于2002年在丹麦首都哥本哈根举行，第五届首脑会议于2004年在越南举办。亚欧会议共有25个成员，即欧盟十五国（奥地利、比利时、丹麦、芬兰、法国、德国、希腊、爱尔兰、意大利、卢森堡、荷兰、葡萄牙、西班牙、瑞典、英国）和亚洲的中国、日本、韩国及东盟七国（文莱、印度尼西亚、马来西亚、菲律宾、新加坡、泰国和越南）。由于欧盟委员会作为单独一方参加亚欧会议活动，故亚欧会议共有26方成员。值得关注的是，2003 年 7 月 22 ~ 23 日，第五届亚欧经济部长会议在中国大连成功举行，来自亚欧会议 26 方的经济部长及其代表在会议期间就 WTO 新一轮谈判、全球经济形势、亚欧合作等议题进行了深入讨论。部长们一致认为，加强亚欧成员之间的合作变得比以往更为重要。亚欧各国应共同为振兴亚欧经济、推动世界经济发展做出努力。

3. 博鳌亚洲论坛（BFA）

2001 年 2 月 26 日 ~ 27 日，博鳌亚洲论坛于中国海南博鳌成立，并通过了《博鳌亚洲论坛宣言》、《博鳌亚洲论坛章程指导原则》等纲领性文件。论坛性质定位为非官方、非营利、定期、定址的开放性国际组织；宗旨是立足亚洲，深化亚洲各国间的经济交流、协调与合作；同时又面向世界，增强亚洲与世界其他地区的对话与经济联系；力争将博鳌亚洲论坛办成高水准论坛，通过区域经济的进一步整合，推进亚洲国家发展目标的实现。目前，博鳌亚洲论坛已经举行了三届年会，2002 年 4 月 12 ~ 13 日，首届年会在博鳌举行，年会主题是“新世纪、新挑战、新亚洲——亚洲经济合作与发展”。2003 年底，中国入世首席谈判代表龙永图部长被该论坛理事会推选为秘书长，这一重要人事变动，无疑预示了博鳌亚洲论坛更加务实、更加有效、更加美好的合作前景。2003 年 11 月 2 ~ 3 日，第二届年会主题是“亚洲寻求共赢，合作促进发展”。2004 年 4 月 24 ~ 25 日，经过三年的探索，第三届年会将“亚洲寻求共赢”定为博鳌亚洲论坛的永恒的主题。强调“共赢”是因为这是亚洲各国领导人在区域经济一体化领域多次强调的原则，也是本地区各国在过去多年的合作实践中形成的共识，更是我们亚洲各国在经济合作中追求的目标。而强调“寻求”是为了体现博鳌亚洲论坛的探索性和亚洲区域经济一体化问题的复杂性的特性。所以，博鳌亚洲论坛虽然只是一个非官方、非赢利、定期、定址的开放性国际组织，但它对于推动亚洲各国经济合作、促进经济发展方面的作用势将越来越大。

三、参与具有实质性安排的区域经济合作组织

1. “10 + 1” 自由贸易区

在“10 + 3”领导人会议同期，还分别召开东盟与中、日、韩三国领导人的会议，即三个“10 + 1”领导人会议。中国政府十分重视与东盟之间的合作。

1997 年首次首脑非正式会晤时，中国与东盟九国领导人就中国与东盟的关系广泛深入地交换了意见。会后共同发表了《联合声明》，在联合声明中共同承诺“将发展彼此之间的睦邻互信伙伴关系作为中国与东盟在 21 世纪关系的重要政治政策目标”。2001 年，在第四次中国——东盟“10 + 1”峰会上，中国提出了成立自由贸易区的倡议。2002 年 11 月 4 日，中国与东盟签署了《全面经济合作框架协议》，决定到 2010 年建成自由贸易区。2003 年 10 月 8 日，在印尼举行了中国加入《东南亚友好合作条约》的签字仪式，与东盟国家领导人签署了“面向和平与繁荣的战略伙伴关系”联合宣言。这是我国第一次同一个地区组织结成战略伙伴关系，我国也由此成为第一个加入这一条约的东南亚区外大国。双方还签署了《全面经济合作框架协议》的补充议定书等文件，我国对我国与东盟在 2010 年顺利达成自由贸易合作“充满信心”。这将是世界贸易体系中第一个东亚自由贸易区，它覆盖接近全球 30% 的人口，拥有大约世界 40% 的外汇储备，国内生产总值和对外商品贸易额分别占世界总额的 10% 左右。目前，中国—东盟自由贸易区货物贸易谈判正在进行之中，并将在 2004 年 11 月中国—东盟“10 + 1”领导人会议召开之前完成。

2. 曼谷协定

《曼谷协定》签订于 1975 年，全称为《亚太经济社会发展中成员贸易谈判第一协定》，其核心内容和目标是通过相互提供优惠关税和非关税减让来扩大相互间的贸易，促进成员经济发展。1994 年 4 月，在联合国亚太经社会第 50 届年会上，中国正式宣布申请加入《曼谷协定》。从 2001 年 5 月 23 日起，中国正式成为《曼谷协定》成员。《曼谷协定》是中国加入的第一个具有实质性优惠安排的区域贸易协议。中国加入后，通过相互提供优惠关税和非关税减让，将进一步促进与《曼谷协定》成员之间的贸易。中国的加入将大大增强《曼谷协定》的活力，同时将吸引更多的国家申请加入《曼谷协定》，从而进一步增强《曼谷协定》的作用。《曼谷协定》是中国与南亚进行区域经济一体化的重要渠道。通过《曼谷协定》，我国逐步扩大了与南亚的合作。

3. 内地与香港关于建立更紧密经贸关系的安排（CEPA）

2003 年 6 月 29 日，《内地与香港关于建立更紧密经贸关系的安排》（CEPA）在香港签署，2003 年 9 月 29 日，六个附件也相继签署。CEPA 共六章二十三条，其总体目标是逐步在内地与香港之间实现货物贸易和服务贸易的优先自由化，减少或取消双方之间形式上和实质上所有限制性和歧视性措施，促进贸易投资便利化。这是我国经济发展以及内地与香港区域经济一体化的一件大事。内地与香港在经济结构上存在明显的互补性，实施 CEPA 无疑对香港经济注入了新的动力，也将对内地与香港的经贸合作创造了巨大的发展机遇。毋庸讳言，CEPA 的签署是内地和香港经贸合作新的基点。CEPA 将为香港服务业的发展提供更多的机遇和更广泛的空间；将在一定程度上降低香港制造业成本，促进香港高增值产业的发展，实现产业升级；同时内地与香港间实现贸易投资的便利化，使双方在众多的领域形成制度性的合作，将有力地保障内地与香港经济的长期合作和发展。这是香港回归祖国六年来，两地签署的第一份、也是十分重要的一份加强经贸合作的文件，具有超出其字面的重要作用意义。CEPA 是我国区域经济一体化的重要一环，是两岸四地之间构建中国经济圈的一个起点。

第二节　中国参与区域经济一体化的动因与利益分析

从中国参与区域经济一体化的现状分析，不难发现，按照区域经济一体化的空间层次来看，如表 1 所示，中国目前采取了次区域、区域和全球范围内经济合作的同时并举、齐头并进的发展模式。而且，针对中国原有对外区域经济一体化重心比较单一——主要集中在亚太地区的非均衡发展状况，在全球空间地域结构上，如图 1 所示，中国正立足于亚太的同时，构筑自己的多元重心模式框架，实现由单一重心向多元重心发展的转变。在以区域经济合作为基础的国际经济一体化浪潮不断高涨的世界经济大环境下，中国正以较快的步伐融入到一体化的进程之中。虽然，经济合作区域化的发展趋势会进一步加快贸易自由化的步伐，而且会对国内经济造成很大的影响和不可预测的变量，但是，如果视区域经济一体化趋势于不顾，甚至逆区域经济集团化趋势而行之，则会给中国经济带来更严峻的挑战，中国经济将会面临被边缘化、边际化的风险。因此，2001 年 11 月 6 日在文莱首都斯里巴加湾港召开的第 5 次东盟和中国领导人会议上，中国正式提出了组建中国—东盟自由贸易区的构想，并与东盟达成了共识，双方领导人一致同意，在今后十年内建立中国东盟自由贸易区。这标志着中国历史上第一个有形规范的区域经济一体化组织的形成，在两难的选择中，中国毅然实现了从探讨到实践、从无形到有形的转变和突破，为中国区域经济一体化历程开创了一个新的里程碑，其间蕴藏着的政治、经济、文化等诸方面的利益驱动和策略变化的重要动因，值得我们认真思考和研究。

表 1：中国参与区域经济一体化的层次结构

层次类型	性质特点	可参与的区域经济一体化形式
全球区域经济一体化	全面性和广泛性	WTO、IMF、WB 以及 EU
区域经济一体化	重点性和选择性	东盟、APEC、上海合作组织
次区域经济一体化	现实性和延伸性	图们江、澜沧江、湄公河

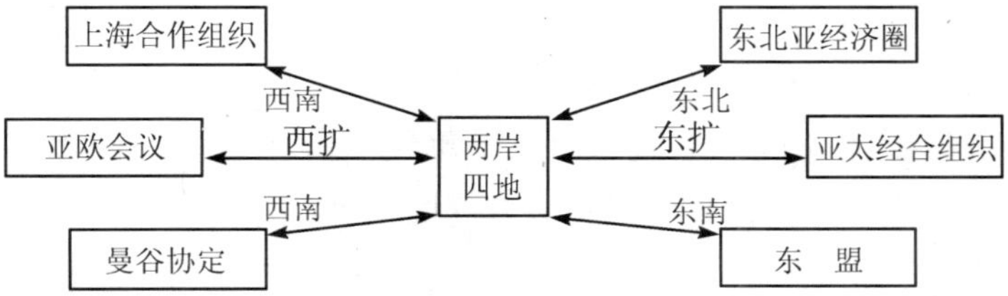

图 1：中国参与区域经济一体化的空间结构

一、参与全球区域经济一体化的理论观念转变

区域经济一体化兴起于 20 世纪 50 年代的欧洲。80 年代中后期，美国改变主张自由贸易和反对区域经济一体化的政策倾向，转向公平贸易和区域主义，进而形成了北美自由贸易区。以此为契机区域经济一体化在全世界扩散，发展成为一种全球性的现象。世界经济已经进入一个区域经济一体化的新时代。任何一个国家经济发展都会不可避免的受其影响，中国也不例外。因此，从 1991 年 11 月中国正式加入 APEC 为标志，其对待区域经济合作的态度发生了初步的转变。上世纪 90 年代中期，鉴于 APEC 的空前发展与中国复关谈判旷日持久的鲜明对比，国内学术与外交政策领域兴起了一场有关多边贸易体制与区域经济关系内涵的大讨论，并最终形成了学者型官员所提出的“互补性竞争”（双赢与共赢）的主流观点。这一观点的提出，为中国积极参与 APEC 各项合作议程的同时，着力推进复关入世谈判提供了重要的理论政策指导。紧随其后，特别是在 1999 年 11 月中美就 WTO 达成了历史性的协议以后，中国有关区域经济合作的基本立场和政策态度发生了根本上的转变。首先是参加了东亚货币互换的“清迈协议”，之后又

提出了与东盟建立自由贸易区的设想。这在很大程度上与中国对自己目前经济状况的自信有关。2000年以来，中国宏观经济连续保持8%～9%的高增长率。根据联合国贸易发展会议公布的《2004年世界贸易与发展报告》，在美国、日本和西欧经济复苏普遍乏力的情况下，中国经济已经成为世界经济最重要的引擎。因此，中国经济运行表现出来的良好态势为发展区域经济一体化创造了良好的基本环境。这种经济实力较强的国家乐于采取的合作形式，中国也有足够的信心和实力去尝试，让它服务于发展的各个领域，带动经济的进步。

二、参与区域经济一体化是应对全球化和一体化的战略选择

区域经济一体化是民族国家实现本国利益，积极参与全球经济一体化的一种过渡方式。世界经济一体化已成为不可逆转的大趋势，而这一趋势的阶段性表现就是区域经济集团化的操作形式。而且，单纯从区域经济一体化自身的角度来看，参与区域经济一体化也是中国经济发展的一种必然的选择。任何一个区域经济一体化无论是开放性的，还是非开放性的，客观上都具有排他的性质，都对非成员构成某种程度上的歧视，不利于该国经济贸易的发展。尽管开放性成为各区域经济一体化的一个重要口号，但区域内国家所享受的待遇远远超过区外国家，而且随着各区域经济一体化在数量上的增加和一体化程度上的深化，区域外国家所受歧视的广度和深度将加强。对中国来说，中国如果继续游离于区域经济一体化组织之外，作为区域外国家也必然会受到歧视，将面临着原有的市场被集团内成员所挤占，新市场难以开拓的危险。当今世界已被发达国家分割垄断，欧盟、北美自由贸易区等区域经济集团化的先后启动，迫使发展中国家不得不进行区域经济一体化，以求形成相对的经济合力与比较优势。中国通过加入区域经济一体化组织，不仅可以有效规避集团内成员的歧视性待遇，而且还有利于以集体的力量与其他地区相抗衡，有利于抵御经济全球化带来的危险和挑战。

三、参与区域经济一体化获取规模经济和福利效应

区域经济一体化是一个有利于增进福利的过程，使得所有参与区域经济一体化的国家可以在更大范围的国际分工与贸易中获利。因为，在国家的主导作用下，一体化的区域经济把全球市场内部化为区域市场，有效地降低了在全球范围内配置资源的搜寻成本，降低了交易成本和违约风险。而且区域经济一体化所形

成的市场规模效益、产业联动效应和技术创新动力将加快区域内各成员的产业、行业结构优化、调整和升级，推动区域内的专业化分工协作。这种在市场规模和调整范围扩大基础上的产业结构调整因回旋余地较大，还可以减轻企业关停并转所带来的阵痛。区域经济的建立为现代化工业扩大生产、享受规模经济提供了可能性。生产能力的充分运用，不仅可以增加产出，还可以降低成本和市场价格，使生产者和消费者同时受益，而且在统一大市场下，还可以避免各国企业规模的扩大可能产生的垄断。中国被全世界公认为是21世纪最具有经济发展潜力的经济体，随着人们收入水平的提高，消费多样化需求潜力的不断挖掘，中国市场规模和容量正经历着一个飞速发展的过程。在这个过程中，中国企业由于无法形成有效的规模经济而面临着瓶颈的制约。在市场变化极其迅速的情况下，规模经济的缺乏往往削弱竞争能力，引起生产成本的上升。显然，中国参与区域经济一体化可以与区域内成员实现优势互补，更加有效地实现规模经济。这就意味着中国企业可以将自己的优势规模化，更多地降低成本以应对日益扩大的国内市场需求。与此同时，规模经济的实现也有助于中国企业在后WTO时代面临激烈的市场竞争，拥有更加强大的核心竞争力。

四、参与区域经济一体化是亚太地区贸易自由化发展的必然要求

欧盟和北美自由贸易区的经验已经证明：在贸易自由化发展的过程中，地区或区域主义的贸易体系是不可忽视的力量。从当今的国际形势来看，自由贸易协定已经处于遍地开花的状态，尽管双边或地区自由贸易协定的框架以欧洲和美洲大陆为中心在不断扩大，在东亚地区动向却比较迟缓。在这样的前提下建立中国—东盟自由贸易区这种规范有形的区域经济一体化，就成为亚太地区融入全球贸易自由化浪潮的必然要求。对于日益深入的经济全球化和区域经济一体化，东盟不是采取逃避政策孤立于这一进程之外，而是正视这一进程所带来的挑战，把握随之而来的机遇。中国—东盟自由贸易区的建立是东盟国家寻找新的发展机遇的一条途径，它可以使东盟与中国的互惠互利双赢关系更加密切。亚洲金融危机期间，中国政府一再强调保持人民币汇率不贬值，对稳定该地区的货币汇率做出了贡献，有中国这样一个大国参与亚洲的区域经济一体化，将有利于东盟经济和货币的稳定。中国与东盟取得的共识表明，东亚地区不仅有这个愿望而且有实现愿望的条件，只要各国着眼于共同利益，就能够克服种种的困难携手并进。[②]

五、参与区域经济一体化减轻对美国市场的过分依赖

长期以来，中美两国经济发展差距造成了两国在经济上的互补性，为两国经贸关系的存在提供了客观基础。然而，自2003年开始，作为世界上第一和第四大贸易国，中美两国之间的经济摩擦不断。诚然，中美经济摩擦的增多，主要应归咎于美国国内政治经济形势处于特殊时期，中国作为美国最大贸易逆差来源地，这使其成为再“合适不过”的美国政治牺牲品。但是，人们往往忽视了另一个最重要、甚至是最根本的背景，即在中美经贸关系中，中方对美国的依赖要大于美国对中国的依赖。这种不对等的经济依存关系注定会增加中国在中美经济相互依存中的脆弱性，中美经济摩擦必然会成为一种常态。加之，美国近期经济增长势头乏力，“9·11”事件的后续影响，不少和美国有密切经济关系的国家和地区都不同程度地遭到打击，包括新加坡、香港、马来西亚、泰国、韩国等。因此，中国在加强与美国经贸联系的同时，也应该注意全局的平衡。我国可以研究与欧盟国家、东亚国家和其他新兴市场国家签订双边或多边贸易优惠协定乃至自由贸易协定的可能性，更广泛地开展区域内自由贸易，以减轻对美国经济的过度依赖。当然，中国面临的贸易摩擦日益增多，从另一方面说明中国经济对世界经济的开放面和影响面在日益扩大，对世界经济的贡献开始提升。有鉴于此，从构建中国对外开放的大战略角度，也可以大胆设想中国与美国签署双边自由贸易协议的前景，把中美经贸关系纳入一个稳定的区域一体化框架中，从根本上解决中美经贸关系脆弱性、波动性的问题。

六、参与区域经济一体化拓宽优化资源配置的范围

区域经济一体化发展的主体内容是追求区域之间利益一致基础上生产要素的移动和优化配置，所以区域经济一体化过程必然伴随着生产要素流动的加快和区位比较优势下专业化生产的进一步发展。以区域经济一体化的典范欧盟为例，欧共体在1992年底形成统一大市场，使12个成员GDP平均提高4.5%，创造了180万个新的就业机会，使商品价格下降6.1%，并改善了成员内部的对内、对外经济平衡。而新增经济福利值则更为可观，由于取消贸易壁垒所取得的获益相当于欧共体GNP的0.2%，由于取消影响生产的壁垒所取得的获益达到欧共体的GNP的2.2%，由于充分利用规模经济取得的获益达到GNP的1.6%。对于中

国而言，以亚欧经济部长会议为例，亚欧会议成员大多数与中国经贸关系密切。日本是中国的第一大贸易伙伴，欧盟是中国第三大贸易伙伴，东盟是中国第五大贸易伙伴，韩国是中国第六大贸易伙伴。2002 年，中国与亚欧会议成员的贸易额达到 2875 亿美元，占中国对外贸易总额的 46%。如果进一步提高区域内部一体化程度，减少或取消贸易壁垒，会更有利于中国对外贸易的发展。另外，区域经济一体化对于缩小区域发展不平衡，改善区域发展环境也具有十分重要的作用。例如，中国西部地区地处内地，交通不便，参与国际经济活动受自然条件的约束，规模小，经济落后。因此，建设一个绕过阿富汗、直接面向中亚的道路，将会大大促进西部地区的开发。"上海合作组织"的建立开辟了一条中国西部地区连接欧洲经济的通道，同时可有效利用中亚五国的能源潜力，加强区域能源互利合作，构建中国的战略能源、战略原材料和战略新材料的中长期储备和稳定安全有效的供应基地。

七、参与区域一体化进一步强化开放促改革的力量

中国作为一个经济正在转型，各项深层次改革处于攻坚阶段的发展中的大国来说，参与本地区更加紧密的经济一体化无疑更有其特殊的战略意义。中国入世谈判 15 年的历程和入世 3 年来的实践表明，一系列有关市场准入改善和对外开放承诺的实施，在中国国内政府职能转变、体制改革和法治经济建设等层面上所发挥的杠杆作用，充分昭示了开放促改革、促发展，拓宽发展空间的战略功效。但不能否认，由于 WTO 自身存在的弱点和入世谈判的局限性，单纯通过入世承诺的实施来推动国内某些深层次的改革，如关税的进一步降低、非关税措施的进一步实施、服务业市场的进一步开放以及金融外汇体制的进一步改革，是无法实现的，因为改革越深入，开放越扩大，面临的利益集团的阻挠就越发强大，寄希望于在现行体制内部形成克服和突破这类阻挠的政治力量和经济势力，不仅不可能，而且往往超出政治和社会的承受力（虽然经济方面的承受力有回旋余地）。但是面对全球范围内迅猛发展的经济合作区域化和一体化的大潮大势，国内的任何政治力量、任何的利益集团、任何的社会阶层，都会自觉不自觉地感到一种压力。世界潮流浩浩荡荡，顺之者昌、逆之者亡的醒世恒言，必然会形成一定程度上的凝聚力和社会共识。在这种背景下，政府层面就可以充分利用这种局势，积极参与本地区或跨地区的经济一体化，并通过区域内的多种谈判和多层次博弈，

可在 WTO 承诺之外，做出新的、符合改革导向战略的开放步骤，这样一则可以多一层促动国内改革的外来压力；二则可以用来抵制国内利益集团的阻挠，巩固已有的改革与开放成果。当然任何对外开放的新举措都必须紧扣中国经济发展阶段的不同任务，有助于贸易增长方式的转变和外资质量的提高，有助于落实科学的发展观和产业结构的优化升级。

八、参与区域经济一体化是调整大国关系的政治需要

在经济全球化和信息数字化时代，大国间相互依赖程度要远远胜过以往任何一个时代。国际贸易和技术的发展带动了国际分工，也带动了资本、人才和资源的跨国流动，这些特点构成了目前大国合作的经济基础。“9・11”事件使大国间过去 10 年的战略摸底过程趋向终结和明朗化，在调整关系的过程中，大国之间的动机越来越明显：大家都有意保持长期合作或战略协作或建设性合作的局面。在大国关系中，最引人注目的是中、美、俄、欧四大力量之间在国际安全问题上保持持续合作，其中以美俄、俄欧和中俄的合作最明显。以 2002 年 5 月底美俄签署《关于削减进攻性战略武器条约》和《美俄新战略关系宣言》、俄罗斯和北约签署《罗马宣言》并成立“俄罗斯——北约理事会”为标志，美俄关系和俄欧关系进入了新的战略互信与合作时期，对抗时代已经成为历史。中俄两国自冷战结束以来一直在追求建立战略协作伙伴关系，2001 年两国领导人签署的《中俄睦邻友好合作条约》和创建《上海合作组织》就是这种努力的具体成果。因此，在 21 世纪初，大国关系开始进入了建立战略信任和避免对抗的时代。中国参与区域经济一体化，可以在国际事务中出于共同的利益，以共同的声音和共同立场一致对外，增强了谈判地位和综合实力，有利于地区安全和多极世界的建立，而且也可以通过参与本地区的经济合作或跨地区合作，一则能摸清其他大国的态度和真实立场，形成制约与平衡机制；二则能使中国与各大国的建设性合作关系或战略协作伙伴关系建立在更加紧密的区域经济合作基础之上，并注入新的内容与活力。

第三节　中国参与区域经济一体化存在的问题

中国参与各种不同性质的区域和次区域经济一体化组织，这是中国发展经

济、增强综合国力和在国际事务中发挥更大作用的必然战略选择。中国区域经济一体化发展的前景是令人鼓舞的，但就目前的发展来看，还存在着一些不如人意的情况，这些问题影响着区域经济一体化的推进，而导致这些问题产生的原因主要是制度层面的障碍，当然也有一些操作层面的失误以及主观方面的因素。概括起来看，可从如下五个方面来分析。

一、参与的区域经济一体化大多是松散性的且国际化层次较低

应该说 APEC 是中国加入最早的一个区域经济形式，但是 APEC 只是一个论坛性质的区域经济一体化形式，其经济合作突出松散性和开放性特点，不仅合作程度和水平低，且至今没有政府间条法协议的约束。严格地说 APEC 不是一个区域性集团或合作组织，只是个自主平等参加的、制度化的、由政府出面的经济合作协商论坛或磋商机制。《曼谷协定》和"10+1"自由贸易区是中国参与的具有实质性优惠安排的区域经济一体化组织。由于成员经济实力和政治方面的影响有限，以及各国之间协调不够，《曼谷协定》的发展较慢，没有建立定期审议机制，缺乏向纵深发展的动力。"10+1"自由贸易区的建立刚刚达成协议，一切都处于起步之中。"10+3"、上海合作组织是中国参与的具有一定机制的区域经济一体化形式中最重要的两个。就目前而言，"10+3"仅仅是一个区域经济论坛，还算不上真正的区域经济一体化组织。"10+3"区域经济一体化自第一次会议以来，虽然各方面都在加紧研究，并表示合作的良好心愿，但迄今为止尚未跨越研究阶段取得实质性成果。上海合作组织目前还主要在战略层次展开，还没有建立实质性的区域联盟。

二、尚无一整套清晰和立足于长远需要的区域经济一体化发展战略

选择区域经济一体化对象和确定不同组合的优先顺序是一个国家制定对外经济合作战略的基础工作。各国是从缓解国内压力、实现优势互补和追求政治经济利益等多种角度出发选择谈判对象的。例如，日本选择新加坡作为第一个谈判对象的主要原因在于可以回避对方农产品可能对本国农业带来的压力；选择墨西哥的目的是为了避免日本企业产品进入墨西哥时与欧美企业相比的不利条件，并利用墨西哥作为 NAFTA 成员同时又与欧盟签署自由贸易区协议的有利地位，为日本在墨西哥投资企业产品进入欧美市场创造条件；选择韩国作为伙伴则主要为了

发挥贸易和技术优势获取经济利益的同时，遏制中国的影响，在地区事务中掌握主导权。再如，东盟与中、日、韩以及美国等分别建立自由贸易区，除了有利于东盟产品进入这些世界主要市场以扩大对外贸易之外，更重要的目的是作为零关税连接各主要市场的生产基地，有利于吸收各国直接投资。然而，由于缺乏对未来区域经济一体化趋势和作用的足够认识，尚未形成一整套清晰、立足于长远发展需要的区域多边和双边自由贸易区战略与优先安排顺序的国家战略应对体制。

三、与东盟的多边博弈决定自由贸易协定谈判异常复杂

一般来说，根据区域经济一体化理论，自由贸易区对区域内成员经济增长的促进效果与其覆盖的产品范围成正比，但是如果区域经济一体化的成员主体越多，谈判达成完全一致的难度也就越大，自由贸易的概念也就愈加相对。正因为如此，日本在与东盟关于建立自由贸易区的谈判时，采取了多边与双边并进的策略。一方面通过多边形成的一揽子框架构想，在建立全面制度性合作关系方面取得共识，将合作领域全部囊括其中，为选择合作方式和时间表留下空间。另一方面，在多边框架构想内，事先写入鼓励双边合作的内容，为根据需要选择合适的合作伙伴和优先顺序，推进双边自由贸易区磋商铺平了道路。实际上日本与新加坡、泰国、菲律宾之间的双边进程已经明显领先于多边。最终日本的获益将可能是各个双边自由贸易区获益的叠加效果。而我国与东盟的自由贸易区谈判，要在同时面对 10 个谈判对象的条件下，其难度可想而知，没有一套具体可行的谈判策略，短时间之内达成协定的可能较小。本来，根据中国与东盟签订的《全面经济合作框架协议》，预计 2004 年 6 月 30 日之前双方结束建立自由贸易区的货物贸易谈判，但谈判不得不拖延至 11 月中国——东盟“10 + 1”领导人会议召开之前完成，可能与这方面的因素不无联系。

四、南南型区域经济一体化模式较之南北、北北型的效应有限

一般来说，正如前面提及，发展中国家区域经济一体化（南南合作）不如发达国家（南北或北北）的这种一体化组织成功。第一，从静态效应方面来看，南南型区域经济一体化组织的贸易创造效应有限，而贸易转移效应则较明显。从现实情况来看，也是如此，各个发展中国家区域经济集团的内部贸易额占区域贸易总额的比重一般都小于 15%，而欧盟的这一指标已超过了 60%。这说明发展

中国家区域经济一体化的贸易创造效应极小，远远没有达到预期的目的。与此同时，其贸易转移效应则比较明显。在南南型区域经济一体化中，相对劣势明显的成员却放弃了从世界其他地区进口转向从集团内较高成本国家的进口，发展水平最低的成员最有可能因贸易转移而遭受损失。第二，从动态效应方面来看，南南型区域经济一体化组织获取的贸易扩大效应和竞争效应也非常有限。一般来说，发展中国家的国内产业以劳动密集型和资源密集型为主，无法形成紧密的垂直分工和水平分工关系。同时，发展中国家的产业一般成本递增快，合理经济规模小，也无法形成旨在分享规模效益的协议分工，所以难以分享规模经济的好处。同时，南南型区域经济一体化组织的成员大多产业结构雷同，出口产品相似，由于规模经济效益有限，致使成员的竞争效应也非常有限。而从中国目前中国参与的区域经济一体化的现状来看，大多是属于南南型合作模式，尚没有达到预期的目标，更没取得像发达国家区域经济一体化组织那样的成功。因此，中国参与区域经济一体化能否实现双赢，任重道还很远。

五、推动东亚区域经济一体化的进程尚面临诸多障碍

中国参与区域经济一体化的主要地区是亚洲，最主要的地区是东亚，而东亚地区地域广阔、国家和民族众多，进行区域经济一体化的协调难度非常大，而且各国之间存在着政治、经济、历史、民族和外来势力干扰等多方面错综复杂的矛盾，严重影响到各国之间的经济合作。第一，美国对东亚事务的插手，势必影响东亚的整合。美国为维护其在东亚的影响力，一直对东亚经济一体化的发展持消极态度。美国把劳动密集型产业转移到东亚发展中国家和地区，既可以得到价廉物美的消费品，又能集中力量发展高新技术产业，同时还可以通过美元的杠杆作用，使东亚国家对美的贸易顺差中的很大一部分又以债券或投资等形式回流美国。正因为东亚许多国家对美国存在这样的经贸依赖关系，东亚地区无法在经济及政治上联合，美国可以在双边谈判中通过单方面制裁等手段施加压力，各个击破。而且东亚各国也对美国的态度有所顾虑，在对待东亚区域经济联合问题上犹豫不决。第二，日本的政治大国野心和依附西方的天性，使得东亚地区的合作蕴涵着不稳定因素。近几十年日本追逐“政治大国”地位和“入常”的欲望进一步强烈，通过“雁形模式”建立以其为主导的东亚经济圈，是日本实现“政治大国”目标的重要途径。但这种模式随着中国经济的迅猛发展和开放战略进一步

实施，已成为明日黄花。因此日本近年来另辟蹊径，采取进一步依附美国等大国的战略，加强与其技术、军事联系，通过了《日美防务合作指针》和与美合作建立战区导弹防御系统（TMD）的协议，这已经引起东亚国家的反感和舆论谴责，使得东亚国家坚决反对日本在亚洲经济及政治领域扮演“领袖”角色。第三，东亚地区经济实力有限，经济发展不均衡。东亚发展中国家成为东亚经济合作的主力军，东盟是东亚地区区域经济一体化水平较高的经济组织，但由于各成员发展水平相对较低，东盟的内部合作进展缓慢。例如，东盟从1993年开始实施“共同有效普惠关税”（CEPT）减税计划，但是在实施过程中因为各国意见分歧较多从而导致实现其预定目标有一定困难。一体化进程较快的东盟在实现其自由贸易区等一系列问题上都面临如此多的问题，那么包括了发展水平差异较大的众多国家和地区的东亚要实现区域一体化就更是难上加难了。中国与东盟等发展中国家经济结构趋同，互补性差，都需要大量的外资，这将导致中国与东亚发展中国家在对外贸易和引进外资方面竞争日趋激烈，阻碍东亚地区经济合作的实质性进展，加大中国参与区域经济一体化的难度。第四，东亚区域经济一体化还受到许多历史和民族方面不稳定因素的干扰。从民族方面来看，东亚是国家性民族主义较强的地区，东亚地区的主要国家如韩国、日本都是民族主义强烈的国家。越南、印尼、马来西亚、新加坡等所有的东南亚国家都是清一色的民族主义国家。中国自身也难超越民族主义。在总体上民族主义仍强烈的地区环境下，要各国做出一些走向利益共同体的让步与妥协绝非易事。从历史方面来说，东亚许多国家之间大多存在历史积怨，至今仍然缺乏真正的信任。东亚地区还存在历史上遗留下来的领土、领海主权的争议问题。例如，存在着中越马南沙群岛矛盾，日朝“独岛”、日俄北方四岛、中日“钓鱼岛”之争。而近年的朝核危机，牵涉到中、日、韩三国，美国又积极插手此类东亚事务，使得东亚政治安全和经济合作存在不稳定的因素和隐患。

第四节　中国参与亚洲区域经济一体化的战略选择

在综合分析各种情况的基础上，我国参与亚洲区域经济一体化的总体战略目标应该是建立“泛中国经济区”经济体，在发展和繁荣亚太区域经济的同时寻求与欧盟、北美两大自由贸易强势地区平等对话。所谓“泛中国经济区”，可定义为包括大陆、台湾、香港和澳门在内的两岸四地的中国经济区与区域经济组织东盟的互补双赢合作体。其中由两岸四地形成的中华自由贸易区为其核心经济体。在这个经济体中，具有大陆这个全球经济增长最快、经济潜力最大的经济体。同时，综观两岸四地，经济互补性也最强。目前，“两岸四地”的经济总量大约在1.5万亿美元，位居世界第四；外汇储备居全球第一；进出口总额超过1万亿美元，居全球第三。如此强大的经济体若能实现有效的经济整合，将使“泛中国经济区”成为亚太区域核心的、同时具有区域经济推动力的经济体。③

一、建立中华自由贸易区应成为新世纪中国区域经济发展战略的核心

作为政治大国和经济大国，无论是从全球战略还是从地区战略的角度，中国都需要建立以自身为核心的区域经济一体化战略。香港、澳门、台湾是中国的三个单独关税区，又互为重要的贸易与投资伙伴。两岸四方建立自由贸易区即“中华自由贸易区”是两岸四地经济繁荣与发展的需要，是顺应历史潮流的举措，更是实现中华民族统一与全面复兴的需要，也是新世纪一国两制的新发展。作为入世后中国第一个完成磋商和全面实施的区域贸易安排，内陆与香港紧密经济合作协议（CEPA）对我国今后参与区域经济一体化产生了积极的影响，它不仅仅是一份帮助香港经济复兴的礼物，更是中国试水中华自由贸易区的一次大胆尝试。其重要价值在于可以提供实施自由贸易区的先行经验。此外，中国和东盟之间的2010年建立自由贸易区谈判中有关原产地规则、本地公司定义，内陆与香港紧密经济合作协议也可以提供有益的经验和参考范本。从各种已有的及正拟议中的区域贸易一体化安排中，中华自由贸易区拥有如下特殊优势：第一、同为中国人，同祖同宗，无语言、文化的障碍，本是一家人，实现中华民族在21世纪的伟大复兴应是四方共同的理想与目标。第二、彼此间的互补与合作远大于竞争，作为腹地的祖国大陆经贸发展潜力巨大，庞大的消费人口和市场，多层次的不同地区经济发展水平为两岸四地的产业结构调整和演进提供了巨大的空间和机会。第三，既有的经贸一体化程度远大于一般的经贸集团，民间、工商界、学术界呼声与日俱增，政府理应做出积极的回应，并通过制度安排加以确认和推动。因而，建立中华自由贸易区应成为新世纪中国区域经济一体化的首要选择和重中之重。

二、以亚洲为重点，积极推进和参与亚洲经济一体化进程

亚洲是21世纪最具经济活力的大陆板块和经济实体，也是中国进行对外经济交往最重要和最有地缘优势的地区之一，所以亚洲是中国进行区域经济一体化的重心。但亚洲国家之间的巨大差异性决定了亚洲难以在近期内形成一个统一的区域经济一体化组织。从目前的客观情况看，有着地缘、文化和经济便利条件的部分亚洲国家率先组成区域或次区域经济一体化组织是比较现实的选择。因此，中国作为亚洲最大的发展中国家，有必要立足亚洲，谋求与周边国家形成区域或次区域经济一体化组织，以更加积极的姿态参与和推动亚洲区域经济一体化进程。

1. 按既定目标加快建立“10+1”自由贸易区

中国与东盟国家地理位置邻近，文化相通，自古以来就有密切的交往。2002年11月4日中国国务院总理朱熔基和东盟10国领导人签署了《中国与东盟全面经济合作框架协议》，决定到2010年建成中国—东盟自由贸易区。根据协议，中国—东盟自由贸易区将包括货物贸易、服务贸易、投资和经济合作等内容。中国—东盟自由贸易区建成后，将形成一个拥有17亿消费近2万亿美元国内生产总值、1.2万亿美元贸易总量的经济区。中国—东盟自由贸易区的建立不仅将巩固和加强中国与东盟之间已存在的友好合作关系，也将进一步促进中国和东盟各自的经济发展，扩大双方贸易和合作规模，提高本地区的整体竞争能力。然而，中国和东盟自由贸易区虽然已启动，但在8年的建设过程中必然不是一帆风顺，在操作过程中可能遇到这样那样的问题，我们应该有一个清醒的认识。

2. 积极推动“10+3”的区域经济一体化进程

东亚国家是中国的近邻，从长远看，整个东亚地区都具备逐步走向贸易自由化的基础和发展前景。“10+3”启动以来取得明显进展，确定了东亚合作的方向和基本原则，初步形成了一套运作机制和合作形式。“10+3”强调推动东亚国家间的对话和合作，促进相互理解、相互信任与睦邻友好，承诺在经济、贸易、金融、科技等8个领域开展合作；“10+3”经济部长会议已就推动区域内贸易、投资和技术转让，鼓励信息技术和电子商务合作和加强中小企业合作等进行了广泛的探讨。此外，东亚各国就在经济、工商、企业、文化、人力资源开发、年轻领

导人交流、湄公河流域开发等领域开展合作提出了诸多设想和建议。

3. 推进中韩双边自由贸易区和中日韩自由贸易区谈判

韩国作为与中国在政治与经贸关系均良好的亚洲第三大经济体，是中国立足亚洲建立自由贸易区的重要选择对象，韩国正积极寻求与美国、智利、日本、新加坡、欧盟等建立自由贸易区，但其也有强烈的愿望与中国建立自由贸易区，所以，笔者建议尽早完成中韩自由贸易协议谈判，在《曼谷协定》的基础上，拟定双边自由贸易的实施时间表，从 2008 年开始实施中韩货物贸易自由化安排。在中韩自由贸易协议的基础上，可争取从 2010 年开始实施中日自由贸易区协议，到 2020 年实现中日韩自由贸易区。

三、积极推动和参与亚太地区以及其他次区域经济一体化的进程

从经济发展全局考虑，我国制定对外区域经济一体化的规划时要具有全球性的战略眼光，在重点发展周边地区区域经济一体化组织的同时，也要注重借助各种国际性组织、非正式会议和现有的区域组织，构筑我国全球性的经济合作网络。从长期看，世界经济南弱北强的局面可能会进一步发展，因此，在选择我国全球性区域经济一体化重点对象时，要把拥有资金、技术、管理、人才等优势、在世界经济中居主导地位的发达国家放在一个重要的位置。美国、欧盟和日本是中国现在和未来相当长一段时期内的最重要的经贸伙伴，所以处理好与它们的合作对中国至关重要。可以考虑借助于每两年举行一次的亚欧会议，使中欧关系朝着纵深方向发展，同时利用 APEC 加强中美之间的联系。

1. 进一步参与 APEC 有关规则制定的实质性活动

APEC 作为亚太地区最具广泛影响力的合作机制，对亚洲贸易与投资自由化和便利化发挥了积极的推动作用。目前，亚太经济合作组织 22 个成员的国内生产总值和贸易额分别占世界总额的 55% 和 46%，APEC 成立 12 年来，关税平均降低了 50%。中国对外贸易有近 3/4 是在 APEC 成员之间进行的，流入中国的外资中有 80% 来自亚太地区。加强与亚太各国的经贸关系是中国加入 APEC 的动因之一。中国通过积极参与 APEC 的活动，可以加大开放力度，积累经验，为中国的一体化实践提供了一个良好的开端。

2. 倡导建立互利双赢和睦邻友好的新型区域经济一体化合作模式

上海合作组织虽然是第一个由中国主导的集安全、经济、政治、文化交流于一体的区域性组织，但也体现了中国在区域经济一体化理念上的更新。因此，今后要继续推动上海合作组织框架下在政治、安全、外交、经贸、文化等方面的全面互利合作，与哈萨克斯坦、吉尔吉斯斯坦、俄罗斯、塔吉克斯坦和乌兹别克斯坦启动贸易投资便利化进程，开展经济技术合作，优化贸易和投资环境，实现降低商品、资本和服务流动成本的目的，为今后实现这一地区的贸易自由化创造条件。

3. 推动区域经济一体化和加强次区域经济合作应双轮并进

根据分阶段、有重点的原则，先以开发和组建“经济增长三角”为辐射基点，促进小区域和次区域经济一体化的形成，从而带动整个区域经济一体化的最终形成。中国地域辽阔，陆海边界与众多国家相邻，目前可以在双边和多边合作的基础上，推动与边境发展相关的小区域、次区域经济一体化，如环黄渤海经济圈、东北亚经济圈、环日本海经济圈、华南经济圈等。由于具有天然的地缘优势和共同的传统文化背景以及历史上经济文化交流的基础，在经济合作上有更光明的前景。

4. 强调经济合作的全面性和针对性同样重要

我国首先积极发展同世界各类国家、各个地区的经济合作关系，以顺应全球化趋势和我国经济发展的需要。其次，要突出区域经济一体化重点和针对性。例如，在中日经济合作方面应该进一步争取日本的直接投资和伴随而来的较高层次的技术转移；在贸易方面则应该提高对日本出口的产品的档次，将部分技术密集型和智力密集型产品打入日本市场内部。对于港、澳、台地区则应进一步巩固和加强经济合作，重点应致力于提高合作层次，特别是发展利用内地的智力资源、技术资源的合作。另外，还要注意发展与香港在金融方面的联系，特别重视香港作为国际金融中心的地位和作用。对于东盟国家，经济合作的重点应是互通有无，重点发挥我国在资源、智力、技术和市场方面的优势。

四、确立“共赢性博弈”合作战略，倡导金融、货币以及文化一体化合作进程

在区域经济一体化中，经济实力和产品竞争力是非常重要的因素，只有自身拥有强大的经济实力和强的竞争力，进行区域经济一体化时才能取得卓越的成效。目前，中国经济体制和产业结构还不完善，生产技术落后，阻碍了中国经济的进一步发展。因此，中国必须深化经济体制改革，实现由计划经济向市场经济的根本转变，并使经济增长方式实现由粗放型向集约型的转变。只有这样才能进一步增强整体经济的实力，提升产品的竞争力，缩小与东亚其他国家和地区在经济体制和经济发展水平上的差距，更好、有效地参与国家区域经济一体化。

1. 要确立以合作促发展和创造“共赢性博弈”合作的新战略

一个中心、两个基本点，是我国立国和发展的根本，应当继续得以坚持和发扬。但是，在参与区域经济一体化上，首先应当认识到其对于更深入促进中国改革开放、发展对外经贸关系和维持稳定良好的经贸环境的重要意义。其次，需要根据互利互惠、博弈共赢原则，在经过充分的经济效益分析和全方位论证之后，制定中国参与区域乃至全球性经济合作的战略，确定对外谈判的方针和政策。在这方面，中国要处理好经济利益与政治、文化和军事的关系，要处理好近期得失与长远利益之间的关系，要处理好不同部门的利弊辩证关系，做到总揽大局，运筹帷幄，充分、积极、主动地参与和建设对我国利益最大的区域经济一体化组织。

2. 认真谋划并积极主导亚洲区域金融货币一体化合作

伴随中国经济的发展，特别是国内金融服务业对外开放和深化改革的加快，中国人民币的地位逐步提升。中国作为一个人口、地域和经济大国，应积极、认真和筹划人民币周边化、区域化和国际化的发展战略，这不光对中国经济发展有利，而且对整个亚洲乃至整个国际货币体系的健康发展均至关重要。中国在亚洲地区应本着先易后难、互惠共赢、扎扎实实、切实可行的原则推进亚洲区域的金融货币合作，大胆吸收欧洲金融货币合作的成功经验。首先聚积政治支持；其次加强宏观经济政策特别是财政与货币政策协调，然后形成区域经济一体化合作的

制度安排，这是推动并使金融货币一体化合作取得实质性进展的三个重要前提。目前，亚洲在1997年金融危机后，增强了加快区域货币合作的紧迫感，并形成了亚洲货币互换安排（BSA）。亚洲货币合作基金以及地区汇率协调机制等金融货币合作安排，取得了一定成效。当然因缺少文化认同感，政治利益各异，缺乏领头国，加之美国对亚洲货币合作反对等因素，推动这一合作逐步深化、深入决非易事。但可以考虑分三个阶段实施其由平行货币到统一货币的目标，可以选择次区域“主导平行货币区域化”与“区域多重平行货币梯度推进”相结合的发展模式。平行货币是亚洲货币合作的必然选择[④]。至于亚洲汇率政策合作协调的推进路径有两条：在现有实行钉住汇率制度的国家，应循着建立独立的钉住货币篮子制度→钉住共同货币篮子制度→建立区域内钉住共同货币篮子→向区域内固定汇率制迈进的顺序发展。在实行管理浮动汇率制的国家和地区，可循着在次区域或小范围内实行统一的有限浮动汇率制度，到独立钉住货币篮子制度，再到次区域的钉住共同货币篮子汇率制度，最后由区域内共同货币篮子汇率制度逐步向区域内固定汇率制迈进。这两种路径殊途同归，实行区域内固定汇率，对亚洲区域外汇率浮动。只要中、日、韩三国能捐弃前嫌，协调一致，在金融货币合作领域与东南亚诸国加强交流、沟通、协调，按照既有的目标，经得起诱惑，耐得住寂寞，挡得住外来干涉，把握住共同的命运和利益，东亚乃至整个亚洲伴随其经济一体化的深入发展，一定会迎来“亚元”和“亚元区”的新时代。

3. 注重文化合作的广度、宽度、深度，创造良好的政治、军事和文化环境

经济贸易交流与合作不是孤立存在的，它一方面有赖于政治上彼此信赖、军事方面消除敌意、文化上相互交融，另一方面有可以促进其他各方面因素的稳定和发展。几者之间缺少任何一个方面，都将是不稳定的。因此，在积极参与亚洲经济合作的同时，应当同时努力加强政治、军事和文化合作。只有采取这样的区域经济一体化战略与选择，才能建立能够真正实现“共赢”的区域经济一体化，才能真正获得经济全球化和区域经济一体化所带来的益处。

4. 调动和发挥企业家参与区域经济一体化的积极性

在中国参与区域经济一体化合作进程中，要充分调动和发挥工商界人士和企业参与的积极性。除了国有大中型企业外，还包括大量的乡镇企业和私

营企业，另外还有个体经济和中外合资企业。这是中国参与区域经济一体化的坚实基础和目的所在。政府应当听取企业家在这方面的意见和要求，并给以热情鼓励和指导。在一些重大的合作项目中，更需要认真做好组织协调工作，吸收工商界人士和企业家参与，使国有企业和民间企业在国际竞争和合作中获得锻炼。政府应鼓励企业在区域经济一体化的合作进程中通过联合、兼并、收购、改组、控股、参股等方式组建大型企业集团，按照建立现代企业制度的要求，鼓励集团建立以产权关系为纽带的母子公司体制，增强母公司资本经营管理能力，扩大企业集团的融资渠道，并实行国际化经营战略，使其在国际竞争中起到主力军的作用。

5. 改善政府宏观调控和服务市场经济的水平

参加区域经济一体化组织将对中国的市场开放程度提出更高的要求，可能会对国内产业带来一定程度的冲击。另一方面，由于区域经济一体化所涉及的贸易和投资自由化进程一般要快于 WTO，一旦参加，中国的关税减让和非关税壁垒拆除行动就必须同时执行不同的时间表，这无疑会增加宏观经济管理工作的难度。因此，应对区域经济一体化，不仅要求政府制订出有利于参与经济全球化和区域经济一体化进程的经济政策，而且还要注意防范区域经济一体化甚至全球化的经济风险，并且要提高工作效力和监管能力。另外，要根据中国的具体情况和比较优势，利用 WTO 提供的有利规则，积极实施以质取胜和市场多元化战略，优化出口商品结构，提高出口商品的竞争力，改善投资环境，促进出口贸易和引进外资。同时，也可以主动出击，将优势产品投资到区域经济一体化成员内生产，绕开贸易壁垒，达到扩大市场占有率和减低生产成本的目的。

五、基于“互补性竞争”的理论观点，在区域经济一体化和多边贸易体制两条战线上实现“策应互动”

事实表明，在区域经济一体化进程中，主动融入较之被动卷入有利得多，以部分经济主权约束和让渡，换取巨大的经济利益也是明智的选择。游离于区域经济一体化组织之外，不仅不能得到区域经济一体化的利益，而且还可能受到不同程度的排斥。以更加紧密的经贸关系为纽带，以优势互补、共同发展为目标，积极地参与区域经济一体化，不仅符合中国政治、外交和安全上的利益，也可为中国的现代化建设创造一个良好的国际环境。所以，无论是从维护本国利益出发，还是从顺应世界经济发展趋势的角度出发，中国都有必要参与或倡导成立区域经济一体化组织，并将其作为拓展对外贸易增长空间，引进先进技术和管理经验，发挥比较优势，加快经济发展的重要措施。

1. 妥善发挥亚洲大国的作用，积极倡导推进亚洲区域经济一体化

区域经济一体化进程的快慢与否与大国的推动力是分不开的。欧盟的发展离不开法德两个大国的推动。北美自由贸易区就是在美国的积极推动下促成的。两者都经历了一个由少数区内大国牵头，逐步扩大升级的道路。中国作为地区和世界大国，在区域经济一体化方面理应发挥其大国的地位和作用，积极参与推动区域经济一体化的发展。虽然，在亚洲地区大国关系复杂，缺乏相互的信任。中日、日韩、中国与东盟以及日本与东盟之间都存在着一定的戒备心理和紧张关系，而且都想在区域一体化中掌握主导权。这种彼此基于本国利益而产生的相互猜忌和戒备心理阻碍了区域经济一体化的发展。但是，中国作为错综复杂关系中的重要角色，要想推动区域经济一体化的发展，还是应首先妥善处理与大国和地区的关系，积极倡导建立一种互信机制。

2. 利益多元化决定了对外开放策略选择的多样性

目前，中国已经拥有了一万多亿美元的经济规模，世界第三的贸易地位和世界最大的吸收国际直接投资的巨大规模，加之庞大的国内市场、多层次的产业结构、具有相当竞争力的多样化产品、具有长久国际竞争优势的生产要素等，决定了中国的利益取向在很多方面与发达国家有着重要的相互利益关系，而与发展中国家，由于在很多领域有共同语言，也存在着互惠的重大利益关系，这就决定了中国对外开放策略选择，既不同于发达国家，也不同于发展中国家的市场开放战略。例如，在农业问题上，中国坚决要求欧盟、美国、日本等发达国家大幅度减少农业补贴、降低农产品进口壁垒、消除出口补贴，这与发展中成员要求比较接近；但同时，中国的农产品进口关税降低和配额许可证管理减少，也走在了发展中成员前列，更接近于发达成员。因此，多角色的特殊性，使得中国参与区域经济一体化可以根据自己的利益而确定谈判立场以及相应的谈判策略，并不能笼统的将中国归入某一个特定

阵营，若是依据“阵营”来确定我们的谈判态度和战略，将会使我们自己受到极大束缚，甚至会损害我们的利益。

3. 积极参与和推动 WTO 多边贸易体制的发展

区域经济一体化的发展不可避免地会给中国带来一些负面效应，如美国和欧盟分别是中国的第二和第三大贸易伙伴，欧盟和北美自由贸易区的一些贸易保护方面的政策及由此引起的贸易转移方面的问题，会直接影响着中国的进出口总量和投资总量。然而，抵消和减少区域经济一体化负面效应的有效措施之一，就是积极推动和参与国际多边贸易体制，加固 WTO 的基础和多边贸易规则，利用具有权威性、普遍性和约束力的多边贸易规则，遏制贸易保护主义，公平处理与经济一体化成员之间的关系。WTO 处于全球贸易领域中的中心领导地位，承担着监督和引导区域经济一体化发展的责任。中国入世后，根据 WTO 规则和对外承诺，逐步降低关税，取消非关税壁垒，放宽服务和投资的市场准入限制，建立与国际通行规则相适应、并符合中国实际情况的经济贸易管理体制。这不仅为中国的经济发展创造更为有利的条件，也为中国与世界各国开展经济合作，推动多边贸易体制发展奠定更为坚实的基础。今后，中国应该更充分地参与多边规则的制定和主动有效利用多边规则，在多边贸易体制发展中起到建设性作用，以获得有利的竞争条件，维护我国的经贸利益，以期实现在区域经济一体化和 WTO 代表的多边贸易合作两条战线上取得相互策应，相互衔接，相得益彰，相辅相成，相互促进的“互补性竞争”的战略效果。

本章注释：

①宋群、陈迎春：《中国参与区域经济合作的现状、问题与建议》，《世界经济与政治论坛》，2003 年第 2 期。

②王原双、刘蕾：《从无形到有形的转变——论中国区域经济合作政策转变的动因》，《东北亚论坛》，2003 年第 5 期。

③于立新、王维维：《中国对外区域经济合作的战略模式选择》，《财贸经济》，2003 年第 2 期。

④李富有著：《区域货币合作：理论、实践与亚洲的选择》，2004 年 11 月，中国金融出版社，第 4 页。

主要参考文献

1.《区域一体化与全球贸易体制》，安德森与布莱克·哈斯特合编，1993 年第一版，日内瓦。

2.《欧洲与美洲区域主义：亚洲的选择与影响》，安德森和斯内普，经济政策研究中心讨论文件，第 983 号，1994 年，伦敦。

3.《区域一体化的理论》，巴拉萨（B. Balassa），阿联与欧文出版社，1961 年，伦敦。

4.《一体化的欧洲》，鲍德温（R. E Baldwin），经济政策研究中心，1994 年，伦敦。

5.《危险中的全球贸易体制》，巴格瓦底（J. N Bhagwati），哈维斯特出版社，1991 年，伦敦。

6.《美国与世界贸易的恢复》，布朗（W. A. J. Brown），布鲁金斯研究会，1950 年，华盛顿。

7.《贸易政策与区域一体化》，科里尔（P. Collier）和卡宁（J. W. Cunning），经济政策研究中心讨论文件第 1012 号，1994 年，伦敦。

8.《北美自由贸易及其对加拿大的影响》，考克斯（D. Cox）和哈里斯（R. Harris），国际贸易委员会，出版号 2516，1992 年，华盛顿。

9.《多边商业外交》，科钦（G. Curzon），约瑟夫出版社，1965 年，伦敦。

10.《总协定——法律与国际经济组织》，丹沐（K. W Dam），芝加哥大学出版社，1970 年。

11.《区域一体化发展新动态》，德莫罗（J. De Melo）和派纳格瑞亚（A. Panagari-ya）合编，剑桥大学出版社，1993 年。

12.《跨大西洋直接投资与欧共体》，邓宁（J. H. Dunning），《国际经济》，第 59 页至 81 页，1992 年第 6 期。

13.《美国贸易政治学》，戴斯特勒（I. M. Destler），国际经济学研究会与二十世纪基金联合出版，1992 年 6 月第二版，纽约。

14.《统一大市场建成的经济影响》，埃莫森（M. Emerson）等，哈佛大学出版社，1988 年。

15.《区域贸易安排的经济作用》，格林纳威（D. Greenaway）等编，纽约大学出版社，1989 年。

16.《北美自由贸易区对拉美的潜在影响》，费茨杰拉德（E. V. Fitzgerald），伊莉莎白皇家出版社，发展研究工作文件第 68 号，1994 年，伦敦。

17.《新区域主义和贸易保护主义的威胁》，哈莱特（A. Hallet）和波拉姆格（Prima Braga)，世界银行政策研究工作文件，第1349号，1994年，华盛顿。

18.《多边贸易体制中的发展中国家》，胡代克（R. Hudec），贸易政策研究中心，高埃出版社，1987年，伦敦。

19.《论菲茵格的文章》，胡代克，刊载入德莫罗和派内格瑞亚合编的《区域一体化的新动态》，剑桥大学出版社，1993年。

20.《对北美自由贸易区一般均衡分析》，弗朗索瓦（J. F. Francois）和谢尔斯（C. R. Shilles）合编，剑桥大学出版社，1994年。

21.《关税同盟形成的基本原理》，肯普（M. C. Kemp）和温农（H. Wan），《国际经济学观察》，第95页至97页，1976年第6期。

22.《福利与关税同盟》，库尔斯茨克（C. Kwalczyk），美国国家经济研究局工作文件，第3476号，1990年。

23.《自由贸易区的原产地规则及其潜在贸易保护》，科瑞士纳（K. Krishna）和克鲁格（A. O. Krueger），美国国家经济研究局工作文件，第4983号，1995年。

24.《美国的区域主义与全球贸易》，里莫尔（E. E. Leamer），美国国家经济研究局工作文件，第4753号，1994年。

25.《更美好的未来：贸易政策、总协定和乌拉圭回合》，陆德威勒（F. Leutwiler）博士主持编写的报告，马提尼斯—尼杰霍夫出版社，1987年。

26.《区域主义与世界贸易》，劳埃德（P. J. Lloyd），经合发组织，《经济研究》，1992年第18期，巴黎。

27.《经济一体化的历史思考》，麦彻洛普（F. Machlup），麦克米伦出版公司，1977年，伦敦。

28.《欧洲共同体与总协定》，希尔夫（M. Hilf）和杰考布斯（F. G. Jacobs）等合编，荷兰克鲁瓦尔出版社，1986年。

29.《民族国家的兴起与衰亡》，欧埃森（M. Olson），耶鲁大学出版社，1982年。

30.《自由贸易区与美国贸易政策》，肖奥特（J. J. Schott）编，国际经济研究院（IIE），1989年，华盛顿。

31.《贸易商与外交官》，普里格（D. Preeg），布鲁金斯研究院，1970年，华盛顿。

32.《共同市场的经济政策协调》，舒普（C. S. Shoup）编，哥伦比亚大学出版社，1967年，纽约。

33.《地中海区域外交中的优惠关税安排》，达维亚斯（A. Tovias），麦克米伦出版公司，1977年，伦敦。

34.《关税同盟问题》，沃纳（J. Viner），卡内基国内和平基金，1950年，纽约。

35. 《太平洋的活力与国际经济体系》，诺兰德（M. Noland）编，国际经济研究院，1993年，华盛顿。

36. 《国际贸易与东京回合谈判》，温海姆（G. R. Winham），普雷斯顿大学出版社，1986年。

37. 《统一大市场后的贸易流动与贸易政策》，温特斯（L. A. Winters）编，剑桥大学出版社，1992 年。

38. 《拉美、非洲和亚洲的区域经济合作》，温恩斯茨克（M. S. Wionczek），麻省理工学院出版社，1969 年，波士顿。

39. 《对外直接投资与欧洲一体化》，叶那波罗斯（G. N. Yannopoulos），《共同市场研究》，第 235 页至 259 页，1990 年第 23 期。

40. 《区域一体化与多边贸易体制：协同与变异》，经合发组织研究报告，1995 年，巴黎。

41. 《贸易政策的新区域主义》，德莫罗和派纳格瑞亚，世界银行与伦敦经济研究中心联合出版，1992 年，华盛顿。

42. 《区域一体化与发展中国家》，经合发组织研究报告，1993 年，巴黎。

43. 《贸易集团与未来总协定议程》，霍布凯逊（N. Hopkinson），惠尔顿公园会议文件，第 76 号，1993 年 8 月，伦敦。

44. 《全球化与集团化：发展中国家面临的挑战》，欧曼（Charles Oman），经合发组织出版社，1994 年，巴黎。

45. 《贸易保护主义与欧共体》，沃尔克（E. L. M. Volker）主编，荷兰克鲁威尔出版社，1987 年第二版，达文特尔。

46. 《区域合作的政治经济学》，艾克斯林（W. A. Axline）编，迪克逊大学出版社，1994年，伦敦。

47. 《总协定对区域安排的影响》，菲茵格（J. M. Finger），世界银行工作文件第 12 号，1992 年 4 月，华盛顿。

48. 《区域主义与多边主义》，巴格瓦底，哥伦比亚大学，世界银行工作文件第 603 号，1992 年 4 月，华盛顿。

49. 《世界贸易体制中的多双边贸易政策》，欧文（D. A Irwin），芝加哥大学，世界银行工作文件，第 9 号，1992 年 4 月，华盛顿。

50. 《区域主义与世界贸易体制》，世贸组织研究报告，1995 年 4 月，日内瓦。

51. 《2000 年亚太发展中国家贸易机会的扩大》，联合国贸发会议编，1995 年，纽约。

52. 《对南方的挑战》，南方委员会报告，牛津大学出版，1990 年第一版。

附　件

附件一　关贸总协定第一条一般最惠国待遇

1. 在对输出或输入、有关输出或输入及输出入货物的国际支付转账所征收的关税和费用方面，在征收上述关税和费用的方法方面，在输出和输入的规章手续方面，以及在本协定第三条第2款及第4款所述事项方面，一缔约国对来自或运往其他国家的产品所给予的利益、优待、特权或豁免，应当立即无条件地给予来自或运往所有其他缔约国的相同产品。

2. 任何有关进口关税或费用的优惠待遇，如不超过本条第4款规定的水平，而且在下列范围以内，不必按本条第1款的规定予以取消：

（甲）本协定附件一所列两个或两个以上的领土之间专享的现行优惠待遇，但以不违反这个附件所订的条件为限；

（乙）本协定附件二、附件三和附件四所列已于1939年7月1日以共同主权、保护关系或宗主权互相结合的两个或两个以上的领土之间专享的现行优惠待遇，但以不违反这些附件所订的条件为限；

（丙）美利坚合众国和古巴共和国之间专享的现行优惠待遇；

（丁）本协定附件五和附件六所列的毗邻国家之间专享的现行优惠待遇。

3. 原属于奥托曼帝国后于1923年7月24日分离出来的国家之间实施的优惠待遇，如能按本协定第二十五条第5款的规定予以批准，应不受本条第1款规定的约束。对这个问题运用本协定第二十五条第5款，应参考本协定第二十九条第1款。

4. 按本条第2款可以享受优惠待遇的任何产品，如在有关减让表中未特别规定所享受的优惠就是优惠最高差额，则应按以下规定办理：

（甲）对有关减让表内列明的任何产品的关税和费用，这一产品的优惠差额应不超过表列的最惠国税率与优惠税率的差额；表中对优惠税率若未作规定，应以1947年4月10日有效实施的优惠税率作为本条所称的优惠税率；表中对最惠国税率若未作规定，其差额应不超过1947年4月10日所实施的最惠国税率与优惠税率的差额；

（乙）对有关减让表内未列明的任何产品的关税和费用，这一产品的优惠差额应不超过1947年4月10日所实施的最惠国税率与优惠税率的差额。

对于本协定附件七所列的各缔约国、本款（甲）项及（乙）项所称1947年4月10日的日期，应分别以这个附件所列的日期代替。

附件二 早期区域集团组织的例证

1. 大不列颠：1547年至1548年大不列颠政府倡议在英格兰和苏格兰间建立同盟，1603年又倡议建立皇家联盟。《1703年联盟法》为苏格兰与英格兰之间建立政治经济联盟奠定了法律基础，为大不列颠的统一铺平了道路。

2. 法兰西：1664年，试图通过消除各省间贸易壁垒而最终建立关税同盟的戈伯特计划破产。经过长达近一百多年的努力，1789年到1790年，法兰西革命政府取消了各省之间的贸易壁垒，逐步建立了法兰西统一市场。

3. 加拿大：安大略、魁北克、诺瓦斯科底亚和新布朗斯威克4省于1850年达成了有关食品和原材料的自由贸易协议。4省作为一个贸易联盟于1854年与美国签署了消除自然资源产品全部进口关税的“互惠条约”。1867年，加拿大联邦建立内部自由贸易区。

4. 美利坚：起初，即在独立战争以前，英属各殖民州（13个州）均保持着各自的关税政策。在独立战争后，特别是美国宪法于1789年颁布后，各州根据宪法要求均逐步取消了各自的关税，逐步建立了统一的联盟关税制度。

5. 日耳曼关税同盟：在1813年至1815年间，日耳曼各分裂州在38条边境上树起了各自的关税壁垒，严重制约了城市之间、城乡之间以及州与州之间的贸易流动。1818年至1848年，普鲁士州通过一系列双边和多边条约逐步取消了各州之间的关税，建立起三个关税同盟，即沃顿伯格与巴伐利亚、普鲁士—汉萨—德姆斯达特和中部日耳曼。基于这三大关税同盟，1833年各州之间签署了一个建立统一的日耳曼关税同盟的条约，该条约在1834年到1871年间生效实施。

6. 欧洲大陆其他关税同盟：1775年至1879年间，奥地利与其邻国建立了5个关税同盟；1848年，瑞士联盟伴随各州之间经济联盟的建立而建立；1860年至1866年间，意大利各州因关税同盟的建立而得以联合；1874年至1875年间，北欧的瑞典与挪威建立关税同盟；1921年，比利时与卢森堡建立了关税同盟；1944年，比利时、卢森堡和荷兰达成了比荷卢关税同盟协议，该协议于1947年生效。

附件三 关贸总协定和世贸组织有关区域集团的条款

1. 总协定二十四条是有关区域集团的核心条款。
2. 区域集团协议的祖父条款地位。
3. 总协定文本第四部分（贸易与发展）。
4. 1979 年东京回合“授权条款”。
5. 总协定协定文本第二十五条缔约国联合行动。
6. 乌拉圭回合有关总协定二十四条解释的谅解。
7. 服务贸易总协定第五条经济一体化。

附件四 关贸总协定第二十四条和乌拉圭回合总协定第二十四条 谅解以及服务贸易总协定第五条

关贸总协定第二十四条适用的领土范围、边境贸易、关税同盟和自由贸易区

1. 本协定的各项规定，应适用于缔约国本国的关税领土，适用于按照第二十六条接受本协定或按照第三十三条或《临时实施议定书》实施本协定的任何其他关税领土。每一个这样的关税领土，从本协定的领土适用范围来说，应把它作为缔约国对待。但本款的规定不得解释为：一缔约国按照第二十六条接受本协定或按照第三十三条或《临时实施议定书》实施本协定的，即因此在两个或两个以上的关税领土之间产生任何权利或义务。

2. 本协定所称的关税领土，应理解为一个与其他领土之间的大部分贸易保持着单独税率或其他单独贸易规章的领土。

3. 本协定的各项规定，不得阻止：

（甲）任何缔约国为便利边境贸易对毗邻国家给予某种利益；

（乙）毗邻的里雅斯得自由区的国家，对与这一自由区进行的贸易给予某种利益；但这些利益不能与第二次世界大战后缔结的和平条约相抵触。

4. 缔约各国认为，通过自愿签订协定发展各国之间经济的一体化，以扩大贸易的自由化是有好处的。缔约各国还认为，成立关税同盟或自由贸易区的目的，应为便利组成联盟或自由贸易区的各领土之间的贸易，但对其他缔约国与这些领土之间进行的贸易，不得提高壁垒。

5. 因此，本协定的各项规定，不得阻止缔约各国在其领土之间建立关税联盟或自由贸易区，或为建立关税同盟或自由贸易区的需要采用某种临时协定，但是，

（甲）对关税同盟或过渡到关税同盟的临时协定来说，建立起来的这种联盟或临时协定，对未参加联盟或临时协定的缔约各国的贸易所实施的关税和其他贸易规章，大体上不得高于或严于未建立联盟或临时协定时各组成领土所实施的关税和贸易规章的一般限制水平；

（乙）对自由贸易区或过渡到自由贸易区的临时协定来说，在建立自由贸易区或采用临时协定以后，每个组成领土维持的对未参加贸易区或临时协定的缔约各国贸易的适用的关税和其他贸易规章，不得高于或严于同一组成领土在未成立自由贸易区或临时协定时所实施的相当关税的其他贸易规章，以及

（丙）本款（甲）项和（乙）项所称的临时协定，应具有一个在合理期间内成立关税联盟和自由贸易区的计划和进程表。

6. 在实施本条第5款（甲）项要求的时候，一缔约国所拟增加的税率，如与本协定第二条不符，则本协定第二十八条的程序，应予适用。在提供补偿性调整时，应适当考虑联盟的其他成员在减低相应的关税方面已提供的补偿。

7. （甲）任何缔约国决定加入关税同盟或自由贸易区，或签订成立关税同盟或自由贸易区的临时协定，应当及时通知缔约国全体，并应向其提供有关拟议的联盟或贸易区的资料，以便缔约国全体得以斟酌向缔约各国提出报告和建议。

（乙）经与参加本条第5款所述临时协定的各方对协定所包括的计划和进程表协商研究，并适当考虑本款（甲）项所提供的资料以后，如缔约国全体发现：参加协定各方在所拟议的期间内不可能组成关税同盟或自由贸易区，或认为所拟议的期间不够合理，缔约国全体应向参加协定各方提出建议，如参加协定各方不准备按照这些建议修改临时协定，则有关协定不得维持或付诸实施。

（丙）本条第5款（丙）项所述计划或进程表的任何重要修改，应通知缔约国全体。如果这一改变将危及或不适当地延迟关税同盟或自由贸易区的建立，缔约国全体可以要求同有关缔约国进行协商。

8. 在本协定内，

（甲）关税同盟应理解为以一个单独的关税领土代替两个或两个以上的关税领土，因此，（1）对联盟的组成领土之间的贸易，或至少对这些领土产品的实质上所有贸易，已取消关税和其他贸易限制（在必要时，按照本协定第十一条、第十二条、第十三条、第十四条、第十五条和第二十条规定准许的，可以除外）。

（2）除受本条第 9 款的限制以外，联盟的每个成员对于联盟以外领土的贸易，已实施实质上同样的关税或其他贸易规章。

（乙）自由贸易区应理解为由两个或两个以上的关税领土所组成的一个对这些组成领土产品的“实质上所有贸易”，已取消半税或其他贸易限制（在必要时，按照第十一条、第十二条、第十三条、第十四条、第十五条和第二十条规定准许的，可以除外）的集团。

9. 本协定第一条第 2 款的优惠，不应因建立关税同盟或自由贸易区而受到影响，但可以与有关缔约国谈判加以调整或取消。当需要按照第八款（甲）项（1）和第 8 款（乙）项的规定取消优惠时，这种与有关缔约各国进行谈判的程序应特别适用。

10. 缔约国全体经 2/3 的多数通过，可以批准与本条第 5 款至第 9 款的要求不完全相符但系为建立本条所称的关税同盟或自由贸易区的建议。

11. 考虑到印度和巴基斯坦各自建成独立国家这一特殊情况，并承认这两个国家系长期组成一个经济单位这个事实，缔约各国同意，在它们之间的贸易关系尚未建立在确定的基础上以前，本协定的各项规定将不阻止这两个国家对它们的贸易做出特别安排。

12. 缔约国应采取一切可能采取的合理措施，保证在它的领土内的地区政府和当局及地方政府和当局能遵守本协定的各项规定。

1994 年关贸总协定第二十四条解释的谅解

各成员，考虑到 1994 年关贸总协定第二十四条的规定；

认识到自 1947 年关贸总协定成立以来，关税同盟和自由贸易区在数量和重要性上都有了极大的增加，并覆盖了当今世界贸易的重要部分；

认识到此类协议的成员之间经济的进一步一体化，可以对扩大世界贸易做出贡献；

同时认识到如果组成领土之间税收和其他限制性商业规定的取消，扩展至所有贸易，这样的贡献将会增加，但如果未扩展到主要部门的贸易，这类贡献则会减少；

重申此类协议的目的应当是促进组成领土之间的贸易，并不得增加其他成员与这些领土之间的贸易壁垒；在组成或扩大其区域时，此类协议的成员应在最大可能程度上，避免对其他成员的贸易造成不利的影响；

同时确信就澄清新签或扩大协议的标准和程序，以及提高所有第二十四条项下协议的透明度而言，需要加强货物贸易理事会根据第二十四条的通知审议协议的有效作用；

认识到需对关贸总协定第二十四条第12款项下各成员的义务达成共识；

同意如下：

1. 关税同盟、自由贸易区和导致组成关税同盟或自由贸易区的临时协议，应与第二十四条一致，特点是要符合该条第5款、第6款、第7款、第8款的规定。

第二十四条第5款

2. 根据第二十四条第5款（a）项，对一关税同盟组成之前或以后关税的一般征收方式和所适用的其他商业规定的评估，在关税和费用方面，应基于加权平均税率及所征收关税的总体评估。这一评估应根据关税同盟提供的前一有代表性时期的进口统计数据，按税号价值和数量以及世界贸易组织的原产国分类进行。秘书处应根据乌拉圭回合多边贸易谈判评估关税出价所用方法，计算加权平均税率和所征关税。这些目的，所予考虑的税率应是已适用的税率。认识到对其他商业规定数量估算和总量测定的困难，而又要对其影响做出总体评价，因此，可以要求检查每项措施、规定，所涉及的产品及受影响的贸易流量。

3. 第二十四条第5款（c）项所指“合理的时限”在例外情况下才允许超过10年，当一项临时协议缔约方的成员认为10年不够而需要长时间时，则应向货物贸易理事会做出充分解释。

第二十四条第6款

4. 当一成员组建关税同盟，计划提高约束税率时，必须遵守第二十四条第6款所制定的程序。关于这一点，各成员重申第二十八条规定的程序，即由1980年11月10日通过的准则（BISD275/26—28）中的详细规定，以及1994年关贸总协定关于解释第二十八条的谅解。该程序在为组建关税同盟或签订一项导致组建关税同盟的临时协议而修改或撤回关税减让前必须开始。

5. 应以诚信方式进行谈判，以达成双方满意的补偿办法。如第二十四条第6款所要求，在这类谈判中，应适当考虑关税同盟组建后，其内部其他成员在同一税号下产品的减税。如果这类减税未足以提供必要的补偿调整，关税同盟将提供补偿，即对其他税号下的产品减税。在修改和撤回约束关税中拥有谈判权的成员应考虑这类补偿。如果这一补偿仍不能被接受，则就继续谈判。倘若尽管做出了这类努力，根据1994年关贸总协定解释第二十八条的谅解修改过的第二十八条，谈判自开始并在一合理阶段内未能就补偿调整达成一致，关税同盟应可以修改或撤销减让；按照第二十八条，受影响的成员方也可撤回实质上相同的减让。

6. 1994年关贸总协定对因组建关税同盟或签订一项导致组建关税同盟临时协议，而从减让中获益的成员，不要求向同盟内部成员提供补偿调整的义务。

关税同盟和自由贸易区的审议

7. 所有根据第二十四条第7款（a）项做出的通知，应由一工作组根据1994年关贸总协定有关条款和本谅解的第1款予以审议。工作组应就审议结论向货物贸易理事会提交一份报告，当货物贸易理事会认为适宜时可向各成员提出适当建议。

8. 关于临时协议，工作组可以在报告中就拟议完成组建关税同盟或自由贸易区的时间框架和措施提出适当建议。如果必要工作组可就临时协议进一步审议。

9. 一项临时协议的成员应将协议中所包含的计划和时间表的实质性变化通知货物贸易理事会，若有必要，应由理事会审议。

10. 若根据第二十四条第7款（a）项所通知的一项临时协议与第二十四条第5款（c）项相反，未订入一项计划和时间表，工作组应在其报告中提出此类计划和时间表的建议，如果有关成员不准备根据这些建议修改其协议，且情况如此，则不得保留或实施该协议。对随后审议这些建议的执行也应做出规定。

11. 关税同盟和自由贸易区组成成员应定期向货物贸易理事会，即如同1947年关贸总协定缔约方全体（BISD 18S/38）指示其理事会报告区域协议那样，报告有关协议的运行情况。协议中有任何重大变化和（或）发展，都必须报告。

争端解决

12. 对第二十四条关于关税同盟、自由贸易区或导致组建关税同盟的自由贸易区的临时协议的规定的争端，可适用由争端解决谅解解释和适用的1994年关贸总协定第二十二条和第二十三条。

第二十四条第12款。

13. 根据1994年关贸总协定，任一成员应充分遵守1994年关贸总协定的所有条款，并应采取能够办到的合理措施，保证区域或地方政府和当局在其辖区内遵守这些条款。

14. 对一方领土内由区域或地方政府或当局采取的影响遵守的措施，可适用由争端解决谅解解释和适用的1994年关贸总协定第二十二条和第二十三条。当争端解决机构判定1994年关贸总协定条款未被遵守，负有责任的成员需采取尽可能合理措施以保证其遵守。对难以保证此类遵守情况，则适用有关补偿和中止减让或其他义务的条款。

15. 每一成员保证对另一成员在前者领土内采取了影响1994年关贸总协定运行的有关措施，予以同情的考虑，并提供足够的协商机会。

服务贸易总协定第五条经济一体化

1. 本协定不应阻止任何成员参加或达成在参加方之间实现服务贸易自由化的协议，只要这种协议：

（a）包括众多的服务部门[①]，和

（b）在（a）项所说的部门中，两个或多个参加方之间通过以下方式不存在或取消第十七条意义上的所有歧视：

（1）取消现有的歧视性措施，和/或

（2）禁止新的或更多的歧视性措施，

或者在那一协议生效时，或者在一个合理的时间框架基础上，第十一条、第十二条、第十四条及第十四条之二允许的措施除外。

2. 在评估第1款（b）项的条件是否满足时，可考虑本协议与有关国家间更广泛的经济一体化或贸易自由化进程之间的关系。

3. （a）如果发展中国家是第1款所述类型的协议的参加方，则应根据这些国家所有的和单个服务部门及分支部门的发展水平，在第1款，特别是（b）项所列条件方面，显示灵活性。

（b）虽有第6款的规定，当第1款所述类型的协议只有发展中国家参加时，可对该协议参加方的自然人所拥有或控制的法人给予更加优惠的待遇。

4. 第1款所提到的任何协议应促进该协议参加方之间的贸易，对该协议外的任何成员，不应提高在相应服务部门或分部门中的该协议之前已适用的服务贸易壁垒的总体水平。

5. 如果在任何第1款所述协议的达成、扩大或做任何重大修改时，一成员打算撤销或修改一具体承诺因而违背其在承诺表中所列规定和条件，则它应提前90天通告上述修改或撤销，并应适用第二十一条第2款、第3款及第4款所规定的程序。

6. 任何其他成员的服务提供者，如是根据第1款所述协议的参加方的法律组建的法人，则只要它在该协议参加方境内从事实质性的商业经营，就有权享受该协议给予的待遇。

7. （a）各成员如系任何第1款所述协议的参加方，应立即将这类协议及该协议的任何扩大或重大修改通知服务贸易理事会。它们也应向理事会提供其要求的其他这类有关资料。理事会可设立一工作组以审查此类协议或扩大和修改，并就其与本条规定的一致性向理事会报告。

（b）各成员如系第1款所述的根据一时间表而实施的协议的参加方，则应定期向服务贸易理事会报告协议实施情况。理事会如认为必要可设立一工作组以审查此类报告。

（c）根据本款（a）、（b）两项所指的工作组的报告，理事会认为适当时可向参加方提出建议。

8. 参加任何第1款所述协定的成员，对任何其他成员从该协议中可能获取的贸易利益可不得谋求补偿。

第五条之二劳动力市场一体化协议

本协议不应阻止任何成员成为在两个或多个参加方之间建立的劳动力市场完全一体化[②]协议的成员，如果这项协议：

（a）免除协议参加方的公民有关居留和工作许可的要求；

（b）通知服务贸易理事会。

注释：

①该条件应从部门的数量、受影响的贸易量和提供方式上来理解。为符合这一条件，这类协议不应预先排除任何提供方式。

②典型地说，这种一体化为有关参加方的公民提供自由进入各参加方就业市场的权利，并包括有关工资条件和其他就业和社会福利条件的措施。

附件五　关贸总协定东京回合“授权条款”的主要内容

“差别的更优惠待遇、互惠和发展中国家的更充分参与”是东京回合针对发展中国家与多边贸易体制关系的4个框架协议中的最重要的一个。该协议也就是我们平常所说的“授权条款”，它要求各发达国家在以下几个方面给予发展中国家以“非互惠”优惠，这样就给予了这些优惠待遇以法律的保障：

（甲）重申在关税上给予发展中国家的“普惠制”优惠；

（乙）对于非关税壁垒的各种措施，要根据关贸总协定“东京回合”中协商制定的有关原则办理；

（丙）对于发展中国家之间相互给予的关税和非关税优惠待遇，可按世界或区域贸易安排的框架办理；

（丁）对最不发达国家制定特殊待遇。

此外，“授权条款”还包括以下内容：

（甲）对于给予发展中国家的优惠待遇的扩大不应当成为在最惠国待遇基础上减少贸易壁垒的阻碍，也不应提高对于不享受优惠待遇国家的壁垒；

（乙）给予发展中国家的优惠，必须符合这些国家发展经济和贸易的直接需要；

（丙）对于适用、修改和撤销给予发展中国家的优惠待遇引起的困难要通过协商程序解决；

（丁）在贸易谈判的关税减让中，发达国家任何承诺的增强都不能违背发展中国家的需要；

（戊）希望发展中国家随着经济和贸易情况的不断改善，能够做到有条件充分履行关贸总协定的有关权利和义务（即所谓“毕业”）。就这一点来说，对最不发达国家的严重困难，减让条件将予以考虑。

附件六　关贸总协定第二十五条缔约国的联合行动

1. 为了贯彻实施本协定内涉及联合行动的各项规定，以及一般地说，为了便于实施本协定和促进实现本协定所规定的目的，各缔约国代表应当随时集会。本协定中谈到各缔约国采取联合行动时，一律称为缔约国全体。

2. 联合国秘书长应于1948年3月1日以前，召开缔约国全体第一次会议。

3. 每一缔约国在缔约国全体的各种会议上，应有一票投票权。

4. 缔约国全体的决议，除本协定另有规定外，应以所投票数的多数通过。

5. 在本协定其他部分未做规定的特殊情况下，缔约国全体可以解除某缔约国对本协定所承担的某项义务；但这项决议，应以所投票数的2/3的多数通过，而且这一多数应包括全体缔约国的半数以上。缔约国全体可以采用同样投票方法：

（甲）规定须采用其他投票方法来解除承担义务的某些特殊情况，以及

（乙）制订为实施本款规定所必需的某种标准。

附件七 关贸总协定第二十八条和服务贸易总协定第二十一条

关贸总协定第二十八条减让表的修改

1. 在每3年的第一天（第一期自1958年1月1日起），或缔约国全体以所投票数的2/3规定的任何其他期限的第一天，一缔约国（在本条内此后简称申请缔约国）经与原议定减让的另一缔约国和缔约国全体认为在供应上具有主要利害关系的其他缔约国（上述两类缔约国连同申请缔约国在本条内，此后简称主要有关缔约各国）谈判取得协议，并须与缔约国全体认为在减让中有实质利害关系的其他缔约国进行协商的条件下，可以修改或撤销本协定有关减让表内所列的末项减让。

2. 在上述谈判和协议中（对其他产品所作的补偿性调整规定可能包括在内），有关缔约国应力求维持互惠互利减让的一般水平，使其对贸易的优待不低于谈判前本协定所规定的水平。

3. （甲）如在主要有缔约各国之间，不能在1958年1月1日或在本条第1款所规定的期限届满以前达成协议时，原拟修改或撤销减让的缔约国仍然可以随时采取行动，而且，如已采取这一行动，则原来与它谈判减让的缔约国和按照本条第1款认为在供应上具有主要利害关系的缔约国以及按照第1款认为有实质利

害关系的缔约国，可以有权在不迟于行动采取以后的6个月内，自缔约国全体接到撤销的书面通告书之日起届满30日后，撤销大体上相当于原来与申请缔约国所议定的减让。

（乙）如主要有关缔约各国之间已达成协议，但按照本条第1款认为有实质利害关系的其他缔约国不能认为满意时，则这一其他缔约国在不迟于按照这项协议采取行动以后的6个月内，自缔约国全体接到撤销的书面通告书之日起届满30日以后，应可以撤销大体上相当于原来与申请缔约国所议定的减让。

4. 缔约国全体可以随时因特殊情况准许某缔约国进行谈判，以修改或撤销本协定有关减让表内所列的某项减让，但应在下列和谐条件下进行：

（甲）这一谈判和其他有关协商，应按本条第1款和第2款的规定进行。

（乙）如主要有关缔约各国之间不能在谈判中达成协议，本条第3款的规定应予适用。

（丙）如主要有关缔约各国之间不能在批准的谈判开始后60天内或缔约国全体规定的更长期间内达成协议，这一申请缔约国可将问题提交缔约国全体处理。

（丁）问题提交缔约国全体后，缔约国全体应迅速对此进行调查，并应向主要有关缔约国提出意见，谋求解决办法。如能获得解决办法，应如同在主要有关缔约国之间达成协议一样，适用本条第3款（乙）项的规定。如在主要有关缔约国之间不能获得解决办法，除了缔约国全体决定申请缔约国不提供适当补偿是不合理的以外，申请缔约国应有权修改或撤销减让。如果采取这一行动，则原与它谈判减让的缔约国以及按照本条第4款（甲）项认为在供应上具有主要利害关系的缔约国和按照第4款（甲）项认为有实质利害关系的其他缔约国，应有权在不迟于行动采取以后的6个月内，自缔约国全体接到撤销的书面通知之日起届满30日后，修正或撤销大体相当于原来与申请缔约国所议定的减让。

5. 1958年1月1日以前和本条第1款规定的其他期限结束以前，缔约国可以采取通知缔约国全体的方式，保留在下一期内按照本条第1款至第3款的程序对有关减让表进行修改的权利。如一缔约国做此选择，则其他缔约国应有权在同一时期内，按照同样的程序修改或撤销原与这一缔约国协定的减让。

服务贸易总协定第二十一条承诺表的修改

1. （a）根据本条规定，在一承诺生效之日的3年以后，成员（本条称“修改成员”）可在任何时候修改或撤销承诺表中的任何承诺。

（b）修改成员应将其根据本条修改或撤销某一项承诺的意向，最迟在其准备实施该修改或撤销承诺之日的3个月前通知服务贸易理事会。

2.（a）根据第1款（b）项通知的修改或撤销建议，如影响了任何成员在本协议下的利益（本条中称为“受影响成员”），则应其请求，修改成员应进行谈判以就必要的补偿调整达成协议。在这种谈判和协议中，有关成员应尽力维持互利的承诺总体水平，使其不低于谈判前具体承诺表中对贸易提供的有利条件。

（b）补偿调整应在最惠国基础上做出。

3.（a）如在谈判期结束前，修改成员和任一受影响成员之间未达成协议，则该受影响成员可将该事项提交仲裁。希望实施它所具有的补偿权利的任何受影响成员必须参加仲裁。

（b）如果受影响成员不要求仲裁，则修改成员可自由实施其提出的修改或撤销。

4.（a）修改成员在依照仲裁结果做补偿调整前不可以修改或撤销其承诺。

（b）如修改成员实施了其建议的修改或撤销而未遵照仲裁结果，则任何参加了仲裁的受影响成员可依照仲裁结果修改或撤销实质上相当的利益。尽管有第二条的规定，但这样的修改或撤销只可对修改成员实施。

5. 服务贸易理事会应为承诺表的调整或修改设立程序。任何在本协议下修改或撤销承诺的成员应根据这些程序修改其承诺表。

附件八　关贸总协定第二十二条和第二十三条以及关贸总协定和世贸组织争端解决程序图表

关贸总协定第二十二条协商

1. 当一缔约国对影响本协定执行的任何事项向另一缔约国提出要求时，另一缔约国应给予同情的考虑，并应给予适当的机会进行协商。

2. 经一缔约国提出请求，缔约国全体对经本条第1款协商但未达成圆满结论的任何事项，可与另一缔约国或另几个缔约国进行协商。

关贸总协定第二十三条利益的丧失或损害

1. 如一缔约国认为，由于

（甲）另一缔约国未能实施其对本协定所承担的义务；或

（乙）另一缔约国实施某种措施（不论这一措施是否与本协定的规定有抵触）；或

（丙）存在着任何其他情况。

它根据本协定直接或间接可享受的利益正在丧失或受到损害，或者使本协定规定的目标的实现受到阻碍，则这一缔约国为了使问题能得到满意的调整，可以向其认为有关的缔约国提出书面请求或建议。有关缔约国对提出的请求或建议应给予同意的考虑。

2. 如有关缔约国在合理期间内尚不能达成满意的调整办法，或者困难于第1款（丙）项所述类型，这一问题可以提交缔约国全体处理。缔约国全体对此应立即进行研究，并应向它所认为的有关缔约国提出适当建议，或者酌情对此问题做出裁决。缔约国全体如认为必要，可以与缔约各国、与联合国经社理事会和与任何国际机构进行协商。如缔约国全体认为，情况严重以致有必要批准某缔约国斟酌实际情况对其他缔约国暂停实施本协定规定的减让或其他义务，它可以如此办理。如对一缔约国减让或其他义务事实上已暂停实施，则这一缔约国在这项行动采取后60天内，可以书面通知缔约国全体执行报告秘书长拟退出本协定，而自秘书长收到通告书后的60天开始，退出应即正式生效。

关贸总协定争端解决程序

根据第二十三条第1款磋商 → 如60天内双边磋商无效 → 据第二十三条第2款书面要求成立专家小组 →

理事会成立专家小组 → 专家小组组成（3～5人），确定专家小组职责范围 → 专家小组调查取证程序会议 → 第一轮调查阶段

→ 专家小组第一次实质性会议包括与第三方的磋商 → 答辩阶段 → 专家小组第二次实质性会议 → 向有关当事缔约方提交调查结果的报告（供评述） →

中期审议报告 → 向有关缔约国提交最后专家报告 → 向缔约方全体提交报告，并由大会通过后由当事方执行

→ 如败诉方不执行由缔约方全体通过的报告，则可由缔约方全体授权另一方暂停对该方履行关贸总协定的义务

世界贸易组织争端解决程序

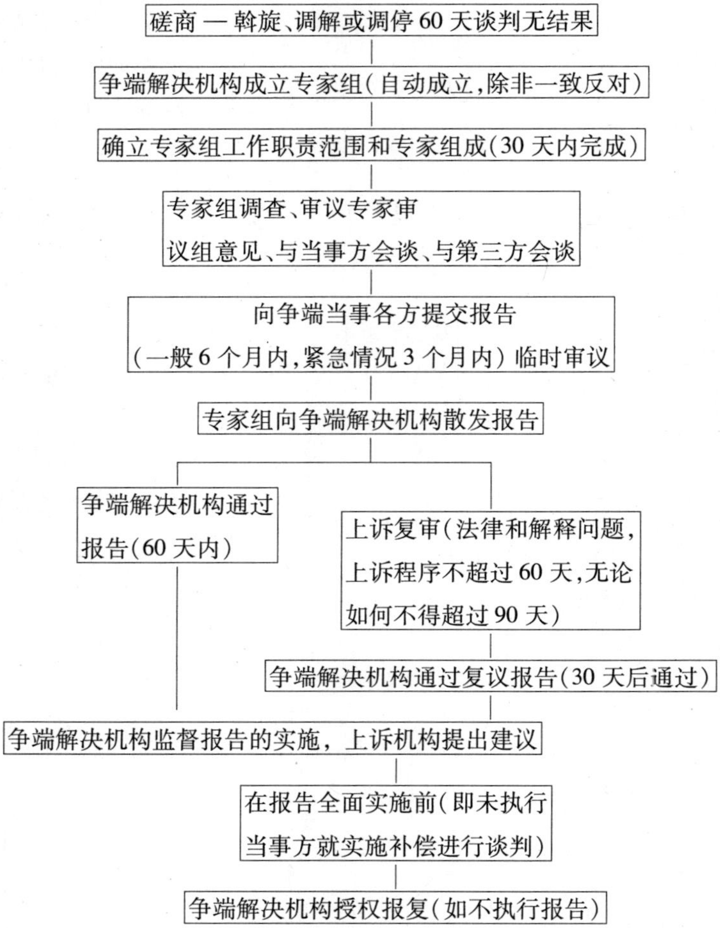

附件九 1947年至1994年通知关贸总协定和1995年1月前通知世贸组织的区域集团协议一览表

一、关贸总协定二十四条项下通知的区域集团协议

序号	名 称	参加国与地区	区域集团的形式	签署日期	生效日期	总协定审议行动
1	南非与南罗德西亚关税同盟[①]	南非与津巴布韦(南罗德西亚)	建立关税同盟临时协议	1948年12月6日	1949年4月1日	1949年5月18日通过工作组报告和1954年10月17日决定
2	圣萨尔瓦多与尼加拉瓜自由贸易区	圣萨尔瓦多、尼加拉瓜	自由贸易区	1951年3月9日	1951年8月21日	1951年10月25日决定
3	欧共体和欧洲原子能联盟[②]	比利时、法国、德国、意大利、卢森堡、荷兰	关税同盟和核能产品共同市场	1957年3月25日	1958年1月1日	1957年11月29日委员会报告和会议间委员会报告
4	尼加拉瓜参加中美洲自由贸易区[③]	哥斯达黎加、圣萨尔瓦多、危地马拉、洪都拉斯、尼加拉瓜	自由贸易区	1958年6月10日	1959年6月2日	1956年11月13日决定
5	赤道关税同盟和喀麦隆	喀麦隆[④]、中非共和国、乍得、刚果和加蓬	关税同盟	1959年6月23日	1962年7月1日	1964年3月1日工作组报告
6	欧洲自由贸易联盟[⑤]	奥地利、丹麦、挪威、葡萄牙、瑞典、瑞士[⑥]和英国	自由贸易区	1960年1月4日	1960年5月3日	1960年6月4日工作组报告 1960年11月18日做出结论

续表

序号	名　称	参加国与地区	区域集团的形式	签署日期	生效日期	总协定审议行动
7	拉美自由贸易联盟[⑦]	阿根廷、巴西、智利、秘鲁、乌拉圭	建立自由贸易区的临时协议	1960年2月18日	1961年6月2日	1960年11月18日工作组报告 同年11月18日做出结论
8	尼加拉瓜参加中美洲经济一体化总约[⑧]	哥斯达黎加、圣萨尔瓦多、危地马拉、洪都拉斯、尼加拉瓜	建立自由贸易区的临时协议	1960年12月13日	1961年6月	1961年11月23日工作组报告 1961年缔约国大会决定
9	巴尼欧自由贸易区[⑨]	萨拉瓦克和北巴尼欧	自由贸易区	1961年[⑩]	1962年1月1日	缔约国大会主席口头声明
10	欧洲自由贸易联盟与芬兰联盟协议[⑪]	欧洲自由贸易联盟成员国、芬兰	建立自由贸易区临时协议	1961年3月27日	1961年6月26日	1961年11月23日工作组报告和结论
11	加纳与上沃尔特自由贸易协议	加纳、布基纳法索（原称上沃尔特）	自由贸易区	1961年6月28日	1962年5月9日	缔约国大会主席口头声明
12	欧洲经济共同体与希腊联系协议[⑫]	欧共体成员国、希腊	建立关税同盟临时协议	1961年7月9日	1962年11月1日	1962年11月15日工作组报告和缔约国大会结论
13	非洲共同市场	阿尔及尔、阿拉伯联合国、加纳、几内亚、马里和摩洛哥	关税同盟	1962年4月1日	1963年7月1日	建立了工作组

续表

序号	名称	参加国与地区	区域集团的形式	签署日期	生效日期	总协定审议行动
14	欧共体与非洲和马拉加什联盟协议(第一个“雅温德协定”)[13]	欧共体成员国、科特底瓦、布隆迪、喀麦隆、贝宁、中非、乍得、刚果、布基纳法索、加蓬、马达加斯加、马里、毛里塔尼亚、尼日尔、卢旺达、塞内加尔、索马里和多哥	在欧共体与每一成员间建立双边自由贸易区的临时协议	1963年7月20日	1964年1月1日	1966年4月4日工作组报告和缔约国大会结论
15	欧共体与土耳其联盟协议[14]	欧共体成员国、土耳其	建立关税同盟临时协议	1963年9月12日	1964年12月1日	1965年3月25日工作组报告
16	欧洲共同体与那些同法国、荷兰保持特殊关系的非欧洲国家和地区联盟协议(第一个协议)[15]	欧共体成员国、喀莫罗斯、法属波尔西亚、法属索马里海岸、南部与南极地区、梅亚特、新克里多尼亚及属地、圣彼埃尔和麦奎隆、苏里南、瓦里斯和弗图南岛和荷兰安的列斯群岛	自由贸易区	1964年2月25日	1964年6月1日	1964年4月4日工作报告和缔约国大会结论

续表

序号	名　称	参加国与地区	区域集团的形式	签署日期	生效日期	总协定审议行动
17	阿拉伯共同市场协议	埃及、伊拉克、约旦和叙利亚	建立自由贸易区临时协议，最终建立关税同盟	1964 年 8 月 13 日	1965 年 1 月 1 日	1966 年 4 月 6 日工作组报告和缔约国大会结论
18	澳新自由贸易区的协议[16]	澳大利亚和新西兰	建立自由贸易区的临时协议	1965 年 8 月 31 日	1966 年 1 月 1 日	1966 年 4 月 5 日工作组报告和缔约国大会结论
19	爱尔兰和英国自由贸易区协议[17]	爱尔兰、英国	自由贸易区	1965 年 12 月 14 日	1966 年 7 月 1 日	1966 年 4 月 5 日工作组报告和缔约国大会结论
20	加勒比自由贸易区协议[18]	安提瓜、巴巴多斯、圭亚那、特立尼达和多巴哥	自由贸易区	1965 年 12 月 15 日	1968 年 5 月 1 日	1971 年 11 月 9 日工作组报告
21	欧共体与突尼斯联盟协议[19]	欧共体成员国、突尼斯	建立自由贸易区临时协议	1969 年 3 月 28 日	1969 年 9 月 11 日	1970 年 9 月 29 日工作组报告
22	欧共体与摩洛哥联盟协议[20]	欧共体成员国、摩洛哥	建立自由贸易区临时协议	1969 年 3 月 31 日	1969 年 9 月 1 日	1970 年 9 月 29 日工作组报告
23	欧共体与非洲和马拉加什国家联盟协议[21]	（第二个“雅温德协定”）第一个雅温德协定成员国、毛里求斯[22]	欧共体与每一成员国的双边自由贸易区	1969 年 7 月 29 日	1971 年 1 月 1 日	1970 年 12 月 2 日工作组报告

续表

序号	名 称	参加国与地区	区域集团的形式	签署日期	生效日期	总协定审议行动
24	欧共体与东非诸国联盟协议(第二个“阿鲁沙协议”)[23]	欧共体成员国、坦桑尼亚、乌干达、肯尼亚[24]	自由贸易区	1969年9月24日	1971年1月1日	1972年10月25日工作组报告
25	欧洲自由贸易联盟与芬兰自由贸易区同冰岛联盟协议	欧洲自由贸易联盟成员国、芬兰、冰岛	建立自由贸易区临时协议	1969年12月4日	1970年3月1日	1970年9月29日工作组报告
26	欧洲共同体与以色列联盟协议[25]	欧共体成员国、以色列	建立自由贸易区临时协议	1970年6月29日	1970年10月1日	1971年10月6日工作组报告
27	欧共体与西班牙联盟协议[26]	欧共体成员国、西班牙	建立自由贸易区临时协议	1970年6月29日	1970年10月1日	1971年10月6日工作组报告
28	欧共体与某些非欧洲国家和地区协议(第二个协议)[27]	同上面第一个协议的成员国	自由贸易区	1970年9月29日	1971年1月1日	1971年11月9日工作组报告
29	欧共体与土耳其联盟协议和临时协议的附加议定书[28]	欧共体成员国、土耳其	有关规定建立关税同盟过渡阶段的附加议定书和临时协议	1970年11月23日和1971年7月27日	1973年1月1日和1971年9月1日	1972年10月25日工作组报告
30	欧共体与马耳他联盟协议[29]	欧共体成员国、马耳他	建立关税同盟临时协议	1970年12月5日	1971年4月1日	1972年5月29日工作组报告

续表

序号	名　称	参加国与地区	区域集团的形式	签署日期	生效日期	总协定审议行动
31	丹麦、爱尔兰和英国加入欧共体协议[30]	欧共体成员国、丹麦、爱尔兰、英国	关税同盟	1972年1月22日	1973年1月1日	建立工作组和缔约国大会主席口头声明
32	欧共体与奥地利自由贸易区协议[31]	欧共体9个成员国、奥地利	自由贸易区	1972年7月22日	1972年10月1日	1973年10月19日工作组报告
33	欧共体与瑞士和列支敦士登自由贸易区协议	欧共体9个成员国、瑞士、列支敦士登	自由贸易区	1972年7月22日	1973年1月1日	1973年10月19日工作组报告
34	欧共体与葡萄牙自由贸易区协议[32]	欧共体成员国、葡萄牙	建立自由贸易区临时协议	1972年7月22日	1973年1月1日	1973年10月19日工作组报告
35	欧共体与瑞典自由贸易区协议[33]	欧共体成员国、瑞典	自由贸易区	1972年7月22日	1973年1月1日	1973年10月19日工作组报告
36	欧共体与冰岛自由贸易区协议	欧共体成员国、冰岛	自由贸易区	1972年7月22日	1973年4月1日	1973年10月19日工作组报告
37	欧共体与黎巴嫩自由贸易区协议和协议议定书[34]	欧共体成员国、黎巴嫩	建立自由贸易区临时协议，与欧共体的丹麦、爱尔兰和英国新成员国的协议议定书	1972年12月18日	1972年12月19日 1973年11月1日	1974年7月19日工作组报告

续表

序号	名 称	参加国与地区	区域集团的形式	签署日期	生效日期	总协定审议行动
38	欧共体与埃及自由贸易区协议和协议议定书[35]	欧共体成员国、埃及	建立自由贸易区临时协议，与新成员国的协议议定书	1972年12月18日	1971年12月19日 1973年11月1日	1974年7月19日工作组报告
39	欧共体与塞浦路斯联盟[36]	欧共体成员国、塞浦路斯	建立关税同盟临时协议	1972年12月19日	1973年6月1日	1974年6月21日工作组报告
40	欧共体与挪威自由贸易区协议	欧共体成员国、挪威	自由贸易区	1973年5月14日	1973年7月1日	1974年5月28日工作组报告
41	欧共体与土耳其联盟扩大协议	欧共体成员国、土耳其	与新成员国的自由贸易区联盟扩大	1973年6月30日	1986年3月1日	1974年10月21日工作组报告
42	加勒比共同体与共同市场协议[37]	巴巴多斯、圭亚那、牙买加、特立尼达和多巴哥[38]	建立关税同盟临时协议	1973年7月4日	1973年8月1日	1977年3月2日工作组报告
43	欧共体与芬兰自由贸易区协议[39]	欧共体成员国、芬兰	自由贸易区	1973年10月5日	1974年1月1日	1974年10月21日工作组报告
44	保加利亚与芬兰自由贸易区协议	保加利亚、芬兰	自由贸易区	1974年4月26日	1975年1月1日	建立工作组，工作组主席口头临时报告
45	芬兰和匈牙利相互消除贸易壁垒协议[40]	芬兰、保加利亚	建立自由贸易区临时协议	1974年5月2日	1975年1月1日	1975年10月31日第一次工作组报告，1977年5月23日第二次报告

续表

序号	名　称	参加国与地区	区域集团的形式	签署日期	生效日期	总协定审议行动
46	捷克斯洛伐克与芬兰自由贸易区协议[41]	捷克斯洛伐克、芬兰	建立自由贸易区临时协议	1974年9月19日	1975年1月1日	1976年6月14日第一次工作组报告，1979年11月6日第二次报告
47	欧共体与非加太洛美协定（第一个"洛美协定"）[42]	欧共体成员国、巴哈马、巴巴多斯、博茨瓦那、布隆迪、布基纳法索、喀麦隆、中非、乍得、刚果、科特底瓦、贝宁、埃塞俄比亚、斐济、加蓬、冈比亚、几内亚比绍、赤道几内亚、圭亚那、牙买加、肯尼亚、莱索托、利比里亚、马拉维、马达加斯加、马里、毛里求斯、毛里塔尼亚、尼日尔、尼日利亚、卢旺达、塞内加尔、塞拉利昂、索马里、苏丹、斯威士兰、坦桑尼亚、多哥、乌干达、西萨摩亚、扎伊尔、赞比亚[43]	进入欧共体市场的优惠和非互惠安排	1975年2月28日	1976年4月1日	1976年7月15日工作组报告
48	芬兰与德国自由贸易协议[44]	芬兰、德国	建立自由贸易区协议	1975年3月4日	1975年7月1日	1977年3月2日工作组报告[45]
49	欧共体与希腊联盟扩大协议[46]	欧共体成员国、希腊	扩大与新成员国联盟协议	1975年4月28日	1975年7月1日	1976年6月14日工作组报告

续表

序号	名 称	参加国与地区	区域集团的形式	签署日期	生效日期	总协定审议行动
50	欧共体与以色列自由贸易区协议执行协议[47]	欧共体成员国、以色列	自由贸易区待遇执行协议	1975年5月11日	1975年7月1日	1976年7月15日工作组报告
51	欧共体与突尼斯协议[48]	欧共体成员国、突尼斯	进入欧共体市场优惠非互惠安排	1976年4月26日	1976年7月1日	1977年11月11日工作组报告
52	欧共体与阿尔及利亚临时协议[49]	欧共体成员国、阿尔及利亚	进入欧共体市场优惠非互惠安排	1976年4月26日	1976年7月1日	1977年11月11日工作组报告
53	欧共体与摩洛哥合作协议[50]	欧共体成员国、摩洛哥	进入欧共体市场优惠非互惠安排	1976年4月27日	1976年7月1日	1977年11月11日工作组报告
54	欧共体与葡萄牙临时协议[51]	欧共体成员国、葡萄牙	自由贸易扩大协议	1976年9月20日	1976年11月1日	1977年7月26日工作组报告
55	芬兰与波兰协议[52]	芬兰、波兰	建立自由贸易区临时协议	1976年9月29日	1978年4月1日	1980年3月26日工作组报告
56	澳大利亚与巴布亚新几内亚贸易与商务关系协议[53]	澳大利亚、巴布亚新几内亚	进入澳大利亚市场优惠非互惠安排	1976年11月6日	1977年2月1日	1977年11月11日工作组报告
57	欧共体与约旦临时协议[54]	欧共体成员国、约旦	进入欧共体市场优惠非互惠安排	1977年1月18日	1977年7月1日	1978年5月17日工作组报告
58	欧共体与叙利亚临时协议	欧共体成员国、叙利亚	进入欧共体市场优惠非互惠安排	1977年1月18日	1977年7月1日	1978年5月17日工作组报告

续表

序号	名　称	参加国与地区	区域集团的形式	签署日期	生效日期	总协定审议行动
59	欧共体与埃及临时协议[55]	欧共体成员国、埃及	进入欧共体市场优惠非互惠安排	1977年1月18日	1977年7月1日	1978年5月17日工作组报告
60	欧共体与黎巴嫩临时协议[56]	欧共体成员国、黎巴嫩	进入欧共体市场优惠非互惠安排	1977年5月3日	1977年7月1日	1978年5月17日工作组报告
61	希腊加入欧共体协议	欧共体成员国、希腊	关税同盟	1979年5月28日	1981年1月1日	1983年3月9日工作组报告
62	欧洲自由贸易联盟与西班牙协议[57]	欧洲自由贸易联盟成员国、西班牙	建立自由贸易区临时协议	1979年6月26日	1980年5月1日	1980年11月10日工作组报告
63	欧共体与非加太国家第二个洛美协定[58]	同第一个洛美协定成员国[59]	进入欧共体市场优惠非互惠安排	1979年10月31日	1981年1月1日	1982年5月31日工作组报告
64	欧共体与南斯拉夫协议	欧共体成员国、南斯拉夫	进入欧共体市场优惠非互惠安排	1980年5月6日	1980年7月1日	1981年10月6日工作组报告
65	澳新紧密经济关系贸易协议[60]	澳大利亚、新西兰	自由贸易区	1983年3月28日	1983年1月1日	1984年10月2日工作组报告
66	欧共体与非加太国家第三个洛美协定[61]	第二个洛美协定成员国[62]、莫桑比克	进入欧共体市场优惠非互惠安排	1984年12月8日	1986年3月1日	1988年9月22日工作组报告
67	美国与以色列自由贸易协议	美国、以色列	建立自由贸易临时协议	1985年4月22日	1985年9月1日	1987年5月14日工作组报告

续表

序号	名　称	参加国与地区	区域集团的形式	签署日期	生效日期	总协定审议行动
68	西班牙、葡萄牙加入欧共体协议[63]	欧共体成员国、西班牙、葡萄牙	关税同盟	1985年6月12日	1986年1月1日	1988年10月19日至20日工作组报告
69	美加自由贸易协议[64]	美国、加拿大	建立自由贸易区临时协议	1988年1月2日	1989年1月1日	1988年10月19日至20日工作组报告
70	欧共体与非加太国家第四个洛美协定[65]	第三个洛美协定成员国、多米尼加、海地、圣克里斯托弗与那威斯	进入欧共体市场优惠非互惠安排	1989年12月15日	1990年3月1日	1994年10月4日工作组报告
71	欧洲自由贸易联盟与土耳其自由贸易协议	欧洲自由贸易联盟成员国、土耳其	建立自由贸易区临时协议	1991年12月10日	1992年4月30日	1993年12月17日工作组报告
72	欧共体与波兰临时协议	欧共体成员国、波兰	建立自由贸易区临时协议	1991年12月16日	1992年3月1日	1992年4月30日工作组建立
73	欧共体与捷克和斯洛伐克临时协议	欧共体成员国、捷克、斯洛伐克	建立自由贸易区临时协议	1991年12月16日	1992年3月1日	1992年4月30日工作组建立
74	欧共体与匈牙利临时协议	欧共体成员国、匈牙利	建立自由贸易区临时协议	1991年12月16日	1992年3月1日	1992年4月30日工作组建立
75	伊斯托尼亚与芬兰贸易经济合作临时安排议定书	伊斯托尼亚、芬兰	自由贸易区	1992年2月13日	1993年5月1日	1993年12月17日芬兰与波罗的海国家协议工作组报告

续表

序号	名　称	参加国与地区	区域集团的形式	签署日期	生效日期	总协定审议行动
76	立陶宛与瑞典自由贸易协议	立陶宛、瑞典	自由贸易区	1992年3月17日	1992年8月15日	1993年12月17日瑞典与波罗的海国家协议工作组报告
77	捷克与斯洛伐克同欧洲自由贸易联盟自由贸易协议	欧洲自由贸易联盟成员国、捷克、斯洛伐克	建立自由贸易区临时协议	1992年3月20日	1992年7月1日	1994年12月8日工作组报告
78	伊斯托尼亚与瑞典自由贸易协议	伊斯托尼亚、瑞典	自由贸易区	1992年3月31日	1992年7月1日	1993年12月17日瑞典与波罗的海国家协议工作组报告
79	拉脱维亚与瑞典自由贸易协议	拉脱维亚、瑞典	自由贸易区	1992年3月31日	1992年7月1日	1993年12月17日瑞典与波罗的海国家工作组报告
80	芬兰与立陶宛贸易经济合作临时安排议定书	芬兰、立陶宛	自由贸易区	1992年6月5日	1993年5月1日	1993年12月17日芬兰与波罗的海国家协议工作组的报告
81	拉脱维亚与挪威自由贸易区协议	拉脱维亚、挪威	自由贸易区	1992年6月15日	1992年7月1日临时生效	1993年12月17日挪威与波罗的海国家协议工作组报告
82	伊斯托尼亚与挪威自由贸易协议	伊斯托尼亚、挪威	自由贸易区	1992年6月15日	1992年7月1日临时生效	1993年12月17日挪威与波罗的海国家协议工作组报告
83	立陶宛与挪威自由贸易协议	立陶宛、挪威	自由贸易区	1992年6月15日	1992年7月1日临时生效	1993年12月17日挪威与波罗的海国家协议工作组报告

续表

序号	名称	参加国与地区	区域集团的形式	签署日期	生效日期	总协定审议行动
84	欧洲自由贸易联盟与以色列自由贸易区协议	欧洲自由贸易联盟成员国、以色列	建立自由贸易区临时协议	1992年9月17日	1993年1月1日	1993年2月9日至10日工作组建立
85	捷克与斯洛伐克关税同盟协议[66]	捷克、斯洛伐克	关税同盟	1992年10月28日	1993年1月1日	1994年10月4日工作组报告做出明确的一致性结论
86	立陶宛与瑞士自由贸易协议	立陶宛、瑞士	自由贸易区	1992年11月24日	1993年4月1日临时实施	1993年6月16日至17日瑞士与波罗的海国家协议工作组建立
87	芬兰与拉脱维亚贸易经济合作临时安排议定书	芬兰、拉脱维亚	自由贸易区	1992年11月26日	1993年7月1日	1993年12月17日芬兰与波罗的海国家协议工作组报告
88	欧洲自由贸易联盟与罗马尼亚自由贸易协议	欧洲自由贸易联盟成员国、罗马尼亚	建立自由贸易区临时协议	1992年12月10日	1993年5月1日[67]	1993年6月17日建立工作组
89	欧洲自由贸易联盟与波兰自由贸易协议	欧洲自由贸易联盟成员国、波兰	建立自由贸易区临时协议	1992年12月10日	1993年11月15日	1994年1月25日至26日建立工作组
90	北美自由贸易区协议[68]	加拿大、墨西哥、美国	自由贸易区	1992年12月17日	1994年1月1日	1994年3月23日建立工作组
91	伊斯托尼亚与瑞士自由贸易协议	伊斯托尼亚、瑞士	自由贸易区	1992年12月21日	1993年4月1日临时实施	1993年6月16日至17日瑞士与波罗的海国家协议审议工作组建立

续表

序号	名　称	参加国与地区	区域集团的形式	签署日期	生效日期	总协定审议行动
92	中欧自由贸易协议	捷克、匈牙利、波兰、斯洛伐克	建立自由贸易区临时协议	1992年12月21日	1993年3月1日临时实施	1994年7月20日建立工作组
93	拉脱维亚与瑞士自由贸易协议	拉脱维亚、瑞士	自由贸易区	1992年12月22日	1993年4月1日临时实施	1992年6月16日至17日瑞士与波罗的海国家协议审议工作组建立
94	欧洲自由贸易联盟与匈牙利自由贸易协议	欧洲自由贸易联盟成员国、匈牙利	建立自由贸易区临时协议	1993年3月29日	1993年10月1日[69]	1994年1月26日工作组建立
95	欧洲自由贸易联盟与保加利亚自由贸易协议	欧洲自由贸易联盟成员国、保加利亚	建立自由贸易区临时协议	1993年5月29日	1993年7月1日[70]	1993年10月27日工作组建立
96	捷克与斯洛文尼亚自由贸易协议	捷克、斯洛文尼亚	自由贸易区	1993年12月4日	1994年1月1日临时实施	1994年6月21日工作组建立
97	斯洛伐克与斯洛文尼亚自由贸易协议	斯洛伐克、斯洛文尼亚	自由贸易区	1993年12月2日	1994年1月1日临时实施	1994年6月21日工作组建立
98	奥地利、芬兰、瑞典加入欧共体协议	欧共体成员国、奥地利、芬兰、瑞典	关税同盟	1994年7月1日	1995年1月1日	本书结稿时世贸组织尚未建立工作组

二、1979年“授权条款”项下通知和包括的发展中国家区域集团协议一览表

序号	名 称	参加国和地区	区域集团的形式	签署日期	生效日期	总协定审议行动
1	贸易扩大与合作协议	埃及、印度、南斯拉夫	优惠贸易安排	1967年12月23日	1968年4月1日	1968年11月14日工作组报告和缔约国大会免除总协定第一条一款义务的决定，并分别通过1970年2月20日、1973年3月22日、1973年11月13日和1978年3月14日的决定延长免除义务的期限
2	亚太经社理事会发展中国家成员间第一个贸易谈判协议（“曼谷协定”）	孟加拉国、印度、老挝、菲律宾、韩国、斯里兰卡、泰国	优惠贸易安排	1975年7月31日	1976年6月17日	1978年3月14日工作组报告和1978年3月14日缔约国大会有关免除总协定第一条义务的决定，1982年和1990年分别向总协定贸易发展委员会提出审议报告
3	东盟优惠贸易安排协议[71]	印尼、马来西亚、菲律宾、新加坡、泰国	优惠贸易安排	1977年2月24日	1978年1月1日	1979年1月29日工作组报告和缔约国大会有关免除总协定第一条义务的决定

续表

序号	名　称	参加国和地区	区域集团的形式	签署日期	生效日期	总协定审议行动
4	拉美一体化联盟[72]	阿根廷、玻利维亚、巴西、智利、哥伦比亚、厄瓜多尔、墨西哥、巴拉圭、秘鲁、乌拉圭、委内瑞拉	优惠贸易安排	1980年8月12日	1981年3月18日	向总协定贸发委员会提交报告
5	南太平洋区域贸易经济协议	澳大利亚、新西兰、库克岛、斐济、科瑞巴蒂、努埃、巴布亚新几内亚、所罗门群岛、汤加、图瓦鲁、西萨摩亚[74]	进入澳新市场的优惠非互惠安排	1980年7月15日	1981年1月1日	总协定理事会决定，要求澳新按1971年11月28日形成的两年一度报告制度向总协定定期提交情况报告并向贸发委员会提交报告
6	海湾合作理事会成员国联合经济协议	巴林、科威特、阿曼、卡塔尔、沙特、阿联酋	优惠贸易安排	1981年6月8日	1983年3月1日	总协定贸发委员会记录在案
7	安第斯集团[75]	玻利维亚、哥伦比亚、厄瓜多尔、秘鲁、委内瑞拉	关税同盟	1987年5月12日	1988年5月25日	继续向总协定贸发委员会做出进展情况报告

续表

序号	名　称	参加国和地区	区域集团的形式	签署日期	生效日期	总协定审议行动
8	南方共同市场	阿根廷、巴西、乌拉圭、巴拉圭	建立关税同盟临时协议	1991年	1991年11月9日	1993年5月28日成立工作组并于1995年9月20日就工作组职责范围达成妥协
9	经济合作组织成员国有关优惠关税安排的附加议定书	伊朗、巴基斯坦、土耳其[76]	优惠贸易安排	1991年5月23日	日期不详	总协定未采取行动，世贸组织同样未采取行动
10	东盟自由贸易区共同优惠关税方案[77]	文莱、印尼、马来西亚、菲律宾、新加坡、泰国	建立自由贸易区临时协议	1991年1月28日	1991年1月28日	继续向总协定贸发委员会提出进展情况报告
11	泰国与老挝贸易协议	老挝、泰国	优惠贸易安排	1991年6月20日	1991年6月20日	总协定和世贸组织尚未采取行动

资料来源:《区域主义与世界贸易体制》,世贸组织报告,1995年4月,日内瓦。

注释:

①1955年7月1日该协议中止,随后被优惠贸易安排取代,同时通知总协定。1955年12月3日工作组报告和缔约国大会做出免除总协定第一条一款义务的决定。

②1952年11月10日,欧洲煤钢联盟成员国获得免除总协定第一条一款义务的决定,该决定于1958年到期。1973年1月1日爱尔兰、丹麦和英国,1981年1月1日希腊,1986年1月1日西班牙和葡萄牙,1995年1月1日奥地利、芬兰和瑞典分别加入欧共体,成员国由6个扩至目前的15个。

③尼加拉瓜是当时中美洲自由贸易和经济一体化条约成员中的唯一的总协定缔约方。

④喀麦隆于1961年6月23日加入该关税同盟,共同对外关税政策于1962年7月1日实施。

⑤1973年1月1日丹麦和英国加入欧共体的同时,退出了欧洲自由贸易联盟(下称"欧联")。1986年1月1日葡萄牙加入欧共体同时退出欧联。冰岛、芬兰和列支敦士登分别于1970年5月1日、1986年1月1日和1991年6月23日加入欧联。奥地利、芬兰和瑞典1955年1月1日加入欧共体同时退出欧联。

⑥瑞士加入总协定的议定书规定，只要与瑞士的关税同盟条约有效，瑞士的关税地区就被认为是包括了列支敦士登的领土。

⑦1980 年的“蒙得维的亚条约”基础上的拉美一体化联盟取代了 1960 年的“蒙得维的亚条约”基础上的拉美自由贸易联盟。

⑧“1961 年条约”把中美洲自由贸易区建立时间表从 10 年降至 5 年，并规定在 5 年内完成进口关税的协调统一工作。

⑨在自由贸易区建立时，巴尼欧和萨拉瓦克为英国的单独领土。1963 年 10 月 30 日马来西亚政府承担了处理马来联邦各州的对外事务的责任，其中包括了巴尼欧和萨拉瓦克。

⑩签署的具体时间总协定不详。

⑪1986 年 1 月 1 日芬兰加入欧联，并于 1995 年 1 月 1 日退出而加入欧共体。

⑫联盟协议扩至新加入的丹麦、爱尔兰和英国。

⑬被 1971 年第二个“雅温德协议”所取代。第二个“雅温德协议”又被 1976 年第一个“洛美协定”所取代。

⑭联盟协议被 1973 年 1 月 1 日生效的确立过渡到关税同盟的条件、安排和时间表的附加议定书内容所充实。

⑮被 1971 年的第二个协议所取代。

⑯被 1983 年的“澳新紧密经济关系贸易协议”所取代。

⑰1973 年 1 月 1 日爱尔兰和英国加入欧共体。

⑱被 1973 年的“加勒比共同市场协议”所取代。

⑲被 1976 年的“合作协议”所取代。

⑳被 1976 年的“合作协议”所取代。

㉑被 1976 年的第一个“洛美协定”及其后续的第二个、第三个和第四个协定所取代。

㉒毛里求斯与“雅温德协议”的联盟协议于 1972 年 5 月 12 日签署并于 1973 年 6 月 1 日生效。

㉓被 1976 年的第一个“洛美协定”及其后续的第二个、第三个和第四个协定所取代。

㉔肯尼亚、坦桑尼亚和乌干达三国于 1967 年缔结了“东非合作条约”。

㉕被 1975 年的“执行自由贸易区待遇协议”所取代。

㉖西班牙于 1986 年 1 月 1 日加入欧共体。

㉗取代了第一个协议。

㉘补充 1964 年的联盟协议。

㉙欧共体对从地中海国家的柑橘产品进口实行优惠关税成为 1985 年总协定中的一项重要的争端解决案子。该争端解决的专家组报告一直未通过。

㉚丹麦和英国在加入欧共体的同时，退出欧联。1966 年爱尔兰和英国缔结了自由贸易协议。向总协定发出的通知也包括了挪威拟加入欧共体的内容，但挪威加入欧共体的条约未获国内公民投票的赞成。

㉛1995 年 1 月 1 日奥地利加入欧盟。

㉜1986 年 1 月 1 日葡萄牙加入欧盟。

㉝1995 年 1 月 1 日瑞典加入欧盟。

㉞其他协议如 1965 年贸易与技术合作协议及其 1973 年的附加议定书均涉及到欧共体与黎巴嫩之间的贸易事项。

㉟被 1977 年协议所取代。

㊱同㉙。

㊲被 1968 年的"加勒比自由贸易协议"所取代。

㊳1974 年 5 月巴哈马、伯利兹、多米尼加、格林纳达、蒙斯特拉德、圣路西亚和圣温西特加入"加勒比共同市场条约"。1974 年 7 月,安提瓜、巴布达、圣凯斯和那维斯也加入了该条约。

㊴1995 年 1 月 1 日芬兰加入欧共体。

㊵1975 年协议一直生效至该协议的实质内容全部被后来协议取代为止。

㊶1975 年协议一直生效至该协议的实质内容全部被后来协议取代为止。随着前捷克斯洛伐克联邦共和国于 1993 年 1 月 1 日的解体,捷克和斯洛伐克分别与欧联各自签署了一项规定继续实施"1991 年协议"的附加协议。

㊷协议成员包括 1971 年的雅温德和阿鲁沙协议的成员。

㊸佛得角、科摩罗、吉布提、多米尼加、凯瑞巴蒂、巴布亚新几内亚、圣多美普林西比、圣路西亚、圣温西特和格林纳达恩斯、塞舌尔、所罗门群岛、苏里南和图瓦鲁分别于 1977 年 3 月 28 日、1976 年 9 月 13 日、1978 年 2 月 2 日、1979 年 2 月 26 日、1979 年 10 月 30 日、1977 年 3 月 28 日、1977 年 3 月 28 日、1977 年 3 月 28 日、1979 年 6 月 28 日、1980 年 2 月 27 日、1976 年 8 月 27 日、1978 年 9 月 27 日、1976 年 7 月 16 日和 1979 年 9 月 17 日加入第一个洛美协议。

㊹1989 年两德统一后协议终止。

㊺该工作组在临时报告通过 18 个月后计划重新开始继续审议该协议。

㊻被 1962 年协议所取代。1981 年 1 月 1 日希腊加入欧共体。

㊼被 1973 年协议所取代。

㊽被 1969 年协议所取代。

㊾同㉙。

㊿被 1969 年协议所取代。一项临时协议规定有关贸易条款可从 1976 年 7 月 1 日开始实施。

51被 1973 年协议所补充。葡萄牙 1986 年 1 月 1 日加入欧共体。

521978 年协议生效至以前的协议内容全部被后来的协议取代为止。

53澳大利亚于 1953 年 10 月 24 日就给予来自巴布亚新几内亚进口产品优惠关税安排获得一项免除义务(总协定第一条一款规定)的决定。

54同㉙。

55同㉙。

56同㉙。

57西班牙于 1986 年 1 月 1 日加入欧共体。

㊽取代第一个洛美协定。

㊾安提瓜和巴布达、伯利兹、瓦努图和津巴布韦分别于1982年7月30日、1982年3月5日、1981年3月18日和1982年3月1日加入第二个洛美协定。

㊿取代1966年澳新自由贸易协议。

61取代第二个洛美协定。

621986年1月1日西班牙和葡萄牙加入欧共体。

63取代以前欧共体与西班牙和葡萄牙之间的协定。

64该协议条款部分地被北美协议所取代。

65取代第三个洛美协定。

66随着捷克斯洛伐克解体而缔结。

671993年5月1日对瑞典和罗马尼亚生效。批准前,瑞士和列支敦士登临时实施该协议。对其他欧联成员国来说,该协议批准程序完成后方生效。

68除北美协议另有规定外,如发生不一致,对美加两国来说,北美协议优于美加协议。

691993年10月1日对奥地利、匈牙利和瑞典生效。自1993年10月1日始,在该协议批准前,瑞士和列支敦士登临时实施该协议。对冰岛和芬兰来说,该协议和安排批准程序完成后方生效。

701993年7月1日对瑞典生效。自1993年7月1日始,该协议批准前,挪威、瑞士和列支敦士登临时实施该协议。对冰岛和芬兰来说,该协议批准程序完成后方生效。

71被1991年的东盟自由贸易区共同优惠关税方案所取代。

721984年文莱加入东盟。

73取代基于"1960年蒙得维的亚条约"的拉美自由贸易联盟。

741982年,新西兰通知总协定,协议已扩至瑙鲁和瓦努图。

751987年卡塔哈那协议取代了建立安第斯集团的1960年卡塔哈那协议。后者是在1960年蒙得维的亚条约框架下达成的。1988年,"卡塔哈那协议"有关"蒙得维的亚条约"的内容已独立出来。安第斯集团原始成员国玻利维亚、智利、哥伦比亚、厄瓜多尔和秘鲁。1976年10月智利退出该集团,1973年委内瑞拉加入。

76随后参加国有阿塞拜疆、哈萨克斯坦、塔吉克斯坦、土库曼斯坦和乌兹别克斯坦。

77取代1978年的优惠贸易安排。

78刘光溪著:《中国与"经济联合国"——从复关到入世》,中国对外贸易出版社,1998年,北京。

79刘光溪著:《碰撞融合发展》,上海人民出版社,2001年,上海。

80刘光溪著:《入世博弈共赢》,上海财经大学出版社,2003年,上海。

81刘光溪主编:《WTO与中国经济研究》,上海交通大学出版社,2004年,上海。

82刘光溪主编:《坎昆会议与WTO首轮谈判》,上海人民出版社,2004年,上海。

83李富有著:《区域货币合作:理论、实践与亚洲的选择》,中国金融出版社,2004年,北京。

附件十　世界贸易组织结构图

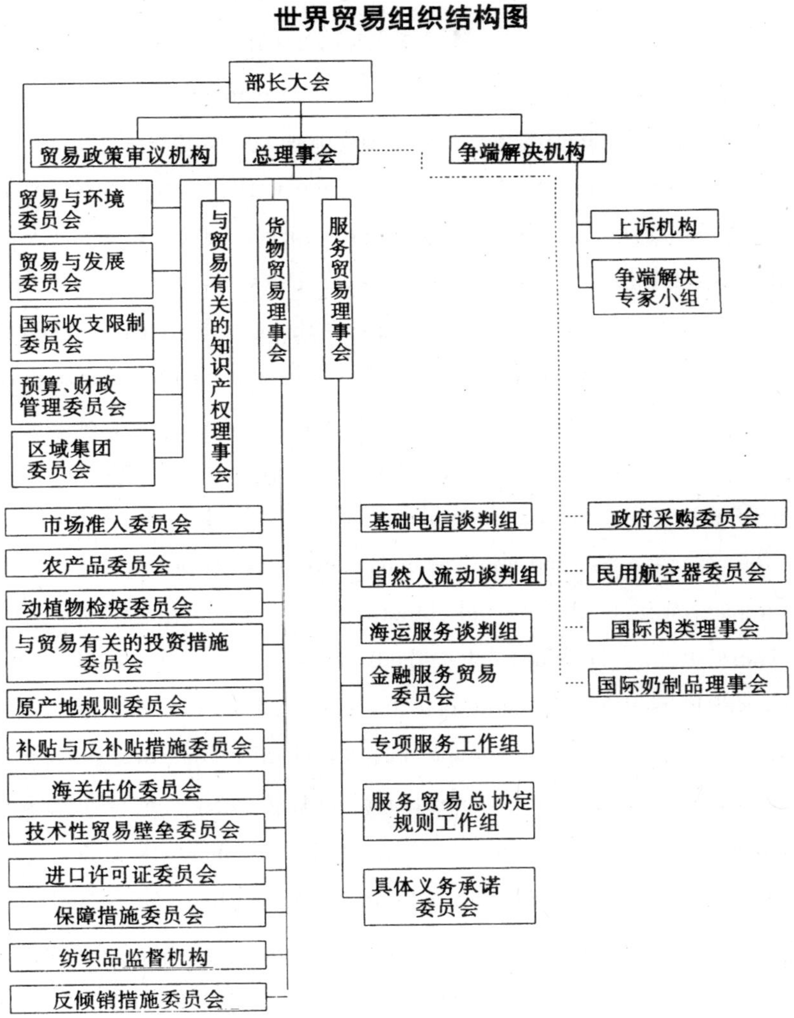

Executive Summary
"REGs and MTS:
Complementary Competition"
BY Liu Guangxi

The simultaneous emergence of rapidly developing regional economic groupings (PEGs) and a strengthened and more encompassing multilateral trading system (MTS) attracts world-wide attention. It is clear that the world trading system is being built on three main levels: there is an appropriate level for a bilateral approach, an expanding regional level, and there is the multilateral level. The kinds of relationships existing among the three levels and how to make good use of them, particularly between the REGs and the MTS, especially warrant study and analysis by the international trade community. In other words, are the REGs, and the MTS likely to be, in practice, complementary or competing, or after all engaging in complementary competition in achieving world trade liberalization and a more integrated world economy? Naturally, the WTO is now concerned in earnest over the rise and unprecedented developments of the REGs which are making great impact on its credibility and authority.

There are various analytical methods in use that approach this question. One approach widely used is to examine potential effects of the formation of an REG agreement on trade policies of its members and on those of third countries. Up to now, there is no unequivocal conclusion that the formation of an REG agreement necessarily leads to more restrictive and protectionist policies on the part of its members. There is also no conclusive evidence on the emergence of "fortress-type" customs union agreements, or of increased protectionism by members of free trade areas. Although economic factors other than trade policies influence the evolution of trade over time, there is no statistical support either for the view of a "regionalization" of world trade or of the emergence of three trading blocs, centred on Western Europe, North America and Asia and Pacific. There are important examples, from the Dillon Ronud (1960 ~ 1962) to the Uruguay Ronud, of the REGs agreements stimulating support among third countries for further multilateral efforts to reduce margins of preference and to strengthen the MTS. Since the 1990s, the

REGs agreements concluded by developing countries, whether in Latin America or Asia, or even on the Africa Continent, have been linked to the adoption of economic deregulation measures (liberalization or privatization) and outward-oriented trade policies, rather than a concern for and pursuit of, preferential treatment. These past and new developments strongly suggest that the objectives of the REGs and multiateral trade liberalization initiatives increasingly coincide. And once the Uruguay Round tariff cuts are fully implemented, tariffs will be sufficiently low so as to make preferential tariff treatment no longer a significant incentive behind the formation of REGs.

Another popular approach is to examine whether the REG agreements pave a quicker way to a more liberalized world trade than the MTS. There is no question but that participants in the international trade community conclude liberalization initiatives through hard negotiations, whether at the multilateral or regional level, in order to extend the basis for open, free and secure trade. The argument of the "quicker way" view is made that a consensus on trade liberalization is easier to arrive at among a small group of like-minded countries than among a great number of the MTS members. Furthermore, member governments of the REGs find it easier to convince their respective domestic constituencies and vested interests of the merist of trade liberalization and the importance of international coordination in nationalmacro-economic policies when these directly involve the quid pro quo of market-opening for market-opening. That is to say, is has been argued that the REGs agreements can put an end to the "free-riding" problem inherent in multilateral-process tariff-cutting exercises, whereby and market-opening reductions in MFN tariff cuts are extended and applied unconditionally to all trading partners.

Superficially, it seems that this argument is plausible. However, in fact, is overlooks at least the three following important aspects of the trade relations of the MTS members: i) the commitments of WTO members in goods, services and intellectual property protection generally go beyond the liberalization obtained in most REGs (exceptions include EU, CUFTA, NAFTA, ANZCERTA and probably MERCOSUR). Additional security for trade relations is provided by the WTO dispute settlement and monitoring mechanisms; ii) the "single undetaking" approach adopted by the Uruguay Round negotiators resolved to a substantial extent the issue of free-riding in the system ,when viewed in the broader context of non-tariff measures;iii) countries maintain trade and economic relations with a wider group of partners than are covered by regional agreements. The global coverage of the WTO rules is an inherent advantage over a regional integration agreement covering only a sub-group of trading partners.

Having further recognized the fact that competition and complementarity are dynamically transforming in relation to each other in the context of the relationship forming between the REGs and the MTS,I must disagree with the assertion that the REG is a quicker,more efficient and more certain path to freer trade than the MTS.

In addition,the synchronization of the current proliferation and developments of the REGs with the momentum and latest enhancing of the MTS after the Uruguay Round, constituting a " simultaneity", undoubtedly challenges the once-prevalent "wax and wane"(or"growth and decline") viewpoint which argues that the MTS grows strongly as the REGs decline, and vice versa. Resulting from the implications of this"mutual wax and wane"theorem,there have come out such arguments on the relationship between the REGs and the MTS as "alternative rather than complementary","competing rather than complementary"and "competition over complementarity",among others.

To put it bluntly,I simply cannot accept that the preceding arguments coincide with the realities of the world economy in which the REGs and the MTS are in fact competing complementarily rather than alternatively. Furthermore,the arguments in question might prevent the WTO and international community from obtaining a correct and detached recognition of the essence of the relationship between the REGs and the MTS,and from taking positive follow-up steps to enable the MTS to monitor and guide the formation and development of the REGs in the interest of the WTO,and in the dircetion of open free-trade-led,market-led and non-exclusive regionalism.

So the WTO and international economic community should be vigilant against the negative influence possibly exerted by these arguments.

The viewpoint of "complementary competition" being the essential essence of the relstionship between the REGs and the MTS, which I examine in my book, is underpinned by the following six points:

First, it is known that there are some areas of legal flexibility, loopholes and limitations in Article XXIV of GATT 1947, the "Decision of Differential and More Favourable Treatment, Reciprocity and Fuller Participation of Developing Countries of 28 November 1979" (namely the "Enabing Clause"), the "understanding on the Interpretation of Article XXIV of GATT 1994" and the "General Agreement on Trade in Services" (GATS). Under Article XXIV, customs unions (CU) and free trade area (FTA) agreements are the biggest exception to the cardinal principle of non-discrimination because it is recognized that such agreements have the potential to further economic integration without necessarily adversely affecting the interests of third countries. Although the enforcement of the rules and procedures constraining the exception has been actually very lax, while preferences for and among developing countries have been virtually removed from constraints and full examinations, the said rules and procedures are not working properly and smoothly. Beneath this general problem lie a number of more specific difficulties (beyond the built-in ambiguities and generalities of the rules and procedures), notably conflicting interpretations of the requirements that the REGs cover substantially all trade and that the level of trade barriers be not on the whole higher or more restrictive. Furthermore, the REG agreements notified under the Enabling Clause have given rise to additonal problems, in part because the provesions are different and even less precise. The Uruguay Round made only limited progress in removing the ambiguities plaguing the interpretation of Article XXIV, while adding similarly worded provisions for economic integration in services. In addition, the Uruguay Round negotiators did not address the issue of the relationship between the TRIPs Agreement on intellectual property and the REG agreements that cover intellectual property rights protection.

So far as the previous implementatiom of Article XXIV of GATT 1947 is concerned, the provisions thereof have sought to ensure compatibility by requiring the REG agreements to cover "substantially all trade" among the members and to promote trade policies which do not lead to higher protection or extra restrictions on the trade of third countries. In practice, it has been almost impossible to assess the consistency of REGs agreements with the MTS under these provisions.

Having regard to the unfavourable record of examinations of the GATT/WTO—consistency of more than 80 REGs agreements over the past 47 years, only six of which have been found compatible with the above-mentioned rules, I feel strongly inclined to say that the MTS has deliberately and practically taken "legal magnanimity" and "examination magnanimity" with respect to the rise of the REGs. In recent times, 20 REGs agreements have been notified and these are waiting to be examined in the WTO. As things stand, it will come as no surprise that the unfavourable situation of the inconclusive WTO—consistency examinations continues. Namely, the WTO, like the GATT before it, is likely to show both legal and examination magnanimity towards the existing and future REGs.

The strategy and tactics of the legal magnanimity and examination magnanimity taken by the MTS are predicated on its recognition of two propositions: i) the purpose of formation of the REGs should be to facilitate trade between the constituent territories and not to raise barriers to the trade of other members (third country members) with such territories; ii) the rationale for the REGs between several countries is analogous to the process of market integration within a single sovereign state, which strongly suggests that genuine CUs and FTAs do not pose an inherent threat to efforts to promote the continued global trade liberalization in the MTS. In the meantinme, the international trade community sticks with an increasingly shared assessment that there is no natural contradiction between the REGs and The MTS. The real contradiction, it must be always emphasized, is between open trade and exclusive protectionism.

Considering the whole picture of the relationship between the REGs and the MTS, however, it is very obvious that the legal provisions and examinations issues are only a small part of the story. In practice, the relation between the REGs and the MTS has been a bit different and generally a more positive and successful story.

Second, the existing and future REGs are not necessarily developing into "trading blocs" or "trade fortresses" largely because:

a) both regional and multiateral initiatives share the same general objective of achieving "the substantial reduction of tariffs and other barriers to trade, within their respective spheres of application, with a view to raising standards of living, ensuring full employment and steadily growing volume of real income and effective demand, and expanding the production of and trade in goods and services";

b) the rapid development of REGs and the strengthening of MTS are occurring against, common backgrounds and challenges, such as increasing economic interdependence and production globalization based on further specialized division of labour, relatively declining significance of political and military diplomacy with the increasing importance of comprehensive national power and international commercial-oriented diplomacy, and permeating managed trade with wide abuse of "grey area measures", and fashionable unilateralism, mercantilism and reciprocity (or "fair trade not free trade") practiecs based on a power-based dispute settlement system, and the like;

c) most of the REGs are following the basic principles of the WTO such as market considerations, transparency and national treatment, and so on. As regards discriminatory arrangements deviating in the short-run (not the long-run) from MFN obligations, generally, the REGs can make such discriminatory preferential trade treatments only in the field of tariffs rather than non-tariff measures. With the role of tariffs in world trade having been significantly diminished in successive GATT tariff-cutting rounds, the importance of discriminatory preferential tarifff treatments in the REGs has been declining a lot. Non-tariff border measures , at least now and in the foreseeable future, are not administered and arranged preferentially, and domestic policies (such as production subsidies) generally cannot be administered preferentially even in the far future. Members of most REGs (exception of EU) have to apply NTMs on imports from all trading partners on a MFN basis. What is more, third countries' products imported into the constituent territories of REGs as always enjoy national treatment in comparison with like REGs-origin products;

d) historically, currently and prospectively, the indispensable preconditions for successful development of both the REGs and the MTS are virtually identical, in particular rules-based regime underlying free market economies and open trade policies in the membres of both the REGs and the WTO;

e) since almost all members of the REGs are concurrently members of the WTO, and almost all countries in the world economy are third countries vis-a-vis the many REGs agreements to which they are not signatories, there naturally comes into being a balancing mechanism of containing and conditioning one another in the process of formation and development among the REGs, with the result that the tendencies of "beggar-thy-neighbour", discriminatory and exclusive trade policies potentially exhibited by the major REGs can in the future be checked within limits to a greater extent.

Third, dynamic effects of the scale of economy and market (needless to say the static effects of trade creation and trade diversion) on trade and investment brought about by the REGs not only increase the effective and potential demand for third countries' products (including services), and induce more foreign direct market-oriented (positive) or market access-oriented (negative) invesment inflows, but also accelerate the whole process of intra-regional trade liberalization. In these circumstances, on the one hand, the 45-year traditional analysis of trade or investment creation and trade or investment diversion statically produced by the REGs is much less realistic and, in most cases, totally inappropriate mainly because it is hard to distinguish between REGs-origin products and services and third countries'. In addition, the big progress made in liberalizing international capital flows (traditional analysis regards capital, being one of the factors of production, as "trapped" within national borders) makes the demarcation line between domestic or national and foreign products and services more blurred. Generally, the impact of an REG agreement on the exports of third countries, and on the flows of foreign direct investment, are determined to a great degree by the trade policies adopted by member governments, both traditionally and during the life of the REG agreement. In the short-term, the trade and investment prospects of third countries with respect to an REG agreement are greatly contingent on whether the external trade and investment policies of members become more restrictive or less restrictive after its formation. In fact, in the medium-and long-term, the formation and development of a policy-led REG does not necessarily lead to more restrictive and protective trade policies of members countries.

On the other hand, the resulting speedup process of the REGs trade liberalization will, objectively and sometimes invisibly, bring external pressure to bear upon the WTO which has no alternative but to do its utmost to push the multilateral trade liberalization up to the levels of the REGs. Some of the positive results gained by regional-process liberalization and integration negotiations in some new fields can be absorbed by and multilaterlized in, the MTS as appropriate. That is to say, new trade liberalization achievements within the REGs in certain new areas can give an impetus to the devlopment of global trade liberalization under way in the WTO, and vice versa.

A major external pressure brought upon the WTO by the REGs comes from third countries' concerns and positive repercussions. As a rule, a common response of third countries in the postwar period to the formation and further deepening of some REGs involving big trading players was to actively pursue multilateral trade liberalization in order to reduce or eliminate the margin of the discrimination against third countries. Although reducing margins of tariff preference through multilateral trade negotiations appears to have been a less significant factor in the launching time and during the first three years of the Uruguay Round, there is little question that the failed Brussels ministerial meeting in December 1990 and the four follow-up extensions and the simultaneous proliferation and rapid growth of the REGs were important factors in eliciting the concessions and accommodations necessary to bring the Uruguay Round to a successful close. Those events helped foster the impression that if the Uruguay Round had failed, the REGs would possibly provide the primary and fundamental basis for future trade and economic and even political, relations.

Therefore, the agreement to establish the WTO attributes much to the concerns and expectations of third countries to strengthen and enhance the institutional foundations of the MTS in the 1990s and even beyond. For developing countries, especially, the prospect of an REGs-based world will be bound to pose a serious threat. Small domestic markets, low-income populations, single-product economies and duality of economic structures make many of the developing countries relatively less attractive trade partners for developed country members of REGs. This, to some extent, helps encourage the exclusiveness of some major REGs. With these fears in mind, most developing countries have to give greater support than before to international efforts to srtengthen the MTS so as to buffer the negative effects of maior REGs and avoid being marginalized thereby.

Fourth, the REGs and the MTS are competing complementarily in trade liberalization and economic integration initiatives, as a result of a "synergism" between the regional-process trade negotiations and the multilateral-process trade negotiations (such as in government procurement) in pursuit of more open trade. The REGs which are able to make good use of their own unique qualities and special advantages as "like-mindedness", "political, economic and social homogeneities" and "effect of instant and direct quid pro quo of market-opening for market-opening", etc, can serve as the "pilot bases" and "laboratories" for exploring and exploiting trade liberalization in the new and sensitive products and sectors.

As is well known, by accepting higher levels of obligations than in the WTO agreements in certain areas, members of the REGs have gone further regionally than was possible (at the time) multilaterally. In addition, steps taken in advance in a few major REGs to develop disciplines and rules on services, intellectual property protection, government procurement and dispute settlement mechanisms, helped lay the foundation for progress in the Uruguay Round by furnishing useful experiences and techniques. The agenda of the WTO already currently includes issues such as environmental polices, and investment and competition policies, to name but three explicitly referred to in the Final Act, each of which has figured and seen good progress in coordinating work in various forms in at least one RGE.

Following closely after the Uruguay Round, members of some REGs such as APEC are carrying out liberalization commitments of trade in goods, services and capital flows under the various WTO agreements through the down-payment format or proactive market opening initiatives. The down-payment and proactive initiatives mean that APEC members have committed themselves in Osaka to halving the periods for implementing liberalization measures agreed in the Uruguay Round world trade deal, attacking abusive anti-dumping policies within APEC and cooperating in the application of national competition policies, perhaps through joint antitrust enforcement. Specifically, industrialized members shall halve the period for cutting tariffs, reducing agricultural subsidies and/or raising the value of textile and clothing imports in each stage of the 10-year phasing-out of the Multi-Fibre Arrangement. Developing members shall halve periods for accepting internationally agreed rules in TRIPs, TRIMs and/or export subsidies. In addition, non-discrimination has been enshrined as one of the nine principles in the Action Programme by APEC members in Osaka. Some other REGs, such as NAFTA, are amending and supplementing their agreements in line with the corresponding WTO agreements. This demonstrates that the REGs have been and will progressively become important components of the MTS.

Conversely, the MTS has gone further than most REGs in a number of areas (IPRs and subsidies), complementing the process of regional liberalization and extending those disciplines across all current and future trading partners (including third country members) on a global basis. More importantly, the WTO has also been provided with a strengthened dispute settlement system (automatic and negative consensus) as well as a monitoring function (known as the trade policy review mechanism or TPRM), which together will bring increased transparency and predictability to trade and economic policies. Consequently, members of the REGs have ensured, concurrently by virtue of being members of the WTO, the adoption of an enhanced set of policies, and procedures for their trade and economic relations.

Fifth, in order to maintain their respective unique merits, momenta, credibiltity and authority, regionally and multilaterally, the REGs and the MTS are competing with each other in trade liberalization and economic integration, and, presumably, transitionally in human resources and political attention as well. Following a transition period, the competition as such is likely to be transformed into a complementary situation in which the REGs and the MTS are absorbing each other's good experiences and achievements. And then, the complementarity will likely be progressively transformed into a new competition in which the REGs and the MTS are racing with each other at a higher level in seeking more and freer trade .

Thus there will be a "virtuous circle" taking shape in the relationship between the REGs and the MTS, within which the situations of competition and complementarity are dynamically and qualitatively transformed. It is just this mutual transformation of competition and complementarity that will inject new energy and vitality into the process of multilateral trade liberalization on which global economic integration will finally be realizad.

In sum, in so far as the relationship between the REGs and the MTS is concerned, without competition (only parallel development), there will be no complementarity. And the development of competition only without complementarity, which is surely dangerous to the MTS, can be contained by the above-mentioned factors so as to ensure sharing the "same goal", facing the "common backgrounds and challenges", following the "WTO principles and rules", requiring the "identical indispensable preconditions" for success, producing the "dynamic effects of the scale of economy and market", effecting the "synergism", and having the "dual membership and same third countries status" as well.

Competition replenishes complementariry, and conversely, complementary effects qualitatively intensify competition. In these circumstances, competition and complementarity can be dynamically transformed interactively so as to keep "complementary competition" running through the overall development process of the relationship between the REGs and the WTO, until we reach the full completion of the establishment of a Global Free Trade Area (GFTA)。

Moreover, politically and internationally, as a new approach in South-North economic cooperation and as the result of membership diversity and regional multiplicity, the REGs will be able to soften the existing contradictions between developing and developed countries and weaken or chip away at the old South-Nouth divide. So more and more developing countries will put their faith in the WTO in the hope of securing protection and safeguards therefrom for their rights and interests in the REGs. This will, to some extent, avoid politicizing trade issues in the world economy. Practice has fully proven that the politically artificial South-Nouth divide, dominated so often in the past by unnecessary polarization and a dialogue of the deaf, actually hindered the developments of both multilateral trade liberalization and global economic cooperation and integration. In this respect, undoubtedly, the REGs can do the WTO a favour in winning sympathy and support from developing countries for the MTS based thereon.

Finally, the strengthened MTS will, no doubt, continue to play an increasingly important role in monitoring, guiding and coordinating the formation and new developments of the REGs with a view to ensuring complementary competition (and shaping that competition) as the essential part of the relationship between the REGs and the MTS and putting the mutually supportive relationship between regionalism and multilateralism on a more solid foundation. More importantly, the strengthened WTO dispute settlement procedures add urgency to proposals and suggestions for clarifying and reforming Article XXIV and examination procedures because i) paragraph 12 of Understanding on the Interpretation of Article XXIV of GATT 1994 provides that the provisions of Articles XXII and XXIII of GATT 1994 as elaborated and applied by the Dispute Settlement Understanding may be invoked with respect to any matters arising from the application of those provisions of Article XXIV relating to customs unions, free trade areas or interim agreements leading to the formation of a customs union or free trade area; and ii) the new "automaticity" of the dispute settlement procedures will permit a WTO member to secure a ruling and, in the event of non-implementation by the respondent, to take retaliatory actions or countermeasures.

In view of the continuing important role of the WTO and the urgency added by the strengthened dispute settlement mechanism, improving the working party examination process and the follow-up REGs progress report system by establishing a standing REGs Committee under the WTO, and clarifying and strengthening (and enhancing) the roles and disciplines concerned (to be concretized quantitatively) shall be the top priority on the WTO's agenda.

Responding timely to the Quad's proposal in October 1995, WTO Members have decided to establish a Committee on REG Agreements to examine the systemic implications of REG agreements and initiatives for the MTS and the relationship between them. This is a manifestation of a concern of the need to ensure that the trading community is fully aware of the potential systemic implicatiosn of REGs developments for the MTS and the need to examine the situation in a multilateral body——the WTO. This Committee will replace numerous existing working parties, and examine the conformity of these REG agreements with Article XXIV in accordance with the agreed terms of reference. It will also receive the biennial reports from existing REG agreements as required by the Uruguay Round Understanding on Article XXIV and decide on their content and what to do with them. The Committee will also propose improvements in the process of the examination of conformity in the REG agreements with Article XXIV.

Also deserving mention, the WTO, taking account of the need to coordinate and harmonize national macro-economic policies, in particular monetary and exchange rate policies for successfully further sustained developments of the REGs, should also timely reform and rigorously enforce and tighten its BOP provisions(Article XII and Section B of Article XVIII of the GATT 1994, the Declaration on Trade Measures Taken for BOP Purposes of 28 November 1979 and the Understanding on BOP Provisions of the GATT 1994) so as to prevent its members, especially developing members, from having to impose restrictive import measures rather than taking price-based measures and disciplined monetary and exchange rate policies. At the same time , the WTO should strive to achieve a greater coherence in global economic policymaking in cooperation with the Bretton Woods institutions (IMF and IBRD).

The WTO's self-enhancing and clarifying of its relevant provision and self-improving in its institutional aspect apart, there are currently at least two tasks concerning the REGs which should be fulfilled by the WTO in the near future. One is to design and develop a set of internationally-accepted and harmonized rules and discipilines through multilateral negotiations on preferential rules of origin, widely used in FTAs. Such rules and disciplines, providing for transparency and procedural rights for third countries' exporters, will be likely to help halt the exclusiveness and protectionsm of the REGs. The other is to as soon as possible conclude a multilateral agreement requiring a liberal accessions clause in the existing and future REG agreements as a new WTO-consistent qualification with a view to curbing and restricting formation and development of the "hub-and-spoke" system, which is likely to be less liberalizing or more protectionist, and to distort patterns of foreign direct investment(relative to full FTA).

With the analysis on and the support of, the above-mentioned arguments, I come to the conclusion that dynamic and interactive "complementary competition" is the essential part and parcel of the relationship between the REGs and the MTS based on the WTO. That is the major message which I have managed to convey in my look. The analysis and viewpoint contained in my book are those of mine and should not be necessarily construed at those of the Chinese government. The terminology is also that of mine.

Abbreviations:

ANZCERTA Australia-New Zealand Closer Economic Relations Trade Agreement
APEC Asia and Pacific Economic Cooperation
CUFTA Canada-United States Free Trade Agreement
CU Customs Union
EU European Union
FTA Free Trade Area
GATS General Agreement on Trade in Services
GATT General Agreement on Tariffs and Trade
GFTA Global Free Trade Area
IBRD International Bank for Reconstruction and Development
IMF International Monetary Fund
IPRs Intellectual Property Rights
MERCOSUR Southern Common Market
MFN Most Favoured Nation
MTS Multilateral Trading System
NAFTA North American Free Trade Agreement
REGs Regional Economic Groupings
TPRM Trade Policy Review Mechanism
TRIMs Trade-related investment measures
TRIPs Trade-related intellectual property rights

DR. LIU GUANGXI

Liu Guangxi is Director-General, State Administration of Foreign Exchange (SAFE), Concurrently Executive Vice-Chairman of Shanghai WTO Research Centre and Vice President of Shanghai University of Foreign Trade. He is the first Chinese Ph. D majoring is the relationship between the Regional Economic Groupings(REGS) and the Multilateral Trading System(MTS) based on the GATT/WTO in China.

Dr. Liu served as Special Assistant to Vice Minister Long Yongtu, Chief Trade Representative(CTR), Ministry of Foreign Trade and Economic Cooperation(Moftec) and Senior Economist on international trade and ecnomics and, in particular, MTS of GATT/WTO between March 1997 and December 2000. From July 1998 to December 1991, he served as a GATT official for Department of International Relations, Moftec. As a commercial attache with the Embassy of the P. R. China to the United States, he worked in Washington D. C. through the years 1991 to 1994. From July 1994 through July 1996, Liu worked with the Permanent Mission of the P. R. China to the United Nations in Geneva. Between the years of 1996 to 1997, Dr. Liu served as Deputy Director, and Director for WTO Affairs of Department of International Relations, Moftec respectively.

During the past 13 years, Dr. Liu, as a key member of the Chinese delegation for the negotiations of China's GATT/WTO membership, has fully attended the bilateral and multilateral trade talks of the Uruguay Round and the negotiations of China's GATT/WTO working party in Geneva.

Since 1980s, Liu's more than one hundred academic theses on international trade and econormics and GATT/WTO have been published at home and abroad. His doctoral dissertation, *On the Interactive Competition*, and his second important work, China and "*Economic UN*", published respectively in November 1996 and June 1998, the new-laid series, Economic *Globalization-WTO-China*, the WTO and China have academically produced great repercussions at home and abroad.

Guangxi Liu received AB. A. in English and American literature from Shandong Normal University, Jinan China and an MBA from University of International recommended by MOFTEC of the PRC and UIBE to be the first Chinese doctor (in service) majoring in the relationship between the REGS and the MTS based on the GATT/WTO.

Dr. Liu now is a member of China Intitute of International Trade(CIIT) and China Institute of World Economy(CIWE) and Deputy Chairman of World Trade Organization Research Institute (WORI) as well as Chairman of SIFT WTO R & D Society (SWORD). He is senior research fellow of WTO Research Center of UIBE and Chinese Academy of International Trade and Economic Ccooperation of Moftec. Dr. Liu has been engaged as Decision-making Consultant by Shanghai Municipal Government.

In May 1999, Dr. Liu was honored as one of China's ten eminent youths of foreign affairs and foreign trade and economic co-operations. He was elected as one of 100 elitists who may make great impact on China's development pace in the 21st century by Communist Youth League of China and China Youth in the year of 2000.